Andreas Zangger
Koloniale Schweiz

D1720116

1800 | 2000
Kulturgeschichten der Moderne | Band 8

Editorial

Die Reihe 1800 | 2000. **Kulturgeschichten der Moderne** reflektiert die Kulturgeschichte in ihrer gesamten Komplexität und Vielfalt. Sie versammelt innovative Studien, die mit kulturwissenschaftlichem Instrumentarium neue Perspektiven auf die Welt des 19. und 20. Jahrhunderts erschließen: die vertrauten und fremden Seiten der Vergangenheit, die Genese der Moderne in ihrer Ambivalenz und Kontingenz. Dazu zählen Lebenswelten und Praxisformen in Staat und Gesellschaft, Wirtschaft und Wissenschaft ebenso wie Fragen kultur- und sozialwissenschaftlicher Theoriebildung. Die Reihe weiß sich dabei einer Verbindung von strukturalistischen und subjektbezogenen Ansätzen ebenso verpflichtet wie transnationalen und transdisziplinären Perspektiven.
Der Bandbreite an Themen entspricht die Vielfalt der Formate. Monographien, Anthologien und Übersetzungen herausragender fremdsprachiger Arbeiten umfassen das gesamte Spektrum kulturhistorischen Schaffens.

Die Reihe wird herausgegeben von Peter Becker, Jane Caplan, Alexander C.T. Geppert, Martin H. Geyer und Jakob Tanner.

Andreas Zangger (Dr. phil.) arbeitet als selbständiger Historiker in Amsterdam. Seine Arbeit ist am UFSP Asien und Europa in Zürich entstanden sowie während Forschungsaufenthalten in Singapur, Leiden und Amsterdam.

Andreas Zangger

Koloniale Schweiz

**Ein Stück Globalgeschichte zwischen
Europa und Südostasien (1860-1930)**

[transcript]

Die vorliegende Arbeit wurde von der Philosophischen Fakultät der Universität Zürich im Herbstsemester 2010 auf Antrag von Prof. Dr. Jakob Tanner und Prof. Dr. Shalini Randeria als Dissertation angenommen.

Publiziert mit Unterstützung des Schweizerischen Nationalfonds und des Universitären Forschungsschwerpunkts Asien und Europa der Universität Zürich.

Bibliografische Information der Deutschen Nationalbibliothek

Die Deutsche Nationalbibliothek verzeichnet diese Publikation in der Deutschen Nationalbibliografie; detaillierte bibliografische Daten sind im Internet über http://dnb.d-nb.de abrufbar.

Umschlaggestaltung: Kordula Röckenhaus, Bielefeld
Umschlagabbildung: © Tropenmuseum Amsterdam
Lektorat & Satz: Andreas Zangger
Druck: Majuskel Medienproduktion GmbH, Wetzlar
ISBN 978-3-8376-1796-2

Gedruckt auf alterungsbeständigem Papier mit chlorfrei gebleichtem Zellstoff.
Besuchen Sie uns im Internet: *http://www.transcript-verlag.de*
Bitte fordern Sie unser Gesamtverzeichnis und andere Broschüren an unter: *info@transcript-verlag.de*

Inhalt

Tabellenverzeichnis

Abbildungsverzeichnis

Titel: Brücke bei der Plantage Polonia in Deli
Die Plantage gehörte dem Polen Ludwig Michalski, der in der Schweiz
Asyl gefunden hatte und mit einer Schweizerin verheiratet war.

Bildnachweis

Vorwort

Wie ich denn auf so ein abgelegenes Thema gekommen sei, wurde ich oft gefragt, wenn ich erzählte, dass ich eine Arbeit über Schweizer im kolonialen Sumatra schreibe. Den Anlass weiß ich sehr wohl: Ich saß im ETH-Archiv und beschäftigte mich mit Nachlässen von Botanikern. Dabei fiel mir auf, dass einige von ihnen in Indonesien gereist oder längere Zeit dort tätig gewesen waren. Es gab zahlreiche Briefe zwischen Biologen an der ETH und solchen am botanischen Garten in Buitenzorg auf Java. Was jedoch den Ausschlag gegeben hat, dass ich das eine Thema aufgab und mich der ‚Java-Connection' – so der Titel des ersten Dokuments zum Thema – zu widmen, das weiß ich nicht mehr.

Sicherlich hatte es etwas mit der Exotik des Themas zu tun, da wurde von Reisen auf Ozeandampfern, von Tigern, von tropischen Pflanzen und Begegnungen mit Indern, Malaien und Chinesen berichtet. Gewiss war es auch die unerwartete Verbindung: Berichte über Exkursionen auf Java zwischen solchen über den Schutz der Alpenflora. Diese Verbindungen weiteten sich bald aus und neben Botanikern gerieten Pflanzer auf Sumatra und Kaufleute in Singapur ins Blickfeld. Plötzlich war das Thema auch nicht mehr so abgelegen, denn einige der Kaufleute tauchten nach ihrer Rückkehr in Verwaltungsräten von Versicherungen und Großbanken wieder auf. Es war, als hätte ich in Asien eine Hintertüre mitten ins Zentrum der Schweizer Wirtschaft gefunden.

Schließlich aber hat mein Interesse mit einem Phänomen zu tun, das tief in der politischen Kultur des Landes verankert ist. Wirtschaftliche Größe und Weltoffenheit begleitet eine politische Selbstbezogenheit und Enge. Diese Diskrepanz zwischen Kleinheit und Größe, zwischen Enge und Offenheit, zwischen Politik und Wirtschaft hat in der einen oder anderen Form wichtige politische Fragen der letzten 20 Jahre begleitet – vom Verhältnis zu Europa, über den Niedergang der Swissair bis zum UBS-Debakel. Meine Arbeit will dazu beitragen, ein Bewusstsein für politische und wirtschaftliche Dimensionen der weltweiten Verflechtung der Schweiz schaffen. Dabei geht es um Verflechtungen mit ehemaligen Kolonien, ein in der Schweiz wiederum unerwartetes Thema, denn der Kolonialismus gilt hierzulande als eine Thematik anderer europäischer Nationen.

In den vergangenen fünf Jahren hatte ich Gelegenheit, am Universitären Forschungsschwerpunkt (UFSP) Asien und Europa und an der Forschungsstelle für Sozial- und Wirtschaftsgeschichte in einem inspirierenden Umfeld meiner Untersuchung nachgehen zu können. Die dreijährige Doktorandenstelle am UFSP Asien und Europa ermöglichte mir, der Untersuchung hauptberuflich nachgehen zu können. Dank eines Stipendiums des Schweizerischen Nationalfonds konnte ich für den Abschluss meiner Arbeit an der National University of Singapore, an der Universität Leiden und am Internationaal Instituut voor Sociale Geschiedenis (IISG) in Amsterdam arbeiten. Die Publikation dieses Buches wurde ebenfalls vom Schweizerischen Nationalfonds und dem UFSP Asien und Europa unterstützt. Diesen Institutionen sei für ihre Unterstützung gedankt.

Dank gilt meinen beiden Referenten Prof. Jakob Tanner und Prof. Shalini Randeria für ihre Begleitung der Arbeit. Im gleichen Zug möchte ich Prof. Hansjörg Siegenthaler, Bernhard Schär, Stephan Küng, Dr. Christof Dejung, Dr. Stephan Durrer, Prof. Martin Lengwiler, Manuel Hiestand und Niklaus Ingold für ihre Kommentare danken.

Mein Dank gilt auch den privaten Personen und Archive, die mir Zugang zu Quellen gegeben haben, namentlich Markus Keller von der Diethelm Keller Holding, Cilly Wahlich, Edi Furrer, Theophil von Sprecher, Hansjürg Saager, Walter Zollinger-Streiff.

Vor allem möchte ich meiner Mutter, Gabrielle Zangger-Derron, danken, die das ganze Manuskript lektoriert hat, ebenso Hans Hartmann, Brigitte Kreger und Luna Maurer für das Lektorieren des ersten Manuskripts. Luna Maurer möchte ich speziell danken für ihre Begleitung der Arbeit. Danken möchte ich Regula Würgler-Zweifel für ihre Unterstützung. Schließlich möchte ich Silvia Ruckstuhl danken für ihre Hilfe in diesen Jahren.

Einleitung

Für den Abschluss meiner Dissertation hatte ich die Gelegenheit, am Internationaal Instituut voor Sociale Geschiedenis (IISG) in Amsterdam arbeiten zu können. Das IISG liegt am Eingang des ehemaligen Zollfreihafens Amsterdam, in dem von 1890 bis 1970 die großen niederländischen Linien ihre Waren löschten und wieder luden. In den Lagern mischten sich ferne Düfte, der Geruch von Kakao, Kaffee, Zimt, Kokos und Tabak, mit denen des Viehmarkts und des Schlachthofs gegenüber. Viele Schiffe kamen aus der indonesischen Kolonie, brachten Produkte, die in Lagerhallen gestapelt, an den Warenbörsen verkauft und schließlich an ihre Enddestination verfrachtet wurden. Straßennamen wie Borneokade oder Panamakade – Kade heißt Quai – erinnern an den einstigen Horizont des Hafens. Heute allerdings liegen dort nur noch einige Hausboote und Yachten, während sich der Warenverkehr nach Rotterdam verlagert hat.

Geht man vom IISG am ehemaligen Viehmarkt vorbei über den Kanal geradeaus in die Molukkenstraat, kommt man in die ,Indische Buurt', ins Indische Viertel. Es entstand mit dem starken Bevölkerungswachstum anfangs des 20. Jh. und schuf Wohnraum für die wachsende Zahl von Hafenarbeitern. Sein Name hat nichts mit der Herkunft seiner Bewohner zu tun, die Bevölkerung ist ethnisch stark gemischt. ,Indisches Viertel' spielt auf die Straßenbezeichnungen an, für welche die Inseln und Provinzen der niederländischen Kolonie im Osten, Nederlands Oostindië, Namen gestanden hatten. In den Niederlanden blieb die Bezeichnung Indien auch nach dem Ende ihrer Ostindien-Kompanie bestehen. ,Nederlands Oostindië' bezeichnet Indonesien, ,Nederlands Westindië' hingegen Surinam und einige Inseln der Antillen.

Der Molukkenstraat entlang vorbei an Bilitonstraat, Niasstraat und Madurastraat gelangt man zum Javaplein. Biegt man dort rechts ab in die Javastraat, folgt ihr weiter vorbei an Borneo-, Sumatra- und Celebesstraat und unter der Bahnlinie hindurch, bis die Strasse – inzwischen zur Eerste Van Swindenstraat (nach dem Erfinder der Hausnummerierung) mutiert – in die Linnaeusstraat (nach dem schwedischen Botaniker) mündet, so sieht man gegenüber rechter Hand einen großen Gebäudekomplex in historistischem Stil: das Tropenmuseum, das zwischen 1915 und 1926 in einer Public-Private-Partnership erbaut wurde. Es beherbergt ein Museum für Ethnographie (früher hieß es Kolonialmuseum) und das Tropeninstitut (Koninklijk Instituut voor de Tropen, früher Coloniale Instituut). Das Gebäude schmücken Reliefe mit Motiven aus Indonesien und aus der Geschichte der Seefahrt. Besonders eindrücklich ist ein Wandgemälde im Treppenhaus, das links den industriellen Westen, in der Mitte den agrarischen Osten und rechts die Zusammenarbeit der beiden zeigt sowie Entwicklung und Wohlstand, die aus dieser Kooperation hervorgehen.

Die kleine Tour durch das östliche Amsterdam und im speziellen das Wandgemälde zeigen deutlich, wie stark das Selbstverständnis der Niederlande vom Verhältnis zu Indonesien geprägt ist. Die eigene Identität und die Rolle in der Welt wurden anhand der Beziehung zu den Kolonien entwickelt. Die New Imperial History hat am Beispiel Englands die kulturellen Rückwirkungen des Imperialismus auf das Mutterland beschrieben.[1] In der niederländischen Historiographie hingegen geht es vor allem um die Frage der finanziellen Beziehungen zur ehemaligen Kolonie,[2] aber auch hier ist die Frage der Rückwirkungen der Kolonialgeschichte auf die Geschichte des Mutterlandes stets präsent, etwa am Beispiel von Migration und dem kulturellen Verkehr zwischen Indonesien und den Niederlanden.[3]

Wie nun sieht dies für die Schweiz aus? Einem Historiker, der die Beziehungen zwischen der Schweiz und dem kolonialen Singapur und Sumatra untersucht, wird in den Niederlanden meist zuerst die Frage gestellt, ob es denn eine solche Beziehung überhaupt gegeben habe, während in der Schweiz eher die geographische Lage Sumatras geklärt werden muss. Dies war nicht immer so. In den Niederlanden gab es früher durchaus ein Bewusstsein für den Umstand, dass Europäer aus anderen Ländern – vor allem aus solchen, die wenig eigene oder gar keine Kolonien hatten wie Deutschland und die Schweiz – die Niederländer in ihren kolonialen Bestrebungen unterstützten, und auch in der Schweiz war Sumatra an gewissen

---

1   Siehe den programmatischen Sammelband Wilson, Kathleen (2004). *A new imperial history: culture, identity, and modernity in Britain and the Empire, 1660-1840*; für einen kritischen Überblick siehe Marshall, Peter J. British Imperial History ‚New' And ‚Old'. *History in Focus*. Institute of Historical Research. (www.history.ac.uk/ihr/Focus/Empire vom 18.2.2010).

2   Siehe etwa de Jong, Jantje (1989). *Van batig slot naar ereschuld: de discussie over de financiële verhouding tussen Nederland en Indië en de hervorming van de Nederlandse koloniale politiek 1860-1990.*

3   Ulbe Bosma hat das Thema der niederländischen Migranten nach Indonesien und ihrer Rückkehr ins Mutterland bearbeitet. Bosma, Ulbe (2010). *Indiëgangers: verhalen van Nederlanders die naar Indië vertrokken*; Bosma, Ulbe/Remco Raben (2008). *Being „Dutch" in the Indies: a history of creolisation and empire: 1500-1920*. Siehe auch Gouda, Frances (1995). *Dutch culture overseas: colonial practice in the Netherlands Indies, 1900-1942.*

Orten durchaus in die imaginäre Landkarte eingeschrieben. Dafür sorgten Plantagenbesitzer, die nach ihrer Rückkehr von Sumatra in der Schweiz luxuriöse Villen bauten oder bezogen. Die Villa Patumbah von Karl Fürchtegott Grob im Zürcher Seefeld ist so ein Werk. Die in den frühen 1880er Jahren in historistischem Stil erbaute Villa an der Zollikerstrasse setzte mit ihren Verzierungen der Außenfassade und den Bemalungen im Innern des Hauses neue Maßstäbe an Aufwand für Folgeprojekte. Vor allem die großzügige Gartenanlage, für die Grob den international bekannten Gartenarchitekten Evariste Mertens engagierte, beeindruckte die Zeitgenossen. Karl Krüsi, ebenfalls ein Privatier aus Sumatra, bezog eine Villa oberhalb der Weinbergstrasse in Zürich , die er Villa Sumatra taufte, ein ebenso aufwendig gestaltetes Anwesen. Heute noch erinnert die Sumatrastrasse an die in den 1970er Jahren abgerissene Villa. Auch im Arbeiterviertel Wiedikon gab es eine ‚Villa Sumatra'. So hieß die alte Scheune des Droschkiers Klingler, die vermutlich aufgrund ihrer Schäbigkeit wegen den Namen erhielt.[4] Das Beispiel zeigt, dass in Zürich der Name Sumatra einen Platz hatte und den Klang von unermesslichem Reichtum haben musste.

Auch ‚Ostindien' war einst ein geläufiger Begriff, vor allem in den Ostschweizer Regionen, die Textilien exportierten. Ostindien war eine Zeit lang der Hauptabsatzmarkt und hatte somit einen festen Platz in der imaginären Weltgeographie von Teilen der Bevölkerung. So interessierten sich auch geographische Gesellschaften für Vor- und Hinterindien, wie man damals die Region von Pakistan bis zu den Philippinen nannte.[5] Allerdings ging das Wissen um diese Kategorie aus der Zeit der Seefahrer und des frühen Kolonialismus mit der Zeit verloren. Eine Suche nach dem Stichwort Ostindien im Katalog der Akademischen Bibliotheken in Zürich, fördert einerseits Bücher aus der Kolonialzeit über Indonesien, anderseits neuere über das östliche Indien zutage. Die koloniale Kategorie von einst geht nahtlos in eine andere über und verliert mit zunehmender zeitlicher Distanz ihre einstige Bedeutung.[6]

Das Vergessen scheint also ein in der Schweiz möglicher Umgang mit dem Kolonialismus gewesen zu sein. Manches wurde aber auch bewusst ausgeblendet. Symptomatisch dafür ist der Bildband von Gotthard Schuh «Inseln der Götter», eines der bekanntesten Bücher aus den Hochzeiten des Photojournalismus. Gotthard Schuh ist 1938 nach Sumatra, Java und Bali gereist, unter anderem, um seine Schwester zu besuchen, deren Mann auf

---

4   Aus dem Quartier Wiedikon. NZZ vom 28.2.1928.

5   Hinterindien wird als Bezeichnung für das südostasiatische Festland (Burma, Thailand, Kambodscha, Laos, Vietnam und Malaysia verwendet, während Ostindien Süd- und Südostasien (oder nur Indien) umfasst.

6   Diese Stichwortvergabe der Bibliothek einer ohnehin kaum relevanten Kategorie wurde hier wohl etwas überstrapaziert. Laura Ann Stoler plädiert dafür, solche Kategorisierungen in Archiven als Zeugnisse von kolonialen Wissensordnungen ernst zu nehmen. Stoler, Ann Laura (2009). *Along the archival grain: epistemic anxieties and colonial common sense.*

einer Teeplantage auf Sumatra angestellt war.[7] Schuh dokumentierte verschiedene Seiten der ‚condition humaine' im spätkolonialen Indonesien: die
traditionelle Leben der einheimischen Bevölkerung, das moderne Indonesien und das Aufeinandertreffen von Indonesien und dem Westen und illustriert in der Ausgabe von 1941 die Geschichte seiner Reise.

Abbildung 1: Feierabend auf Sumatra

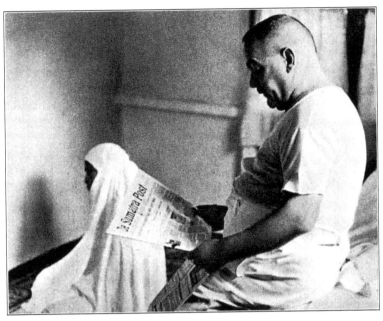

Quelle: Gotthard Schuh (Fotostiftung Schweiz/keystone)

In den Editionen von 1954 und 1960 findet man dann nur noch Bilder des
traditionellen Indonesiens dessen Exotik der Text bekräftigt. Im Zeitalter der
zunehmenden Massenvermarktung der Tourismusdestination Bali schien die
jüngste koloniale Vergangenheit zu einem störenden Element geworden zu
sein. Bilder wie der „Feierabend auf Sumatra", auf dem ein wohlgenährter
Aufseher mit seiner javanischen Hausangestellten zu sehen ist, passten da
ebenso wenig hinein wie eine westlich gekleidete Indonesierin, die im
Museum in Jakarta eine religiöse Statue betrachtet. Die letztere Darstellung
des modernen Indonesiens, am Vorabend der Entkolonialisierung, wurde in
den späteren Ausgaben rücksichtslos weg geschnitten; nur der exotischen
Statue war es vergönnt den Band zu zieren.[8]

Ob vergessen oder bewusst ausgeblendet, stellt sich die Frage, ob die
Geschichte von Schweizern im kolonialen Südostasien eine Episode der

---

7   Eugen Friederich Zaugg war von 1913 an auf Sumatra tätig und heiratete 1919
    die Schwester von Schuh. Matrikelbuch Medan, BAR 2200.62 1977/47 I.

8   Schuh, Gotthard (1941, 1960). *Inseln der Götter: Java, Sumatra, Bali.*

Geschichte ist, vergangen und abgeschlossen, abgesehen von den wenigen Villen in einigen Schweizer Städten. Die Frage ist hier natürlich rhetorisch gestellt. Gehen wir nochmals an die Zollikerstrasse zur Villa Patumbah, durchqueren den Park und verlassen ihn durch das unteren Tor an der Mühlebachstrasse, folgen dieser stadteinwärts der Grenze der Quartiere Seefeld und Mühlebach entlang. Linker Hand an der Wiesenstrasse liegt das Orientalische Seminar, das den Universitären Forschungsschwerpunkt (UFSP) Asien und Europa beherbergt. Die vorliegende Arbeit ist auch das ist im Rahmen dieser Forschungsinitiative entstanden.

Zwei der Projektteilnehmerinnen haben als Kinder in Asien gelebt. Ihre Väter arbeiteten beide für eine Firma, deren Bürogebäude gleich auf der gegenüberliegenden Straßenseite des Orientalischen Seminars liegt. Zum Hauptsitz muss man allerdings der Mühlebachstrasse noch etwa 200 Meter in Richtung Stadelhofen folgen. Die Fassaden der Bürogebäude aus den 1970/80er Jahren zeugen von Aufwand und wirken trotzdem unscheinbar. Den Eingang ziert ein Logo mit einer Palme, dazu die wenig sprechende Abkürzung DKSH. Kaum jemand in meinem Umfeld kennt die Firma, wohl aber einige ihrer Tochterfirmen, etwa Zyliss und König Haushaltmaschinen, Wetrok Industriereiniger oder STA Travel, einen der führenden Anbieter von Billigreisen.

Hinter DKSH stehen drei Familienfirmen, die ab den 1860er Jahren über Generationen hinweg im Asiengeschäft tätig sind: Diethelm in Indochina, Keller auf den Philippinen und Siber Hegner in Japan und China. Die Familienunternehmen haben 2000 und 2002 zur DKSH fusioniert und sind heute von ihrem Umsatz eine der zwanzig größten Firmen der Schweiz. Ihr CEO saß bis vor Kurzem im Verwaltungsrat der UBS, und es ist nicht ausgeschlossen, dass die langjährig aufgebauten Kontakte auf dem Platz Singapur der DKSH mit im Spiel waren, als der Singapurer Staatsfond GIC Ende 2007 der UBS unter die Arme griff. Insofern ist also die Geschichte von Schweizern in Südostasien wieder höchst belangvoll für die Gegenwart.

Diese Geschichte hat etwas mit Kolonialismus zu tun. Das mag zunächst befremden, denn Kolonialismus wird hierzulande meist mit kolonialer Herrschaft in Verbindung gebracht, und deshalb in keinen Bezug zur Schweiz gesetzt. Während beim Besitzer einer beliebigen Villa in Den Haag die Verbindung zur niederländischen Kolonie auf der Hand liegt, hat der Besitzer der Villa im Seefeld „sein Glück in der Welt draußen" gemacht. Natürlich steht der Schweizer, der mit einem Vermögen aus Indonesien zurückkehrt, in einem anderen Verhältnis zu diesem Land als sein niederländisches Gegenstück. Doch sowohl der Besitzer der Villa Patumbah im Seefeld wie sein fiktives Gegenüber in Den Haag haben von kolonialen Strukturen profitiert, die ihnen erlaubten, schnell reich zu werden.

Mich interessieren sowohl die Geschichten von Menschen, vornehmlich Männern, welche ihr gewohntes Leben verlassen haben, um eine kurze oder lange Zeit im tropischen Asien zu verbringen, als auch von Unternehmen, die Verbindungen zu Asien und Europa geknüpft haben und dies zum Teil

auch heute noch tun. Mich interessieren die Interaktionen zwischen Südostasien und der Schweiz, welche die weitere Entwicklung der Beziehungen
begreifbar machen. Was trieben Schweizer in Singapur und Sumatra? Was
hat dies mit Kolonialismus zu tun? Welche Auswirkungen hatte diese Tätigkeit in der Schweiz? Diese allgemein gestellten Fragen leiten die Untersuchung – eine detaillierter formulierte Fragestellung folgt im übernächsten
Abschnitt.

LITERATUR

Weder die Geschichte von Schweizern in den europäischen Kolonialreichen,
noch diejenige von Schweizern im Fernen Osten sind in der Historiographie
gut beleuchtet, dies obwohl gerade die südostasiatischen Kolonien zeitweise
sowohl wirtschaftlich als auch kulturell und wissenschaftlich als Tor der
Schweiz zu den Tropen eine bedeutende Rolle spielten. Auf die Gründe für
diese Lücken wird später eingegangen. Es gibt jedoch in der Literatur Anknüpfungspunkte, die wiederum bestimmte Zugänge eröffnen. Die *Migrationsgeschichte* interessieren die Umstände von Aus- und Rückwanderung.
Die *Wirtschafts-* und *Unternehmensgeschichte* behandelt aus volkswirt-
schaftlicher Sicht die Bedingungen der Exportwirtschaft und aus der Perspektive der Unternehmen die Entwicklung auf bestimmten Märkten. In
Südostasien stellt sich die Frage der *Beteiligung am kolonialen Projekt*, also
die Positionierung im sozialen und politischen Umfeld der Kolonie. In
neuester Zeit werden in der *Verflechtungsgeschichte* mitunter die Rückwirkungen des kolonialen Projekts auf verschiedene politische Einheiten, seien
es Regionen, Länder oder bestimmte Aspekte der Entwicklung im Westen
analysiert. Für die Schweiz sind Studien, die sich auf diesen Ansatz beziehen, erst im Entstehen.

Zum migrationsgeschichtlichen Zugang

Das Programm der Migrationsgeschichte in der Schweiz wurde von verschiedenen Exponenten des Bereiches in einem programmatischen Artikel
von 1987 vorgestellt.[9] Damals stand die Migrationsgeschichte noch gänzlich
in einem nationalen Rahmen und postulierte eine gesamtschweizerische vergleichende Schau der Migrationsbewegungen aus der Schweiz und zurück.
Daraus entstanden zahlreiche Studien, die sich der Migration aus der
Schweiz in jeweils eine bestimmte Region widmeten. Die regionale Verteilung der Studien spiegelt die Verteilung der Migration. Weitaus am meisten
Studien befassen sich mit der Auswanderung nach Nordamerika.[10] Weitere

---

9   Goehrke, Carsten/Hans Werner Tobler, (1987). Zu Stand und Aufgaben schwei-
     zerischer historischer Wanderungsforschung. *Schweizerische Zeitschrift für
     Geschichte* 37(3). P. 303-32.

10   Für einen Forschungsüberblick siehe ebd.

Schwerpunkte bilden Studien zur Migration nach Russland im Umfeld der Forschung von Carsten Goehrke und nach Brasilien um diejenige von Béatrice Ziegler Witschi. Es sind aber auch andere Studien zur Migration in verschiedenste Weltregionen, insbesondere nach Ländern Afrikas, Asiens und nach Australien, entstanden. Diese stehen oft unter dem Titel «Schweizer in ...» oder «Schweizer Präsenz in ...».[11] Nicht zuletzt trägt auch heute die Organisation zur Vermarktung der Schweiz im Ausland den Titel ‚Präsenz Schweiz'. Gemäß dem Wikipedia Artikel zum Stichwort «Präsenz» wird dieses „in Zusammenhängen verwendet, in denen Anwesenheit oder Gegenwart von etwas in besonderer Weise auffällig erscheinen oder hervorgehoben werden soll".[12] Der Diskurs um Auslandschweizer verwendet häufig den Topos der geringen Anzahl von Schweizern an sich und im Besonderen im Ausland, der Größe der Welt und der erstaunlichen Sichtbarkeit und Wirkung dieser Gruppe.[13]

Die Migration in die ehemaligen Kolonien und heutigen Entwicklungsländer ist zahlenmäßig gering. Das Handbuch für Überseer geht für 1940 von knapp 90.000 Schweizern in Übersee aus, von denen über 80 % auf Nord- und Südamerika sowie Australien und Neuseeland entfallen. Die rest-

---

11 Eine unsystematische Aufzählung einzelner Titel: Müller, Anita (1992). *Schweizer in Alexandrien, 1914-1963*; Schneider, Lukas M. (2002). *«Les temps ne sont point pour les colons»: Schweizer Präsenz im Argentinien der Zwischenkriegszeit*. In: Gérald Arlettaz (Ed.). Die Auslandschweizer im 20. Jh. P. 249-76; Sigerist, Stefan (2001). *Schweizer in Asien*; Steinmann, Stephan (1998). *Seldwyla im Wunderland: Schweizer im alten Shanghai (1842-1941)*; Debrunner, Hans Werner (1991). *Schweizer im kolonialen Afrika*; Dietrich, Eva/Roman Rossfeld/Beatrice Ziegler (Eds.) (2003). Der Traum vom Glück. Schweizer Auswanderung auf brasilianische Kaffeeplantagen 1852-1888; Ernst, Felix (Ed.) (1979). History of the Swiss in Southern Africa, 1652-1977; Lenzin, René (2002). *Schweizer im kolonialen und postkolonialen Afrika*. In: Gérald Arlettaz (Ed.). Die Auslandschweizer im 20. Jh. P. 299-326; Linder, Adolphe (1997). *The Swiss at the Cape of Good Hope, 1652-1971*; Romer, Sandra (2003). *Eine neue Heimat in Südwestafrika? Die Schweizer Auswanderung nach Namibia, 1870-1946*; Lenzin, René (1999). *Afrika macht oder bricht einen Mann: soziales Verhalten und politische Einschätzung einer Kolonialgesellschaft am Beispiel der Schweizer in Ghana (1945-1966)*; Linder, Adolphe (1998). *Die Schweizer in Mosambik, 1721-1990*; Wegmann, Susanne Katharina (1988). *Zur Migration der Schweizer nach Australien*; Witschi, Beat (1987). *Schweizer auf imperialistischen Pfaden: Die Schweizer Handelsbeziehungen mit der Levante 1848-1914*; Ziegler, Béatrice (1988). Schweizerische Kaufleute in Brasilien im 19. Jh. *Jahrbuch für Geschichte von Staat, Wirtschaft und Gesellschaft Lateinamerikas* 25. P. 141-67.

12 Wikipedia, Artikel «Präsenz». vom 25.5.2010.

13 Siehe z.B. Hauser-Dora, Angela Maria (1986). *Die wirtschaftlichen und handelspolitischen Beziehungen der Schweiz zu überseeischen Gebieten 1873-1913*. Für eine aktuelle Version des Themas: Abegg, Bruno (2006). *Small number – big impact: Schweizer Einwanderung in die USA*.

lichen gut 15.000 Personen sind über alle Länder verteilt. Angesichts dieser Verbreitung ist die Präsenz von Schweizern schon beinahe als Normalfall zu bezeichnen.[14] Es wird dabei ein Kontrast zur niederländischen Präsenz in Ländern des Südens deutlich: Niederländer waren viel mehr auf ihre Kolonien fixiert. In der Schweiz hingegen besteht eine Diskrepanz zwischen einem Selbstverständnis, das die geringe Größe des Landes betont und den Dimensionen der globalen Vernetzung der Schweizer Wirtschaft.

Tabelle 1: Anzahl Schweizer in Afrika und Asien (Schätzung 1940)

Marokko	2300
Algerien	2200
Südafrika	1500
Ägypten	1500
Indien	700
Indonesien	500
China	500

Baumgartner. Handbuch für Überseer. Zürich, 1947.

Die Schweizer Migration nach Asien kommt in der Forschung kaum zur Sprache. Am meisten publiziert hat bisher der Schaffhauser Unternehmer Stefan Sigerist.[15] Weitere Studien sind zu Schweizern im Osmanischen Reich und in Shanghai entstanden.[16] Nimmt man das Handbuch für Überseer zum Nennwert, so sind in Asien und Afrika mit Abstand am meisten Schweizer in Algerien, Marokko, Südafrika und Ägypten zu finden, erheblich weniger in Indien, Indonesien und China. Zahlenmäßig ist diese Migration gering, doch ihre ökonomische Bedeutung für die Schweiz ist bedeutend, handelt es sich doch bei den Migranten oft um gut vernetzte Kaufleute, Wissenschaftler und Plantagenmanager. Die vorliegende Arbeit versucht somit einen Beitrag zur Migrationsforschung in der Schweiz zu liefern, wobei die Etablierung und Entwicklung von Netzwerken im Fokus steht. Ihr Anspruch ist nicht, die Migration in einem abgeschlossenen Gebiet möglichst umfassend darzustellen, sondern die Wirkungsweise von Netzwerken zu verfolgen. Dabei überschreitet sie Grenzen, indem sie die Tätigkeit von Schweizern (und anderen Europäern) in Singapur und Sumatra beschreibt.

In der kollektiven Erinnerung ist Migration aus der Schweiz eng mit der Massenauswanderungen nach den beiden amerikanischen Kontinenten verbunden. Zwischen 1848 und 1955 mit Spitzen in den 1850er, 1880er und 1920er Jahren verließen jährlich mehrere Tausend Personen die Schweiz. Ursachen waren Armut und fehlende wirtschaftliche Perspektiven. Die Migration nach Asien dagegen ist typisch für das, was in der Forschung wahlweise als Handelsemigration (HLS), Einzelauswanderung (Goehrke,

---

14 Baumgartner, Walter (1947). *Handbuch für Überseer, Kaufleute und Auswanderer anderer Berufe, sowie für Übersee-, Import- und Exportfirmen.*

15 Sigerist, Stefan *Schaffhauser in den Diensten der niederländischen Ost- und Westindischen Handelsgesellschaften im 18. Jh.*; Sigerist, Stefan (1998). *Präsenz der Schweiz im Fernen Osten bis 1900*; Sigerist, Stefan (2001); Sigerist, Stefan (2004). *Schweizer im Orient.*

16 Siehe Fußnote 11.

Tobler), Elitenwanderung (Tobler) und individuelle Emigration (Ziegler) bezeichnet wird, womit die Wanderung von Eliten, dh. Kaufleuten, Künstlern, Wissenschaftlern, Technikern angesprochen ist.[17] Die Begriffe ‚Einzel-‘ und ‚individuell‘ sind meines Erachtens unglücklich gewählt, da gerade die so genannten individuellen Migranten oft gut vernetzt sind und ihre Beziehungsnetze auch nach der Wanderung nicht verlieren. Ihre Migration basiert meist nicht auf einer individuellen Entscheidung, sondern unter Beteiligung ihres sozialen Umfelds. Die Migrierenden treten am neuen Ort Stellen an, die sie vor der Migration arrangiert haben oder die ihnen vermittelt wurden. Bei der Massenwanderung gibt es zwar gelegentlich auch solche Vernetzungen, insbesondere bei spezifischen Kolonisationsprojekten in Nord- oder Südamerika, doch sie sind hier im Normalfall eher sozial isolierte in Massen unterwegs. Man könnte deshalb von vernetzten und isolierten Migranten sprechen, wobei man sich die Übergänge als fließend vorzustellen hat.

Eine weitere Unterscheidung besteht zwischen Siedlungskolonien und Nicht-Siedlungskolonien. Es gab dicht besiedelte Gebiete wie Java, für die sich die Frage der Besiedlung nicht stellte. Zudem galten die Tropen und gewisse subtropische Regionen, in denen die meisten Kolonien lagen, im medizinischen Diskurs der Kolonialmächte für Weiße als ungesund.[18] In den tropischen Kolonien lebte üblicherweise eine kleine europäische Oberschicht, die sich an der Spitze einer stark hierarchisch geordneten Gesellschaft einrichtete und sich gegen die nicht-weiße Bevölkerung abgrenzte. Eine Besiedelung durch Weiße war nicht vorgesehen. Dazu gehörten auch die Marginalisierung weißer Unterschichten und Maßnahmen zur Verhinderung, dass sich solche Unterschichten überhaupt bildeten.[19] Zur Migration in die tropischen Kolonien Asien und Afrikas gehörte die Idee der Rückkehr.

Dieses Migrationskonzept kommt traditionellen Vorstellungen von Migration in Europa viel näher als das Auswandern nach Amerika. Bereits seit dem Mittelalter hatten sich Kaufleute in französischen, deutschen oder italienischen Handelsstädten niedergelassen und mit ihrer Herkunftsregion Handel getrieben. Diese Kaufleute verstanden sich weniger als Auswanderer, denn als im Ausland Lebende, die ihre wirtschaftlichen und sozialen

---

17 Zur Differenz zwischen Massen- und Einzelauswanderung siehe den Artikel von Karlen und Tobler in der Traverse. Karlen, Stefan/Tobler, Hans Werner (1998). Massen- und Einzelauswanderung aus der Schweiz nach Lateinamerika im 19. und 20. Jh. *Traverse* (2). P. 71-82.

18 Siehe z.B. Stuchtey, Benedikt (2005). *Science across the European empires, 1800-1950.* Hiltrud Lauer bezeichnet die Gefährlichkeit des Klimas als eine von drei Diskurslinien zur Beurteilung von Land in Afrika. Lauer, Hiltrud (2009). *Die sprachliche Vereinnahmung des afrikanischen Raums im deutschen Kolonialismus.* In: I. Warnke (Ed.). Deutsche Sprache und Kolonialismus: Aspekte der nationalen Kommunikation 1884-1919. P. 203-33.

19 Stoler, Ann Laura (2002). *Carnal knowledge and imperial power. Race and the intimate in colonial rule;* Fischer-Tiné, Harald (2009). *‚Low and Licentious Europeans‘: Race, Class and White Subalternity in Colonial India.*

Verbindungen und Netzwerke mit der Schweiz nicht abbrechen ließen, sondern bewusst pflegten und nach Möglichkeit eine Rückkehr anstrebten. Stellen wir die beiden Migrationskonzepte „auswandern" und „im Ausland leben" idealtypisch einander gegenüber, so lassen sich Differenzen auf verschiedenen Ebenen herausarbeiten. Auswandern bedeutet die Aufgabe einer Existenz im Herkunftsland und die Suche nach einer neuen Existenz im Zielland; es ist ein Aufbruch ins Ungewisse. Auswandern ist ein Phänomen ländlich-bäuerlicher Schichten aus dem Voralpenbogen, sei es nun, dass diese Menschen direkt vom Dorf nach Amerika auswandern, oder dass sie nach einer Binnenwanderung vom Dorf in die Stadt weiter ziehen. Es zeichnet die Wellenbewegungen der wirtschaftlichen Zyklen nach. Am meisten Menschen wandern kurz nach wirtschaftlichen Krisen aus. Auswanderung ist ein Indikator wirtschaftlicher Erholung; Menschen schmieden wieder Zukunftspläne. Auswanderungsagenturen lenken die Ströme in die Siedlungskolonien in Nord- und Südamerika. Auswanderung ist also zeitlich und örtlich konzentriert und deshalb ein Massenphänomen.

„Im Ausland leben" hingegen deutet auf eine künftige Rückkehr hin. Es ist ein Phänomen eines städtisch-kaufmännischen Milieus. Dem Leben im Ausland geht eine mehr oder weniger detaillierte Erkundung der Opportunitäten und Kontaktnahme mit Ortskundigen voraus. „Im Ausland leben" ist ein Konzept, das Schweizer zu verschiedenen Zeiten übernommen und das sie nach ganz unterschiedlichen Destinationen in der ganzen Welt getragen hat. Vor allem lassen im Ausland Lebende ihre Kontakte zum Herkunftsland nicht abbrechen.

Tabelle 2: Migrationskonzepte Auswandern und im Ausland Leben

Auswandern	im Ausland Leben
einfach	retour
ländlich-bäuerliche Schicht	städtisch-bürgerliche Schicht
zeitlich und räumlich konzentriert	zeitlich und räumlich verteilt
aus sozialer Notlage	geplant
Kontakt mit Schweiz beschränkt	wirtschaftlicher/sozialer Kontakt mit Schweiz
Integration in Gastgesellschaft	Institutionen zur Beschränkung der Assimilation

Es sei nochmals nachgeschoben, dass die Unterscheidung idealtypisch zu verstehen ist als zwei Pole, zwischen denen sich die reale Migration verteilt. Man kann sich auch vorstellen, dass in Tell City, Indiana, oder in New Glaris, Wisconsin, die beiden Konzepte fließend ineinander übergehen oder parallel nebeneinander einhergehen.[20] Diese Konstellationen treffen auf eine

---

20   Siehe auch Bonacich, Edna (1973). A Theory of Middleman Minorities. *American Sociological Review* 38(5). P. 583-94. Bonacich unterscheidet zwischen ‚sojourners' und ‚settlers', die sich in ihrem Verhältnis zu Gastgesellschaft und Herkunftsland unterscheiden und dadurch andere Berufsprofile pflegen.

bestimmte Gastgesellschaft, die wieder ihre eigenen Vorstellungen und Möglichkeiten von Integration bietet.

Die Hin- und Rückwanderung ist jedoch kein reines Elitephänomen. Temporäre Migration ist ein Phänomen von ländlichen Schichten (Wanderarbeit), von Handwerkern zur Ausbildung (Walz) und von bürgerlich mittelständischen Schichten mit dem Ziel des sozialen Aufstiegs. In neuerer Zeit interessiert sich die Migrationssoziologie und -geschichte stärker für die transnationale Vernetzung zwischen Migranten und Herkunftsland und die Prozesse von Auswanderung und Rückkehr. Dieses Interesse beruht nicht zuletzt auf der zunehmenden Bedeutung von Migration an sich, wie auch auf dem Fokus der Migrationspolitik westlicher Länder auf gut ausgebildete temporäre Migranten aus nicht-westlichen Ländern. Dabei wird auch vermehrt der methodologische Nationalismus, der die Bedeutung der Kategorie Nation in Migrationsprozessen voraussetzt, hinterfragt und stattdessen nach faktischen Verbindungen und Selbstzuschreibungen gefragt.[21] Im Zusammenhang mit Kaufleuten im Fernhandel wird häufig von Diaspora gesprochen.[22] Wie der methodologische Nationalismus in der Migrationsforschung so setzt auch der Diaspora-Begriff etwas voraus, was erst untersucht werden müsste. Donna Gabaccia kritisiert die Verwendung für sämtliche Gruppen außerhalb des Herkunftlandes und fordert stattdessen eine Überprüfung am Quellenmaterial.[23] Die um sich greifende Verwendung des Begriffes hat in den letzten Jahren zu einer Verflachung geführt.

Zusammenfassend soll eine Migrationsgeschichte also Sensibilität für die Verbindungen der Migranten vor Ort, ihre Selbstzuschreibungen, ihre Bezüge zum Herkunftsland und die Möglichkeiten und Bedingungen der Rückkehr entwickeln. Dies beinhaltet selbstverständlich eine Betrachtung der ökonomischen Dimensionen der Migration.

Zum wirtschaftsgeschichtlichen Zugang

Viel mehr Aufmerksamkeit als vonseiten der Migrationsgeschichte hat die Geschichte von Schweizern in Südostasien vonseiten der Wirtschaftsgeschichte erhalten, genauer vonseiten der Geschichte der Exportwirtschaft. Diese Geschichte hat eine makroökonomische und eine mikroökonomische, unternehmenshistorische Seite. Die Exporte nach Südostasien beschränkten

---

21   Siehe Glick Schiller, N./Basch, L./Szanton Blanc, C. (1995). From Immigrant to Transmigrant: Theorizing Transnational Migration. *Anthropological Quarterly* 68(1). P. 48-63.

22   Z.B. McCabe, Ina Baghdiantz (Ed.) (2005). Diaspora entrepreneurial networks: four centuries of history.

23   Gabaccia, Donna (2005). Juggling Jargons. ,Italians Everywhere', Diaspora or Transnationalism? *Traverse* 12. P. 49-64. Eine Diskussion des Begriffes bringt der Tagungsbericht «Diaspora as a Resource: Comparative Studies in Strategies, Networks and Urban Space». (hsozkult.geschichte.hu-berlin.de/tagungsberichte/id=3273 vom 13.12.2010).

sich im 19. Jh. fast gänzlich auf buntgedruckte und buntgewobene Stoffe aus der Ostschweiz. In regionalen Darstellungen haben die Märkte in Singapur, Batavia und Manila schon früh ihren festen Platz, so zum Beispiel bei Wartmann (1875) für die Toggenburger Industrie, bei Jenny-Trümpy (1899) für die Glarner Druckereien und bei Witzig (1929) für den Textilhandel der Region Winterthur.[24] Diese weitgehend deskriptiven Studien der regionalen Wirtschaft sind detailreich und zeigen sich sensibel für die Verbindungen dieser Industrien mit Destinationen in Übersee. Ein solches Bewusstsein für den Handel mit den Manufakturen in Asien findet man auch in einigen unternehmensgeschichtlichen Texten.[25]

In nationalökonomischen Studien der Wirtschaftsgeschichte aus der zweiten Hälfte des 20. Jh. ist eine solche Sensibilität weniger sichtbar. Gründe dafür liegen im Umstand, dass die Beziehungen zu den Destinationen im Ausland zu umfangreich und variabel waren und dass im nationalökonomischen Diskurs Exporte gängigerweise zu einer abstrakten Größe zusammengefasst werden. Ein Fokus der nationalökonomisch ausgerichteten Wirtschaftsgeschichte ist die Erklärung der Entwicklung der Exportindustrie im internationalen Vergleich.[26] Gemäß Paul Bairoch gab es im 19. Jh. für kleine Länder zwei Strategien: Entweder sie verhielten sich komplementär zu Großbritannien, indem sie Rohstoffe lieferten, oder sie konkurrenzierten die britische Industrie im Export von Manufakturen. Die Schweiz tat bekanntlich letzteres. Allerdings sei sie ohne eigene Rohstoffe, ohne Agrarüberschuss und ohne Meeranstoß zu einer solchen Entwicklung nicht prädestiniert gewesen.[27] Bergier nennt als Gründe für die Entwicklung einer Exportindustrie den Überschuss an Arbeitskräften und somit die billige Arbeit, vor allem in den Voralpen, die Qualitätsarbeit dank hohem Bildungsniveau, und das Agrardefizit, das Arbeitskräfte in die Industrie treibt.[28] Diese Erklärungen verbleiben jedoch in der Binnenperspektive. In den letzten 20 Jahren ist mit dem wachsenden Interesse an Globalisierungsprozessen, das

---

24 Wartmann, Hermann (1875). *Industrie und Handel des Kantons St. Gallen auf Ende 1866*; Jenny-Trümpy, Adolf (1899). *Handel und Industrie des Kantons Glarus*; Witzig, Paul (1929). *Beiträge zur Wirtschaftsgeschichte der Stadt Winterthur.*

25 Siehe z.B. Sulzer, Klaus (1991). *Vom Zeugdruck zur Rotfärberei Heinrich Sulzer (1800-1876) und die Türkischrot-Färberei Aadorf*; Tschudi, Peter (1931). *Hundert Jahre Türkischrotfärberei, 1829-1928: Geschichte der Rotfarb und Druckerei Joh. Caspar Tschudi in Schwanden.*

26 Siehe z.B. Bergier, Jean-François (1983). *Die Wirtschaftsgeschichte der Schweiz von den Anfängen bis zur Gegenwart.* Für eine aktuellere vergleichende Darstellung siehe Müller, Margrit/Timo Myllyntaus (Eds.) (2008). Pathbreakers: small European countries responding to globalisation and deglobalisation.

27 Bairoch, Paul (1990). *La suisse dans le contexte international aux XIXe et XXe siècles.* In: P. Bairoch/M. Körner (Eds.). Die Schweiz in der Weltwirtschaft (15.-20.Jh.). P. 103f.

28 Bergier, Jean-François (1983), P. 176-82.

Interesse an der Außenperspektive der Exportwirtschaft, also dem Außenhandel gewachsen. Der Band 8 der Schweizerischen Gesellschaft für Sozial- und Wirtschaftsgeschichte von 1990 legt reiches Zeugnis einer Wirtschaftsgeschichte ab, welche den Importen und Exporten über die Landesgrenzen hinaus nachgeht und den Handel mit einbezieht.[29] Dabei darf aber der Binnenmarkt nicht aus dem Blick geraten. David weist darauf hin, dass die Schweiz von der Globalisierung profitierte, weil sie sich auch selektiv davor schützen konnte.[30] Doch die ausgesprochen starke Orientierung nach Übersee bleibt ein zentrales Problem. Gemäß David und Etemad ist die Schweiz die einzige Industrienation, die ihre industrielle Entwicklung auf Übersee abgestützt hat. Dieser Aussage ist mit der nötigen Vorsicht zu begegnen, denn insbesondere Kolonialmächte wie Großbritannien und die Niederlanden waren in ihrer Wirtschaft natürlich ebenso sehr nach außen, insbesondere Übersee, ausgerichtet. Vielleicht müsste man eher von der Schweiz als einzigen nicht-imperialen Nation sprechen, die ihre industrielle Entwicklung auf Übersee abgestützt hat und letztere dann mit Schweden und Dänemark im 19. Jh. vergleichen. Bereits 1845 gingen 64 % der schweizerischen Exporte nach Übersee, vor allem nach Nord- und Südamerika. Aber auch Asien figuriert bei den Exportdestinationen stets im oberen Bereich.[31] Diese Bedeutung von Übersee für das nicht-imperiale Binnenland ist in der Tat erklärungsbedürftig.

Um diese Orientierung nach Übersee zu verstehen, muss die Absatzorganisation studiert werden. Damit rücken Vernetzungen mit verschiedenen Weltregionen und sich daraus ergebende Pfadabhängigkeiten der Exportwirtschaft in den Fokus. Interessanterweise stellen einige Studien, welche diesen Vernetzungen nachgehen, die Region anstelle der Nation als makroökonomische Einheit in den Vordergrund. So haben Thomas Fischer die Weltmarktintegration der Toggenburger Buntweberei und Béatrice Veyrassat diejenige der Industrie in Ste. Croix untersucht.[32] Für die Weltmarktintegration müssen die Industrien zunächst geeignete Organisationsformen finden, um steten Absatz zu gewährleisten, Marktinformationen zu bündeln und

---

29 Bairoch, Paul/Martin Körner (1990). *Die Schweiz in der Weltwirtschaft*, Vol. 8.

30 David, Thomas (2003). *Croissance économique et mondialisation: Le cas de la Suisse (1870-1914)*. In: H-J. Gilomen/M. Müller (Eds.). Globalisierung – Chancen und Risiken. P. 146.

31 Bairoch, Paul (1990). Siehe auch David, Thomas/Etemad, Bouda (1996). L'expansion économique de la Suisse en outre-mer (XIXe-XXe siècles): un état de la question. *Schweizerische Zeitschrift für Geschichte* 46(2). P. 227; Hauser-Dora, Angela Maria (1986).

32 Fischer, Thomas (1990). *Toggenburger Buntweberei auf dem Weltmarkt. Ein Beispiel schweizerischer Unternehmerstrategien im 19. Jh.* In: P. Bairoch/M. Körner (Eds.). Die Schweiz in der Weltwirtschaft. P. 183-205; Veyrassat, Béatrice (1989). *De Sainte-Croix à Rio de Janeiro: fromages et absinthe, dentelles et musiques contre café (1820-1840): entreprise, région et marché mondial.* In: Liliane Mottu-Weber et. al. (Eds.). P. 267-80.

Vertrauen zu Partnern in Übersee aufzubauen. Diese Vernetzung geschieht nicht auf einer nationalen Ebene, oft spielen jedoch volkswirtschaftliche Überlegungen mit. Harvard Historiker Charles Maier hat auf den Aufstieg und Zerfall von Territorialität als umfassendem soziopolitischem Ordnungsprinzip in modernen Gesellschaften hingewiesen, im Rahmen dessen ein Innen und Außen konstruiert wird.[33] Ein Bestandteil dieses territorialen Denkens, ist die Kategorie Volkswirtschaft, deren wachsende Bedeutung in der zweiten Hälfte des 19. Jh. mit der imperialen Expansion einherging. Die großen Länder Europas begannen ihre Rohstofbezüge und Absatzmöglichkeiten strategisch zu planen; kleine Länder mussten darauf reagieren. Um diese Prozesse zu verstehen, ist es wichtig ‚die Nation' oder ‚das Volk' in der Volkswirtschaft nicht vorauszusetzen, sondern zu analysieren, wo die Kategorie Nation ihre Wirkung zu entfalten beginnt, wo volkswirtschaftliche Überlegungen zum Tragen kommen und inwiefern Unternehmen auf nationale Strukturen bauen oder eben nicht.

Ein weiterer, eher neuerer Gegenstand der Wirtschaftsgeschichte sind Handelshäuser. Die Historiographie der Wirtschaft hat sich früher stark auf Industrie und Banken konzentriert und dabei den Handel eher stiefmütterlich behandelt.[34] Dies hat verschiedene Gründe: Erstens weisen Industrie und Banken die größten Beschäftigungszahlen aus, während die klassischen Handelshäuser mit geringem Personal auskommen. Hohe Mitarbeiterzahlen generieren Aufmerksamkeit. Zweitens sind Handelsfirmen in der Schweiz, gemäß Sebastien Guex, keine Publikumsgesellschaften, sondern traditionellerweise in Familienhand. Sie agieren äußerst diskret und veröffentlichen zum Teil nicht einmal Geschäftszahlen.[35] Die Schweiz ist in dieser Beziehung keine Ausnahme.[36] Die von Guex erwähnte Firma Diethelm (heute DKSH), das wichtigste schweizerische Handelshaus für das Gebiet Südostasiens, veröffentlicht ihre Gewinnzahlen tatsächlich nicht. Allerdings zeigt sich das Haus historischen Projekten gegenüber durchaus offen und großzügig. Die Firmengeschichte ist detailreicher und historisch informierter als manche von Publikumsgesellschaften.[37] Hauser-Dora hat für ihre Geschichte des Überseehandels Zugang zu den Archiven der Diethelm erhalten wie

---

33 Maier, Charles S. (2000). Consigning the Twentieth Century to History: Alternative Narratives for the Modern Era. *The American Historical Review* 105(3). P. 807-31.

34 Für einen detaillierten Überblick über die bestehende Literatur zu Handelsfirmen in der Schweiz siehe Dejung, Christof (2010). Unbekannte Intermediäre: Schweizerische Handelsfirmen im 19. und 20. Jh. *Traverse* 17(1). P. 139-55.

35 Guex, Sébastien (1998). *Development of Swiss trading companies in the twentieth century*. In: G. Jones (Ed.). The multinational traders. P. 150-72.

36 Peng und Ilinitch bezeichnen die mangelhafte Datenlage als wichtigen Grund für Lücken in der Forschung über Handelsintermediäre. Peng, Mike W./Ilinitch, Anne Y. (1998). Export Intermediary Firms: A Note on Export Development Research. *Journal of International Business Studies* 29(3). P. 609-20.

37 Eggenberger, Jakob (1987). *Das Haus Diethelm im Wandel der Zeit, 1887-1987.*

ebenso problemlos ich selbst.[38] Drittens ist im wirtschaftlichen Selbstverständnis der Schweiz – im Unterschied etwa zu Holland – nicht der Handel, sondern die Idee der Qualitätsarbeit zum Leitmotiv geworden. Dieser Umstand spiegelt jedoch nicht die faktische Bedeutung der Schweiz als Handelsplatz für viele Produkte.[39]

Die Handelshäuser sind für die Exportwirtschaft ein unentbehrliches Verbindungsglied zu den Exportländern. Produkte werden nicht einfach nachgefragt, sondern aktiv vermarktet. Im 19. Jh. wurden Exporte aus der Schweiz wohl mehrheitlich über schweizerische Handelshäuser abgewickelt. Insofern sind Migration und Wirtschaft verknüpft. Die Performance der Exportwirtschaft kann nur ungenügend verstanden werden, bezieht man diese Distributionskanäle nicht ein.

Eine wertvolle Quelle für die Geschichte international tätiger Handelshäuser sind wiederum die Jubiläumsbände und Firmengeschichten der Häuser selbst.[40] Doch diese blenden meist die politischen und sozialen Bedingungen des Handels vor Ort aus. Auch erhalten die Abnehmer der Schweizer Produkte selten Gestalt. Die Geschichte bleibt deshalb zum Teil seltsam aseptisch; die Welt draußen perlt an ihr ab wie Wasser an einer Lotusblume. Diese mikroökonomische Problematik findet auf der makroökonomischen Ebene ihre Entsprechung im Fokus auf den Begriff der Globalisierung, der die Machtverhältnisse des Kolonialismus ausblendet. Aus einer wirtschaftsgeschichtlichen Perspektive sollte deshalb die Exportwirtschaft in ihren Beziehungen zu den Absatzmärkten und die soziale Organisation des Vertriebs analysiert werden, wobei die Abnehmer und die Bedingungen des Handels im Rahmen der Kolonialherrschaft einzubeziehen wären.

Historiographie der sozialen und politischen Verflechtungen

Mit dem sozialen und politischen Umfeld von schweizerischer Migration und Handel in ehemaligen Kolonien beschäftigt sich ein Zweig der Geschichte, den ich hier *Beteiligungsgeschichte* nenne.[41] Diese fragt – im Anschluss an die in den 1990er Jahren in der hiesigen Geschichtswissenschaft dominante Diskussion über die Verstrickungen der Schweiz mit dem Dritten Reich – nach der Beteiligung der Schweiz an anderen großen Un-

---

38 Hauser-Dora, Angela Maria (1986).

39 Die Schweiz war Mitte der 1980er Jahre nach London weltweit der zweitwichtigste Handelsplatz für Rohstoffe. Guex, Sébastien (1998), P. 150.

40 Bartu, Friedemann (2005). *The Fan Tree Company: three Swiss merchants in Asia*; Eberhardt, Fritz (1960). *J.H. Trachsler AG, Bern, 1885-1960*; Eggenberger, Jakob (1987); Meyer, Walter (1982). 100 years of Berli & Jucker.

41 Diese Bezeichnung verdanke ich meinem Kollegen Bernhard Schär, mit dem ich im Laufe meiner Dissertation in stetem Austausch gestanden habe und dessen Dissertation über die Forschungen der Vettern Fritz und Paul Sarasin auf Sulawesi im Entstehen begriffen ist.

rechtssystemen der Geschichte wie Sklaverei, Kolonialismus oder Apartheid[42] und versucht so, die sozialen und politischen Implikationen der
Migration aus der Schweiz nach Übersee und der Aktivität der Schweizer
Exportwirtschaft in den jeweiligen kolonialen Gesellschaften ins Auge zu
fassen und sozial einzubetten.

Umfassende Antworten auf nationaler Ebene zu geben ist dabei ein
schwieriges Unterfangen, denn je nach Gastgesellschaft zeigen sich spezifische Probleme und Reaktionen von Technikern, Exportkaufleuten, Plantagenunternehmern oder Missionaren vor Ort, wie auch von Unternehmen,
kulturellen und philanthropischen Organisationen sowie wissenschaftlichen
und politischen Institutionen in der Schweiz. Bereits 1932 hat Richard Behrendt den Versuch einer Gesamtschau unternommen und die Frage nach der
Position der Schweiz in den imperialistischen Projekten der Großmächte
gestellt. Seine wegweisende Studie unter dem Titel «Die Schweiz und der
Imperialismus» untersucht das Verhältnis von Exportwirtschaft, Kapitalgewinn und Tourismus sowie die Bedeutung der überseeischen Märkte in der
Schweizer Außenwirtschaftsbilanz.[43] Behrendt stellt die These auf, dass die
Kleinmacht Schweiz als lachende Dritte mehr Kapital aus dem Kolonialismus schlagen konnte als die sich gegenseitig in Schach haltenden Großmächte. Diese These von der Schweiz als Trittbrettfahrerin klingt nur allzu
vertraut aus der Perspektive außenpolitischer Fragen der letzten Jahre.

Behrendt argumentiert allerdings allein auf der Basis von volkswirtschaftlichen Zahlen und geht auf Bedingungen in den Kolonien nicht ein.
Spätere Untersuchungen, welche den Kontext der kolonialen Gesellschaften
einbeziehen, nehmen Behrendts These auf. Beat Witschi etwa behauptet in
seiner Untersuchung über Schweizer im Osmanischen Reich, dass sie als
Berater erwünscht waren, da hinter ihnen keine Großmacht-Interessen standen.[44] Witschi spricht von ‚sekundärem Imperialismus'. Andere Autoren
haben von ‚heimlichem Imperium', von ‚colonialisme oblique' oder von

---

42   Zur Sklaverei siehe David, Thomas et al. (Eds.) (2005). *Schwarze Geschäfte:*
     die Beteiligung von Schweizern an Sklaverei und Sklavenhandel im 18. und 19.
     Jh.; Stettler, Niklaus/Peter Haenger/Robert Labhardt (Eds.) (2004). *Baumwolle,*
     Sklaven und Kredite: die Basler Welthandelsfirma Christoph Burckhardt & Cie.
     in revolutionärer Zeit (1789-1815); zur Apartheid Bott, Sandra (2005). *Suisse –*
     Afrique (18e-20e siècles) de la traite des Noirs à la fin du régime de l'apart-
     heid, Vol. 6; Kreis, Georg (2005). *Die Schweiz und Südafrika 1948-1994.* Die
     Beziehungen zum Kolonialismus führen natürlich viel weiter und sind in zahl-
     reichen Detailstudien thematisiert. Den Versuch einer Vogelschau zum Verhält-
     nis der Schweiz zum Kolonialismus liefern David, Thomas/Bouda Etemad
     (Eds.) (1993). *La Suisse sur la ligne bleue de l'Outre-mer. Les Annuelles*, Vol. 5.

43   Behrendt, Richard (1932). *Die Schweiz und der Imperialismus. Die Volkswirt-*
     schaft des hochkapitalistischen Kleinstaates im Zeitalter des politischen und
     ökonomischen Nationalismus.

44   Witschi, Beat (1987), P. 179f.

‚verdecktem Kolonialismus' (colonialismo felpato) gesprochen.[45] Veyrassat findet die Neutralitätsthese Witschis im Falle der Schweizer in Lateinamerika nicht zutreffend und spricht stattdessen von der Vielschichtigkeit und Flexibilität der schweizerischen Expansion.[46] Gegen die These Witschis argumentiert auch David, indem er an einem Fallbeispiel zeigt, dass im Orient die Haltung und der Erfolg von Schweizern von der Anlehnung an die Großmächte abhängig waren.[47]

Die verschiedenen Positionen und Haltungen von Schweizern werden von unterschiedlichen Bedingungen in den Gastländern mitbestimmt. Ein zentrales Kriterium ist die *Form der Gerichtsbarkeit*. In den selbständigen Ländern Südamerikas mit eigener Gerichtsbarkeit und mit großen schweizerischen Kolonien machte sich die Investition in eine eigene diplomatische Vertretung weitaus bezahlter als etwa dem osmanischen Reich, wo Schweizer die Privilegien der extraterritorialen Gerichtsbarkeit der europäischen Großmächte nutzen konnten. Eine vergleichende Studie zur Haltung von Schweizer Kolonien gegenüber der Gerichtsbarkeit in den jeweiligen Ländern ist ein Desideratum und gäbe zugleich Aufschluss über das Verhältnis zu diesen Ländern wie auch zur offiziellen Schweiz.

Generell sollte der Blick allerdings nicht allzu schnell auf ‚die Schweiz' gelenkt werden. Schweizer im Ausland sind abgesehen von einigen konsularischen und diplomatischen Vertretern nicht in offizieller Mission unterwegs. Dementsprechend stellt sich die offizielle Schweiz – insbesondere wenn es um Entschädigungszahlungen geht – auf den Standpunkt, die mit dem programmatischen Statement des Schweizer Menschenrechtsvertreters bei der Uno, Jean-Daniel Vigny, an der Uno-Konferenz 2001 in Durban zusammengefasst werden können: „Die Schweiz hatte mit (Sklaverei, Sklavenhandel und) Kolonialismus nichts zu tun"[48].

Diese Position in ihrer radikalen Vereinfachung ist nicht haltbar, dies haben die verschiedenen erwähnten Studien zum Thema deutlich gemacht.[49] Die Sichtweise reduziert den Kolonialismus auf die koloniale Herrschaft. Fragt man nämlich, ob die Schweiz eine *imperiale* Nation war, so kann man

---

45 Ruffieux, Roland (1986). *Die Schweiz des Freisinns*. In: Beatrix Mesmer/Hof Im, Ulrich (Eds.). Geschichte der Schweiz und der Schweizer. P. 639-729; Stucki, Lorenz (1968). *Das heimliche Imperium: Wie die Schweiz reich wurde*; Zichichi, Lorenzo (1988). *Il colonialismo felpato: gli Svizzeri alla conquista del regno delle due Sicilie (1800-1848)*.

46 Veyrassat, Béatrice (1993). *Réseaux d'affaires internationaux, émigrations et exportations en Amérique latine au XIXe siècle: le commerce suisse aux Amériques*. P. 24-33.

47 David, Thomas. *Louis Rambert: un Vaudois au service de l'impérialisme français dans l'Empire ottoman*. In: David, Thomas/Bouda Etemad (1993).

48 Siehe Amtliches Bulletin der Bundesversammlung, 2003. 03.3014. Interpellation Pia Hollenstein. Schweizer Beteiligung an Sklaverei und transatlantischem Handel mit Sklavinnen und Sklaven.

49 Siehe oben Fußnote 42 und 45.

dies guten Gewissens verneinen. Fragt man hingegen, ob die Schweiz eine *koloniale* Nation war, so fällt die Antwort komplexer aus. Kolonialismus geht im Verständnis dieser Arbeit über die formale Herrschaft hinaus und umfasst die Realisierung dieser Herrschaft im kolonialen Alltag, wie auch die Entwicklung westlicher Gesellschaften, insofern sie auf den Kolonien beruht. Stuart Hall etwa bezeichnet den Kolonialismus generell als konstitutive Außenseite des westlichen Kapitalismus.[50]

Will man die Beziehungen ‚der Schweiz' zum Kolonialismus analysieren, so gilt es, zuerst die Netzwerke zwischen der Schweiz und den ehemaligen Kolonien zu rekonstruieren und den Verkehr innerhalb dieser Netzwerke zu untersuchen. Besondere Bedeutung haben dabei – wie erwähnt – Migranten aus der Schweiz, da sie der privilegierte Kanal in die Kolonien sind. Die Etablierung und Förderung dieser Kanäle wird von wirtschaftlichen und gesellschaftlichen Organisationen wie auch von offiziellen Institutionen in der Schweiz unterstützt. Im Zentrum vorliegender Arbeit steht deshalb die *Analyse der Positionierung von Migranten aus der Schweiz in der kolonialen Gesellschaft und ihrer Verbindungen in die Schweiz*. Diese beiden Punkte erfordern genauere Ausführung:

Zum ersten Punkt: Die Analyse der Position von Schweizern innerhalb der kolonialen Gesellschaft fordert eine differenzierende Sicht dieser Gesellschaft. Hannah Arendt hat in ihrem Buch «Elemente und Ursprünge totaler Herrschaft» zwei grundlegende Charakteristiken des modernen westlichen Kolonialismus festgehalten: den Aufstieg einer totalitären Bürokratie und den Gebrauch von Rasse als Kategorie der sozialen Organisation. Die koloniale Moderne bezieht sich nicht auf Begriffe wie Gesellschaftsvertrag und Zivilgesellschaft. Vielmehr fungieren Kolonien als Versuchslabore für Technologien der Macht. Die kolonialen Autoritäten betrachteten die Gesellschaft als etwas, was untersucht, reguliert und hygienisiert werden muss.[51] Die Betrachtung der Kolonialgeschichte unter dem Aspekt der Gouvernementalität, die in Anlehnung an Michel Foucault eine umfangreiche Literatur über koloniale Administration, Anthropologen und Ärzte hervorgebracht hat, spielt in meiner Studie nur am Rande eine Rolle, die Betrachtung unter dem Aspekt der Rasse ist hingegen für meine Studie von Bedeutung. In modernen Kolonien sind die Rassengrenzen besonders ausgeprägt, gleichzeitig aber immer umstritten. Die Kehrseite des Rassismus ist die Hybridität, die Vermischung der verschiedenen Welten in den kolonialen Gesellschaften. Die exotische Verklärung des Anderen und seine Herabsetzung durch rassistische Herrschaftstechnologien bilden Pole. Eine Dialektik zwischen Rassismus und Vermischung prägt den kolonialen Alltag.[52] Unter diesem Gesichtspunkt sind Schweizer als Teil der kolonialen Oberschicht zu

---

50 Zit. nach Eckert, Andreas/Albert Wirz (2002). *Wir nicht, die anderen auch.* In: Sh. Randeria/S. Conrad (Eds.). Jenseits des Eurozentrismus, P. 374. Zur Unterscheidung von kolonialer Herrschaft und Kolonialismus siehe ebd.

51 Mühlhahn, Klaus (1999). Racism, Culture and the Colonial Laboratory: Rethinking Colonialism. *Asien, Afrika, Lateinamerika* 27. P. 443-59.

betrachten, welche die Regeln der gesellschaftlichen Ordnung und Reproduktion aufstellt. Welche Rolle sie dabei spielen und wie sie sich gegenüber der gesellschaftlichen Ordnung verhalten, ist zu untersuchen.

Ein anderer Zweig der neueren Kolonialgeschichte interessiert sich für die Fragmentierung der kolonialen Gesellschaft und die Interaktionen zwischen den unterschiedlichen Gruppen.[53] Dabei lehnt sie sich an Webers Konzept der Reproduktion sozialer Beziehungen durch symbolische Interaktion und an Bourdieus Theorie der Praxis an. Weder traten die Kolonisatoren als einheitliche Gruppe auf, sozusagen als verlängerter Arm der Metropolen, noch waren die Kolonisierten einfach nur passive Opfer dieser Politik. Einerseits gab es – wie das Beispiel Sumatras zeigt – erhebliche strategische Differenzen unter den Europäern, insbesondere der Kolonialverwaltung und den Plantagenmanagern, anderseits können die sozialen Prozesse in den Kolonien nicht verstanden werden, wenn die Kolonisierten undifferenziert als Unterworfene betrachtet werden. Kolonien werden besser verständlich, wenn man sie als Orte versteht, in denen unterschiedliche soziale, ökonomische und symbolische Strukturen aufeinander prallen oder verschmelzen; sie sind weder mit indigenen Gesellschaften noch mit Europa vergleichbar, sondern entwickelten eine eigenständige Form der Moderne.

Charakteristisch für die Entwicklung kolonialer Gesellschaften sind Intermediäre. Sie stehen zwischen den kolonialen Eliten und den Kolonisierten und können sich einerseits durch Dienste der kulturellen Vermittlung, anderseits durch Dienste, welche Eliten aus Statusgründen nicht ausüben, in Mittelpositionen etablieren und mitunter auch zu hohen Positionen aufsteigen. Meist sind sie als Händler, Kreditgeber, Verwalter oder im Kleingewerbe tätig. Klassische Beispiele für solche Mittelleute sind Juden in Europa, Inder in Ostafrika und Südostasien, Chinesen in Südostasien und Amerika, Libanesen und Syrer in Westafrika, Japaner in Kalifornien, Armenier, Parsis, etc. Gemeinsam ist diesen Gruppen, dass sie in gewissen historischen Situationen durch die Mehrheitsgesellschaft ausgegrenzt und verfolgt wurden und immer noch werden. Die Grenzen zwischen dem Begriff ‚middlemen communities' und dem bereits eingebrachten der Diaspora sind fließend. Heute spricht man eher von Diaspora, wobei der Aspekt der Verfolgung zunehmend in den Hintergrund tritt und der Begriff für sämtliche Gruppen, die über den Erdball verstreut leben und eine Orientierung zum Herkunftsland haben, verwendet wird.[54]

Zum Thema ‚Mittelleute' besteht eine ausgebreitete soziologische und ökonomische Literatur, welche das Fortbestehen dieser Gruppen in der Gastgesellschaft mit jeweils unterschiedlichen Ansätzen erklären will.[55] Was kann diese Literatur zum Verständnis der gesellschaftlichen Position und der ökonomischen Handlungsweise von Schweizern beitragen? Edna Bonacich

52 Stoler, Ann Laura (2002); Young, Robert J. C. (1995). *Colonial desire: hybridity in theory, culture and race.*

53 Ich beziehe mich hier auf Mühlhahn, Klaus (1999); Stoler, Ann Laura (2002).

54 Siehe Fußnote 23, P. 21.

bezeichnet in einem vielzitierten Artikel über Mittelleute den Status als zeitweilige Aufenthalter mit einer Ausrichtung der Geschäftstätigkeit auf eine zukünftige Rückkehr als wesentliches Merkmal von Mittelleuten:

„Sojourning is important in that it creates a preference for liquidity, encourages thrift, and fosters a solidary community that is cooperative internally and ‚free' to compete with the surrounding society."[56]

Die Aussicht auf einen befristeten Aufenthalt wurde mit dem Begriff ‚im Ausland Leben' bereits angesprochen. Alle im Zitat genannten Kriterien: der befristete Aufenthalt, die geringe Bindung von Kapital, Fleiß und Sparsamkeit, die Kooperation der Solidargemeinschaft und die Konkurrenz mit dem wirtschaftlichen Umfeld – dies kann bereits vorweggenommen werden – treffen für Schweizer Kaufleute in Singapur zu. Dies scheint der weiter oben referierten Behauptung, Schweizer seien als Teil der kolonialen Oberschicht zu bezeichnen, zu widersprechen. Die Literatur über Mittelleute soll deshalb dazu beitragen, die Positionierung von Schweizern in einer vielschichtigen, nach rassistischen Kriterien geordneten, aber umstrittenen Gesellschaft zu verstehen und zu klären, inwiefern Schweizer als Außenseiter oder als Teil der Elite zu betrachten sind. Dabei geht es um rechtliche Kriterien wie Landerwerb, Vertragsrecht, als auch soziale wie Zugang zu Wohngebieten, gesellschaftlichen Clubs und Heiratsmustern, als auch ökonomischen wie Zugang zu Ressourcen oder Nischenstrategien.

Zum zweiten Punkt: Aus der Perspektive neuerer Kolonialgeschichte interessiere ich mich für die Verbindungen der Migranten in die Schweiz. Eine Darstellung kann sich dabei nicht auf Beziehungen zur offiziellen Schweiz beschränken, sondern muss versuchen, Verbindungen von Personen und Firmen im Ausland mit wirtschaftlichen und akademischen Kreisen, mit Interessenverbänden und mit halboffiziellen Strukturen zu rekonstruieren, die wiederum in Bezug zur offiziellen Politik stehen.[57] Der Rekonstruktion dieser Beziehungen ist die Frage nach der ‚Beteiligung der Schweiz', die das territoriale Denken spiegelt, zunächst nicht förderlich, insofern als sie Gefahr läuft, den Blick zu schnell auf die Politik und die offiziellen Institutionen zu richten und die Frage nach einer ‚Schuld' zu stellen. Die Schuldfrage zementiert jedoch die Differenz zwischen dem ‚Wir' und dem ‚Sie',

---

55 In der soziologischen Literatur sind Mittelleute als Gruppen, die nicht dem gängigen Assimilationsmuster in den USA entsprechen, schon seit anfangs dem frühen 20. Jh. ein Thema. Siehe Bonacich, Edna (1973). A Theory of Middleman Minorities. *American Sociological Review* 38(5). P. 583-94.

56 Ebd., P. 588.

57 Vgl. dazu den Artikel Lyonel Kaufmann über die Rolle von Ingenieuren aus der Schweiz und der OSEC im Kongo. Kaufmann, Lyonel (1994). *Guillaume Tell au Congo. L'expansion suisse au Congo belge (1930-1960)*. In: T. David/B. Etemad (Eds.). La Suisse sur la ligne bleue de l'Outre-mer. P. 43-94.

zwischen den Kolonisierern und den Kolonisierten.[58] Diese Probleme können besser mit einem Blick aus der Perspektive der Verflechtungsgeschichte oder ‚history of entanglement' angegangen werden.

Shalini Randeria und Sebastian Conrad haben diesen Ansatz im Sammelband «Jenseits des Eurozentrismus: postkoloniale Perspektiven in den Geschichts- und Kulturwissenschaften» vorgestellt.[59] Wie das Konzept der ‚histoire croisée' von Werner und Zimmermann[60] grenzt sich Verflechtungsgeschichte von einer nationalgeschichtlichen Geschichtsschreibung ab und stellt stattdessen die Beziehungen zwischen geographischen Gebieten in den Fokus. Die Geschichtsschreibung verlässt somit ihre auf den Nationalstaat zentrierte Perspektive und wird dezentriert. Während Werner und Zimmermann auf europäische Geschichte fokussieren, knüpfen Randeria und Conrad bei den ‚postcolonial studies' an und reflektieren die Verknüpfungen zwischen „the west and the rest"[61] unter den Bedingungen des kolonialen Herrschaftsverhältnisses und dessen Nachwirkungen. Europäische und außereuropäische Entwicklungen werden dabei in einen gemeinsamen globalgeschichtlichen Rahmen gestellt und die Relationen zwischen den beiden ins Blickfeld gerückt. Dies soll nicht heißen, den Nationalstaat zu verabschieden. Die Bedeutung des Nationalstaats hat zeitgleich zur Globalisierung an Bedeutung gewonnen.[62] Conrad bezeichnet die Geschichte der modernen Welt als eine Geschichte homogenisierender Effekte und wechselseitiger Aneignung und gleichzeitig als Geschichte der Abgrenzungen, der Brüche und des Bedürfnisses nach Partikularität.[63] Geschichte ist so im doppelten Sinne des Wortes geteilt: gemeinsam und getrennt.[64] Verflechtungsgeschichte versucht die gegenseitigen Einflüsse und die Abgrenzungen zugleich begreifbar zu machen. Die Verwobenheit der Welt impliziert dabei nicht Abwesenheit von Ungleichheit, Macht und Gewalt.

---

58 Z.B. Franc, Andrea (2008). *Wie die Schweiz zur Schokolade kam: der Kakaohandel der Basler Handelsgesellschaft mit der Kolonie Goldküste (1893-1960).*

59 Randeria, Shalini/Sebastian Conrad (Eds.) (2002). Jenseits des Eurozentrismus: postkoloniale Perspektiven in den Geschichts- und Kulturwissenschaften.

60 Werner, M./Zimmermann, B. (2002). Vergleich, Transfer, Verflechtung. Der Ansatz der Histoire croisée und die Herausforderung des Transnationalen. *Geschichte und Gesellschaft* 28. P. 697-36.

61 Hall, Stuart (1992). *The West and the Rest: Discourse and Power.* In: Stuart Hall/Bram Gieben (Eds.). Formations of modernity. P. 275-320. Siehe auch Hall, Stuart (2002). *Wann gab es „das Postkoloniale"?* In: Randeria/Conrad (Eds.). Jenseits des Eurozentrismus: postkoloniale Perspektiven in den Geschichts- und Kulturwissenschaften. P. S. 219-246.

62 Mann, Michael (2006). *Globalization, Macro-Regions and Nation-States.* In: G. Budde/S. Conrad (Eds.). Transnationale Geschichte Themen, Tendenzen und Theorien. P. 21-31.

63 Conrad, S. (2006). *Globalisierung und Nation im deutschen Kaiserreich*, P. 11.

64 Randeria, Shalini/Sebastian Conrad (2002). *Einleitung: Geteilte Geschichten – Europa in einer postkolonialen Welt.* In: dies. (2002) (Eds.). P. 17.

Ein verflechtungsgeschichtlicher Ansatz scheint mir besonders fruchtbar, um die Beziehungen von Auslandschweizern einerseits zur Gesellschaft im kolonialen Südostasien (zur Kolonialmacht selbst und zu anderen Teilen der Gesellschaft der Kolonisatoren und zu den verschiedenen Gruppen von Asiaten), andererseits zur Schweiz zu begreifbar zu machen. Auf den Ansatz werde ich am Anfang des dritten Teils nochmals zurückkommen.

UMSCHREIBUNG DES GEGENSTANDS UND DES INTERESSES

Die Arbeit beschäftigt sich mit der Geschichte von Schweizern, die im Rahmen der ersten Globalisierung von der Mitte des 19. Jh. bis zur Weltwirtschaftskrise der 1930er Jahre in Südostasien tätig waren und einer Beschäftigung in Handel, Plantagenkultur oder angewandter Wissenschaft nachgingen. Hauptziel der Arbeit ist, durch eine Verbindung von migrations- und wirtschaftsgeschichtlichen Ansätzen basierend auf Quellen aus Archiven in den Zentren der ehemaligen Kolonialmächte und in Südostasien zu einer transnationalen Geschichte von Schweizern in Südostasien und zu einer Globalgeschichte aus Schweizer Sicht beizutragen.

Auch wenn die Studie von Schweizern ausgeht, soll ,Nation' als Kategorie in der Untersuchung nicht vorausgesetzt werden. Vielmehr geht die Untersuchung den sozialen Interaktionen von Migranten aus der Schweiz in Singapur und Sumatra nach und analysiert, inwiefern nationale Zugehörigkeit in den Selbstzuschreibungen dieser Migranten Bedeutung erhält. Die Untersuchung verfolgt die Interaktionen mit der Region und mit der Schweiz und fragt nach deren Qualität und Dichte. Damit verbunden ist die Frage nach der Bedeutung von Singapur und Sumatra in der imaginären Weltgeographie von Schweizern.

Die Arbeit fragt nach dem Aufbau von Verbindungen aus der Schweiz nach Singapur und Sumatra, nach der Positionierung dieser Verbindungen innerhalb der Gesellschaft vor Ort, insbesondere den kolonialen Strukturen, nach der Bedeutung etablierter Verbindungen für folgende Interaktionen und nach Rückwirkungen dieser Verbindungen in der Schweiz.

Es folgen einige örtliche, zeitliche und thematische Grenzziehungen. Der Titel der Arbeit spricht von Singapur und Sumatra. In der Arbeit kommen darüber hinaus Beispiele aus Java, Thailand, Vietnam, Burma und den Philippinen vor, also aus fast ganz Südostasien. Der Schwerpunkt der Arbeit jedoch liegt in der Beziehung der Schweiz zum Wirtschaftsraum im Dreieck Singapur, Penang und Deli (das Sultanat, welches dem Plantagengürtel in Ostsumatra seinen Namen gegeben hat). Das Gebiet verteilt sich heute auf die Länder Indonesien, Malaysia und Singapur. Im Britischen heißt das Gebiet ,Straits', Strasse von Malakka. Doch im Deutschen ist der Begriff weniger geläufig. Gemäss Terence Chong stellt sich allen Forschern über Südostasien die Frage nach der Grenzziehung in diesen kulturell verschränkten Gebieten, die sich im Laufe der kolonialen Herrschaft zu nationalen Territorien entwickelten.[65]

Die hier präsentierte Geschichte ist nur am Rande eine Geschichte Singapurs oder Ost-Sumatras. Es würde auch wenig Sinn machen eine Geschichte Sumatras oder Singapurs aus dem Blickwinkel von Schweizern zu erzählen. Dafür ist ihre Position zu marginal und unterscheidet sich letztlich zu wenig von derjenigen der Kolonisatoren, als dass sich dadurch eine völlig andere Geschichte erzählen ließe. Vielmehr ist es eine Geschichte von Schweizern und anderen nicht zur Kolonialmacht zählenden Europäern *in* Singapur und Sumatra und ihren Verbindungen mit der lokalen Gesellschaft und Europa.

Die Vorgeschichte von Schweizern in den Ostindienkompanien der Holländer und der Briten wird nicht einbezogen, ebenso wenig die Geschichte von Schweizer Soldaten im Koninklijk Nederlandsch-Indisch Leger (KNIL) im 19. und anfangs des 20. Jh. Hier folgt lediglich ein kurzer Überblick über das zahlenmäßig beträchtliche Engagement von Schweizern. Bereits die Ostindienkompanien waren multinationale Unternehmen; von den rund einer Million Soldaten kamen über 53 % nicht aus Holland. Schweizer fanden als Soldaten, als Offiziere, Ärzte und Wissenschafter Anstellung bei der Vereinigten Ostindischen Compagnie (VOC) und geringfügiger bei der East India Company.[66] Ab 1781 stand dank eines Vertrags zwischen Frankreich und der VOC das ganze Regiment de Meuron in Diensten der niederländischen Gesellschaft zum Betrieb der Kolonien im Osten. Die Truppen waren am Kap der Guten Hoffnung und in Ceylon stationiert, bis sie 1798 in britische Dienste wechselten. Im 19. Jh. rekrutierte der niederländische Staat Soldaten für seine Kolonialarmee. Auch nach der Gründung des schweizerischen Bundesstaats stieß das Angebot trotz des Verbotes der Solddienste weiterhin auf große Nachfrage. Gerke Teitler schätzt die Gesamtzahl an Soldaten aus der Schweiz im KNIL zwischen 1861 bis 1918 auf 5000.[67] Der Höhepunkt lag in den 1850er Jahren, als die neapolitanischen Truppen aufgelöst wurden. Ein Bericht des schweizerischen Konsuls in Rotterdam an den Bundesrat aus dem Jahre 1859 spricht von wöchentlich 50-60 Mann, die im Depot in Harderwijk ankommen und von 3000 bereits verschifften.[68] Die Niederländer unterhielten in Lörrach ein Rekrutierungsbüro, das den Bun-

---

65 Chong, T. (2007). Practising Global Ethnography in Southeast Asia: Reconciling Area Studies with Globalisation Theory. *Asian Studies Review* 31. P. 211-25.

66 Siehe Bürkli, Adolf (1879). Die Schweizer im Dienste der holländisch-ostindischen Compagnie. *Neujahrsblatt der Feuerwerker-Gesellschaft Zürich* 74; Kilchenmann, Johann E. (1911). Schweizersöldner im Dienste der englisch-ostindischen Kompanie um die Mitte des 18. Jh.; Sigerist, Stefan (1998).

67 Teitler, Gerke (2006). *The mixed company: Fighting power and ethnic relations in the Dutch Colonial Army, 1890-1920.* In: Hack/Rettig (Eds.). Colonial armies in Southeast Asia. P. 156.

68 Konsul Ferdinand Koch in Rotterdam an Bundespräsident Jakob Stämpfli vom 19.12.1859. *Diplomatische Dokumente der Schweiz*, Vol. 1, Nr. 362. P. 705f.

desrat verschiedentlich zu Interventionen veranlasste. Nach der Schließung des Büros 1860 und einer Meuterei von Schweizer Soldaten auf Java im gleichen Jahr begannen die Neuanwerbungen zu sinken. Doch sie dauerten noch an bis nach dem Ersten Weltkrieg, als die Niederländer die Rekrutierung von Europäern aufhob.

Im Unterschied zu den Spanienkämpfern in den 1930er Jahren wurden die Soldaten der KNIL nicht militärstrafrechtlich belangt. Im Gegenteil: Die Pensionen der ehemaligen Soldaten wurden noch in den 1880er Jahren über den eidgenössischen Kriegskommissar abgerechnet.[69] Auch für Offiziere wie Oberst von Ernst schien die Tätigkeit in fremden Diensten kein Hindernis für Anerkennung in der Schweiz darzustellen. In der Geographischen Gesellschaft Bern stießen seine Berichte aus Sumatra auf reges Interesse.[70] Ungleich anderen Beschäftigungen von Schweizern in Südostasien waren die Solddienste in Indonesien kein Karrieresprungbrett. Die Lebensbedingungen der Soldaten waren desolat. Über 50 % kamen durch Krankheiten oder Kriegshandlungen ums Leben. Der Anteil von Schweizern am Kader umfasste nur gerade 10 Offiziere.[71] Erstaunlich ist, dass die große Gruppe von Schweizer Söldnern kaum in Kontakt stand mit anderen Schweizern, namentlich Kaufleuten und Pflanzern. Einzig das Konsulat in Batavia streckte gemäß Auftrag gelegentlich seine Fühler in Richtung der Söldner aus, einerseits durch Nachforschungen bei Vermisstmeldungen von Angehörigen, anderseits durch Anregung von kulturellen Aktivitäten.[72] Ursache der spärlichen Kontakte waren die ausgeprägten Klassengrenzen im Osten. Dieses Thema wird im Teil C4 nochmals angeschnitten.

Neben den Söldnern lässt meine Studie auch die Geschichte von Missionaren aus der Schweiz in Niederländisch-Indien auf der Seite. Dabei handelt es sich hauptsächlich um Aktivitäten der Basler Mission auf Borneo. Bereits 1797 waren die Basler mit den niederländischen Missionsgesellschaften in Rotterdam in Kontakt getreten.[73] Im 19. Jh. war die Basler Mission hauptsächlich in Südindien tätig und trat in Niederländisch-Ostindien nur am Rande in Erscheinung. Der Aufbau einer festen Station auf Kalimantan begann 1920. Ziel der Missionsbestrebungen war der Aufbau einer Kirche

---

69 Abrechnungen dazu finden sich im Privatnachlass des Kriegskommissärs Hans von Mechel. Mechel hatte eine hohe Affinität zur den Solddiensten; sein Vater war General der eidgenössischen Truppen in neapolitanischen Diensten. STA BS. Nl. von Mechel PA 151. Zur Familie von Mechel siehe auch unten P. 265.

70 von Ernst, Ferdinand (1879). Niederländisch-Indien. *Jahresbericht der Geographischen Gesellschaft Bern*. Vol. 6.

71 Teitler, Gerke (2006). P. 156.

72 Siehe BAR E 2400 1000/717, Jakarta Nr. 1; BAR E 2001(A)/9901, 1359/60 Korrespondenz mit dem Konsulat in Batavia.

73 Benziger, C. (1920). Die Schweiz in ihren Beziehungen zu Holland. Beilage zum Scheizerischen Konsularbulletin 1(1). P. 1-28; Steiner, Paul (1920). Ein Basler Missionar in Niederländisch-Indien: Aus dem Leben des Missionars J.J. Bär.

unter den dort ansässigen Dayak. Die Mission umfasste Schulen und medizinische Versorgung; auch heute noch unterhält die Basler Mission Beziehungen zur Evangelischen Kirche in Kalimantan.[74] Mit den Pflanzern auf Sumatra gab es keine Berührungspunkte, da die Inseln weit auseinander liegen. In den Batak-Gebieten auf Sumatra war die deutsche Batak-Mission tätig. Ab 1900 rückte die Plantagenwirtschaft in diese Gebiete vor. Dennoch taucht die Mission in den Quellen der Pflanzer in Sumatra kaum auf; ich verfolge deshalb diesen Strang nicht weiter.

Söldner und Missionare werden aber nicht nur aus arbeitsökonomischen Gründen weggelassen, sondern auch aus materiellen Gründen. Beide Gruppen hatten kaum Kontakte zu den Pflanzern in Sumatra und den Kaufleuten in Singapur, im Gegensatz zu den Wissenschaftern und Technikern, die von der kolonialen Administration angestellt wurden. Sie waren meist in Kontakt mit Kaufleuten und Pflanzern, sei es über Schweizervereine, sei es über direkte Kooperationen. Meine Untersuchung konzentriert sich damit auf engere und losere Netzwerke, die mit der wirtschaftlichen Ausbeutung der Kolonien verbunden waren. Aus solchen Netzwerken in Handel und Plantagenwirtschaft haben sich Strukturen herausgebildet, die heute noch bestehen und wirksam sind.

Zeitlich setzt meine Arbeit bei den Anfängen intensivierter Textilexporte ab 1840 ein. Der Untersuchungszeitraum umfasst den Beginn der Niederlassung von Schweizern in Singapur nach der kleinen Welthandelskrise von 1857 und die Weltwirtschaftskrise 1930. Damit wurde bewusst ein Datum vor dem Ende der Kolonialzeit gewählt, denn dieses ist als Übergang zu verstehen und hätte die Frage nach Kontinuitäten (bis in die 1970er Jahre) nach sich gezogen. Ein solch riesiger Zeitraum wäre jedoch angesichts der ohnehin breiten Anlage der Arbeit auf Kosten der Tiefe gegangen. Der Zeitraum deckt nun das ab, was in der Historiographie als erste Globalisierung bezeichnet worden ist.[75] In der Forschung ist umstritten, ob der Erste Weltkrieg oder erst die Weltwirtschaftskrise als Endpunkt dieser ersten Globalisierungsphase betrachtet werden soll.[76] Durch den Einbezug der 1920er

---

74 Für die offizielle Geschichte der Basler Mission siehe Schlatter, Wilhelm/ Hermann Witschi (1916, 1965, 1970). Geschichte der Basler Mission. Vol. 1-5. Basel; siehe auch Prodolliet, Simone (1987). ‚Wider die Schamlosigkeit und das Elend der heidnischen Weiber‘: die Basler Frauenmission und der Export des europäischen Frauenideals in die Kolonien. Zürich. Für einen Erfahrungsbericht aus Kalimantan siehe Dubach-Vischer, Marianne (1998). Mit Boot und Stethoskop: das Ehepaar Vischer-Mylius in Borneo von 1928 bis 1943. Basel.

75 Z.B. Fässler, Peter E. (2007). *Globalisierung: ein historisches Kompendium.*

76 Osterhammel, Jürgen, Niels P. Petersson (2006). Geschichte der Globalisierung: Dimensionen, Prozesse, Epochen; für die Schweiz siehe Müller, Margrit (2008). Patterns of Internationalisation in the Main Swiss Export Sectors. In: Müller, Myllyntaus (Eds.). Path breakers: Small European Countries Responding to Globalisation and De-globalisation. P. 113-49.

Jahre in den Untersuchungszeitraum kann ein Beitrag zu dieser Diskussion geliefert werden.

Gerne hätte ich mehr Quellen über die Bedeutung europäischer Textilien im Alltag in Südostasien und zur Auswirkungen von Textilexporten auf die Ökonomie und Kultur von Malaien und anderen Völkern in der Region gefunden. Erste Recherchen brachten wenig hervor, da sich die Textilforschung vor allem mit der traditionellen Produktion beschäftigt und die Auswirkungen der Begegnung mit dem Westen hauptsächlich auf der Ebene von Motiven abhandeln. Angesichts der Aussicht auf eine schwierige Quellensuche, die mich unter anderem vor sprachliche Probleme gestellt hätte, habe ich dieses Thema nicht weiter verfolgt. Die Geschichte ist insofern nicht symmetrisch im Sinne von Verflechtungsgeschichte.[77]

In der Arbeit wird meist von Männern gesprochen. Angesichts ihrer faktischen Überzahl und dem Gewicht, das auf ihrer beruflichen Tätigkeit als Kaufleute und Pflanzer liegt, ist dies nicht weiter verwunderlich. Gerade aber die demographisch ungleiche Verteilung der Geschlechter macht die Untersuchung von gender-spezifischen Aspekten der Migration interessant. Ich habe versucht diesen Aspekt in die Untersuchung zu integrieren. Für die Beziehungen zur Schweiz und ebenso für die Beziehungen zur Gesellschaft in Asien wie auch für die Grenzen dieser Beziehungen spielen Frauen eine wichtige Rolle. Allerdings fehlen wiederum Quellen, um diesen Aspekt zu vertiefen.

VORGEHEN

Quellen

Eine Studie über Schweizer Migration in Asien kann nicht auf einen zusammenhängenden und abgeschlossenen Quellenkorpus zurückgreifen. Die Quellensuche nahm viel Zeit in Anspruch und entsprechend breitgefächert ist das Material, sowohl thematisch als auch regional. Ich habe im Verlauf meiner Arbeit Archive in vier Ländern (Schweiz, Niederlande, Großbritannien und Singapur) konsultiert.

Der wichtigste Fundus ist das Firmenarchiv der Diethelm Keller Holding, welche das Firmenarchiv des 1886 gegründeten Handelshauses Diethelm & Co mit Sitz in Zürich und Filialen in Singapur, Saigon und Bangkok (nach dem Ersten Weltkrieg kommen noch weitere dazu) beherbergt. Ein Zweig der Firma pflegte enge Beziehungen zur Plantagenkultur auf Sumatra. Das Archiv ist umfangreich und umfasst Verträge, Korrespondenz, Buchhaltung, Bilanzen, Photos, etc. Ein Teil der Korrespondenz ist transkribiert oder zusammengefasst. Die Transkriptionen erwiesen sich beim Vergleich als zuverlässig. Zudem hat Hans Schweizer-Iten, ein mit einer Firmengeschichte beauftragter ehemaliger Manager von Diethelm & Co, in

---

77 Randeria, Shalini/Sebastian Conrad (2002).

Privatarchiven Briefe von Kaufleuten in Singapur gesammelt. Er stand dabei im Austausch mit Martin Caveng, der sich für den Bündner Kaufmann Anton Cadonau interessierte und dazu ebenfalls Briefe von Kaufleuten aus Singapur gesammelt hat. Diese Briefe erwiesen sich als wichtige Quelle. Die Transkriptionen konnten im Falle von Conrad Sturzenegger, dessen Nachlass das Stadtarchiv Schaffhausen beherbergt, verifiziert werden.

Nebst der Firma Diethelm habe ich Archive von Produzenten konsultiert, so von P. Blumer, & Jenny (Wirtschaftsarchiv Glarus, Schwanden), der größten Stoffdruckerei im Kanton Glarus, sowie von Raschle & Co (Toggenburgermuseum, Wattwil) und Mathias Naef (Staatsarchiv St. Gallen), den beiden größten Buntwebereien. Eine wichtige Quelle ist das Privatarchiv der Familie Sprecher von Berneck, welche eng mit einer Plantagengesellschaft verknüpft war.

Im Verlauf der letzten vier Jahre habe ich Quellen im Bundesarchiv, in den Staatsarchiven ZH, BS, SG, SH, GE, im Toggenburger Museum, im Stadtarchiv Winterthur, in der Zentralbibliothek Zürich, in der Landesbibliothek, in den Wirtschaftsarchiven Basel und Glarus, im Stadtarchiv Schaffhausen und im Archiv für Zeitgeschichte gesammelt. In den Niederlanden habe ich im Koninklijk Instituut voor de Tropen (KIT), dem Nationaal Archief, dem Internationaal Instituut voor Sociale Geschiedenis (IISG), dem Historisch Centrum Overijssel und dem Stadsarchief Amsterdam und in London im City Archive Nachlässe von Firmen und Organisationen erforscht. In den National Archives (UK) in London habe ich die Quellen zur Kontrolle des Handels während des Ersten Weltkriegs untersucht. Und in der National Library of Singapore und im KIT habe ich Zeitungen und Datensammlungen wie Adressverzeichnisse und Produktionsstatistiken durchforscht. Das Archiv der Firma Diethelm, Keller & Co und das KIT haben umfangreiche Bilddatenbanken. Das KIT führt ein umfangreiches Archiv an historischen Karten, die für die Orientierung im Plantagengebiet unerlässlich waren.

Die wichtigste Quellengattung bilden jedoch Briefe von Schweizern aus Singapur und Sumatra. Dabei muss zwischen verschiedenen Gattungen von Briefen unterschieden werden. Es gibt rein geschäftliche Briefe, etwa in der Geschäftskorrespondenz der Diethelm & Co oder verschiedener Plantagegesellschaften, es gibt Privatbriefe an Freunde und Verwandte, und es gibt private geschäftliche Korrespondenz an engere Geschäftspartner, in denen sowohl Geschäftliches wie auch Privates zur Sprache kommt. Für eine Wirtschaftsgeschichte als Kulturgeschichte (mehr zu diesem Konzept in der Einleitung von Teil A) ist diese letztere hybride Briefgattung sehr fruchtbar.

Eine Schwierigkeit für die Forschung ist, dass diese Briefe großen Teils privat archiviert werden, zum Teil schon vernichtet sind oder bald vernichtet werden, wenn die Nachkommen den Wert für die Öffentlichkeit nicht berücksichtigen. Einige private Archive konnten in die Arbeit einbezogen werden, in anderen Fällen zeitigte die Suche keine Ergebnisse. In zwei Fällen waren die Nachkommen nicht bereit, Zugang zum Material zu gewähren. Ergänzend stütze ich mich auf Firmenunterlagen von Handels- und Plantagengesellschaften, auf Konsulatsberichte und weitere konsularische Unterlagen aus Singapur (ab 1915), Medan (ab 1917) und Batavia (ab 1864) sowie auf Zeitschriften, Zeitungen, Firmen- und Adressverzeichnisse in der Schweiz, den Niederlanden, Singapur und Niederländisch-Indien und Firmengeschichten von Schweizer Unternehmen.

Als Fazit lässt sich formulieren, dass zwar der Zugang zu mehr Briefen aus privatem Besitz wünschenswert wäre, dass jedoch das Material ausreicht, um die Fragestellung des Projekts zu beantworten.

Namenskonventionen

Beschäftigt man sich als Historiker mit Kolonialgeschichte, ist man unweigerlich mit der Frage der Namengebungen konfrontiert. Die Kolonialmächte verwendeten Namen, die im Rahmen der Entkolonialisierung geändert wurden. Anfangs habe ich mir überlegt die modernen Bezeichnungen zu verwenden, bin jedoch davon abgekommen. Das koloniale Batavia als Jakarta zu bezeichnen, würde bedeuten die Transformationsprozesse der Dekolonisierung zu übergehen. Zudem habe ich die damals gebräuchliche niederländische Transkription des Malaiischen verwendet. Dabei wird ‚u' als ‚oe' geschrieben und ‚j' als ‚dj'. Die Schreibweise der ehemaligen Kolonialherren ist in einigen Konsumprodukten in der Schweiz verbreitet, so z.B. Kroepoek (Krupuk) oder Sambal Oelek (Sambal Ulek). In meiner Arbeit spielt sie vor allem bei den Namen der Plantagen eine Rolle. Es wäre verwirrend gewesen, wenn die ‚Goenoeng Malajoe Plantagengesellschaft' ein Plantagen-Estate namens ‚Gunung Malaju' besessen hätte.

Des weiteren ist in der Arbeit oft von Kautschuk die Rede. Kautschuk wird aus Latex gewonnen, der Milch der Rinde von *Hevea brasiliensis* und anderen Bäumen. Durch Vulkanisierung entsteht daraus Gummi. In der Arbeit spreche ich oft von Rubber. Rubber bezeichnet sowohl den Rohstoff (Kautschuk) als auch das Produkt (Gummi). Rubber- oder Hevea-Kultur bezeichnet die Plantagenproduktion von Kautschuk.

Im zweiten Teil der Arbeit ist oft von ‚Pflanzern' die Rede. ‚Pflanzer' ist eine Selbstbezeichnung der Plantagenunternehmer der ersten Zeit. Ein Pflanzer ist ein Unternehmer oder Manager einer Plantage. Er pflanzt nicht selbst, sondern lässt pflanzen. Der Begriff hat mit einem bestimmten Selbstverständnis der Plantagenunternehmer und -manager zu tun in Abgrenzung zu einem modernen Managertypus. Er wurde deshalb in die Arbeit aufgenommen.

Zitate auf Niederländisch wurden im Hinblick auf Leser in den Niederlanden in der Originalsprache aufgenommen und mit einer Übersetzung auf Deutsch ergänzt.

Im ersten Teil ist oft von Deutschen und Schweizern die Rede. Dabei verwende ich das Adjektiv ‚deutsch-schweizerisch'. Damit ist nicht der deutsche Teil der Schweiz gemeint, sondern etwas, das Deutschen und Schweizern in Singapur gemeinsam ist.

AUFBAU

Die Untersuchung gliedert sich in drei Teile. Teil A befasst sich mit dem Handel von europäischen Textilien in Singapur, Teil B mit dem Plantagengürtel in Ostsumatra und Teil C mit Verflechtungen zwischen der Schweiz und dem kolonialen Südostasien. Alle Teile beginnen mit einem kurzen theoretischen Teil, in dem wesentliche Konzepte und Problemstellungen angesprochen werden.

In Teil A beginnt mit einem Überblick über den Handel in Singapur. Der zweite Abschnitt untersucht die Aufnahme von Handelsbeziehungen von Textilexporteuren in der Schweiz mit Handelshäusern in Südostasien. Dabei geht es um Fragen des Standorts, der Partner vor Ort und des Vertriebsmodells. Im dritten Abschnitt werden Handelshäuser in Singapur und die Kooperation zwischen deutschen und schweizerischen Kaufleuten besprochen. Es werden dynamisierende (schneller sozialer Aufstieg) und stabilisierende (strenge Hierarchien) Elemente der Gesellschaft beschrieben, die sich ergänzen. Der vierte Abschnitt widmet sich den Beziehungen der schweizerischen Kaufleute mit ihren asiatischen Geschäftspartnern. Hier kommt die Frage des Aufbaus von Vertrauen zwischen Fremden zur Sprache. Der Abschnitt geht auf die Rolle von Trademarks im Verhältnis von europäischen und asiatischen Kaufleuten. Ein letzter Abschnitt verfolgt die Entwicklung der Firma Diethelm & Co bis in die 1920er Jahre, hauptsächlich im Hinblick auf die Bedeutung von Nationalität und kulturellem Kapital.

Teil B beginnt mit einem allgemeinen Überblick über die Entwicklung der Plantagenkultur in Ostsumatra. Dieses größte koloniale Projekt in der tropischen Agrikultur war international; in den frühen Jahren waren insbesondere Schweizer und Deutsche stark beteiligt. Es kommen die Landnahme und die sich daraus ergebenden Konflikte, das System der Kontraktarbeit zur Sprache. Der folgende Abschnitt beschäftigt sich mit der ökonomischen Entwicklung der Plantagenkultur und der Position von Schweizern. Mit der Konsolidierung des Tabakbaus zwischen 1885 und 1900 verschwanden Schweizer wie auch Deutsche größtenteils aus der Tabakkultur. Sie etablierten sich an Rändern des Plantagengebiets und fanden Nischen in Kaffee und anderen Produkten. Die Nischen erwiesen sich zu Anfang des Rubber-Booms ökonomisch vorteilhaft. Der Abschnitt schließt mit einer Betrachtung der Position von Schweizern in Managementpositionen bei internationalen Plantage-Gesellschaften. Der dritte Abschnitt beschreibt kulturelle Triebkräfte hinter der Randposition von Schweizern. Dabei geht es um Aspekte der Frontierkultur auf Sumatra und um die Kolonienbildung von Schweizern. Beides förderte die Selbstisolation.

Teil C geht Verflechtungen zwischen der Schweiz und Südostasien nach. Vier verschiedene Netzwerke zwischen der Schweiz und der weiteren Welt, in denen Schweizer in Südostasien eine mehr oder weniger zentrale Rolle spielen, werden dargestellt. Der erste Abschnitt betrachtet die Entwicklung des Transportversicherungswesens in der Schweiz, die Ausrichtung auf ferne Destinationen, insbesondere Asien, und die Integration von Kaufleuten mit Erfahrung in Übersee in die Verwaltungsräte. Der zweite Abschnitt analysiert den sozialen Hintergrund von Kapitalgebern für schweizerische Plantagen auf Sumatra und diskutiert ihre Strategien. Der dritte Abschnitt befasst sich mit dem Transfer von Wissen und Objekten aus Südostasien in die Schweiz und mit akademischen Netzwerken zwischen schweizerischen Universitäten, insbesondere der ETH und dem botanischen Garten in Buitenzorg (heute Bogor). Der letzte Abschnitt befasst sich mit der Rolle von Schweizer Vereinen im Ausland in der Vermittlung eines Migrationskonzepts und mit der Bedeutung von Auslandschweizern für den jungen Bundesstaat.

Kaufleute im kolonialen Singapur

Netzwerkbildung im Handel mit Ostschweizer Geweben

EINLEITUNG: NETZWERKE, GUANXI UND BAZAR

Niels Petersson hat die Geschichte der Globalisierung als „eine Geschichte des Aufbaus von Großräumen aus Interaktionen und Vernetzungen" bezeichnet und plädiert für die Suche „nach Gestalt, Struktur und Dauerhaftigkeit von Netzwerken, nach Inklusion und Exklusion, nach Zonen und Epochen der Netzverdichtung und [...] nach ‚Löchern im Netz'".[1] In der gemeinsam mit Jürgen Osterhammel verfassten Einführung zur Geschichte der Globalisierung fordert er, Prozesse der Globalisierung „aus beobachtbaren Interaktionen zwischen Individuen und Gruppen", die sich „zu Netzwerken verstetigen und [...] Stabilität gewinnen" können, zu erschließen.[2] Netzwerke, soziale Strukturen und Interaktionen werden damit zu einem zentralen Thema des Welthandels. Daraus ergibt sich eine ganz andere Perspektive auf die Weltwirtschaft als aus nationalökonomischer Sicht, in welcher der Handel eher in Import- und Exportzahlen Niederschlag findet. Anhand dieser Strukturen können Pfade der Globalisierung verfolgt und Pfadabhängigkeiten analysiert werden. Das aktuelle Portfolio der Handelsfirma DKSH, die aus drei im Asiengeschäft tätigen Handelshäusern (Diethelm, Keller, Siber Hegner) hervorgegangen ist, zeigt eine extreme Bandbreite des Produktvertriebs von Medizinaltechnik über Möbelverkauf, Billigreisen, Präzisionstechnologie bis zu Industriereinigern. Ohne Rückgriff auf das Konzept der Pfadabhängigkeit wird dieses Portfolio kaum verständlich.

Teil A will den Aufbau von Handelsbeziehungen zwischen der Ostschweizer Textilindustrie und den Märkten Südostasien – vor allem Singapurs – betrachten und die daraus resultierenden Strukturen herausarbeiten.

---

1   Petersson, Niels P (2007). *Globalisierung und Globalisierungsdiskurse: Netzwerke, Räume, Identitäten*. In: Reiner Marcowitz (Ed.). Nationale Identität und transnationale Einflüsse: Amerikanisierung, Europäisierung und Globalisierung in Frankreich nach dem Zweiten Weltkrieg, P. 92.

2   Osterhammel, Jürgen/Niels P Petersson (2006). *Geschichte der Globalisierung: Dimensionen, Prozesse, Epochen*, P. 20f.

Dabei geht es hauptsächlich um soziale Kategorien des Ökonomischen, nämlich die Entstehung von Netzwerken und die Bedeutung von Vertrauen sowie um die Frage, ob und inwiefern Nationalität bei der Entwicklung von Netzwerken und in der Vertrauensbildung eine Rolle gespielt hat.

Der Begriff des Netzwerkes ist heuristisch nicht ausgesprochen hilfreich, insofern als er im internationalen Handel omnipräsent ist und gleichsam synonym zum Begriff des Sozialen verwendet wird. Trotzdem wird in Teil A meist von sozialen Netzwerken im weiteren Sinn die Rede sein, die berufliche und außerberufliche Beziehungen umfassen. Geschäftsbeziehungen mit wiederholten Tauschhandlungen benötigen soziale Stabilisierung in der einen oder anderen Form, sei es, dass sie in formelle Verträge gefasst werden, sei es, dass soziale Normen das Verhalten der Geschäftspartner leiten, oder sei es, dass sich gegenseitiges Vertrauen in der Beziehung selbst herausbildet. Parallel zu den Geschäftsbeziehungen entstehen soziale Beziehungen im engeren Sinn: Verwandtschaften und Bekanntschaften stützen berufliche Beziehungen. In der Beschreibung der Qualitäten von Netzwerken stehen die Dichte und die Vielseitigkeit von Transaktionen im Zentrum. Sie spielen, wie ich im Folgenden ausführen werde, eine besondere Rolle als Grundlage für Vertrauensbildung.[3]

In der ökonomischen Soziologie existiert auch ein engerer Netzwerkbegriff, als Bezeichnung für eine spezifische Organisationsform zwischen Markt und Hierarchie. Dieser Begriff spielt in der Arbeit indirekt eine Rolle, da viele der vorliegenden Kooperationsformen dieser Form des Netzwerkes entsprechen. In den 1970er/80er Jahren erhielt diese losere Kooperationsform in Abgrenzung zum klassischen Chandlerschen Großunternehmen viel Aufmerksamkeit.[4] Allerdings sind die Ränder, dh. die Hierarchie und der Markt, zwischen denen sich das Netzwerk situiert, nicht so klar von dem Netzwerk in der Mitte abgrenzbar. Greta Krippner hat die im Rahmen der ökonomischen Soziologie entwickelte Idee eines Residuums des *reinen* Markts, die sich hartnäckig in den Theorien und Modellen festgesetzt hat, kritisiert.[5] Der reine Markt sei eine theoretische Fiktion. Da stets Menschen handeln, ist der Markt immer schon ein soziales Phänomen ist, ob er nun auf soziotechnischen Strukturen der Preistransparenz basiert oder auf persönlichen Beziehungen zwischen Geschäftspartnern. Auf der anderen Seite weist die Organisationssoziologie auf das Problem hin, dass auch in der Hierarchie, also formellen Organisationen wie Unternehmen oder Verwaltungen, Angestellte ihre eigene Agenda verfolgen. Unter Bedingungen der asymmetrischen Informationsverteilung, also grundsätzlich überall, können

---

3 Berghoff, Hartmut/Jörg Sydow (2007), P. 9.

4 Für einen kurzen Literaturüberblick siehe Berghoff, Hartmut/Jörg Sydow (2007). *Unternehmerische Netzwerke – Theoretische Konzepte und historische Erfahrungen*. In: dies. (Eds.). Unternehmerische Netzwerke. P. 9-44.

5 Krippner, G. R. (2001). The Elusive Market: Embeddedness and the Paradigm of Economic Sociology. *Theory and Society* 30(6). P. 775-810.

daraus Interessenkonflikte entstehen. Diese Konflikte werden unter dem Stichwort ‚Principal-Agent Problem' behandelt. Dieses akzentuiert sich im transkontinentalen Handel der Kolonialzeit, da insbesondere in der frühen Phase die Informationslage zwischen Auftraggeber und Agent auseinander-klaffte.[6] Auch hierarchisch strukturierte Organisationen können somit als Netzwerke verstanden werden, in denen Information verteilt, Kontrolle aus-geübt und Ressourcen alloziert werden.

Produzenten wollen möglichst kostengünstig, möglichst ohne Zwischen-stufen zu den Konsumenten gelangen und dabei ein gewisses Maß an Kon-trolle beibehalten. Im Fernhandel beschränken jedoch die räumlichen und zeitlichen Distanzen die Kontrollmöglichkeiten und zwingen die Produzen-ten zur Nutzung von Intermediären. Diesem Problem widmet sich die Öko-nomie unter dem Begriff ‚Transaktionskosten'.[7] Tauschgeschäfte sind mit externen Kosten verbunden: Man muss vor einem Geschäft Informationen über mögliche Geschäftspartner einholen, Kontakt aufnehmen, Verträge aus-arbeiten; nachträglich entstehen Kosten für Transport, Kontrolle und Anpas-sungen. Im Fernhandel kommen den Vollzugskosten und den „Kosten für glaubwürdige Verpflichtung über Raum und Zeit" eine besondere Bedeu-tung zu.[8] Während DC. North sich vor allem für den Einfluss der rechtlich-institutionellen Seite auf die Senkung von Transaktionskosten und damit auf ökonomisches Wachstum interessiert, widmen sich andere Ökonomen eben-falls mit einem Transaktionskostenansatz den Intermediären im Handel. Peng und Ilinitch untersuchen die Bedingungen, unter denen Produzenten entweder direkt exportieren oder Export- bzw. Importintermediäre benutzen. Sie stellen dabei die Thesen auf, dass die Distanz der Produzenten zu den Märkten und die fehlende Vertrautheit die Chancen von Intermediären stark erhöhen. Ebenso bevorteilen unspezifische Handelsgüter (commodities) Intermediäre, während spezialisierte Produkte direkte Exporte begünstigen.[9]

Der Transaktionskostensatz dient auch der Erklärung des Erfolgs von kleinen Gemeinschaften im internationalen Handel. Enge soziale Bezie-

---

6   Carlos und Nicholas streichen den Erfolg von Chartered Companies in der Institutionalisierung von Kontrollmechanismen heraus: Carlos, A.M. (1992). Principal-Agent Problems in Early Trading Companies. *The American Economic
Review* 82(2). P. 140-45; Carlos, A.M./Nicholas, S. (1988). „Giants of an Earlier
Capitalism": The Chartered Trading Companies as Modern Multinationals. *The
Business History Review* 62(3). P. 398-419. Julia Adams betont in ihrem Vergleich von VOC und EIC (niederländische und britische Ostindien-Kompanien)
die Probleme der Kontrolle: Adams, J. (1996). Principals and Agents, Colonialists and Company Men: The Decay of Colonial Control in the Dutch East
Indies. *American Sociological Review* 61(1). P. 12-28.

7   Siehe Williamson, Oliver Eaton (1999). *The economics of transaction costs.*

8   North, Douglass C. (1993). Institutions, transaction costs and productivity in the
long run. *Economic Working Papers* 9309004. Siehe auch North, Douglass C.
(1994). Transaction costs through time. *Economic Working Papers* 9411006.

9   Peng, Mike W./Ilinitch, Anne Y. (1998).

hungen in Familie, Religionsgemeinschaften, regionalen Netzwerken oder ethnischen Gruppen sorgten für ein Klima, in dem die Transaktionskosten wesentlich beschränkt werden können.[10] Dass Gemeinschaften in der modernen Wirtschaft so beharrlich weiter bestehen, steht in einem Gegensatz zu den Diagnosen der Institutionenökonomie, die deren Verschwinden in modernen Gesellschaften prognostiziert.[11]

Die Gegenüberstellung von ‚Gemeinschaft' und ‚Gesellschaft' ist ein gängiges Motiv in der Selbstrepräsentation der westlichen Moderne. Die Unterscheidung beinhaltet meist die explizite oder implizite These, dass es sich die moderne, rationale ‚Gesellschaft' eine westliche Errungenschaft sei und dass die nicht-westliche Welt anders funktioniere.[12] Ich möchte hier anhand des Diskurses über ‚Chinese business' näher auf diese These eingehen, zumal der Handel mit chinesischen Händlern in meiner Studie von Belang ist. Der Diskurs wuchs parallel zur wachsenden Bedeutung Chinas als Markt und versucht westlichen Firmen ‚die chinesische Art, Geschäfte zu betreiben' näher zu bringen. Er kann programmatisch mit folgendem Zitat zusammengefasst werden:

„[…] the most common contrast between Western and Chinese management practice lies in the emphasis placed on written contracts and procedures in the former, compared with personal relationships in the latter."[13]

Solch essentialistische Argumentationsweise stößt bei Historikern natürlich auf berechtigte Skepsis.[14] Gerade die reiche soziologische und historische Literatur zu sozialen Strukturen in chinesischen Geschäftsbeziehungen ist mitunter aufschlussreich für den gesamten Bereich der ökonomischen Soziologie und der Wirtschaftsgeschichte, insofern als sie den Wandel des Stellenwerts persönlicher Beziehungen in Geschäftsbeziehungen genau analysiert.[15]

Die beiden Singapurer Soziologen Tong Chee Kiong und Yong Pit Kee haben in den 1990er Jahren eine Feldstudie zur Rolle von persönlichem Vertrauen in Geschäftsbeziehungen unter chinesischen Kaufleuten durchgeführt.[16] Sie unterscheiden dabei zwischen ‚Guanxi' und ‚Xinyong' (Vertrauen). ‚Guanxi' ist ein zentraler Begriff im chinesischen Geschäftsle-

---

10 Z.B. der von chassidischen Juden dominierte Diamantenhandel in Antwerpen.

11 North bezeichnet in Rekurs auf Avner Greif individualistische Auffassungen (im Gegensatz zu kollektivistischen) und die damit verbundene Entwicklung formeller, unpersönlicher Institutionen als Basis des modernen Wirtschaftswachstums. North, Douglass C. (1994).

12 Für eine Kritik siehe Bhambra, Gurminder K. (2007). *Rethinking modernity: postcolonialism and the sociological imagination.*

13 Davies, H. (1995). The benefits of guanxi. *Industrial Marketing Management* 24, P. 207.

14 Für eine Kritik am Beispiel Japans siehe: Conrad, Sebastian (2004). *Arbeit, Max Weber, Konfuzianismus: Die Geburt des Kapitalismus aus dem Geist der japanischen Kultur?* In: H. Berghoff/J. Vogel (Eds.) (2004). P. 219-40.

ben und bezeichnet die Beziehungen zwischen Geschäftsleuten. Umgangssprachlich könnte man Guanxi am ehesten mit „Vitamin B" übersetzen, womit gleichsam die Lebensnotwendigkeit von persönlichen Beziehungen in wirtschaftlichen Transaktionen angedeutet ist. Desweiteren unterscheiden die beiden Soziologen zwischen Beziehungsgrundlage (guanxi base) und der Beziehung (guanxi). Als Grundlage für eine Beziehung nennen sie:

Lokalität/Dialekt: Viele Chinesen im Nanyang (Südostasien) stammten aus einigen eng begrenzten Regionen im Süden Chinas mit jeweils gleichem Dialekt (Hokkien, Teochews, Hakkas, Hainanesen und Kantonesen).

Fiktive Verwandtschaft durch einen gemeinsamen Nachnamen: Viele Chinesen teilen den Nachnamen, insbesondere bei gleicher regionaler Herkunft. Die darauf beruhende imaginierte gemeinsame Abstammung ist ein Kriterium in der Anstellungspolitik.

Effektive Verwandtschaft: Geschäftsbeziehungen werden oft auf Verwandtschaft aufgebaut. Die enge Verwandtschaft wird bei Anstellungen in Familienunternehmen bevorzugt.

Zusammenarbeit in einer Firma: In Firmen entstehen Seilschaften, die mitunter zur Gründung von neuen Firmen führen.

Vereine und Clubs: Kaufmannsgilden und Clubs bilden eine weitere Basis für Geschäftsverbindungen. In Vereinen und Clubs verdichten sich Informationen und Geschäftsmöglichkeiten. Meist überlagern sich diese Vereinszugehörigkeit und regionale Herkunft.

All diese Grundlagen ermöglichen faktische Beziehungen und je dichter das Beziehungsnetz, desto eher entsteht ein Vertrauen, das die Senkung der Transaktionskosten von Geschäften erlaubt. Mündliche Verträge gelten, und Vereinbarungen können flexibel gehandhabt werden. Der hohe Stellenwert von Beziehungen und persönlichem Vertrauen (Personalismus) wird als Kontrast zum Systemvertrauen im Westen wahrgenommen mit einem Fokus auf schriftliche Vereinbarungen und spezialisiertes Wissen.

Vergleichen wir diese Studie über Vertrauen in chinesischen Geschäftsbeziehungen mit einem Artikel von Hartmut Berghoff über die Bildung von Vertrauenskapital auf globalisierten Märkten aus einer westlichen Perspektive, so sind die Parallelen augenfällig.[17] Berghoff nennt verwandtschaftliche, regionale, ethnische und konfessionelle Solidaritäten als Basis für eine „soziokulturelle Fundierung von ökonomischen Beziehungen", ebenso

---

15 Beispiele historisch sensitiver Studien der Veränderungen von Geschäftsbeziehungen im postkommunistischen China sind Yang Mayfair Mei-hui (2002). The Resilience of Guanxi and Its New Deployments: A Critique of Some New Guanxi Scholarship. *The China Quarterly* 170. P. 459-76; Wank, David L. (1999). *Commodifying communism: business, trust, and politics in a Chinese city.* Beide Studien beschäftigen sich mit Guanxi-xue, also mit persönlichen Geschenken in Geschäftsbeziehungen.

16 Tong Chee Kiong/Yong Pit Kee (1998). Guanxi Bases, Xinyong and Chinese Business Networks. *The British Journal of Sociology* 49(1). P. 75-96.

Assoziationen und hybride Kooperationsformen zwischen Hierarchie und Markt. Damit sind Koalitionen von flexiblen Akteuren gemeint, die Informationen, Risiken und Innovationen teilen. Die Übergänge von Assoziationen zu verwandtschaftlichen und ethnischen Netzwerken sind fließend, doch steht die ökonomische Funktionalität im Vordergrund. Vertrauen beruht hier auf der von Bourdieu portierten Idee von Sozialkapital.[18] Soziales Kapital bietet für Individuen einen Zugang zu Ressourcen des sozialen und gesellschaftlichen Lebens wie Unterstützung, Hilfeleistung, Anerkennung und Wissen. Es produziert und reproduziert sich auch über Tauschbeziehungen, wie gegenseitige Geschenke, Gefälligkeiten und Besuche. Seine Generierung verlangt bewusste Investitionen der Akteure. Wachsende Interdependenz durch fortlaufende Geschäftsbeziehungen, Klientelisierung, Verbindungen durch Clubs und Vereine und zivilgesellschaftliche Flankierung von Geschäftsbeziehungen, etwa in philanthropischen Gesellschaften, ermöglichen das Entstehen von interpersonellem Vertrauen.

In Berghoffs Aufzählung treten jedoch auch Unterschiede zu Tong und Yong Berghoff hervor. Er nennt Institutionen und Regeln, zweitens kommerzielle Vertrauenswächter wie Banken und Versicherungen und drittens, Selbstverpflichtungsregimes im Marketing als weitere Grundlagen für Vertrauensbildung. Lassen wir das Marketing hier beiseite, so können die anderen beiden Typen unter dem oben erwähnten Begriff des Systemvertrauens zusammengefasst werden, das chinesische Kaufleute bei westlichen als dominierendes Prinzip ansehen.

Trotzdem scheint mir eine Zuspitzung der Differenz zwischen westlichem Systemvertrauen und persönlichem Vertrauen in China unangebracht. Begriffe wie Professionalisierung und Verrechtlichung lassen die Bedeutung des persönlichen Vertrauens in der westlichen Wirtschaftswelt verblassen. Auf der anderen Seite wird die chinesische Wirtschaftspraxis unter dem Schlagwort des Konfuzianismus als ahistorische Größe präsentiert und damit die Basis für eine kulturvermittelnde Industrie geschaffen. In der Studie von Tong und Yong hingegen nehmen die Befragten den Personalismus, also persönliches Vertrauen als Basis von Geschäftstransaktionen, als etwas im Schwinden Begriffenes wahr, das früher viel stärker gegolten habe. Persönliche Beziehungen innerhalb kleinerer Gruppen und Verrechtlichung sind also im Wirtschaftsleben sowohl Westen wie im Osten von Belang. Die Überhöhung der Differenz zwischen dem Osten und Westen und die damit verbundene Idee der Diffusion der westlichen Moderne sind ohnehin seit Edward Saids Buch «Orientalism» ein Gegenstand der Kritik.[19]

---

17 Berghoff, Hartmut (2004). *Die Zähmung des entfesselten Prometheus? Die Generierung von Vertrauenskapital und die Konstruktion des Marktes im Industrialisierungs- und Globalisierungsprozess.* In: H. Berghoff/J. Vogel (Eds.). Wirtschaftsgeschichte als Kulturgeschichte. P. 143-68.

18 Bourdieu, Pierre (1976). *Entwurf einer Theorie der Praxis auf der ethnologischen Grundlage der kabylischen Gesellschaft.*

Statt die Differenzen zu überhöhen könnte man im Westen von östlichen Diskursen lernen. Im Westen spielt die Idee des Vertrauens in der Ökonomie eine zentrale Rolle und umfasst Konzepte wie Weltvertrauen, Systemvertrauen, und persönliches Vertrauen. Auch Systemvertrauen basiert – wie der Ökonom Hansjörg Siegenthaler gezeigt hat – auf kommunikativen Prozessen, wobei wieder persönliche Netzwerke zum Tragen kommen.[20] Das Konzept des ‚Guanxi' richtet den Blick auf Netzwerkbildungsprozesse. Gerade darin liegt eine Schwäche des Transaktionskosten-Ansatzes, wie die Ökonomin Barbara Krug festhält: Er kann zwar sehr wohl die ökonomischen Vorteile von Netzwerken erklären, nicht aber ihre Entstehung.[21] Die Ökonomin Janet Landa etwa greift gar auf ein biologistisches Verständnis der ‚homogeneous middleman groups' zurück und betrachtet die Gruppenzusammengehörigkeit als epigenetischen Prozess.[22]

Guanxi hingegen ist keine biologische Kategorie, sondern es lässt sich erwerben, auch von Außenseitern, die nicht wie das engere soziale Umfeld schon von Anfang an über einen Vorschuss an Guanxi verfügen. Gleichzeitig unterscheidet sich die Idee des Guanxi vom westlichen Vertrauensbegriff, denn es bezeichnet die sozialen Beziehungen als Grundlage von Vertrauensbildung. Vertrauen entsteht damit durch soziale Einbettung. Im Westen hingegen wird der Vertrauensbegriff oft genau da verwendet, wo das Soziale fehlt, also keine Kontrolle besteht. Dies drücken sowohl die Lenin zugeschriebene Redewendung «Vertrauen ist gut, Kontrolle ist besser», wie auch die Verballhornung durch Martin Fiedler «Vertrauen ist gut, Kontrolle ist teuer» aus.[23] Fiedler bezeichnet Vertrauen als eine „freiwillige Erbringung einer riskanten Vorleistung unter Verzicht auf explizite vertragliche Sicherungs- und Kontrollmechanismen gegen opportunistisches Verhalten"[24].

Wenn die sozialen Beziehungen jedoch als Potential gelten, nämlich als Möglichkeit eine gewisse Kontrolle über Geschäftspartner ausüben zu können, so wird Vertrauen nicht defizitär als Ersatz für fehlende Kontrolle, sondern als Produkt einer Akkumulation von Beziehungen in einem Netzwerk gedacht. Berghoff nennt dies ein System außermarktlicher Sanktions- und

19 Said, Edward W. (1978). *Orientalism*. Für eine Kritik der Idee der westlichen Moderne in den Sozialwissenschaften siehe Bhambra, Gurminder K. (2007).

20 Siegenthaler, Hansjörg (1993). *Regelvertrauen, Prosperität und Krisen: die Ungleichmässigkeit wirtschaftlicher und sozialer Entwicklung als Ergebnis individuellen Handelns und sozialen Lernens.*

21 Krug, Barbara. Networks in Cultural, Economic and Evolutionary Perspective. *ERIM Report Series Research in Management.*

22 Landa, Janet T. (2008). The bioeconomics of homogeneous middleman groups as adaptive units. *Journal of Bioeconomics*. Vol. 10(3). P. 259-78.

23 Gemäss Büchmanns *Geflügelte Worte* soll Lenin oft die russische Redewendung ‚Vertraue, aber prüfe nach' gebraucht haben. Siehe Wikipedia, Artikel «Vertrauen ist gut, Kontrolle ist besser!». vom 17.2.2010. Fiedler, Martin (2001). Vertrauen ist gut, Kontrolle ist teuer. *Geschichte und Gesellschaft* 27. P. 576-92.

24 Ebd., P. 582.

Gratifikationsmöglichkeiten, das verbunden mit Selbstverpflichtung eine dichte Vertrauenskultur schafft[25].

Eine ähnlich gelagerte Diskussion dreht sich um die Ausbreitung des Kapitalismus in Asien und spezifisch um den Bazar als Ort kapitalistischen Handelns. Clifford Geertz hat Bazars in Java und Marokko aus der Perspektive der Teilnehmer beschrieben und dabei die Fragmentierung der Ökonomie in zahlreiche Einzelhandlungen herausgestrichen. [26]Im Bazar herrscht eine Informationsasymmetrie zwischen Verkäufer und Käufer, da ein Käufer nie sicher sein kann, ob die Qualität oder die angegebene Menge des Produkts stimmen. Das Verhältnis zwischen den Käufer und Verkäufer basiert deshalb auf persönlichem Vertrauen. Geertz sieht diese Fragmentierung als Hindernis für Arbeitsteilung, fortgeschrittene Buchhaltung und die Organisation von Netzwerken. Dieser Sicht hält Ray entgegen, dass ,Bazar' in Indien eine Bezeichnung für den Grosshandel in einigen Zentren ist und gerade eben in Abgrenzung von den Kleinmärkten, die viel eher der Beschreibung von Geertz gleichen.[27] Gemäß Ray sind die Bazare in den großen Hafenstädten wie Bombay, Calcutta, Singapur, Batavia und Hongkong eine spezifische Institution der Kolonialzeit in Asien. Sie waren stark vernetzt, wurden von Kaufleuten betrieben, die sowohl eine lange Tradition in Buchhaltung besaßen als auch Know-how, wie sie Distanzen und Zeit handelstechnisch überbrücken können. Auf Basis einer zeitgenössischen Feldforschung in Indien sieht Frank Fanselow den Bazar aufgeteilt in Läden mit heterogenen, nicht austauschbaren Güter und solchen mit austauschbaren, standardisierten und abgepackten Markenprodukten. Typisch für erstere ist die von Geertz beschriebene Unsicherheit und Abhängigkeiten durch Kredite. Bei letzteren ist hingegen das Verhältnis zu Kunden und Angestellten ähnlich wie im westlichem Kapitalismus, und die Läden verkaufen oft auch westliche Produkte. Auch Fanselow macht eine implizite Opposition zwischen östlich irrational und westlich modern, rational.

Andere Forscher betrachten jedoch den Kapitalismus keineswegs als etwas typisch Westliches, das mit der Zeit in den Osten diffundiert. Vielmehr besteht eine Debatte, ob der chinesische und indische Großhandel schon vor dem europäischen Kapitalismus entstanden oder seine Entwicklung erst durch die europäische Präsenz ausgelöst worden sei oder ob sich dieser Handel parallel zur kolonialen Durchdringung asiatischer Länder, aber unabhängig von der Reichweite des europäischen Regiments, entwickelt habe.[28] Jack Goody stellt die Originalität des Westens in Frage und beschreibt eine unabhängige Entwicklung kapitalistischer Ökonomie außerhalb des Westens.[29] Ray diskutiert die Frage anhand des Bazars in kolonialen Handelsstädten. Der Stand dieser Diskussion lässt sich momentan so

---

25 Berghoff, Hartmut (2004), S. 153f.

26 Geertz, Clifford (1978). The Bazaar Economy: Information and Search in Peasant Marketing. The American Economic Review 68. P. 30.

27 Ray, Rajat K. (1995). Asian capital in the age of European expansion: The rise of the bazaar, 1800-1914. *Modern Asian Studies* 29(3). P. 449-554.

zusammenfassen, dass die Entwicklung des asiatischen Großhandels und Kapitals weder abhängig noch unabhängig von der Expansion des europäischen Kapitalismus war, sondern dass sich dabei vielmehr zahlreiche Prozesse überlagern, bei denen sich oft nicht sagen lässt, wer agierte und wer reagierte. Die europäische Expansion und die wachsende Präsenz asiatischer Kaufleute und Arbeitsmigranten muss also als interaktiver Prozess verstanden werden, in dem gewisse Entwicklungen eng miteinander verbunden, andere nur lose gekoppelt sind.

Um den Austausch in Begegnungen von Menschen unterschiedlicher Herkunft und speziell die Beziehungen im kolonialen Bazar zu verstehen ist der Begriff ‚Kontaktzone' von Mary Louise Pratt hilfreich, der der interkulturellen Pädagogik entspringt.[30] In der Kontaktzone werden Wissen oder Praktiken nicht verstreut (Diffusion), sondern in komplexer Weise übersetzt. So werden im Prozess der kulturellen Verständigung mitunter neue Formen geschaffen. Diese Übersetzungsprozesse zwischen europäischen und chinesischen Kaufleuten werden in Teil A4 anhand von Handelsmarken aufgenommen.

Das Interesse für Netzwerk- und Vertrauensbildung steht im Einklang mit einer Wirtschaftsgeschichte, die sich um historische und kulturelle Einbettung wirtschaftlicher Tätigkeit bemüht, wie das Hartmut Berghoff und Jakob Vogel in ihrem programmatischen Band «Wirtschaftsgeschichte als Kulturgeschichte» gefordert haben.[31] Ich werde jedoch im Folgenden Vertrauen nicht als heuristischen Begriff verwenden, sondern versuchen, die sozialen Beziehungen am Markt und die Qualität der Vernetzung möglichst dicht zu beschreiben und zugleich diffusionistische Vorstellungen in der Weltwirtschaft und kapitalistischen Ökonomie vom Westen in den Rest der Welt am Beispiel von Branding kritisch zu hinterfragen. Das erste Kapitel versucht, den Aufbau von Geschäftsbeziehungen im Textilhandel zwischen der Schweiz und Südostasien aus verschiedenen Blickwinkeln zu beleuchten.

---

28 Siehe: Ray, R.K. (1995); Markovits, C. (2007). Structure and agency in the world of Asian commerce during the era of European colonial domination (c. 1750-1950). *Journal of Economic and Social History of the Orient* 50 (2-3). P. 106-23. Einen guten Überblick über die Forschungen zur Neuzeit bis 1800 gibt: Wills, J. E. (1993). Review: Maritime Asia, 1500-1800: The Interactive Emergence of European Domination. *The American Historical Review* 98(1). P. 83-105.

29 Für eine ausführliche Argumentation zugunsten einer Vergleichbarkeit von Ost und West am Beispiel der Geschichte von Buchhaltung und von Familienfirmen in Indien siehe Goody, Jack (1996). *The East in the West.*

30 Siehe Pratt, Mary L. (1991). Arts of the Contact Zone. *Profession* 91. P. 33-40. Siehe auch dies. (1992). *Imperial eyes travel writing and transculturation.*

31 Berghoff, Hartmut/Jakob Vogel (2004). *Ansätze zur Bergung transdisziplinärer Synergiepotentiale.* In: dies. (Eds.). Wirtschaftsgeschichte als Kulturgeschichte: Dimensionen eines Perspektivenwechsels. P. 9-41.

Der erste Teil bietet einen Überblick über den Handel im kolonialen Singapur, der zweite Teil widmet sich dem Verhältnis zwischen Produzenten in
der Schweiz und Kaufleuten in Singapur; der dritte Teil betrachtet die sozialen Kontakte innerhalb der schweizerisch-deutschen Handelswelt in Singapur; der vierte Teil geht auf die Geschäftbeziehungen zwischen den
Handelshäusern und den asiatischen Zwischenhändlern ein. Am Schluss
folgt ein Überblick über die Entwicklung der Firma Diethelm & Co bis in
die 1930er Jahre.

1 CHINESEN IM KOLONIALEN SINGAPUR

In Darstellungen Singapurs wird auf zwei Erscheinungen hingewiesen, die
diese Stadt entscheidend geprägt haben: den Freihandel und die multiethni-
sche Gesellschaft. Darin gleichen sich Beschreibungen des Freihafens im
Osten des Empires aus der Zeit der Queen Victoria und die aktuelle Vermarktung des Tigerstaates in Hochglanzbroschüren für Unternehmen und
Touristen. Beide Phänomene machen Singapur zu einer modernen Stadt im
sozialwissenschaftlichen Sinn: Eine auf kolonialer Beschäftigungspolitik
und Stadtplanung beruhende ethnische Segregation– James Furnivall spricht
vielleicht etwas missverständlich von ethnischem Pluralismus, wobei er den
Begriff nicht etwa positiv, sondern kritisch verwendet – ist eine der größten
Hypotheken der Kolonialzeit und die Suche nach einer Balance zwischen
den verschiedenen Gruppen eines der zentralen politischen Probleme des
heutigen Stadtstaates.[32]
   Im Mittelalter stand eine Handelsstadt mit Namen Temasek auf der Insel
an der Südspitze der malaysischen Halbinsel. Ihre Ruinen waren bereits
wieder im Dschungel versunken, als Sir Stamford Raffles, Beamter der British East India Company, 1819 dort eine neue Stadt gründete, wobei er einen
Erbstreit im Sultanat Johor ausnutzte.[33] Zugleich überrumpelte er seine Vorgesetzten in Calcutta, welche die Niederländer nicht mit einem Eingriff in
ihre Einflusssphäre brüskieren wollten. Raffles ging es darum, die Opium-
handelsroute von Indien nach China zu schützen, ein Plan, der Unterstützung in London fand. Gleichzeitig schwebte ihm vor, mit einem neuen
Handelsposten die niederländische Vorherrschaft im Handel mit dem malaiischen Archipel zu brechen. Freihandel war der Schlüssel, der zum Wachstum der Hafenstadt führen sollte. Freihandel bedeutete sowohl, dass der
Handel im Hafen nicht mit Zöllen beschränkt werden sollte, als auch, dass
der Hafen allen Nationen offen stehen sollte.

---

32   Furnivall hat seine Thesen anhand des Niederländisch-indischen Kolonialstaates
     entwickelt; die Ethnisierung der Gesellschaft ist aber auch typisch für Malaysia
     und Singapur. Furnivall, John Sydenham (1944). *Netherlands India: a study of
     plural economy*; ders. (1948). *Colonial policy and practice: a comparative stu-
     dy of Burma and Netherlands India*.

Abbildung 2: Südostasien in der 2. Hälfte des 19. Jh.

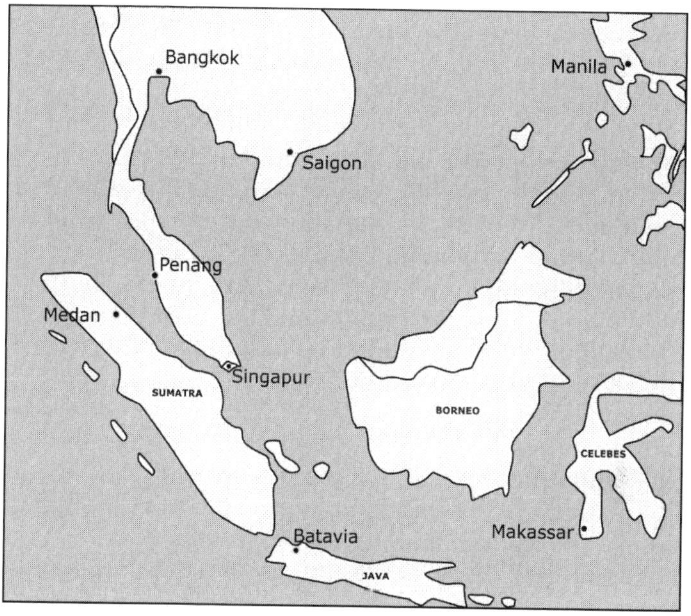

Medan ist erst im 20. Jh. zu einer Großstadt herangewachsen.

Die Briten schufen einen Rahmen, in dem sich Entwicklung vollziehen konnte. Von Anfang an bauten sie auf bereits bestehende Handelsnetzwerke im Archipel, die von Bugis aus Südsulawesi, Hadramis aus dem Südosten

---

33 Zur Geschichte des kolonialen Singapurs; aus einem eher traditionellen ereignis- und kulturgeschichtlichen Blickwinkel siehe Lee, Edwin (1991). *The British as rulers governing multiracial Singapore, 1867-1914*; Makepeace, Walter et al. (Eds.) (1991). One hundred years of Singapore; Song Ong Siang (1923). *One hundred years' history of the Chinese in Singapore, 1819-1919*; Turnbull, Constance Mary (1972). *The Straits Settlements, 1826-67: Indian Presidency to Crown Colony*; Turnbull, C.M. (1989). *A history of Singapore 1819-1988.* Für wirtschaftsgeschichtliche Studien über den Handel in Singapur siehe Bogaars, G. E. (1955). The effect of the opening of the Suez Canal on the Trade and Development of Singapore. *Journal of the Malaysian Branch of the Royal Asiatic Society* 28(1). P. 99-143; Chiang Hai Ding (1978). *A history of straits' settlements foreign trade 1870-1915*; Wong Lin Ken (2003). *The trade of Singapore, 1819-1869.* Ein weiteres Diskussionsfeld sind asiatischen Hafenstädte als Orte der Interaktion zwischen dem Westen und Asien und die Implikationen auf die Stadtentwicklung; siehe Frank Broeze (Ed.). Brides of the sea: Port cities of Asia from the 16th–20th centuries; Yeoh, Brenda S.A (1996). *Contesting space: power relations and the urban built environment in colonial Singapore.* Eine umfangreiche Literatur besteht zu einzelnen Gruppen in der Gesellschaft Singapurs; siehe folgende Fußnote.

Jemens, verschiedenen indischen Gruppen wie Parsis, einer zoroastrischen Gemeinschaft in Indien, und Chettiars, tamilischen Händlern aus Tamil Nadu, Armeniern, Juden aus Bagdad und vor allem von Chinesen aus verschiedenen Regionen in Südchina, hauptsächlich Hokkien aus Amoy, betrieben wurden.[34]

Ich werde im Folgenden von den chinesischen Kaufleuten sprechen, da sie als Handelspartner von Schweizer Kaufleuten die wichtigste Rolle spielten. Im Nanyang (auf Chinesisch ‚südlicher Ozean‘, die Bezeichnung für Südostasien) hatten Chinesen schon lange vor der Gründung Singapur Handel getrieben; mit der europäischen Expansion in Südostasien eröffneten sich für an der südlichen Küste Chinas ansässige Kaufleute neue Tätigkeitsfelder in Rohstoffgewinnung, Handel und Geldwirtschaft. Das Thema wurde in der Einleitung unter dem Stichwort ‚Bazar‘ angesprochen. Barbara Watson Andaya zum Beispiel zeigt in ihrer Studie zum Textilhandel in Jambi und Palembang (Süd-Sumatra), wie zur Zeit der Britischen und Niederländischen Ostindienkompanien chinesische Händler den Textildetailhandel teilweise besetzen konnten, da sie über kulturelle Gepflogenheiten besser Bescheid wussten, also über mehr kulturelles Kapital verfügten und darüber hinaus niedrigere Margen als ihre europäische Konkurrenz hatten. Aus dieser Konkurrenz bildete sich bereits gegen Ende des 17. Jh. eine Arbeitsteilung heraus, in der Europäer den Fernhandel über das Meer und Chinesen den Detailhandel vom Hafen ins Landesinnere übernahmen.[35]

Bis zur Mitte des 19. Jh. hatten chinesische und andere Mittelspersonen aus Asien eine solch dominante Stellung im südostasiatischen Archipel erlangt, dass sie für europäische Handelshäuser absolut unerlässlich wurden. Die Gründung Singapurs unterstützte diesen Prozess wesentlich, da sich dort viele chinesische Kaufleute niederließen und ihre Netzwerke im Archipel von dort aus oder dorthin ausweiten und verstärken konnten. Die Haltung von europäischen gegenüber chinesischen Kaufleuten aber war ambivalent. Ein britischer Beobachter rationalisierte die Abhängigkeit im Rahmen des vorherrschenden Jingoismus:

---

34 Zu Bugis siehe Trocki, Carl A (1979). *Prince of pirates: the temenggongs and the development of Johor and Singapore 1784-1885*; zu den Händlern aus dem Hadramaut in Singapur siehe Freitag, Ulrike (2003). Arabische Buddenbrooks in Singapur. *Historische Anthropologie*, 11(2). P. 208-23; Clarence-Smith, William G. (2005). Middle Eastern entrepreneurs in Southeast Asia, c1750-c1940. In: McCabe, Ina Baghdiantz (Ed.) (2005); zu den verschiedenen aus Indien stammenden Gruppen siehe Sandhu, Kernial Singh (Ed.) (2008). Indian communities in Southeast Asia. insbesondere 774-87; zu den Chettiars und ihrer Rolle als Geldleiher in Burma gibt es eine reiche Diskussion; siehe z.B. Turnell S. (2005). The Chettiars in Burma. *Macquarie Economics Research Papers*, 12. Allgemein zu Händlerdiasporas siehe McCabe, Ina Baghdiantz (Ed.) (2005). Diaspora entrepreneurial networks: four centuries of history.

35 Andaya, B. W. (1989). The Cloth Trade in Jambi and Palembang Society during the Seventeenth and Eighteenth Centuries. *Indonesia*, 48. P. 27-46, hier P. 35f.

„The details of the great European trade of these settlements are managed almost exclusively by Chinese. The character and general habits of an European gentleman quite preclude him from dealing with the native traders who visit our ports, and who bring the produce of their several countries to exchange with articles of different climates found collected here. These traders – Malays, Bugghese, Chinese, Siamese, Cochin Chinese, Burmese, &c., have their own modes of conducting business, founded on a status of civilization very far below European models, and which Europeans cannot condescend to adopt. Here the Chinese step in as a middle class and conduct the business, apparently on their account, but in reality as a mere go between. But little superior in moral perception, the Chinese puts himself on a level with the native traders, takes them to his shop, supplies them with sirihs [Betelnuss] and other luxuries of a more questionable shape, and joins with them in their indulgences. Surrounding them with his numerous retainers, and studious to make their stay agreable, he listens calmly for hours to senseless twaddle, the tiresome inanity of an exhausted temper, and succeeds in dealing with the native on terms far inferior to what could have been obtained from the European merchants." [36]

Das Zitat weist auf die Bedeutung des kulturellen Kapitals hin, das es den chinesischen Towkays (Kaufleute) ermöglichte, sowohl den Produkthandel wie auch den Handel mit Manufakturen mit den Einheimischen des Archipels weitgehend zu kontrollieren.[37] Europäische Kaufleute wären durchaus interessiert gewesen, diesen Zwischenhandel zu umgehen. Das glückte jedoch nur in wenigen Bereichen. So konnte etwa die Straits Trading Co, eine deutsch-britische Firma, durch technische Innovation im Schmelzprozess ins Zinngeschäft – fast die gesamte Weltproduktion kam aus der Region – eindringen und Marktanteile gewinnen.[38] Ebenso verdrängten europäische Versicherer in den 1860ern Parsis aus Indien aus dem Transportversicherungsgeschäft.[39] Doch die Verteilung von Waren im Archipel konnten chinesische Kaufleute dank ihren Kenntnissen der Verhältnisse, ihrer etablierten Netzwerke und niedrigeren Margen effizienter gestalten. Chinesische und andere Händler trugen wesentlich dazu bei, eine Nachfrage nach europäischen Produkten überhaupt zu generieren. JH. Moor berichtet 1837 über den Handel der Bugis auf Borneo:

„Ten years ago, no Diak [Dayak] under the rank of Rajah wore a sarong; whereas at present, near the coast, few even of the poorest class are seen without them; at Marpow, a kampong situate, via the river, at least 570 miles from the sea and containing a

---

36 Notes on the Chinese in the Straits. *The Journal of the Indian Archipelago and Eastern Asia*, 9, 1855. Zit. nach Ray, R.K. (1995), P. 507.

37 Auf Chinesisch heißt Towkay eigentlich reicher Mann oder Unternehmer. Siehe z.B. Buchholt, Helmut (1996). *Vom Wanderkrämer zum Towkay ethnische Chinesen im Prozess der Modernisierung der asiatisch-pazifischen Region.*

38 Meyer, Günther (1970). *Das Eindringen des deutschen Kapitalismus in die niederländischen und britischen Kolonien in Südostasien von den Anfängen bis 1918*, P. 100.

39 Siehe unten Teil C1.

population of 7000 inhabitants, seven out of every ten wear them, and the women will likewise have a smart body dress of woollen cloth. No person would be without articles of European or Bengal manufacture if they could be procured at a reasonable rate [...]. Formerly the Bugis rajahs prohibited all Diaks wearing dress of any description; a present of a piece of red cloth, and a sarong, with permission to wear them were occasionally given to the chiefs and their wives as marks of particular favor; but since the establishment of Singapore these rajahs are the principal traders, and a Diak has now nothing to do but climb a tree, and gather the (bee) wax to ensure himself and family articles of clothing and the luxuries of salt and tobacco."[40]

Und WE. Maxwell schildert in seinem Bericht von einer Reise ins Innere Malaysias 1876, wie ihn der Dorfchef Che Abdul Karim empfing und ihm einen gut schmeckenden Tee mit Milch aus der Schweiz und Gebäck aus England servierte. Dies geschah noch Jahre bevor die Briten das Gebiet zu kolonisieren begannen und nur neun Jahre nachdem die Anglo Swiss Condensed in Cham überhaupt gegründet worden war.[41]

Neben dem Zwischenhandel waren chinesische Towkays an Zinn- und Goldminen in Malaya, Billiton und auf Borneo beteiligt oder betrieben als Mittelleute für den niederländischen Kolonialstaat den Opium- und Alkoholverkauf sowie Pfand- und Spielhäuser, um Steuereinkünfte zu generieren. Die Briten in den Straits Settlements, der König von Siam und die Franzosen in Saigon kopierten dieses System als einzig probates Mittel, um an Steuereinkünfte zu gelangen.[42] Wong Yeetuan zeigt in einer Studie über fünf einflussreiche Hokkien Familien in Penang, die sich schon im frühen 18. Jh. an der Malakkastrasse etabliert hatten, den überregionalen Charakter des Handels, der von diesen Kaufleuten betrieben wurde. Bereits in den 1830er Jahren waren sie im Minengeschäft in Malaysia und Riau tätig, über dieses kamen sie ins Kuligeschäft mit Südchina und übers Kuligeschäft ins Opiumgeschäft. Mit der wachsenden Plantagenindustrie in Sumatra und Malaysia wurden sie auch im Detailhandel mit Nahrungsmitteln und Werkzeugen aktiv. Sie gründeten Unternehmen und kooperierten dabei mit Armeniern, Indern und Malaien.[43]

---

40 Moor, J.H. (1837). *Notices of the Indian Archipelago, and adjacent countries*, P. 15.

41 Maxwell, William Edward (1882). Journey on foot to the Patani frontier in 1876. *Journal of the Straits Branch of the Royal Asiatic Society* 9, P. 8. Der Verkauf der Anglo-Swiss wurde von Beginn weg auf Großbritannien und seine Kolonien ausgerichtet. Hauser-Dora, Angela Maria (1986), P. 295.

42 Ray, R.K. (1995), P. 467ff. Siehe auch: Rush, James Robert (1990). *Opium to Java revenue farming and Chinese enterprise in colonial Indonesia 1860-1910*.

43 Wong Yeetuan (2007). The Big Five Hokkien Families in Penang, 1830s–1890s. *Chinese Southern Diaspora Studies* 1(1). P. 106-15.; ähnlich argumentiert Wu Xiao An (1997). Chinese-Malay Socio-Economic Networks in the Penang-Kedah-North Sumatra Triangle 1880-1909. *Journal of the Malaysian Branch of the Royal Asiatic Society* 70(2). P. 24-48.

Chinesische Unternehmer konnten also im interregionalen Handel eine Stelle besetzen, deren Einnahme den Briten als Antagonisten der Niederländer nicht möglich war. Dabei schlossen sie sich oft zu Gruppen oder Kartellen, so genannten Kongsis, zusammen. Ursprünglich war der Kongsi (kung-so) eine Art zünftige Verbindung von migrierten Kaufleuten oder Bankiers aus der gleichen Region. Im Nanyang verwandelte sich diese Idee von regionaler Assoziation schon früh zum Prinzip einer selbst verwalteten Vereinigung im Handel oder im Bergbau. In Kongsis wurden die Gewinne nach einem zuvor vereinbarten Schlüssel verteilt.[44]

Der Begriff Kongsi ist jedoch komplexer und deckt ein weites Spektrum an Bedeutungen ab, die sowohl der ökonomischen als auch der sozialen Sphäre zugerechnet werden können. Er wird sowohl mit ‚Unternehmen' oder ‚Büro' als auch mit ‚Dialektgemeinschaft' oder ‚Geheimgesellschaft' übersetzt. Am ehesten ist ein Kongsi mit einer Handwerksbruderschaft zu vergleichen, welche Funktionen von gegenseitiger Hilfe, sozialer Versicherung, Gerichtsbarkeit, Stiftung von Solidarität durch Rituale und einheitliche Kleidung etc. übernimmt. Während der ersten größeren Immigrationswellen von Chinesen in den Nanyang in der ersten Hälfte des 19. Jh. dienten Kongsis den Neuankömmlingen als Integrationsvehikel am neuen Ort. Dabei waren Geheimgesellschaften (Hui) mit ihren Initiationsritualen und Beschwörung von bruderschaftlicher Solidarität besonders attraktiv. Die Grenze zwischen korporativer, ökonomischer Bruderschaft, Gemeinschaften von regionalen Clans und Geheimgesellschaften ist fließend.[45] Ebenso reicht das Spektrum der Aktivitäten vom Ausbau transnationaler Firmennetzwerke im Handel und im Bankenwesen zwischen Südchina und dem Nanyang bis hin zu halblegalen und illegalen Machenschaften wie Prostitution, Menschenhandel, Schuldeintreibung und Schutzgeld.

Über diese Gesellschaften konnten die Kolonialmächte indirekte Kontrolle ausüben, was ihren Usancen entsprach. Sowohl in den britischen Straits als auch in Niederländisch-Indien wurde in den Städten die Funktion des so genannten ‚Captain China' resp. ‚Kapitan Cina' (später Majoor der Chinesen) eingeführt. Über diese politische Institution gelang es den Kolonialregierungen zum Teil die Kongsis unter Kontrolle zu halten,[46] später auch zu unterdrücken, da in der 2. Hälfte des 19. Jh. die illegalen Aktivitäten zunehmend als Bedrohung der öffentlichen Ordnung wahrgenommen wurden.

Zwischen den verschiedenen regionalen Kongsis von Hokkiens, Teochews, Hakkas, Kantonesen und Hainanesen gab es erhebliche Differenzen und Animositäten. Gemäß Turnbull waren sie so ausgeprägt, dass die Briten

---

44 Ray, R. K. (1995), P. 516.
45 Siehe dazu: Ownby, David (1993). *Introduction*. In: David Ownby/Robert J Antony (Eds.). „Secret societies" reconsidered: Perspectives on the social history of modern South China and Southeast Asia. P. 3-33.
46 Ray, R. K. (1995), P. 516.

gar keine bewusste ‚Divide et impera'-Strategie fahren mussten.[47] Nur auf der höchsten Ebene wurden ethnische Differenzen zur kolonialen Herrschaftssicherung benutzt, indem man sie durch planerische Segregation in die Stadtbilder förmlich einschrieb. Diese Inskriptionen mit all ihrer Problematik der Ethnisierung des Politischen sind auch heute noch für Südostasien typisch. Ebenso wurden einige Berufskategorien auf bestimmte ethnische Gruppen beschränkt.[48]

Immer wieder kam es zu teilweise heftigen Ausschreitungen zwischen rivalisierenden Gesellschaften von Hokkiens (aus dem Umland der Hafenstadt Amoy, heute Xiamen, und dem südlichen Taiwan) und Teochews (aus dem Osten der Provinz Guangdong im Umland der Hafenstadt Swatow, heute Shantou), so etwa 1854 als über 400 Personen ums Leben kamen.[49]

Solche Unruhen hinderten jedoch die Entwicklung Singapurs nicht; die Bevölkerung wuchs exponentiell: 1850 zählte die Stadt gut 50.000 Einwohner, 1950 bereits eine knappe Million. Ein wichtiger Impuls war die Eröffnung des Suez-Kanals von 1870. Singapur hatte nun eine wesentlich günstigere Position in den interkontinentalen Schifffahrtsrouten. Auf der Route ums Kap waren die frühen Dampfschiffe kaum konkurrenzfähig. Die meisten Waren transportierenden Segler steuerten auf der Route ums Kap von Afrika zuerst Java an und erst danach Singapur. Der Suezkanal verhalf der Dampfschifftechnik zu einem Entwicklungsschub. Dampfer kamen nun über Jemen, Ceylon nach Singapur und von da nach Batavia. Die Transportdauer von Frachten nach Singapur reduzierte sich von plus minus drei Monaten per Segler ums Kap, auf ca. drei Wochen per Dampfer von Marseille. Gleichzeitig wurde Singapur ans telegraphische Netz angeschlossen, was die Kommunikation von Bestellungen und Preisen wesentlich beschleunigte. Bogaars schätzt, dass sich durch diese Neuerungen das Renditepotential von Handelshäusern in Singapur verdoppelte, weil sich die Frachtpreise reduzierten und Kapital weniger lange gebunden war. Die Erwartungen aller europäischer Kaufleute, die im interkontinentalen Handel annähernd ein Monopol hatten, waren angesichts einer solchen Verschiebung der Preise natürlich hoch, und so wuchs die Zahl der konkurrierenden europäischen Handelshäuser an, was die Renditen wieder ausglich. Insbesondere Deut-

---

47 Turnbull, Constance Mary (1989), P. 55.
48 Sachsenmaier, Dominic (2002). *Die Identitäten der Überseechinesen in Südostasien im 20. Jh.* In: H. Kaelble/M. Kisch (Eds.). Transnationale Öffentlichkeiten und Identitäten im 20. Jh. P. 214. Zur kolonialen Stadtplanungspolitik in Singapur siehe Yeoh, Brenda S.A (1996). Pieris versucht für Penang die räumliche Verteilung von Bevölkerungsgruppen als Quelle für die koloniale Politik und ihr entgegenlaufende Praktiken zu verstehen: Pieris, Anoma (2002). „Doubtful Associations: Reviewing Penang Through the 1867 Riots." Vortrag.
49 Tan, Bonny. Hokkien-Teochew Riots of 1854. Infopedia Singapore. (online: infopedia.nl.sg vom 3.2. 2009). Shantou und Xiamen sind Küstenstädte in Südchina und liegen lediglich 188 km auseinander.

sche und Schweizer drängten in den fünf Jahren vor und nach der Eröffnung des Suezkanals auf den Markt.[50]

Der Handel mit Europa machte 1863 in Singapur nur einen Fünftel aller Importe aus; wichtiger war der innerasiatische Handel mit Opium, Reis, Tee, Edelmetallen und weiteren Produkten wie Tabak, Pfeffer, Gambir, Rattan, Sago etc., an dem europäische Handelshäuser zwar beteiligt waren, den sie aber nicht ausschließlich betrieben. Bei den Importen aus Europa waren die ‚cotton piece goods‘, also Webstoffe und Textilwaren aus Baumwolle, der wichtigste Posten. Schon bevor der Handel mit Indien und später mit Europa Textilien in substanziellen Mengen in den malaiischen Archipel brachte, waren Stoffe ein wichtiger Artikel für den Export von Insel zu Insel gewesen.[51] Doch dann verdrängten die industriell gefertigten, billigen Manufakturen die einheimische Produktion und damit die Einkommensquellen von Familien. Haupthandelsgüter waren Mitte des Jahrhunderts Opium, Textilien, Pfeffer und Reis; um 1875 kam Zinn dazu und ab 1910 Gummi. In den 1860er Jahren schossen die Importe und Exporte von Baumwollmanufakturen in die Höhe und machten 1870 20 % der Importe und 18 % der Exporte Singapurs aus. 1900 war der entsprechende Wert bereits auf 5 % zurückgegangen.[52]

Dieser Rückgang ist begründet in der wachsenden Bedeutung anderer Häfen in der Region, etwa Bangkoks und Saigons, und in der Schutzzollpolitik von Frankreich und den Niederlanden in ihren Kolonialgebieten. Davon waren nicht nur Baumwollmanufakturen betroffen; dieses Geschäft reagierte jedoch besonders sensibel auf Preisunterschiede. In Singapur wurde dieser Ausfall mehr als kompensiert durch die koloniale Expansion ins malaysische Hinterland und das damit verbundene starke Wachstum der Zinngewinnung und der Gummiproduktion.[53] Singapur war neben London wichtigster Handelsplatz für Rubber. 1915 machten Zinn und Rubber 40 % des Handelsvolumens von Singapur aus.[54] Von Bedeutung war auch die fortwährende Verringerung des Werts des Silberdollars. Alle Produkte aus Ländern mit Goldstandard verteuerten sich, während die Zinn- und Gummiproduktion eher profitierten. 1902 wechselte Singapur jedoch zum Goldstandard, hauptsächlich auf Druck der europäischen Angestellten, die einen laufenden Reallohnverlust zu verschmerzen hatten.[55]

Europäische Handelshäuser mussten ihre Aktivitäten laufend anpassen. Zu solchen Anpassungen gehörten auch Investitionen in die lokale Produktion (Minen und Plantagen) zur Generierung von Handelsgütern.[56] Das wachsende Engagement von europäischen Firmen im Zinn- und Plantagen-

---

50 Bogaars, G. E. (1955).

51 Chiang Hai Ding (1978), P. 117.

52 Wong Lin Ken (2003); Chiang Hai Ding (1978), P. 117f.

53 Allen, G. C./Audrey G. Donnithorne (1962). *Western enterprise in Indonesia and Malaya a study in economic development.* Kap. VI und VIII

54 Chiang Hai Ding (1978), P. 113ff.

55 Ebd., P. 163f.

geschäft führte zu einer teilweisen Verdrängung von chinesischen Kaufleuten, die noch Mitte des 19. Jh. alleinige Produzenten von Zinn und einigen Plantagenprodukten wie Gambir[57] gewesen waren. Europäische Handelshäuser konnten dabei auf ein koloniales System zurückgreifen, das sie unterstützte.

Die bereits erwähnte ambivalente Einstellung europäischer Kaufleute gegenüber chinesischen Kaufleuten tritt während des chinesisch-amerikanischen Boykotts von 1905/06 besonders deutlich hervor. Viele Chinesen im Nanyang beteiligten sich an diesem Protest gegen die amerikanische Einwanderungspolitik gegenüber Chinesen. Sie versuchten damit auch, einer Verschlechterung ihrer Position in den britischen Straits entgegenzutreten; in Penang verpflichteten sich auf Druck der chinesischen Kaufmannsgilde die Firmen Katz Bros., Schmidt, Küstermann & Co und Patterson, Simons & Co dazu, ihre amerikanischen Produkte aus dem Sortiment zu nehmen.[58] Der Protest zeigt, dass sich chinesische Towkays ihrer Macht am Markt durchaus bewusst waren, und zugleich, dass sie ihren politischen Status in der britischen Kolonie als prekär empfanden.

2 AUFBAU VON BEZIEHUNGEN DURCH DIE PRODUZENTEN

Die Schweiz als ein Land ohne Meeranstoß und ohne koloniale Gebiete war Mitte des 19. Jh. einer der Hauptexporteure von europäischen Textilien nach Asien. Dies ist nichts Neues, aber dennoch bemerkenswert. Dass Südostasien in den 1850er/60ern zu einem der wichtigsten Exportmärkte für Schweizer Textilien wurde, ist in der Geschichte der Schweiz und der Schweizer festgehalten, dort allerdings unter dem weiten Begriff Fernost subsumiert. Die Textilexporte aus der Ostschweiz nach Asien – insbeson-

---

56 Jones, G./Wale, J. (1998). Merchants as Business Groups: British Trading Companies in Asia before 1945. *The Business History Review* 72(3), P. 369.

57 Gambir ist ein pflanzlicher Gerbstoff, der in Südostasien als Färbmittel und als Zusatz zum Kauen der Betelnuss verwendet wird. Siehe unten Teil B2.

58 Karminski, F. (1906). Der antiamerikanische Boykott in den Straits Settlements. *Österreichische Monatsschrift für den Orient* P. 58. Der chinesisch-amerikanische Boykott war eine Reaktion auf die diskriminierende Einwanderungspolitik der USA gegenüber Chinesen. Der chinesische Protest manifestierte sich in einem Boykott amerikanischer Produkte. Die Bewegung ist Ausdruck eines modernen Nationalismus in China in Form der Mobilisierung nationalistischer Gefühle auf Basis der Vorstellung ethnischer Gemeinsamkeit über die Grenzen hinaus. Zum Boykott in Singapur und in British Malaya siehe Wong Sin-Kiong (1998). The Chinese Boycott: A Social Movement in Singapore and Malaya in the Early 20th Century. *South East Asian Studies (Kyoto)* 36(2). P. 230-53; Wong Sin-Kiong (2001). Die for the Boycott and Nation: Martyrdom and the 1905 Anti-American Movement in China. *Modern Asian Studies* 35(3). P. 565-88.

dere aus der Buntweberei im Toggenburg und der Stoffdruckerei in Glarus – haben als ein Zeichen von außergewöhnlicher Risikobereitschaft einen festen Platz in der Historiographie von Schweizer Unternehmen.[59] Und die Geschichte findet in Institutionen wie etwa dem Glarner Wirtschaftsarchiv oder dem Toggenburger Museum Orte des Gedächtnisses. Dieses Gedächtnis betont visionäres Unternehmertum, globalen Horizont und handwerkliches Können.

Der Erfolg dieser Industrie beruhte jedoch nicht einfach auf handwerklichem Können, sondern auch auf billiger Arbeitskraft. Auch dieser Umstand ist gut dokumentiert. Die Geschichte der sozialen Zustände rund um die Heim- und Industriearbeit in der Ostschweiz war einer der Schwerpunkte der Sozial- und Wirtschaftsgeschichte ab den 1960er Jahren.

Doch nicht weniger erstaunlich ist – und dies wird in der Historiographie etwas stiefmütterlicher behandelt – wie diese Stoffe auf die Märkte in allen Kontinenten gelangten. Dies bedingte ein Anknüpfen von Handelsbeziehungen über große Distanzen hinweg zu einer Zeit, in der die Kenntnisse über entfernte Weltregionen oft vage waren, Warentransporte von Glarus nach Batavia mehr als drei Monate und die Kommunikation per Brief ebenso lange dauerten. Erst mit der Expansion der Dampfschifffahrt, der Erfindung des Telegraphen und der Eröffnung des Suez-Kanals um das Jahr 1870, verkürzten sich die Kommunikations- und Handelswege um ein Vielfaches. Aber selbst nach dieser Zäsur verlangten die Unsicherheiten der fernen Märkte und die Kommunikationsbedingungen prospektives Handeln.

In verschiedenen Stufen und nicht ohne fehlgeschlagene Versuche entwickelte sich zwischen 1840 und 1870 ein tragfähiges Vertriebssystem zwischen der Schweiz und Südostasien, im Rahmen dessen Handelsfirmen entstanden, die zum Teil noch heute bestehen und ein wichtiges Scharnier zwischen Märkten in der Schweiz und Asien bilden. Zunächst stellt sich die Frage, weshalb überhaupt Märkte, die so weit entfernt lagen, zu solch zentraler Bedeutung für einen Industriezweig gelangen konnten. Thomas Fischer hat dies als Ausweichstrategie vor Schutzzollpolitik verschiedener Staaten und vor der britischen Konkurrenz erklärt, welche die Schweizer auf immer entferntere Märkte geführt habe.[60]

In der Zeit der Restauration schlossen die Nachbarländer ihre Märkte zusehends, ab. Erst bestanden noch Absatzmöglichkeiten im nahen Italien. Mailand, Genua, Neapel, Messina, Catania, Ancona und vor allem Triest

---

59   Siehe z.B. Wartmann, Hermann (1875); Jenny-Trümpy, Adolf (1899); Bodmer, Walter (1960). *Die Entwicklung der schweizerischen Textilwirtschaft im Rahmen der übrigen Industrien und Wirtschaftszweige*; Weisz, Leo (1936). *Die zürcherische Exportindustrie ihr Entstehung und Entwicklung*; Stucki, Lorenz (1968).

60   Siehe Fischer, Thomas (1988). *Toggenburger Buntweberei im Weltmarkt. Absatzverhältnisse und Unternehmerstrategien im 19. Jh.*; Fischer, Thomas (1990). Eine detaillierte Übersicht über die schweizerische Handelsstatistik mit Übersee findet sich bei Hauser-Dora, Angela Maria (1986).

waren die wichtigsten Städte für die Schweizer Textilexporte. In allen diesen Städten gab es namhafte Kolonien von Schweizer Kaufleuten. Später wichen die Schweizer Exporteure auf immer fernere Regionen aus. Die wichtigen Märkte auf dem amerikanischen Kontinent wurden über die Häfen in Hamburg, Rotterdam, sowie Bordeaux und später Le Havre bedient. Die italienischen Hafenstädte waren Tore für den Handel mit dem Maghreb und dem Orient, namentlich Konstantinopel, Smyrna (Izmir), Aleppo, Beirut, Damaskus und Alexandria. Ungefähr um 1835 begannen Webereien in der Ostschweiz, Stoffe aus der Levante zu kopieren. Die Blüte des Handels mit türkischrot gefärbten Waren mit der Levante fällt in die Jahre 1835-45. Ende der 1840er, anfangs der 1850er allerdings brach der Markt ein, weil eigene mangelhafte Ware sowie Fälschungen den Ruf der Toggenburger Produkte beschädigt hatten.[61]

Anfangs der 1840er Jahre reisten vier Ostschweizer Textilkaufleute: Konrad Blumer, Partner der Baumwolldruckerei von P. Blumer & Jenny in Schwanden, Bernhard Rieter, Associé der Kattunfabrik Greuter & Rieter in Islikon, Johann Jakob Kelly, Inhaber der Baumwolldruckerei in Mettendorf und Leonhard Eugster, im Auftrag der Mousselinefirma Gebrüder Tobler & Co in Speicher unabhängig voneinander nach Indien und Südostasien.[62] Damit begannen direkte Exporte größeren Umfangs aus der Schweiz in die beiden Subkontinente. Dass dieser Handel die lokale Produktion verdrängen würde, war unschwer zu erkennen. So schrieb der Winterthurer Kaufmann Bernhard Rieter in einem Brief aus Manila aus dem Jahre 1843:

„Ich habe hier, wie überall, wo ich in Asien gewesen bin, eine ganz bedeutende Industrie gesehen und gefunden & zwar so wie ich es niemals geglaubt hätte. Von Maschineneinrichtungen wissen die Leute eben nichts, den einzigen Vortheil [...], den sie [...] über uns haben: Derjenige eines äusserst ökonomischen Lebens, Folge eines kleinen Verdienstes & der Nichtrechnung der Zeit [...]. Alle diese Vortheile [...] helfen dem Indier aber nicht viel, um mit seiner gesamten Kraftanstrengung gegen die alles überwältigende & vertilgende Europäische Industrie anzukämpfen & wenn es mir [...] eben nicht geziemt den Verfechter der indischen Industrie zu machen, so wünschte ich doch, man würde die armen Menschen nicht so mit fremden Waaren überschwemmen & ihnen ruhig ihren Erwerb gönnen. Allein unsere Civilisation wächst ihnen über die Köpfe [...] & muss sie am Ende aus ihrer Arbeit vertreiben [...]. Was wird aus diesen Leuten am Ende werden? Was würde aus all den Leuten im Kanton Zürich werden & was wird noch am Ende aus ihnen werden, wenn die Fabrik-Inhaber bey euch nicht mit dem Geiste der Zeit fortschreiten?"[63]

61 Fischer, Thomas (1990), P. 190; Wartmann, Hermann (1875), P. 275; Witzig, Paul (1929). *Beiträge zur Wirtschaftsgeschichte der Stadt Winterthur*, P. 79.

62 Peyer, H. C. (1960). Aus den Anfängen des schweizerischen Indienhandels. Briefe Salomon Volkarts an J.H. Fierz, 1845-1846. *Zürcher Taschenbuch 1961*.

63 Bernhard Rieter an seine Mutter in Winterthur vom 4.12.1844. Stadtarchiv Winterthur. Ms 4 610/83a.

Solche zu Papiere gebrachten kritischen Reflexionen über das eigene Tun waren bei den Kaufleuten in Singapur nicht üblich. Typischer war, was Otto Alder[64] etwa 30 Jahre später schrieb in einen Bericht über die Besucher eines Kampfes zwischen einem Stier und einem Tiger, den der Sultan von Johor zu Ehren des Besuchs des Herzogs von Edinburgh gab, und der zahlreiche Besucher, unter anderem auch Alder, anzog:

„Ringsum gelagert, kauerten die Natives aller Rassen, ein buntes Bild sondergleichen. Da waren sie quasi zur Schau gestellt, die bunten Erzeugnisse des Toggenburgs in ihrer Vielgestaltigkeit, sowohl von Männern wie von Frauen getragen, sodann die von weitem den echten täuschend ähnlichen, meisterhaft gedruckten Batiks des Glarnerlands und die fein gemusterten, gleissenden Seidenstoffe Zürichs [...] eine Darstellung schweizerischen Könnens, auf die wir Schweizer stolz sein durften.'[65]

Geht man davon aus, dass die asiatischen Festbesucher tatsächlich alle Produkte aus der Schweiz trugen – was anzuzweifeln ist, fällt allerdings nicht nur das ‚Können' der Produzenten auf, sondern auch dasjenige des Vertriebs. Wie konnten Mitte des 19. Jh. diese Produkte nach Asien gelangen?

Sowohl die Erfahrungen im Italien- und Levantegeschäft wie auch die Vernetzung mit den Schifffahrtsexperten im Norden waren im Asiengeschäft von Bedeutung. Die Exporte nach Ostindien setzten bereits in den 1830er Jahren auf Initiative von Handelspartnern in den wichtigsten Seehäfen Europas ein. Angesichts dieses Interesses und angesichts des drohenden Einbruchs des Levantegeschäfts, beschloss ein Konsortium unter dem Namen ‚India Gesellschaft' die süd- und südostasiatischen Märkte sowie die möglichen Partner selbst zu begutachten. Beteiligt waren Textilexporteure aus Glarus, St. Gallen, Stäfa, Aarau und Basel.[66] Conrad Blumer, Mitinhaber der Stoffdruckerei Blumer & Jenny in Schwanden, sollte die dortigen Märkte studieren, dh. die Nachfrage analysieren und Muster sammeln. Vor allem aber sollte er klären, wie Blumer & Jenny auf welchem Handelsplatz mit welchen Geschäftspartnern verkehren sollte. Auf dem Prüfstand standen die Qualität des Handelsplatzes, die Wahl der Geschäftspartner und die Art der Vertriebsform. Ich werde im Folgenden diese drei Bedingungen erörtern und dabei – über die Reise Blumers hinaus – auf die damit verbundenen Fragen eingehen, da sie auch später ihre Relevanz behielten.

---

64 Otto Alder (1849-1933) aus Hemberg war von 1869-73 als Kaufmann in Singapur tätig. Nach seiner Rückkehr leitete er eine Stickerei und war Mitglied des Kaufmännischen Direktoriums (SG), wie auch des Verwaltungsrats der SKA. Siehe HLS, Artikel ‚Otto Alder'.

65 Alder, Otto (1929). *Jugenderinnerungen eines St. Gallischen Überseers aus den Jahren 1849-1873*, P. 93.

66 Siehe Stüssi, H. (1989). Lockender Orient: Conrad Blumers grosse Reise. *Neujahrsbote für das Glarner Hinterland*, P. 20.

Handelsplätze

Schweizer Textilexporte erreichten zur Mitte des 19. Jh. sämtliche Kontinente. Gleichzeitig mit der Ausdehnung der Exporte gründeten Schweizer Kaufleute Handelskolonien über den ganzen Globus. Die wichtigsten Absatzmärkte der Textilexportindustrie lagen bereits vor der Jahrhundertmitte in Übersee. Exportmärkte wurden flexibel erschlossen. Stockte der Absatz an einem Ort oder wurde die Konkurrenz durch andere europäische Produzenten zu stark, zielten die Exporte auf neue Märkte in anderen Weltregionen.[67] So schrieb 1843 Johannes Niederer, Kaufmann aus Trogen beim Hause Jezler und Trümpy in Salvador de Bahia, an seine Auftraggeber in Trogen von seinem Plan, die schlecht laufenden Geschäfte im Nordosten Brasiliens hinter sich zu lassen und in Batavia ein Haus zu etablieren. So schrieb 1861 auch Conrad Sturzenegger, ebenfalls aus Trogen und als Kaufmann in Singapur tätig:

„Ich habe es nie bereut, dass ich nach Osten gezogen bin, denn hier oder Java oder China bleibt noch mehr Chance als irgend anderswo oder im ausgebeuteten Brasilien."[68]

Der Kommentar Niederers soll nicht den Eindruck erwecken, dass ein solcher Sprung von Brasilien nach Indonesien eine einfache Sache gewesen wäre. Für Kaufleute im Ausland war die Frage, an welchem Standort sie sich eine Existenz aufbauen wollten, von eminenter Bedeutung, denn der Aufbau eines Handelshauses bedeutete beträchtliche Investitionen an Geld und Zeit. Die Exporteure waren an stabilen, längerfristigen Geschäftsbeziehungen interessiert und klärten deshalb Standortfragen sorgfältig ab. Schweizer Produzenten versprachen sich viel von den Märkten Südostasiens.

Innerhalb von Südostasien war in der ersten Hälfte des 19. Jh. Batavia mit Abstand der größte Hafen und Stapelplatz für den europäischen Handel und hatte schon 1850 eine Bevölkerung von ca. 100.000 Personen. Auf Java lebten bei einer rasch wachsenden Bevölkerung knapp 10 Mio. Menschen. Brasilien zum Vergleich hatte gut 7 Mio. Einwohner. Der Markt für Textilien war somit beträchtlich. Schweizer waren durch Partizipation an der Ostindien Kompanie (VOC) und später an der niederländischen Kolonialarmee schon längere Zeit am Ort präsent. So war der Vater des Gründers der Kattun- und Chaconatdruckerei Gebrüder Greuter und Rieter in Islikon, Konrad Greuter, Mitte des 18. Jh. als Offizier der VOC tätig gewesen.[69] Bernhard Rieter, Partner dieser Firma, gefiel es 1844 in Batavia ausgesprochen:

---

67   Siehe Fischer, Thomas (1990).

68   C. Sturzenegger aus Singapur an seine Geschwister in Trogen vom 22.12.1861. StASH, Nl. Sturzenegger. D IV.01.34.01/1642.

69   Art. Bernhard Greuter. Brauchli, Max. Thurgauer Ahnengalerie, P. 270-273.

„Hier in Batavia, obgleich die Chinesen auch wieder vorherrschend sind, sieht man denn doch, dass man sich in einer weit grösseren Sphäre befindet als in Singapore und dass sich hier eine bedeutende Anzahl von Europäern vorfindet und man zuweilen glaubt, sich in einer grossen Stadt bei euch zu befinden.'[70]

Bereits 1835 beriet die Tagsatzung auf Antrag des Standes Neuenburg über die Gründung eines Konsulats in der niederländischen Kolonie, in der Schweizer Exporte an Marktanteilen gewonnen hatten.[71] Für die Ostschweizer Produzenten war als begünstigender Faktor hinzugekommen, dass 1830 mit der Trennung Belgiens von den Niederlanden der Kolonialhandel auf Java seine nationale Bezugsquelle von Textilien verloren hatte und erst eine eigene niederländische Industrie aufgebaut werden musste. Die Nederlandsche Handel Maatschappij (NHM) nahm dies bald an die Hand, doch die Industrie agierte noch bis in die 1860er Jahre hinein sehr vorsichtig.

Hauptsächlich schottische, später auch Bremer und Hamburger Häuser begannen diese Lücke zu nutzen und etablierten sich im interregionalen Textilienhandel in Batavia und Singapur. Die Anzahl der großen Marktplätze, an die sich den Aufwand lohnende Mengen exportieren ließen, war beschränkt, und im malaiischen Archipel stellte sich die Frage, ob der Handel über Batavia oder Singapur abgewickelt werden sollte.

Singapur, eben erst im niederländischen Einflusskreis aufgetaucht, konnte noch nicht mit Batavia, dem Zentrum des niederländischen Kolonialreiches konkurrieren. Es hatte 1840 erst 33.000 Einwohner und ein dünn besiedeltes Hinterland. Auch als Markt- und Stapelplatz war Singapur, verglichen mit Batavia, von wesentlich geringerer Bedeutung. Doch Singapur hatte den Vorteil des Freihafens, der keine Zölle auf Waren erhob. Blumers Überlegungen waren im Gegensatz zu denen Rieters mehr von kaufmännischen als von kulturellen Grundsätzen geleitet, wenn er schreibt:

„Der Verbrauch ist […] theils für die Insel Singapore selbst, mehr aber für Birman [Burma], Pennang [Malaysia], Sumatra, namentlich Acheen [Aceh] und Padang, Rio [Riau], Banca [Bangka] & für die Schmuggler per Java, welche letztere zu jeder Jahreszeit bedeutende Einkäufe machen, weil die Waare hier ohne Zoll losgeht.'[72]

Nebst dem Freihandel, der die Waren verbilligte, lag Singapur innerhalb Südostasiens verkehrsgünstig und ermöglichte damit einen länderübergreifenden Handel. Mit Singapur als Standort konnte die Kontrolle der Märkte durch die europäischen Kolonialmächte umgangen werden, wenn auch nicht

---

70 Reinhard, E. (1945). Briefe von Bernhard Rieter. *Jahrbücher der Literarischen Vereinigung Winterthur*, P. 205.

71 Der Neuenburger Auguste Borel bereiste für das Handelshaus Balguerie, Sarget & Cie in Bordeaux Südostasien und erreichte 1824 Singapur. Er war vermutlich der erste Schweizer Kaufmann in der kurz zuvor gegründeten Stadt. Caveng, Martin. Anton Cadonau. Typoskript, o.J., P. 22. DA Z 4.3.12, Ca Di 29.

72 Conrad Blumer an Blumer, Jenny & Co in Schwanden, Singapur, 10.2.1841. DA, Z 4.3.12, Kopierbuch der India-Gesellschaft.

auf ausschließlich legalem Weg. Die Belieferung von Partnern an einem Großhandelsplatz erlaubte es, umfangreiche Quantitäten in einer Bestellung zu versenden, was die Kalkulation vereinfachte.

Bei den Standortentscheiden der Exporteure spielten folgende Kriterien eine Rolle:

- Schutz durch Kolonialmacht und westliche Gerichtsbarkeit
- Größe des Markts ('economies of scale')
- Nachfrage (saisonale und regionale Struktur)
- Geschäftspartner vor Ort
- Konkurrenz vor Ort
- Zölle

Das grundlegendste Kriterium war der Schutz des Eigentums, den die Kolonialmächte sowohl in Batavia wie auch Singapur garantierten. Dazu gehörte auch eine westliche Justiz. Wie später am Beispiel Thailands, das nie kolonisiert war, gezeigt wird[73], betrachteten Kaufleute aus der Schweiz die Frage einer westlichen Justiz – in Siam in Form der extraterritorialen Gerichtsbarkeit durch Konsuln westlicher Mächte – als unabdingbare Voraussetzung für ihr Tun.

Unter den weiteren Kriterien waren die Zölle auf dem Handelsplatz der entscheidende Faktor, da sich die Waren dank dem interregionalen Handel der asiatischen Zwischenhändler zwischen Sumatra, Java, Borneo, Celebes und den Straits ohnehin mehr oder weniger frei bewegten:

„Die Gegebenheit dieses Platzes [Singapur] nähert sich demjenigen von Batavia stark, weil beide Plätze mit ungefähr den nämlichen Gegenden in Verkehr stehen, bloss mit dem Unterschied, dass Batavia in Menge des Verbrauches in Folge der übermässigen Zölle & die dem Handel ungünstigen Grundsätze der holländischen Regierung weit seiner Nebenbuhlerin Singapore nachsteht."[74]

Nebst der Höhe der Zölle war das Ausmaß an Einschränkungen im Handels- und Niederlassungsrecht von Belang für die Schweizer Exporteure, insbesondere, wenn die Gründung von Filialen oder Kommanditen angestrebt wurde. Niederländisch-Indien war in seiner Gesetzgebung wesentlich weniger liberal als Singapur. Dies änderte sich erst mit den schweizerisch-niederländischen Handelsverträgen in den 1860er Jahren und vor allem mit der Durchsetzung der liberalen Politik ab 1870. Vorher herrschte in Java die Politik des 'Kultursystems': Ein Teil der Bauern wurden zum Anbau von Cash-Crops gezwungen. Die Kolonie hatte einen substantiellen Beitrag zum niederländischen Staatshaushalt zu liefern. Die NHM als quasi Nachfolgerin der VOC genoss diverse Handelsprivilegien und besaß faktisch ein Monopol im Handel mit den im Kultursystem hervorgebrachten Produkten wie auch bei den Importen von Textilien. Die Differentialzölle zugunsten niederländischer Manufakturen, die Beschränkungen in der Handels- und Niederlas-

---

73 Siehe unten P. 125.
74 Siehe Fußnote 72.

sungsfreiheit und die staatlichen Kontrolle der Produktion auf Java waren Zeichen des Anspruchs der Niederlanden, Java als eigene Einflusssphäre zu halten.[75] Schweizer Kaufleute riskierten, aufgrund solcher nationaler Interessenpolitik vom Markt verdrängt zu werden. Blumer schöpfte daher viel Mut aus seinem Besuch in Singapur:

„Singapore ist ein Platz, für den ich Sie mit Vergnügen zu Sendungen engagiere. Er ist weitaus der beste in Indien […]. Nach allen übrigen Plätzen ist es mir recht, wenn sie piano gehen. […] Auf diesem Platz hege ich […] grosse Hoffnung & dessen gute Aussicht befreien mich wieder von der Melancolie, welche die forcirte Lage der übrigen indischen Plätze in mir verursacht hatten."[76]

In den folgenden 30 Jahren ließen sich sowohl in Singapur, wie auch Batavia, Manila und Makassar Kaufleute aus der Ostschweiz nieder. Doch Singapur sollte dabei der wichtigste Platz bleiben.

Geschäftspartner und Geschäftsmodell

Gemäß Peng und Ilinitch gibt es für Produzenten drei Wege, den Export zu organisieren:[77] Integration des Verkaufs und Direktexporte, die Anstellung von Exportintermediären im eigenen Land und die Anstellung von Importintermediären im Exportland. Alle drei Wege spielten eine Rolle in den Textilexporten nach Südostasien – mit unterschiedlichem Erfolg. Anfangs gelangten die Waren über Exportintermediäre *und* Importintermediäre nach Südostasien. Die Reisen von Blumer, Kelly, Rieter und Eugster nach Südostasien können als erster Versuch, die Exportintermediäre im Zwischenhandel zu umgehen, und als Beginn direkterer Geschäftsbeziehungen mit Importintermediären in dieser Region betrachtet werden. Blumer korrespondierte mit den beteiligten Firmen des India Konsortiums über Absatzmöglichkeiten. Aus Singapur schrieb er im Februar 1841 an Blumer & Jenny:

„Der Verbrauch von Singapur für verschiedene unserer Artikel ist sehr bedeutend, & in allen hiesigen Bazars bilden namentlich die Rothen und auch hellgrüne Waare die bedeutendsten Artikel des Verkaufes."[78]

Blumer teilte dem Mutterhaus in Schwanden mit, exakt wie viel Stück Mouchoirs und Slendangs von welcher Farbe zu produzieren seien. Sowohl er wie auch die Firma in Schwanden verfügten über detaillierte Produkt-

---

75   Für einen Überblick über die Geschichte Indonesiens im 19. Jh siehe Ricklefs, Merle Calvin (2001). *A history of modern Indonesia since c.1200.* Kap. 12

76   Siehe Fußnote 72.

77   Peng, M. W./Ilinitch, A. Y. (1998). Export Intermediary Firms: Note on Export Development Research. *Journal of International Business Studies* 29(3). P. 614.

78   Conrad Blumer aus Singapur an Blumer, Jenny & Co vom 10.2.1841. DA, Z 4.3.12, Kopierbuch der India-Gesellschaft. Die Bezeichnung ‚unsere' kann sowohl Fabrikate aus dem Hause Blumer & Jenny meinen, wie auch aus anderer Produktion, die im Angebot von Blumer & Jenny sind.

kenntnisse. Sie verständigten sich mittels Musterbüchern, die Blumer auf seiner Reise zwar ergänzte, die aber trotzdem ihre Gültigkeit behielten. Die Korrespondenz zeugt von einer fortgeschrittenen Standardisierung von Produkten. So benutzte Blumer Codes, die auf Samples in den Musterbüchern verwiesen wie z.B. 2646 CSA ent oder 2643 ,I.a HF. Auch bei den gewünschten Dessins konnte Blumer an Kenntnisse seiner Korrespondenten anknüpfen. Er sprach von Fliegenpalmen, ramages, palme ramages etc.

„Nr 1 meiner Mustersendung ist ein treffliches Sortiment für Indiennes fond clairs & alle Dessins sind gut. Unter Ihren eigenen Mustern besitze ich ganz gute Muster womit sie die Artikel-Dessins der heutigen Mustersendung zu sortieren haben."[79]

P. Blumer & Jenny kannten sich also 1840 mit Produkten auf dem ostindischen Markt aus. Ab 1836 lieferten sie über Häuser in London Tücher für Bombay, Calcutta und Java.[80] Die Initiative für diesen neuen Vertriebskanal der Glarner Stoffdruckerei kam von schottischen und hamburgischen Handelshäusern. In Batavia verkaufte das Haus Maclaine, Fraser & Co. unter anderem Stoffdrucke aus Schwanden. Die Glarner Fabrikate mit ihren „lebhaften Farben" waren attraktiv für Häuser in Südostasien: „Für rothe Waare will der Kling weder Belgische noch Englische, er will deutsche Waare."[81] Die Glarner Produzenten gehörten neben solchen in Sachsen und Franken zu den wichtigsten Lieferanten dieser „deutschen Ware", und so bemühte sich das 1839 in Singapur gegründete Handelshaus Behn, Meyer & Co um Geschäftsverbindungen mit Schwanden. 1840 machte Valentin Lorenz Meyer, Partner des Hamburger Hauses, seine Aufwartung bei den Glarner Industriellen, allerdings ohne Erfolg.[82] Auch August Behn, der zweite Partner der Firma in Singapur, besuchte 1844 auf seiner Europareise Schwanden, wo es ihm „am besten gefällt".[83]

Bei seinem Aufenthalt in Singapur stellte Blumer auch fest, dass verschiedene Schweizer Firmen mit dem britischen Freihafen im Osten indirekte Verbindungen pflegten: „Rieter & Greuter, dann Fehr via Krogmann in Hamburg, Tschudi & Co durch deren Bremer Haus, Hürlimann aus zweiter Hand & Köchlin der bedeutendste über Batavia mit Maclaine, Fraser & Co."[84] Und auch Bernhard Rieter stellte bei seinem Besuch der südwestjavanischen Stadt Cianjur freudig fest, dass er „in mehreren Boutiken Waren,

---

79 Ebd.

80 Verschiffungen der Firma P. Blumer & Jenny, 1836-47. WAGL, M 10/1.

81 Conrad Blumer aus Singapur an Blumer, Jenny & Co vom 10.2.1841. DA, Z 4.3.12, Kopierbuch der India-Gesellschaft. Als Klings wurden die tamilischen, muslimischen Händler in Südostasien bezeichnet. Sandhu, Kernial Singh (2008), P. 531, 538. Mit deutsch war die Sprache gemeint, also die Textilindustrie in Sachsen, Franken, dem Elsass, Glarus und Toggenburg.

82 Helfferich, Emil (1957). *Zur Geschichte der Firmen Behn, Meyer & Co*, P. 69.

83 Sieveking, H. (1942). Die Anfänge des Hauses Behn-Meyer & Co. in Singapore 1840-1856. *Vierteljahrschrift für Sozial- und Wirtschaftsgeschichte* 35, P. 199.

welche einst in Islikon gewesen waren" antraf.[85] Die Schweizer Exporteure strebten nun direktere Verbindungen an, um die Exportintermediäre zu umgehen, welche die Margen oder durch Preisaufschläge die Konkurrenzfähigkeit verringerten.

Beim Aufbau von Verbindungen zu neuen Geschäftspartnern stellten sich hauptsächlich drei Probleme:

a) Künftige Geschäftspartner mussten über Kompetenzen in Produktionsabläufen der Textilindustrie und Marketing verfügen.
b) Produzenten und Handelshäuser mussten unter schwierigen Kommunikationsbedingungen ein Vertrauensverhältnis aufbauen.
c) Produzenten und Handelshäuser mussten zu einem befriedigenden Geschäftsmodell kommen.

Blumers Evaluationen betrafen hauptsächlich Warenkenntnis und Solidität der Geschäftspartner. Das junge Haus Behn, Meyer & Co vermochte ihn wegen seiner aggressiven Methoden nicht zu überzeugen:

„Behn, Meyer & Co schreiben mit jeder Gelegenheit an alle Schweizer Fabrikanten, klein und gross, und geben denselben Auskunft über den Markt. Überdies wollen junge Häuser ihre Fortune gewöhnlich mit Dampf mehren und handeln gewöhnlich nach jüdischen Grundsätzen.'[86]

Mit ,jüdischen Grundsätzen' meint Blumer Gewinnmaximierung ohne moralische Grenzen. Solche judenfeindlichen Argumentationen und Abgrenzungen des eigenen Verhaltens gegenüber angeblich skrupellosem Verhalten von Juden sind in Briefen von schweizerischen Kaufleuten oft anzutreffen. Nicht von ungefähr fällt diese Zuweisung im Zusammenhang mit der Etablierung von Geschäftsverbindungen, bei der die Sphäre des moralischen Verhaltens und der Vertrauenswürdigkeit in Betracht kommen. Üblicherweise beurteilten Kaufleute ihre Geschäftspartner nach finanziellem und ,moralischem' Kapital. Gewinnmaximierung gehörte selbstredend zu den Handlungsprinzipien von Kaufleuten, aber ebenso wichtig war im internationalen Handel die Berücksichtigung sozialer Beziehungen. Um über die

---

84 Conrad Blumer an Blumer, Jenny & Co in Schwanden, Singapur, 10.2.1841. DA, Z 4.3.12, Kopierbuch der India-Gesellschaft. Köchlin bezieht sich auf die Firma Köchlin in Mulhouse. Sowohl Krogmann als auch das Haus in Bremen, Johann Lange Sohns Witwe & Co, führten im ostindischen Geschäft Behn, Meyer & Co als Partner. Sieveking, H. (1942). Die Anfänge des Hauses Behn-Meyer & Co. in Singapore 1840-1856. *Vierteljahrschrift für Sozial- und Wirtschaftsgeschichte* 35. P. 198.; Sieveking, H. (1944). Das Haus Behn-Meyer & Co. in Singapore unter der Leitung Arnold Otto Meyers während der Krise von 1857 und im neuen Aufstieg. *Vierteljahrschrift für Sozial- und Wirtschaftsgeschichte* 36. , P. 122.

85 Reinhard, E. (1945), P. 228.

86 Conrad Blumer an Blumer, Jenny & Co in Schwanden, Singapur, 10.2.1841. DA, Z 4.3.12, Kopierbuch der India-Gesellschaft.

Vertrauenswürdigkeit ihrer Geschäftspartner im Bilde zu sein, führten P. Blumer & Jenny Korrespondenz mit Vertrauensleuten auf allen Kontinenten. So schreibt etwa das Haus Dollfus, Mieg & Co in Basel über das Haus Ziegler, Weilemann & Co in Vera Cruz (Mexiko):

„Diese Freunde hatten, als sie sich etablierten nur einen kleinen fond, sie müssen jedoch seitdem gute Jahre gehabt & Geld gewonnen haben. Wir unsrerseits haben gleich von Anfang an nicht gefürchtet denselben auf ihren *moralischen Werth* hin einen bedeutenden Credit in Waaren einzuräumen."[87]

‚Jüdische Grundsätze' stehen hier für das Gegenteil von ‚moralischem Werth'.

Blumer empfiehlt anstelle von Behn, Meyer & Co das schottische Haus Maclaine, Fraser & Co für die Aufnahme von direkten Verbindungen, da sie mit den Produkten von P. Blumer & Jenny am besten vertraut seien. Doch bereits 1843 nehmen P. Blumer & Jenny Geschäftsbeziehungen mit Behn, Meyer & Co auf. Peter Jenny, Sohn des einen Partners der Firma erhielt einen Kontrakt bei dem jungen deutschen Haus in Singapur. Jenny hatte eine Ausbildung bei J. Raschle & Co in Wattwil und bei Blumer & Jenny in Ancona durchlaufen, verfügte über die gewünschten Warenkenntnisse und war mit den Bedürfnissen der Glarner und Toggenburger Industrie vertraut. Insofern wurden mit der Aufnahme von Warenexporten sozusagen auch die Kenntnisse dieser Waren mitgeliefert bzw. Know-how ausgelagert.[88]

Dass junge Kaufleute einen Teil ihrer Karriere bei Geschäftspartnern absolvierten, war keineswegs ein Novum. P. Blumer & Jenny griffen damit auf ein lang etabliertes System der kaufmännischen Aus- und Weiterbildung zurück. Gängig war der Einsatz von verwandten Vertrauenspersonen bei der Erschließung neuer Märkte.[89] Beim Handel, der sich auf die Verbindung zweier Weltregionen beschränkte war es üblich, dass ein Familienmitglied die Filiale im Ausland leitete.[90] Für die Produzenten in der Ostschweiz war dieses System der Entsendung junger Verwandter attraktiv. Diese garantierten den Informationsaustausch und wirkten als Bindeglied zwischen Partnern, die sich kaum kannten. So konnten auch frühzeitig Informationen über Zahlungsschwierigkeiten erworben werden, die bei anderen Handelspartnern gegebenenfalls über Konkurrenten in Erfahrung gebracht werden mussten. P. Blumer & Jenny z.B. baten Rautenberg, Schmidt & Co um Auskunft über E. Apel & Co, einen direkten Konkurrenten.[91]

---

87 Dollfus, Mieg & Co, in Basel an P. Blumer & Jenny vom 23. 5. 1856. WA GL H 13/1. Das Informationsbuch über Geschäftsparner zeigt die meisten Einträge in den 1850er/60er Jahren, der Zeit also als der Wirkungskreis von P. Blumer & Jenny zunehmend globale Dimensionen erreichte.

88 Artikel ‚Jenny, Peter' in: ADB (1881), S. 773f.

89 Berghoff, Hartmut (2004), P. 150.

90 Siehe Christian Hillen, Angelika Epple und Christoph Moß in Hillen, Christian (2007). *Mit Gott: zum Verhältnis von Vertrauen und Wirtschaftsgeschichte.*

Das System der Platzierung von Vertrauenspersonen kam auch über den engeren Kreis der Verwandten zur Anwendung, so etwa bei der 1825 gegründeten ‚Schweizerisch Amerikanischen Handelsgesellschaft'. Gemäß Wartmann verlangte die Kommission, dass

„[...] sechs durch Kenntnisse, Fleiss und Charakter ausgezeichnete junge Mitbürger, welche ihre Lehre in hiesigen Handelshäusern vollendet hatten, mit Unterstützung des Direktoriums an den wichtigsten Handelsplätzen Südamerikas bei geachteten Firmen untergebracht würden, nötigenfalls als Volontäre, um von solcher Stellung aus mit der Zeit selbständig ihren Weg zu machen und die Handelsverbindungen mit ihrer Vaterstadt und ihren Mitbürgern auszubreiten."[92]

Innerhalb eines Handelshauses konnten solch Assistenten mit eigenen Verbindungen die interne Hierarchie stören, wie das Beispiel JL. Gsells zeigt. Er erhielt 1836 eine Anstellung bei der Hamburger Firma Romberg, Schleiden & Töpcken in Rio de Janeiro. Gsell betreute im Handelshaus die Verbindung mit St. Galler Textilfabrikanten. Von den 10-12 % Kommission entfielen auf Gsell und seinen Kollegen 1-3 % als Provision – viel Geld für Assistenten, die gewöhnlich kaum am Gewinn beteiligt waren. Romberg versuchte anlässlich einer Schweizerreise sich aus der Abhängigkeit von seinen beiden Commis zu lösen.[93] Peter Jenny könnte ähnliche Spannungen ausgelöst haben, denn bereits 1845 verließ er seine Stelle bei Behn, Meyer & Co und gründete in Manila ein eigenes Haus. Seine Tätigkeit könnte zwar von Beginn an begrenzt gewesen sein und nur als Steigbügel für seine Selbständigkeit gedient haben. Tatsächlich aber endeten nur kurze Zeit nach der Assistenz Jennys die Geschäftsbeziehungen von P. Blumer & Jenny mit Behn, Meyer & Co. Anfangs der 1850er Jahre kooperierten die Glarner mit dem Haus Rautenberg, Schmidt & Co.[94]

Sozialer Aufstieg als Motor

Die Toggenburger Produzenten hatten im Handel mit der Levante gute Erfahrungen mit der Entsendung junger Vertrauensleute gemacht und konnten dies auch im Handel mit Südostasien durchsetzen:

---

91 Tatsächlich schien P. Blumer & Jenny Verluste zu gewärtigen. Rautenberg, Schmidt & Co aus Singapur vom 22.2. und 6.3. 1858. FG. Schmidt aus Hamburg vom 11.6.1858. WA GL H 13/1. Informationsbuch von P. Blumer & Jenny.

92 Wartmann, Hermann (1875), P. 425f. Sie entstand auf Initiative des Kaufmännischen Direktoriums St. Gallen und diente der Erschließung südamerikanischer Märkte.

93 JL. Gsell, Rio, 25. 7. 1840. Altwegg-Im Hof, Renate/Daniela Schlettwein-Gsell (1994). *Briefe aus Rio, Briefe nach Rio, 1836-1850, Vol. I-V*, Bd 2, S. 206.

94 Artikel ‚Jenny, Peter' in: ADB (1881), P. 773f.; Sieveking, H. (1942), P. 200. Jenny-Trümpy, Adolf (1899), P. 341. Rautenberg, Schmidt & Co an P. Blumer & Jenny vom Juli 1852. WA GL, Ausstellungsobjekt.

„Neben direkten Verkäufen durch Reisende und Agenten in Holland, den Hansa-
städten, Wien, Italien, Paris und London, ferner Triest für die Türkei, unterhält das
Haus [Raschle & Co] mit eigens ausgebildeten jungen Schweizern Niederlagen in der
Levante, in Syrien, Amerika und Hinterindien [Südostasien]. Dieses Verfahren, die
überseeischen Gebiete durch eigene Abgeordnete, sachkundige und zuverlässige
Leute verwalten zu lassen, bewährt sich und findet immer mehr Nachahmung."[95]

Zwischen 1840 und 1870 nahm die Zahl junger Ostschweizer Kaufleute in
Singapur, Batavia und Manila stetig zu. Meist fungieren Familienmitglieder
von Produzenten als Partner von Handelshäusern. Ein Beispiel dafür ist das
Familiennetzwerk der Familie Niederer aus Trogen: Der älteste Bruder,
Johann Jakob Niederer, gründete 1856 eine Jacquard-Weberei in Bischofs-
zell. Sein jüngerer Bruder Johannes hatte sich anfangs der 1850er in Batavia
etabliert. Die Weberei in Bischofszell produzierte von 1860 an Stoffe für
Südostasien. 1868 verkaufte Johann Jakob Niederer die Fabrik an seinen
jüngsten Bruder Johann Ulrich Niederer, der inzwischen die Firma Niederer
& Co in Batavia leitete.[96] Auch Mathias Naef, Prinzipal der Buntweberei
Mathias Naef in Niederuzwil, dem größten Schweizer Exporteur von Textilien nach Südostasien, hatte einen Schwiegersohn in Singapur als Partner
der holländischen Firma Hooglandt & Co, und einen zweiten Schwiegersohn als Partner der Firma Niederer & Co in Batavia. P. Blumer & Jenny
hatten über Peter Jenny Verbindungen nach Manila. Die Firma Johann Bap-
tist Müller war über den Sohn des Prinzipals, JB. Müller-Schoop, in der Firma Staehelin & Stahlknecht in Singapur vertreten.[97]

Mit der globalen Ausrichtung der Toggenburger und Glarner Textilindustrie war das Reservoir an verfügbaren Familienmitgliedern im richtigen
Alter jedoch bald erschöpft. Deshalb platzierten Firmen wie Mathias Naef
oder Raschle ihre kaufmännischen Lehrlinge gezielt bei Handelspartnern.
Bei Mathias Naef gingen von den 22 kaufmännischen Lehrlingen zwischen
1859-1890 neun nach Südostasien und bei Raschle mindestens fünf.[98]

Für die Entsendung junger Kaufleute wurden in St. Gallen Bildungsin-
stitutionen gegründet. Die Merkantilabteilung der Industrieschule in St. Gallen entließ ab 1843 jährlich 10 Schüler.[99] Otto Alder, einer der Abgänger, der
in den 1870er Jahren in Singapur tätig war, schreibt rückblickend aus der
Perspektive der 1920er Jahre:

---

95   Das Zitat stammt aus einem Bericht aus dem Umfeld der Familie Raschlé in
     Wattwil von 1851 oder kurz davor. Notizen über togg. Baumwollindustrie, spe-
     ziell Nachweisungen über einige Etablissemente in Wattwil. *Toggenburger Blät-
     ter für Heimatkunde.* Sept./Okt. 1938, P. 34-36, hier P. 36.

96   Laager, Victor (1972). Aus der Geschichte der Bischofszeller Papierfabrik. P. 4f.

97   CA. Rheiner bezeichnet Staehelin & Stahlknecht „Müllers Firma". Brief CA.
     Rheiner an seine Eltern vom 23.10.1888. DA Z 4.3.12, Ca Di 10.

98   Daten nach: Fischer, Thomas (1988), S. 177f. Schweizer-Iten, Hans (1980). One
     hundred years of the Swiss Club and the Swiss community of Singapore.

99   Fischer, Thomas (1988), P. 110.

„Von meinen Klassengenossen (aus der Merkantilklasse) blieb nur einer bei Muttern zu Hause, alle andern stoben nach Vollendung der Lehrzeit in st.-gallischen Geschäften hinaus in die weite Welt, wie es sich für einen Schweizerkaufmann geziemt, selbst wenn es nicht seine Absicht ist draussen zu bleiben. Von unserer Klasse weilten zwei in England, zwei in Nordamerika, einer erlag frühzeitig dem Klima in Zanzibar, und mir selbst war es gegönnt, unter Indiens Palmen zu wandeln. Diese Fähnlein der sieben Aufrechten bot somit ein schlagendes Bild dafür, wie schon in den siebziger Jahren die jungen St. Galler hinausstrebten in fremde Länder, wo sie überall Landsleute aus der Ostschweiz trafen, als Pioniere des schweizerischen Handels.“[100]

Hier erscheint der Milizgedanke in diesem System schon völlig internalisiert:[101] Alder beschreibt die Bildung eines regionalen Netzwerkes mit globaler Ausbreitung und nationaler Mission.

Niederer hingegen betonte 1854 vor allem den Aspekt des sozialen Aufstiegs als Motivation für eine Tätigkeit in Übersee. In einem Brief an Salomon Volkart beschreibt er die Anforderungen an junge Kaufleute für neue Handelsniederlassungen:

„Söhne von grossen Herren taugen selten, um die heissen Kastanien aus dem Feuer zu holen. Es müssten Leute von charakterfestem Schrot und Korn sein, keine Strohköpfe. Am liebsten solche, denen es an Hülfe & Mittel gebricht, sich empor zu arbeiten. Ich verstehe darunter nämlich solche, denen es nicht an gutem Willen und Kenntnissen gebricht, denen aber, weil sie vielleicht von Haus arm, keine Gelegenheit geboten wird, ihre Energie zu entwickeln. Viele Talente werden auf diese Weise erstickt, die Chefs halten sie unterm Joch, weil sie die Armuth zu drücken gewohnt sind, häufig auch weil die guten Plätze heranwachsenden Söhnen oder sonst nahen Verwandten erhalten werden müssen.“[102]

Junge Kaufleute strebten danach, möglichst schnell die Selbständigkeit oder eine Partnerschaft zu erlangen. Der soziale Aufstieg bemaß sich jedoch nicht allein an der sozialen Stellung in Asien, sondern war auch prospektiv auf eine spätere Rückkehr hin orientiert. Kaufleute konnten ihren Erfolg durch Reichtum, aber auch in Form sozialer Anerkennung durch die Förderung der Exportindustrie erlangen. So schreibt Wartmann über den selben Niederer, dass er sich „die grössten Verdienste für die Eröffnung der hinterindischen Märkte für unsere Industrie erwarb“, indem er „unermüdlich und mit Aufopferung seiner Gesundheit die Gebiete des Sunda-Archipels bereiste, Muster sammelte und unsere Fabrikanten die genauesten Anweisungen zukommen ließ, um ihre Produkte dem Geschmack und den Bedürfnissen der malayischen Völkerschaften entsprechend anzufertigen.“[103] Was aus der Perspektive der Produzenten als gleichsam selbstloser Einsatz für das Wohl der Ostschweizer Industrie oder gar der Nationalökonomie daher kam, erfolgte

---

100 Alder, Otto (1929), P. 22.
101 Zum Milizgedanken siehe Kapitel C4.
102 J. Niederer in Batavia an S. Volkart vom 20.12.1854. DA Z 4.3.12, Ca Di 32.

jedoch nicht uneigennützig, sondern basierte auf der Möglichkeit des sozialen Aufstiegs. James A. Rauch stellt in seinem Literaturüberblick über ethnische Handelsnetzwerke fest, dass soziale Mobilität als anti-hierarchisches,
horizontales Element ist eine wichtige Grundlage für ihr Funktionieren ist.[104]

Verbindungen zur Ostschweizer Textilindustrie waren für die jungen
Kaufleute doppelt wichtig, weil sie ihre Karriere sowohl im Ausland wie
auch nach der Rückkehr in der Schweiz beeinflussen konnten. Gleichzeitig
waren sie ein Mehrwert, der ihnen unter Umständen den Sprung in die Selbständigkeit ermöglichte. Die Beziehungen zwischen Exporteuren und den
meist hanseatischen Handelshäusern im Osten waren deshalb keineswegs
stabil, jedenfalls weit unsicherer als Geschäftsbeziehungen, die durch Partnerschaft untermauert und diese wiederum durch eine strategische Heirat
und daraus folgende Verschwägerung besiegelt waren.

Ein eigenes Handelshaus zu gründen war mit hohen Risiken verbunden
und erforderte gute Vernetzung mit Kapitalgebern und Lieferanten. Als
Johannes Niederer 1844 den Plan fasste, sein Tätigkeitsfeld von Brasilien
nach Indonesien zu verlegen, erhielt er von Geschäftsfreunden in Trogen
sehr konkrete Ratschläge: Er sei nicht mit Land, Leuten und Sprache vertraut. Der Handel dort werde über große Häuser geregelt, deren Konkurrenz
anfangs stark sei. Die Gewinne müssen wegen Kursverlusten in Form von
Produkten in die Schweiz überführt werden, was die Gründung eines eigenen Hauses bedinge, gleichzeitig aber sehr risikoreich sei. Batavia als holländische Kolonie verlange gute politische Verbindungen. Deshalb solle
Niederer, bevor er ein eigenes Haus gründe, ein Vierteljahr in einem bestehenden Haus arbeiten.[105] Niederer wagte den „Coup de tête" trotzdem und
wäre beinahe gescheitert. Für einige Jahre habe er „sich mager geweint".
Eine Reise in die Schweiz und andere europäische Länder ermöglichte es
ihm dann, Verbindungen zu knüpfen, unter anderem mit Salomon Volkart,
damals noch bei Greuter & Rieter in Winterthur.[106]

Auch Volkart plante 1846, eine Agentur für Exporthandel in Singapur zu
gründen, für die er Heinrich Fierz und dessen Bruder Eduard zu gewinnen
suchte, die er beide aus seiner Lehrzeit am Institut Hüni, einer Handelsschule in Horgen, kannte. Heinrich Fierz verzichtete damals auf das

---

103 Wartmann, Hermann (1875), P. 633f. Wartmann spricht fälschlicherweise von
Johann Jakob Niederer. Der Ausdruck „unter Aufopferung seiner Gesundheit"
deutet darauf hin, dass Johannes Niederer gemeint ist, der 1859, kurz nach seiner Rückkehr in die Schweiz, in einer Kur verstarb.

104 Rauch referiert dabei Beispiele von Armeniern, maghrebinischen Händlern und
der Hausa in Nigeria. Rauch, J. E. (2001). Business and Social Networks in
International Trade. *Journal of Economic Literature* 39(4), P. 1180-83.

105 Schläpfer & Loppacher aus Trogen an J. Niederer in Bahia, 31.1. 1844/25.3.
1844. DA Z 4.3.12, Ca Di 32. Schläpfer & Loppacher bezogen ihre Informationen aus einem Marktbericht eines Schweizers in Manila.

106 J. Niederer in Batavia an S. Volkart vom 20.12.1854. DA Z 4.3.12, Ca Di 32.

Geschäft, Volkart aber machte sich 1851 gemeinsam mit seinem Bruder Johann Georg in Indien selbständig.[107]

Volkart und Niederer kommunizierten 1854 über die Möglichkeit, gemeinsam eine Filiale in Burma zu gründen. Niederers Pläne waren jedoch ehrgeiziger. Er hatte die Absicht, sobald sein Bruder das Geschäft in Batavia übernehmen könne, großräumig nach möglichen Standorten für Handelshäuser zu suchen. Niederer schwebte eine Kette von Niederlassungen vor, welche die Konkurrenz gar nicht erst aufkommen lasse. Diese Filialen sollten schweizerische und andere europäische Manufakturen auf die Märkte bringen. Dazu wollte Niederer Australien, Makassar, Singapur, Burma, Colombo, Bombay und die Kapkolonie besuchen. Volkart sollte junge Leute aussuchen, welche die Filialen besetzen sollten. Volkart zeigte eine weit vorsichtigere Gangart und wollte erst sein Geschäft konsolidieren.[108]

Vertriebsorganisation

Niederers Idee war, obwohl sie von den beiden nicht weiterverfolgt wurde, nicht völlig abwegig. Der Bremer Ökonom Arwed Emminghaus betrachtete 1860 die Bildung von Handelsfilialen als etwas für die Schweiz Spezifisches:

„Von höchster Wichtigkeit ist das System der Handelsfilialen und Kommanditen, welches die Schweiz im höchsten Maße ausgebildet hat. Das sind die Schweizerischen Kolonien. Überall, wo man Handelsverbindungen anknüpft, beginnt man auf direktem Wege mit Geschäftstheilhabern, die sich in weiter Ferne ansiedeln, oder mit angesiedelten Schweizern, die man zu Kompagnons macht, zu arbeiten. Die fernen Kommanditen kennen die Bedürfnisse des heimischen Handels und der heimischen Industrie. Ihre Instruktionen weisen der letzteren ihren Weg an und verhüten Fehlgriffe, die wir anderweit im Handel mit fernwohnenden Nationen sonst so vielfach begehen sehen. […] Da braucht es keine kostspieligen Flotten, keine kostbaren Verwaltungen, da braucht es keinen Krieg noch Unterdrückung; auf dem friedlichsten und einfachsten Wege der Welt werden da die Eroberungen gemacht, die allein frommen können."[109]

Mit der Nederlandsche Handelsmaatschappij hatten die Niederlanden im 19. Jh. eine monopolistische Handelsgesellschaft für den Handel mit der indonesischen Kolonie. Die NHM war 1824 unter königlicher Ägide gegründet worden und sollte die Lücke nach dem Ende der VOC füllen. Sie konzentrierte sich schon bald auf Investitionen in Unternehmen und investierte in Plantagen und nach der Trennung von Belgien 1830 in den Aufbau einer niederländischen Textilexportindustrie in der Region Twente.[110] Dieses Großunternehmen baute auf Handelsbegünstigungen im niederländischen Kolonialreich.

---

107 Peyer, H. C. (1960), P. 117-119.

108 J. Niederer in Batavia an S. Volkart vom 20.12.1854. DA Z 4.3.12, Ca Di 32.

109 Emminghaus, C.A. (1861). *Die schweizerische Volkswirtschaft*, Vol. II, P. 152.

Auch im jungen Bundesstaat fand die Idee der Bündelung von Initiativen im Exporthandel auf nationaler Ebene Anklang. Dabei stellte sich die Frage, in wie weit das Verhältnis zwischen Handel und Industrie formalisiert werden sollte, bzw. der Handel an die Industrie gebunden werden sollte. Dafür gab es verschiedene Möglichkeiten: Kaufleute im Ausland konnten Filialen von Handelshäusern leiten oder als Agenten im Auftrag von Exporteuren Agenturen oder Kommanditen betreiben; sie konnten eigene Handelshäuser gründen, entweder als Kommanditen von Händlern in der Schweiz oder als selbständige Unternehmen, sofern sie das Kapital besaßen; oder sie konnten mit bestehenden Handelshäusern, die über lokale Erfahrung und politische Verbindungen verfügten, kooperieren. In Singapur und Batavia hatten Schweizer Kaufleute eher die letztere Möglichkeit gewählt. Es gab aber auch Versuche, die Exporte zentral aus der Schweiz zu organisieren.[111]

Die Schweizerische Exportgesellschaft von 1857 versuchte die Idee Niederers umzusetzen. Ihr Ziel war es, den Textilexport durch Ausschaltung des Zwischenhandels zu fördern und dadurch einen besseren Stand gegenüber der britischen Konkurrenz zu erreichen. Hinter der Gesellschaft standen Kaufleute und Produzenten, die sich unter anderem durch gemeinsame Lehrzeit am Institut Hüni kannten.[112] Die Gesellschaft gründete Filialen über den ganzen Globus, 1860 in Aleppo, Saloniki, Täbris, Valparaiso, London, Manchester, Marseille und Paris, 1862 in Kalkutta, Shanghai und Bombay, 1865 in Natal (Brasilien), Palermo und am Maragnon (alter Name des Amazonas), 1868 in Bagdad. Nach anfänglich großen Gewinnen geriet die Gesellschaft bereits Mitte der 1860er Jahre in Schwierigkeiten, so dass 1870 die Liquidation beschlossen wurde. Hauptproblem war aber weniger die Liquidität, sondern die fehlenden Kontrolle des Personals:

„Anstatt, wie das im Wunsch der Gesellschaft und den eingegangenen Vertragsverpflichtungen lag, mit möglichster Vorsicht nur das reelle Warengeschäft zu betreiben, wurden die Gelder oft in weitsehenden, gewagten Operationen und Spekulationen verwickelt und die Kredite aufs äusserste ausgenutzt, so dass bei der kleinsten Stockung Verlegenheiten entstanden, die dann häufig mit Katastrophen endeten. Es

---

110 Zur Geschichte des wichtigsten Vorgängers der heutigen ABN AMRO siehe Vries, J./W. Vroom/T. de Graaf (Eds.) (1999). Wereldwijd bankieren: ABN AMRO 1824-1999.

111 Zu den Typen der Absatzorganisation siehe Fischer, Thomas (1990), P.197-203.

112 Die Aktionäre umfassen: JJ Bänziger & Cie, St. Gallen; Heinrich Fierz, Zürich; Joh. Hagenbuch, Direktor Rentenanstalt, Zürich; Honegger-Pirjantz & Cie, Importhaus Konstantinopel; Hüni-Stettler, Handelshaus in Seide, Horgen; Joh. Hürlimann, Richterswil; Bartholomé Jenny & Cie, Weberei und Druckerei, Ennenda; Heinrich Meyer, Brugg; JR Raschle, Buntdruckerei, Wattwil; A Rieter-Rothpelz, J. Ziegler & Cie, Winterthur und Neftenbach; J Rüegg-Raschle, Associé von Heinrich Fierz; Joh. Stapfer Söhne, Seidenfabrikanten, Horgen; SKA. Welter, Karl (1915). *Die Exportgesellschaften und die assoziative Exportförderung in der Schweiz im 19. Jh.*, P. 22.

zeigte sich, dass man in der Auswahl der Persönlichkeiten sich vielfach getäuscht hatte oder vielmehr durch unzuverlässige Informationen getäuscht worden war. Es herrschte bei vielen dieser Leute die Sucht, schnell reich zu werden, wodurch sie verleitet wurden, gewissenlos und leichtsinnig mit den ihnen anvertrauten Geldern und Krediten umzuspringen."[113]

Die schweizerische Exportgesellschaft ist nicht die einzige Organisation der assoziativen Exportförderung, welche schon nach kurzer Zeit liquidiert werden musste. Die Union horlogère (1858-1866) hatte anfangs der 1860er Jahre Vertretungen in Singapur und Japan mit enormen Verlusten. Hinzu kamen Probleme im Kredit- und Bankgeschäft der Gesellschaft, weshalb sie 1866 zur Liquidation schritt.[114] Die St. Galler Handelsgesellschaft (1862-66), die auf Initiative des Kaufmännischen Direktoriums zur Exportförderung für die Textilindustrie entstanden war und gemeinsam mit der Schw. Exportgesellschaft die Kommanditen in Paris und Shanghai und in eigener Regie Filialen in London, Pernambuco und Valparaiso betrieben hatte (wobei diese vermutlich als Beteiligung in Form von Kommanditen in bestehenden Handelshäusern aufgesetzt waren), geriet gemäß Welter in Schwierigkeiten, weil sie die Geschäftsbedingungen nicht sorgfältig genug geklärt hatte. Es kam nämlich zu „heftigen Kollisionen mit Privatinteressen", weshalb der An- und Verkauf von Waren wieder aufgegeben werden musste. Zudem verspekulierte sich der Geschäftsführer in Pernambuco an der Pariser Börse.[115]

Die Bündelung von Exportbemühungen auf gemeinsame Rechnung durch Assoziationen hatte grundsätzliche konzeptionelle Schwächen. Die Möglichkeiten, die Kaufleute in Übersee zu kontrollieren, waren zu gering bzw. die Transaktionskosten des Exportsgeschäfts bei einer effektiven Kontrolle zu hoch. Die Initiatoren hatten vermutlich zu gutgläubig gehandelt in der Meinung, dass nationale oder regionale Solidaritäten ausreichen, um Verbindlichkeiten zwischen den Exporteuren und den Kaufleuten in Übersee zu schaffen. Doch die Versuchung des schnellen Geldes und des damit verbundenen sozialen Aufstiegs waren wohl stärker. Isaak Iselin sieht den Irrtum der Exportgesellschaften darin, „eine Entwicklung organisieren zu wollen, deren Stärke gerade in der unorganisierbaren Eigenart jedes einzelnen derartigen Unternehmens liegen musste".[116] Die Grundlage eines selbständigen Handelshauses müsse im fremden Lande selbst und nicht in der Schweiz liegen, so Iselin.

Die Misserfolge schweizerischer Exportgesellschaften senkte die Bereitschaft von Kapitalgebern, in solche Projekte zu investieren. Als Mitte der

113 Jahresberichte der Schw. Exportgesellschaft 1872-81, zit. nach Welter, Karl (1915), P. 53f.

114 Für die Union horlogère siehe ebd., P. 71-81.; Donzé, Pierre-Yves (2007). *Les patrons horlogers de La Chaux-de-Fonds (1840-1920)*.

115 Welter, Karl (1915), P. 58-70.

116 Iselin, Isaak/Herbert Lüthy/Walter S. Schiess (1943). *Der schweizerische Grosshandel in Geschichte und Gegenwart*, P. 126.

1880er Jahre die Ostschweizer Geographisch-Commerzielle Gesellschaft in St. Gallen versuchte ein Kapital von 500.000 Fr. für die von ihr gegründete Compagnie Suisse-Africaine, die der schweizerischen Industrie Absatzmärkte im Transvaal eröffnen sollte, aufzutreiben versuchte, musste sie feststellen:

„Ein Misstrauen, das den meisten überseeischen Unternehmungen begegnet, traf auch unsere, auf solidester Basis aufgebauten Projekte [...]."[117]

Manufakturhandel und Produkthandel

Die regionalen und nationalen Handelsassoziationen hatten ein wesentliches Problem, nämlich ihre einseitige Ausrichtung auf Exporte. Der komplementäre Rohstoff- oder Produkthandel[118] in Richtung Europa hätte Kosten senken können, indem die Konsignationssendungen sofort hätten verrechnet werden können und das Kapital weniger lang gebunden gewesen wäre. Aus Wechseln in den im malaiischen Archipel üblichen Währungen entstanden nämlich Kursverluste. Schweizern fehlte es jedoch oft an Know-how in diesem Geschäft. So schrieb Niederer an Volkart zum gemeinsamen Projekt einer Handelshauskette. „Meinerseits müssten wir nur auf importen zählen & das fondement legen. Von exporten verstehe ich nichts."[119] Mit dem Produkthandel ließen sich hohe Gewinne, aber ebenso hohe Verluste erzielen. Käufe sowie Verkäufe wurden häufig in Form von Termingeschäften abgeschlossen. Dies verlangte die Kalkulation von diversen Risiken, vor allem des Zeit-Faktors. Allerdings war die Fähigkeit, mit solchen Risikokalkulationen umzugehen, das Ergebnis eines Lernprozesses. Aus schlechten Erfahrungen entstanden Richtlinien, über die sich aber die Mitarbeiter in Zeiten hoher spekulativer Gewinne wieder hinwegsetzten. So operierten Behn, Meyer & Co in den 1850er Jahren sehr sorglos mit Krediten und Versicherung. Zahlungsmodalitäten wurden vage formuliert; während des Krimkrieges ließen sie sogar zu, dass ein russisches Schiff Kokosöl nach Hamburg transportierte.[120] In der Weltwirtschaftskrise kostete diese Sorglosigkeit

---

117 Jahresbericht der OGCG 1886. Mitteilungen der OGCG, 1887. P. 34. Auf die OGCG und ihre Unternehmungen wird detailliert im Kapitel C3 eingegangen.

118 Mit Rohstoffen sind in dieser Arbeit Produkte bezeichnet, welche im Englischen als ‚commodity' bezeichnet werden, dh. solche ohne qualitative Differenz in der Produktion. Bei landwirtschaftlichen Erzeugnissen gibt es immer qualitative Unterschiede, doch spielen bei manchen Produkten verschiedene Sorten eine geringere Rolle als bei anderen. So gibt es bei Kautschuk nur unterschiedliche Reinheitsgrade in der Produktion, während Baumwolle verschiedene Sorten verschiedene Fasern hervorbringen. Produkt soll im Unterschied zu Rohstoff landwirtschaftliche Erzeugnisse bezeichnen, welche einer Kommodifizierung eher entgegenstehen (z.B. Tee).

119 J. Niederer in Batavia an S. Volkart vom 20.12.1854. DA Z 4.3.12, Ca Di 32.

120 Sieveking, H. (1944). P. 122.

Behn, Meyer & Co beinahe die Existenz, als die Preise für Produkte um die Hälfte sanken und sie einen großen Warenstock an Reis, Sagomehl, Manilahanf, Kampfer und Pfeffer kaum los wurden.

Im Geschäft mit europäischen Manufakturen in Übersee gab es eher konstante, kleinere Gewinne im Bazar bei zum Teil lange gestapelter Ware zu realisieren als hohe Gewinne durch den Verkauf ganzer Schiffsladungen zum richtigen Zeitpunkt. Der geschäftliche Erfolg des Textilienhandels war abhängig von der Reisernte und den Weltmarktpreisen.[121] Der Kaufmann Albert Moser schreibt dazu:

„Der Javane speichert in der Regel seinen Reis nicht auf, wie bei uns die Bauern das Getreide, sondern verkauft ihn sofort, bezahlt alte Schulden, schafft ein neues Kleid an und hält, wenn's langt, etwa ein Tanzfest ab. [...] Sparen und Erübrigen bildet nicht die Schwachheit der Javaner, vielleicht, weil er glaubt, das Ersparte stehe in Gefahr, genommen zu werden."[122]

Wenn nun die Ernte von Reis oder anderen Produkten schlecht ausfiel oder Seuchen und Kriege die Kaufkraft der Bevölkerung schwächte, so brach auch das Geschäft mit Textilien stark ein. Sobald in solchen Lagen Zwischenhändler fallierten, konnten auch Großhändler in Zahlungsschwierigkeiten oder -unfähigkeit geraten. Die Kombination von Import und Export bot den Handelshäusern doppelte Sicherheit. Einerseits konnten Warensendungen mit Produkten abgegolten werden, was den Kapitalbedarf verringerte und die Liquidität erhöhte. Anderseits erhielten die Firmen zusätzliche Stabilität in Krisenzeiten durch die größtmögliche Diversifikation, denn die Märkte des Produktehandels für Europa und dem Manufakturenhandel für Asien waren kaum aneinander gekoppelt.

Ein Handelshaus verband also vernünftigerweise beide Tätigkeiten unter einem Dach. Dies verlangte spezifisches Know-how sowohl im Verkauf von Manufakturen als auch im Einkauf und der Verschiffung von Produkten. Bereits Conrad Blumer hatte 1840 in Indien festgestellt, dass britische Textilexporte dort oft nur zum Verkauf kamen, um an liquide Mittel für den Kauf von Produkten zu gelangen, mit denen in Europa die wesentlichen Gewinne gemacht wurden. Er schrieb nach Schwanden von seinem Plan sich in Kalkutta niederzulassen:

„Bei der Cultivation von Indien erwächst es zur absoluten Notwendigkeit, uns in Calcutta festzusetzen. Nicht nur, weil dieser Platz zur Beaufsichtigung der Depots am günstigsten gelegen ist, sondern auch wegen der Retouren (Produktexporte), welche wir im Falle eines Etablissements nicht mehr in Papier (Wechsel) machen würden; denn auf sorgfältig und persönlich eingekauften Produkten ist sehr zu verdienen, *aber Ankauf und Auswahl müssten erlernt werden.*"[123]

---

121 Fischer, Thomas (1988), P. 74, 210.

122 Der Bund, Nr. 63, 1867.

123 Zit. nach Stüssi, H. (1989), P. 26.

Die Etablierung von P. Jenny & Co 1847 in Manila muss in diesem Zusammenhang gesehen werden. P. Blumer & Jenny verbanden ihre Textil-Exporte mit dem Import von Produkten von Peter Jenny. Im Verkaufsbuch für Fernost tauchen in den 1850er Jahren plötzlich Einkäufe von Tabak, Sago, Reis, Rotang (Peddigrohr) und Zucker auf, die sich 1857 bereits auf 727.000 Fr. summieren! Die Produkte wurden in Amsterdam verkauft. Das Geschäft wurde vor allem von P. Jenny & Co in Manila betrieben. P. Blumer & Jenny waren zu 2/56 beteiligt. Doch nach den Preisstürzen von 1857 kamen die Textilproduzenten wohl zum Schluss, das Geschäft berge zu viele Risiken, als dass sie es nebenher betreiben könnten und beschränkten sich fortan auf ihr Kerngeschäft.[124]

Umgekehrt begannen deutsche Handelshäuser in Singapur neben dem Produktexport den Import zu intensivieren. Bei Behn, Meyer & Co nahm das Kommissionsgeschäft mit europäischen Manufakturen (Bier, Stahl, Waffen, Schießpulver, Sarongs, rote Tuche, russisches Tauwerk, Teer, Lichter und Schwefelhölzer) nun sogar überhand.[125] Auch die beiden anderen Hamburger Handelshäuser in Singapur (Rautenberg, Schmidt & Co und Apel & Co) waren in derselben Lage. Die Handelshäuser sahen nun die Notwendigkeit von professionellem Know-how für die Textilimporte. Jungen Kaufleuten aus der Schweiz bot sich damit die Möglichkeit, in diesen deutschen Handelshäusern den Verkauf der Textilien zu betreuen. Was anfangs der 1840er noch nicht gelang, setzte sich nun als Modell durch. Mehr und mehr Firmen griffen auf das Know-how von jungen Schweizern zurück.

Das Vertriebsmodell für die Exporte nach Singapur und anderen asiatischen Destinationen in der Zeit bis 1900 war nebst einigen Direktverkäufen und wenigen Kommanditen hauptsächlich die Konsignation. Dieses System war schon seit den Anfängen der Kolonisation im transkontinentalen Handel gebräuchlich. Der Produzent schickte Waren in die Kolonien, wo ein Handelshaus ein Warenlager unterhielt und auf Kommissionsbasis verkaufte. Die Verkäufer in Asien hatten einen Spielraum für die Preisgestaltung und durch ihre prozentuale Beteiligung am Erlös ein Interesse, die Ware zu möglichst hohen Preisen zu verkaufen. Damit machten beide Seiten einen Gewinn.

Otto Alder sagt über die Konsignation, „kein Verschleisssystem habe [...] so verschiedene Ergebnisse gezeigt, je nach seiner Handhabung". Man habe mit Konsignation die Erfolgschancen von Produkten getestet, man habe auch versucht, Überproduktionen loszuwerden. Doch am vollkommensten hätten die toggenburgischen Buntwebereien das System entwickelt, da sachverständige Leute ständig über die Märkte berichtet hätten und so Modeartikel schnell geliefert worden seien.[126] In seiner Analyse der Vertriebsmethoden der toggenburgische Industrie bestätigt Fischer die Vorteile der Konsignation über Lieferung auf Bestellung, Kommanditen und Expor-

124 Verkauf (Manila, Singapur, Batavia, China, Sidney 1847-58). WA GL, H 18/5.

125 Sieveking, H. (1944), P. 127ff.

126 Alder, Otto (1929), P. 75f.

tassoziationen.[127] Mit diesem System konnten an Plätzen wie Singapur, Batavia und Manila in den Jahren von 1859-68 enorme Gewinne erzielt werden.

Gerade auf den niederländisch-indischen Märkten profitierten die Ostschweizer vom Rückstand der niederländischen Industrie und ihrer passiven Haltung aufgrund der Präferenzzölle, welche die Textilproduzenten in Twente in den 1850er Jahren mehr als Schaden denn als Segen zu betrachten begannen, wie zum Beispiel der Fabrikant CT. Storck:

„Men legde zich [...] niet toe op de moeilijkste zaken, die meer winst opleverden [...], maar op de gewone eenvoudige artikelen die het gemakkelijkst waren; de betere en fijnere soorten liet men aan de Engelsche en Zwitserse industrie over. Hier werkte ook als oorzak, dat onze kooplieden niet hielpen, omdat zij – op eene enkele uitzondering na – geen kennis hadden van manufacturen. Daardoor waagde men zich niet aan de verschillende soorten, maar bepaalde zich tot eenige stapelartikelen, als: calicots, maddapolams en dergelijke." (Man legte es nicht auf die schwierigsten Sachen an, die mehr Gewinn abwarfen, sondern auf die einfachen Artikel, die am wenigsten Mühe bereiteten. Die besseren und feineren Sorten überließ man der britischen und schweizerischen Industrie. Als Ursache wirkte mitunter, dass unsere Kaufleute nicht halfen, weil sie – abgesehen von einigen Ausnahmen – keine Kenntnisse der Manufakturen hatten. Deshalb wagte man sich nicht an andersartige Sorten, sondern beschränkte sich auf einige Stapelartikel wie Calicots, Maddapolams und dergleichen.)[128]

Doch auch die Toggenburger waren trotz aller Marktkenntnisse nicht gegen Fehler gefeit. Wie andere auch, überschwemmten sie bei Absatzstockungen die Märkte. Die Handelshäuser waren gezwungen, Waren loszuschlagen, und dadurch fielen die Preise noch weiter. Dabei verdienten dann weder die Handelshäuser noch die Produzenten, die darüber hinaus hohe Risiken eingingen um Marktanteile halten zu können. Fischer spricht von Bankrotten im Toggenburg.[129]

Klaus Sulzer hat am Beispiel der Rotfarb Aadorf dargestellt, wie unberechenbar das Konsignationssystem für einen Produzenten sein konnte.[130] Es stand und fiel mit guter Kommunikation. Wenn diese nicht gewährleistet war, traten sofort Absatzstockungen auf, die sich bei einem Preiszerfall katastrophal auswirken konnten. Der Handlungsspielraum der Verkäufer und die Abrechnung auf Vertrauensbasis erforderten ein gutes Verhältnis zwischen beiden Seiten, und die Produzenten mussten ihre Sache in guten Händen wissen.

---

127 Fischer, Thomas (1990), P. 198-201.

128 Der Fabrikant CT. Stork, 1888. Zit nach Brommer, Bea (1991). Bontjes voor de tropen. In: dies. (Ed.). Bontjes voor de tropen: De export van imitatieweefsels naar de tropen. P. 29.

129 Fischer, Thomas (1990), P. 201.

130 Sulzer, Klaus (1991). *Vom Zeugdruck zur Rotfärberei Heinrich Sulzer (1800-1876) und die Türkischrot-Färberei Aadorf,* P. 226-30.

Die Entsendung von jungen Kaufleuten entsprang vor allem dem Bedarf nach Know-how vor Ort und nach Informationen über die Märkte. Gleichzeitig springen die Vorteile der Präsenz von Vertrauenspersonen gerade beim Konsignationssystem ins Auge: Nicht nur hatten die Unternehmen dadurch eine direkte Informationsquelle, sie kannten – wie weiter unten ersichtlich wird[131] – diese Verkäufer aus ihrer Ausbildungszeit sehr gut, und sie hatten ihnen nicht nur Wissen, sondern auch Werte vermittelt. Die Kaufleute hatten durchwegs eine kaufmännische Ausbildung in der Schweizer Exportindustrie genossen und blieben den ehemaligen Patriarchen in gewisser Weise verpflichtet. Ihre Situation als migrierende Kaufleute in der Ferne verstärkte die Beziehung noch, da ihre Karriere im Osten auf eine spätere Rückkehr und weitere Tätigkeit in der Schweiz hin orientiert war, worauf die Produzenten wiederum Einfluss haben konnten.

Kehren wir auf die eingangs erwähnten drei möglichen Wege für Exporteure – Direktexporte, Exportintermediäre und Importintermediäre – zurück, so strebte die Schweizer Textilexportindustrie hauptsächlich die Umgehung von Exportintermediären an und versuchte mehr oder weniger direkte Beziehungen an die Märkte anzuknüpfen. Dies tat sie weniger aus Preisgründen, sondern weil die vereinzelten Käufe der Exporteure zu wenig konstanten Umsatz generierten und die Produzenten zu wenig Informationen über die Zielmärkte erhielten. Bei der Anknüpfung direkterer Beziehungen wurden verschiedene Modelle getestet und angewendet. Die Glarner Batik-Industrie setzte hauptsächlich auf das kostspielige System von Kommanditen an den wichtigsten Exportplätzen.[132] Ein Mutterhaus mit Kommanditen für den Vertrieb im Ausland ist formell die am meisten integrierte Geschäftsform und gleicht einem modernen multinationalen Unternehmen (MNE). Im Gegensatz zu Filialen von MNEs genossen die Kommanditen mehr Selbständigkeit. Auch Exportgesellschaften mit Filialen in Übersee, gemeinsam von industriellen Interessenorganisationen getragen gleichen MNEs. Die Filialen sind stärker abhängig von der Zentrale als die Kommanditen vom Mutterhaus. Doch die Zentrale ist vergleichsweise schwach und muss Interessen der beteiligten Unternehmen austarieren. Für die Toggenburger Industrie bewährte sich die informelle Kooperation mit Handelshäusern vor Ort mit der Entsendung von ausgebildeten Vertrauenspersonen verbunden mit dem Konsignationssystem. Diese Kooperationsmodelle können mit der Begrifflichkeit der ökonomischen Soziologie von Hierarchie, Netzwerk und Verbindungen auf Armlänge[133] nur ungenügend eingeordnet werden, denn sowohl bei Exportgesellschaften wie bei der Modell der Toggenburger finden sich Elemente der Vernetzung und der Hierarchie. Zentrales Problem dabei war das opportunistische Verhalten der Angestellten in Übersee. Selbständige Handelshäuser hatten eine bessere Handhabung des Principal-Agent-Problems als Exportgesellschaften. Es setzte sich ein kom-

---

131 Siehe P. 99.
132 Sulzer, Klaus (1991), P. 224.

plexes Modell des Netzwerkes durch, bei dem zwischen Produzent und Handelshaus weder eine formell rechtliche und oft auch keine finanzielle Abhängigkeit bestand.

Zwischen den Produzenten und den jungen Kaufleuten blieb hingegen weiterhin ein quasi-hierarchisches Verhältnis bestehen, das zwar nicht in einer formellen Hierarchie begründet war, aber in der soziale Hierarchie hineinspielte. Diese Unterlagerung einer losen durch eine enge Beziehung war problematisch für die Handelshäuser selbst, insofern als sie ihre verschiedenen Tätigkeitsfelder integrieren und eine gemeinsame Strategie der Firma und ihres Personals finden mussten. Von den Bemühungen dieser Handelshäuser um die Integration ihrer Geschäftszweige und Angestellten handelt der folgende Abschnitt.

3 HANDELSHÄUSER IN SINGAPUR

Der europäische Handel in Singapur wurde von einigen wenigen Handelshäusern dominiert. Es waren hauptsächlich britische bzw. schottische Häuser sowie ein paar deutsche. Daneben gab es wechselnde kleinere Häuser, anfangs einige indische und eurasische, später mehr westliche, wiederum mehrheitlich britische, gefolgt von deutschen, wenigen belgischen, niederländischen, schweizerischen, französischen und amerikanischen. Ab 1860 sind etwa zwanzig Häuser im interkontinentalen Handel tätig, 1914 rund sechzig.[134]

Die meisten Handelshäuser waren Familienfirmen, einzig die Borneo Company war als Aktiengesellschaft mit Sitz in London organisiert.[135] Denn anders als bei Industriefirmen war der Kapitalbedarf von Handelshäusern geringer und weniger langfristig; meist reichten dafür Bankkredite. Selbst große Häuser wie die britischen Boustead & Co, Guthrie & Co oder Pater-

---

133 Siehe zum Beispiel Jones, G./and Wale, J. (1998), P. 369. Mit Verbindungen auf Armlänge sind auf Eigennutz basierte Beziehungen gemeint, die gemäß Max Weber nicht in partikulären Gemeinschaften aufgehoben sind, sondern, die für den modernen Kapitalismus typisch sind. Siehe Uzzi, B. (1996). The Sources and Consequences of Embeddedness for the Economic Performance of Organizations: The Network Effect. *American Sociological Review*, 61(4), P. 695.

134 Chiang Hai Ding gibt ihre Zahl mit 20 für 1897 und 60 1908 an. Allerdings sind in den Directories bereits 1870 62 Handelshäuser und Agenten aufgeführt, von denen bei 30 entweder bekannt ist oder von der Firmenstruktur mit Partnern in Europa davon ausgegangen werden kann, dass sie im interkontinentalen Handel tätig waren. Chiang geht von Zahlen des britischen Reeders Holt aus, die nur die grösseren Häuser berücksichtigen. Chiang Hai Ding (1978), P. 47.

135 Für eine detaillierte Analyse der institutionellen Arrangements der Borneo Company siehe Cox, H./Metcalf, S. (1998). The Borneo Company Limited: The Origins of a Nineteenth Century Networked Multinational. *Asia Pacific Business Review*, 4(4), P. 53-69.

son, Simons & Co oder die deutsche Firma Behn Meyer & Co waren in Familienbesitz. Sie hatten üblicherweise eine Zentrale in Europa (in London, Hamburg oder Paris). Wenn einer der leitenden Manager sich zurückzog, folgte ein jüngeres Familienmitglied nach.[136]

Die Forschung über Familienfirmen hat seit Beginn der zweiten Globalisierung einen großen Aufschwung genommen, unter anderem wohl, weil die Familienfirma eine mögliche Antwort auf das Problem des opportunistischen Verhaltens von Managern (Principal-Agent-Problem) bietet. Im internationalen Handel zeigen sich die Vorteile von Familienfirmen besonders deutlich in der Senkung der Transaktionskosten.[137] Familienmitglieder sind zwar an sich weder kompetenter noch vertrauenswürdiger als andere Personen, doch es gibt innerhalb der Familie mehr Kanäle der Kontrolle und mehr Anlass, Erwartungen zu entsprechen.

Indessen mussten sich Familienfirmen mit möglichem opportunistischem Verhalten von Angestellten, die nicht zur Familie gehörten und deren Einfluss in der Firma somit beschränkt war, beschäftigen. Ihnen musste die Besitzerfamilie Perspektiven bieten, sei es, dass sie ihnen einen Anteil in der Mutterfirma offerierten, sei es, dass sie ihnen die Möglichkeit boten, selbständig als Geschäftspartner zu agieren. Die Verbindungen zwischen der Familie und den leitenden Partnern waren üblicherweise eng. Entweder hatten die Partner einen gemeinsamen regionalen oder konfessionellen Hintergrund, oder sie wurden später durch Heirat in die Besitzerfamilie eingebunden, oder es hatte sich aus einer langjährigen Geschäftsfreundschaft ein Vertrauensverhältnis entwickelt.

Umso bemerkenswerter ist die Beschreibung der institutionellen Arrangements zwischen Deutschen und Schweizern durch den Schweizer Textilindustriellen und Bankier, Otto Alder, auf die ich hier etwas ausführlicher eingehe:

„Innerhalb dieser (deutsch-schweizerischen) Firmen hatte sich eine Arbeitsteilung herausgebildet, indem Deutsche und Schweizer zu diesem Zweck sich assoziierten. Die deutschen Teilhaber, meist Hamburger und Bremer, vertraut mit dem Shipping, das heisst dem Handel mit Rohprodukten und der Verfrachtung derselben, widmeten sich diesem Teile der Geschäftstätigkeit und standen den Büroarbeiten vor. Der

---

136 Chiang Hai Ding (1978), P. 48.

137 Für einen kurzen Überblick der historischen Literatur über Familienfirmen siehe Colli, Andrea (2003). *The history of family business, 1850-2000.* Für einen Überblick des Transaktionskostenansatzes siehe Fiedler, M. (2001). Für ein anschauliches Fallbeispiel einer Familie im transkontinentalen Handel siehe Moß, Christian (2007). „Bisher hat uns niemand in die Karten gesehen": Das Verhältnis der Duisburger Unternehmerfamilie Böninger zum Teilhaber ihres Geschäfts in Baltimore. In: Ch. Hillen (Ed.). Mit Gott zum Verhältnis von Vertrauen und Wirtschaftsgeschichte. P. 58-67.

Import lag gänzlich in der Hand der schweizerischen Associés, zumeist von Angehörigen der Kantone St. Gallen, Thurgau und Zürich."[138]

Tatsächlich arbeiteten die meisten Schweizer, deren Stellung bekannt ist, in den Importabteilungen und verkauften unter anderem Textilien. Und tatsächlich kamen die meisten aus dem Toggenburg. Von den 66 Schweizern, bei denen eine Tätigkeit in Singapur vor 1880 ermittelt werden konnte, ist bei 6 die Herkunft unbekannt. Von den restlichen 60 stammen allein 26 aus dem Kanton St. Gallen, weitere 15 aus der restlichen Ostschweiz und der March. Und von den 13 Zürchern stammen 10 aus Winterthur und Umgebung, einem Gebiet, das eng mit der Ostschweizer Textilindustrie verbunden war. Aus der Gegend westlich von Zürich kommen einzig drei Basler und die drei Vertreter der Uhrenindustrie aus dem Kanton Neuenburg.[139]

Von 1853 an sind ohne Unterbrechung Schweizer in Singapurer Handelshäusern tätig. Der erste ist der Winterthurer Jean Knus beim Hamburger Haus Apel & Co.[140] Im folgenden Jahr trat der St. Galler Johann Otto Rheiner in die Dienste des 1849 gegründeten Handelshauses Rautenberg, Schmidt & Co mit Stammhaus in Hamburg. In den ersten Jahren war letzteres noch nicht in den Textilhandel involviert, wie ein Brief von HC. Rautenberg an seinen Partner F. Schmidt zeigt. Nach Singapur importiert wurden Nadeln, Kopierpapier, Knöpfe, Pferdekämme und Fensterglas. Weiter empfiehlt Rautenberg die Entsendung von „Kalbsfellen, Musketen, Pulverkanonen, Feilen, Matrosenmesser, Küchenmesser, eisernen Geldkisten, Schinken, Käse, Glaswaren, Spielkarten, Kopiertinte und Perlen".[141] Es waren dies Artikel, die in kleineren Quantitäten abgesetzt werden konnten und keine Massenwaren wie Textilien. Die Hamburger schienen an einer Verbindung zur Schweizer Textilindustrie interessiert zu gewesen zu sein. Als sich Johann Otto Rheiner 1857 gemeinsam mit einem weiteren Assistenten des Hauses, Otto Puttfarcken, selbständig machte, holten die Prinzipale einen weiteren St. Galler und zwei Jahre darauf Conrad Sturzenegger aus Trogen ins Geschäft. Die Sturzeneggers, erst Conrad, später sein Sohn Robert, blieben bis nach dem Ersten Weltkrieg Teilhaber der Firma. Die Schweizer waren für den Verkauf von Textilien verantwortlich.

Bis 1880 wurden über 60 Schweizer Kaufleute in Singapurer Handelshäusern angestellt. Zwei arbeiteten in einem britisch-deutschen Haus, die

---

138 Alder, Otto (1929), P. 73.

139 Die Daten sind im Laufe der Arbeit in einer Datenbank zusammengetragen worden. Wichtige Quellen sind Bürgerbücher (St. Gallen, Winterthur und Zürich) und Schweizer-Iten, Hans (1980). Letzterer betrachtet im Zweifelsfalle die Mitglieder des Schweizerclubs als Schweizer. Bezüglich der kantonalen Herkunft habe ich keine Fehler festgestellt.

140 Singapore Almanach for the year 1853.

141 HC Rautenberg in Singapur an F Schmidt in Hamburg vom 31.7. 1849. DA Z 4.3.12, Ca Di 24.

große Mehrheit in deutschen Häusern und eine Minderheit bei der holländischen Firma Hooglandt & Co.

Tabelle 3: Schweizer in Singapurer Handelshäusern bis 1880

Firma	Gründung	Schweizer Mitarbeiter		
		Erster Eintritt	Anzahl	Prokura /Partner
Behn, Meyer & Co	1840	1843/1863**	6	2
Apel & Co 1858: Remé Bros.*	1845	1853	4	2
Rautenberg, Schmidt & Co	1849	1854	13	5
Puttfarcken, Rheiner & Co	1857	1857	6	3
Zapp, Ritterhaus & Co 1867: Staehelin & Stahlknecht	1858	1858	7	3
Kaltenbach & Co 1879: Kaltenbach, Fischer & Co	1858	1859	8	5
Hooglandt & Co	1860	1865	6	3
Poisson & Co	1865	1877	1	-
Hieber, Katz & Co	1865	1867	1	-
Schomburgk & Co.	1867	1867	4	2
Katz Bros.	1871	1878	1	-***
Lind, Asmus & Co	1874	1874	2	1

* Reme Bros ist eine Neugründung des Managements von Apel & Co. Staehelin & Stahlknecht ist ebenso eine Neugründung, die gleichzeitig den Geschäftsbereich und die Verbindungen der Vorgänger übernehmen. ** Mit einem Unterbruch von 20 Jahren *** Nach 1880 gab es Manager aus der Schweiz bei Katz Bros, z.B. Otto Schüle, der 1902 Direktor der Firma wurde. Daten aus: SSD 1853-1880; Schweizer-Iten, Hans (1980).

In britischen Handelshäusern suchten oder fanden Schweizer keine Anstellung. Auch bei den wenigen französischen und belgischen Handelshäusern sind kaum Schweizer zu finden. Die einzige Ausnahme, Victor Jenny, der beim französischen Haus Valtriny & Co angestellt war, begann 1877 und endete im selben Jahr vor dem Richter.[142]

Die von Alder beschriebene Arbeitsteilung galt ausschließlich für deutsche Häuser und ein holländisches. Natürlich arbeiteten nicht alle Schweizer im Textilimport: Alfred Glinz etwa, Partner von Behn, Meyer & Co, der den Produkthandel mit Westaustralien aufbaute, importierte von dort Schafe, Pferde und Sandelholz.[143] Auch Heinrich Huber bei Kaltenbach, Engler & Co betätigte sich im Rohstoff- und Produkthandel.

Das Arrangement zwischen Ostschweizern, Norddeutschen und Holländern, so wie es Alder beschreibt, muss als prekär gelten. Eine kulturelle Überlagerung einer funktionalen Differenzierung in einer Firma, die sich bis in die Firmenspitze perpetuierte, schuf Integrationsprobleme. Die Zweiteilung barg die Gefahr aufreibender Machtkämpfe zwischen den Abteilungen

---

142 Diverse Briefe zwischen JR. Riedtmann und WH. Diethelm 1877. DA A 2.7.
143 Sieveking, H. (1944), P. 130.

um Geltung und Gewinnanteile oder gar des Auseinanderbrechens von Firmen oder. Es stellt sich daher die Frage, wie die Kooperation innerhalb einer Firma funktionierte, ohne dass die Firmen auseinanderbrachen.

Die folgenden vier Abschnitte beleuchten die Kooperationen zwischen ostschweizerischen, norddeutschen und holländischen Kaufleuten von verschiedenen Seiten. Der erste Abschnitt stellt die Entwicklung der Firma Hooglandt dar, aus der die Diethelm & Co in Zürich hervorging, die heute unter dem Dach der DKSH Holding weiter besteht, eine Firma, die in dieser Arbeit immer wieder auftaucht und deren Archiv der Arbeit wichtiges Material lieferte. Der zweite Abschnitt schildert die Situation von Angestellten in Handelshäusern anhand von drei Karrieren und gibt ein Bild vom Alltag von Kaufleuten im Singapur der 1860er und 1870er Jahre. Schließlich werden Kontrollmechanismen gegenüber europäischen Angestellten analysiert. Der dritte Abschnitt wirft einen Blick auf die soziale Organisation der europäischen – vor allem der deutschsprachigen – Kaufleute in Singapur. Gesellschaftliche Institutionen der deutschen und schweizerischen Business-Community wie die Teutonia und der Schweizerische Schützenclub Singapur hatten eine wichtige integrierende Funktion für die Kaufmannschaft. Der letzte Abschnitt beleuchtet die Position von asiatischen Angestellten in europäischen Handelshäusern.

Hooglandt & Co und Diethelm & Co

Die Geschichte der Firma Hooglandt & Co und ihrer Nachfolgerin Diethelm & Co ist in einer Festschrift von Jakob Eggenberger detailliert aufgearbeitet worden, die sich wiederum auf ein 2000 Seiten starkes, nicht publiziertes Typoskript eines ehemaligen Managers stützt, der sich nach seiner Pensionierung mit der Firmengeschichte beschäftigt hat.[144] Im Folgenden werde ich die Entwicklung der Firma im Hinblick auf die Art der Kooperation von Partnern aus der Schweiz und den Niederlanden kurz darstellen; dabei greife ich auf die bestehenden Firmengeschichten zurück und beziehe teilweise unveröffentlichtes Quellenmaterial mit ein.

Die Firma Stelling, Hooglandt & Co war 1859 in Singapur gegründet worden. Die treibenden Kräfte in diesem Familienunternehmen waren Willem Hooglandt und sein Bruder Jan Daniel. Hooglandt & Co mit einem Mutterhaus in Amsterdam war als erstes holländisches Unternehmen im britischen Freihafen tätig. Da angesichts der britisch-niederländischen Konkurrenz in Südostasien eine solche Gründung ein Wagnis war, wurde wohl anfangs im Namen der Firma der deutsche Partner Georg Stelling vorangestellt.[145] Das Haus hatte die Agentur für die W. Cores de Vries Schifffahrts-

---

144 Schweizer-Iten, Hans (1973). *Das Haus Diethelm 1860-1973.*; Eggenberger, Jakob (1987). *Das Haus Diethelm im Wandel der Zeit, 1887-87.*

145 Eggenberger betrachtet die Situation einer holländischen Firma im britischen Singapur als ursächlich für den Einbezug erst eines deutschen Partners und später der verschiedenen Schweizer Partner. Ebd., S. 22.

linie und damit den Postkontrakt zwischen Singapur und Niederländisch-Indien inne. Mit dem Frachtgeschäft kamen Hooglandt & Co zu Agenturen für Seeversicherungsgesellschaften. Das Importgeschäft begann der Schweizer Johann Rudolf Riedtmann, der zuvor beim Haus Puttfarcken, Rheiner & Co tätig gewesen war und die gewinnträchtige Verbindung zum Haus Mathias Naef mitbrachte. 1865 trat er in die Firma ein, im folgenden Jahr avancierte er zum Prokuristen, und bereits 1867 wurde ihm die Partnerschaft angeboten. Die schnelle Karriere ist ein Zeichen für die Bedeutung des Importgeschäfts für die Firma wie auch des Know-hows der jungen Ostschweizer Kaufleute. Nach Riedtmanns Rückkehr in die Schweiz 1869 kam 1871 sein ehemaliger Nachbar Wilhelm Heinrich Diethelm zur Firma.

In den 1870er Jahren hatte die Firma ein Arrangement, demzufolge die beiden Seniorpartner Jan Daniel Hooglandt und JR. Riedtmann-Naef – Riedtmann war mittlerweile Schwager des Prinzipals im Hause Mathias Naef – als Einkäufer in Europa fungierten. Sie hatten dazu eine Firma unter eigenem Namen gegründet. Die beiden Juniorpartner, WH. Diethelm und Daan Hooglandt[146] führten die Geschäfte in Singapur. Im Laufe der 1870er Jahre gewann das Importgeschäft mit Textilien an Bedeutung, barg jedoch auch mehr Risiken. Briten und Niederländer brachten billige Textilien auf den Markt. Mathias Naef drängte Hooglandt & Co dazu, Marktanteile zu halten, und überschwemmte den Bazar in Singapur mit Konsignationsware.[147] Riedtmann-Naef konnte neben der Verbindung zu Mathias Naef für Hooglandt & Co auch die Vertretung von Rieter, Ziegler & Co in Richterswil und von Jacques Schiesser in Radolfzell gewinnen.

In dieser Zeit zeigten sich die Nachteile des Arrangements zwischen Holländern und Schweizern. In der Firma verbreitete sich zusehends die vertikale Spaltung zwischen schweizerischer Import- und holländischer Agenturabteilung. Seniorpartner JD.Hooglandt, der bei weitem am meisten Kapital in der Firma (ca. 225.000 fl.) hatte, neigte zur Vorsicht in dem ihm wenig vertrauten Textilgeschäft. Er mahnte seine Partner zu Zurückhaltung:

„In Artikeln wie Prints, Gewebe und Batiks muss mit grösster Vorsicht gehandelt werden und diese dürfen nie und unter keinen Umständen ans Lager gelegt werden. […] Für diese Artikel gilt die feste Regel: der *erste* Verlust ist der *kleinste*. […] Falls wir dann und wann Orders auf Sarongs geben, um Naef einen Gefallen zu erweisen, so müssen wir uns als feste Regel vornehmen, immer bei Ankunft zu Tagespreisen zu verkaufen und diese Artikel *nie* länger als höchstens *einen Monat* zu behalten."[148]

JR. Riedtmann und WH. Diethelm bezeichnen JD. Hooglandt in ihren Briefen als ängstlich. Riedtmann empfiehlt Diethelm, nicht alles nach Amsterdam zu berichten, so zum Beispiel als Diethelm nach Penang reist, um die

---

146 Lambert Daniel Marie Antoine Hooglandt (1840-1884), Daan genannt, war ein Neffe von Jan Daniel Hooglandt.
147 Eggenberger, Jakob (1987), P. 37.; Fischer, Thomas (1988), P. 215f.
148 JD Hooglandt an WH Diethelm vom 31.5.1877. DA A 2.9.

Gründung einer Filiale zu sondieren.[149] Mit dem starken Importdepartment im Rücken versucht sich Diethelm der Familie Hooglandt gegenüber neu zu positionieren. Riedtmann in Europa unterstützt ihn in seinem Bestreben, bessere Vertragsbedingungen auszuhandeln:

„Bei Veränderungen in Firmen hängt viel von der Fairheit der Partner ab und vertraue ich in dieser Hinsicht vollkommen auf Sie und Hooglandt und glaube auch hiezu berechtigt zu sein, da (ich) Ihr Interesse so viel in meiner Kraft lag, verteidigt habe, mehr konnte ich nicht tun und werde ich auch ferner ein treuer Freund von Hooglandt & Co in welcher Firma ich mein Glück gefunden, bleiben und hoffe, dass auch Sie und Hooglandt nur Glück und Segen darin haben, denn ich darf sagen, wir haben einen guten, schönen Namen überall und zweifle (ich) keinen Augenblick, dass es auch so bleibt."[150]

Anfangs der 1880er verschärft sich jedoch der Konflikt zwischen Diethelm und der Familie Hooglandt. Mit Daan Hooglandt in Singapur streiten die beiden Schweizer um die Einkünfte aus dessen Konsulatsposten für das russische Reich. Daan beansprucht diese für sich selbst, während die Schweizer Partner sich mit der Meinung durchsetzen, diese sollten der Firma zukommen.[151] Um ein Auseinanderbrechen zu vermeiden, brauchte es den guten Willen der Partner, vor allem aber detaillierte vertragliche Regelungen, auf deren Gültigkeit sich beide Seiten verständigten. Die Grundlage des schriftlichen Vertrages und des Rechtssystems mit entsprechenden Sanktionsmöglichkeiten wirkte stabilisierend.[152] Doch gleichzeitig waren die Verträge ein häufiger Diskussionspunkt, und die Partner mussten sich immer wieder neu über die Grundlagen ihrer Kooperation einigen. Hier zeigten sich die Nachteile dieses Arrangements gegenüber einer stärker familiär ausgerichteten Firma, die solche Kosten reduzieren konnte.

Nachdem Daan Hooglandt 1884 in Singapur starb, spitzte sich der Konflikt angesichts der ungeklärten Nachfolge im Familienunternehmen zu. Die Diskussionen zwischen den Partnern drehten sich einerseits um die Bedeutung der verschiedenen Geschäftszweige und um den Wert des Firmennamens. Der energische junge Diethelm versuchte, die Selbständigkeit zu gewinnen:

„Mir liegt nichts daran, ein Eigentumsrecht an der Firma zu bekommen; meine Kenntnisse sind mehr wert, als diese Firma; aber (ich) will vermeiden und mich dagegen wehren, dass man uns Schweizer Associés später nur so als Parvenus auf die Seite stellt."[153]

Gleichentags steckte er gegenüber JD. Hooglandt seine Forderungen ab:

---

149 JR. Riedtmann an WH. Diethelm vom 1.2.1877. DA A 2.7.
150 JR. Riedtmann an WH. Diethelm vom 16.5.1876. DA A 2.7.
151 JR. Riedtmann an WH. Diethelm vom 1.10.1880. DA A 2.7.
152 Berghoff, Hartmut (2004), P. 147f.
153 WH. Diethelm von Singapur an Wilhelm Stiefel vom 1.7.1885. DA A 2.6.

„Offen gestanden glaubte ich nach meiner langen und erspriesslichen Tätigkeit in der Firma ebenso gut Anspruch auf ein Eigentum an der Firma – wenn sie nun einmal in der vorliegenden Form bestehen soll – als WH. (Willem Hooglandt), welcher Herr seit 17 Jahren für die Firma nicht mehr tätig war. Seit WH. die Firma verliess hat sie ihren Charakter sehr geändert und wird von Jahr zu Jahr ausschliessliches Importgeschäft."[154]

Riedtmann unterstützte Diethelm weiterhin:

„Macht Hooglandt s'Mannli, will mit Gewalt jemand (aus seiner Familie) im Geschäft haben, dann würde (ich) es eher zu einem Bruch kommen lassen und eine eigene Firma mit Stiefel gründen, dann mag er seine Firma behalten; mir ist nicht bange, dass (wir) uns dann nicht durchfressen; bis Ende 1886 hätten Sie das Recht, sowieso das Geschäft weiterzuführen und unterdessen könnte man sich einrichten; ich denke aber Hooglandt wird sich die Sache 2 Mal überlegen bevor er es hiezu kommen lässt und bin der festen Überzeugung, dass (wir) unsere Propositionen durchdrücken mit vielleicht geringen Modifikationen."[155]

WH. Diethelm konnte schließlich gegenüber den in Europa residierenden Familienmitgliedern erreichen, dass er den Namen Hooglandt & Co für 10 Jahre benutzen konnte. Die Firma hatte damit von der einen Familie zur anderen gewechselt.

Der Machtkampf zwischen Diethelm und den Hooglandts hat auch eine inhaltliche Ebene. Cox und Metcalf haben die These zweier grundsätzlich verschiedener Entwicklungspfade von größeren, international tätigen Handelsfirmen postuliert: Entweder verlegten sie ihre Tätigkeit auf die Finanzierung des Handels in den Metropolen und entwickelten sich zur Merchant Ban oder sie nutzten ihre Position vor Ort und ihr lokales Wissen, um in lokale Geschäftsopportunitäten zu investieren und erweiterten damit die Grundlagen ihrer eigenen Handelstätigkeit, indem neue Produkte für den Handel geschaffen wurden. Cox und Metcalf entwickeln ihre These am Beispiel der Borneo Company in Singapur, eines der großen britischen Handelshäuser vor Ort.[156]

Auch wenn Hooglandt & Co nicht die Dimensionen großer britischer Handelshäuser hatte, stand auch diese mittelgroße Firma vor der Frage nach einer stärkeren Ausrichtung auf Finanzgeschäfte oder der Erweiterung des Handels. Dabei strebte Jan Daniel Hooglandt ganz allgemein eher den Ausbau der finanziellen Aktivitäten wie Bank- und Versicherungsagenturen an, während Diethelm, wenn auch vorsichtig, aber mit der gewonnenen Selbständigkeit intensiver, Investitionen in Südostasien (Minen und Plantagen) suchte. 1886 fragte Jan Daniel Hooglandt Diethelm nach seiner Meinung

---

154 WH. Diethelm von Singapur an JD. Hooglandt vom 1.7.1885. DA A 2.11.

155 JR. Riedtmann von Axenstein an WH. Diethelm vom 5.8.1885. DA A 2.7.

156 Cox, H./Metcalf, S. (1998). The Borneo Company Limited: The Origins of a Nineteenth Century Networked Multinational. *Asia Pacific Business Review* 4(4), P. 53f.; Jones, G./Wale, J. (1998), P. 368f.

zum Projekt einer Hypothekenbank für Immobilien in Singapur. Diethelm zeigte sich nicht abgeneigt, schlug jedoch vor, eine Hypotheken- und Diskontbank zu gründen, welche nebst den Immobilien auch mit Wechseln von indischen Chettiars arbeiten würden, die in der Finanzierung des lokalen Handels eine zentrale Rolle spielten. Er meinte, ein solches Haus entspreche einem Bedürfnis des Handels in Singapur und auf solche Wechsel habe Hooglandt & Co noch nie Geld verloren. Wiederum standen für Diethelm die Bedürfnisse des Handels im Vordergrund, während Hooglandt keinesfalls der Nederlandsch Indische Escompto Mij, deren Agentur Hooglandt & Co innehatte, ins Gehege treten wollte. Außerdem schreckte das „Gespenst des Kursverlustes" angefragte Investoren in Zürich ab. [157]

Gegen Ende 1886 waren die neuen Verträge zwischen der Familie Hooglandt und WH. Diethelm sowie Wilhelm Stiefel als neuem Partner unterzeichnet, und Diethelm konnte gegenüber Stiefel, dem neuen Leiter der Importabteilung in Singapur, befriedigt feststellen:

„Wir beide sind nun in kurzer Zeit an einem Ziele, das wir lange herbei gesehnt haben und so schön kaum hoffen durften. Wenn der Himmel seinen Segen dazu gibt, sehen wir eine prächtige Zukunft vor uns. Vor allem erhalte uns Gott gesund, sodass wir noch lange und fleissig zusammen arbeiten können, zum Wohl der Firma und damit zu unserem eigenen. Wir wollen stets vor allem das im Auge behalten, was unserem Arbeitsfeld, der Firma, frommt und gegen Empfindlichkeiten ankämpfen, was nicht immer zu vermeiden ist so unsere Ansichten auseinandergehen sollten."[158]

Diese fast überschwänglichen Formulierungen des neuen Seniorpartners gegenüber seinem neuen Juniorpartner beschwören beinahe schon den Zusammenhalt. Tatsächlich ist die horizontale Fragmentierung zwischen Managern oder Juniorpartnern in Singapur und Seniorpartnern in Europa (oder Singapur) üblicher als die vertikale. Auch Diethelm hatte seinerzeit als Juniorpartner Druck auf die Seniorpartner in Europa ausgeübt.

Durch ihre Präsenz auf dem Markt in Singapur, wo sich das Kerngeschäft dieser Firmen abspielte, waren die Juniorpartner nämlich in einer Position der Stärke. Sie konnten mit dem Gang in die Selbständigkeit drohen, wenn sie mit den vertraglichen Bedingungen unzufrieden waren. Das Beispiel Fischers wird zeigen, dass dies sowohl gelingen (Fischer und Huber) wie auch misslingen (Zeltmann und Rutishauser) konnte. Otto Puttfarcken und Otto Rheiner lösten sich 1858 am Ende ihrer Assistenzzeit von Rautenberg, Schmidt & Co und gründeten eine eigene Firma, desgleichen 1867 Georg Emil Staehelin und Carlos Stahlknecht von Zapp, Bauer & Co. Letztere beiden Firmen waren deutsch-schweizerische Partnerschaften, die im Falle Staehelin & Stahlknechts durch Verschwägerung – Staehelin heiratete die Schwester seines Partners – bestärkt wurde. Es gab also durchaus erfolgreiche Beispiele für eine Verbindung der Juniorpartner und eine anschließende deutsch-schweizerische ‚Cohabitation'.

---

157 Diethelm aus St. Gallen an JD. Hooglandt vom 26.8. und 29.12.1886. DA A 2.4.
158 WH. Diethelm von Zürich an W. Stiefel in Singapur vom 3.12.1886. DA A 2.6.

Tabelle 4: Firmengründungen mit Beteiligung von Schweizern nach 1875

Fischer, Huber & Co (1888 bis 1900) (ehemals: Kaltenbach Engler & Co) gefolgt von Cadonau & Co (bis 1906)
Brandt & Co (1878-1914) gefolgt von: Schmid, Schudel & Co (1915-26)
Dalmann & Co (1881-1914)
Maack & Co (1881-84) gefolgt von R. Hilty & Co (1885-1901)
Pertile, van der Pals & Co (1888-1913)
Jaeger & Co (1896-1946)
Quelle: Schweizer-Iten (1980), P. 395-408.

Das Beispiel der Firma Hooglandt zeigt die Problematik der vertikalen Fragmentierung einer Firma. Abgesehen von Staehelin & Stahlknecht, welche dieses Problem durch eine familiäre Allianz lösten, war in den übrigen Firmen jeweils eine Seite dominierend. In der Firma Behn, Meyer & Co hatte die Familie Lorenz-Meyer bestimmenden Einfluss, den sie bis heute halten konnte,[159] wodurch der Karriere von Managern aus der Schweiz Grenzen gesetzt waren. Etwas anders sieht die Stellung der Familie Sturzenegger im Hause Rautenberg, Schmidt & Co aus; sie konnte ihre Partnerschaft bis zum Ersten Weltkrieg halten. Aber auch dort hatte die Familie Schmidt in Hamburg den kontrollierenden Einfluss und dies auch noch, nachdem Robert Sturzenegger nach Ausbruch des Ersten Weltkriegs sein Kapital aus der Firma herausgelöst hatte und eine Firma unter eigenem Namen führte. Aus den Konkursunterlagen der Firma Robert Sturzenegger in Schaffhausen sowie der Filialen in Singapur und Penang geht hervor, dass die Bücher weiterhin in Hamburg geführt worden waren.[160] Bei Kaltenbach, Fischer & Co und Hooglandt & Co setzten sich die Schweizer Partner durch, bei Puttfarcken, Rheiner & Co zog sich der Otto Rheiner zurück.

Hooglandt & Co hatte sich nach der Entscheidung des Machtkampfes zugunsten WH. Diethelms von einer holländischen zu einer schweizerischen Familienfirma gewandelt. Diethelm hatte die Rechte am Namen Hooglandt erworben und kontrollierte die Mehrheit des Kapitals. In der Firma gab es weiterhin Juniorpartner, die nicht der Familie angehörten. Davon waren stets mindestens zwei Holländer aus der Reihe der aktiven und ehemaligen Leiter der Agenturabteilung. Zunächst stand die Beibehaltung des holländischen Charakters der Firma durchaus zur Debatte. Als es 1885 um die mögliche Aufnahme von PC. Hoynck van Papendrecht als Partner ging, schrieb Riedtmann:

„Wie mir Stiefel sagte, hängt von den Verbindungen in Holland und Java das Wohl oder Wehe der Firma nur noch wenig ab, was auch wohl begreife und brauchen Sie darum keinen Holländer."[161]

---

159 Worm, Herbert (2008). Dr. Dieter Lorenz-Meyer in memoriam. *Nachrichten der Gesellschaft für Natur- und Völkerkunde Ostasiens* (183/4). P. 9-56.

160 Genaueres dazu siehe unten P. 161.

161 JR. Riedtmann in Fluntern an WH. Diethelm vom 2.7.1885. DA A 2.7.

Dies hätte bedeutet, dass sich die Firma mehr oder weniger auf Importe hätte beschränken müssen. Diethelm behielt jedoch den holländischen Zweig bei. Kulturelle Versatilität schien ein wichtiger Aspekt der Firmenphilosophie gewesen zu sein. Das vorherrschende Organisationsmodell der Häuser war somit die Familienfirma ergänzt durch weitere, zum Teil oft wechselnde Partner, denen die Firmen berufliche Perspektiven bieten mussten.

Karrieren oder auch nicht: die Angestellten

Die übliche Karriere eines Kaufmanns begann mit einer Assistenzzeit von vier bis sechs Jahren. Die ersten drei, vier Jahre galten als Bewährungszeit. Hatte sich ein junger Angestellter behauptet, so wurde ihm meist ein Geschäftsbereich anvertraut. Mit einem Heimurlaub oder der Rückkehr seines Vorgesetzten erhielten Assistenten die Gelegenheit, Verantwortung für ein Department zu übernehmen. Dies war mit dem Erhalt der Prokura verbunden. Nach einigen Jahren Tätigkeit als Prokurist konnte ein Angebot für eine Partnerschaft erwartet werden. Der Erwerb einer Partnerschaft war Voraussetzung für eine langfristig stabile Zusammenarbeit. Handelsfirmen legten generell viel Wert auf ihre wenigen Assistenten und Manager und versuchten, die ausgesuchten Leute möglichst langfristig an sich zu binden.

Fallbeispiele

Die Situation von jungen Angestellten von Handelshäusern soll nun an drei Fallbeispielen illustriert werden. Es sind dies Conrad Sturzenegger, Heinrich Fischer und Carl Armin Rheiner. Die Beispiele wurden nicht nach Kriterien der Repräsentativität, sondern aufgrund der Verfügbarkeit von Quellen zur Arbeitssituation ausgewählt.

Conrad Sturzenegger (1840-1909) entstammte einer Kaufmannsfamilie in Trogen. Vater Leonhard war ursprünglich Fabrikant, später Teilhaber einer Exportfirma. Obschon die Eltern früh starben, erhielten die Kinder der Familie Sturzenegger eine standesgemäße Ausbildung. Der älteste Bruder wurde Textilfabrikant in Bischofszell, Conrad besuchte einige Jahre die Kantonsschule, absolvierte das so genannte Welschlandjahr in der Romandie und begann 1857 eine kaufmännische Lehre beim Winterthurer Exporthandelshaus Thellung & Forrer, wie auch sein Bruder Adolf einige Jahre danach. Die späten 1850er Jahre waren die Boomjahre der Textilexporte nach Südostasien. Die Herren Thellung und Forrer vermittelten Conrad Sturzenegger bereits nach 2½ Jahren eine Stelle beim Handelshaus Rautenberg, Schmidt & Co in Singapur.[162] Das Hamburger Haus war seit 1849 dort etabliert und hatte eine Filiale in Penang. Sturzenegger sollte einem weiteren Schweizer, Adolf Graemiger aus Altstätten, in der Importabteilung zur

---

162 Wipf, H. U. (1978). Eine Seereise von Hamburg nach Singapore im Jahre 1860. Briefe des Kaufmanns Conrad Sturzenegger (1840-1909) an seine Geschwister in Trogen. *Schaffhauser Beiträge zur Geschichte* 55. P. 126-53, hier P. 127f.

Seite stehen. Doch bereits bei seiner Ankunft im Juli 1860 erfährt Sturzenegger, dass Graemiger nach Batavia abreisen wird, vermutlich weil Graemiger nach dem Tod von Johannes Niederer 1859 eine leitende Stelle im
Handelshaus Niederer & Co erhalten hatte.

Abb. 3: Conrad Sturzenegger in Singapur, ca. 1870

Quelle: Stadtarchiv Schaffhausen

Sturzenegger macht somit einen Sprung ins kalte Wasser; innerhalb von zwei Monaten muss er den Verkaufsleiter Graemiger ersetzen. Er verkauft nicht nur Textilien,
sondern Waren wie Mehl, Speck, Fleisch, Tauwerk, Bauholz, Eisenwaren, Glas, Ge-
tränke, Weine, Bier etc, was er interessant findet, so dass ihm „die Zeit, da ich im
Magazine um meine Artikel & Kunden bin, die angenehmste ist".[163] Da er bereits
einen Aufstieg zum Salesman vor sich hat, erhöhen die Prinzipale seinen Lohn um
100 $ pro Jahr. Er erhält rund 3000 Fr. im ersten, 3600 im zweiten und 4200 im drit-
ten Jahr. Damit, so schreibt er, könne er zwar nicht viel sparen, aber er komme
schon im ersten Jahr gut damit aus.[164] Die Verkäufe boomen allgemein in dieser Zeit,
Sturzenegger hat viel zu tun, aber auch Gelegenheit, sich zu bestätigen:

„Mir gehts gut, und gefällt mir im Geschäft. Ich bin ganz alleiniger Verkäufer & habe
vielleicht die angenehmste und interessanteste Stellung im Geschäft. Ich bin ziemlich
ganz auf mich selbst angewiesen & handle in allen Sachen nach eigenem Ermessen,
verkehre tag-täglich mit 50 bis 100 Menschen verschiedener Nationen, was viel dazu
beiträgt, dass ich schon ordentlich malaisch spreche. Allerdings sage ich zu manchem
Chinesen, die das eben auch gelernte Malaisch sehr undeutlich reden, sehr oft: CA
(wenn) LU (du) MAN (willst) CHACAP (sprechen) SAMA (mit) SEYA (mir) CHA-
CAP (spreche) PLAM PLAM (langsam)."[165]

Mit seinen chinesischen, indischen und tamilischen Kunden kommt Sturzenegger gut zurecht. Er zeigt sich beeindruckt vom Völkergemisch an seiner
neuen Wirkungsstätte, hält aber auch nicht zurück mit xenophoben Kom-

---

163 C. Sturzenegger an seine Schwester Marie in Trogen vom 5.10.1860. StSH, NL
Sturzenegger-Morstadt. D IV.01.34.01/1664. Die Briefe im Archiv sind einzeln
nummeriert. In der Folge wird nur noch die Briefnummer angegeben.

164 18.8.1860. Brief 1663.

165 5.10.1860. Brief 1664. Hier wird deutlich, dass Sturzenegger so genanntes
Bazar-Malaiisch lernt, eine vereinfachte Umgangssprache unter den Händlern
mit chinesischen Einsprengseln wie z.B. ‚LU' für du. In malaisch hieße der
Satz: ‚Kalau kamu mahu cakap sama saya cakap perlahan-lahan.' Ich danke Md
Aidil von der National University Singapore für den Hinweis.

mentaren. Um sich angesichts seines Alters mehr Respekt zu verschaffen, lässt er sich einen Bart wachsen, der zu seinem auffälligsten Merkmal wird. Otto Alder anonymisiert Sturzenegger mit den Worten „einer derselben, mit mächtigem Vollbart geziert, ein richtiger Walter-Fürst-Kopf der alten Rütlischwurbilder".[166]

Das gesellschaftliche Leben begleitet Sturzenegger Mühe. Er empfindet soziale Anlässe wie Bälle oder Bankette teuer („ich ersparte mir solchen Luxus"), langweilig („man sitzt 2-3 Stunden am Tisch & fängt vor Langeweile zu gähnen an") und prätentiös („denn ohne einen [Diener] für jeden geht's nicht gut genug nach hiesiger Ansicht.").[167] Er registriert kulturelle Unterschiede, aber auch eigene Defizite im gesellschaftlichen Umgang:

„Hier draussen kommt man höchstens einmal in eine englische, langweilige Gesellschaft & da ich nie ganz gerne unnöthige Kratzfüsse mache & Schmeicheleien sage, so schlage ich zur Seltenheit mal erhaltene Einladungen meistens lieber aus & werde nach und nach ein richtiger Philister."[168]

Seinen Bruder ermahnt er, fleißig zu lernen, denn „ich sehe deutlich, was von einem jungen Mann in der Welt draußen verlangt wird und bin auch in vielen Sachen noch uncultiviert herausgekommen."[169]

Die Gespräche der Verheirateten – vor allem der Damen – interessieren ihn nicht, und er nimmt Differenzen im Umgangston wahr, die ihn zumindest soweit verunsichern, dass er seine eigene Redensweise als „einfach" und „frei" bezeichnet:

„Wenn Gesellschaft (nur zu oft höchst langweilig) ist, so schleichen sich die meisten [jungen Leute] weg, so wie gegessen & ich bin der erste, der geht. Überhaupt komme ich seiner Zeit als einfacher Schweizer und nicht als Kratzfussmacher zurück & bin ich bereits im Hause als von der Leber weg sprechend bekannt. Wenn mir was nicht gefällt, was nicht selten vorkommt, sage ich's offen der Madame ins Gesicht, was keiner der Deutschen wagen dürfte. Man muss sich in der Welt draussen vor nichts unnützerweise genieren."[170]

Nicht von ungefähr ist eine Frau das Ziel seiner unverblümten Redensweise. Sturzenegger spielt die Geschlechterhierarchie gegen die soziale Hierarchie im Geschäft aus. Eine direkte Bloßstellung eines Vorgesetzten schien ihm wohl nicht angebracht.

„Hatte letzthin einen Streit mit Madame Cramer, die sich in etwas einmischte, das sie nichts angeht: Ich kann nicht zuviel verdauen, hauptsächlich von einer deutschen

---

166 Alder, Otto (1929), P. 84.
167 Sturzeneggers Kommentar zur Einweihung der Townhall, der 20-25 $ (100-125 Fr.) Eintritt gekostet hätte. 21.2.1862; 18.8.1860. Brief 1663.
168 29.4.1862. Brief 1643.
169 18.8.1860. Brief 1663.
170 8.1.1861. Brief 1639.

Madame ganz und gar nicht. Ich bin höflich und wohlgefällig & verlange auch ein gleiches & nie soll eine Dame Principalin sein wollen, denn das geht nicht.'[171]

Trotz dieser sozialen Schwierigkeiten schreitet Sturzeneggers Karriere voran. Er bleibt alleine für die Importabteilung verantwortlich. Über seinen Chef A.E. Schmidt sagt er, dass er kaum in die Schweiz gehen werde, da „die Manufakturbranche von ihm nie cultivirt wurde, und er daher an den Schweizer Industriellen wenig Interesse nimmt."[172] Mitte 1864 wird ihm deshalb die Partnerschaft auf Anfang 1866 angeboten. Mit diesem geschäftlichen Aufstieg erfolgt auch ein gesellschaftlicher. 1867 kann er auf Heimurlaub gehen und sich nach einer Frau umsehen. In Schaffhausen, im Hause von Johann Niederer-Rumpus, der im Vorjahr aus Batavia zurückgekehrt ist, lernt er Adolfine Morstadt kennen, eine Kaufmannstochter, die er im folgenden Jahr heiratet.

Durch seine Frau Adolfine nimmt das gesellschaftliche Leben Sturzeneggers neue Formen an. Sie trifft sich mit den Ehefrauen anderer Prinzipalen wie Mathilde Riedtmann-Naef, die Tochter von Mathias Naef in Niederuzwil und Frau Hooglandt, deren Gatten beide bei Hooglandt & Co arbeiten, sowie Frau Küstermann, deren Gatte mit Sturzenegger die Firma Rautenberg, Schmidt & Co leitet.

Der Karriere als Partner soll hier nichts Weiteres hinzugefügt werden, außer dass die Partnerschaft der Familie Sturzenegger mit den Hamburger Kaufleuten bis 1923 bestehen blieb. 1906 trat Sturzeneggers Sohn Robert an die Stelle seines Vaters sowohl im Hause Rautenberg, Schmidt & Co als auch bei der Deutsch-Siamesischen Handelsgesellschaft.[173]

Heinrich Fischer (1850-1908) war Sohn des Stadtgärtners von Winterthur, der aus Deutschland an die Eulach gekommen war. Fischer begann ungefähr 1866 eine Lehre beim Winterthurer Handelshaus Imhoof & Co. Die Firma war seit den 1830er Jahren eines der führenden Häuser für den Export von bunten Textilien in den nahen und später den fernen Osten. Friedrich Ludwig Imhoof-Hotze pflegte enge Beziehungen zu Glarner Produzenten (Tschudi und Blumer), teilweise auch zu den Toggenburgern. Als Fischer seine Lehre antrat, war das Geschäft mit Ostindien eben auf seinem Höhepunkt angelangt.[174] Der Lehrling hatte also reichlich Gelegenheit, sich mit Produkten, Produzenten und Usancen im Textilexport nach Asien vertraut zu machen. 1869 trat er eine Stelle als Assistent beim Handelshaus Kaltenbach & Engler an.

Fischer fuhr mit Begeisterung an den neuen Ort, allerdings auch mit Vorbehalten bezüglich Klima und Gesundheit. Seine Sorgen – oder die der Eltern – scheinen aber unbegründet, es geht ihm gemäß seinen Briefen gut.

---

171 22.12.1861. Brief 1642.

172 7.6.1863. Brief 1648.

173 Siehe Wipf, H. U. (1978), P. 153.

174 Imhoof war selbst in Konstantinopel tätig gewesen. Witzig, Paul (1929), P. 30, 59, 79f.

Im Geschäft steigt er erst in die Buchhaltung ein, ein Geschäftsfeld, das von den Handelshäusern stiefmütterlich behandelt wird. Meist muss der jüngste Assistent versuchen, die um Monate in Rückstand geratenen Bücher – im Falle von Kaltenbach & Engler deren drei – in Ordnung zu bringen. Die Tätigkeit ist aber geeignet, um einen Überblick über die Geschäftspartner zu erhalten, und Fischer ist froh dort einsteigen zu können. Doch schon nach einem Monat sehnt er sich nach anderer Tätigkeit:

„Ich bin gern hier und hoffe noch mehr an dem Aufenthalt zu finden, wenn ich einmal im Stand bin, im Geschäft wirksamer aufzutreten, welches viel mehr Interesse bietet als z. B. Imhoof & Co. Auch muss ich zuerst Malayisch lernen, denn das Geschäft mit den Eingeborenen – sei es mit Chinesen, Arabern, Indiern oder Klings […] wird immer in malayscher Sprache geführt."[175]

Im Laufe des Jahres steigt Fischer in die Importabteilung ein unter Johann Georg Rutishauser, der ebenfalls aus Winterthur stammt. Fischer zeigt sich erleichtert, dass nun die „richtige Tätigkeit" beginnt und hofft, dass so die „vier Jahre bald vorüber sein werden".[176] Der nächste Karriereschritt steht mit dem Europaurlaub von Rutishauser an, der sich wegen dem Deutsch-Französischen Krieg etwas hinauszögert. Fischer kann nach nur zwei Jahren vorübergehend die Importabteilung leiten, was ihn mit Stolz erfüllt. Doch gleichzeitig ist er unzufrieden mit seiner Position als Angestellter:

„Im Geschäft ist ein Teil ganz unter meiner Führung, niemand sonst versteht etwas von diesen vielen Artikeln. Leider sind die Verkäufe nicht brillant. […] Soll ich als simpler Commis jahrelang hier draussen ein kleines Vermögen von einer Stelle zur andern krabbeln [sic!] und jahrelang von der Gnade anderer abhängig sein? Dabei hätte ich genug Kenntnisse, ein eigenes Geschäft zu führen."[177]

Im folgenden Jahr arbeitet er wieder unter Rutishauser.

„Im Geschäft ists noch immer recht langweilig. Rutishauser reitet nach wie vor auf allen Kleinigkeiten herum und lässt einen nicht zum Aufblicken kommen. Jeden Sonntag sitzt man in der Stadt auf dem Comptoir von morgens 6 Uhr an, sodass die ganze Existenz sich nur in Essen, Schlafen, Arbeiten teilt."[178]

Fischer hat die enormen Verdienstmöglichkeiten vor Augen, die der Handel in Singapur bietet. Mit wachsender Ungeduld sieht er einer Beteiligung entgegen:

„Heiri Huber und ich haben die Idee, uns zusammen zu etablieren, schon viel besprochen. Es handelt sich nur darum, das nötige Geld zusammenzutreiben. Viele Projekte haben wir, auch Offerten. Aber was nützt es, wenn ich nicht mein eigener Herr bin? Nichts ist es. Denn dass man es mit Sparen als Angestellter zu nichts bringt, ist sicher […] Wenn man nach Jahren auch einige 1000 Fränklein beisammen hat, was ist das

---

175 Henri Fischer an seine Eltern. Singapur, 25.4. 1869. DA Z 4.3.12, Ca Di 22.
176 3.6. 1869, ebd.
177 25.7.1871, ebd.
178 17.8.1872, ebd.

gegen das üble Dasein, gegen die Entbehrungen, die man auf sich nimmt, gegen die Schweisstropfen, die es gekostet hat, und gegen die missvergnügten Stunden, derer man sich nicht erwehren kann."[179]

Henri Fischer hat Glück. Als gegen Ende des Jahres die beiden Manager in Singapur, Zeltmann und Rutishauser, die Kontraktbedingungen neu aushandeln wollen, kommt es zu keiner Einigung. Die beiden Manager verlangen je 30 % Gewinnbeteiligung, wobei für die Kaltenbach und Engler in Europa je 20 % geblieben wären. Dies gefällt den „heisshungrigen Millionären" nicht und sie bieten 25 % für alle an. Rutishauser steigt darauf nicht ein. Deshalb bieten die Prinzipalen Fischer eine Prokura für 3 Jahre zu 5 %, 7 % und 10 % Gewinnbeteiligung pro Jahr an. Fischer handelt schließlich einen Vertrag auf 5 Jahre aus, in denen er als Prokurist 8 %, 10 % und 15 % erhält und im 4. und 5. Jahr als Associé 20 % resp. 25 % nebst Salär sowie freier Kost und Logis erhält. Nun ist er am wichtigsten Etappenziel angelangt und schreibt mit großer Erleichterung an seine Eltern:

„Ich glaube Euch ruhig versichern zu dürfen, dass ich es in diesen 3¾ Jahren weit gebracht habe und manche in mir ein Kind des Glückes erblicken werden. […] Es ist mir ein grosser Trost nicht vor Euch treten zu müssen als einer, der es zu nichts gebracht hat, der noch auf der Stelle steht, wo er vor Jahren angefangen und der sich nach neuen Erwerbszweigen umsehen muss. Der Weg ist nun gebahnt und hoffe ich mit Gottes Hilfe mich auf eine redliche Art durch das Leben zu bringen. Fleiss und Ausdauer werden nicht fehlen, nun ich einmal weiss, wofür ich arbeite […]"[180]

Vor allem kann er nun daran denken, eine Familie zu gründen. Bei seinem ersten Europaurlaub nach 6 Jahren verheiratet er sich mit Elisa Ruoff aus Aachen und zieht mit ihr nach Singapur.

Singapur gegenüber ist Fischers Einstellung ambivalent. Einerseits genießt er die Natur und die reiche Pflanzenwelt. Er liefert schöne Beschreibungen über Jagdpartien bei Vollmond im Urwald. Auf die Dauer scheint ihm das jedoch nicht zu genügen:

„Aber langweilig ist und bleibt Singapore doch, denn die schöne Natur allein genügt nicht, die vielen Annehmlichkeiten von Zuhause zu ersetzen, und sieht man sich allmählich ein Pflanzenleben führen."[181]

Seinen Eltern gegenüber stellt er sein Leben in Asien als eine Bürde dar; es ermögliche ihm einen schnelleren sozialen Aufstieg, dafür verzichtet er aber auf vieles. An anderer Stelle schreibt er, dass er lieber Schuster wäre, als in einem Nest wie Bangkok versauern zu müssen, auch wenn das Leben dort billiger sei. Singapur dagegen konnte Fischer durchaus etwas bieten, auf das er nicht verzichten wollte. Mit seiner Prokura öffnen sich ihm gesellschaftlich neue Tore:

---

179 12.5.1872, ebd.
180 17.12.1872, ebd.
181 25.7.1871, ebd.

„Meine hiesigen Ämter sind: Vicepräsident des deutschen Clubs Teutonia, Sekretär des Schweizervereins, Präsident des Jagdclubs, Mitglied aller möglichen Gesellschaften: Lesegesellschaft, Hülfsgesellschaft, Freiwilligencorps."[182]

Man könnte nun sagen, Fischer sei sozial an seinem Domizil völlig integriert. Doch insbesondere mit der Heirat richtet sich sein Blick wieder stärker nach Europa. Das junge Paar will für eine möglichst schnelle Rückkehr sparen. „Weg ist der Leichtsinn und die Verschwendung. Ich denke beständig an später, werde noch zu einem Geizhals!"[183]

1879 kann Fischer – die Firma heißt mittlerweile Kaltenbach, Fischer & Co – nach Europa zurückkehren. Kaltenbach und er wohnen in Paris, von wo sie die Einkäufe und die Verkäufe für die Firma tätigen. Nach Singapur sehnt er sich kaum zurück, indessen genießt er sichtlich die Aufmerksamkeit des Pariser Publikums, als er 1883 mit zwei bezopften und in Tracht gekleideten chinesischen Geschäftsfreunden aus Singapur durch die Boulevards spaziert.[184]

Carl Armin Rheiner (1865-91) hatte eine kaufmännische Ausbildung beim Handelshaus Wetter & Co in London hinter sich, als er sich 1887 um eine Stelle beim Handelshaus Puttfarcken, Rheiner & Co in Singapur bewarb, aus dem sich sein Onkel Johann Otto Rheiner-Fehr schon länger zurückgezogen hatte. Armin Rheiner erhielt einen Vertrag als Assistent mit 500 $ im Jahr und je 100 $ Erhöhung für die weiteren beiden Jahre plus 720 $ für Kost und Logis.[185] Vorerst aber setzte Rheiner seine Ausbildung für sechs Monate fort, erst als Volontär bei Raschle in Wattwil und danach bei Tschudi in Schwanden, wo er sich mit den Produkten und der Produktionsweise vertraut machte, schließlich im Hause Puttfarcken & Co in Hamburg. Etwa zur selben Zeit änderte auch die Firma in Singapur den Namen zu Puttfarcken & Co. Es könnte sein, dass Otto Puttfarcken den Eindruck vermeiden wollte, Armin Rheiner komme als Kronprinz ins Haus.

In Singapur angekommen lebt er sich schnell ein. Er stellt einen chinesischen Bediensteten an. „Ich mietete mir gleich am Morgen nach der Ankunft einen Boy, einen bezopften Sohn des Reiches der Mitte für 8 $/Mt." Dieser besorgt das Zimmer, reinigt die Lampen, hält die Wäsche zum Anziehen bereit, putzt Schuhe und bringt mittags das Tiffin (Mittagsimbiss) ins Geschäft. Ausserdem beschäftigt er einen Wäscher, den er pauschal bezahlt. Rheiners Tag beginnt um 6 Uhr, wenn der Boy kommt, um 7 Uhr steht er auf, geht ins Badehaus, übergießt sich mit trübem, kühlen Wasser, schlürft eine Tasse Kaffee zu einem Butterbrot. Um 8.45 wird nochmals gefrühstückt: ein Essen aus Fisch, Chips, Curry and Rice, Käse und Früchten, dazu

---

182 10.5.1873, ebd.

183 30.10.1875, ebd.

184 10.4.1873, ebd.

185 Dies entspricht einem Monatslohn von ca. 300-400 Fr. (Beitrag an Kost und Logis mit einberechnet). CA. Rheiner aus London an seine Eltern vom 21.10.1887, DA Z 4.3.12, Ca Di 11.

Tonic Water wegen des Chinins. Um 9.30 nimmt er den Weg in die Firma unter die Füße, nachmittags um 1 Uhr gibt es ein Mittagessen, 5-5:30 Uhr geht er wieder nach hause, wo eine Tasse Tee bereitsteht. Um 7 Uhr wird ein Dinner mit 3 Gängen serviert.[186]

Zunächst arbeitet er als Shipping Clerk, nach kurzer Zeit wechselt er ins Importdepartment. Er beginnt malaiisch zu lernen und berichtet vor allem über die Eintönigkeit seines Lebens in Singapur. Er schreibt vor allem über seine Freizeitaktivitäten. Sonntags sitzt er im Sarong und trinkt Eierliqueur. Manchmal macht er Ausflüge mit Kollegen nach Changi oder Riau. Meistens geht er in einen Club, in die Teutonia oder den Schweizer Schützenverein, wo er schießt, kegelt, jasst, singt, trinkt, tanzt und über Politik streitet. Mit dem Fortgang seiner Karriere hingegen ist er unzufrieden:

„Hier arbeitet man als untergeordneter Krani [Angestellter] jahrelang, bis man nur wenigstens einmal eine Arbeit bekommt, von der man etwas hat und einem Freude macht und Verantwortlichkeit übernimmt, während zu Hause die früheren Schulkameraden berühmte Männer werden und unter ihresgleichen leben können, hier wo die zusammengehörigen Europäer, also Deutsche, Schweizer, Holländer und z.T. auch Engländer in so geringer Zahl, ca. 100 vorhanden sind, kommen soviele Eifersüchteleien, Klatschereien, überhaupt kleinstädtisches Leben vor, dass man beinahe verbittert wird."[187]

Seine Sorge ist das Malaiische, das ihm Mühe bereitet:

„Mit dem Malajischen geht es leider immer noch nicht, wie ich es gerne hätte. Sprechen kann ich allerdings schon einigermassen, aber mit dem Verstehen happert es noch sehr. Die sehr einfache Sprache hat verschiederlei Idiome, wie im Englischen, wo man sich auch erst an die einzelnen gewöhnen muss. Diese schmierigen Chinesen verhunzen diese schon verhunzte Sprache und können z.B. verschiedene Buchstaben nicht aussprechen, wie das ‚R', wofür sie ‚L' sagen: Leina statt Rheiner, Litta statt Ritter etc. wodurch die Sprache an Deutlichkeit nicht gerade gewinnt."[188]

Erst 1890 scheint Rheiner seine Vorbehalte gegenüber der Sprache abgelegt zu haben. Er geht jetzt regelmäßig auf einen Schwatz in den Bazar und schreibt von seiner Teilnahme an der Beerdigung der Mutter eines chinesischen Angestellten. Seine Vorgesetzten scheinen mit seiner Leistung zufrieden zu sein, trotzdem erhält er keinen zweiten Vertrag. In der Firma stehen der Sohn eines Partners und zwei Schweizer vor ihm in der Rangfolge. Er kann allerdings noch zu einem besseren Lohn (1000 $/Jahr plus Logis) weiterarbeiten, bis er eine Stelle gefunden hat.

Rheiner beginnt sich nach Möglichkeiten umzuschauen. Eine davon ist der Tabakbau auf Sumatra, doch er sitzt lieber im Kontor, als dass er sein Leben riskiert. Noch bevor er eine neue Stelle gefunden hat, stirbt er im Juli 1891 an Cholera.

---

186 CA. Rheiner an seine Eltern vom 14.6.1888. DA Z 4.3.12, Ca Di 11.
187 CA. Rheiner an seine Eltern vom 1.7.1890. DA Z 4.3.12, Ca Di 10.
188 CA. Rheiner an seine Eltern vom 23.10.1888. DA Z 4.3.12, Ca Di 11.

Die Einbindung der Angestellten

Ein Blick auf diese Fallbeispiele zeigt Muster von Karrieren. Die Karriere beginnt schon vor der Ankunft im Osten. Eine abgeschlossene kaufmännische Ausbildung in einem Handelshaus war eine notwendige Bedingung für eine Stelle in Singapur. Die Handelshäuser konnten sich insofern auf die „patriarchalische Erziehungsgewalt durch den Prinzipal"[189] und auf eine erste Evaluation abstützen. Ausbildungsstätten waren Produktionshäuser wie Mathias Naef und Raschle, Handelshäuser wie Thellung & Forrer oder Imhoof, Hotze & Co in Winterthur sowie Schweizer Handelshäuser in Paris, Brüssel und London. Bei Hooglandt & Co hatten in den ersten 20 Jahren fast alle Assistenten aus der Schweiz eine Lehre beim Hause Mathias Naef hinter sich.[190]

Von den Lehrmeistern erhielten die späteren Arbeitgeber Angaben über Leistungen und Charakter der neuen Angestellten. Während der Assistenzzeit standen sie unter erhöhter Beobachtung; das Personal im Importdepartment ist daher häufiges Thema in der Korrespondenz zwischen den Schweizer Partnern von Hooglandt & Co. Die Assistenzzeit ist, wie die Fallbeispiele gezeigt haben, die Karrierehürde. Am Ende der 3- oder 4-jährigen Assistenz entscheiden die Partner über eine längerfristige Anstellung, die Gewinnbeteiligung mit einschliesst. Für einen Assistenten beschränkte sich der Lohn auf ein jährlich steigendes Fixum mit einem gewissen Bonus zu Jahresende. Sturzeneggers Assistenzlohn 1860 war auf 400/500/600 $ pro Jahr festgesetzt, 1888 waren es bei Rheiner jeweils 100 $ mehr. Hinzu kam ein Beitrag an Kost und Logis. Ein solcher Jahreslohn ist verglichen mit den schweizerischen Löhnen der Zeit als sehr hoch zu betrachten.[191] Allerdings sind auch die höheren Lebenshaltungskosten zu berücksichtigen.

Die Hälfte der gut achtzig zwischen 1854 und 1900 angestellten Assistenten aus der Schweiz beendete ihr Arbeitsverhältnis während oder kurze Zeit nach ihrer Assistenzzeit. 18 wechselten ihre Stelle in Singapur oder machten sich selbständig, weitere 15 wechselten an einen anderen Arbeitsort in Südostasien (hauptsächlich Sumatra, Bangkok und Saigon), 11 kehrten nach Hause zurück oder starben.

In der Probezeit wurden die Assistenten auf ihren Charakter getestet:

„Overhoff hat J.D. Hooglandt geschrieben, er würde gerne bis Ende 1885 bleiben, da ich aber wieder Unregelmässigkeiten in seinem Stamp a/c entdeckte, habe ich meine Zustimmung nicht gegeben. Er ist doch ein trauriger, leichtsinniger Mensch. Man muss immer in Angst schweben, dass er einmal eine grössere Betrügerei ausführt."[192]

---

189 Fischer, Thomas (1990), P. 202.

190 Daten aus Schweizer-Iten, Hans (1980).; Briefe von Heinrich Fischer, Conrad Sturzenegger und Armin Rheiner, DA Z 4.3.12; Fischer, Thomas (1988), P. 177f.; siehe auch oben Teil A1.

191 Sturzenegger rechnet mit einem Kurs von 6 Fr./$. 1890 ist der Kurs auf die Hälfte gesunken.

192 WH. Diethelm in Singapur an W. Stiefel vom 26.3.1885. DA A 2.6.

Ebenso wichtig wie die Vertrauenswürdigkeit war der Ehrgeiz:

„(Overhoff) hat keinen Funken von Ehrgeiz; ich habe nie in meinem Leben einen gleichgültigeren Menschen gesehen. Auf der andern Seite arbeitet Hoynck gut und flink."[193]

Diethelm & Co suchte Männer, die der Firma möglichst hohe Gewinne einbrachten. Später wurde ‚ehrgeizig' von ‚pushing' abgelöst, wobei jedoch ein Mitarbeiter auch zuviel von dieser Eigenschaft zeigen konnte:

„Im Geschäft ist (Schiffner) sehr pushing, vielleicht nur zu viel, und man muss ihn stets davor warnen, sich nicht in spekulative Transactionen verwickeln zu lassen."[194]

Solche Spekulationen waren eine reale Bedrohung für die Firma. Während des Rubber-Booms tätigten die Mitarbeiter in Singapur ab und an waghalsige Abschlüsse. Das Head Office erließ deshalb Direktiven zur Einschränkung spekulativer Rubber-Geschäfte und zur obligatorischen Kursdeckung. Dessen ungeachtet setzte der verantwortliche Manager von Hooglandt & Co. 1917 mit Rubber-Spekulationen 82.000 $ in den Sand.[195] Dieser Verlust war höher als der Gewinn des gesamten Jahres der Tochterfirma, weshalb sich der Verwaltungsrat von Diethelm & Co eingehend mit Maßnahmen beschäftigte. Die Firma war jedoch vom Manager in Singapur abhängig und konnte diesen mitten im Krieg nicht entlassen.

Die Distanz zur Firmenzentrale machte die sorgfältige Auswahl des Personals zu einer der wichtigsten Aufgaben der Firmenleitung. Die Beurteilung der Manager nimmt in den Verwaltungsratsprotokollen den größten Raum ein. Regelmäßig wurden die Performance, Rotationen und Gewinnanteile besprochen.

Die Assistenten wurden nicht nur im Geschäft, sondern auch in ihrem Privatleben begutachtet. Üblicherweise wohnten sie gemeinsam in einer Messe oder im Hause des Prinzipalen. In den ersten Jahren war die patriarchale Kontrolle des Lebenswandels der Neuankömmlinge noch üblich, wie aus einem Brief von JD. Hooglandt an WH. Diethelm von 1879 hervorgeht.

„Es hat mich gefreut zu hören, dass die jungen Leute des Personals in einem Bungalow bei Ihnen auf dem Hügel wohnen werden; für die gute Disziplin ist dies gewöhnlich sehr zu empfehlen und auch Freund Riedtmann war seinerzeit dieser Meinung."[196]

Als Gefährdung der guten Disziplin galten Alkohol, Liebschaften mit einheimischen Frauen und der so genannte Tropenkoller, eine Art grenzenloser Apathie und Gleichgültigkeit. Assistenten war vertraglich eine Heirat untersagt; eine Eheschließung stand ihnen erst nach Vertragsverlängerung und mit dem ersten Heimurlaub nach vier bis sechs Jahren in Aussicht. So führ-

---

193 Diethelm aus Weggis an JD. Hooglandt vom 12.7.1883. DA A 2.4.
194 W. Ingold in Singapur an WH. Diethelm in Zürich vom 18.7.1918. DA A 2.14.
195 Eggenberger, Jakob/Diethelm & Co (1987), P. 170.
196 JD. Hooglandt an WH Diethelm in Singapur vom 18.9. 1879. DA, A 2.9.

ten sie ein Junggesellenleben oft mit exzessivem Alkoholkonsum und gelegentlichen Gängen zu Prostituierten. In einer Frontierstadt mit einem völlig verzerrten Geschlechterverhältnis unter Chinesen, Indern und Europäern wurde die Prostitution von den Behörden als Mittel zur Wahrung der öffentlichen Ordnung betrachtet.[197] Die Prostituierten kamen vor allem aus China und Japan, für die europäische Kundschaft auch aus Süd- und Osteuropa. Geschlechtskrankheiten sind ein wiederkehrendes Thema in der Firmenkorrespondenz. Besonders in Saigon, das den Ruf einer Stadt mit lockerer Moral hatte, gab das Verhalten der Assistenten Anlass zu Interventionen:

„Aus Saigon kam der unerfreuliche Bericht, dass ein holländischer Angestellter, C.C. Staab, Unterschlagungen gemacht habe und deshalb entlassen werden müsse. Diese Nachricht setzte Herrn Kesting [Manager von Hooglandt & Co] derart zu, dass er einen Schlaganfall erlitt [...]. Staab war der Sohn einer sehr angesehenen Familie in Amsterdam, mit der Herr Kesting gut befreundet war und durch seine Vermittlung wurde Staab vor drei Jahren durch unsere Firma engagiert. Er hatte sich vor einigen Monaten in eine Kabarett-Schönheit verliebt, die ihn viel Geld kostet. Seine Veruntreuungen beliefen sich auf 7000 $."[198]

Die Firma entließ dort einige Assistenten aus disziplinarischen Gründen. 1896 wurde in den Anstellungsverträgen eine Klausel eingeführt, dass Kosten für ‚selbstverschuldete' Krankheiten (gemeint waren Geschlechtskrankheiten) von der Firma nicht getragen würden. Sowohl Tropenkoller wie auch Sexualdrang wurden oft mit dem Klima in Verbindung gebracht.[199] Diethelm versuchte, die Manager zur Obhut zu verpflichten, indem er einen Teil ihrer Wohnungsspesen von der Aufnahme von Assistenten in ihrem Haus abhängig machte.

Größer als die Gefahren der käuflichen Liebe – wenn man die Aufmerksamkeit in der Korrespondenz der Verantwortlichen bei Diethelm & Co als Gradmesser nimmt – war die Gefahr der romantischen Liebe, sofern es sich um Frauen aus der lokalen Gesellschaft, hauptsächlich Eurasierinnen und Armenierinnen, handelte. Ich werde im folgenden Abschnitt darauf zurückkehren. Hier sei bloß erwähnt, dass Diethelm die Art der ehelichen Bindung seiner Angestellten genau beobachtete und auch entsprechend eingriff. Die Angestellten wurden sanft oder weniger sanft „zur Vernunft" gerufen, oder es wurde ihnen mit Entlassung gedroht, so zum Beispiel als ein niederländischer Angestellter 1878 Heiratsabsichten äußert:

„Über Wulven's Verlobung habe [ich] selbst lachen müssen; das Liebesfeuer wird schon verdampfen, wenn das Geld ausbleibt und gehe [ich] mit Ihren Ansichten in der Sache einig; das einzige, das Hooglandt & Co. in der Sache tun können ist keinen Cent mehr als Salaire auszuzahlen und Contract nicht erneuern, wenn er die Dulcinea

197 Warren, James F.(2003). *Ah Ku and Karayuki-San: Prostitution in Singapore, 1870-1940*, P. 257.

198 Reminiszenzen von Charles Frey vom 15. 11. 1962. DA A 2.17.

199 Schweizer-Iten, Hans (1973), P. 504.

heiratet, damit sie die Sippschaft nicht auf den Hals bekommen wie R.S. Troll seinerzeit [Jacques Troll bei Firma Rautenberg, Schmidt & Co]. Ich schreibe Wulven heute und denke er wird Vernunft annehmen und vom Mädchen abzukommen suchen.'[200]

Woher die Frau stammte, wird nicht gesagt, doch deutet die Erwähnung Trolls darauf hin, dass es sich um eine Armenierin gehandelt haben muss.[201] Vor dem Ersten Weltkrieg waren bei europäisch-asiatischen Eheschließungen die Betroffenen mit einem unverhohlenen Rassismus konfrontiert.

Die Argumente WH. Diethelms gegen solche Ehen sind auch in Überlegungen des Karrieremanagements eingebunden. Bei Diethelm & Co entwickelte sich nämlich ein Rotationsprinzip, gemäß dem ein Angestellter nach seiner Lehre im Stammhaus in Zürich oder einem anderen Handelshaus in der Schweiz nach Singapur ging und von dort nach Bangkok oder Saigon weiter zog. Bewährte er sich, konnte er Manager in einer der Filialen werden, was einen weiteren Umzug bedingte. Als Abschluss der Karriere konnte unter Umständen eine Tätigkeit in Europa als Einkäufer folgen. Eine Heirat mit einer Frau mit lokalen Wurzeln gefährdete dieses Arrangement, weil Angestellte dadurch stärker an einen Ort gebunden gewesen wären.

Während des Ersten Weltkrieges, als für einige Jahre der Passagierverkehr mit Europa stark eingeschränkt war, stellte sich dieses Problem für Diethelm gehäuft. Heinrich Greminger, ein junger Angestellter und Sohn eines ehemaligen Mitarbeiters, dessen Karriere WH. Diethelm fördern wollte, tat 1917 seine Absichten kund, Nina Maud Leicester, die Tochter eines Apothekers aus einer bekannten britischen eurasischen Familie,[202] zu heiraten und setzte dies im folgenden Jahr auch in die Tat um. Walter Ingold, sein direkter Vorgesetzter in Singapur, musste sich gegenüber WH. Diethelm in zwei Briefen verteidigen, weil er dies nicht verhindert hatte. Er habe Greminger seinerzeit „verschiedene Male auf die Gefahren, die bei einem Verkehr mit der betreffenden Familie bestehen, aufmerksam gemacht", schrieb Ingold. Greminger habe damals erklärt, er hege noch keine festen Absichten und werde ihn vorher informieren. Ingold dachte zuerst, Greminger sei durch eine Schwangerschaft zu einer Heirat gezwungen worden, doch dieser habe ihm versichert, dass er „nicht auf Drängen", sondern „absolut aus eigener Überzeugung" sich entschlossen habe. Seine Eltern seien unterrichtet, und „sie hätten gegen den Verkehr mit der betreffenden Familie nichts einzuwenden". Ingold zeigt auch, wie unangenehm ihm eigentlich die Einmischung ins Privatleben ist:

„[…] aus diesem Grunde fand ich auch, dass ich mich weiter in dieser Angelegenheit, die mich doch absolut nichts anging, nicht einzumischen ein Recht hatte. […] und

---

200 JR. Riedtmann aus Cannstadt vom 9.8.1876 an WH. Diethelm. DA A 2.7.

201 Im Teil C4 wird das Beispiel nochmals aufgenommen.

202 In der Korrespondenz zwischen WH. Diethelm und den Managern tragen lokale Frauen keine Namen, sondern werden als Mädchen oder Verhältnis bezeichnet. Im Firmenarchiv ist allerdings eine Hochzeitsanzeige aufbewahrt.

dann sollte man doch meinen, dass ein junger Mann im Alter von 26 Jahren doch wissen sollte, was er tun und lassen *muss*."[203]

Im selben Brief schreibt Ingold, dass Greminger auf seine Andeutung, dass er nach Saigon oder Bangkok versetzt werden könnte, erwidert habe, dass er sich weigern werde.

„An mir hat es sicherlich nicht gefehlt, ihn von seinem Vorhaben abzubringen, aber mit Gewalt kann ich auch nicht vorgehen. Es ist übrigens eine undankbare Sache, dass man sich für die jungen Leute auch in ihrem Privatleben verantwortlich halten muss."[204]

Nur wenige Monate später beschäftigt sich Ingolds Bericht an Diethelm mit den persönlichen Beziehungen von vier Angestellten, die Affären mit Eurasierinnen eingegangen waren oder geheiratet hatten. Bei Gremingers Kollege Otto Schiffner, der bereits geheiratet hatte, bemerkte Ingold, dass er nun „natürlich umso mehr an den Osten gebunden" sei.[205] Dies wiederum hatte positive Auswirkungen auf seine Einstellung zur Arbeit, da er die Stelle in Singapur halten wollte. Trotzdem schlug Ingold vor, den Vertrag mit Schiffner nicht zu verlängern.

Greminger hingegen konnte sich auf seine als sehr gut und zuverlässig bezeichneten Leistungen stützen. Er wirkte bereits als Präsident des Schweizer Schützenvereins Singapur und war damit auch gesellschaftlich in einer besseren Position als Schiffner. Ingold berichtete, Greminger werde ohne Zweifel eine Stelle bei einem Konkurrenzunternehmen finden und er habe sich bereits abgesichert.[206] Greminger selbst versicherte WH. Diethelm, „dass ich mein möglichstes tun werde, Ihnen und dem Geschäft zum Vorteil zu dienen und Ihre Interessen zu mehren, um damit den jetzt so gross scheinenden Fehltritt gut zu machen".[207] Greminger hatte das Vertrauen WH. Diethelms, und schon 1918 schlug dieser den jungen Angestellten für eine Prokura vor. Greminger konnte bis 1927 in Singapur bleiben, danach ließ er sich mit seiner Familie in einer Villa am Zürichsee nieder.[208] Er konnte auch weiterhin für die Firmenzentrale arbeiten.

Die Einmischung in private Angelegenheiten seitens des Managements ist Teil der generellen Begutachtung und der Kontrollmechanismen in der Firma. Über das private Verhalten wurden mitunter Schlüsse über die Vertrauenswürdigkeit in geschäftlichen Belangen gezogen. Hatte jedoch ein Angestellter einmal das Vertrauen gewonnen, so war er in einer starken Position. Die regelmäßige Fluktuation in den Firmen, bedingt durch den Wunsch nach Rückkehr der älteren Manager, spülte die jüngeren Kaufleute

---

203 W. Ingold in Singapur an WH. Diethelm in Zürich vom 31.5.1917. DA A 2.14.
204 Ebd.
205 W. Ingold in Singapur an WH. Diethelm vom 18.7.1918. DA A 2.14.
206 W. Ingold in Singapur an WH. Diethelm vom 28.8.1917. DA A 2.14.
207 Heinrich Greminger an WH. Diethelm in Zürich vom 8.9.1917. DA A 3.20.
208 Straits Times, 23.4.1929. P. 8.

mehr oder weniger automatisch in Verantwortungspositionen, wenn sie sich als einigermaßen fähig erwiesen.

Transparente Karrieren

Mehrere Beispiele haben bereits gezeigt, dass für mittlere Angestellte (Prokuristen, Juniorpartner) der Gang in die Selbständigkeit eine gangbare Option war. Mit den Jahren wurde dies allerdings schwieriger. Die wesentlichen Hürden waren der Kapitalbedarf eines neuen Unternehmens und die nötigen Geschäftsverbindungen in Europa. Heinrich Fischer gemeinsam mit Heinrich Huber, ebenso Rudolf Hilty und Otto Jaeger gelang dieser Sprung. Doch einige scheiterten, so zum Beispiel Heinrich Trachsler, der in den 1880er bei Puttfarcken, Rheiner & Co tätig war und der vergeblich versuchte, zu einer Partnerschaft zu gelangen. Laut Riedtmann sprachen die beiden Partner Sohst und Ritter sehr verächtlich über ihn.

Handelshäuser kämpften in den 1870ern mit der bestehenden Konkurrenz und versuchten neue zu vermeiden. 1877 waren Riedtmann-Naef und Diethelm beunruhigt, weil ein ehemaliger Lehrling von Mathias Naef bei einem französischen Haus in Singapur einstieg. Ebenso zeigten sie sich erleichtert, als Trachsler wieder einen Posten bei Puttfarcken, Rheiner & Co erhielt.[209]

Um den Druck von unten zu entschärfen formalisierten die Häuser die Karrieren ihrer Angestellten und gestalteten sie möglichst transparent:

„Wenn der Angestellte sich kontraktlich für Jahre binden liess, so stand demgegenüber sein Anspruch vorzurücken; es bildete sich also in jeder Firma eine Art Hierarchie, die nicht gebrochen werden durfte, das heisst, keine Firma durfte es wagen, einen Neuangestellten den bereits vorhandenen Kräften voranzusetzen.'[210]

Alder, der dies schreibt,war selbst ein Opfer dieser Regel. Als seiner Firma anfangs der 1870er Jahre die Liquidation drohte und er vor der Aussicht stand, noch einmal von vorn zu beginnen zu müssen, kehrte er in die Schweiz zurück. Verwandte des Prinzipals hingegen konnten diese Hierarchie durchbrechen. So klagte Jacques Troll bei seinen Eltern, dass ihm erneut ein Schwager eines Prinzipals vor die Nase gesetzt worden sei.[211] Auch die beiden Söhne[212] von WH. Diethelm wurden in den asiatischen Filialen gezielt auf eine Übernahme der Geschäftsleitung vorbereitet.[213]

---

209 WH. Diethelm an Riedtmann vom 7.7.1881 und vom 22.9.1881; Riedtmann an WH. Diethelm vom 18.8.1881 und 22.9.1881. DA A 2.6 und 2.7.

210 Alder, Otto (1929), S.100.

211 Brief von Jacques Troll an seine Eltern Ca. 1870. StASH, D IV.01.34.02.31/04.

212 Willy R. Diethelm trat 1905 als Volontär in die Filiale in Singapur ein. 1911 strab er an einer Cholera Infektion in Bangkok. Walter Robert Diethelm begann seine Karriere im Osten 1915. Nach dem Tode seines Vaters 1932 übernahm er die Leitung des Hauses. Eggenberger, Jakob/Diethelm & Co (1987), P. 58-64.

213 Privatkorr. von WH. Diethelm mit W. Ingold in Singapur. DA A 2.14 (1916-20).

Die Fluktuation zwischen den Handelshäusern ist allerdings erstaunlich gering angesichts des Umstands, dass alle denselben Job machten. Man könnte sagen, dass sich mit der Zeit ein mehr oder weniger stillschweigendes Abwerbeverbot etabliert hatte. Die Selbstbeschränkung der Firmen in der Personalpolitik bzw. die moralische Verpflichtung der Mitarbeiter zur Firmentreue wurde durch ein öffentliches Ritual unterstützt. Jeden Silvesterabend wurden im Teutonia Club, wo sich alle Deutschen und Schweizer zur Feier versammelten, sämtliche Mitarbeiter verlesen, die im vergangenen Jahr zum Prokuristen oder Partner aufgestiegen waren, und anschließend ein Toast auf sie erhoben.[214]

Die Clubs als Foren der gesellschaftlichen Integration

Dieser Abschnitt beschäftigt sich mit den gesellschaftlichen Institutionen der deutschsprachigen Kaufleute in Singapur. Das Thema kommt in Teil C4 nochmals detailliert zur Sprache. Hier wird der Kontrast zu den sozialen Kontakten mit der asiatischen Geschäftswelt hervorgehoben.

Um 1850 war Singapur noch ein kleiner Vorposten der British East India Company, fernab von Europa. Die dort anwesenden Briten stellten sich auf eine Karriere vor Ort bis zum Ruhestand ein. Ein Kontakt mit London bestand angesichts der langen Kommunikationswege kaum; die Gesellschaft in Singapur führte ihr eigenes Leben. Die Verbesserung der Schifffahrt im Laufe der folgenden 20 Jahre förderte den kulturellen Austausch mit Europa durch den regelmäßigen Nachschub von Zeitungen und Bücher und die Möglichkeit, vorübergehend zurückzukehren. Dieser Austausch und der Zuwachs an Europäern in Singapur führten zu einer zunehmenden Abgrenzung gegenüber Asiaten. Der Neujahrs-Sportanlass, an dem sich Teilnehmer aus allen Bevölkerungsschichten miteinander gemessen hatten, verlor anfangs der 1860er schnell an Bedeutung.[215]

1837 war die Singapore Chamber of Commerce als Vereinigung sämtlicher dort tätigen namhaften Kaufleute gegründet worden, um die Interessen der Handelsstadt gegenüber den vorgesetzten Kolonialbehörden in Kalkutta zu vertreten. Dem ersten Vorstand gehörten unter anderem zwei Chinesen und ein Hadrami an. 1853 noch umfasste die Chamber Briten, Eurasier, Parsis, Chinesen, orientalische Juden sowie Deutsche und Belgier. Doch nach 1860 wurden faktisch keine Chinesen mehr zugelassen.[216] Ebenso verschwinden die Parsis aus der Handelskammer. 1870 wurde der einzige verbleibende Parsi in der Liste mit dem Zusatz ‚Agent of P. & O. S. N.

---

214 CA. Rheiner an seine Eltern vom 7.1.1890. DA Z 4 Ca Di 11.
215 Turnbull, Constance Mary (1972), P. 28ff.
216 Song Ong Siang (1923), P. 40, 46, 218.; Turnbull, Constance Mary (1989), P. 65, 68. Chiang Hai Ding sieht einen Konflikt um die Registrierung von Geschäftspartnerschaften als Auslöser für den Austritt von Chinesen um 1860. Chiang Hai Ding (1978), P. 222f.

Company' versehen.[217] Offensichtlich brauchte es bereits eine Erklärung, weshalb ein Asiate an dieser nun ausschließlich europäischen Institution teilnehmen konnte.

Mit dem Zuwachs an Europäern (1860 waren insgesamt 466 Europäer, 1871 922 und 1881 1283 in Singapur wohnhaft[218]) wurde das Gesellschaftsleben in der Kolonie zunehmend ‚snobbish'. Bis ins 20. Jahrhundert hielt sich der Brauch, dass Europäer eines gewissen Standes sich im Frack bei allen europäischen Familien vorstellten, angefangen beim Gouverneur, über die höheren Beamten bis hin zu sämtlichen verheirateten Frauen. Auch Assistenten machten solche Hausbesuche, aber nur in den Häusern der Firmenpartner. Die größere Besuchsrunde hingegen zeigte die Aufnahme in den Kreis der Kaufleute und mithin der Heiratsfähigen an, auch wenn für Deutsche und Schweizer eine Heirat in Singapur kaum in Frage kam. Wilhelm Stiefel begann mit seiner Vertragsverlängerung nach Abschluss seiner Assistenzzeit ‚to call', wie man diesen Brauch im lokalen Jargon nannte. In einem Schreiben an WH. Diethelm dankt er für den Frack und erzählt, dass er „überall gewesen (sei) von A bis Z, selbst in englischen Familien von etwas dünklerer [sic] Farbe".[219] Damals waren solche Kontakte bereits nicht mehr selbstverständlich.[220]

Doch auch die kleine europäische Gemeinschaft differenzierte sich zusehends. Während Sturzeneggers gesellschaftliche Verpflichtungen sich noch in einem britischen Rahmen abspielten, begannen sich die verschiedenen Sprachgemeinschaften allmählich in ihre eigenen gesellschaftlichen Aktivitäten zurückzuziehen. Die Briten feierten den Geburtstag der Queen und die Deutschen den des Kaisers. Weder gingen die Deutschsprachigen mit den Briten gemeinsam in die Kirche, noch in die in den Kolonien im Osten verbreiteten Freimaurer-Logen. Unter den deutschsprachigen Kaufleuten spielte bereits Mitte des 19. Jh. die Kirche nur mehr eine marginale Rolle. Sturzenegger schreibt, sie sei zu teuer und von den Deutschen gehe niemand hin.[221]

Das Sozialleben der Europäer spielte sich generell in Clubs ab, etwa in Sport Clubs wie dem Cricket Club (1852) und dem Swimming Club (1866) oder in sozialen Clubs wie dem Tanglin Club (1865), dem Zentrum des Soziallebens, und dem deutschen Club Teutonia (1856), den Turnbull als den lebhaftesten der europäischen Clubs in Singapur und als Zentrum musi-

---

217 Das Acronym steht für Peninsular & Oriental Steam Navigation. The Straits Calendar and Directory fort he year 1870. Singapore, 1870.

218 Makepeace, Walter/Gilbert E. Brooke/Roland Braddell (1991), P. 361; Saw Swee-Hock (2007). *The population of Singapore.* Es existieren verschiedene Zahlen. Chiang nennt 1871 2429 Europäer (wovon 581 Frauen) und 1881 3483 (680). Chiang Hai Ding (1978), P. 211.

219 Gemeint waren damit britisch-eurasische Familien. W. Stiefel von Singapur vom 14.11.1878. DA A 2.11. Briefe von W. Stiefel an WH. Diethelm.

220 Schweizer-Iten, Hans (1980), P. 32.

221 C. Sturzenegger an Schwester vom 8.1.1861. StASH. D IV.01.34.01/1639.

kalischer Aktivität bezeichnet.[222] In den Clubs gab es einen beschränkten Austausch zwischen Briten und Deutschen. Dieser beschränkte sich meist auf größere Anlässe und auf die verheirateten Partner von Firmen. Assistenten waren in ihrem Privatleben eher unter sich und ihren Mitbewohnern in der Messe.

Tabelle 5: Anzahl Schweizer in Singapur gemäß Zensus

1871	1881	1891	1901	1911
12	24	33	34	30

Ab 1871 hatten die Schweizer einen eigenen Club, den Schweizerischen Schützenverein Singapur. Doch nur dank den deutschen Passivmitgliedern kam der Club auf einen Mitgliederstamm von 35 und 40 zwischen 1880 und 1900.[223] Zu gering war die Zahl der in Singapur anwesenden Schweizer (siehe Tab. 5). In ihrer Freizeit besuchten Schweizer hauptsächlich die Teutonia. Der Club war weniger ein deutscher, denn ein deutschsprachiger. Wenn Carl Armin Rheiner in seinen Briefen vom Club erzählt, so meint er die Teutonia. Den Schützenverein nennt er Schweizerverein oder Schützenclub. Von Beginn an und mit wenigen Ausnahmen fungierte ein Schweizer als Vice-Präsident.

Die Teutonia war ein Pendant zur deutsch-schweizerischen Geschäftswelt. Hier wurden die sozialen Bruchlinien in der kleinen deutschsprachigen Gemeinschaft in Singapur geglättet: zwischen den *konkurrierenden Handelshäusern,* zwischen den sozial arrivierten *Senioren* und den von ihnen abhängigen *Junioren* und zwischen den *Deutschen* und den *Schweizern,* die bei der Arbeit kooperieren mussten. Ein Brief Conrad Sturzeneggers an seine Schwester benennt diese Bruchlinien:

„Glinz ist wohl und munter, ich sehe ihn oft im Club, seine intimen Freunde hat er unter den *jungen* Schweizern, wie eben auch wir *alten* speziell zusammenhalten. Mein Intimus ist Staehelin von St.Gallen [...]. Im Geschäft *Concurrenten* sind wir ausser demselben die besten *Freunde,* zumal da Singapore von vielen überseeischen Plätzen eine gute Ausnahme macht, indem der Brodneid eine ziemlich unbekannte Sache ist." (H.d.A.)[224]

Doch der Brotneid folgte bald; bereits wenige Jahre später schrieb seine Gattin in die Schweiz:

„Ich bin viel mit Frau Küstermann, die Freundschaft mit Frau Stahlknecht hat etwas gelitten. Es ist der Neid auf CS [ihren Mann], denn unser Geschäft scheint immer

---

222 Turnbull, Constance Mary (1972), P. 30.
223 Für den Zensus siehe Makepeace, Walter/Gilbert E. Brooke/Roland Braddell (1991), P. 361; Schweizer-Iten, Hans (1980).
224 C. Sturzenegger an Schwester vom 19.11.1864. StSH. D IV.01.34.01/1653.

mehr emporzublühen. Ich werde mich an Frau Riedtmann halten, zwei Schweizer-seelen verstehen sich gewiss gut." [225]

Die *Rivalität zwischen den Handelshäusern* war immer wieder von Gehäs-sigkeiten geprägt. Für Konfliktfälle waren zwar die Gerichte oder die Cham-ber of Commerce als Schiedsgericht da. Doch auch die Clubs hatten in geringem Maße eine disziplinierende Funktion. So schreibt Stiefel, dass er einen Konflikt mit Trachsler um eine Rechnung am Abend im Club auf-nehmen wolle. Dabei ging es weniger um das Geld als um die Verhaltens-weisen. Stiefel schreibt, alles lache über die Angelegenheit.[226]

Es bestand ein gewisser Druck zur Teilnahme am Leben im Club:

„Ich ersuchte heute Herrn Sohst, mich im Teutonia Club vorzuschlagen, weshalb ich von den Collegen im Geschäft schon mehrmals interpelliert wurde. Es ist schwierig, sich davon fernzuhalten, und wird man stets ein wenig schief angesehen, wenn man sich nach den ersten vorgeschriebenen 6 Wochen nicht aufnehmen lässt. Der Club hat allerdings den Nachteil, dass ein Eintritt Dollars 20.- und der Monatsbeitrag auch Dollars 4.- beträgt, was für arme Schlucker eine harte Nuss ist."[227]

Die Teilnahme am Club war wichtig wegen seiner Funktion als Informa-tionsbörse. Es wurde geklatscht, getratscht und über Geschäfte gesprochen, mit frechen Abschlüssen aufgeschnitten, es wurden Gerüchte gestreut oder auch geheimnisvolle Zurückhaltung geübt:

„Ich spreche nicht gern über Geschäfte. Es ist nicht wünschenswert, dass andere einen Einblick darin bekommen. Ich lasse die Leute rühmen oder schimpfen, und behalte meine Sache für mich, wiewohl ich häufig manche widerlegen könnte."[228]

Der Austausch im Club machte die Konkurrenz erträglicher, weil sie durch-schaubarer und berechenbarer wurde. Der Druck zu konformem Verhalten und die dazugehörenden Belohnungen in der sich selbst organisierenden Kaufmannschaft vermochten den Konkurrenzkampf etwas zu entspannen und so mehr Sicherheit zu vermitteln.[229] Ein Ausschluss eines Kaufmanns hätte auch geschäftlich zu dessen Isolation geführt.

Die Clubs brachten auch *Junioren* und *Senioren* zusammen. Zwischen ihnen bestand kein riesiger Altersunterschied, jedoch eine beträchtliche Differenz im Einkommen. Die Clubs ermöglichten den Assistenten und anderen Un-verheirateten einen Zugang zum Sozialleben Singapurs. Die Initiative zur Gründung des Schweizerclubs war von drei Junioren ausgegangen, welche

---

225 Adolfine Sturzenegger-Morstadt an Schwägerin Marie vom 22.11.1869. StSH. Nl. Sturzenegger. D IV.01.34.01/1493.

226 Stiefel in Singapur an Diethelm vom 25.4.1878. DA A 2.11.

227 CA. Rheiner in an seine Eltern vom 23.10.1888. DA Z 4.3.12, Ca Di 11.

228 Heinrich Fischer an seine Eltern vom 30.5.1874. DA Z 4.3.12, Ca Di 22.

229 Berghoff, Hartmut (2004), P. 154.

sich – so der Chronist – die Langeweile an freien Samstagnachmittagen vertreiben wollten.[230]

Die Clubs hingegen brachten Senioren und Junioren regelmäßig zusammen. Es gab mehrere egalitäre Aspekte in den Clubs. Der erste war die allgemeine Pflicht zur Anwesenheit: Ab Mitte der 1870er Jahre wurde eine monatliche obligatorische Schießpflicht für alle Mitglieder festgelegt.[231] Der zweite war die Mitbestimmung bei der Aufnahme von Interessenten. Eine Ballotage mit weißen und schwarzen Kugeln musste eine zustimmende Mehrheit von ¾ der abgegebenen Stimmen hervorbringen. Drittens bestand in den Clubs Raum für einen egalitäreren Umgang zwischen Senioren und Junioren; es war ein Freiraum für einen Austausch auf Augenhöhe, was wiederum die Hierarchien im Alltag bestätigte.

„Wie schön ist es doch zuhause. Wenn wir uns hier auch amüsieren im Club beim Kegelspiel oder Singen, wenn einer ein paar Lieder spielt oder am Stammtisch, wo Prinzipale und ihre Angestellten in *brüderlicher Eintracht* beisammen sitzen und ein *freies Wort willkommen* ist, so ist es doch nicht daheim."[232]

Sport und Spiel (Schießen, Kegeln, Jassen) und kulturelle Veranstaltungen (Theaterstücke, Sketche) dienten diesem Ausgleich, ebenso wie die häufigen Saufgelage. Die Mengen an Alkohol, die bei Festen des Schweizerclubs verbraucht wurden, brachten sogar den Chronisten des Schweizer Clubs in Erstaunen. Der Alkoholkonsum scheint als Gradmesser für das Gelingen eines Festes gegolten zu haben.[233] Beim Wettschießen oder im Kegeln konnten sich Angestellte und ihre Vorgesetzten mit gleichen Ellen messen.

Außerhalb der Clubs spielte sich das Sozialleben vor allem an Bällen und privaten Dinnerparties ab. Die Senioren oder deren Ehefrauen hatten dabei eine Pförtnerfunktion, wie ein Assistent beklagte:

„Letzte Woche erst machte ich Besuche bei Frau Müller & Frau Stiefel hatte aber das Pech, beide nicht zuhause zu finden, [...]. Stiefels haben bis jetzt noch gar keine Parties gegeben und auch Müllers bloss für Deutsche, währenddem sie sich um ihre eigenen Landsleute sehr wenig bekümmern. Herr Ritter wird unter den Schweizern sehr vermisst, da er sehr oft Schweizer eingeladen hatte und auch zu Weihnachten alle diejenigen Schweizer bei sich empfing, welche nirgends eingeladen waren, was sehr nett von ihm war. Herr Diethelm war ebenso liberal seinen Landsleuten gegenüber."[234]

---

230 Brief von WH. Diethelm, Otto Alder und Caspar Glinz an den Schweizer Schützenverein Singapur vom 6.9.1912 zum Anlass des 50-jährigen Jubiläums. Siehe Schweizer-Iten, Hans (1980). Kap. 1.

231 Schweizer-Iten, Hans (1980), P. 30.

232 CA. Rheiner an seine Eltern vom 1.5.1889. DA Z 4.3.12, Ca Di 12.

233 Schweizer-Iten, Hans (1980), P. 31.

234 Carl Armin Rheiner an seine Eltern vom 24.5.1889. DA Z 4.3.12, Ca Di 10.

Bälle gaben ein Abbild der Hierarchien in der Gesellschaft: Sie bildeten eine Plattform für Repräsentationen der Funktionsträger und zeigten die Grenze zwischen Verheirateten und Junggesellen:

„Es wurde kürzlich im Teutonia Club beschlossen, im Dezember einen Ball zu geben, wozu die ganze offizielle Gesellschaft von Singapore, der Gouverneur, die Offiziere der Garnison, Marine Offiziere und Consule und sonstige massgebende Persönlichkeiten eingeladen werden. Es wird eine theure Geschichte werden [...]. Die Gesamtkosten werden um 1000 Dollars liegen, denn wenn der Champagner nichts kostet, sind die Engländer gross darin."[235]

Die Clubs brachten den Sinkehs, wie die Neuangekommenen hießen, die Umgangsregeln der Gesellschaft Singapurs bei und übernahmen damit Sozialisationsaufgaben, die sonst den Handelshäusern zugefallen wären. Dazu gehörte unter anderem eine Kultur der erhöhten Lebenshaltungskosten. Viele Briefe beklagen die hohen Ausgaben, die ein europäischer Lebensstil erforderte. Das fing bei den Beiträgen für den Club an, ging über den Alkohol bis hin zu den Eintrittspreisen für Bälle.

Die integrative Funktion der Clubs wirkte schließlich auch zwischen *Deutschen* und *Schweizern*. Das Working Arrangement in den deutsch-schweizerischen Handelshäusern war außergewöhnlich in der Zeit des wachsenden Antagonismus zwischen den europäischen Nationen von 1870-1914. Der imperialistische Zeitgeist führte nicht automatisch zu einem Gegensatz zwischen Geschäftleuten mit unterschiedlicher nationaler Herkunft. Doch diese ‚Internationale' von Kaufleuten bedurfte zu einem gewissen Maße einer kulturellen Untermauerung.

Die gemeinsame kulturelle Grundlage bestand in der Sprache. Während der berufliche Alltag durch Fremdsprachen geprägt war, gehörte die Freizeit der Muttersprache. Nicht nur im Gespräch: In der Teutonia lagen Bücher, Zeitschriften und Zeitungen auf, unter anderem die Allgemeine Münchner Zeitung, die Norddeutsche Allgemeine Illustrierte, die Fliegenden Blätter und der Bund aus Bern.[236] Der kulturellen Verbrüderung diente auch das gemeinsame Liedgut. Die Ankunft zweier Frauen in Singapur wird am Hafen mit dem «Heideröschen» und «Ännchen von Tharau» besungen, und auch das patriotische Repertoire wird eifrig gepflegt. Im gemeinsamen patriotischen Erlebnis haben beide Vaterländer Platz. An der Eröffnung des neuen Schweizerclubs 1902 erklingt neben dem «Säntismarsch» der «Doppeladler», neben dem Lied «Heisst ein Haus zum Schweizerdegen» der «Donauwalzer». Rheiner beschreibt das Fest zu Ehren des Geburtstags von Kaiser Wilhelm II, an dem nach diversen Musikvorträgen zum Abschluss vier lebende Bilder inszeniert wurden. Diese Kunstform zwischen Historienmalerei, stummem Theater und Photographie erfreute sich großer Beliebtheit in der Kolonie. Die Bilder lehnten sich an bekannte Gemälde an. An

---

235 CA. Rheiner in Singapur an Eltern vom 17.10.1889. DA Z 4.3.12, Ca Di 11.
236 CA. Rheiner in Singapur an seine Eltern vom 4.11.1889. DA Z 4.3.12, Ca Di 11.

diesem Abend wurden zuerst Faust, Margarethe und Mephistopheles, dann der Abschied des Landwehrmannes und seine Rückkehr und schließlich die Apotheose gestellt. Gemeint ist die Apotheose des Kaisertums, wie sie eben gerade der Maler Hermann Wislicenus im monumentalen Kaisersaal in der Pfalz von Goslar vollendet hatte. Die Schweizer Republikaner nahmen dies mit Wohlgefallen auf, und eine Schweizerin hatte sogar die Ehre, die Germania geben zu dürfen.[237] In Reden versuchten Schweizer, die Gemeinschaft mit den Deutschen zu imaginieren, etwa WH. Diethelm mit seinem Appell an das gemeinsame teutonische Blut oder Heinrich Fischer in seinem Toast auf die Heimat:

„Wenn heute der erste Toast ans Vaterland geht, weiss ich, dass in Euren Herzen dies auf warme und kräftige Erwiderung trifft. Unter Euch sehe ich einige, die in blutige Schlachten getragen wurden durch ihren Fahneneid, und wir alle lieben unsere Heimat umso mehr, als wir in der Ferne sind. Auch heute, an diesem Fest, bleiben wir treu und loyal dem Land unserer Väter verbunden, nicht nur zum Wohl unserer Lieben, aber auch als Land unserer Freiheit und Nationalstolz [sic!]. – Schützen, auf unsere Heimat, sei sie wo der Alpenfirn den Himmel berührt, oder unten wo an den schönen Auen des Rheins, oder wo die Nordsee ihre Küsten wäscht. Lange leben unsere Heimatländer."[238]

Die Nähe zum Deutschtum unter den wirtschaftlichen Eliten Zürichs und der Ostschweiz ist keineswegs eine Ausnahme, sondern eher die Regel.[239] Unter Kaufleuten in Süditalien lässt sich ebenfalls die Entstehung einer deutschsprachigen Enklave beobachten. In Messina betrieben deutsche und schweizerische Kaufleute den Importhandel mit Textilien und Luxusgüter wie Uhren und Schmuck. Sie dominierten die Wirtschaft und gehörten zur lokalen Oberschicht. Luisa Rubini beschreibt die Gruppe der Deutschsprachigen als Kaufleute, die Schillers «Braut von Messina» lesen und sich selbst als eine Art moderne Normannen wahrnehmen, die dem rückständigen Sizilien wirtschaftliche Blüte und andere Segnungen der Moderne bringen wollen.[240] Auch in Brasilien pflegten Deutsche und Deutschschweizer mitunter ihre kulturelle Nähe und gründeten gemeinsam Kolonien.[241]

---

237 CA. Rheiner in Singapur an seine Eltern vom 28.1.1890. DA Z 4.3.12, Ca Di 11.

238 Rede des Präsidenten des Schweizerischen Schützenvereins Singapur, Henri Fischer am Schützenfest von 1878. Zit. nach Schweizer-Iten, H. (1980), P. 34.

239 Siehe Jost, Hans-Ulrich (2007). *Bewunderung und heimliche Angst: Gesellschaftliche und kulturelle Reaktionen in Bezug auf das deutsche Kaiserreich*. In: G. Kreis (Ed.). Deutsche und Deutschland aus Schweizer Perspektiven. P. 17-45. Ausführlich mit dem Verhältnis der Schweiz mit Deutschland vor dem Ersten Weltkrieg beschäftigt sich Mittler, Max (2003). *Der Weg zum Ersten Weltkrieg: Wie neutral war die Schweiz? Kleinstaat und europäischer Imperialismus.*

240 Rubini, Luisa (1998). *Fiabe e mercanti in Sicilia. La raccolta di Laura Gonzenbach, la comunità di lingua tedesca a Messina nell'Ottocento*, P. 14f.; siehe auch Zichichi, Lorenzo (1988). *Il colonialismo felpato.*

Doch es gab in der kleinen deutschsprachigen Gemeinde in Singapur auch Misstöne, etwa bei der Wohlgemuth-Affäre, einem politischen Konflikt im Zusammenhang mit der Ausweisung aus eines deutschen Polizisten, der gegen deutsche Aktivisten in der Schweiz ermittelt hatte.[242] Die Junioren neigten dabei stärker zu nationaler Identifikation als die mit deutschen Partnern verbundenen Senioren. So protestierten sie gegen eine Sammlung zugunsten der deutschen Kriegsopfer im deutsch-französischen Krieg, an der sich die Associés „wohl oder übel" beteiligen wollten:

„Wir jungen aber, die in diesem Falle unabhängiger waren, erhoben energisch Einwand gegen solch unneutrale Haltung von Schweizern und verlangten, dass die Sammlung beiden Kriegsparteien zugute komme."[243]

Solche Gegensätze konnten wiederum im Wettkampf am Schießstand oder der Kegelbahn ausgetragen werden, wo es häufig darum ging, ob Schweizer oder Deutsche besser abschneiden.[244] Im Allgemeinen aber waren die Beziehungen sehr eng. Deutsche und Schweizer bildeten eine Solidargemeinschaft, indem die Schweizer der Unterstützungskasse der Teutonia angeschlossen waren, welche in Not geratene Landsleute unterstützte. Ende des 19. Jh. gewann zwar der Schützenclub für die Schweizer an Bedeutung, was sich im großzügigen, heute noch bestehenden Areal des Vereins mit seinen aufwendigen Anlagen manifestiert. Deutsche konnten jedoch immer auch Mitglieder des Schweizerclubs werden. Die Mitgliedschaft im Schweizerverein war in den Statuten explizit Deutschsprachigen vorbehalten.[245] Diese Exklusivität brachte die Schweizer im Ersten Weltkrieg allerdings in Schwierigkeiten, indem sie unter den Generalverdacht der Deutschfreundlichkeit gerieten. Die Probleme führten zu einem Eklat im Schweizer Klub. Rudolf Arbenz beschrieb den Klub wie folgt:

„Bereits in Sumatra hörte ich verschiedene abschätzige Urteile über den damals herrschenden Geist unter den Mitgliedern des hiesigen Schweizer Klubs. Nun hatte ich Gelegenheit mit eigenen Augen zu sehen, was daran wahr war und fand, dass wirklich ‚etwas faul war im Staate Dänemark' wie Hamlet sagte. [...] Mein Eindruck war, dass der Schweizer Klub eigentlich nur eine Dependance des [deutschen] war, die

---

241 Dewulf, Jeroen (2007). *„Des Ursprungs stets gedenk?" Schweizer Berichte über Brasilien zwischen Hybridität und Reinheit*, P. 62ff.

242 Henri Fischer in Singapur an Eltern vom 27.3.1871. DA Z 4.3.12, Ca Di 22. CA. Rheiner in Singapur an Eltern vom 21.7.1889. DA Z 4.3.12, Ca Di 11.

243 Der Bericht entstand nach dem Ersten Weltkrieg, als das schweizerische Neutralitätscredo stärker verankert war als 1871. Alder, Otto (1929), P. 96.

244 Rheiner erwähnt einen Kegelabend, an welchem die Schweizer schlecht abgeschnitten haben. CA. Rheiner in Singapur an seine Eltern vom 18.3.1889. DA Z 4.3.12, Ca Di 11. Schweizer-Iten erwähnt ein Schützenfest, an dem der Hauptpreis zurückgehalten wurde, weil ein Deutscher gewann. Schweizer-Iten, Hans (1980), P. 57.

245 Mehr dazu in Kapitel C4.

meisten der ältern Mitglieder waren Mitglieder in beiden Klubs. Ganz unerklärlich war, dass unsere Statuten nur solche Passivmitglieder vorsah, die ‚der deutschen Sprache mächtig sind‘. Es ist dies nicht nur eine Provokation gegenüber den unserem drei Sprachen System, sondern hauptsächlich gegenüber den Engländern in einer englischen Kolonie. Wie ich später vernahm, regierte Herr Diehn, der Chef von Behn, Meyer & Co, den Klub hinter den Kulissen. Die deutschen Allüren äusserten sich darin, dass die ‚heaven born‘ und ihre ‚Unterthanen‘ gewöhnlich an separaten Tischen sassen, dass man keinen Schluck trinken konnte ohne einen womöglich Vorgesetzten anzuprosten, dass die ‚merchant princes‘ geruhten dem armen Volk von Zeit zu Zeit einen Drink vor die Nase zu stellen, wie einem Kutscher oder Fuhrmann. Ferner wurde konstant nach Reden verlangt, die alle auf irgend eine Lobhudelei hinausliefen und der Empfänger begierig einschlürfte.‘[246]

Der Schweizer Klub wählte Arbenz 1916 zum neuen Präsidenten und läutete damit einen Generationenwechsel ein. Er war eben erst aus Sumatra angekommen und von Beruf Architekt, also kein Kaufmann, und dadurch in doppelter Weise ein Außenseiter. Die Statuten wurden geändert, ebenso wurde eine eigene Unterstützungskasse eingerichtet und schließlich wurde die Mitgliedschaft im Schweizer Club für weitere Berufsschichten geöffnet. Am Ende des Ersten Weltkriegs hatte sich die Schweizer Gemeinde aus der Verflechtung mit der deutschen gelöst und war damit gleichzeitig schweizerischer und internationaler geworden.

Lokale Angestellte

Ein Handelshaus hatte üblicherweise neben einem oder mehreren Partner, ihren Stellvertretern und einigen Assistenten auch mehrere Büroangestellte, die lokal rekrutiert wurden. Sie betreuten das Warenhaus, die Kasse oder die Verzeichnisse der lokalen Debitoren. Häufig wurden Chinesen, seltener Eurasier, Inder oder Araber angestellt. Khoo bezeichnet diese als „a formidable class of intermediaries, operating smoothly between Western metropolitan and local trading networks, and often using their position to enhance their own interlocking family interest". Einige von ihnen hätten aufgrund ihrer Position durchaus eigene Geschäfte, mitunter im transkontinentalen Handel gründen können.[247] Doch innerhalb der europäischen Handelshäuser waren ihren Karrieren Schranken gesetzt: Während die europäischen Angestellten ihr Leben im Osten entlang einer mehr oder weniger transparenten Karriereleiter ausrichten und planen konnten, war für die asiatischen Angestellten ebenso klar, dass sie von diesem System und der dazugehörigen Remunerierung ausgeschlossen waren.

---

246 Lebenserinnerungen von H. Rudolf Arbenz. P. 213. STZH, NL Crone-Arbenz. X 387/2. Die Beschreibung von Arbenz streicht seine eigene herkuleische Aufgabe heraus, den Augiasstall auszumisten.

247 Khoo, Salma Nasution (2006). *More than merchants: a history of the German-speaking community in Penang, 1800s-1940s*, P. 58f.

Bei britischen Handelshäusern war die Grenze zwischen Büroangestellten und Management etwas durchlässiger, da britische Firmen von Indien bis China ihre lokalen Angestellten als Mittelleute mit sprachlichem und kulturellem Know-how oft mit dem Handel im Bazar beauftragt haben. So hielt ein britischer Beobachter 1900 fest:

„The business of the European firms – and this is true of almost the whole Far East – could not be carried on for a week without their Chinese shroffs, compradors, and clerks."[248]

Einige Mittelleute stiegen zu wichtigen gesellschaftlichen Positionen auf. Dies gilt insbesondere für Hoh Ah Kay, genannt Whampoa, der als Partner im Hause Harrison, Smith & Co wirkte sowie als Direktor des Hafens (Tanjong Pagar Dock Company) und der von ihm gegründeten Eisfabrik. Whampoa war als erster und einziger Chinese Mitglied der Stadtregierung von Singapur.[249]

Das Komprador-System kam hauptsächlich in China als eine spezifische Antwort auf die sprachlichen und kulturellen Probleme im Handel zum Tragen. Westliche Firmen konnten ihre Geschäfte kaum an den Kompradoren vorbei ins chinesische Hinterland ausdehnen, vor allem weil im chinesischen Handel ein effizientes Kredit- und Zahlungssystem bestand, das die Europäer nicht auszuschalten vermochten.[250]

In Singapur bestanden mit dem Bazarmalaiisch geringere sprachliche Barrieren. Der Handel konzentrierte sich auf einige Straßenzüge. In der Einwandererstadt, in der ohnehin alle in gewisser Weise kulturelle Anpassungsleistungen erbringen mussten, drängte sich ein Komprador-System weniger auf. Vor allem die deutsch-schweizerischen Handelshäuser verlangten von ihren europäischen Mitarbeitern die Aneignung von Bazar-Gepflogenheiten. Gleichzeitig betonten sie die Hierarchiegrenzen zwischen europäischen und asiatischen Mitarbeitern. Die Geschäftsverzeichnisse in Singapur sind ein Spiegel interner Hierarchien. In den 1870/80ern listen einige zuerst die Partner und anschließend unter dem Titel ‚Assistants & Clerks' sämtliche weiteren Mitarbeiter vom Prokuristen bis zu den Schreibern im Büro auf. Andere führen die europäischen Assistenten und die lokalen Clerks getrennt auf. Dritte nennen ihre lokalen Angestellten gar nicht erst. Hooglandt & Co führt ihren eurasischen Angestellten R. Moss auf, der mehr als 10 Jahre bei der Firma arbeitete, erwähnt hingegen keine chinesischen Mitarbeiter. Erst im neuen Jahrhundert änderte Diethelm & Co ihre Praxis.[251] Im Importdepart-

---

248 Henry Norman. The Peoples and Politics of the Far East. zit. nach Chiang Hai Ding (1978), P. 49.

249 Song Ong Siang (1923), P. 51-57.

250 Siehe Ray, R. K. (1995), P. 485-92.; siehe auch Benecke, G. (1922). Der Komprador. Ein Beitrag zur Entwicklungsgeschichte der einheimischen Handelsvermittlung in China. *Weltwirtschaftliches Archiv* 18. P. 377-413.

251 Singapore and Straits Directory, 1877, 1881, 1884, 1888, 1894, 1901, 1904, 1911, 1920.

ment arbeiteten acht Chinesen, drei als Clerks, einer als Kassier mit Assistent und drei als Lagerverwalter, Hooglandt & Co hatten fünf chinesische Clerks angestellt.

Abbildung 4: Diethelm & Co Bangkok 1906, links Ah Fong (Quelle DKH)

Doch chinesische Angestellte durften bei Diethelm & Co keine verantwortlichen Positionen übernehmen. Als WH. Diethelm 1911 erfuhr, dass die Filiale in Bangkok dem chinesischen Mitarbeiter Ah Fong weitgehende Kompetenzen erteilt hatte, schrieb er in scharfem Ton an die Manager und verlangte, dass sie „mit dem eingeführten System sofort & gründlich" brechen:

„Wir verlangen, dass unsere salesmen mit den Kunden direkt verkehren & nicht durch einen chinesischen Vermittler, der [...] sogar die invoices in die Hand bekommt. Das muss entschieden aufhören; der Mann kann ja als Beihülfe beigezogen werden & den Bazaar besuchen, aber seine direkte Mitwirkung beim Verkauf muss aufhören. Es liegt doch auf der Hand, welch grosse Gefahr wir uns aussetzen, wenn wir einen Chinesen quasi mit unserem ganzen Import Geschäft, also auch den Bezugsquellen vertraut machen. Der Mann könnte uns unabsehbaren Schaden zufügen, wenn er zur Konkurrenz übergehen sollte & diese Befürchtung wird ihn sowieso veranlassen, uns von Zeit zu Zeit das Messer an den Hals zu setzen."[252]

Gleichzeitig bemerkte Diethelm, dass bei einem solchen Arrangement die europäischen Verkäufer nie zu den nötigen Sprachkenntnissen kämen. Kulturelle Annäherung durch die Aneignung von Sprache und anderen Kompetenzen diente mithin zur Wahrung von kultureller Distanz und Aufrechterhaltung von Hierarchien. Im Vordergrund standen jedoch geschäftliche

252 WH Diethelm an Diethelm & Co, Bangkok vom 15.7.1911. DA A 3.13.

Überlegungen, wie aus dem Bericht von Charles Frey aus Saigon hervorgeht:

„Die Importkundschaft bestand aus Chinesen und Klings [Tamilen], mit der wir in malayischer Sprache verkehrten. Bei den deutschen und Schweizer-Firmen sprach das Personal malayisch, was denselben gegenüber den französischen Firmen, wo niemand diese Sprache beherrschte, von Vorteil war. Wir konnten mit den Kunden direkt unterhandeln, während bei den französischen Firmen sich der Verkehr mit denselben mit Hilfe von Dolmetschern (Compradors) abwickelte, was letztere oft zu ihrem Vorteil ausnützten."[253]

Trotz geringerer Entlöhnung konnten lokale Angestellte durchaus zu einem gewissen Wohlstand gelangen, da ihre Lebenshaltungskosten deutlich unter denen der Europäer lagen. Armin Rheiner berichtete über einen Besuch beim Lagerverwalter seiner Firma am chinesischen Neujahr:

„Nachmittags besuchte das ganze Contor nebst Herrn Sohst den alten storekeeper (Lagerverwalter) Eng Keat und den Cassier, wo wieder der feinste Champagner und die ausgesuchtesten chinesischen Delikatessen [aufgetischt wurden], bei denen jedoch gebratene Rattenschwänze und gesottene Lerchenzungen fehlten. Der Storekeeper besitzt 2 Häuser und ein Billardzimmer, welche zu besitzen mancher Stickfabrikant zu Hause sich glücklich schätzen würde. Die Chinesen sind merkwürdige Leute und geben sehr viel auf äusseren Schein."[254]

Die niederen Angestellten waren weder in das System der Gewinnbeteiligung eingebunden noch profitierten sie von gesellschaftlicher Belohnung von Wohlverhalten. Da mag es nicht erstaunen, dass einzelne lokale Angestellte ihre eigene Agenda zu verfolgen begannen und Firmengelder veruntreuten. Damit standen sie nicht allein: Auch unter den Assistenten und Managern gab es solche, die Gelder veruntreuten, wie zum Beispiel der Mitarbeiter in Saigon, der seine Cabaret-Besuche aus der Firmenkasse finanzierte. Doch die Aussicht auf fortgesetzte Gewinnbeteiligung schmälerte bei europäischen Angestellten die Versuchung zur Veruntreuung. Unter den lokalen Angestellten waren Unterschlagungen häufiger:

„Was nun die Kassierangelegenheit angeht, so ist dieselbe sehr unangenehm, ist aber den meisten Häusern schon passiert und brauchen Sie sich wegen der Firmenschädigung nicht zu grämen; ich weiss eben nur zu gut, dass D.H. [Daan Hooglandt] eben von der Seite laissez faire und bequem ist und darum zu viel auf die Leute baut; im Allgemeinen ist man eben in den Händen dieser Herren cashiers und wenn dieselben nicht ehrlich sind, ist es rein unmöglich, dieselben zu kontrollieren."[255]

Teilweise ging es um enorme Beträgen: Bei Behn, Meyer & Co unterschlug ein Verwalter, der als völlig vertrauenswürdig bezeichnet wurde, Zinn im

---

253 Reminiszenzen von Charles Frey vom 15.11. 1962. DA A 2.17.
254 Carl Armin Rheiner an seine Eltern vom Feb. 1889. DA Z 4.3.12, Ca Di 11.
255 JR. Riedtmann von Niederuzwil an WH. Diethelm vom 27.9.1877. DA A 2.7.

Werte von über 410.000 $.[256] Das Ende einer Anstellungszeit war jeweils kritisch, weil dann die eingegangenen Loyalitätsverpflichtungen nicht mehr wirksam waren. Alfred Glinz berichtet von einem Cashier, der nach 30-jähriger Dienstzeit kurz vor seiner Pensionierung Geld unterschlug.[257]

In der Korrespondenz der Firma Diethelm & Co kommen die asiatischen Angestellten nur marginal vor. Einen gewissen Aufschluss geben Firmenfotos, die eine laufende Verbreiterung des Stamms an asiatischen Angestellten und eine scheinbare Verflachung der Hierarchie zwischen den Europäern und Asiaten. Der erste chinesische Manager wurde jedoch erst nach der Unabhängigkeit Singapurs 1965 angestellt. Heute besteht der gesamte Staff von DKSH in Singapur aus Chinesen.

4 KUNDENBEZIEHUNGEN MIT ASIATEN UND BRANDING

Kundenpflege bei den europäischen Handelhäusern

In einem Bericht von 1846 an die belgische Regierung beschreibt Konsul Jules Kindt das Geheimnis des Erfolges der schweizerischen Textilindustrie:

„Les Suisses ne travaillent jamais à l'*aventure*. Ils fabriquent pour chaque pays et pour chaque localité ce qui convient spécialement au goût, aux habitudes, aux ressources de ces localités." […] „Les Suisses savent par expérience que l'acheteur est comme l'enfant, qui se laisse séduire surtout par l'apparence: que l'acheteur de l'Amérique, du Brésil, de toute l'Amérique du Sud, en général, s'attache moins à la qualité intrinsèque du tissu qu'au coup d'œil de la marchandise, qui lui paraît mériter d'autant plus son attention et sa convoitise que cette marchandise est placée avec plus de soin, que les papiers ou les boîtes qui la contiennent ont plus de fraîcheur et de brillant.``[258]

Kindt erwähnt zwar auch die niedrigen Löhne als Vorteil der Schweizer Industrie, findet jedoch den bemerkenswertesten Unterschied zu den umliegenden Ländern in den Marketingbemühungen der Schweizer Textilindustrie. Veyrassat und Fischer bestätigen diese Befunde.[259] Auch in der Korrespondenz der Kaufleute selber ist Marketing ein wiederkehrendes Thema. In einem Brief, den Conrad Blumer auf seiner ersten Südost-Asien-Reise nach Hause schrieb, heißt es: „Ich fühle dem Markt den Puls."[260] Andere äußern sich über die Art und Weise, wie die Produkte für den Verkauf präsentiert werden, wobei vor allem der Mustersaal erwähnt wird.[261] Die Quellen zeigen auch eine fortschreitende Systematisierung der Kommunikation

256 Khoo, Salma Nasution (2006), P. 118.

257 Glinz, Alfred (1963). Erinnerungen an meine Übersee-Zeit, 1911-33. DA A 2.32.

258 Kindt, Jules (1847). *Notes sur l'industrie et le commerce de la Suisse*. In: Ministère du commerce: Direction du commerce extérieur (Ed.). P. 14, 17.

259 Veyrassat, Béatrice (1982), insbesondere P. 39ff.; Fischer, Thomas (1990).

260 Zit nach Stüssi, H. (1989), P. 18.

über Muster, die rasch den wechselnden Modetrends angepasst werden mussten. Die einfachen Karomuster der Sarongs konnten mittels einer Farbpalette und eines Sets von Holzscheiben verschiedener Dicke dargestellt werden.[262] Anhand dieser Hilfsmittel konnten neue Muster standardisiert und schriftlich kommuniziert werden. Die auf Karomuster spezialisierte Buntweberei hatte dabei Vorteile gegenüber der Stoffdruckerei mit ihren ausgefeilten Mustern. Für die komplizierten Batiks brauchten die Verkäufer in Singapur und die Produzenten in der Schweiz gemeinsame Musterbücher.

Abbildung 5: Sarongmusterbuch Firma Raschle & Co, Wattwil

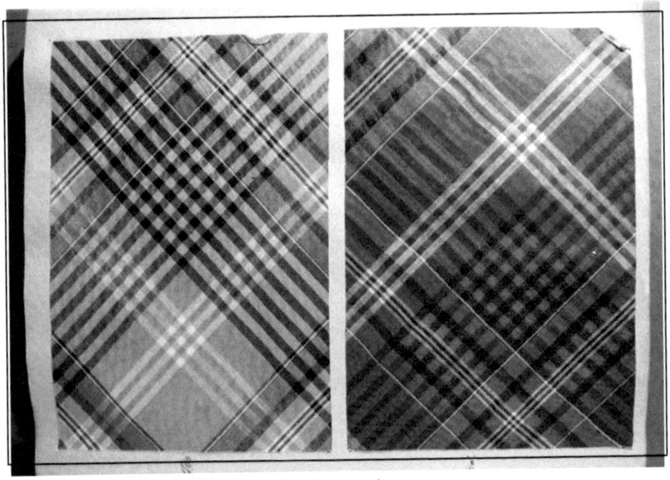

Quelle: Toggenburgermuseum, Lichtensteig

Alder bezeichnet die Abstimmung von Verkauf und Produktion als eine Errungenschaft, die der Schweizer Textilproduktion Vorteile gegenüber der Konkurrenz brachten. Die Ostschweizer Industrie habe sich auf asiatische Märkte fokussiert und habe daher, dank der Präsenz von sachverständigen Kaufleuten am schnellsten auf Änderungen der Mode reagieren und Dessins sowie Mengen anpassen können, im Gegensatz zur europäischen Konkurrenz, die mehr „auf's Geratewohl" produziert habe.[263] Alders Kommentar spiegelt eine verbreitete Sichtweise, die allerdings nicht in erster Linie die Schweizer den anderen Europäern gegenüberstellt, sondern die Kontinentaleuropäer den Briten, die mit ihrer Massenproduktion weniger Rücksicht auf die Märkte nahmen als die Nischenproduzenten.[264]

---

261 Brief Henri Fischers von Singapur an seine Eltern vom 28.3.1869. DA Z 4.3.12, Ca Di 22. Veyrassat, Béatrice (1982); Fischer, Thomas (1990), P. 69f.

262 Alder, Otto (1929), P. 77.

263 Alder, Otto (1929), P. 75f.

264 Brown, J. C. (1995). Imperfect Competition and Anglo-German Trade Rivalry: Markets for Cotton Textiles before 1914. *The Journal of Economic History* 55(3). P. 511f.

Abbildung 6: Kommunikation von Mustern

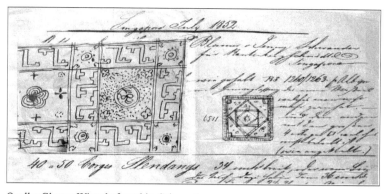

Quelle: Glarner Wirtschaftsarchiv, Schwanden

Auch niederländischen Produzenten kümmerten sich anfänglich wenig um die Wünsche ihrer Kunden. 1854 behandelte das niederländische Parlament eine Anfrage des liberalen Abgeordneten JR. Thorbecke, der von der Regierung wissen wollte, weshalb die niederländische Textilindustrie trotz 12½ % Schutzzoll sich nicht gegen deutsche und schweizerische Buntgewebe und Stoffdrucke durchsetzen könne und weshalb die Fabrikanten in Bayern, Sachsen und der Schweiz den Geschmack der Bevölkerung in Java besser kennten als ihre niederländischen Konkurrenten, obwohl sie zum Teil nicht einmal wissen, wo Batavia liege. Thorbecke hatte natürlich selbst eine Antwort und sah die Ursachen für die Defizite der niederländischen Industrie im Protektionismus und im Vertrieb durch die NHM, die sich nicht für die Belange der Industrie einsetze, wogegen schweizerische und deutsche Kaufleute ihre Produzenten vorbildlich mit Informationen über den Geschmack der Kunden belieferten.[265] Das Beispiel der Firma Gelderman & Zonen oder der Vlisco zeigen, dass niederländische Kaufleute später ähnliche Strategien wie die Schweizer verfolgten, um bezüglich der Informationen über ihre Märkte auf der Höhe zu bleiben.[266] Das war allerdings das Ergebnis eines Lernprozesses, der erst einsetzte, nachdem der niederländische Textilhandel durch die NHM in den 1850er/60er Jahren sowohl in Europa wie auch in der Kolonie gegenüber britischen, deutschen und schweizerischen Handelshäu-

---

265 Johan Rudolf Thorbecke war Mitte des 19. Jh. ein wichtiger liberalen Politiker. Er war der Verfasser des Grundgesetzes von 1848 und leitete zwischen 1849 und 1872 drei verschiedene Regierungen. Hier zit. nach Stork, Charles Theodorus (1888). *De Twentsche katoennijverheid: Hare vestiging en uitbreiding*, P. 40-47.

266 Simons, H./N. Tophoven (1994). *Berichten over en weer: Informatiestromen tussen een Twents textielfabrikant en zijn aziatische afzetmarkten, 1875-1881*. In: E.J. Fischer (Ed.). Katoen voor Indië. P. 45-55; Ingenbleek, Paul (1997). *Marketing als bedrijfshistorische invalshoek: de case van Vlisco in West-Afrika, 1900-1996*. NEHA Jaarboek, Vol. 60. P. 258-84.

sern laufend an Terrain verloren hatte.[267] Die Integration von Verkauf und Produktion war also eine Bedingung für den Erfolg auf dem südostasiatischen Textilmarkt, wie auch aus Alders Bemerkungen hervorgeht.

Gehen wir davon aus, dass deutsche und schweizerische Kaufleute eine Weile lang besser über ihre Kundschaft orientiert waren als ihre britischen und niederländischen Konkurrenten. Wie aber kamen sie zu diesem besseren Verständnis? Betrachtet man die Briefe von Schweizer Kaufleuten in Südostasien, so wird viel über Besuche bei Kunden und den dazu notwendigen sprachlichen und kulturellen Kenntnisse geschrieben. Der Stellenwert von Sprachkenntnissen unter den deutschsprachigen Kaufleuten in Südostasien wurde bereits verschiedentlich erwähnt. Auch Kindt hebt in seinem Bericht die breit gefächerten Sprachkenntnisse der Korrespondenten der Firma Greuter & Rieter als Vorteil gegenüber der britischen Konkurrenz hervor.[268] Auch britische Beobachter bemerkten Defizite in Sprachkenntnissen und praktischer Orientierung der Ausbildung britischer Kaufleute:

„The German are pushing their way irrepressibly in the East, and at Singapore the fact was frequently the subject of discussion amongst commercial men. It is said that they manage to sell their goods much more cheaply than their British competitors, or will accept lower salaries, as the case may be. But it is also fair to state that their success is a great measure due to the thorough commercial education they have received. Young Germans educated at Hamburg are generally able to speak and write two or three different modern languages and trained to a mercantile life; it is not surprising that they are enabled, in many instances to compete successfully with men from England, who however accomplished in a classical sense, may not have been designed and prepared for commerce from their youths, as their German rivals have."[269]

Die Erlernung von Bazar-malaiisch wird stets als einer der wichtigsten ersten Schritte der Lehrzeit eines kaufmännischen Angestellten in Singapur erwähnt. Die Kommunikation auf malaiisch war die Grundbedingung für die Bazarbesuche, welche Import-Assistenten bald zu erledigen hatten. In den frühen 1860er Jahren waren solche Bazarbesuche noch nicht Usus gewesen. Unter den Kaufleuten in Singapur kursierten Geschichten über die ‚good old

---

267 Brommer, Bea (1991). *Bontjes voor de tropen*. In: dies. (Ed.). Bontjes voor de tropen: De export van imitatieweefsels naar de tropen. P. 30.

268 Kindt, Jules (1847), P. 26. Die unpublizierte Firmengeschichte von Diethelm & Co bezeichnet die Briten als sprachfaul: „Die Einstellung der Kontinentalen war, dass man dem Eingeborenen seine Überlegenheit auch im sprachlichen zeigte, indessen der Engländer, neben einer eher phlegmatischen sprachlichen Einstellung, als Kolonisator bestrebt war, das Englische als Hauptsprache einzuführen." Schweizer-Iten, Hans (1973), P. 72.

269 Straits Observer vom 6.8.1875. Zit. nach Bogaars, G. E. (1955), P. 111. Zahlreiche konsularische Berichte kritisieren mangelnde Sprachkenntnisse; siehe Nicholas, S. J. (1984). The Overseas Marketing Performance of British Industry, 1870-1914. *The Economic History Review* 37(4). P. 489-506. Nicholas versucht allerdings, den negativen Einfluss mangelnder Sprachkenntnisse zu negieren.

days', als der Warenverkauf wie von selbst über die Bühne ging. Die europäischen Kaufleute und die chinesischen und indischen Zwischenhändler
warteten auf Segelschiffe mit Ladungen. Wenn sie ankamen, fanden sich
alle in den so genannten Godowns, den Lagerhallen am Dock, ein, dann
wurden die Muster wurden auf die entsprechenden Textil-Ballen gelegt, und
die Ladungen waren innert einiger Tage verkauft – so der Mythos. Jedenfalls konnten die europäischen Kaufleute auf Vertriebsstrukturen im Detailhandel zurückgreifen, die ohne ihr Zutun effizient funktionierten. Von den
Docks kamen die Waren auf den Bazar und von dort zu den Detailhändlern,
die Textilien und anderes gegen Produkte der Region eintauschten.

Mit der zunehmenden Konkurrenz im Laufe der 1860er Jahre wurden
die Bazarbesuche zu einer festen Gepflogenheit. Sie waren neben der Firmenkorrespondenz und der Konversation in den kaufmännischen Assoziationen das wichtigste Forum für den Austausch von Informationen. Auf dem
Bazar holten sich die europäischen Händler Auskünfte über die Zahlungsfä-
higkeit und Kreditwürdigkeit ihrer Kunden und erfuhren, was sich bei der
Konkurrenz tat.

„Abends gehe ich jetzt aus dem Geschäft zu Fuss, und verbinde den ½-stündigen
Heimweg mit einem Gang durch den Bazaar, um mit den Händlern (Chinesen und
Klings) einen ‚talk' über Geschäftliches und Sonstiges zu verbinden, wobei man vie-
les hören kann und leichter ins Geschäft kommt.'[270]

Kredite wider Willen

Durch den Verkauf von Textilien traten die europäischen Handelsleute in
eine persönliche Geschäftsbeziehung mit den asiatischen Zwischenhändlern.
Die Käufer waren nicht anonym, sondern wiederkehrend und erhielten
Kaufkredite mit einigen Monaten Laufzeit, um die Waren nach Verkauf zu
bezahlen. Gemäß Fanselow sind Abhängigkeiten durch Kreditbeziehungen
typisch für den Bazar. Händler versuchten damit, Käufer langfristig an sich
zu binden.[271] Kredite stellen aber auch einen Risikofaktor für die verleihen-
de Partei dar, daher müssen die Händler mit der Kreditwürdigkeit ihrer Kunden vertraut sein oder Zeit für Abklärungen aufwenden; der Mikrokosmos
des Bazars, wo die Mehrheit der Geschäfte von professionellen Händlern
untereinander getätigt werden, laufen auch viele Informationen über diese
Mittelleute zusammen.

Bei europäischen Kaufleuten als Außenseiter im Bazar waren Kredite
eher unpopulär, nicht so sehr Vergabe an sich, sondern eher die langen Laufzeiten. Die Handelskammer erließ verschiedentlich Resolutionen, welche
die Mitglieder auf eine Selbstbeschränkung in der Kreditvergabe verpflich-
tete. Im «Straits Calendar and Directory», in dem die Resolutionen der Handelskammer jeweils publiziert wurden, hieß es 1870: „The following

---

270 Carl Armin Rheiner an seine Eltern vom 20.2.1890. DA Z 4.3.12, Ca Di 10.
271 Fanseolw, F. (1990), P. 260.

resolutions have been passed by the Chamber at different times and are still in force."[272] Darunter folgte die Resolution, dass keine Güter auf Kredit von mehr als drei Monaten verkauft werden sollten. Doch die Aufrufe wirkten nur bedingt. Sobald ein Handelshaus den Händlern bessere Bedingungen bot, zogen andere nach. Besonders die jungen Handelshäuser, zu denen auch die deutsch-schweizerischen gehörten, traten aggressiv am Markt auf und gewährten ihren Kunden Kredite über längere Laufzeiten.[273] Dies war unter den Kaufleuten natürlich nicht gerne gesehen und ein Anlass für gegenseitige Bezichtigungen, wer denn die schlimmen Zustände zu verantworten habe, wie Riedtmann 1876 an Diethelm schreibt:

„R.S. [Rautenberg, Schmidt & Co] schreiben in dem letzten Briefe an M.N. [Mathias Naef], das Geschäft liege darnieder, weil gewisse Firmen an Händler Credit geben, die dieselben gar nicht verdienen und dann das Geschäft verderben. Wen der Glünggi [Halunke] damit meint, weiss ich nicht, beziehe es aber auf uns und Chua Jeng, wenn ich auch letzterem nicht so viel Vertrauen schenken möchte als Sim Choon, so halte [ich] ihn immer noch für so gut wie der grosse Sobat von R.S. Ich habe dies M.N. auch erklärt und ihm klaren Wein eingeschenkt, wie es der Schuft meine und kennt M.N. ihn und Sturz genügend, um die Trübfischerei herauszufinden."[274]

Im ‚Cotton Piece Good'-Geschäft, insbesondere im teureren Segment der bunten Gewebe, waren längere Laufzeiten der Kredite üblich, da einerseits der Verkauf teurerer Produkte mehr Zeit benötigte und anderseits jüngere Handelshäuser in diesem Bereich eine Nische gefunden hatten, in der sie gegen die britische Konkurrenz bestehen konnten. Die längeren Laufzeiten gehörten zum kompetitiven Vorteil dieser Firmen.[275] Allerdings waren sie damit auch stärker auf den chinesischen Zwischenhandel angewiesen. Die Abhängigkeit nahm gegen Ende des 19. Jh. nicht ab, sondern eher zu, da die niederländische und französische Zollpolitik sowie die wachsende Zahl von Seehäfen, die an den transkontinentalen Schiffsverkehr angeschlossen waren, die Stellung Singapurs als Emporium in Frage stellten.

Handelshäuser verloren immer wieder Geld, weil einer der Händler die Zahlungen einstellte, sei es, dass er zahlungsunfähig war, sei es, dass er verschwand. Anderseits gingen chinesische und indische Händler bei geringeren Margen größere Risiken ein. Fiel eine Reisernte schlecht aus, mussten die asiatischen Händler Konkurs anmelden, während die europäischen Handelshäuser, sofern sie eine einigermaßen vernünftige Verteilung ihrer Risiken vornahmen, meist Beträge von lediglich einigen 1000 $ abschreiben mussten. Es konnte jedoch auch mehr sein: 1878 wurde ein chinesischer

---

272 The Straits Calendar and Directory for the Year 1870. Singapur, 1870. P. 119.

273 Alder, Otto (1929), P. 65.

274 Sobat heißt malaiisch Freund; gemeint ist ein asiatischer Geschäftspartner. Mit ‚ihn und Sturz' sind Brenner, der Prokurist bei Rautenberg, Schmidt & Co und Conrad Sturzenegger, Partner in derselben Firma gemeint. Riedtmann in Fluntern an WH. Diethelm in Singapur vom 23.11.1876. DA A 2.7.

275 Wong Lin Ken (2003), P. 228-39.

Händler mit ausstehenden Rechnungen über 80.000 $ und ein mit ihm verbundener arabischer Händler mit weiteren 54.000 $ zahlungsunfähig. Rautenberg, Schmidt & Co waren mit 75.000 $ Ausständen am stärksten betroffen, Hooglandt & Co, Staehelin & Stahlknecht, Behn, Meyer & Co und Puttfarcken, Rheiner & Co jeweils mit rund 10.000 $. Die Abfindungen sollten sich voraussichtlich auf 50 % belaufen.[276] Die Handelsfirmen mussten deshalb sorgfältig abklären mit wem sie kooperierten. Allerdings bestand wie bei den Laufzeiten ein Druck durch die Konkurrenz. So schreibt Stiefel von Hooglandt & Co, Trachsler verkaufe wieder Sarongs an den „grossen Schwindler Said Achmed", andere seien gefolgt und so sei er „gegen eigenen Willen gezwungen" gewesen, ihm eine gewisse Menge zu verkaufen.[277]

Bei Hooglandt & Co findet sich 1883 eine Liste von Bazar-Outstandings mit einem Total von 171.393 $ (ca. 800.000 Fr.). Die Schuldner setzten sich aus 38 chinesischen, 12 indischen und je einem arabischen und europäischen Kunden zusammen.[278] Eggenberger bezeichnet die Kreditgewährung von bis zu acht Monaten als Mitursache für die Entscheidung, in Saigon eine Filiale zu eröffnen, wo Kredite nur auf maximal 4½ Monate gegeben wurden.[279] Nach der Gründung der Aktiengesellschaft sind die Bazar-Outstandings aller drei Filialen stets in den Geschäftsberichten aufgeführt. 1908 erreichten sie mit knapp 2.5 Mio. Fr. eine erste Spitze. Während des Ersten Weltkriegs war die Zahl rückläufig und erreichte erst wieder anfangs der 1920er Jahre Vorkriegsniveau. 1928 wurden 3.9 Mio. Fr. erreicht.[280]

Angesichts solcher Zahlen stellte sich natürlich die Frage des Umgangs mit Ausständen. JD. Hooglandt war als Seniorpartner von Hooglandt & Co sehr skeptisch gegenüber der Kreditpraxis und hätte eine Beschränkung auf Verkäufe gewünscht. Die Schweizer Partner beurteilten dies jedoch als geschäftlichen „Selbstmord".[281] Doch auch Diethelm nahm die Kredite und Ausstände keineswegs auf die leichte Schulter. Die Reduktion von Ausfallrisiken gehörte seiner Meinung nach zu den zentralen Geschäftsaufgaben. In der Korrespondenz wurden die Standings der Kunden regelmäßig besprochen, deren Kreditwürdigkeit diskutiert und Maßnahmen zur Reduktion von Schulden beschlossen. Alfred Glinz, der spätere Leiter der Filiale in Saigon, schreibt über seine Ausbildungszeit in der Zürcher Zentrale, dass Direktiven wie „wir sind nicht die Banquiers unserer Kunden" den jungen Mitarbeitern in Fleisch und Blut übergegangen seien.[282]

Die Reduktion der Risiken durch Konkurse von Chinesen ein Politikum. In der (europäischen) Handelskammer wurde wiederholt eine Verschärfung des Konkursrechts gefordert. Bereits 1849 äußerte der Hamburger Rauten-

---

276 W. Stiefel in Singapur an WH. Diethelm vom 17.8.1878. DA A 2.11.

277 W. Stiefel in Singapur an WH. Diethelm vom 1.6.1878. DA A 2.11.

278 Eggenberger, Jakob/Diethelm & Co (1987), P. 40.

279 Ebd. P. 65.

280 Geschäftsberichte der Diethelm & Co AG, 1906-1939. DA A 1.8

281 WH. Diethelm von Singapur JR. Riedtmann vom 23.6.1881. DA A 2.6.

282 Glinz, A. (1963). Erinnerungen an meine Übersee-Zeit, 1911-1933. DA A 2.32.

berg gegenüber seinem Kompagnon Schmidt die Hoffnung, dass mit dem erwarteten neuen Konkursgesetz, das Kredite an kleinere Händler unterbinden sollte, die Chinesen aus dem Handel mit den Einheimischen verdrängt werden könnten.[283] Die 1870 abgeschaffte Gefängnisstrafe bei Konkurs wurde 1895 trotz massiver chinesischer Proteste wieder eingeführt. Damit verbunden war auch die Frage der Registrierung von Partnerschaften in chinesischen Firmen. Die europäischen Handelshäuser waren sich jedoch nicht einig in ihren politischen Forderungen. Kleinere Firmen wünschten eine Registrierung, von der sie sich mehr Sicherheit bei Konkursen versprachen, konnten sich jedoch in einer Abstimmung der Handelskammer von 1905 nicht durchsetzen. Die großen, länger etablierten und meist britischen Häuser konnten auf ihre größeren Reserven, ihre langjährigen Netzwerke und ihr kulturelles Wissen bauen und hofften, so die jungen Firmen in Schranken halten zu können.[284]

Eine Enquete der britischen Legation unter den britischen Handelshäusern in Bangkok von 1915 zeigt, dass große britische Häuser durchaus am Textiliengeschäft im höheren Preissegment interessiert waren, dass aber das Kreditsystem die wesentliche Hürde war. Um über Maßnahmen im Wirtschaftskrieg entscheiden zu können wurden die Häuser gefragt, ob sie den Handel mit britischen Produkten, der bis anhin von deutschen Handelshäusern geführt wurde, auffangen könnten. Die Borneo Company zweifelte eher an einer erfolgreichen Übernahme, da sie nicht bereit sei, lange Kredite zu geben, während andere Firmen hofften, mit dem Wegfall der Deutschen endlich Fuß im ‚Piece Good'-Geschäft fassen zu können, das in Thailand wegen der vorherrschenden Usancen bei den Krediten bisher von den Briten gemieden worden sei.[285]

Die Situation am Markt mit Handelskrediten soll nicht zum Anlass genommen werden, von ausgeglichenen Machtverhältnissen zu sprechen. Chinesische Kaufleute konnten bei der Kreditgewährung von der Konkurrenz europäischer Kaufleute und ihrem fehlenden Willen zum politischen Schulterschluss profitieren. Die Europäer konnten sich, wie bereits erwähnt, auf ein Justizsystem stützen, das ihnen geneigt war. 1909 intervenierte Diethelm gemeinsam mit den beiden anderen in Bangkok vertretenen schweizerischen Häusern (Berli & Co, Deutsch-Siamesische Handelsgesellschaft unter Conrad Sturzenegger) beim Politischen Departement in Bern zugunsten eines Handelsvertrages mit dem Königreich Siam. Das Deutsche Reich verhandelte gerade mit Siam über einen neuen Staatsvertrag. Dabei waren

283 H.C. Rautenberg an F.G. Schmidt vom 30.7.1848. StASH. D IV.01.34.02.31/06.

284 Chiang Hai Ding (1978), P. 57f., 128f. Unter den großen Handelshäusern waren Boustead & Co, Guthrie & Co, die Borneo Company, Behn, Meyer & Co. Leider standen mir die Quellen zur betreffenden Abstimmung (Jahresbericht der Singapore Chamber of Commerce, 1905) nicht zur Verfügung, die Aufschluss gegeben hätten, wie sich Hooglandt & Co zu dieser Frage stellte.

285 Louis T. Leonowens, Ltd, The Siam Forrest Co und The Borneo Co an J. Crosby vom 20./24./25.5.1915. FO 371/2465 (92287) Siam 1915.

die Verhandlungen über die Frage der Exterritorialität, also das Vorrecht der konsularischen Gerichtsbarkeit, ins Stocken geraten. Die schweizerischen Kaufleute, die unter deutschem konsularischen Schutz standen, sahen ihre Interessen in diesen Verhandlungen gefährdet; sie befürchteten, danach als „einzige Weiße mit Ausnahme der Griechen und anderer Balkanvölker" unter siamesischer Gerichtsbarkeit zu stehen.[286] Diethelm schrieb im Namen seiner Firma an das Politische Departement und argumentierte hauptsächlich mit den Kredit- und Zahlungsbedingungen in Bangkok:

„Es ist für unsere Filiale in Bangkok geradezu eine Existenz- und Lebensfrage, dass sie mit den Concurrenz Firmen, namentlich deutsche und englische, welche den Vorteil der Gerichtsbarkeit ihres Landes geniessen, auf gleicher Linie stehen. Wir sind genötigt, unsere Importe an eingeborene Händler auf Credit zu verkaufen. Unsere Ausstände laufen sich bis auf eine Million Franken & es liegt auf der Hand, dass bei einem Geschäft von diesem Umfang hie & da Anstände mit der Kundschaft vorkommen, die sich namentlich bei ungünstigen Marktverhältnissen aus ihren Engagements zu ziehen sucht."[287]

Die Tatsache allein, dass die schweizerischen Häuser momentan unter deutscher Gerichtsbarkeit stünden, führe dazu, dass die Händler keine „Chicanen" versuchten; unter thailändischen Richtern hingegen könnten sich Verfahren sehr lange hinziehen.

Gesellschaftliche Kontakte mit Chinesen

Trotz eines den Europäern geneigten Justizsystems und trotz umsichtiger Politik der Kreditvergabe brauchte es eine „Einbettung von ökonomischen Transaktionen in fortlaufende soziale Beziehungen".[288] Erst durch soziale Beziehungen konnte das Vertrauen entstehen, das Geschäfte überhaupt ermöglichte. Nebst den zuvor beschriebenen Bazarbesuchen, bei denen europäische Kaufleute Informationen über den Markt sammelten, war der Verkaufsprozess selbst der wichtigste gesellschaftliche Kontakt zu den asiatischen Händlern. Hier wurde gehandelt, wenn auch nicht stundenlang, wie es bei einem guten Geschäft mit Malaien üblich war. Europäische Kaufleute, die bei den Einkäufen von Produkten die Preise möglichst herunter bringen wollten, und feilschten, konnten aber keine festen Preise für Manufakturen durchsetzen. Alder beschreibt, wie er sich mit einem ihm befreundeten Händler geeinigt habe, auf die „Komödie" zu verzichten, dh. dass dieser ihm von Vornherein das letzte Angebot nenne, sein Freund aber darauf bestanden habe, weil er seinem Chef jeweils seine Erfolge beim Feilschen zu berichten hatte.[289] Wenn auch die Geschichte etwas konstruiert ist, zeigt sie immerhin

---

286 Schweizer Handelsfirmen in Bangkok an den Bundesrat von 1909. DA 3.19.
287 WH. Diethelm an das Politische Departement vom 19. 9. 1908. DA A 3.20.
288 Berghoff, Hartmut (2004), P. 153; Tong Chee Kiong/Yong Pit Kee (1998), P. 81.
289 Alder, Otto (1929), P. 112f.

die gesellschaftliche Verankerung des Rituals als Bestandteil der sozialen Einbettung der Transaktionen.

Ebenso wichtig war der gegenseitige Austausch von Geschenken. Bronislaw Malinowski hat ‚primitive‘ Ökonomien als eine Kette von Geschenken und Gegengeschenken beschrieben, welche sich auf Dauer ausgleichen. Für Berghoff haben diese Tauschhandlungen als „Flankierung ökonomischer Beziehungen" auch in der modernen Ökonomie ihren Platz. Dabei geht es um die Absicherung ökonomischer Transaktionen durch Wechselseitigkeit im Nicht-Ökonomischen. Tong und Yong betonen den hohen Stellenwert von wechselseitigen Einladungen und Geschenken für die Pflege von Guanxi, von Beziehungen.[290] Solche außerökonomischen Handlungen waren im Bazar von Singapur ritualisiert. An Weihnachten oder Neujahr brachten Geschäftskunden den europäischen Häusern Geschenke:

„Übers neue Jahr bekamen wir von unsern chinesischen Geschäftsfreunden viele Geschenke: 6 Büchsen Thee, 1 Schinken, 25 Pfund Zucker, eingemachte Früchte, Kuchen, 2 lebendige Schweinchen, 1 Schaf, 6 Kapaune, 3 Gänse.‘[291]

Die Europäer wiederum besuchten am chinesischen Neujahr ihre chinesischen Kunden und beschenkten sie unter anderem mit Kisten mit Champagner, Cigarren und Brandy.[292] Eine etwas ausführlichere Beschreibung des Assistenten Otto Wirth zeigt die rituelle Seite der Pflege von Geschäftsbeziehungen sehr plastisch:

„An diesen Tagen arbeiten [die Chinesen] gar nichts, schliessen alle Schaufenster zu, stellen in die Mitte des Zimmers einen grossen Tisch mit allen möglichen chinesischen eingemachten Früchten, excellenten Thee, Champagner & hie & da auch Bier. […] sie warten ruhig ab, bis Leute kommen, um ihnen zu gratulieren. – Es ist nun der Brauch, dass hier die Europäer am Neujahrstage oder in den nächsten Tagen zu ihren chinesischen Kunden gehen & ihnen gratulieren. Dann werden sie natürlich von all dem Zeug, das hier auf dem Tisch parat steht, fast überfüttert. Sie müssen sozusagen fortwährend trinken und essen. Der Thee ist natürlich ausgezeichnet […]. Der Champagner ist dann in der Regel weniger gut, weil er meist von den Europäern geschenkt ist, welche ihnen nicht gerade den besten geben. Dagegen sind die verschiedenen eingemachten Früchte, welche sie einem an einem kleinen silbernen Gäbelchen anbieten, wobei sie sich bei Annahme natürlich geschmeichelt fühlen, sehr gut & muss man fast alle probieren & natürlich alle ohne Unterschied als ‚bagus‘ (schön & gut) bezeichnen. – So lange man nur bei ihnen ist, muss man immer consumieren und bleibt man daher nie lange an einem Ort. Bei der Gratulation wünscht man ihnen ‚viel Gewinn und viele Kinder‘ – damit ist bei den Chinesen alles gesagt. Sie sind dabei überaus lustig, vergnügt & sehr höflich.‘[293]

---

290 Berghoff, Hartmut (2004), P. 154.

291 H. Fischer an seine Eltern in Winterthur, vom 4.1. 1877. DA Z 4.3.12, Ca Di 22.

292 CA. Rheiner an seine Eltern vom 23.1.1889. DA Z 4.3.12, Ca Di 11.

293 Otto Wirth in Singapur an Vater Joh. Zwingli Wirth in St. Gallen vom 6.2.1870. DA Z 4.3.12, Ca Di 25.

Auch Spenden zählten zur Wechselseitigkeit im Nicht-Ökonomischen. Anhand von Geldspenden lassen sich wiederum Rückschlüsse auf die relative Bedeutung verschiedener Gruppen ziehen. Sammlungen wurden üblicherweise in der Zeitung publiziert, so dass die Spenden verglichen werden können. Meistens galten die Aufrufe britischen Institutionen wie der Children's Aid Society, die nach Kriegsende 1918 in Singapur eingerichtet wurde oder dem indischen Arm des britischen Roten Kreuzes. Erstere erhielt von Diethelm & Co in den Jahren 1918-23 jeweils Beträge zwischen 25 und 100 $, letztere 1916, als Schweizer Firmen und Personen unter erhöhtem Druck standen, ihre Solidarität mit den Briten zu zeigen, 250 $. Insgesamt spendeten die fünf Schweizer Firmen in Singapur 950 $ und Privatpersonen nochmals 455 $.[294] Als 1922 hingegen die ‚Chinese Piece Goods Traders Association' in Singapur eine Sammlung zugunsten von Taifun Opfern in Taiwan durchführten, brachten 14 europäischen Handelshäuser insgesamt knapp 8000 $ auf. Diethelm & Co war mit 500 $, Jaeger & Co mit 1000 $ beteiligt.[295] Dieser Betrag ist vergleichsweise hoch und zeigt das Gewicht dieser chinesischen Organisation für die am Großhandel beteiligten Handelshäuser.

Geschäftsbeziehungen und kolonialer Rassismus

Aus fortgesetzten Geschäftsbeziehungen, die entsprechend gepflegt wurden, konnte auch etwas entstehen, das die Kaufleute als Freundschaft bezeichneten. So schrieb Stiefel an Diethelm, dass „Kunde und Freund" Bajerie gestorben sei.[296] Im selben Jahr berichtet Stiefel über einen Fall von Totschlag, und schreibt unter anderem:

„Auch Choa Seng sollte mit dem Hantu [Dämon] im Bunde gewesen sein, der den Loh Kiang zum Todschlag veranlasste; er wurde auf diese verrückte Charge mit Frau und Kind dieselbe Nacht noch in den Jail gebracht. Ritter und ich haben ihn dann andern Tags darauf erlöst und eine Szene erlebt, die Stein erweichen kann. Ritter und ich sind seither in Choa Seng's Augen sein und seiner Familie Lebensretter."[297]

Über den Besuch zweier chinesischer Geschäftsfreunde bei Henri Fischer in Paris wurde bereits berichtet.[298] Vor allem die Partner von Handelshäusern hatten zum Teil engere Beziehungen zu ihren Geschäftspartnern. Ihr wohlwollender, wenn auch herablassender Tonfall in der Rede über die chinesischen Händler, unterscheidet sich von dem der Assistenten, der oft xenophobe Züge trägt: Rheiner bezeichnet die Chinesen als Landplage; Jen-

---

294 Straits Times, 20.10.1916, P. 10; 20.11.1918, P.10; 23.2.1923, P.9.

295 Straits Times, 23.8.1922, P.9.

296 Stiefel in Singapur an Diethelm vom 5.7.1883. DA A 2.11. Sheik Abdulah Bajerie war mit Riedtmann und Diethelm durch ein Immobiliengeschäft verbunden. Riedtmann in Hamburg an WH. Diethelm vom 16.5.1876. DA A 2.7.

297 W. Stiefel von Singapur an WH. Diethelm vom 28.12.1883. DA A 2.11.

298 Siehe P. 97.

ny schreibt aus Makassar, sein Chef habe die „Chinesen-Manie von Gouverneur Pope Henessy angenommen" und die „Europäer seien täglich Beleidigungen und Zurücksetzungen ausgesetzt, was das Leben zur Hölle mache".[299] Alder hingegen schreibt – allerdings retrospektiv – von einem Angestellten einer chinesischen Firma, „der mir besonders sympathisch war." Sein „Freund hat sich vom Kuli zum Einkäufer heraufgearbeitet, und dank seiner angeborenen Intelligenz war es mir eine Freude, mich über allerlei Dinge mit ihm zu unterhalten."[300] Trachsler, als eben Angekommener, gibt weniger selbst Erlebtes wieder als die ihm vermittelten Sichtweisen, die zwischen Abneigung und Anerkennung schwanken:

„Viel Freude hatte ich nicht beim Anblick dieser schmutziggelben, langzöpfigen und unreinlichen Chinesen, und was man mir erst über ihre Moral etc. erzählte, gefiel mir noch weniger. Sie dienen zwei Göttern, einem guten und einem bösen. Ersterer lässt ihnen alles Gute zukommen, ohne dass sie sich um ihn zu bekümmern haben. Aber dem letzteren müssen sie opfern und wohl auch mal ihm zu Liebe was Schlechtes begehen, damit er ihnen nicht nachstellt. Daneben sind sie aber tätige Handwerker oder unternehmende intelligente Handelsleute, welche hauptsächlich den grossen Handel mit dem Osten vermitteln."[301]

Beziehungspflege war wichtig für die Vertrauensbildung. In Singapur schuf jedoch der vorherrschende koloniale Rassismus – womit ein System gemeint ist, das verschiedenen ethnischen Gruppen verschiedene Positionen in der Gesellschaft zuweist – ausgeprägte Grenzen zwischen den Bevölkerungsgruppen. Er beschränkte die Kontakte zwischen Europäern und Asiaten auf professionelle, ritualisierte Kontaktformen. Für Vertrauensbildung durch informelle Kontakte in Clubs und anderen Assoziationen bestanden in diesem System hohe Hürden. Die Firmengeschichte von Behn, Meyer & Co von Emil Helfferich, das kürzlich als „engagiert und sachkundig, wenn auch *in politischen Dingen* oft ärgerlich zeitgebunden"[302] bezeichnet wurde, stellt die koloniale Gesellschaft in Singapur in krasser Weise dar:

„In der europäischen Kolonie herrschte eine einzigartige Kollegialität, die, im gemeinsamen Erlebnis begründet, alle Ostasiaten [Europäer in Ostasien] als starkes Band umschlingt. Sie war damals umso stärker, als noch keine politischen Trennungsmomente bestanden, und man die Europäer ohne Unterschied der Nationalität als eine Einheit betrachtete. Es gab einen ungeschriebenen Kodex, der z.B. eine Blut-

---

299   Victor Jenny in Makassar an WH. Diethelm vom 8.2.1883. DA A 2.4. John Pope Henessy erweiterte während seiner Zeit als Gouverneur in Hongkong von 1877-1882 die ökonomischen und politischen Rechte der Chinesen.

300   Alder, Otto (1929), P. 112.

301   Reisebeschreibung von JH. Trachlser im April-Mai 1871. DA Z 4.3.12. Ca Di 9.

302   Worm Herbert (2008). Dr. Dieter Lorenz-Meyer in memoriam. *Nachrichten der Gesellschaft für Natur- und Völkerkunde Ostasiens* (183/4). P. 9-56, hier P. 43. Die Zeitschrift wird von der Ostasien Gesellschaft in Hamburg herausgegeben, welche lange Zeit von Helfferich präsidiert wurde.

vermengung mit anderen Rassen ausschloss, und dessen Verdikt gegen unerwünschte bzw. das europäische Prestige herabsetzende Weiße lautete: You have to leave the colony. Es war ein Herrentum, das Anstand bewahrte und verlangte, und das unter Beachtung der gezogenen Grenzen sich selbst und andere respektierte; eine gesellschaftliche ‚Apartheid' im guten Sinne."[303]

Dieser Kommentar Emil Helfferichs steht in Kontrast zu den erwähnten Bemühungen um soziale Kontakte. Doch selbst aus Kommentaren, welche eine Nähe zu Chinesen betonen wollen, ist noch die Distanz herauszulesen. Hans Schweizer-Iten beschreibt in der unveröffentlichten Firmengeschichte von Diethelm & Co die Beziehung von deutschen und schweizerischen Kaufleuten – im Unterschied zu britischen – zu ihren chinesischen Klienten als „auf freundschaftlicherem, *sogar* auf freundschaftlichem Fuss" stehend.[304] Otto Alders beschreibt das Verhältnis von Schweizern zu den Chinesen wie folgt:

„Aber noch ein anderer Faktor machte sie schätzenswert, das war die Art ihres Umgangs mit den Käufern aller Rassen des Ostens. Von Hause aus schon gewohnt als Republikaner alten Schlages auch mit *in bezug auf Bildung und Rang unter ihnen Stehenden* leutselig zu verkehren, begegneten sie den Asiaten in gleicher Weise und erwarben sich deren Sympathie, so dass sie sich als Verkäufer vorzüglich eigneten. Der Deutsche, anders geartet, war dagegen durchaus an seinem Platze als Einkäufer der Produkte, wo es galt zu imponieren und Schlauheit gegen Schlauheit auszuspielen, und ebenso im Verkehr mit den Schiffskapitänen."[305]

Es ist, als ob die eurozentristische Einstellung angesichts der kulturellen Differenz kein Vokabular für eine Beziehung auf Augenhöhe zwischen östlichen und westlichen Geschäftspartnern zulassen würde. Das Maß an Vertrauen, das europäische Kaufleute ihren asiatischen Geschäftspartnern durch das von ihnen installierte Kreditsystem entgegenbringen mussten, war nicht in ein entsprechendes Maß an sozialen Beziehungen eingebettet, welche das Vertrauen verständlich gemacht hätte.

Chops und Trademarks

Chop ist ein Begriff, der die Geschichte der frühen Globalisierung in sich trägt. Der Ursprung des Wortes ist umstritten: Laut Hobson-Jobson bezeichnet ‚chhap' in Hindustani einen offiziellen Stempel auf Gewichten, der ihre Genauigkeit festhält, dh. ein Eichzeichen; im Portugiesischen ist ‚chapa' eine dünne Metallplatte. Von Indien gelangt der Ausdruck in den malaiischen Archipel. Malaysisch heißt ‚cap' Stempel und wird für Batikstempel, aber auch für einen Reisepass oder eine Lizenz verwendet. Hobson-Jobson hält fest, dass der Begriff Chop vor allem in der malaiischen *lingua franca*

---

303 Helfferich, Emil (1957), P. 114.
304 Schweizer-Iten, Hans (1973), P. 103.
305 Alder, Otto (1929), P. 73.

im südchinesischen Meer häufig gebraucht wurde und im Lauf der Zeit verschiedene Bedeutungen annahm. Chop bezeichnet Qualitäten von Tee; am Kanton Fluss sind Zollhäuser ‚chop-houses‘; in Taiwan ist der ‚chop-dollar‘ ein markierter Dollar.[306] In der chinesischen Kultur spielen Siegel eine wichtige Rolle und haben ganz verschiedene Funktionen: Sie dienen zur Feststellung der Identität, zur Kennzeichnung von Urheberschaft oder zur Bestätigung von Echtheit. In China, Japan und Korea werden Siegel anstelle von Unterschriften gebraucht und dienen auch heute zur Identifikation von Firmen und Privatpersonen. Die chinesische Bezeichnung für die Siegel, die meist in Stein geritzt und mit roter Tinte appliziert werden, ist Yin oder Bao.

Im chinesischen Handel in den Straits Settlements setzte sich der Begriff ‚Chop‘ für die Siegel durch. Er bezeichnete ein chinesisches Geschäft, genauer: die chinesische Seite des Geschäftes. Chinesische Kaufleute traten oft mit einer doppelten Identität auf. Gegenüber ihren chinesischen Handelspartnern verwendeten sie ihre chinesische Identität (z.B. Chop ‚Ang Chin Seng‘), gegenüber Europäern traten sie als ‚limited company‘ (Ang Kim Cheak & Co) auf.[307] Diese doppelte Repräsentation hat mit den unterschiedlichen Traditionen zu tun, über die Glaubwürdigkeit vermittelt wird. Die Art, wie Firmen und die hinter ihnen stehenden Personen sichtbar und damit rechenschaftspflichtig gemacht werden sollten, war lange Zeit ein Streitpunkt zwischen der europäischen und der chinesischen Kaufmannsgilde. Im Handel mit den Europäern war eine schriftliche Registrierung der Firma und ihrer Verantwortlichen gefragt,[308] im Handel unter Chinesen konnte mit Hilfe der chinesischen Identität, die materiell über das Siegel, den Chop vermittelt wurde, Geschäftstransaktionen vereinfacht abgewickelt werden:

„The Chinese partnership firms kept the dealings among themselves separate from the dealings with the non-Chinese firms by means of the chop, an individual seal belonging to each Chinese firm. It was used to guarantee deals, raise credit, and conclude transactions with other partnership firms within the community of Chinese merchants."[309]

Der Chop wirkte als vertrauensbildendes und legitimierendes Zeichen und war unabdingbarer Bestandteil des Alltags von chinesischen Handelsleuten. Gleichzeitig war ‚Chop‘ aber auch die lokale Bezeichnung für die Brands (Handelsmarken), welche im Textilienmarkt ab den 1870er Jahren mehr und mehr Verwendung fanden und im neuen Markenrecht als ‚trademarks‘ rechtlich geschützt waren. Die Trademarks wurden gewissermaßen als das Siegel europäischer Firmen angesehen, das Echtheit vermittelt. Mit dieser Verwendung des Wortes kehrt der Begriff zurück zu seiner ursprünglichen Bedeutung, nämlich einer auf Waren gestempelten Marke, die deren Identität oder

---

306 Hobson-Jobson (1903): A glossary of colloquial Anglo-Indian words, Artikel «Chop»; The dictionary of trade products (1890). Artikel «Chhap». P. 86.
307 Song Ong Siang (1923), P. 217f.
308 Chiang Hai Ding (1978), P. 55-58.
309 Ray, Raja Kanta (1995), P. 517f.

Qualität anzeigen soll. In Singapur und anderen südostasiatischen Märkten waren Handelsmarken stark verbreitet und stießen auf reges Interesse der Kundschaft. Sie waren die Antwort auf die Informationsasymmetrie im Bazar, die bei den Kunden stets eine gewisse Unsicherheit zurückließ. Bei offen gehandelten Gütern, konnten die Messinstrumente gefälscht sein oder schlechte Qualität untergemischt sein. ‚Branded goods', da sie verschlossen und mit einer Marke versiegelt waren, versprachen gleich bleibende Qualität.[310] In der Transaktionskostenökonomie senken Brands die Messkosten der Kunden: sie können von einem garantierten Standard ausgehen und müssen weniger vergleichen.[311] Doch die Wirkung von Brands geht weit über reduzierte Messkosten hinaus. Brands als kulturelle Symbole gehen auf eine lange Tradition des Versiegelns von Waren zurück, die den Übergang von Eigentum von einer Hand zur anderen begleiten.[312] In ihrer materiellen Erscheinung haben Effekte, die insbesondere für die Werbeindustrie von Bedeutung sind.

Branding und Trademarks aus westlicher Sicht

Brands und Trademarks sind komplexe kulturelle Figurationen, die Aspekte von Recht, Marketing und Design umfassen. Sie können als unterschiedliche Seiten desselben Phänomens betrachtet werden. Gemäß Stefan Schwarzkopf ist eine Trademarks ein Stück geistigen Eigentums, während ein Brand dieses Eigentum mit sozialer und kultureller Bedeutung auflädt.[313] Die Geschichte von Trademarks beschäftigt sich demgemäß mit der Ausbreitung des Schutzes geistigen Eigentums, während die Geschichte von Branding sich mit der Entwicklung von Marketing und Werbeindustrie beschäftigt. Beide Geschichtsstränge sind auf Europa und Amerika fokussiert und erzählen etwas, was als typisch für die westliche Moderne gelten mag. Trademarks erscheinen darin als ein immaterielles Gut, das auf dem rechtlichen Schutz gründet, welcher der Eigner in Anspruch nehmen kann. Dieser Schutz wurde im Zusammenhang der europäischen Expansion und des Exports europäischer Industrieprodukte geschaffen und im Rahmen der rechtlichen Internationalisierung des späten 19. Jh. weiterentwickelt. Die Konventionen von Paris 1883 und diejenige von Madrid 1891 garantierten die gegenseitige internationale Anerkennung von Ansprüchen auf Marken. Aufgrund des Madrider Abkommens wurde in Bern ein internationales Büro eingerichtet, wo internationale Marken deponiert werden konnten. Ein eigenes Publikationsorgan, «Les marques internationales», wie z.B. das britische

---

310 Fanselow, Frank (1990).

311 North, Douglass C. (1993). P. 5.

312 Wengrow, D. (2008). Prehistories of Commodity Branding. *Current Anthropology* 49 (1). P. 7-34.

313 Schwarzkopf, S. (2008). Turning Trade Marks into Brands: how Advertising Agencies Created Brands in the Global Market Place, 1900-1930. *CGR Working Paper* 18. P. 1-38.

«Trade Mark Journal», ergänzte die zahlreichen nationalen Publikationsorgane für Marken.[314] Auch wenn sich Staaten wie Großbritannien und die USA anfangs nicht beteiligten, stellen Patent- und Markenrecht einen wichtigen Bestandteil jenes Teil der westlichen Moderne dar, der international verbindliche Standards zu etablieren suchte, damals allerdings noch ohne die Stimme eines Großteils der Welt.

Mira Wilkins bezeichnet Trademarks als immateriellen und unantastbaren Wert multinationaler Unternehmen. Die Distanz zwischen Produzent und Käufer und die fehlenden Möglichkeiten, eine persönliche Vertrauensbeziehung aufzubauen, verlangen nach Wegen, Produkte einfach identifizierbar zu machen, will man Käufer längerfristig binden. Moderne Unternehmen vermochten mit Trademarks ihre Effizienz zu steigern, indem diese halfen, einen großen Umsatz über lange Perioden zu erzielen.[315] Hartmut Berghoff spricht von Trademarks als „einseitigen Vorleistungen", mittels denen Produzenten versuchen, Vertrauen auf neuen Märkten zu generieren. Über Werbung mit seinem Namen garantiert ein Markenführer persönlich oder mit dem Namen des Unternehmens für Qualität. Dies gibt den Kunden wiederum die Möglichkeit, nicht eingehaltene Qualitätsversprechen zu sanktionieren. Wilkins hat multinationale Unternehmen vor Augen, in denen Produktion und Marketing integriert sind. Der Name ist bei diesem Konzept zentral; so hält Wilkins fest, dass sie ‚Firmennamen', ‚Markenzeichen', ‚Markenartikel' und ‚Markennamen' synonym brauche. Ein Beispiel dafür ist die Schweizer Schokoladenindustrie, deren Marketing stark auf den Namen von Unternehmen und Handelsmarken fokussiert ist.[316]

Namen und Zeichen

In den Niederungen des Alltags im Singapurer Textilmarkt stoßen solche idealtypischen Konzepte von Trademarks an ihre Grenzen. So setzt die Verwendung des Namens im Produktmarketing bei Kunden die Fähigkeit voraus, einen Namen schnell zu erkennen. Was jedoch, wenn die Kundschaft

---

314 Zur Geschichte der völkerrechtlichen Abkommen im Markenrecht siehe Ladas, Stephen Pericles (1975). *Patents, trademarks and related rights national and international protection.* insbesondere Vol. 1, Kap. 4, P. 59-94. Einen kurzen Überblick über die Prozeduren aus Seiten der niederländischen Industrie bieten Simon Thomas, M./Den Otter, P. (1993). ‚Twentse tjaps'. *Textielhistorische Bijdragen* 33. P. 104-19.

315 Wilkins, M. (1992). The Neglected Intangible Asset: The Influence of the Trade Mark on the Rise of the Modern Corporation. *Business History* 34(1). P. 66-95. Berghoff bezeichnet den Markenartikel als „Antwort auf die Entgrenzung und Anonymisierung der Märkte". Berghoff, Hartmut (2004), P. 160.

316 Wilkins, M. (1992), P. 67.; Rossfeld, Roman (2007). *Markenherrschaft und Reklameschwung: Die schweizerische Schokoladeindustrie zwischen Produktions- und Marketingorientierung, 1860-1914.* In: H. Berghoff (Ed.). Marketinggeschichte: die Genese einer modernen Sozialtechnik. P. 87-119.

den Namen eines Produzenten gar nicht identifizieren kann, weil ihr die lateinische Schrift nicht geläufig ist? George Wostenholm, Produzent von Qualitätsklingen aus Sheffield, raisonierte 1888 in victorianischer Manier über das Sprachproblem auf fernen Märkten:

„Many people who cannot read English buy our goods, Chinese for instance [...] and I have heard say those on the Pacific Coast will not buy a knife unless these strange marks I*XL are on the side of the blade. You will see therefore, when dealing with foreign markets, how important it is to have a very distinctive mark – we must pre-suppose in the purchaser not only ignorance of quality, dense ignorance even, but also ignorance of the English language."[317]

Hier kommen Trademarks wieder in ihrer ursprünglichen Bedeutung als visuelle Erkennungszeichen, welche die Identifikation von Waren erlauben, ins Spiel. Die Verwendung von figürlichen Markenzeichen hat eine lange Tradition, die von den Töpfermarken in der Antike, über Zeichen von Stein-metzen, von Druckern, über Brandmarken auf Vieh und Waren im Fernhan-del bis zu den Signeten von modernen Firmen reicht.[318] Auch im Textil-handel waren viele solcher Zeichen üblich, unter anderem das so genannte ‚line-heading‘, das den Abschluss eines Gewebes bezeichnet, in dem die Produzenten Qualitätszeichen einwoben hatten und dessen Vorhandensein die Vollständigkeit des Tuches anzeigte.[319]

Der Sheffielder Klingenproduktion kommt besondere Bedeutung im Übergang von traditionellem Handwerkerzeichen zu modernem Markenzei-chen zu. Die dortige Zunft der Schmiede, die Cutlers Company, führte ab 1614 ein Markenregister. Im Industriezeitalter war dieser Produzenten-verband ab den 1860er Jahren eine treibende Kraft hinter dem Schutz des Markenrechts. Das Zeichen der Firma Rodgers & Sons, Stern und Malteser-kreuz, war im 19. Jahrhundert die wohl berühmteste Marke weltweit und wurde auch im Mittleren und Fernen Osten als Qualitätsgarantie akzep-tiert.[320] Ist eine Marke einmal etabliert, kann sie große Wirkung entfalten, indem sie durch das Qualitätsversprechen wiederkehrende Kunden bringt. Der Wiedererkennungseffekt von Symbolen senkt die Kosten für das Mar-keting, und wiederkehrende Kunden sind bereit, für Qualität eine Prämie zu zahlen. Bei Stahlklingen kommt hinzu, dass selbst Experten von der äußeren Erscheinung her keine Aussagen über die Qualität machen können. Erken-

---

317 Zit. nach Higgins, D./Tweedale, G. (1995), P. 6f.

318 Siehe dazu: Wengrow, D. (2006); Mollerup, Per (1997). *Marks of excellence: the function and variety of trademarks*, P. 15-41.

319 Higgins, D./Tweedale, G. (1996). The trade mark question and the Lancashire cotton textile industry, 1870-1940. *Textile History* 27(2), P.218f.; siehe auch Meyer, Carl (1905). Die historische Entwicklung der Handelsmarke in der Schweiz. Meyers historische Studie bringt Beispiele von Markierungen von Textilien in der Schweiz der frühen Neuzeit.

320 Higgins, D./Tweedale, G. (1995), P. 6.

nungszeichen, die auf Qualität schließen lassen, sind also für den Kauf unabdingbar.

Doch mit der Wirkungskraft von Marken geht auch der Betrug einher. Sheffields Schmiedewerkstätten waren darauf fixiert, den guten Namen der Firmen und des Standorts zu verteidigen. Higgins und Tweedale kommen zum Schluss, dass dieser Kampf in Sheffield wenig erfolgreich war und die Industrie dabei Innovationen vernachlässigte.[321] Ihre Studie über den Stellenwert von Trademarks in der Textilindustrie in Lancashire zeigt ein ebenso düsteres Bild von den Bemühungen um Markenschutz. In der Textilindustrie war das Hauptproblem die schiere Menge an geläufigen Marken. Nach der Einführung der Trade Mark Registration Act 1875 wurden in London und Manchester 44.000 Marken für Registrierung eingereicht! Darunter waren enorm viele Duplikate, die sich aus dem Produktionsprozess und der Organisation des Handels ergaben. Der größte Teil konnte nicht registriert werden, weil sie dem Kriterium der Eindeutigkeit nicht genügten.[322]

Doch auch wenn auch das neue Trademark-Recht den multinational tätigen Firmen keinen einfachen Weg zu geschäftlichem Erfolg aufwies, so ist unumstritten, dass Trademarks das Potential haben, das Verhältnis von Produzenten, Händlern und Käufern wesentlich zu verändern, wem auch immer das zum Vorteil gereicht, und das wurde möglich aufgrund der Verbindung von visueller Kommunikation und rechtlichem Schutz.

Trademarks in Singapur

Der Fernhandel war wichtig für die Entwicklung von Branding, denn das Problem der Authentifizierung von Produkten stellte sich gerade dort, wo Kunden den Produzenten nicht kennen. In Texten zur frühen Praxis des Brandings tauchen immer wieder Beispiele aus Übersee, insbesondere dem mittleren bis fernen Osten, auf.[323] Im Textilienhandel in Singapur waren Trademarks omnipräsent. Vorläufer der figürlichen Marken sind die Brandzeichen auf den Textilienballen, die schon zu Zeiten der VOC verwendet wurden. Säcke oder Ballen wurden mit einem Stempel der Firma in Form des Namens, eines Zeichens oder Logos versehen. Mit der Zeit wurden diese Stempel durch Etiketten ersetzt, die grafisch ausgestaltet wurden und

---

321 Ebd. Der Artikel ist ein Gegenargument zu Mira Wilkins These, dass Trademarks wie Patente zu den für eine wirtschaftlich erfolgreiche Firma unerlässlichen immateriellen Werten gehört und dementsprechend rechtlich zu schützen seien.

322 Higgins, D./Tweedale, G. (1996), P. 212.

323 Z.B. McClintock, Anne (1995). Imperial leather: race, gender and sexuality in the colonial contest. McClintock platziert das erste moderne Brand, die Lux-Seife in einen kolonialen Kontext. Rose, Mary B. (2000). *Firms, networks, and business values: the British and American cotton industries since 1750*, P. 186; Higgins, D./Tweedale, G. (1995). Asset or liability? Trade marks in the Sheffield Cutlery and Tool Trades. *Business History* 37(3). P. 1-27.

somit mehr Möglichkeiten zum Transport von Werbebotschaften boten. Diese Etiketten und Marken sind marketing-historisch interessant, weil sich eine für Asien spezifische Form herausbildete, die große Wirkung entfaltete. Im Handel mit Chinesen konnten sich Marken leicht etablieren. Der Druck dazu scheint laut einem deutschen Beobachter des Textilgeschäfts in Hongkong eher von den asiatischen Händlern ausgegangen zu sein:

> „Im übrigen wurde das Geschäft […] dadurch erleichtert, daß die Chinesen daran gewöhnt sind, eine Ware unter einer bestimmten Marke zu kaufen, welche als Garantie für gleichbleibende Qualität angesehen wird. […] Die Schwierigkeit war jeweils, eine solche Marke einzuführen. War sie es einmal, so bestand im allgemeinen keine Schwierigkeit, darin Geschäfte zu machen, und gewöhnlich waren für solche Chopwaren bessere Preise zu erzielen, als für unmarkierte; es konnte vorkommen, daß ein und dieselbe Ware mit dem Chop sehr begehrt, ohne ihn aber unverkäuflich war. '[324]

Die Textilindustrie in der ostniederländischen Provinz Twente benutzte schon in den ersten Jahrzehnten nach ihrer Entstehung solche Etiketten.[325] Sie waren anfangs ausschließlich im Handel mit Asien in Gebrauch. Mit der Intensivierung des Handels in diese Region ab 1857 folgten die Ostschweizer Produzenten dem Beispiel der Niederländer. Sie scheinen sich dabei nicht intensiv mit dem Gegenstand auseinandergesetzt zu haben. Im Archiv der Firma Mathias Naef finden sich – nebst ein paar Formularen zur Registrierung von Handelsmarken und der Hausmarke – eine Vorlage, nämlich die Marke mit dem Fabrikmotiv des niederländischen Konkurrenten C.T. Stork & Co. Das Motiv der Fabrik verwendete später auch Raschlé & Co und andere niederländische Produzenten.

In der Firmenkorrespondenz von Diethelm von Trademarks spricht Wilhelm Stiefel als erster von Trademarks. In seinen 1878 einsetzenden Briefen erscheinen Trademarks bereits als ein fester Bestandteil der Geschäftskultur in Singapur. Stiefel teilt Diethelm mit, dass er sich bei Ziegler (vermutlich Rieter, Ziegler & Co in Richterswil) nach den Farben Magenta and Blue, Chop burong (Marke Vogel) erkundigt habe und dort an H. Tillmann in Crefeld verwiesen worden sei. Er empfahl Diethelm, dort vorbei zu gehen, um eventuell die Marke für Hooglandt & Co zu sichern. Im selben Jahr spricht er über die Absicht, die Agentur von Gerber Milch in Thun für Hooglandt & Co zu erwerben. Die Trademark von Chamer Milk sei bereits gut bekannt, weshalb er vorschlage, pro Dose einen Preis von 2 Cents unter dem der Konkurrenten zu verlangen.[326]

324 Wagner, M.A. (1921). *Der Einfuhrhandel nach China*. In: Josef Hellauer (Ed.). China: Wirtschaft und Wirtschaftsgrundlagen. P. , P. 268.
325 Simon Thomas, M./Den Otter, P. (1993), P. 105.
326 Stiefel von Singapur an WH. Diethelm vom 1.6. und 13.7. 1878. DA A 2.11.

Abbildung 7-10: Handelsmarken von Textilproduzenten

Handelsmarken von C.T. Stork, Hengelo (NL) (ca. 1840), Mathias Naef; Niederuzwil (CH) (ca. 1860), Birenstiel, Lanz & Co, Wattwil (ehemals Raschlé & Co, CH) (ca. 1890) uns H.P. Gelderman & Zonen, Oldenzaal (NL) (ca. 1920)
Quelle: Staatsarchiv St.Gallen, Toggenburgermuseum, Historisch Centrum Overijssel

Aus dem folgenden Jahr existiert ein Brief, in dem JD. Hooglandt vorschlägt, eine bestehende Handelsmarke für Streichhölzer zu imitieren, was eine Verletzung des Markenrechts bedeutet hätte. Eine Druckerei würde die exakten Kopien der Etiketten liefern, die erst nach dem Transport auf die Kisten geklebt würden. „Der chinesische Käufer müsste in dieses Geheimnis eingeweiht werden und er müsste feste Bestellungen aufgeben [...] auf sein Risiko."[327] Offensichtlich aber wurde der Vorschlag als nicht erstrebenswert angesehen. 1882 kam dann erstmals eine eigene Handelsmarke für Streichhölzer ins Spiel. Riedtmann hatte gemeinsam mit fünf ehemals in Asien tätigen Kaufleuten in Brugg eine Streichholzfabrik gegründet. Diese sollte den südostasiatischen Markt beliefern, und dafür wollte Riedtmann die Gemsbock-Marke (Chamois) verwenden. Hooglandt & Co hatten das Recht auf diese Marke, die sie im Handel mit Textilien aus Manchester (Ellinger & Co) gebrauchten, und vermutlich sollte dieselbe nun auch für die Streichhölzer zum Einsatz kommen.[328]

Das Motiv der Gemse entspringt der schweizerischen Bildwelt. Dies ist bei den ersten Marken keine Ausnahme: An einen jemenitischen Händler in Singapur werden Tuche unter einer Kuhmarke geliefert, auf den Packungen der Shirts von Jacques Schiesser prangte ein Schweizerhaus, eine andere

---

327 JD. Hooglandt an WH. Diethelm vom 17.7.1879. DA A 2.9. Briefe der Familie Hooglandt an WH. Diethelm.

328 Schweizer-Iten (1980), P. 235.

Marke der Hooglandt & Co zierte ein Steinbock-Wappen (das Familienwappen der Diethelm), eine weitere eine Bergbahn.[329]

Abb. 11-12: ‚Chamois‘ und ‚Halbmond und Stern‘-Marke (Quelle DKH)

Doch bald einmal stellten die Kaufleute fest, dass die Wahl der Motive über den Erfolg eines Produktes entscheiden kann. 1884 schreibt Riedtmann an Diethelm, dass man für die Wahl des Gemsbocks Lehrgeld bezahlt habe; „mit der ‚Stern und Halbmond‘-Marke sollte es nun besser gehen“.[330] Nicht die Qualität des Produkts, sondern das vom Produkt unabhängige Symbol wurde als Ursache für die schlechten Verkäufe angesehen. Die Partner der Streichholzfabrik gingen nach anfänglichen Schwierigkeiten zu einem Symbol über, das in der islamischen Welt als Zeichen für Istanbul seinen festen Platz hat und heute das Wappen Singapurs ziert.

Die Wirkung von Handelsmarken war für viele Kaufleute ein überraschender Umstand, waren sie doch gewohnt, Waren nach Qualität zu prüfen.[331] Die Reaktion von Kunden auf die Verzierung von Verpackungen und anderes Marketing wurde von den Kaufleuten zunächst als ‚naiv‘ betrachtet, doch allmählich sahen sie ein, dass die Einführung einer Handelsmarke und der damit verbundene visuelle Auftritt in Form von Etiketten eine Auseinandersetzung mit der kulturellen Symbolik in den Zielregionen ihrer Produkte erforderte. Anfangs zeigt die Suche nach geeigneten Motiven selbst naive Züge: In den ersten beiden Jahrzehnten geschah viel auf's Geratewohl. Erst

329 An der Streichholzfabrik waren nebst Riedtmann R. Lutz (ehemals Manila), JU. Niederer-Rumpus (Niederer & Co, Batavia), die Gebr. Volkart in Winterthur, C. Sturzenegger und JG. Rutishauser (ehemals Singapur) beteiligt. Riedtmann allein verlor 100.000 Fr. JR. Riedtmann aus Fluntern an WH. Diethelm vom 23.2.1882. DA A 2.7; die Chamois-Marke wird erstmals 1883 in einem Brief von WH Diethelm an JD. Hooglandt angesprochen, als Warenzeichen für Ellinger & Co in Manchester. Diethelm aus Manchester vom 22.10.1883. DA A 2.6.

330 JR. Riedtmann aus Axenstein an WH. Diethelm vom 25.7.1884. DA A 2.7.

331 Witzig, Paul (1929), P. 23.

mit der Zeit scheint so etwas wie interkulturelles Marketing entstanden sein. So verwies das Kaufmännischen Zentralblatt 1897 auf eine deutsche Publikation, in der zu lesen war:

„Wer die chinesischen Verhältnisse kennt, weiss, dass der Eingeborene in erster Linie nicht auf die Ware selbst, sondern auf das Zeichen achtet, ob ihm dasselbe Glück zu verheissen scheint oder nicht."[332]

Der Artikel fügte Empfehlungen bezüglich Farb- und Motivwahl hinzu. Zwischen 1870 und 1890 fand ein Prozess des ‚Trial and Error' statt, in dem sich eine reife Form der Etikette herausbildete. Es gab grüne Etiketten mit schwarzem oder goldenem Aufdruck für billige Stoffe und aufwendig gestaltete, farbige Etiketten für Textilien aus dem hohen Qualitätssegment. Ab 1890 wird die Struktur der Etiketten einheitlich: alle werden von einem Bild dominiert, der symbolischen Darstellung der Marke, an den Rändern werden in verschiedenen Schriften Informationen über Herkunft vermittelt, meist der Firmenname:

„Diese Marke, der sogenannte Chop, ist im allgemeinen ein bunt ausgeführtes Bild in chinesischem Geschmack. Am beliebtesten sind Blumenstücke, Tiere und Szenen aus der chinesischen Geschichte. Das Bild trägt ferner meist eine die Güte der Ware bezeichnende Inschrift sowie Namen und Wohnort des Fabrikanten oder des Importeurs. Außer diesem eigentlichen Chop waren nicht unwichtig noch besondere Marken, sei es als einfache Verschlüsse für Papierpackungen, sei es als Bezeichnungen für Länge und Gewicht der betreffenden Ware; auch wurden häufig besondere Streifen mit den Charakteren für den Geschäftsnamen des Käufers verwendet."[333]

Solche Etiketten waren im Handel mit Textilien nach Asien von Indien bis China im Gebrauch. Dies zeigt eine Sammlung eines Grafiklehrers in Winterthur aus den Jahren 1890-1920. Aus dem Material stechen die Etiketten im Handel mit Asien heraus, insofern als die visuelle Kommunikation eines Produktes völlig von seinen intrinsischen Qualitäten des Produktes losgelöst ist. Dies ist typisch für den Handel mit Asien und untypisch für die Werbung von Produkten sowohl in der Schweiz und wie vermutlich auch generell in ganz Europa, die entweder mit dem Namen des Produzenten oder mit einer Abbildung des Produktes selbst arbeiten.[334] Die Etiketten im asiatischen Textilhandel hingegen benutzen ein Symbol, das nicht auf Qualitäten wie die Festigkeit des Fadens oder die Beständigkeit der Farben verweist, sondern unabhängig vom Produkt wirkt. Voraussetzung dafür war ein Lernprozess in visueller Kommunikation in den betroffenen Firmen.

Im Lieferantenbuch der Firma Rautenberg, Schmidt & Co. (und der mit ihr verbundenen Deutsch-Siamesische Handelsgesellschaft) ist von 1901-1905 eine Palette von Marken dokumentiert mit allgemeinen oder spezifisch

332 Der Artikel referiert Mitteilungen des Patentbüros von Richard Lüders in Görlitz. *Schw. Kaufmännisches Zentralblatt* vom 12.6.1897, P. 1.

333 Wagner, M.A. (1921), P. 268.

334 WiBib, ALBU 1.044, Sammlung Merkantildruck von Ernst Speth.

asiatischen Motiven. Unter den zwanzig Marken sind vier Pflanzensujets (Krautkopf, Fantree, Banane, Melone) und fünf Tiersujets (Gemse, Steinbock, Büffelkuh, Hahn, Elefant), sechs zeigen menschliche Figuren (Japanerin, Chinesen im Club, Bogenschütze, Pascha zu Pferd, Rikscha-Fahrer, Thai-Weber), drei mythische oder religiöse Figuren oder Symbole (christliches Lamm, Lion & Unicorn, chinesische Dämonen) und drei andere Symbole (Anker, Münzen, Stern). Mit Abstand am erfolgreichsten war der Krautkopf. Von diesem Etikett verteilten Rautenberg & Schmidt in der Periode 1901-1905 weit über 50.000 Stück an verschiedene Produzenten.[335]

Abbildung 13: Typische Handelsmarke im Textilhandel in Singapur

Quelle: DKH Archiv

Schweizer Textilproduzenten konnten sich kaum mit eigenen Marken positionieren. Das Fabrikmotiv (siehe Abb. 7-10) zehrt von der europäischen Werbe-Ikonographie. Die Abbildung des Fabrikgeländes soll durch seine Größe die Seriosität der Firma unterstreichen, die allegorischen Figuren sollen die Tugenden der Firma symbolisieren. Die Verwendung des Firmengebäudes und allegorischer Figuren ist in der Werbung des späten 19. Jh. häufig anzutreffen, insbesondere bei Firmen wie Versicherungen, deren Produkt schlecht fassbar ist.[336] Doch diese in Europa gängige Form des Produ-

---

335 Stadtarchiv Schaffhausen. Rautenberg, Schmidt & Co. Etikettenkontrolle, 1901-07. D IV.01.34.02.31/08.

336 Borscheid, Peter (1995). *Sparsamkeit und Sicherheit. Werbung für Banken, Sparkassen und Versicherungen.* In: Borscheid et al. (Eds.). Bilderwelt des Alltags: Werbung in der Konsumgesellschaft des 19. und 20. Jh. P. 304f.

zentenmarketings schien in Singapur keine Wirkung entfalten zu können, allein schon wegen der Varietät der dort gebräuchlichen Schriften. Die Fabrik war kein kulturell verankertes Symbol und wenig geeignet, selbständig zu wirken. Den Produzenten fehlte es am nötigen kulturellen Knowhow, um marktgerechte Etiketten zu produzieren.

Abbildung 14-17: Handelsmarken von H.P. Gelderman & Zonen

Kulturell informierte Marken von Handelshäusern für Produkte von HP. Gelderman & Zonen. Tjap ist der malaiische Ausdruck für Chop. In Niederländisch-Indien konnte auf das von den Niederländern eingeführte lateinische Alphabet zurückgegriffen werden.

Eigene Trademarks der Firma HP. Geldermann & Zonen. Die Ziegenmarke wurde besonders häufig verwendet. Quelle: Historisch Centrum Overijssel

Für den Druck von Etiketten bestanden spezialisierte Agenturen, die Motive und Texte in verschiedenen Sprachen und Schriften entwickelten. B. Taylor & Co in Manchester waren auf Etiketten für Garne und Tuche auf asiatischen Märkten spezialisiert; ein Katalog von 1911 zeigt eine große Palette von Motiven. Diethelm & Co ließen ihre Etiketten (Tickets) dort und bei einer spezialisierten Druckerei in Frankreich (Dehon in Valenciennes) drucken.[337] Auch Produzenten in der Schweiz haben solche Angebote genutzt. Im Packungs- und Speditionsbuch der Firma Raschle & Co sind zwei eigene Marken (Zebra-Tiger, indische Gottheit) vermerkt. Die dazugehörigen Etiketten sind in derselben Manier gestaltet wie die in Singapur, Bangkok und Saigon gebräuchlichen. Doch fehlt die Beschriftung; das Packbuch vermerkt, dass diese Etiketten zur Verwendung kommen sollen, wo „hübsche Etiketten" verlangt werden.[338] Sowohl ihre Fabriken-Etiketten als auch die beiden mit mehr oder weniger asiatischen Motiven verzierten kamen beim höchsten Preissegment als zusätzliches dekoratives Element zum Einsatz und nicht im Sinne einer Identifikation eines Produkts für die Kunden in Asien.

Das sprachliche Gegenstück zum Bild

Bei der Etablierung einer Trademark ging es nicht einfach darum, ein geeignetes Motiv zu finden, das dem lokalen Geschmack entsprach. Vielmehr ging es darum, eine Marke zu einem Begriff zu machen, den die Händler im Bazar kannten. Dies bedingte eine sprachliche Rezeption der Marke, denn dafür musste sie nicht nur erkannt, sondern auch benannt werden. Verschiedene Gerichtsfälle bei Verletzungen des Markenrechts zeigen die Bedeutung der Markennamen. 1891 versuchte der Advokat eines Chinesen, der Streichhölzer unter der ‚elephant and cock'-Marke verkaufte und deshalb von einem britischen Handelshaus, welches das Recht auf die Marke beanspruchte, verklagt wurde, seine Verteidigung auf dem Argument aufzubauen, dass in Singapur kein Register existiere. Es könne von seinem Mandanten nicht erwartet werden, dass er von Geschäft zu Geschäft gehe und frage, ob Anrecht auf eine bestimmte Marke bestehe. Der Advokat der Gegenseite hingegen rekurrierte auf den Imperial Act, der den Schutz einer in Großbritannien registrierten Marke auf das ganze Empire ausdehne, auch ohne Registrierung in der Kolonie. Er ließ es jedoch nicht bei diesem legalistischen Argument bewenden, das vom Imperialismus der Zeit zeugt und das Argument der Verteidigung nur bestärkt hätte. Stattdessen führten die Kläger ins Feld, dass die Marke eine gewisse lokale Bekanntheit unter dem Chop ‚ayam gajah' (Hahn und Elefant) erlangt hätte und es schwer zu glauben sei, dass ein Händler die Brands nicht kenne. Der Richter wiederum stützte sich in seiner Urteilsbegründung weniger auf die Rechtslage, sondern

---

337 Kataloge und Werbeunterlagen in DA A 6.1 und 6.2.

338 Pack- und Speditionsbuch der Firma Birnstiel, Lanz & Co, 1890er Jahre. Toggenburger Heimatmuseum. 1315.

auf diese Praxis im Handel und bezeichnete das britische Handelshaus als ‚sola bona fide importers' von Streichhölzern mit betreffender Marke.[339]

Der für chinesische Kaufleute unhaltbare Zustand, dass Verletzungen von Trademarks einklagbar waren, doch in Singapur im Gegensatz etwa zu Hongkong keine Registrierung für Trademarks eingeführt wurde, war mit ein Grund, dass chinesische Kaufleute 1906 ihre eigene Handelskammer gründeten. Die europäische Handelskammer fand, dass das bestehende Recht für den Schutz europäischer Importeure ausreiche und dass die Registrierung nur zu Unannehmlichkeiten und Kosten ohne entsprechende Kompensation führen würde.[340] Die stoßende Argumentationsweise kann als Indiz dafür betrachtet werden, dass europäische Handelshäuser glaubten, Terrain im Bereich der Trademarks aggressiv verteidigen zu müssen.

Abb. 18: Ankermarke der Firma Dalmann (später Diethelm & Co)

Quelle: DKH Archiv

Ein weiterer Fall zeigt das Gewicht der Handelspraxis in der Rechtsprechung: 1906 klagte die Firma JH. Trachsler in Bern durch Dalmann & Co, ihre Vertreter in Singapur, gegen das Haus Ankersmit & Co auf Verstoß gegen das Recht auf ihre Anker-Marke.[341] Im Prozess ging es unter anderem darum, festzustellen, unter welchem Namen die Marke im Bazar bekannt war. Dies belegt, dass sich rund um die Marken eine ikonische Sprache entwickelt hatte und dass die Händler teilweise über einen sehr differenzierten Wortschatz in dieser Symbolsprache verfügten. Ein Händler konnte fünf verschiedene Marken mit Ankern: sauh ayam (Anker und Hahn), sauh hijau (grüner Anker), sauh dua kali lebar (doppelt breiter Anker), burong sauh (Vogel und Anker) und dua sauh (Zwei Anker) sowie das dazugehörige Produkt und deren Vertreter nennen. Er behauptete, Verwechslungen kämen kaum vor, da Preise, Breiten und Ausstattung verschieden seien. Trotz dieser Argumente die der Verteidigung dienten, drangen die Kläger, die sich auf ihr Vorrecht durch den längeren Gebrauch der Marke stützen konnten, durch. Besonders inter-

---

339 Straits Times. 14.12.1891, P. 2; 18.12.1891, P. 3.

340 Chiang Hai Ding (1978), P. 229f.

341 Johann H. Trachsler hatte 1885 nach seinen missglückten Versuchen, zu einer Partnerschaft in Singapur zu gelangen (siehe oben), sich als Einkäufer in der Schweiz selbständig gemacht. Er hatte unter anderem enge Beziehungen zu Raschle & Co. Eberhardt, Fritz (1960).

essant ist nun ihre Forderung, insofern als sie der Gegenpartei nicht die Benutzung ihres in Großbritannien registrierten Ankers verbieten will:

„It was [...] asked only that the defendants be restrained from using such a represent-ation of an anchor as would result in their goods being called by the name of ‚chop sauh‘, which was the exclusive property of the plaintiff."[342]

Was letztlich für den Verkauf zählte, war der lokale Name einer Marke, und nicht das in den Markenregistern in Europa eingetragene Bild. Solch ein Name konnte nur durch Präsenz auf dem Bazar aufgebaut werden. Dies ist wohl ein Hauptgrund dafür, dass die Trademarks für Textilien in Singapur fast ausschließlich im Besitz der Handelshäuser waren.

Auswirkungen der Branding-Praxis

Die Branding Praxis hatte Auswirkungen auf verschiedenen Ebenen: a) auf die Bedeutung der Marken im Handel, b) auf das Verhältnis von Handels-häuser und Produzenten im Allgemeinen und c) auf die Struktur der ost-schweizerischen Handelsnetzwerke im Speziellen.

Ad a) Higgins und Tweedale weisen darauf hin, dass es im Textilhandel eine Flut von Marken gab, was unter anderem auch darauf zurückzuführen ist, dass Großhändler in Übersee mit spezifischen Marken beliefert wurden, die ihnen Exklusivität garantierten. So hatten Ralli Bros., ein Großhändler in Manchester mit einem weltweiten Kundennetz, über 3000 eigene Marken registriert.[343] Angesichts dieser Vielzahl und den feinen Abstufungen zwi-schen den einzelnen Marken, muss man davon ausgehen, dass diese weniger auf die Endkunden ausgerichtet waren als auf den Zwischenhandel im Bazar. Die Marken verliehen den Produkten der europäischen Handelshäu-ser gewissermaßen Legitimität und machten zugleich Kundenbeziehungen sichtbar. Sie halfen dadurch, die prekären sozialen Beziehungen im Bazar zu stabilisieren.

Um der Wirkungsweise von Marken näher zu kommen, möchte ich den Begriff des ‚Ökotypus‘ einbringen, den ich einem Artikel von Peter Burke zu kulturellem Transfer entnehme.[344] Ökotypus ist ein Begriff aus der Biolo-gie, der die Ausbildung von Varietät durch Adaptation in einem bestimmten ökologischen Milieu bezeichnet. Der schwedische Volkskundler Carl von Sydow hat den Begriff auf die Kulturwissenschaft übertragen und ihn für die Ausbildung von Varianten in Volksmärchen verwendet. Unter Verwen-dung dieser Metapher kann man das Branding von Stoffen mit Etiketten als eine neue *Varietät* von Marketing verstehen, die in einem bestimmten *Milieu*, nämlich dem des Bazars, entsteht. In dieser Varietät lässt sich unschwer die europäische Herkunft erkennen, und doch handelt sich um

---

342 Straits Times. 4.12.1906; Artikel zum Prozess am 29.11., 3.12. und 5.12.1906.
343 Higgins, D./Tweedale, G. (1996), P. 212.
344 Burke, Peter (2000). *Kultureller Austausch*.

eine spezifische Spielart, die in den sozialen Beziehungen unter den Kaufleuten im Bazar von Singapur aufgehoben ist. Indem die Marken dazu beitrugen, die sozial wenig stabilen Beziehungen im Bazar zu festigen, schufen sie weniger Vertrauen als vielmehr Vertrautheit; sie stellten ein Stück gemeinsamer Kultur von asiatischen und europäischen Kaufleuten dar. Zugleich schufen sie auch Übersichtlichkeit am Markt, indem sie die Aktivität der Händler und ihrer Konkurrenten sichtbar machten. Die Klientelisierung der Bazarökonomie[345] erhielt durch das Branding ein visuelles Erkennungsmerkmal.

Brands waren jedoch kein unumstößlicher Garant für Verkaufserfolg. Europäische Kaufleute mussten in ihre Reputation investieren. Nur wenn sie ihre Qualitätsversprechen auch einhielten, konnten sie wiederkehrende Kunden erwarten, wie ein amerikanischer Beobachter festhielt:

„If the goods are inferior, the Chinese say that the ‚chop stinks' and will not use them."[346]

Die Aufrechterhaltung eines Brands stellte gewissermaßen eine Investition der Handelshäuser in die Beziehungspflege zu den Kunden dar. Diese Sicht von Marketing ist in vergangenen 20 Jahren gängiger geworden, steht aber im Gegensatz zur Betrachtung von Trademarks als Besitz, der sich als Wert messen lässt (brand equity), die die Gefahr einer Vernachlässigung von Qualität in sich birgt.[347]

Die Dokumente der Diethelm & Co zeigen die wachsende Bedeutung von Handelsmarken von 1880 bis nach dem Ersten Weltkrieg. Die späten 1870er und frühen 1880er Jahre zeigen einen eher experimentellen Umgang mit Marken. Bei der Gründung der Filiale 1890 in Saigon hingegen schienen Trademarks schon selbstverständlicher: Gleich zu Beginn ließ die Firma fünf Marken registrieren. 1906, als die Firma zu einer Aktiengesellschaft umgewandelt wurde, listen die Verwaltungsratsprotokolle zuallererst die in den vergangenen 15 Jahren eingetragenen Handelsmarken auf. Es waren insgesamt 7 Marken in Singapur, 20 in Saigon und 2 in England. Die wachsende Bedeutung zeigt sich auch darin, dass Prozesse um Rechte an Marken geführt wurden. 1915 führte Diethelm & Co einen Prozess mit der Firma Grimm & Co in Hamburg um die Verwendung der Krokodilmarke.[348] Noch in den 1950er Jahren waren die meisten der 1906 aufgelisteten Marken im Umlauf, doch mit dem Rückgang des Textilhandels verschwanden auch die Marken. Die neueren Produkte, wie Chemikalien, Maschinen, Nahrungsmit-

---

345 Geertz, Clifford (1978). The Bazaar Economy: Information and Search in Peasant Marketing. *The American Economic Review* 68. , P. 30.

346 Draper, George Otis (1907). Labor-saving looms. Hopedale, MA.

347 Holt, D.B. (2002). Why do brands cause trouble? A dialectical theory of consumer culture and branding. Journal of Consumer Research 29. P. 70-90.

348 Der Prozess endete zugunsten der Deutschen, die weiterhin zwei Krokodile verwenden konnten, während Diethelm nur noch deren eines. Schweizer-Iten, Hans (1973), P. 713.; Eggenberger, Jakob/Diethelm & Co (1987), P. 78.

tel und Produkte der Konsumindustrie (Schallplatten, Filme), mit denen Diethelm & Co nach dem Ersten Weltkrieg vornehmlich zu handeln begannen, kamen von Unternehmen, die eher dem Chandlerschen Vorbild entsprachen und unter der Marke des Produzenten gehandelt wurden. Heute ist einzig der ‚Fantree‘ als ursprüngliche Marke noch in Verwendung, und zwar als Piktogramm für die Firma selbst.

Ad b) Wie bereits erwähnt, konnten sich die Produzenten in der Schweiz auf den Märkten in Südostasien nicht mit ihrem Namen oder mit eigenen Marken positionieren. Dieser Umstand wird interessant, wenn man ihn in die Diskussion um die volkswirtschaftliche Rolle von Marketing einbettet, die den Abstieg der britischen Industrie vor dem Ersten Weltkrieg und den Aufstieg der deutschen und amerikanischen Industrie erklären will.[349] Das betriebswirtschaftliche Marketing auf eine volkswirtschaftliche Ebene zu heben und von nationaler Marketing-Performanz zu sprechen, ist allerdings fragwürdig, da verschiedene Industriezweige und Betriebe sehr unterschiedliche Wege für den Vertrieb ihrer Produkte gesucht haben.[350] Branchenintern sind jedoch durchaus Muster erkennbar, wie am Beispiel der Trademarks der Ostschweizer Textilproduzenten gezeigt wurde. Der Abstieg der wichtigsten Produzenten fand gleichzeitig mit der Etablierung von Handelsmarken durch ihre besten Abnehmer im Osten statt. Deshalb sei hier ein Blick auf den Zusammenhang der beiden Prozesse geworfen.

Dass die Ostschweizer Firmen keine eigenen Marken etablieren konnten, hat nicht nur mit ihrer kulturellen und geografischen Distanz zu den Märkten zu tun, sondern zunächst einmal damit, dass sie vor allem auf die technische Hochwertigkeit des Produkts und weniger auf Werbung im Vertrieb setzten. Dieses ‚*production driven marketing*‘ bezeichnet Berghoff als typisch für die Unternehmenskultur in Deutschland, und es wird auch in der Schweiz des 19. Jh. eine verbreitete Haltung gegenüber Vermarktung gewesen sein.[351] Die historischen Zeugnisse der Buntweberei legten denn auch viel Wert auf die hoch stehenden technischen Verfahren und die exakte Pro-

---

349 Siehe zum Beispiel Nicholas, S. J. (1984); Brown, J. C. (1995).

350 Kritisch dazu u.a. Church, R. (1999). New Perspectives on the History of Products, Firms, Marketing, and Consumers in Britain and the United States Since the Mid-19th Century. The Economic History Review 52 (3). P. 405-35.

351 Berghoff, Hartmut (2007). *Marketing im 20. Jh.: Absatzinstrument – Managementphilosophie – universelle Sozialtechnik*. In: ders. (Ed.). Marketinggeschichte. P. 15. Der Dreischritt von Produktions- über Verkaufs- hin zur Marketingorientierung wurde 1960 von Robert Keith vorgeschlagen. Ebd. P. 27f. Siehe auch den Beitrag von Roman Rossfeld im selben Band. Rossfeld, Roman (2007); Corley, T.A.B. (1993). *Marketing and business history, in theory and practice*. In: Richard S Tedlow/Geoffrey Jones (Eds.). The rise and fall of mass marketing. P. 100f. Allerdings gilt die Chronologie von Keith und seine Idee einer Marketingrevolution als überholt. Siehe Jones, D.G. Brian/Alan J. Richardson (2005). „The Myth of the Marketing Revolution“.

duktionsweise.[352] Typisch für deutsche und schweizerische Hersteller bunter Gewebe war jedoch ihre starke *Verkaufsorientierung*: die Märkte wurden durch Entsendung von entsprechend geschultem Personal genau studiert und die Produzenten laufend über Veränderungen der Mode instruiert. Dabei wurde die ganze Organisation des Verkaufs an die Vertreter der Industrie in den Handelshäusern delegiert und diese wiederum hatten ein Interesse, ihre Bezugsquellen vor der Konkurrenz und ihren Kunden zu verbergen, wie ein Brief WH. Diethelms zeigt.[353] Während sich die Fabrikanten um die Qualität des Produkts kümmerten, gewannen die Kaufleute Erfahrungen im Marketing.

Zudem – und dies ist sicher ein triftiger Grund für die geringen Anstrengungen in der Vermarktung – hatte die Industrie kein eigenes Produkt. Weder basierten die Textilien auf besonders innovativen Methoden der Industrie, noch waren die Dessins eigene Entwicklungen. Vielmehr beruhten letztere – um es modern zu sagen – auf einem systematischen Missbrauch geistigen Eigentums der lokalen Bevölkerung. Das Kopieren der Dessins stellte damals zwar keine Rechtsverletzung dar, doch war den Produzenten der prekäre Status ihres Produkts durchaus bewusst. In der frühen Industriekultur der Schweiz war Kopieren durchaus erlaubt und verbreitet, ein Grund, weshalb die Schweiz im europäischen Vergleich ein Nachzügler in Sachen Patent- und Musterschutz war. Als in den Jahren um 1880 über dessen Einführung debattiert wurde, stemmte sich nicht nur die chemische Industrie dagegen; auch die Ostschweizer Buntweberei und -druckerei hatte Vorbehalte. Befürworter einer Einführung suchten zu beschwichtigen:

„Wir wissen übrigens von der gerügten Nachahmung jene andere, auf ganz verschiedenen Verhältnissen beruhende und in der Natur der Sache liegende Nachbildung fremdartiger Motive wohl zu unterscheiden, deren sich die betreffenden Industriezweige für das Bedrucken der für orientalische Naturvölker bestimmten Tuche bedienen, verlangen aber, dass diese Ausnahme nicht, wie es von den betreffenden Interessenten verlangt wird, als *allgemeines* Hemmnis gegen die Einführung des Musterschutzes anerkannt, sondern für dieselbe die nöthigen *Ausnahmebestimmungen* getroffen werden."[354]

Die von Imitationen zehrende Textilindustrie gehörte in den 1880ern nicht zu den Erfolgsmodellen der hiesigen Industrie, wie die Maschinenindustrie, die mit eigenen Produkten an Weltausstellungen Erfolge feierte. Dies erleichterte es den Industriellen nicht, ihr Produkt offensiv zu positionieren.

---

352 Siehe z.B. Jenny-Trümpy, Adolf (1899), P. 455f.

353 Siehe P. 115.

354 Waldner A. et al. Zur Einführung eines schweizerischen Gesetzes über den Erfindungsschutz. Offener Brief an den Bundesrat. *Die Eisenbahn*, Vol. 12(24). P. 139ff. Siehe auch Vereinsnachrichten. *Die Eisenbahn*, Vol. 12(18). P. 108. Der Brief entsprang einem Treffen an dem unter anderen der Schweiz. Handels- und Industrieverein, der Schweiz. Gewerbeverein, die Kaufmännische Gesellschaft Zürich und der Verein ehemaliger Polytechniker beteiligt waren.

Mit der Krise der Textilindustrie der 1880er Jahre gerieten die Textilunternehmen in Rücklage. Am Ausgang der Krise waren die Namen der Produzenten von den Etiketten verschwunden. Stattdessen prangte nun der Namen des Handelshauses in Singapur über dem Emblem, übersetzt in Chinesisch, Malaiisch oder Thai.

Im Umgang mit Trademarks zeigen sich Parallelen und Unterschiede zwischen der Ostschweizer Textilindustrie und derjenigen in Twente. Letztere hatten zwar einiges von den Vertriebsmethoden der Deutschen und Schweizer gelernt, doch da sie mehr Wert auf Markenschutz legten, konnten sie mit der Zeit zahlreiche eigene Marken auf den ostasiatischen und später auf den afrikanischen Märkten platzieren. Das Markenbuch der Firma Gelderman & Söhne in Oldenzaal zeigt anfangs mehr oder weniger dasselbe Bild wie das der die Firma Raschle & Co in Wattwil: Die Firma besaß ebenfalls eine Marke, die ihr Fabrikgelände zeigte, sowie einige schön gestaltete Marken, die sich jedoch nicht besonders durch die Suche nach kultureller Nähe zum Absatzgebiet – gegen Ende des 19. Jh. waren dies Indien und Indonesien – auszeichneten. Die meisten ‚kulturell informierten‘ Marken, also solche mit Motiven, die sich an der Bilderwelt des Absatzmarktes orientierten, liefen unter dem Namen eines Handelshauses in Asien. Die Betriebe in Nijverdal, Hengelo und Enschede waren daher ebenso wie die Ostschweizer auf kulturelle Vermittlung angewiesen. Doch spätestens in den 1920er Jahren gelang es einzelnen Betrieben in Twente, sich mit einer regionalen Marke resp. mit Hausmarken zu positionieren.[355]

Einen anderen Weg schlug die Koninklijke Stoomweverij Nijverdal (KSW) der Gebrüder Salomonson ein. Die Familie Salomonson war seit 1816 im Textilhandel tätig und gründete 1851 die Weberei in Nijverdal. Vermutlich waren sie wegen ihrer längeren Erfahrung im Handel auf Fragen des Marketings stärker sensibilisiert, jedenfalls investierten sie stets viel in den Schutz der eigenen Marken. Bereits 1853 hatten sie eine Marke mit dem Emblem des königlich niederländischen Wappens und dem Schriftzug: ‚Je maintiendrai‘. Sie war in Java unter dem Begriff ‚Tjap ringit‘ (Marke Reichsadler) oder ‚tjap dhoeweit‘ (Marke Heller) bekannt.[356] Diese Marke konnte nach dem damals gebräuchlichen französischen Recht nicht einfach registriert werden. Und auch später, als internationale Konventionen Marken schützten, war der Aufwand für die Eintragung und Durchsetzung dieser und anderer Marken in verschiedenen Weltregionen beträchtlich.[357]

Das Hauptproblem der KSW-Marke war ihr Erfolg mit einem Sujet, das öffentlichen Charakter hatte. Die KSW hatte das Vorrecht erhalten, den Titel ‚Koninklijk‘ (königlich) im Namen zu führen und unterstrich dies durch die Benutzung des königlichen Wappens. Bereits in den späten 1850er Jahren

---

355 Simon Thomas, M./Den Otter, P. (1993). HCO, 168.2 Archief Gelderman & Zonen, Doos 47; 167.4 Archief KSW Nijverdal, Doos 48-50, 52.

356 Burgers, Roelf Adrianus (1954). *100 Jaar G. en H. Salomonson*, P. 197.Zu den Schwierigkeiten zur Durchsetzung der Markenansprüche siehe S. 196-200.

357 Simon Thomas, M./Den Otter, P. (1993), P. 105f.

begannen andere Produzenten das Wappen ebenfalls zu benutzen, mit leichten Änderungen der Beschriftung, so dass dem Recht Genüge getan war, jedoch auf dem Markt in Java mit dem mehr oder weniger gleichen Bild der Eindruck der selben Marke erweckt werden konnte. Die erfolgreiche Etablierung der Marke führte dazu, dass die Verwendung des königlichen Wappens auf niederländischem Hemdenstoff mit der Zeit allgemeingebräuchlich wurde. Burgers vergleicht den Fall mit demjenigen des Aspirins, das mit seinem Namen für eine ganze Sorte von Produkten steht.[358]

Mit der Durchsetzung des Markenrechts verbesserte sich die Position der KSW aber nicht sofort. 1886 war in Niederländisch-Indien ein neues Gesetz zur Registrierung von Trademarks eingeführt worden, worauf dort ansässige Handelshäuser beliebte Marken nach dem Windhund-Prinzip (,first come, first served') zu registrieren begannen.[359] Einige Marken wurden von mehreren Handelshäusern und Produzenten benutzt, weshalb es zu Prozessen und damit zu erhöhter öffentlicher Aufmerksamkeit kam.[360] Die Gebrüder Salomonson hatten festgestellt, dass das Handelshaus Myrtle, Burt & Co in Manchester ihre Marke mit dem niederländischen Wappen samt dem Schriftzug ,Je maintiendrai' verwendet hatten, und versuchten deshalb, über das Handelshaus Salomonson & Co, das seinen Sitz in Manchester hatte und vom Neffen des Direktors in Nijverdal geleitet wurde, bei Myrtle, Burt & Co zu intervenieren. Diese erwiderten, dass sie diese Marke schon seit 17 Jahren gebrauchten, vor einem Jahr aber damit aufgehört hätten, weil die Firma Reiss & Co in Batavia die Marke dort registriert habe und ihnen die Verwendung untersagt hätte. Myrtle, Burt & Co zweifelten aber das Recht von Reiss & Co an, da die Marke in verschiedenen Kombinationen in Manchester in allgemeinem Gebrauch gewesen sei und deshalb nicht habe registriert werden können. Üblicherweise wurden nämlich in Manchester fiktive holländische Firmen in die Trademarks eingetragen; so produzierte die Firma Ellinger & Co unter dem fiktiven Label Koninklijke Stoombleekerij G+H Samuel in Nieuwendam für die Firma Reiss & Co. Auch Myrtle, Burt & Co waren von ihren javanischen Agenten angewiesen worden, diese Kombination zu gebrauchen, nachdem sie die Marke einige Jahre unangefochten (,unchallenged') hatte brauchen können. Ob auf diese Weise auch Zollbestimmungen umgangen wurden oder ob einfach die Chancen am Markt verbessert werden sollten, ist nicht klar.

---

358 Burgers, Roelf Adrianus (1954), P. 197.

359 In den folgenden Abschnitten beziehe ich mich auf das Archiv der KSW. HCO, 167.4 Archief KSW, Doos 49. Die Schachtel enthält den Briefe von Salomonson & Co in Manchester und der Internatio in Rotterdam an die KSW aus dem Zeitraum Januar bis Juni 1887 sowie Zeitungsausschnitte.

360 In verschiedenen Zeitungen wurden offene Briefe von Produzenten und Handelshäusern veröffentlicht, die Missfallen am Procedere äusserten. Nieuwe Amsterdamsche Courant vom 29. und 31.1.1887, P. 2 bzw. 3. NRC vom 16.2.1887. P. 2.

Die KSW drängte nun zu einer Klage und ließ die Chancen auf Schadenersatz abklären. Salomonson & Co in Manchester betonten dabei immer wieder, dass Myrtle, Burt & Co zwar eine respektable Firma sei, die KSW aber gute Chancen auf eine richterliche Verfügung habe, anderen Firmen die Benützung ihrer Marke zu untersagen. Die Aussichten auf Schadenersatz seien aber äußerst gering und würden womöglich die Anwaltskosten kaum decken. Ein Gerichtsfall wiederum könnte dazu führen, dass eine Untersuchungskommission nach Java bestellt werde, was sehr teuer zu stehen käme. Myrtle, Burt & Co aber zeigten sich gegenüber der KSW sofort kooperativ und verzichteten auf einen weiteren Gebrauch der Marke; Schadenersatzzahlungen schienen aber keine geflossen zu sein.

Gegen die Firma Reiss & Co, die eine Marke der KSW in Java erfolgreich registriert hatte, versuchte die KSW über ihre Handelsvertreter, die Internatio Rotterdam, vorzugehen. Doch diese sprachen sich gegen einen Prozess aus mit dem Hinweis auf die vielen geringfügigen Varianten, die im Umlauf waren. Die KSW wählte schließlich den Weg, einerseits politisch auf einen besseren Markenschutz zu wirken und andererseits ihre Waren mit einem zusätzlichen Stempel in javanischer Sprache zu versehen, der den Toko Rotterdam (der auf Java gebräuchliche Name für Internatio Rotterdam) als ausschließlichen Händler für die Waren der KSW autorisierte. Für die getreue Übersetzung des Stempels garantierte ein Professor in Leiden mit notariell bestätigter Unterschrift in Leiden und Den Haag.[361]

Die KSW musste über die Jahre in Niederländisch-Indien (1887, 1895) und Griechenland (1929, 1930) Prozesse führen bzw. Fälle von Verletzungen ihres Markenrechts verfolgen.[362] Der Aufwand für die Kenntnisse der lokalen Bestimmungen im Markenrecht, die Registrierungen, Übersetzungen und Anwaltskosten waren hoch, besonders dann, wenn es galt, die Interessen der Firma weltweit zu sichern, und dies nicht mit *einer* Marke, sondern mit einer großen Anzahl marktspezifischer Marken und Stempel. Ein Heft der KSW von ca. 1920 listet 1176 verschiedene Stempel auf, die je nach Markt und Händler auf die Verpackung der Textilien appliziert wurden.[363] Der beschriebene Fall von 1887 zeigt, wie schwierig in den Anfängen des internationalen Markenrechts Ansprüche auf bestimmte Marken durchzusetzen waren. Handelshäuser und Produzenten benutzten offensichtlich sehr leichtfertig bereits etablierte Marken, und es erforderte genaue Kenntnisse des Marktes, um Imitationen auf die Spur zu kommen.

Ad c) Produzenten in der Schweiz operierten noch weiter weg von den südostasiatischen Märkten als die niederländischen und empfanden die Hürden im Zugang zu den asiatischen Märkten, die durch die Notwendigkeit, Marken zu benutzen, entstanden waren, noch deutlicher. Die Buntdruckerei Tschudi & Co in Schwanden, die für Rautenberg, Schmidt & Co produzierte, formulierte dies wie folgt:

---

361 HCO, 167.4 Archief KSW, Doos 49.

362 HCO, 167.4 Archief KSW, Doos 51.

363 HCO, 167.4 Archief KSW, Doos 52.

„Es ist schwer, in Indien gegen einmal etablierte Häuser anzukämpfen – auch mit besserer Qualität, da dort meist nach Marken gekauft wird."[364]

Und Fritz Sulzer, Direktor der Rotfarb in Aadorf, schrieb, man müsse sich darüber im Klaren sein, dass in Indien „überall die ‚Etikette' verkauft wird und neu einzuführende Marken sozusagen immer eine Zeitlang mit Verlust bearbeitet werden müssen, bis die Ware im Detail bekannt [ist] und die Etikette verlangt wird".[365]

Eine Firma sparte natürlich einiges, wenn sie die Etablierung und Sicherung von Marken an die Handelshäuser delegierte, die durch ihre Präsenz am Markt die entsprechenden Ansprüche einfacher abstecken konnten. Die Schweizer Produzenten folgten weitgehend dieser Praxis.

Die niederländischen Produzenten kümmerten sich später um die Märkte in Südostasien als ihre Konkurrenten in Sachsen, Bayern und der Schweiz, doch konnten sie in den Niederlanden von einem großen kulturellen Erfahrungsschatzes zum malaiischen Archipel profitieren und sich deshalb ein umfassenderes Bild der Märkte machen als die Produzenten in der Schweiz. Vielleicht erwies sich auch einfach die spätere Hinwendung als Vorteil; jedenfalls war das Marketing in den niederländischen Betrieben stärker integriert. Dies mag mit ein Grund sein, dass die dortige Industrie ihren Höhepunkt in den ersten Jahrzehnten des 20. Jh. erreichte, während die Ostschweizerische Buntweberei sich bereits seit den 1880er Jahren im Rückgang befand.[366]

Die Vertriebsmethode ist zwar nur ein Faktor unter verschiedenen, doch dank der wachsenden Bedeutung des Marketings vermochten Handelsfirmen den Produzenten mehr und mehr die Bedingungen des Handels zu diktieren. Die gegenwärtige Arbeit kann in der Beschreibung dieses Prozesses leider nicht auf Quellen zurückgreifen, welche die für diesen Prozess wesentlichen Entscheidungen abzubilden vermögen. Aus dem verfügbaren Material können nur Effekte beschrieben werden. In diesem Prozess veränderte sich die Netzwerkstruktur im Handel, genauer: das Zentrum verschob sich von den Produzenten zu den Handelshäusern.

Im Laufe der 1870er Jahre waren einige der jungen Kaufleute, welche die Ostschweizer Industrie nach Singapur entsandt hatte, zu Partnern in Handelshäusern aufgestiegen. Andere Partner kehrten bereits wieder nach Europa zurück, um als Einkäufer für ihre Firmen zu wirken. Vorher hatten Produzenten wie P. Blumer, Jenny & Co, Mathias Naef oder Raschle & Co das Verhältnis zwischen Produzenten und Agenten im Osten dominiert und

---

364 Tschudi, Peter (1931). *Hundert Jahre Türkischrotfärberei, 1829-1928: Geschichte der Rotfarb und Druckerei Joh. Caspar Tschudi in Schwanden*, P. 39.

365 Fritz Sulzer an G. Glaentzer, Verkaufsagent in Paris, vom 10.7.1899. Zit nach Sulzer, Klaus (1991), P. 239. Die Aussage bezieht sich auf den vorderindischen Markt, der Begriff Indien kann jedoch auch allgemein gedacht sein, also Vorder- und Hinterindien meinen.

366 Brommer, Bea (1991), P. 27.

von der Konkurrenz der Handelshäuser untereinander profitiert, wie ein Brief von JR. Riedtmann an WH. Diethelm zeigt:

„Wenn Sie auch in nächster Zeit den eint und andern Artikel in Konsignation mehr bekommen als gewünscht, so kann ich dies nicht helfen und ist es auch kein Unglück. Man muss eben arbeiten und ist es dann doch besser wir bekommen die Ware als R.S. [Rautenberg, Schmidt & Co] […]; wünschen Sie aber absolut weniger Ware, so werde M.N. [Mathias Naef] anraten, wieder mehr für R.S zu arbeiten."[367]

Gegen Ende der 1870er Jahre zeigen die Netzwerke zwischen der Schweiz und Singapur einen eher horizontalen als vertikalen Charakter. Das Haus Mathias Naef kooperierte über den Schwager des Prinzipals, JR. Riedtmann und seinem Haus Hooglandt & Riedtmann mit der Firma Hooglandt in Singapur. Mathias Naef begann sich allerdings in den 1880er Jahren wegen der Schwierigkeiten in der Kalkulation des Konsignationsgeschäfts aufgrund der Kursverluste des Silberdollars in Singapur, vom dortigen Markt zurückzuziehen. Hooglandt & Co nahmen in der Schweiz, wie erwähnt, Beziehungen zu Rieter, Ziegler & Co in Richterswil und Jacques Schiesser in Radolfzell auf.

Raschle (später Birnstiel, Lanz & Co) arbeiteten mit JH. Trachsler in Bern und Puttfarcken & Co in Singapur sowie Windsor & Co in Bangkok zusammen. Sulzer & Co in Aadorf standen mit Jaeger & Co in Singapur und mit Berli, Jucker & Co in Bangkok in Verbindung. Ein weiteres Netzwerk bestand zwischen der Firma Blumer & Biedermann in Freienstein, dem Handelshaus Imhof-Hotze in Winterthur und dem Haus Fischer, Huber & Co in Singapur. Heinrich Fischer, Heinrich Huber und Othmar Blumer hatten alle drei ihre Lehrzeit bei Imhof-Hotze absolviert. Othmar Blumer kam durch Vermittlung von Friederich Imhof-Hotze in Verbindung mit der Fabrik in Freienstein. Er ließ dort Buntgewebe, Garne und Gebetsteppiche für den Markt in Singapur produzieren. Sein Sohn, Ständerat und Präsident der Bank in Winterthur (heute UBS), arbeitete von 1896 bis 1899 als Assistent im Singapurer Handelshaus.[368]

Gegen Ende des 19. Jh. haben sich diese horizontalen Verbindungen weiter verändert. Dabei spielten die Handelsmarken eine wichtige Rolle, denn eine Handelsmarke stand nämlich nicht für die Waren eines einzelnen Produzenten, sondern die Handelshäuser vergaben das Recht, für eine bestimmte Marke Waren zu produzieren, an die Produzenten. Das Etikettenbuch der Firma Rautenberg, Schmidt & Co zeigt an, dass ihre beliebte Krautkopfmarke zwischen 1901 und 1903 an acht verschiedene Produzenten in Schwanden, Näfels, Dietikon, Mailand, Manchester, Deventer und Ebnat-Kappel versandt wurde.[369] In der Schweiz arbeiteten Rautenberg, Schmidt &

---

367 Riedtmann in Fluntern an WH. Diethelm vom 23.11.1876. DA A 2.7

368 Diese Angaben verdanke ich den Recherchen von Martin Caveng. DA Z 4.3.12. Ca Di 5. Typoskript über die Tätigkeit von Anton Cadonau.

369 Stadtarchiv Schaffhausen. Rautenberg, Schmidt & Co. Etikettenkontrolle 1901-07. D IV.01.34.02.31/08.

Co mit P. Blumer & Jenny und Tschudi & Co in Schwanden, Hofmann in Uznach sowie Hanhart in Dietikon, der Sulzer in Aadorf zusammen.

Innerhalb von 30 Jahren hatte somit eine Umkehrung der Hierarchie im Netzwerk stattgefunden. Man kann dies als Wandel von einer ‚production driven chain' zu einer ‚buyer driven chain', die typisch für die heutige Bekleidungsindustrie ist, verstehen.[370] In ersterer Güterkette wird der Prozess von einem großen Produzenten koordiniert und geht über Verteiler zu den Händlern, in letzterer spielen die Fabriken (meist in Ländern mit niederem Lohnniveau) eine untergeordnete Rolle, der Prozess wird von den Händlern mit Markenrechten bestimmt.[371]

Die Handelshäuser konnten ihre Position jedoch nicht nur im Handel mit Textilien ausbauen, sie sammelten generell Erfahrungen im Marketing und im speziellen mit figürlichen Marken. Ihre Netzwerke und ihre Erfahrung im Marketing in Südostasien waren auch für Schweizer Firmen aus der Chemischen Industrie, der Maschinenindustrie und der Nahrungsmittelindustrie interessant, für die Diethelm & Co ab den 1920er Jahren vermehrt Agenturen übernahm.

Die schwachen Handelsmarken mögen für heutiges Marketing eher atypisch sein, doch bildeten sie ein zusätzliches symbolisches Vokabular im Austausch zwischen europäischen und asiatischen Händlern, das eine eigene Ordnung der Dinge in ihrer gemeinsamen Welt schuf. Europäische Händler konnten im ausgehenden 19. Jh. und beginnenden 20. Jh. wesentliches Know-how bezüglich der Wirksamkeit von Marken erwerben und damit ihre Position gegenüber Produzenten stärken. In der zweiten Hälfte des 20. Jh. gingen Diethelm & Co dazu über, Produzenten von Brands, die sie in Asien vertraten, zu erwerben (Haushaltmaschinen, Industriereiniger). Wichtiger jedoch ist die Vertretung von weltweit bekannten Marken an verschiedenen Standorten in Asien. Eine wichtige Dienstleistung im Portfolio der DKSH ist die Einführung von Brands auf asiatischen Märkten.[372]

5 ENTWICKLUNG VON DIETHELM & CO BIS 1930

Zum Schluss und zugleich als Überleitung zum nächsten Kapitel soll die Entwicklung der Firma Diethelm & Co zur Sprache kommen. Mein besonderes Augenmerk gilt dabei den Plantagenagenturen, die in den folgenden Kapiteln von Bedeutung sind, sowie der oben angesprochenen *kulturellen Versatilität* der Firma. Mit Versatilität ist sowohl die Gewandtheit als kulturelles Kapital ihrer Mitarbeiter als auch die Wandelbarkeit, dh. die Fähig-

370 Siehe dazu die scharfe Kritik an der Bedeutung von Marken in der heutigen Bekleidungsindustrie von Naomi Klein in ihrem im Jahr 2000 erschienenen Buch «No logo: taking aim at the brand bullies».

371 Rauch, J. E. (2001), P. 1197-200.

372 Geschäftsbericht DKSH (2007): www.dksh.com/media

keit, unterschiedliche Erscheinungsbilder nach außen zu vermitteln, angesprochen. In der Firma Diethelm & Co sind alle anderen Firmen mit
Schweizer Beteiligung aufgegangen, sofern sie nicht einfach verschwunden
sind. 1903 übernahm Hooglandt & Co die Firma Cadonau & Co (ehemals
Fischer & Huber), Hooglandt & Co wurde 1907 in die Diethelm & Co integriert, 1911 das Importgeschäft der Firma Jaeger & Co (sie blieb in Singapur bis nach dem Zweiten Weltkrieg im Produkthandel tätig), 1914 das
österreichische Haus Dalmann & Co, das in Singapur von zwei Schweizern
geleitet wurde, und schließlich 1923 die Firma Sturzenegger & Co (Rautenberg, Schmidt & Co).

Abbildung 19: Firmenorganisation der Diethelm AG nach 1906

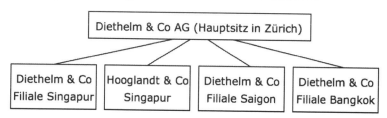

Die Firma WH. Diethelms verlegte die Kontrolle allmählich stärker in die
Schweiz, wurde aber gleichzeitig immer internationaler. Das betraf weniger
das Personal, dessen europäischer Teil fast ausschließlich aus Niederländern
und Schweizern bestand, sondern die Geschäftsaktivitäten und -verbindun-
gen. Kerngeschäft blieb das Importgeschäft; hier wurden die größten
Gewinne erzielt. 1890 kam als Erweiterung eine Agentur in Saigon hinzu,
die unter dem Namen Diethelm & Co lief, da der dort geltende Code
Napoléon den Namen Hooglandt nicht zuließ. 1905 wurde unter dem
Namen Diethelm auch eine Filiale in Bangkok gegründet. 1907 schließlich
wurden sämtliche Filialen unter dem Dach einer Aktiengesellschaft mit Sitz
in Zürich zusammengefasst. Hooglandt & Co wurde damit zu einer Tochter
der Diethelm AG.

Gleichzeitig wurde die Importabteilung in Singapur ebenfalls, unter dem
Namen Diethelm & Co, zu einer eigenständigen Filiale gemacht, während
für die Agenturabteilung der Name Hooglandt & Co beibehalten wurde.
Ursprünglich hatte WH. Diethelm sogar daran gedacht, zwei verschiedene
Gesellschaften, die eine mit Sitz in Zürich, die andere in Amsterdam zu
gründen. Die Arbeitsteilung in Singapur war auch in der Namensgebung
festgeschrieben. Damit sollte ein Teil der Firma gegen außen weiterhin als
holländisch in Erscheinung treten.

In den strategischen Entscheiden des Handelshauses tritt Nationalität als
Denkkategorie immer wieder in Erscheinung, wenn auch mit unterschiedlichen Vorzeichen. Im Importgeschäft scheint die Diversifikation der
Bezugsquellen die maßgebende Überlegung gewesen zu sein. So wurde in
den 1880er Jahren das Lieferantennetz über ganz Westeuropa ausgedehnt.

Bereits 1877 hatte die Firma Lieferanten in Deutschland, den Niederlanden, Frankreich, Großbritannien und Italien.[373] Diese Verbindungen kamen einerseits auf Betreiben von Produzenten zustande,[374] andererseits durch die eigenen Einkäufer, die immer wieder neue europäische Produzenten besuchten, um den Stamm ihrer Bezugsquellen zu erweitern. Die Gründung der Filialen in Saigon und Bangkok beschleunigte diese Entwicklung. So wurden z.B. für Saigon Lieferanten in den Vogesen gefunden, die von den Schutzzöllen für die französische Kolonie nicht betroffen waren.

Agenturgeschäft

Die Firma intensivierte ihre Präsenz in Südostasien nicht nur im Importgeschäft, sondern auch im Agenturgeschäft. Gerade letzteres erlaubte es der Firma, stärker in der Region Fuß zu fassen, wodurch sich wiederum neue Geschäftsmöglichkeiten im Importgeschäft oder in Form von Investitionen eröffneten. Dank ihrer Verbindungen mit Niederländisch-Indien und den Niederlanden gelang es ihr, sich im interregionalen Handel in Südostasien zu positionieren. Im Agenturgeschäft mit Schifffahrtslinien, Rohstoffen oder Plantagenprodukten war nationale Zugehörigkeit viel belangreicher als im Importgeschäft und erforderte mitunter die Pflege von politischen Verbindungen.

Schifffahrtslinien hatten von der Gründung an stets eine gewisse Bedeutung für die Firma Hooglandt & Co gehabt. Nach der Auflösung der ‚Cores de Vries'-Linie 1866 hatte das Haus immer wieder versucht, an Schifffahrtsagenturen zu gelangen. Wie die britischen Linien durch britische Handelshäuser vertreten wurden und die deutschen durch deutsche, hatte Hooglandt & Co einen Vorteil bei niederländischen Linien. Die mehrheitlich britisch kontrollierte NISM (Nederlandsch-indische Stoomvaart Maatschappij) hatte lange ein Monopol im Gütertransport im malaiischen Archipel, das erst 1888 mit der Gründung der KPM (Koninklijke Paketvaart Maatschappij) durch die RL (Rotterdamsche Lloyd) und die SMN (Stoomboot Maatschappij Nederland, Amsterdam) gebrochen wurde.[375] Hooglandt & Co erwarb Mitte der 1870er Jahre die Agentur der SMN. Diese konnte sich nach der Öffnung des Suezkanals einen wichtigen Platz im Verkehr zwischen Europa

---

373 In England wurden fast ausschließlich Textilproduzenten gewonnen, ebenso in Frankreich, in Italien. JR. Riedtmann aus Tarasp an WH. Diethelm vom 18.7. 1877. DA A 2.7. Ein Brief Wilhelm Stiefels an WH. Diethelm erwähnt Bestellungen von Ellinger & Co und anderen Firmen in Manchester, die Stoffe, Schirme, Seife und Faden liefern. Briefe vom 7.9./14.9./5.10. 1878 von Singapur nach Erlen. DA A 2.11. Briefe von W. Stiefel an WH. Diethelm.

374 Brief vom 9.8.1883 von St. Gallen an Hooglandt & Co, Singapur. DA A 2.11. Briefe von WH. Diethelm an Hooglandts.

375 Zur Entwicklung der niederländischen Schifffahrt im malaiischen Archipel siehe à Campo, Joseph Norbert Frans Marie (2002). *Engines of Empire: steamshipping and state formation in colonial Indonesia.*

und Südostasien sichern und insbesondere von den Verschiffungen von Roh-stoffen aus Niederländisch-Indien profitieren. 1883 versuchten sie, sich auch die Agentur für die NISM in Singapur zu sichern, doch WH. Diethelm musste feststellen, dass die Gesellschaft „zu englisch eingestellt" sei.[376] Je attraktiver eine Linie, desto schwieriger war es für Hooglandt, die Agentur zu halten. 1891 verlor sie die SMN wieder, die nun vermehrt eigene Büros gründete.[377]

Eine Erweiterung des Geschäftes kam mit den Filialen in Saigon und Bangkok in Sicht. Die lukrative Agentur der KPM in Bangkok ging zwar bereits nach dem Ersten Weltkrieg wieder verloren; die Einkünfte daraus aber waren in kurzer Zeit auf einen Umfang von 300.000 Fr. angestiegen. Die Filiale in Saigon hingegen konnte ihre Agentur der JCJL (Java-China-Japan Lijn) halten, die ab 1902 gemeinsam von KPM, SMN und RL betrie-ben wurde. Die Filiale erledigte die Abfertigung von Reis- und Holzver-schiffungen von Vietnam nach Java, Indien und Afrika. Der Erste Weltkrieg und die starken Behinderungen im Warenverkehr nach Europa führten zu einer Verlagerung des Schiffsverkehrs: Der Verkehr von den USA und Japan mit Niederländisch-Indien, aber auch der interregionale Verkehr gewann an Bedeutung. Diethelm & Co in Saigon konnte von dieser Entwicklung profi-tieren und vertrat in den 1920er Jahren die KPM, die JCJL, die RL und die SMN sowie das Niederländisch-Indische Tourismusbüro.

In Bangkok wie auch in Saigon konnte die Firma auf ihre guten politi-schen Verbindungen zu den Niederlanden zurückgreifen. Über den nieder-ländischen Generalkonsul FJ. Domela Nieuwenhuis (1902-19) sagte Diethelms Manager in Bangkok, dass er „für uns und unsere Firma alles tut, um uns zu helfen".[378] In Saigon versah ab 1906 bis nach dem Zweiten Welt-krieg jeweils einer der niederländischen Mitarbeiter von Diethelm & Co das dortige niederländische Konsulat.[379] Diese politischen Verbindungen waren nützlich bei der Etablierung von Geschäftsverbindungen mit den niederlän-dischen Schifffahrtsgesellschaften. Bei einem Besuch der Inspektoren (Mit-glieder des Aufsichtsrat) der KPM (Koninklijke Paketvaart Maatschappij) in Bangkok fand eine Unterredung mit dem niederländischen Minister (Kon-sul) statt. Nieuwenhuis setzte sich bei der Regierung in Den Haag ein, einen Beitrag an den zu erwartenden Verlust der neuen Java-Bangkok-Linie der KPM in den ersten beiden Jahren zu leisten, und versuchte, auch die siame-sische Regierung zu einer Unterstützung zu bewegen.[380]

---

376 Die Agentur erhielt die britische Firma A.L. Johnson & Co. WH. Diethelm an JD. Hooglandt vom 13.5.1883 von St. Gallen nach Amsterdam. DA A 2.11.

377 Ebd., P. 351f.

378 Fritz Leuthold in Bangkok an Diethelm & Co, Zürich vom 25.11.1915. DA A 3.20. Privatkorrespondenz von WH. Diethelm mit verschiedenen Managern.

379 Kleinen, John (2008). *Leeuw en draak: vier eeuwen Nederland en Vietnam*, P. 119-25.

Bei den Produktagenturen wurden größere Umsätze und höherer Gewinne erzielt, die bedeutendsten bei der Agentur der Royal Dutch (heute Shell). Die Kooperation mit der Erdölfirma begann anfangs der 1890er Jahre; WH. Diethelm konnte, als er 1898 der Royal Dutch nach einem Kurssturz persönlich mit 10.000 £ (250.000 Fr.) in Anteilen unter die Arme griff, für Hooglandt & Co einen sehr vorteilhaften Vertrag verhandeln, der auf fünf Jahre die Alleinvertretung in Südostasien inklusive Schiffsabfertigung umfasste. Das Personal des holländischen Departments wuchs vorübergehend stark an. Wie bei den Schiffsagenturen spielten auch bei der Royal Dutch die holländischen Partner für die Verbindung eine wichtige Rolle. Charles Frey berichtet, dass 1903 Henri Deterding, Generaldirektor der Royal Dutch (Koninklijke Nederlandsche Petroleum Maatschappij) oft bei Hooglandt & Co zu Besuch war und dass er und van Lohuizen sich mit ‚gij' angesprochen, dh. geduzt hätten.[381] In den Jahren 1905-07 wurden jeweils zwischen 1,5 bis 2 Mio. $ mit dieser Agentur umgesetzt. 1908 begann die Royal Dutch, die mittlerweile mit der Shell zur Royal Asiatic fusioniert hatte, ein eigenes Agenturennetz aufzubauen, worauf die Beziehung endete. Eggenberger sieht in den finanziellen Risiken dieser Agentur einen Hauptgrund für die Umwandlung der Firma in eine Aktiengesellschaft 1906/07.[382]

Auch im Kohlen- und Zinnminengeschäft waren Hooglandt & Co tätig, allerdings in geringerem Umfang und mit geringerem Erfolg. Mit der Biliton Maatschappij (heute: BHP Biliton) bestand eine Zeitlang ein Materialzulieferungsvertrag; gleichzeitig verschiffte Hooglandt das auf der nahe bei Singapur gelegenen Insel Biliton gewonnene Zinnerz nach Singapur. Dort hatte sich 1887 die Straits Trading Co als eine der wenigen verarbeitenden Industrien etabliert. Die Firma gehört noch heute zu den führenden im Bereich der Zinnschmelze. Diethelm beteiligte sich an dieser Firma, wie später auch Hermann Mülinghaus, einer der beiden Gründer, sich als einziger deutscher Aktionär an der Diethelm & Co beteiligte.

Wichtiger als das Minengeschäft waren die Plantagenagenturen. Im Partnerschaftsvertrag zwischen Diethelm und der Familie Hooglandt waren Plantagengeschäfte noch ausgeschlossen. Bereits 1879 aber wollte Diethelm in eine Tapioca-Plantage investieren, deren Agentur Hooglandt & Co innehatten; Jan Daniel Hooglandt warnte Diethelm jedoch vor dem spekulativen Plantagengeschäft.[383] Diethelm aber, nachdem er die Kontrolle über die Firma gewonnen hatte, investierte, zuerst zaghaft in Tabak und Kaffee, mit dem

380 Rapport über den Besuch der HH. M.C. Koning, Inspecteur, & Van der Linde der Koningklijken Paketvaart Maatschappij verfasst von Fritz Leuthold. 27. 4. 1910. DA, A.2.28.

381 Reminiszenzen von Charles Frey vom 15. 11. 1962. DA A 2.17. Dieses Duzen fiel Charles Frey auf, da Deterding halber Eurasier gewesen sei und dies in Singapur, wo „damals weiss Trumpf" gewesen sei, außergewöhnlich gewesen sei. Der Biograph von Deterding Glyn Roberts stellt die Biographie unter den Titel «The most powerful man in the world. The life of Sir Henry Deterding».

382 Eggenberger, Jakob/Diethelm & Co (1987), P. 86.

einsetzenden Rubber-Boom ab 1905 intensiver. Hooglandt & Co vertraten dabei kaum Plantagen in Britisch Malaya, sondern hauptsächlich solche auf Sumatra, die ihr Produkt in Singapur auf den Markt brachten. Kooperationen erfolgten vor allem mit in Sumatra tätigen Managern schweizerischer Herkunft. In Teil C2 wird dieses Engagement der Firma noch detailliert zur Sprache kommen.

Sowohl bei den Schiffsagenturen wie auch bei den Plantagen- und Minenagenturen zeigt sich, dass sich Diethelm & Co zu einem Spezialisten im grenzüberschreitenden Verkehr in Südostasien entwickelte. Ein wesentlicher Faktor, der diese Spezialisierung begünstigte, war das mehrdeutige Erscheinungsbild, mit dem sich der Firma präsentierte. Als schweizerische Firma stellte sie für keine der Kolonialmächte eine strategische Bedrohung dar, als niederländische konnte sie von den Verbindungen nach Niederländisch-Indien profitieren. Dieses mehrdeutige Erscheinungsbild zeigte sich sowohl im Firmennamen und als auch in der Zusammensetzung des Personals. Diethelm selbst drückte dies 1914 wie folgt aus:

„Die Firma Hooglandt & Co wurde beibehalten aus Rücksicht auf unsere alten holländischen Verbindungen und um den seit 50 Jahren bestehenden Charakter einer überall angesehenen schweizerisch-holländischen Firma beizubehalten. Nach aussen erscheint sie unabhängig mit verantwortlichen partners, gegenwärtig W.H. Diethelm, J. van Lohiuzen & W.C. van Rijnberk, intern ist sie aber eine Branche der Aktiengesellschaft."[384]

Der Warenverkauf durch die Importabteilungen wurde stets als das Kerngeschäft der Firma bezeichnet. Bei der Planung neuer Filialen galten die Aussichten im Verkauf als das Hauptkriterium für eine Umsetzung der Pläne. Doch häufig waren Agenturen mit im Spiel bei den Überlegungen zur Gründung neuer Filialen. 1912 erörterten Hooglandt & Co die Möglichkeit, das Geschäft durch eine weitere Filiale auf die Federated Malay States (heute Malaysia) auszudehnen. Die Überlegungen dazu entstanden hauptsächlich in der Erwartung, von der dort wachsenden Plantagenindustrie durch Vertretungen profitieren und den Geschäftskreis der Paketvaart (KPM) dorthin erweitern zu können. Das Projekt wurde jedoch fallen gelassen, nachdem sich keine Möglichkeit zur Verbindung des Agentur- und Importgeschäftes ergab.[385] 1925 wurde dann tatsächlich eine Filiale in Ipoh (Malaysia) eröffnet. In Bangkok beschäftigte sich das Management in den ersten Jahren ausgiebig mit der Anbahnung diverser Agenturgeschäfte, z.B. mit einem Projekt einer Zinnminengesellschaft. WH. Diethelm geriet über diese Verzettelung der Kräfte bei wachsendem Defizit der Filiale dermaßen in Rage, dass sich einer der Manager noch acht Jahre später sich über die „unselige Zinn-Af-

---

383 JD. Hooglandt aus Amsterdam vom 18.9.1879. DA A 2.9. Briefe der Familie Hooglandt an WH. Diethelm.

384 Geschichte der indischen Firmen. Typoskript vom 15.5.1914. DA, A 2.49.

385 Privatbrief von WH. Diethelm an Hooglandt & Co vom 9.11.1912. DA A 3.7.

faire" entschuldigend äußerte, unter der „unfehlbar unser Hauptzweig, der Import, [...] zu leiden hatte".[386]

Abb. 20: Anteile der drei Geschäftszweige am Gewinn der Diethelm & Co

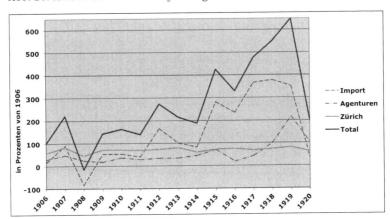

Obige Grafik zeigt den Gewinn der drei Hauptgeschäftszweige der Diethelm & Co von 1906-20: Import, Agenturen und Kapitalanlagen in Zürich sowie das Total der Gewinne. Der Längsvergleich zeigt deutlich, dass Gewinn und Risiko vor allem im Importgeschäft lagen. Die Ausschläge des Totals sind fast ausschließlich auf die Gewinne oder – wie 1908 – Verluste auf den Import nach Asien zurückzuführen. Die Kapitalerträge des Mutterhauses in Zürich wie auch die Einkünfte aus den Agenturen flossen hingegen stetig und mehr oder weniger sicher.[387] Eggenberger zitiert WH. Diethelm mit der Aussage von 1896, die Saigon-Filiale stehe und falle mit der Petroleumverbindung.[388] In der ersten kritischen Zeit konnte also diese einträgliche Agentur die Filiale über Wasser halten, bis dann im neuen Jahrhundert der Import in Saigon zur größten Einnahmequelle wurde. Erst während und vor allem nach dem Ersten Weltkrieg beginnt die Kurve des Agenturenkontos auszuschlagen. Dies ist hauptsächlich auf die wachsende Bedeutung des volatilen Rubber-Geschäfts zurückzuführen. Die Spekulationen mit Rubber eines lei-

386 Privatbrief von Fritz Leuthold an WH. Diethelm vom 23.4.1916. DA A 3.21.
387 Aus den Jahren vor der Gründung der AG ist keine detaillierte Buchführung mehr vorhanden, und in ihren frühen Jahren sind die Zahlen kaum spezifiziert. Für die folgende Grafik wurden die ausgewiesenen Gewinnzahlen des Mutterhauses in Zürich, der Filialen in Singapur, Bangkok und Saigon sowie der Tochter Hooglandt verwendet. Die Importzahlen setzten sich zusammen aus den Zahlen von Singapur, Bangkok und Saigon; bei letzten beiden wurden die Einkünfte aus den Agenturen abgezogen. Diese Einkünfte wurden wiederum proportional an den Kosten der Filialen in Saigon und Bangkok beteiligt und zum Gewinn von Hooglandt hinzu gerechnet. Aufstellung der Bilanzen der Diethelm & Co. 1906-20. DA, A 5.3.
388 Eggenberger, Jakob/Diethelm & Co (1987), P. 66.

tenden Angestellten von Hooglandt & Co wurden bereits angesprochen; sie machten den gesamten Gewinn von 1917 wieder zunichte.

Dass das Agenturgeschäft zu weitgehend konstanten Einkünften führte, ist außergewöhnlich, sind doch gerade die Rohstoffe starken Zyklen unterworfen. Konstanz konnte nur erreicht werden, wenn das Rohstoffgeschäft mit klaren Richtlinien eingeschränkt wurde. Strategische Beteiligungen an Minen- oder Plantagengesellschaften wurden oft durch die Partner von Diethelm & Co persönlich getätigt, und, sofern die Firma beteiligt war, meist auf einen Franken abgeschrieben. Den höheren Managern waren solche Beteiligungen verboten. Wiederholt gingen lukrative Agenturen (Royal Asiatic Petroleum, Schifffahrt) verloren und mussten kompensiert werden. Das Agenturgeschäft war schnelllebig und verlangte stetige Anpassungen und Erweiterungen.

Firma und Nation im Ersten Weltkrieg

Versucht man nun den Stellenwert von Nationalität im Firmengeflecht von Diethelm & Co zu eruieren, so bietet es sich an, den Blick auf die Situation im Ersten Weltkrieg zu richten.[389] Die eigentlichen Kriegshandlungen waren in Südostasien kaum spürbar, abgesehen von den Aktionen des Kreuzers Emden und dem U-Boot-Krieg seitens der Deutschen, welche eine gewisse Unsicherheit im Personen-, Waren- und Postverkehr schufen. Der Wirtschaftskrieg der Briten hingegen entfaltete auch im Osten seine Wirksamkeit. Einzig die Briten hatten zu dieser Zeit durch ihre Vorherrschaft auf See die Möglichkeit, die weltweiten Handelsströme zu kontrollieren. Sie unterzogen den internationalen Handel einer Art Lackmustest, der die Nationalität von Gütern und ebenso von Firmen innerhalb und außerhalb des Empires anzeigen sollte. Angesichts der enormen Verflechtungen der transnationalen Güter- und Finanzströme am Vorabend des Ersten Weltkriegs war das ein problematisches Unterfangen, das den komplexen Besitzverhältnissen und Handelspartnerschaften in international tätigen Handelsfirmen kaum Rechnung tragen konnte, und das auch nicht wollte. Diese Ereignisse forderten von Diethelm & Co, ihr nationales Erscheinungsbild zu überdenken und neu zu vermitteln.

Die Maßnahmen im britischen Wirtschaftskrieg können in zwei Arten unterteilt werden. Zunächst ging es hauptsächlich um die Kontrolle von Kriegsmaterial, welche die Briten über ein stetig erweitertes Prisenrecht ausübten; gegen Ende des Krieges gab es kaum mehr frei handelbare Rohstoffe. Zweitens ging es darum, eine Kontrolle über den Handel von Firmen in neutralen Staaten zu gewinnen: dies versuchte die britische Regierung über die Gesetze zum ‚trading with the enemy'.[390] Letztere Maßnahmen wurden während des Krieges laufend verschärft, so dass gegen Ende des Krieges das im

---

389 Zur Situation von Schweizer Firmen in Asien 1914-18 siehe: Dejung, C./Zangger, A. (2010). British Wartime Protectionism and Swiss Trading Companies in Asia during the First World War. *Past & Present* 207(1). P. 181-213.

19. Jahrhundert mühsam erarbeitete Prinzip wieder zunichte war, wonach sich ein Krieg nicht gegen einzelne feindliche Staatsangehörige und deren Eigentum richten dürfe, sondern allein gegen den feindlichen Staat.[391]

Der Wirtschaftskrieg seitens der Briten führte zu einer kontinuierlichen Aufstockung des administrativen Apparates in verschiedenen Ministerien, die sich mit der Blockierung und Freigabe von Gütern, der Ursprungsbezeichnungen von Gütern, der Kontrolle der Rohstoffbezüge von Neutralen und schließlich mit schwarzen Listen (von Firmen in neutralen Ländern, mit denen zu handeln britischen Firmen untersagt war) beschäftigten. Bei der Erstellung der schwarzen Listen und ebenso bei den weißen, die speziell für China, Thailand, Persien und Marokko galten, wurden über polizeiliche und geheimdienstliche Kanäle Informationen über Firmen gesammelt, welche deren Charakter als ‚Feindesunternehmen' (enemy firm) oder als ‚Unternehmen mit Feindesverbindung' (enemy association) feststellen sollten. Die nationale Zugehörigkeit einer Firma wurde dabei sehr weit ausgelegt. Ursprünglich und auch heute noch bestimmt der Sitz einer Firma die nationale Affiliierung. Die britischen Maßnahmen erweiterten jedoch den Kriterienkatalog für die Nationalität einer Firma: Neue ausschlaggebende Kriterien waren die Nationalität der Besitzer (auch des Aktionariats) und des höheren Managements, der konsularische Schutz, unter den sich eine Firma stellte, und – über den Begriff der ‚enemy association' – auch das Beziehungsnetz einer Firma (Lieferanten, Kunden oder sonstige Geschäftspartner), und selbst die Gesinnung von Mitarbeitern, die in der Briefzensur zutage trat. Die schwarzen Listen waren für international tätige Handelsfirmen eine echte Bedrohung, sie versuchten daher sich peinlich genau an die britischen Vorschriften zu halten, um nicht die geschäftliche Existenz aufs Spiel zu setzen.[392]

Für Diethelm & Co erwies sich die holländisch-schweizerische Herkunft der Firma als Glücksfall, im Unterschied zu einigen Konkurrenten in Singapur mit deutschen Partnern. Deutsche und österreichische Handelshäuser wurden nämlich schon bald nach Kriegsbeginn abgewickelt. Robert Sturzenegger, ein Sohn Conrad Sturzeneggers, konnte mit knapper Müh und Not

---

390 Zu den Handelsbeschränkungen in neutralen Staaten siehe für die Schweiz Ochsenbein, Heinz (1971). *Die verlorene Wirtschaftsfreiheit 1914-1918;* zur Reaktion von Schweizer Unternehmen siehe Straumann, T./R. Rossfeld (2008). *Der vergessene Wirtschaftskrieg: Schweizer Unternehmen im Ersten Weltkrieg;* zur Situation in den Niederlanden siehe de Jong, Herman (2005). *Between the Devil and the Deep Blue Sea: The Dutch economy during World War I.* In: S. Broadberry/M. Harrison (Eds.). The economics of World War I. P. 137-68; Frey, Marc (1998). *Der Erste Weltkrieg und die Niederlande: ein neutrales Land im politischen umd wirtschaftlichen Kalkül der Kriegsgegner* allgemein zur Situation der Neutralen siehe Frey, Marc (2000). *The neutrals and World War One.*

391 Førland, Tor Egil (1993). *The History of Economic Warfare: International Law, Effectiveness, Strategies, Vol. 30,* insbesondere P. 153.

392 Kriterien und Massnahmen werden erörtert in Dejung, C./Zangger, A. (2010).

sein Kapital aus den Firmen Rautenberg, Schmidt & Co in Singapur und Schmidt, Küstermann & Co in Penang herauslösen und das Geschäft unter seinem eigenen Namen weiterführen. Dabei war erst unklar, ob er bei der Versteigerung der beiden Firma mitbieten konnte, weil zu befürchten war, dass er das Geschäft der Deutschen unter seinem Namen weiterführe. Die britischen Behörden beschlossen jedoch, die Versteigerung nicht auf Briten zu beschränken, da sie die Beschlagnahmung britischer Vermögenswerte im Deutschen Reich befürchteten. Das Vorgehen im Fall Sturzeneggers diente übrigens 1916 als Präzedenzfall im Umgang mit Neutralen in Nigeria.[393] Die Firma Sturzenegger kam danach auf keinen grünen Zweig mehr, da sie ihre Lieferantennetze und Agenturen in Deutschland nicht mehr nutzen konnte. 1922 meldeten Sturzenegger & Co Konkurs an. Unmittelbarster Auslöser war das Einstürzen der Gummipreise 1920, doch muss der Konkurs vor allem als Folge der eingeschränkten Firmentätigkeit gesehen werden. Die Akten des Konkurses zeigen, dass Sturzenegger & Co während des Krieges weiterhin mit ihren ehemaligen Partnern in Hamburg in geschäftlicher Beziehung stand.[394]

Diethelm & Co konnte sich besser auf die Kriegswirtschaft einstellen. Die Firma war nicht nur einiger ihrer Konkurrenten ledig, sie konnte zudem die Lagerbestände von Dalmann & Co übernehmen, die als Firma aus dem Feindesland sequestriert worden war. Dies half Engpässe im Warennachschub zu überwinden, die durch die unsichere Situation auf See und durch den Wegfall von Lieferanten in Deutschland und den Vogesen entstanden war. Die Umstellung auf die kriegswirtschaftlichen Maßnahmen der Entente gelang aber auch nicht ohne Zwischenfälle. Während die Zentrale und die Filiale in Bangkok auf neutralem Gebiet lagen, waren die Filialen in Singapur und Saigon schon bereits von Kriegsbeginn an dem neuen wirtschaftspolitischen Regime ausgesetzt. Letztere ermahnten die Zentrale, sich genau an die Vorschriften der Alliierten zu halten. Doch Mitte 1915 geriet die Filiale in Bangkok für kurze Zeit auf die schwarze Liste, da sie lange gezögert hatte, sich aus dem konsularischen Schutz des deutschen Reichs zu lösen. Am meisten hatten die Filialen in Saigon und Singapur unter den

---

393 Yearwood, Peter J./C. Hazlehurst (2001). ‚The Affairs of a Distant Dependency': The Nigeria Debate and the Premiership, 1916. *20th Century British History*. 12 (4). P. 411-2; Yearwood, Peter J. (forthcoming). *Palm Nuts and Prime Ministers: The Nigeria Trade and the Death of Liberal England, 1914-1916.*

394 Im Laufe des Konkursverfahrens musste die Schw. Treuhandgesellschaft ein Gutachten erstellen, das die Verbindungen von Robert Sturzenegger mit der Firma Schmidt & Küstermann in Hamburg und deren Teilhaber klären sollte. Dieses kam zwar zum Schluss, dass die Einzelfirma Robert Sturzenegger in Schaffhausen und die Tochterfirmen in Penang und Singapur unabhängig von der Hamburger Firma geführt wurden. Die britischen Konkursbehörden in Penang waren jedoch, gelinde gesagt, sehr verwundert, dass während des Krieges die Buchhaltung von Sturzenegger in Hamburg geführt worden war. St SH. Falliment Sturzenegger. C III.01.02.06.05/014 und 015.

Auswirkungen der kriegswirtschaftlichen Maßnahmen der Entente zu leiden, da sie durch ihre Lage in den Kolonien Frankreichs und Großbritanniens unmittelbar der Bedrohung einer Konfiskation ausgesetzt waren und sie ohnehin ihrem deutschfreundlichen Image entgegentreten mussten.

In der Reaktion auf die Kriegssituation zeigt sich, wie wichtig das bestehende Beziehungsgeflecht eines Handelshauses ist, das über die formelle Organisation des Unternehmens hinausgeht, denn einerseits nahmen die britischen Gesetze zum ‚trading with the enemy' die Verbindungen von Handelsfirmen ins Visier, andererseits ließen sich in der angespannten Kriegssituation kaum neue Verbindungen etablieren, sowohl weil das Klima generell keine großen Investitionen zuließ, als auch weil ernsthafte Konsequenzen in Betracht gezogen werden mussten, wenn man sich vorschnell mit einer wenig bekannten Firma einließ, die sich später als ‚enemy firm' entpuppte. Diethelm & Co konnte während des Ersten Weltkriegs vor allem im innerasiatischen Handel stärker Fuß fassen, wie oben erwähnt, im Shipping zwischen Java, Vietnam und Japan und durch Investitionen in „befreundete Plantagen" auf Sumatra.[395]

Die deutschen Handelshäuser in Singapur gelangten nach dem Ersten Weltkrieg nicht mehr zu der Bedeutung, die sie davor gehabt hatten. Rautenberg, Schmidt & Co verschwand ganz. Behn, Meyer & Co, vor dem Ersten Weltkrieg wohl das größte Handelshaus in Singapur überhaupt, orientierte sich während und nach dem Krieg mehr nach Java. Nach dem Krieg traten sie unter dem Namen Straits Java Trading Co mit Sitz in Batavia und Büros in Singapur und Penang auf, nach dem Zweiten Weltkrieg dann wieder unter ihrem angestammten Namen. Mit dem Handel von Chemikalien konnte die Firma zwar wieder Terrain gut machen, doch hatte sie durch den Krieg wichtige Geschäftsbereiche wie die Schifffahrt verloren und konnte deshalb ihre ehemalige Stellung nicht mehr erreichen.[396] Diethelm & Co konnte vom Wegfallen dieser Konkurrenz im Import von ‚fancy articles' (Schmuck, Mode und Accessoires), der von schweizerischen und deutschen Firmen dominiert wurde, profitieren. Vergleicht man das heutige Portfolio der beiden Firmen, so beschränkt sich Behn, Meyer & Co im Wesentlichen auf Chemikalien, während die DKSH eine viel breitere Palette (Konsumgüter, Luxusgüter, Gesundheitsversorgung, Chemie und Technologie) anbietet.[397] Der Verkauf von Konsum- und Luxusgüter auf asiatischen Märkten ist einer der Pfeiler der Firma. Die DKSH bezeichnen sich heute unter anderem als Spezialisten in der Einführung neuer Brands[398], konnten also auf ihren Erfahrungen mit Handelsmarken aufbauen, obwohl ihre Marken für Textilien gegen Mitte des 20. Jh. mit dem Niedergang der Textilindustrie in Europa ihre Bedeutung verloren hatten.

---

395 Schweizer-Iten, Hans (1973), P. 737.

396 Helfferich, Emil (1957); Meyer, Günther (1970), P. 231-39.

397 Siehe www.behnmeyer.com und www.dksh.com.

398 Jahresbericht der DKSH (2007).

Kulturelle Versatilität ...

Mark Casson hat beschrieben, wie sich Unternehmer in ihrer Informationssynthese auf eine zielgerichtete Konfiguration von Beziehungen stützen.[399] Die Vernetzungsstrategie von Diethelm & Co geht aber über eine solche Informationsbeschaffung hinaus. Die transnationale Kooperation zwischen ostschweizerischen, hanseatischen und holländischen Kaufleuten wurde geschaffen, um die Tätigkeitsfelder der Handelshäuser zu erweitern und gleichzeitig Risiken zu minimieren. Bei dieser strategischen Erweiterung der Tätigkeit spielte die nationale Affiliierung eine wesentliche Rolle, weniger für die Gewinnung neuer Lieferanten in Europa, die ihre Waren ohnehin auf die Märkte in Südostasien bringen wollten, sondern mehr in Geschäftsbereichen, für die volkswirtschaftliche strategische Interessen bestanden wie Schifffahrt und Rohstoffe. Schweizer mussten dafür mit der einen oder anderen Nation kooperieren, da sie weder Schifffahrtslinien betrieben, noch wie Angehörige einer Kolonialmacht privilegierten Zugang zu Rohstoffen besaßen. Der Eintritt in diese Geschäftsbereiche verlangte eine strategische Vernetzung mit Deutschen, Niederländern oder Briten. Hooglandt & Co versuchten auch über Schweizer Manager ausländischer Unternehmen an Agenturen zu gelangen.[400] Doch dieser Weg war unsicher, da deren Manager Firmenloyalität zeigen mussten. Der umgekehrte Weg – über niederländische Partner an niederländische Agenturen zu gelangen – war erfolgreicher.

Diethelm profitierte im Ersten Weltkrieg von den langjährigen Verbindungen zur Chartered Bank of India, Australia and China; die Bank setzte sich beim Secretary of State of Foreign Affairs für eine Streichung seiner Filiale in Bangkok von der schwarzen Liste ein:

„Messr. Diethelm & Co Ltd. are very old and esteemed clients of this Bank. We are anxious that they should be caused as little inconvenience as possible, and we hope that His Majesty's Government will see their way clear to remove the name from the list of enemy firms."[401]

Neben solchen strategischen Allianzen suchte Diethelm & Co auch Nischen im grenzüberschreitenden Wirtschaftsverkehr innerhalb Südostasien. Für niederländische Unternehmen war eine Betätigung in Niederländisch-Indien wesentlich bequemer, da sie von rechtlichen (Zölle, Gesellschaftsrecht), sozialen (Vernetzung) und kulturellen (Sprache) Vorteilen profitieren konnten. Deutsche und schweizerische Unternehmen hingegen etablierten sich hauptsächlich im grenzübergreifenden Geschäft, etwa in Ostsumatra, das in den frühen Jahren der Plantagenkultur weit von der politischen Einfluss-

---

399 Casson, M. (2001). Der Unternehmer: Versuch einer historisch-theoretischen Deutung. *Geschichte und Gesellschaft* 27. , P. 536.

400 So versuchten sie 1884, die Agentur für die italienische Rubattino-Linie zu erhalten, doch es gelang nicht, „obwohl Hofer Schweizer ist". JR. Riedtmann von Fluntern an WH. Diethelm vom 11.9.1884. DA A 2.7.

401 Der Brief stammt vom August 1915. Zit. nach Schweizer-Iten, H. (1973), P. 740.

sphäre Batavias entfernt lag. Als die Region 1870 für internationales Kapital geöffnet wurde, etablierten sich in Penang als nächstem Hafen Handelshäuser als Agenturen für Verschiffungen, während Singapur als Kapitalmarkt und Güterumschlagplatz diente. Nebst einigen chinesischen Handelshäusern, die schon seit längerer Zeit in diesem transnationalen Wirtschaftsraum tätig waren, profitierten vor allem deutsche und schweizerische Handelshäuser vom grenzquerenden Verkehr. Auch Diethelm & Co konnte, nachdem sie einen Zwist unter den Handelspartnern der Anglo-French Textile in Pondycherry geschickt genutzt und die Alleinvertretung erworben hatten, die Garne zollfrei aus der französischen Enklave in Indien nach Vietnam verkaufen.[402]

Die Erweiterung des Geschäftskreises setzte kulturelle Versatilität voraus, die im multiethnischen Personal und Aktionariat, in der Präsenz in verschiedenen Regionen, in den Kontakten aus fortdauernden Geschäftsverbindungen und im doppelten Namen der Firma seine Grundlage hatte. Diese Aufzählung wiederum deckt sich mit den oben genannten Kriterien für die Nationalität einer Firma, welche die Briten im Ersten Weltkrieg aufstellten.

... und Anschluss an die offizielle Schweiz

Vor dem Ersten Weltkrieg waren die Schweizer in Singapur nur lose an die offizielle Schweiz angebunden. Konsulate im östlichen Asien unterhielt die Schweiz damals nur in Yokohama, Manila und Batavia. In Gebieten ohne Konsulate war es Privaten und Firmen aus der Schweiz überlassen, sich unter den konsularischen Schutz einer anderen Nation zu stellen. Abkommen zur Übernahme dieser Aufgabe bestanden mit Frankreich, Deutschland und den USA. In Singapur und in Bangkok hatten sich die Schweizer unter deutschen Schutz gestellt und gerieten nach Ausbruch des Krieges deswegen in Schwierigkeiten mit den britischen Behörden.[403] Die Dringlichkeit einer besseren konsularischen Betreuung der Schweizer zeigte sich auch in Passfragen. So konnte z.B. die Rotation von Managern bei Diethelm & Co nicht aufrechterhalten werden, da ein Manager aus Bangkok seinen Reisepass aus Batavia über Monate nicht erhielt.[404] Erleichterungen im Reiseverkehr waren jedoch kein hinreichender Grund für eine Konsulatsgründung. Der Vorort des Handels- und Industrievereins bestand in seinen Vernehmlassungen zu Konsularfragen stets auf der Möglichkeit der Handelsförderung; der Bundesrat pflegte der wichtigsten wirtschaftlichen Lobby zu folgen. Die Auslandschweizergruppen mussten also solche Perspektiven aufzeigen.

Als Folge des Ersten Weltkriegs wurde das konsularische Netz stark ausgebreitet. Konsulate oder Vicekonsulate wurden in Bombay (1915), Colombo, Singapur und Medan (Sumatra) (1917), Shanghai und Canton (1921),

---

402 Reminiszenzen von Charles Frey vom 15. 11. 1962. DA A 2.17. Siehe auch Eggenberger, Jakob/Diethelm & Co (1987), P. 66.

403 Siehe Dejung, C./Zangger, A. (2010), P. 197f.

404 DA A 3.20: Privatkorrespondenz von WH. Diethelm mit Managern.

Madras, Kalkutta und Bangkok (1922), sowie Saigon (1926) eröffnet.[405] Im Schweizerverein in Singapur war man sich zwar einig, dass die Einrichtung eines Konsulats einem Bedürfnis entsprach, die Vorschläge zur Besetzung aber brachten die Handelshäuser gegeneinander auf. Sturzenegger & Co, Diethelm & Co und Jaeger & Co bemühten sich alle um das Amt des Konsuls und suchten im Vorort Unterstützung. Diethelm schien dabei den besten Draht zu besitzen, sein Manager setzte sich schließlich durch.

Damit übernahm der Diethelm Konzern nach dem Ersten Weltkrieg vier der sechs Konsulate in Südostasien und hatte damit eine ähnliche Vormachtstellung wie sie die Firma Volkart & Co in Südasien hatte (drei von vier Konsulaten). Dass Handelsfirmen wie Diethelm oder Volkart, die in einem kompetitiven Geschäftsfeld operierten, bereit waren, ihre leitenden Angestellten für die ehrenamtliche Konsulatätigkeit freizustellen, ist erklärungsbedürftig. Es mag durchaus mit einem auch bei diesen Firmen vorhandenen Patriotismus zu tun haben, hatte jedoch auch einen ökonomischen Hintergrund. Wenn ein leitender Angestellter mit dem Posten eines Schweizer Konsuls bedacht wurde, öffnete das seiner Firma im Falle einer politischen Krise eine direkte Tür zu politischen Entscheidungsträgern im Ausland. Durch die Kumulation von Konsulatsvertretungen, welche sie zwar nicht ständig, aber doch regelmäßig innehatten, erhielten die Handelsfirmen gewissermaßen eine parastaatliche Funktion.[406] Der Name der Schweiz in Südostasien war mit der Firma Diethelm verbunden und auch heute noch vertreibt die Firma in Südostasien unter anderem Produkte aus der Schweiz.

FAZIT

Béatrice Ziegler hat in ihrer Studie über Schweizer Kaufleute in Brasilien den Versuch einer Typisierung gemacht:

„Der typische schweizerische Importkaufmann in Brasilien – soweit es diesen überhaupt gibt – vertrieb also Waren aus Europa und vornehmlich der Schweiz, die er in Konsignation übernommen hatte. Er arbeitete oft mit einem Partner zusammen und hatte den Rückhalt eines (oder mehreren) Kommanditärs, der als ehemaliger Partner von Europa aus die Geschäfte fördern konnte. Er wurde oftmals zum Bankier seiner Kunden und engagierte sich manchmal auch in anderen Wirtschaftszweigen. In seinem Handelshaus arbeitete er meist mit schweizerischen Partnern, seine übrigen Aktivitäten führte er sowohl mit anderen Ausländern wie mit Brasilianern durch."[407]

Diese Beschreibung trifft auch auf die Schweizer Kaufleute in Singapur zu. Die vornehmliche Betätigung im Verkauf und nicht im Einkauf, der Vertrieb

---

405 Altermatt, Claude (1990). *Zwei Jahrhunderte Schweizer Auslandvertretungen.*

406 Für eine Besprechung der strategischen Vorteile durch den Zugang zu politischen Behörden siehe Dejung, C./Zangger, A. (2010), P. 205-09.

407 Ziegler, B. (1988). Schweizerische Kaufleute in Brasilien im 19. Jh. *Jahrbuch für Geschichte von Staat, Wirtschaft und Gesellschaft Lateinamerikas* 25, P. 156.

von Produkten aus der Schweiz (und Europa), die Konsignation, die Finanzierung des Zwischenhandels, die Beteiligung von ehemaligen Managern als Einkäuferfirmen in Europa: all diese Merkmale zeichnen auch die Organisation des Handels von schweizerischen Kaufleuten in Singapur aus, wobei allerdings zwei gewichtige Unterschiede auffallen: Der Kaufmann in Singapur (und Penang) war in seiner Geschäftstätigkeit weniger auf schweizerische Partner fixiert, sondern arbeitete mehrheitlich mit Partnern aus anderen europäischen Ländern (D, NL F, I) zusammen. In seinen sozialen Aktivitäten hingegen war er weniger offen, sondern beschränkte sich mehrheitlich auf die schweizerisch-deutsche Gemeinschaft.

Die geschäftlichen Verbindungen von Schweizern mit anderen Europäern in Singapur waren kein Sonderfall. Gerade mit der deutschen Wirtschaft wurden, enge Beziehungen geknüpft, um auf fernen Märkten präsent zu sein. Am offensichtlichsten zeigt sich dies im frühen 20. Jh. in der Finanzierung der Exporte der Elektroindustrie, als Schweizer und Deutsche verschiedene Investitionsbanken gründen. Doch bereits zuvor haben sich deutsche und schweizerische Kaufleute an fernen Plätzen in Aufgaben geteilt, das zeigen die weltweiten Vertretungen der Helvetia Transportversicherung und weitere Beispiele von Handelshäusern.[408] In Singapur, teilweise auch in Batavia fand darüber hinaus eine Systematisierung der Arbeitsteilung zwischen Deutschen und Schweizern, die, auch wenn sie nicht so umfassend war, wie dies Alder darstellt,[409] angesichts der vorherrschenden co-ethnischen Netzwerke, bemerkenswert ist. Die enge Kooperation nützte beiden Seiten, weil so Import und Export besser abgedeckt werden konnte. Sie beruhte gleichzeitig auf einer gemeinsamen kulturellen Praxis in Clubs und Vereinen und auf einer gemeinsamen Sprache, welche den Beteiligten die Möglichkeiten gab, Nuancen auszudrücken oder zu erkennen. Das schuf Vertrautheit, die wiederum Vertrauen weckte.

Die deutsch-schweizerische Handelswelt war eng begrenzt und zeichnete sich durch ein hohes Maß an sozialer Kontrolle aus. Klatsch grassiert gemäß den Aussagen einiger Kaufleute. Im Briefwechsel zwischen WH. Diethelm und JR. Riedtmann-Naef vermischt sich stets Geschäftliches und Privates:[410] Unternehmenszahlen und Geschäftsopportunitäten stehen

---

408 Zur Elektroindustrie siehe Segreto, Luciano (1992). «Du Made in Germany» au «Made in Switzerland». Les sociétés financières suisses pour l'industrie électrique dans l'entre-deux-guerres. In: Monique Trédé (Ed.). Electricité et électrification dans le monde, 1880–1980. P. 348–51. Zu den Versicherungen siehe Kapitel C1. Béatrice Veyrassat listet die Handelshäuser und Unternehmen von Schweizern in Brasilien auf, worunter einige Kooperationen mit Deutschen hervorgehen. Veyrassat, Béatrice (1993). Réseaux d'affaires internationaux, émigrations et exportations en Amérique latine au XIXe siècle: le commerce suisse aux Amériques.

409 Siehe oben P. 82

410 Briefe von Riedtmann-Naef an Diethelm 1877. DA A 2.7./Briefe von Diethelm an Riedtmann. DA A 2.4.

neben Anekdoten über Konkurrenten, und gerade diese Vermischung trug dazu bei ein Vertrauensklima zu schaffen. Die beiden Kaufleute waren umfassen orientiert über das Verhalten wichtiger Bezugspersonen in ihrem Umfeld; dadurch erschienen diese durchschaubar, was wiederum Handlungssicherheit schuf.

Die enge Kooperation mit Deutschen beruhte außerdem auf der gemeinsamen Position von Deutschen und Schweizer innerhalb der Gesellschaft. Sowohl in Singapur wie auch Batavia waren Schweizer und Deutsche Teil der kolonialen Oberschicht und gleichzeitig Außenseiter gegenüber den Briten und Niederländer. Was Alder über die Schweizer schreibt, gilt auch für viele dortige Deutsche:

„Der Schweizer trachtete stets danach, einstmals wieder für bleibend in seine liebe Heimat zurückzukehren, während zahlreiche Engländer und besonders auch Holländer die Kolonien zu ihrer bleibenden Heimat machten."[411]

Diese Außenseiterposition begünstigte die Selbstisolation der Gruppe in ihren sozialen Aktivitäten. Als Teil der kolonialen Oberschicht übernahmen sie die hohen sozialen Schranken gegenüber Asiaten; als vorübergehend Bleibende grenzten sie sich auch von der lokalen Oberschicht, den Briten und indo-europäischen Gruppen, ab. Ihr Sozialleben spielte sich im Kreis der eigenen Landsleute ab und das verstärkte die Abgrenzung gegenüber fremden Gruppen und förderte eine rassistische Haltungen.

Und dennoch: Dauerhafte geschäftliche Verbindungen können auch dort stattfinden, wo Vorurteile gegenüber den Geschäftspartnern bestehen. Wie Francesca Trivellato am Beispiel sephardisch-jüdischer Händler, die im frühen 18. Jh. von Livorno aus Handel über den atlantischen Ozean und über die Levante bis nach Indien trieben, gezeigt hat, war auch schon in der vormodernen Zeit ein weitgehender Handel über engere ethnische oder konfessionelle Netzwerke hinaus möglich. Ökonomische Kooperation setzt nicht unbedingt persönliche Affinität voraus, auch nicht in erster Linie ein tragfähiges Rechtssystem, sondern vor allem eine gemeinsame Sprache und eine aus der Geschäftsbeziehung entstehende Vertrautheit.[412]

Schweizerische und deutsche Kaufleute legen großen Wert auf gute Geschäftsbeziehungen mit ihren chinesischen und indischen Geschäftspartnern. Obwohl sie weniger lang in Singapur blieben als mancher ihrer britischen Konkurrenten, bemühten sie sich überaus, Sprachkenntnisse zu erwerben und versuchten diese Beziehungen durch Rituale zu festigen. So entstand Vertrautheit und dieser Prozess wurde zusätzlich unterstützt durch die Entwicklung einer gemeinsamen symbolischen Sprache in Form der Trademarks. Die Bindung erhielt ihr visuelles Zeichen; die Marke garantierte Verbindlichkeit.

---

411 Alder, Otto (1929), P. 75.

412 Trivellato, Francesca (2009). *The familiarity of strangers: the Sephardic diaspora, Livorno, and cross-cultural trade in the early modern period.*

Ausländer in der Plantagenkultur Ostsumatras

Glücksritter, Junker und Technokraten

EINLEITUNG: WIRTSCHAFTLICHE RATIONALITÄT, FRONTIER UND KOLONIALES JUNKERTUM

Der zweite Teil der Dissertation beschäftigt sich mit der Plantagenkultur an der Ostküste Sumatras. Von 1865 an breitete sie sich vom Sultanat Deli (siehe Karte) in Richtung Süden und Norden aus, ein Prozess der sich über Jahrzehnte hinzog und dabei die bisherige Nutzung des Dschungels durch Batak und Malaien stetig verdrängte. Erst wurde hauptsächlich Tabak angebaut, später kamen Kaffee, Rubber, Palmöl und Tee hinzu. Anders als zuvor auf Java, wo die Europäer die Kulturprodukte mehrheitlich indirekt über die javanische Aristokratie bezogen, organisierten und kontrollierten sie in Deli den Anbau auf den Plantagen von Beginn an selbst. Es entwickelte sich das weltweit größte koloniale Projekt tropischer Agrikultur. Im Jahre 1930 wurde mehr als ein Drittel dieses 30.000 km² umfassenden Gebietes für Plantagenwirtschaft genutzt, was der Landschaft noch heute ihren Charakter gibt. Hunderttausende von Arbeitskräften wurden nach Sumatra gebracht unter Bedingungen, die schon damals umstritten waren und auch heute noch ein Streitpunkt in der historischen Debatte sind.[1]

Der *Plantagenkapitalismus* an der Ostküste Sumatras – oder in Deli, wie das weit über das Sultanat Deli hinausreichende Gebiet genannt wurde – war ein internationales Projekt. Die Holländer öffneten im Rahmen einer politischen Liberalisierung ab 1870 das relativ kleine Gebiet für internationales Kapital. Gut die Hälfte der Plantagen wurden mit holländischem Kapital finanziert und von Holländern gemanagt. Der Rest stand unter britischer, belgischer und amerikanischer Kontrolle, das leitende Personal stammte aus Deutschland, Großbritannien, der Schweiz und anderen Ländern. ‚Vreemdelinge' (europäische Ausländer) wurden zu einem festen Teil der Kultur.

---

[1] Siehe unten P. 193.

Abbildung 21: Karte der Ostküste Sumatras

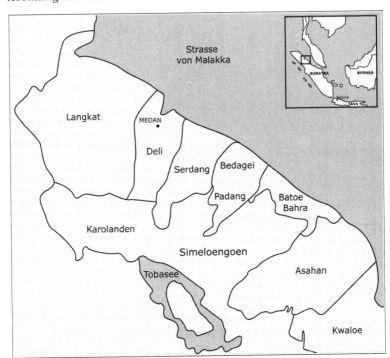

In Deli waren auffällig viele Schweizer zu finden. Von allen Schweizern in den Tropen waren – abgesehen von Brasilien – am meisten auf Sumatra zu finden. Und unter den europäischen Ausländern, zu denen auch Amerikaner und Japaner zählten, machten sie nach den Deutschen und Briten die größte Gruppe aus.[2] Dafür sucht dieses Kapitel Erklärungen zu finden.

Hauptbeweggrund der Europäer war natürlich das Geld: Wer nach Deli kam wollte möglichst schnell reich werden und dann das Gebiet wieder verlassen. Das Ergebnis der Gewinnmaximierung aber war von Weltmarktpreisen, Konkurrenzunternehmen und nationalen Interessen im Geschäft mit Rohstoffen abhängig. Es geht also um die Frage, wie sich Schweizer und andere Ausländer aus Europa in die Plantagenkultur eingliederten und welche Spielräume sie im Rahmen der unternehmerischen Konkurrenz und der nationalen Interessen der Kolonialmächte nutzen konnten. Wie im ersten Teil wird nach der Etablierung von Netzwerken gefragt, wobei in Deli, wie sich zeigen wird, die Vernetzung mit Angehörigen der Kolonialmacht viel belangreicher war als in Singapur. Außerdem war die Plantagenkultur kapitalintensiv. Von daher stellt sich die Frage nach dem Zugang zu Kapital und wiederum nach der Bedeutung von Nationalität auf dem Kapitalmarkt für Plantagen. Man könnte dabei fragen, ob es unspezifisch Kapital gab oder

---

2   Siehe unten P. 195.

eher verschiedene, nach nationaler Herkunft aufgegliederte Kapitälchen gab. Schließlich waren Niederländer, Briten und später Amerikaner an unterschiedlichen Produkten interessiert. Die Spielräume der Akteure sind deshalb an Produkte gekoppelt. Sehr eindrücklich kommt diese Koppelung in einer Grafik des Schweizer Vereins Deli-Sumatra zum Ausdruck, die anlässlich seines 50-jährigen Jubiläums die Entwicklung der Mitgliederzahlen illustriert.

Abbildung 22: Mitgliederzahl des Schweizervereins

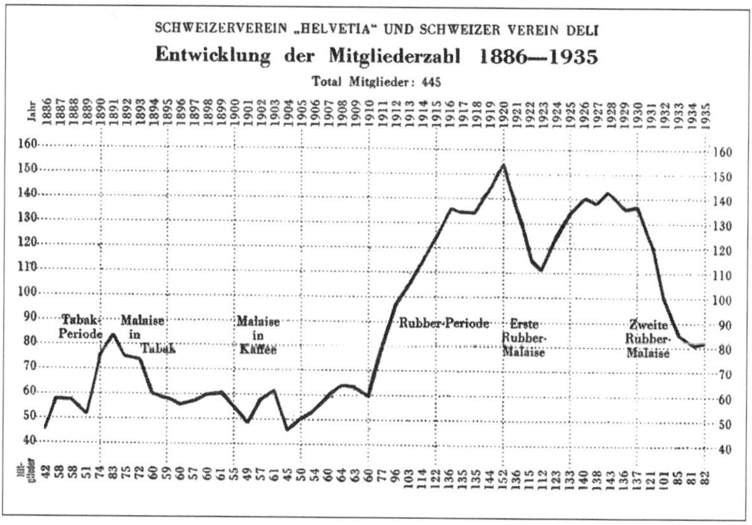

SCHWEIZERVEREIN „HELVETIA" UND SCHWEIZER VEREIN DELI
Entwicklung der Mitgliederzahl 1886—1935
Total Mitglieder: 445

Quelle: Schweizer Verein Deli-Sumatra, 1936, P. 82

Die Grafik spiegelt deutlich die Abhängigkeit individueller Chancen von Weltmarktpreisen verschiedener Produkte und die Verschiebung der Produktionsausrichtung auf neue ,cash crops'. Der Tabak-Boom hatte zur Folge, dass sich die Mitgliederzahl des Vereins in kurzer Zeit verdoppelte, der Bust führte zu starkem Abgang. Die Abwärtsbewegung war jedoch von geringer Dauer. Im Kaffee- und später im Gummianbau fanden Schweizer neue Tätigkeiten; der Verein wuchs bis in die 1920er Jahre wieder an. Erst mit der Weltwirtschaftskrise begann nochmals ein deutlicher Rückgang der Mitgliederzahlen.

All diese Bewegungen lassen sich mehr oder weniger gut auf der Grundlage eines rationellen Modells der Nutzenmaximierung erklären. Dies ist gewiss nicht falsch. Trotzdem bleiben dabei Fragen offen: Wieso zogen es viele Schweizer vor, lieber mit knapper Kapitalbasis selbständig zu arbeiten, statt eine Anstellung als Manager bei großen Gesellschaften zu suchen oder sich zu solchen zusammenzuschließen? Und wieso finden sich besonders viele Schweizer an den Rändern des Plantagengürtels?

Um dies zu verstehen, müssen weitere Aspekte miteinbezogen werden. Mir scheint hier der Einbezug des ,Frontier'-Begriffs angebracht, obwohl er mir im Unterschied zum Begriff der ,Kontaktzone', welche ich im letzten Kapitel angesprochen habe, problematischer erscheint.[3] ,Frontier' trägt, seit ihn der amerikanische Soziologe Frederick Jackson Turner eingebracht hat, teleologische Konnotation der Ausbreitung von Zivilisation mit sich. Turner Hauptthese ist, dass die Geschichte und die politischen Institutionen Amerikas wie auch der vorherrschende Individualismus vom scheinbar unendlichen Grenzgebiet, das immer neue Landbesiedelung ermöglichte, eben von der Frontier her, verstanden werden müsse.[4] Zahlreiche Autoren kritisierten insbesondere die konzeptuelle Ausblendung der gewaltsamen Verdrängung indigener Gesellschaften durch Turner.

Dennoch scheint mir der Begriff sinnvoll für das Verständnis gewisser Formen des Aufeinandertreffens von unterschiedlichen Bevölkerungsgruppen. Erstens verbindet sich mit dem Begriff der Frontier ein *Ausblenden faktischer Landnutzung* durch Indigene. Wie die russische Steppe, der amerikanische Westen oder der sertão wurde auch der Urwald auf Sumatra von den eindringenden Europäern als Wildnis vorgestellt und mit ,Wildnis' verband sich die Vorstellung den Indigenen als Naturvölkern in Opposition zur eigenen Zivilisation und eine Legitimierung der gewaltsamen Ausbreitung.[5] Die Frontier fungiert als Grenze zwischen Natur und Kultur, zwischen Wildnis und Zivilisation. Zweitens sind die Kräfteverhältnisse an der Frontier sehr ungleich. Während die Expansion eines Staates ins Gebiet eines anderen zu Krieg führt, zeichnet sich das Vorrücken an der Frontier eher durch lange dauernde *schwelende Konflikte* aus, die gelegentlich virulent werden, meist mit fatalem Ausgang für die indigene Bevölkerung. Michail Chodarkovskij benutzt den Begriff ,Frontier' für das Gebiet jenseits des politisch souveränen Staatsgebildes. Im Westen habe Russland eine Grenze zu anderen souveränen Staaten gehabt; im Süden und Osten hingegen gab es keine solchen Staaten und dementsprechend ein Gebiet, in dem die Grenzen fließend ausliefen.[6] Dies lenkt die Aufmerksamkeit auf die soziale Organisation einer Frontiergesellschaft, auch im Hinblick auf *schwach ausgebildete staatliche Autorität*. Schließlich steht in der Folge Turners die Frage im Raum, welche *Auswirkungen auf die Gesellschaft als Ganzes* die Prozesse an der Frontier haben.[7]

---

3   Für eine Kritik der Begriffe: Roberts, Lissa (2009). Situating Science in Global History: Local Exchanges and Networks of Circulation. *Itinerario* 23. P. 9-30.

4   Turner, Frederick Jackson (1920). The Frontier in American History.

5   Langfur, Hal (2006). The forbidden lands: colonial identity, frontier violence, and the persistence of Brazil's eastern Indians, 1750-1830. P. 289-92.

6   Chodarkovskij, Michail (2002). Russia's steppe frontier: the making of a colonial empire, 1500-1800.

7   Alida Metcalf überträgt die These Turners auf eine Region in Brasilien. Metcalf, Alida C. (1992). Family and frontier in colonial Brazil: Santana de Parnaiba, 1580-1822; kritisch dazu Langfur, Hal (2006).

Der Frontier-Begriff birgt allerdings die Gefahr, die binäre Opposition zwischen Wildnis und Zivilisation zu verfestigen, statt sie kritisch zu hinterfragen. Neuere Historiker des amerikanischen Westens haben ihn angesichts der rassistischen Untertöne fallen gelassen und sprechen stattdessen von Invasion, Kolonisierung, Ausbeutung und Ausbreitung des Weltmarkts, um den Prozess des Zusammenkommens unterschiedlicher Völker, ihre Begegnungen mit einander und mit der natürlichen Umwelt zu beschreiben.[8] Es ist deshalb wichtig die Frontier auch als Kontaktzone zu verstehen, in der zahlreiche Tauschprozesse stattfinden, und nicht einfach als einen Raum, in den sich ‚weiße Zivilisation' ergießt. Im Übrigen sind die Prozesse an der Frontier keineswegs nur repetitiv, sondern evolutiv und verändern sich laufend.[9]

Die ersten drei genannten Aspekte der Frontier vermögen Vorgänge in Deli zu erhellen. In den Zeugnissen der Plantagenkultur in Deli ist ständig die Rede von den unermesslichen Weiten von unbewohntem und ungenutztem Urwald, den die Pflanzer zur Blüte gebracht hätten. Das Jubiläumsbuch zum 50-jährigen Bestehen des Tabakkartells steht unter dem Titel «Von Urwald zu Kulturgebiet».[10] Dieser Topos verhüllt die Landkonflikte, die schon in den Anfangsjahren die Begegnung mit den Bewohnern der unbewohnten Weiten begleiteten und die Plantagenbesitzer veranlassten, das Militär zu Hilfe zu rufen. Die Ankunft der europäischen Plantagenwirtschaft leitete eine dramatische und nachhaltige Veränderung der Gesellschaft ein. In wenigen Jahrzehnten wurde die gesamte Landnutzung wie auch die ethnische Zusammensetzung der Gesellschaft grundlegend verändert. Die Landnahme erfolgte aggressiv und ohne Rücksicht auf die bestehende Nutzung. Sie veränderte die Produktionsweisen der Einheimischen und den dazugehörigen Adat (Gewohnheitsrecht) nachhaltig. Schwellende Konflikte begleiteten die Expansion, die während der ganzen Kolonialzeit nie aufhörten und bis heute virulent geblieben sind.

Ebenso zeichnet sich die Pflanzergesellschaft in Deli im 19. Jh. durch eine für die Frontier typische, geringe Präsenz staatlicher Autorität aus. Das Gebiet kann als selbst verwaltetes Projekt von Plantagengesellschaften unter Einbezug von lokalen Eliten bezeichnet werden. Auch wenn das Gewaltmonopol formell bei den niederländischen Behörden lag, so räumten sich die Pflanzer (wie sich Plantageneigner und -leiter selber nannten) oft einen Entscheidungsspielraum für die Wahrung der Sicherheit ein. Diese Selbständigkeit in Abgrenzung zur Kolonialverwaltung ist typisch für Deli.[11]

Während also die ersten drei Aspekte der ‚Frontier' für die frühen Jahre in Deli wohl unbestritten galten, so bleibt die Frage offen, welchen Einfluss

---

8   Limerick, Patricia N. (1991). What on earth is the new Western history? In: dies. et al.(Eds.). Trails: Toward a New Western History. P. 85f.

9   Gallay, Alan (2007). The formation of a planter elite: Jonathan Bryan and the southern colonial frontier. P. XX.

10   Siehe zum Beispiel Deli Planters Vereeniging (1928). Van oerbosch tot cultuurgebied. Medan.

die Frontier auf die Kultur der Gesellschaft Delis hatte. Da ich mich in meiner Studie vornehmlich mit der spezifischen Gruppe der Schweizer in der Plantagenkultur beschäftige, versuche ich nicht etwa, allgemeine Antworten auf diese Frage zu geben, sondern gehe der Beobachtung nach, dass Plantagen von Schweizern besonders häufig an den Rändern des Plantagengebiets zu finden waren und frage, nach den Gründen für dieses Phänomen.

In diesem Zusammenhang möchte ich auf ein weiteres Spezifikum der Gesellschaft in Deli eingehen, nämlich auf das *Verhältnis von Tradition und Moderne*. Der Anthropologe Sidney Mintz weist in verschiedenen Studien über die Karibik auf das moderne Moment der Plantagenkultur hin, die bereits im vorindustriellen Zeitalter landwirtschaftliche und industrielle Produktion zusammengeführt hatte. Plantagen sind agroindustrielle Großbetriebe, auf denen meist importierte Pflanzen in Monokulturen von importierten Arbeitskräften (afrikanische Sklaven, später Kontraktarbeiter aus Asien) angebaut werden. Der Verlust der traditionellen Gemeinschaften, der kulturelle Kontakt mit Fremden und die Notwendigkeit, neue soziale Strukturen der Reproduktion aufbauen zu müssen, tragen zur Modernität der karibischen Gesellschaften bei.[12] Auch Stoler weist in ihrer Studie über Konflikte im Plantagenkapitalismus Sumatras vor allem auf die moderne Seite der Sozialstrukturen hin. Sie bezeichnet Kolonien und im Speziellen Deli als „Laboratorien der Moderne", nicht nur im ökonomischen Sinn, indem Profitabilität zu einem kaum angefochtenen Kriterium gesellschaftlicher Organisation wurde, sondern auch kulturell, indem neue Normen und Disziplinierungsstrategien entwickelt und durchgesetzt sowie ethnische Identitäten auf neue Weise verhandelt wurden.[13]

Diesem modernen Aspekt der Kolonialgesellschaft möchte ich einen traditionalen gegenüberstellen, nämlich die Affinität von Kolonialreichen und europäischen Aristokratien.[14] Benedict Anderson führt diese unter anderem auf die Ähnlichkeit der transnationalen Solidarität europäischer Adelshäuser Mitte des 19. Jh. mit der klassen- und nationenübergreifenden Solidarität der Weißen im Kolonialrassismus zurück. Die Gemeinschaft der ‚Officers and Gentlemen', die sich in der ersten Genfer Konvention einer gegenseitigen Vorzugsbehandlung versicherten, sei auch in den Kolonien zum Tragen

---

11 Ann Laura Stoler weist auf die differierenden Interessen zwischen Kolonialverwaltung und Plantagenkapitalismus hin. Stoler, Ann Laura (1985). *Capitalism and confrontation in Sumatra's plantation belt, 1870-1979.* P. 20.

12 Mintz, S. W. (1996). Enduring Substances, Trying Theories: The Caribbean Region as Oikoumene. *Journal of the Royal Anthropological Institute* 2(2). P. 289-311; Mintz, Sidney Wilfred (1987). *Die süsse Macht Kulturgeschichte des Zuckers.*

13 Stoler, Ann Laura (1985). P. xxvi, 1. Siehe auch dies. (2002). *Carnal knowledge and imperial power. Race and the intimate in colonial rule.* Kap. 1.

14 Hier: Anderson, Benedict (1996). *Die Erfindung der Nation: zur Karriere eines folgenreichen Konzepts,* P. 150-53.

gekommen, indem sich die Europäer ihrer Überlegenheit gegenüber den Kolonisierten und ihrer daraus abgeleiteten Privilegien versicherten. Die späten Kolonialreiche halfen aristokratische Macht im Innern zu festigen, denn sie schienen alte Macht und Privilegien auf einer modernen, weltumspannenden Stufe zu bestätigen. Gelingen konnte dies, weil die Kolonialreiche mit ihren schnell wachsenden Verwaltungsapparaten einer ansehnlichen Zahl von Bürgern und Kleinbürgern erlaubte, auf Randschauplätzen die Rolle von Aristokraten zu spielen.

Entsprechend beschreibt Anderson die betont aristokratische Kultur in den Kolonien, wo viel Wert auf Etikette, Pomp und traditionelle Uniformen gelegt wurde, wo es Landhäuser, Gärten, Dienerschaft und Pferde gab und jeder sich wie ein französischer Aristokrat vor der Revolution fühlen konnte. Die Kolonien waren in diesem Sinn ein Projekt der Mittelklasse mit einer betont aristokratischen Kultur.[15] Bei Pflanzern auf Sumatra, in den amerikanischen Südstaaten und unter preußischen Junkern, herrschte bei allen Unterschieden der faktischen Arbeitsverhältnissen im Grunde genommen ein ähnliches Rollenverständnis vor.[16] Pflanzer und Personen in ihrem Umfeld propagierten auch Rollenmodelle, die weniger die kalkulierende Seite des Plantagenlebens, sondern die romantische betonten und von Bewährung in Gefahren, von Abenteuern und von umsichtiger Regentschaft sprechen.

Der Ausdruck romantisch mag verwirren. Ich will damit den Kontrast zur rationalen, kalkulierenden und auf Ordnung bedachte Seite der Plantagenwirtschaft hervorheben. Im romantischen Selbstverständnis kommt dem individuellem Erleben eine besondere Bedeutung zu, und es zeichnet sich durch rückwärts gewandte Ideen natürlicher, ständischer Ordnung aus. Das *romantische Bild des kolonialen Junkertums*, wie ich es nenne, hat zwei Pole. Der eine ist die Idee gesellschaftlicher Ordnung und deutlich abgegrenzter Eliten, wie es in der militärisch und stark hierarchisch geschichteten Gesellschaft Delis besonders deutlich zum Ausdruck kam. Der andere Pol betont den Aspekt der Selbstbehauptung, sowohl ökonomisch als auch moralisch in Form einer bestimmten Idee von Männlichkeit.

Nach diesen grundsätzlichen Überlegungen soll nun im Folgenden die Tätigkeit von Schweizern auf Sumatra sowohl im Rahmen individueller Chancen als auch im Rahmen ökonomischer Konkurrenz von Unternehmen und *imperialer* Interessen der Grossmächte zur Sprache kommen. Ich werde auf die *nationalen* Gegensätze, die in dieser Konkurrenz im Spiel sind, aber auch auf die Bedeutung einer *kolonialen* Kultur, die gerade die Gegensätze zwischen Europäern in einer gemeinsamen ‚weißen‘ Identität aufhebt, eingehen. Dabei verfolge ich die These, dass für ein Verständnis der Motivatio-

---

15 Stoler, Ann Laura (2002), P. 24, 27.

16 Einen Vergleich zwischen Junkern und Pflanzern in den Südstaaten bietet Bowman, Shearer D. (1993). *Masters & lords: mid-19th-Century U.S. planters and Prussian junkers;* zu einem Vergleich verschiedener Arbeitssysteme siehe Northrup, David (1995). Indentured labor in the age of imperialism, 1834-1922.

nen und des Verhaltens von Schweizern beide Aspekte einbezogen werden müssen.

Ein erster Teil bringt einen kurzen Überblick über die grundsätzlichen Parameter der Plantagenkultur in Deli. Zunächst wird die politische Situation Ostsumatras zur Zeit der Ankunft der Europäer beschrieben. In der Folge werden die Faktoren Land, Arbeit und Kapital, die Entstehung des verwendeten Arbeits- und Landpachtssystems sowie die Herkunft des Kapitals angesprochen. In einem zweiten Teil wird die ökonomische Position von Schweizern in der Plantagenkultur dargestellt. Der dritte Teil betrachtet die Kultur der Pflanzer in Deli. An verschiedenen Fallbeispielen aus der Schweiz werden Motivationen von Pflanzern wie auch Assistenten üfr ihre Tätigkeit in Deli herausgearbeitet.

1 LAND UND ARBEIT: PARAMETER DER PRODUKTION

Die Ostküste zur Zeit der Ankunft der Europäer

Timothy Barnard bringt in seinem Buch über politische Autorität im vorkolonialen Ostsumatra das Beispiel eines malaiischen Händlers, der fünf Gemeinschaften an den Flüssen Kampar und Siak vertrat. Im Jahr 1674 brachte er Zinn und Gold zum holländischen Handelsposten Malakka und offerierte Zugang zu Zinnminen gegen Unterstützung in lokalen Konflikten mit anderen Sultanaten in der Region. Zwei Jahre später kam eine Einigung zwischen der Niederländischen Ostindien-Kompanie (VOC) und den Vertretern der Fürsten zustande. Die Holländer glaubten nun, damit die Produkte und den Handel Zentralsumatras für sich gesichert zu haben. Doch der Handel floss weiterhin auch über andere Orte und die Konflikte um den Zugang zum Zinn hörten nicht auf. Deshalb kam die VOC nach einigen Jahren zum Schluss, dass in einer Region, in der die kulturellen Grenzen so fließend und die Völker so verschieden sind, stabile Beziehungen zu Gemeinschaften nicht möglich seien. Ein holländischer Beamter stellte fest, Ostsumatra sei keiner Autorität unterworfen.[17] Barnard urteilt differenzierter: Er bezeichnet die Ostküste Sumatras als einen ‚middle ground‘ mit komplexen Interaktionen und Verlagerungen zwischen Gruppen. Diese Interaktionen erfolgten in zwei Richtungen: einerseits zwischen ‚hilir‘ und ‚hulu‘, dh. zwischen dem Flachland am Unterlauf der Flüsse und dem Hügel- und Bergland am Oberlauf der Flüsse, anderseits entlang der Küste, wo zahlreiche Sultanate um Unabhängigkeit resp. Kontrolle über andere Sultanate stritten.

Die Tiefebene Ostsumatras ist von etlichen Flüssen durchschnitten. Sie bildeten im von Urwald bedeckten Gebiet wichtige Verbindungsachsen zwischen den reichen Gebieten im Innern des Landes und den Handelsposten an den Flussmündungen. Die Bergregionen im Innern waren von animistischen

---

17 Barnard, Timothy P. (2003). *Multiple centres of Authority: Society and environment in Siak and eastern Sumatra, 1674-1827, Vol. 210*, P. 1.

Batakern (Karos und Toba) und weiter südlich von muslimischen Minanka-
bau bewohnt. Neben dem Anbau von Grundnahrungsmitteln (Reis und Süss-
kartoffeln) gewannen Bataker in den Bergen Campher und Benzoe-Harze
für Weihrauch und Parfüm. Am Unterlauf der Flüsse kultivierte die Bevölkerung Pfeffer-, Muskat- und Kokospalmgärten. Gewürze und Duftstoffe
erreichten über die Flüsse kleine malaiische Häfen, die schon Jahrhunderte
vor der Ankunft der Europäer durch indische, chinesische und jemenitische
Handelsnetzwerke an den Welthandel angeschlossen waren.[18] Der internationale Handel machte die Bataker schon früh von externen Konstellationen
abhängig. Sie verlagerten ihre Siedlungsgebiete oder dehnten sie aus, um die
sich ändernde Nachfrage nach landwirtschaftlichen Produkten zu befriedigen.

Die Grenze zwischen den Karo- und Toba-Bataker im Innern und den
Malaien an den Küsten verlief fließend. In Zentralsumatra konnten die Minangkabau dank ihrer Unabhängigkeit von der Pfefferkultur besser und flexibler auf die Nachfrage nach neuen Produkten wie Kaffee reagieren,
während die Batak weiter nördlich in den von den europäischen Ostindien-
Kompanien forcierten Pfefferanbau eingebunden waren.[19] Die Pfefferradjas,
die malaiischen Sultane entlang der Ostküste und vor allem das mächtige
Sultanat Aceh, konnten durch den Handel mit den Europäern ihren Einfluss
ins Landesinnere ausdehnen und das von Karos bewohnte Hügelland sowohl
mit kriegerischen Mitteln als auch mittels Heiratspolitik unter ihren Einfluss
bringen.[20]

Deli, von wo aus die Europäer ab den 1870er Jahren die Tabakkultur
verbreiteten, war eines der kleinen Sultanate an der Ostküste. Im vorkolonialen Deli prägten zwei Institutionen das Verhältnis zwischen Karos und
Malaien: Der Datuk von Sunggal, ein Oberhaupt der Karo-Batak, repräsen-
tierte Deli im Handel im Innern, dh. mit den Batakern in den Bergregionen;
der malaiische Sultan von Deli kontrollierte den Handel entlang der Küste.
Ein Karo konnte sich also gleichzeitig als Teil einer Karodorfes verstehen,
als Untertan des malaiischen Sultans, der ihm Schutz bot, oder als Teil des
Batakvolkes.[21] Im Unterschied zu den eher egalitär organisierten Batakgrup-
pen waren die malaiischen Sultanate autokratisch beherrscht.[22]

---

18 Campher und Benzoe aus Sumatra erreichten schon im 6. Jh. China, Indien und
    Arabien. Andaya, L.Y. (2002). The trans-Sumatra trade and the ethnicization of
    the Batak. *Bijdragen tot de Taal-, Land- en Volkenkunde* 158(3). P. 375.

19 Andaya, B. W. (1995). Upstreams and Downstreams in early modern Sumatra.
    Historian 57(3). P. 537-52; siehe auch Kathirithamby-Wells, J. (1993). Hulu-hi-
    lir Unity and Conflict: Malay Statecraft in East Sumatra before the Mid-Nine-
    teenth Century. *Archipel* 45. P. 77-96.

20 Ruiter, Tine G. (2002). *State Policy, Peasantization and Ethnicity: Changes in
    the Karo Area of Langkat in Colonial Times*. In: G. Benjamin/C. Chou (Eds.).
    Tribal communities in the Malay world. P. 401-21.

21 Ginting, Juara R. (2002). *Intergroup relations in North Sumatra*. In: G. Ben-
    jamin/C. Chou (Eds.). Tribal communities in the Malay world. P. 384-400.

Doch nicht nur das Verhältnis zwischen ‚hulu' und ‚hilir' war komplex und fragil. Auch entlang der Küste zwangen wechselnde politische Konstellationen die kleineren malaiischen Sultanate immer wieder sich neu zu positionieren, um einen gewissen Grad an Unabhängigkeit zu bewahren. Die Sultanate Aceh im Norden und Siak im Süden übten nacheinander eine gewisse Kontrolle über die kleineren dazwischen liegenden Sultanate an der Ostküste aus. Siak hatte seine Blütezeit Mitte des 18. Jh. Seine Macht beruhte auf dem Zinnhandel, auf Raubzügen zu Schiff und auf einer geschickten Allianz-Politik.[23] Aceh hingegen spielte eine Schlüsselrolle im Pfefferhandel und konnte die umliegenden Regionen in diesen Handel einbinden. Mitte des 19. Jh. kam die Hälfte der Welt-Pfefferproduktion aus Sumatra. Das Gewürz ging über chinesische Händler ins britische Penang oder wurde direkt in Aceh von amerikanischen Händlern aufgekauft.[24]

Zwischen Siak und Aceh lagen die malaiischen Sultanate Langkat, Deli, Serdang, Batu Bahara, Asahan und Labuhan Batu. Auch sie versuchten durch den Verkauf von Pfeffer aus dem Landesinnern ihren Anteil am kolonialen Handel zu gewinnen, allerdings mit beschränktem Erfolg. Als der in Penang tätige Schotte John Anderson 1823 die Pfeffer-Häfen an der Ostküste besuchte, fiel ihm auf, dass sich die Sultane kaum größere Häuser als die übrigen Bewohner leisten konnten.[25] Grund dafür war, dass die kleinen Sultane wechselweise den beiden großen Sultanaten Tribut zahlen mussten. Als Händler und Mediatoren für die Batak allerdings konnten sie von ihrer wirtschaftlichen und militärischen Stärke profitieren: Stoler spricht hier von einer parasitären Souveränität.[26]

Britische und niederländische Interessen

Schließlich stand das Gebiet im Spannungsfeld von europäischen kolonialen Aspirationen. Seit dem niederländisch-britischen Vertrag von 1824 waren die formellen Ansprüche der Niederlande über Sumatra zwar ebenso besiegelt wie die der Briten auf die malaysische Halbinsel, faktisch aber setzten die Niederländer ihre formellen Ansprüche über die Inseln außerhalb von Java bis 1870 kaum um. Das Sultanat Aceh war einer Kooperation mit den Niederländern wenig geneigt und suchte sogar Schutz bei britischen Interes-

---

22   de Iongh, R. C. (1982). *The Guardians of Land – Sultans, planters, farmers and tobacco land in East Sumatra.* In: Davis/Stefanowska (Eds.). Austrina. P. 543.

23   Barnard, Timothy P. (2003); siehe auch Kathirithamby-Wells, J. (1997). *Siak and its Changing Strategies for Survival, c. 1700-1870.* In: Anthony Reid (Ed.). The last stand of Asian autonomies: responses to modernity in the diverse states of Southeast Asia and Korea, 1750-1900. P. 217-43.

24   Lim Kam Hing (2006). *Aceh at the zime of the 1824 treaty.* In: Anthony Reid (Ed.). Verandah of violence: the background to the Aceh problem. P. 72-95.

25   Ruiter, Tine G. (2002), P. 406.

26   Stoler, Ann Laura (1985). *Capitalism and confrontation in Sumatra's plantation belt, 1870-1979,* P. 22.

sen. Tatsächlich hatten die Briten Sumatra nur unter der Bedingung des freien Zugangs zu den Handelsplätzen im Norden aufgegeben. Von Banda Aceh die Ostküste hinunter bis nach Siak handelten die Sultanate mit den britischen Handelsposten in Penang und Singapur teils über europäische Händler, teils über Inder, Bugis und Araber; Chinesen gewährten die Sultane von Aceh keinen Zutritt. Dennoch gelang es den wachsenden chinesischen Händlergemeinschaften in Singapur und Penang zwischen 1850 und 1870, ihre Handelsnetzwerke auch auf den Osten Sumatras auszudehnen und feste Beziehungen zu allen malaiischen Fürsten von Jambi bis Tamiang aufzubauen, bevor die Holländer ihre koloniale Kontrolle auszudehnen begannen.[27] Der Osten Sumatras stand somit in engerer Beziehung zu den britisch kontrollierten Handelsstädten Penang und Singapur als zu dem weit entfernten Zentrum der niederländischen Herrschaft. Batavia beäugte den wachsenden Einfluss der Briten misstrauisch und versuchte eine Situation zu vermeiden, wie sie in den 1840er Jahren im Norden Borneos entstanden war.[28]

In den 1860er Jahren veränderte die niederländische Kolonialpolitik in zweierlei Hinsicht: Einerseits stieg die Bereitschaft zu Interventionen in Gebieten außerhalb Javas – wohl um aufkeimenden britischen Ansprüchen den Wind aus den Segeln zu nehmen[29] – anderseits setzten erstarkende oppositionelle Kräfte in Java und den Niederlanden ab 1870 einen politischen Richtungswechsel hin zum Liberalismus durch. Das so genannte *Kultursystem*, das Eduard Douwes Dekker alias Multatuli in seinem 1860 publizierten Roman «Max Havelaar» anklagte, hatte in Java ab 1830 zu einer staatlich kontrollierten Zwangswirtschaft geführt: Statt Steuern zu erheben hatten die niederländischen Behörden die Bauern auf Java gezwungen, auf einem Teil ihres Landes ‚cash crops' (Kulturen) anzubauen und diese abzuliefern. Im Laufe der 1860er Jahre mehrte sich die Kritik der Liberalen an diesem System, sowohl aus praktisch-ökonomischen als auch aus humanitären Gründen. Den praktischen Aspekt vertraten die Pflanzer, die angesichts steigender Preise für ‚cash crops' eine Öffnung der Märkte forderten, den humanitären Aspekt liberale Philanthropen in der kolonialen

---

27 Reid, Anthony (2005). *An Indonesian frontier: Acehnese and other histories of Sumatra*, P. 195f.; zur chinesischen Handelstätigkeit im Dreieck zwischen Singapur, Penang und der Ostküste Sumatras siehe Wu Xiao An (1997).

28 Nachdem James Brooke den Sultan von Brunei bei Streitigkeiten in seinem Gebiet unterstützt hatte, erklärte dieser den Briten zum Raja von Sarawak und offizialisierte damit den britischen Einfluss in Nordborneo. Zur britisch-niederländischen Konkurrenz in Borneo und Sumatra siehe Tarling, N. (1958). The Relationship between British Policies and the Extent of Dutch Power in the Malay Archipelago, 1784–1871. *Australian Journal of Politics & History* 4(2). P. 179-92; Reid, A. (1969). The contest for North Sumatra. P. 333.

29 Zu den ökonomischen Aspekten der niederländischen Expansion im Archipel siehe Lindblad, J. T. (1995). Colonial Rule and Economic Development: A Review of the Recent Historiography on Indonesia. *Jahrbuch für Wirtschaftsgeschichte* 1. P. 9-22.

Administration, die eine Besserstellung der ländlichen Bevölkerung anstrebten.[30] Gemeinsam war beiden Fraktionen ihr Einsatz gegen das so genannte ‚Kultursystem'. Liberale Politik sollte sowohl europäischen Unternehmen als auch der inländischen Bevölkerung zu mehr Wohlstand verhelfen. In seiner Sorge um das Wohl der Einheimischen ist der humanitäre Liberalismus allerdings gescheitert.

Britische Opposition gegen die Umsetzung niederländischer Herrschaftsansprüche auf Sumatra wurden 1870 über ein Freihandelsabkommen mit dem britischen Empire abgefedert. Damit begann auf Sumatra eine neue Ära. Im Jahr zuvor war der Suez-Kanal eröffnet worden, wodurch der Schiffsverkehr auf der Malakka-Strasse drastisch anstieg und Sumatra an ökonomischer und strategischer Bedeutung gewann. 1870 wurde auch das Agrargesetz eingeführt, das Niederländisch-Indien für private Unternehmen öffnete.[31] 1871 besiegelte ein neuer Vertrag zwischen Briten und Niederländern die jeweiligen Gebietsansprüche. Die Niederländer erhielten freie Hand in ihrem Vormarsch auf Sumatra, während die Briten Handelsprivilegien erhielten. Für Letztere war das ein vorteilhaftes Abkommen, zumal ihnen die niederländische Herrschaft im Unterschied zu einer deutschen oder französischen gelegen kam.[32]

Die ersten Europäer in der Plantagenkultur Delis

Im Spannungsfeld der Konkurrenz zwischen malaiischen Sultanaten, zwischen Batak im Landesinnern und Malaien an der Küste und zwischen dem Wunsch nach freiem Zugang für den Handel seitens britischer und chinesischer Kaufleute und dem Anspruch auf Souveränität seitens der niederländischen Kolonialadministration kamen in den 1860er Jahren die ersten Europäer ins Sultanat Deli, um Plantagen anzulegen. 1863 suchte der Sultan von Deli über einen arabischen Mittelsmann Kontakt zu Kaufleuten auf Java, um Europäer mit Verbindungen und Know-how in der Tabakkultur ins Sultanat zu holen. Bis zu diesem Zeitpunkt hatten Karos Tabak lediglich in sehr geringem Umfang für den lokalen Markt angebaut.[33] Nun begannen sich Europäer im Hinblick auf die Eröffnung des Suezkanals für die Tabakproduktion zu interessieren.[34] Jacob Nienhuys fuhr im Auftrag eines Rotterdamer Handelshauses nach Deli. Dort fand er zwar keinen Tabak, doch er blieb und beschloss selbst einen Versuch mit Tabakbau zu machen. Davon

---

30 Furnivall, John Sydenham (1944), P. 174-223.; Cowan, C. D (Ed.) (1964). The economic development of South-East Asia, P. 74f.

31 Ulbe Bosma behauptet, dass schon zu Zeiten des Kultursystems der Staat und Private in der Zuckerproduktion kooperierten, dass also schon vor Einführung des Agrargesetzes ein Spielraum für private Unternehmen in der Plantagenwirtschaft bestand. Bosma, U. (2007). The Cultivation System and its private entrepreneurs on colonial Java. *Journal of Southeast Asian Studies* 38(2). P. 275-91.

32 Tarling, N. (1958), P. 190f.

33 Ruiter, Tine G. (2002), P. 406.

hatte der Sultan in den folgenden Jahren großen finanziellen Nutzen; insofern war die Mission des genannten arabischen Händlers für den Sultan von
Deli ein Erfolg.[35] 1865 konnte Nienhuys gemeinsam mit anderen Europäern
äußerst günstige Landkontrakte mit dem Sultan von Deli abschließen,
womit im Tabakbau in Deli ein rasanter Aufstieg begann.

Die Anfänge der Plantagenkultur in Deli müssen vor dem Hintergrund
niederländisch-britischer Konkurrenz um den Herrschaftsanspruch über
Sumatra gesehen werden. 1877 hielt der niederländische Geograph Pieter
Veth fest, die Zeiten seien vorbei, in denen John Crawfurd sagen konnte, die
niederländischen Eroberungen auf Sumatra seien ein schlagendes Beispiel
für eine außer Kontrolle geratene territoriale Expansion. Veth hielt diesem
Vorwurf, diese Expansion sei ein Selbstzweck, entgegen, dass die Kolonie
nun auch wirtschaftlich genutzt werde.[36] Im kolonialen Diskurs der Liberalen diente die ökonomische Ausbeutung einer Kolonie gerade als Legitima-
tionsbasis für koloniale Herrschaft. Nienhuys als Spiritus Rector der
Tabakkultur und die von ihm mitbegründete Deli Maatschappij (in der Folge
Deli Mij)[37] spielten deshalb eine wichtige Rolle bei der Rechtfertigung der
niederländischen Herrschaft. Allerdings waren die Niederländer für den
Beweis ihrer Fähigkeit zur Ausbeutung Sumatras – um in der Logik Craw-
furds und Veths zu bleiben – auf andere Europäer angewiesen.

Die Plantagenkultur Delis war von Anfang an international, stand aber
zugleich unter dem dominierenden Einfluss der Deli Mij. Insbesondere von
Penang und zum Teil auch von Singapur aus gelangten vornehmlich Deutsche, Briten und Schweizer nach Deli. Alle diesen ersten Pflanzer standen in
einer Beziehung zur Deli Mij, sei es, dass sie selbst ehemalige Manager der
Deli Mij waren, sei es, dass sie Kapital oder Know-how erhielten, sei es,
dass die Deli Mij ihre Produkte in Konsignation verkaufte oder sei es, dass
sie sich auf andere Weise mit dem großen Konkurrenten arrangieren mussten.

In den ersten Jahrzehnten war Land in Deli für europäische Pflanzer sehr
einfach und zu äußerst attraktiven Bedingungen zu erhalten. 1865 vergab
der Sultan von Deli erstmals drei Landkonzessionen. Nienhuys, der Deut-

---

34   1861 sprach ein französischer Handelsbericht angesichts der kommenden Öff-
     nung des Suezkanals vom Potential des Tabaks in Siak. Annales du commerce
     extérieur (1861); Indes-orientales néerlandaises; Légation commerciale. P. 20-26.

35   Veth, P.J. (1877). Het landschap Deli op Sumatra. *Tijdschrift van het Koninklijk
     Nederlandsch Aardrijkskundig Genootschap* 2(1). P. 160; Maatschappij, Deli
     (1894). *Verslag over her Vijf-en-Twintigjarig Tijdvak, 1869-1894*, P. 3.

36   John Crawfurd war ein hoher Funktionär der British East India Company, erst
     auf Java, später in Singapur und verfasste verschiedene Bücher über Südostasi-
     en. Veth, P. J. (1877), P. 152.

37   ‚Maatschappij‘ bedeutet ‚Gesellschaft‘ und wird wie im Deutschen für die
     Gesamtheit des Sozialen und enger für Aktiengesellschaften verwendet. In den
     Niederlanden ist die Abkürzung ‚Mij‘ (sprich ‚Mai‘) üblich. Die Deli Mij wurde
     1869 gegründet, war die wichtigste Gesellschaft an der Ostküste und existierte
     noch heute. Siehe www.deli-maatschappij.nl

sche von Mach und der Schweizer Albert Breker erhielten mit Unterstützung des niederländischen Kontrolleurs[38] in Medan langjährige Pachtverträge. Anfänglich enthielten solche Verträge bloß Bestimmungen über die Dauer (75 oder 99 Jahre), den Pachtzins (pachtfrei oder geringer Betrag), die Ausdehnung des Landes und die Zinsen auf das verschiffte Produkt.[39]

1867 konnte Nienhuys gestützt auf Garantien der Nederlandsche Handels-Maatschappij (NHM)[40] einen weiteren Vertrag auf ein riesiges Stück Land schließen:

„De voorlopige afsluiting van dit groote contract is zoo'n geluk voor de Deli-Maatschappij geweest, omdat even daarna verscheidene nieuwelingen in het land kwamen, die allen om land vroegen. [...] Clemen schreef aan Janssen, dat de N.H.Mij. een schitterende zaak maakte, het gebeurt niet alle dagen, dat iemand half Deli cadeau krijgt." (Der vorläufige Abschluss dieses großen Kontrakts ist solch ein Glück für die Deli Mij gewesen, dass danach verschiedene Neulinge ins Land kamen, die alle um Land fragten. Clemen schrieb an Janssen, dass die NHM eine glänzende Sache mache. Es geschehe nicht alle Tage, dass jemand halb Deli geschenkt kriege. Ü.d.A.)[41]

Das pachtzinsfreie Gebiet umfasste eine Fläche von 7500 ha! Dieser Vertrag legte den Grundstein für die Gründung der Deli Mij, des mit Abstand größten Tabakunternehmens auf Sumatra. Deren Gründung und die großzügigen Parameter der Landvergabe waren ein Fanal für andere Europäer im Einzugsgebiet, unter denen bald ein Run auf Plantagenland entstand.

Landnahme und Konflikte

Im Tropenmuseum in Amsterdam lagern heute diverse Karten (siehe die folgenden Abbildungen) des Plantagengebiets, die dessen Entwicklung detailliert nachzeichnen. Der Vergleich zweier Karten aus dem Jahr 1876 zeigt

---

38 Der Kontrolleur war ein niedriger kolonialer Beamter. Anfangs gehörte Deli administrativ zur Abteilung Siak. Der Schweizer hieß Albert Breker, der Deutsche E. von Mach. 1887 wurde Deli zu einer eigenen Abteilung mit einem Residenten in Medan. Schadee, Willem Hendrik Maurits (1918). *Geschiedenis van Sumatra's Oostkust, Vol. 2*, P. 109ff.

39 Die Verträge bedurften formell der Zustimmung eines niederländisch-indischen Beamten, in diesem Falle des Residenten in Riau, der sich anfangs dagegen sträubte, da die Bedingungen nicht mit ihm abgesprochen worden waren. Im Agrargesetz von 1870 wurden dann die Grundlagen des europäischen Landerwerbs durch Erbpacht und die Öffnung der Außenbesitzungen für nicht-holländische Unternehmen geregelt. Weigand, Karl Leonhard (1911). *Der Tabakbau in Niederländisch-Indien, seine ökonomische und kommerzielle Bedeutung mit besonderer Berücksichtigung von Deli-Sumatra*, P. 17.

40 Die NHM war die Rechtsnachfolgerin der VOC und funktionierte hauptsächlich als Handelsbank. Reid, Anthony (2005), P. 198.

41 Deli Mij. Tienjaarlijkse verslagen, Vol. 1. NA NL. Nl. Deli Mij. 2.20.46/25. P. 3.

das Aufeinanderprallen differierender Sichtweisen des Lands. Bei der einen Karte handelt es sich um eine militärische Karte, die auf einer Vorlage aus dem Batakkrieg von 1872 basiert, die andere verzeichnet die bis 1876 an Europäer ausgegebenen Landkontrakte. David Gugerli und Daniel Speich schreiben in ihrer Geschichte der Kartographie der Schweiz im 19. Jh., dass bei jeder Aneignung eines neuen Territoriums die diskursive Erfassung der physisch zu erreichenden Ziele vorausgehen muss. „Das Wort und die Zeichnung kommen – bildlich gesprochen – immer vor dem Fuss. Es ist die abstrakte Neuordnung der topografischen Dinge, die das konkrete Eroberungsgeschehen erst möglich macht."[42]

Auch wenn diese Aussage auf Forschungsreisen gemünzt ist, trifft sie den Prozess der kolonialen Aneignung Ostsumatras sehr genau. Beide Karten sind auf die europäische Nutzung des Landes ausgerichtet, zeigen jedoch deutlich zwei unterschiedliche ‚Ordnungen der Dinge'. Die militärische Karte zeigt ein Patchwork von sich aneinanderreihenden europäischen Plantagen, malaiischen Dörfern und dazwischen liegenden Gärten entlang der Flüsse und Wege. Die Legende unterscheidet Dörfer, Busch, Alang-alang[43], Sümpfe, Kokos-, Tabak- (TT), Pfeffer (PT) und Muskatgärten (NT), wobei die Kulturen nicht näher nach ihrer europäischen oder malaiischen Provenienz unterschieden werden. Zwischen den bewohnten und bebauten Gebieten liegen große weiße Flächen von *terra incognita*. Diese Karte diente Truppenbewegungen zum Schutz der Europäer und ihres Eigentums. Die Häuser der Europäer werden speziell hervorgehoben, ebenso die Wege, welche den Transport leichter Geschütze erlauben. Die Karte kommt der faktischen Nutzung des Landes zum Zeitpunkt ihrer Gestaltung wohl näher als die gleichzeitig entstandene Karte der Landkontrakte.

Diese unterscheidet fundamental zwischen Gebieten mit Landkontrakten und solchen ohne Landkontrakte. Die Plantagenunternehmer schreiben sich in die Landschaft ein, wobei kaum mehr Platz für die Malaien bleibt. Einige Dörfer werden zwischen Plantagengebieten eingequetscht, andere einfach einverleibt. Auch wenn sich die Landnutzung der Europäer anfangs nicht deutlich von derjenigen der Malaien unterschied, waren doch das Verständnis von Bodeneigentum und die damit verbundenen Ansprüche sehr verschieden. Land wurde jetzt zu einer messbaren Größe gemacht und die Aufgabe, es zu vermessen, an die Plantagenunternehmern delegiert, da kein Landkataster existierte. Orientierungspunkte waren die Flüsse; zwischen zwei Flüssen wurden jeweils mehr oder weniger gerade Linien durch den Urwald gezogen und so das zur Plantage vorgesehene Gebiet abgesteckt. Dies ist durchaus wörtlich zu verstehen, indem ein Europäer mit Hilfe von einigen Arbeitern eine kleine gerade Schneise durch den Urwald zog, die als Grundlage für die Vermessung diente. Später konnten solche Schneisen zu Wegen ausgebaut werden. Die Vermessung des Landes wurde von Unter-

---

42 Gugerli, David/Daniel Speich (2002). *Topografien der Nation.* P. 179.

43 Alang alang oder *Imperata cylindrica* ist eine Pflanze, die in Südostasien frisch gerodetes Gebiet schnell als Monokultur überdeckt, sofern sie nicht gejätet wird.

nehmern selbst organisiert und diente unter anderem dazu, Erstanspruch anmelden zu können.[44]

Abbildung 23: Militärische Karte von Deli von 1876 (Quelle: KIT)

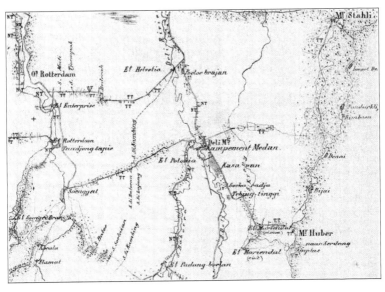

Abbildung 24: Karte der Landkontrakte im Sultanat Deli von 1876 (Quelle: KIT)

---

44   Zu Konflikten bei der Landvergabe siehe P. 202f.

Wichtiger noch als die Vermessung war die Zustimmung des lokalen Potentaten. Die Plantagenunternehmer und die malaiische Aristokratie fanden sich dabei im umstrittenen Arrangement, dass letztere tatsächlich das Recht über die Landvergabe besitzen sollte. Die malaiische Bevölkerung Delis – eine Schätzung aus dem Jahr 1871 geht von „vielleicht 6000" aus[45] – war eher bereit dieses Vorrecht zu akzeptieren als die in den höher gelegenen Gebieten ansässigen Gruppen. Dort nutzten Karo-Bataker und Malaien den Urwald extensiv, indem sie kleinere Gebiete rodeten, diese für eine begrenzte Zeit für Reisbau oder Exportprodukte nutzten, um in der Folge neue Gebiete zu roden und die aufgegebenen wieder verwalden zu lassen. Für diese Wechselwirtschaft und nachhaltige Nutzung des Urwaldes benötigten sie ausgedehnte Gebiete. Die Verteilung des Landes erfolgte unter den Karos nach gemeinschaftlichen Prinzipen.[46]

Willem Schadee publizierte 1919 eine detailreiche Geschichte der Ostküste Sumatras, worin er schreibt, es sei sehr fraglich, ob die ersten Pflanzer sich sehr genau an die Rechte der lokalen Bevölkerung gehalten hätten.[47] Schon nach wenigen Jahren leisteten Karo-Bataker Widerstand gegen die Ausbreitung der Plantagenwirtschaft in Gebieten, die zu nutzen sie als ihr traditionelles Recht ansahen.[48] Zwischen 1870 und 1872 stießen einige Deutsche und Schweizer in den Bezirk Soenggal ins Gebiet der Karos vor. Diese zogen sich darauf in die Berge zurück, um Truppen zu sammeln. Die Pflanzer mussten um militärischen Schutz bitten. Die Bataker griffen vier Plantagen an und brannten eine davon nieder. Erst im Herbst und nach der Entsendung von weiteren Truppen beruhigte sich die Lage wieder.[49]

Die Gewährleistung der Sicherheit war für die Pflanzer ein zentrales Problem. Die niederländisch-indische Regierung sträubte sich anfangs aber, ständige Truppen in Deli zu halten, wohl aus Kostengründen. Die Konflikte entstanden an den Rändern des Plantagengebiets, wo mehrheitlich deutsche, schweizerische und britische Pflanzer tätig waren. Dass vor allem Ausländer, also nicht aus den Niederlanden stammende Europäer, Landkonflikte auslösten, wurde auf die Dauer zu einem politischen Problem: Im niederländischen Parlament stellte ein Abgeordneter die Frage, wieso eigentlich die Niederlanden für die Sicherheit internationaler Gesellschaften zahlen solle.[50]

---

45 Die Schätzung stammt vom Arzt der Deli Mij. Deli Mij. Tienjaarlijkse verslagen, 1. NA NL. Nl. Deli Mij. 2.20.46/25. P. 25.

46 Ruiter, Tine G. (2002); Potting, C.J.M. (1997). De ontwikkeling van het geldverkeer in een koloniale samenleving. Oostkust van Sumatra, 1875-1938, P. 89f.

47 Schadee, Willem Hendrik Maurits (1918), Vol. 1. P. 188.

48 De Iongh beschreibt die Nachwirkungen der Landvergabepraxis, die sich bis in die heutige Zeit in sporadischen Konflikten zeigt. de Iongh, R. C. (1982).

49 Es handelt sich um Sturzenegger & Ritgen, Schlatter & Peyer, Péchul und Roemer. Schadee, Willem Hendrik Maurits (1918), Vol. 1. P. 187-203.

50 Siehe unten Teil B2, P. 212.

Von Kontraktkulis und Menschenhändlern

Die Beschaffung von Arbeitskräften blieb bis weit ins 20. Jh. das zentrale Problem der Plantagenkultur. Als wesentliche Hürde erwies sich zunächst, dass einheimische Arbeitskräfte gar nicht bereit waren, gegen Geld eine Arbeitsleistung zu erbringen, weil die Wirtschaft der Malaien und Bataker kaum monetarisiert war. Da diese Gruppen „für geregelte Lohnarbeit als ungeeignet" galten[51], mussten die Europäer nach Alternativen suchen, sofern sie nicht nackte Gewalt anwenden wollten. In Java blieben die kolonisierten Bauern in ihren Dörfern, und die Niederländer konnten Arbeitsleistungen über die Vermittlung der lokalen Oberschicht einfordern. In Deli waren die Voraussetzungen für diese indirekte Organisation der Ausbeutung nicht vorhanden.[52] Hier wurde eine neue Produktionsweise über die bestehende Gesellschaftsordnung gestülpt. Die Unternehmer beschränkten sich bald weitgehend auf chinesische Arbeiter, denn diese galten als fleißig und als empfänglich für Anreizsysteme wie Geld, freie Zeit oder Akkord. Ende der 1870er Jahre übertraf die Zahl der importierten Arbeitskräfte diejenige der malaiischen Bevölkerung. 1900 waren bereits 100.000 Arbeiter aus China und Java an der Ostküste tätig.[53] Der Import von Arbeitskräften nach Sumatra ist damit Teil der globalen Arbeitsmigrationsbewegungen nach der Abschaffung der Sklaverei.

Die Arbeitsmigration hatte meist die Form der ‚indentured labour' (Kontraktarbeitsystem) und ging von Asien aus nach Nord-, Südamerika, der Karibik, Afrika und anderen Gebieten Asiens.[54] Ziel dieser Migration waren größtenteils Plantagen, Bergbau und Eisenbahnbau. Jürgen Osterhammel schreibt dazu:

„Eine neue Plantage bedeutet eine ebenso tiefe Zäsur für die lokale Gesellschaft wie eine neue Fabrik. Kapital und Management der neuen Plantagen des späten 19. Jahrhunderts kamen unweigerlich aus Europa oder Nordamerika. Plantagen strebten eine rationale und wissenschaftliche Form der Bodenkultur an. Sie benötigten dazu allerdings außer wenigen Fachkräften nur ungelernte Arbeiter. [...] Die koloniale Plantage war eine Weiterentwicklung der älteren Sklavenplantage, keine grundsätzlich neue Form. Sie war ein Instrument eines globalen Kapitalismus, das so gut wie ausschließlich in tropischen Ländern verwendet wurde. Anders als die Industrie war

---

51 Schadee, Willem Hendrik Maurits (1918), Vol. 1. P. 174. 1936 wiederholt Karl Pelzer in seiner Studie über die Arbeitswanderung in Südostasien diese Formulierung unverändert. Pelzer, Karl Josef (1935), P. 91.

52 Stoler, Ann Laura (1985), P. 25.

53 Schadee, Willem Hendrik Maurits (1918), Vol. 2. P. 224.

54 Pelzer, Karl Josef (1935). *Die Arbeiterwanderungen in Südostasien: eine wirtschafts- und bevölkerungsgeographische Untersuchung*; Northrup, David (1995). Kaur, Amarjit (2004). *Wage labour in Southeast Asia since 1840 globalisation, the international division of labour and labour transformations.* Siehe auch Osterhammel, Jürgen (2009). *Die Verwandlung der Welt*, P. 239-49.

die Plantagenökonomie selten in grössere Prozesse *nationaler* Wirtschaftsentwicklung eingebunden.'[55]

Der Tabakanbau auf Sumatra war arbeitsintensiv organisiert. Während die Muskatnuss- und Kokoskultur mit Hilfe von malaiischen Tagelöhnern während der Erntezeit bewältigt werden konnte, erforderte der Tabak eine intensive Betreuung und somit relativ viele Arbeitskräfte. Im Verlauf der ersten fünf Jahre testete Jacob Nienhuys verschiedene Formen der Arbeitsorganisation. Im ersten Jahr arbeitete er mit einer Art Verlagssystem, das auf Java im Tabakanbau gebräuchlich war. Einheimische Malaien erhielten Setzlinge und sollten dem Makler Nienhuys das reife Produkt wieder verkaufen. Im folgenden Jahr leitete er den Anbau selbst; eine Gruppe Bataker leistete die Arbeit, beaufsichtigt von einigen javanischen Hadjis.[56] Schließlich engagierte er in Penang Chinesen, so genannte ‚Laukehs', die im Gegensatz zu den direkt aus China in den Straits engagierten ‚Singkehs' schon eine gewisse Zeit in den Straits gearbeitet hatten.[57] Da beim Tabak je nach Behandlung große Qualitätsunterschiede entstehen, entschied sich Nienhuys schließlich für eine direkte Beaufsichtigung der chinesischen Arbeiter durch europäische Aufseher. Dieses Verhältnis zwischen Chinesen und europäischen Managern war weit direkter als andere Arbeitssysteme im Osten.[58] 1866 führte er ein Lohnsystem nach Anzahl und Qualität der Pflanzen ein. Allgemeine Arbeiten wie Roden und das Anlegen von Wegen und Drainagen wurden separat entlöhnt.[59] Damit wurde der ganze Lohn leistungsabhängig und gleichzeitig ein Teil des Risikos (Wetter und Krankheiten der Pflanzen) auf die Arbeiter abgewälzt.

Um Chinesen zu bewegen, nach Sumatra zu kommen, wurden Vorschüsse bezahlt, welche diese nachträglich abarbeiten mussten. Und um diese Vorleistungen zu schützen wurden die ‚Kulis' auf Zeit verpflichtet, dh. die Vorschüsse wurden gegen einen Arbeitskontrakt auf drei Jahre geleistet. Dieser Arbeitskontrakt war strafrechtlich einforderbar: Wenn ein ‚Kuli' die geforderte Leistung nicht erbrachte, drohte Gefängnis. Die Kontraktarbeit wird deshalb von einigen Autoren in eine Reihe mit der Sklaverei gestellt.[60] Zwar wurden bei der Kontraktarbeit Löhne bezahlt, und es gab im Prinzip die Möglichkeit, nach Ablauf des Kontraktes mit gewissen Ersparnissen zurückzukehren – zumindest wurde dies von Seiten der Plantagenunternehmer stets hervorgehoben –, dennoch bestanden zwischen Sklaverei und Kontraktarbeit bestanden verschiedene Kontinuitäten: Fälle von Entführung,

55 Osterhammel, Jürgen (2009), P. 971.

56 Die Hadjis, Mekkapilger, hatte Nienhuys in Penang engagiert. Thee Kian-Wie (1977). *Plantation Economy and Export Growth. An economic history of East Sumatra. 1863-1942*, P. 4.

57 Die Unterscheidung zwischen Singkehs und Laukehs war im Plantagenbau auf Sumatra sehr gebräuchlich. Pelzer, Karl Josef (1935), P. 91f.

58 Reid nennt die Unterschiede zur Zinngewinnung. Reid, Anthony (2005), P. 198.

59 Schadee, Willem Hendrik Maurits (1918), Vol. 1. P. 174, 178.

schlechte Transport- und Arbeitsbedingungen, Flucht und Verfolgung, schwere körperliche Strafen, hohe Sterberaten bis hin zu einer Sprache, welche die Menschen zu Waren machte. Das Kontraktsystem auf Sumatra war auf die Schaffung von Abhängigkeiten hin angelegt. Durch ungerechte Entlöhnung, Organisation von Glücksspielen und Zulassung von Opium wurde der Verschuldung der ‚Kulis' Vorschub geleistet, was diese dazu zwang, neue Kontrakte einzugehen.[61] Die gebundene Kontraktarbeit fand anfangs der 1930er Jahre auf Druck der USA ein Ende und ging in ein System der freien Vertragsarbeit über.

Im Teil A wurde auf die Verschiebungen der ethnischen Zusammensetzung in Singapur hingewiesen, die der Sozialwissenschafter John S. Furnivall als ein generelles Charakteristikum der europäischen Kolonialherrschaft in Südostasien und der sie begleitenden kapitalistischen Ökonomie bezeichnet hat.[62] Dies trifft auch auf Ostsumatra zu, obwohl Javaner wie vor allem Chinesen zunächst nicht an eine bleibende Ansiedlung dachten (und auch nicht dafür vorgesehen waren), sondern an eine spätere Rückkehr. Es zogen auch kaum chinesische Frauen nach. Nur Javaner brachten vereinzelt Frauen mit, wie auch die Plantagengesellschaften weibliche Arbeitskräfte aus Java rekrutierten. Das statistische Verhältnis zwischen Frauen und Männern lag bei den Arbeitern meist unter 1:10; entsprechend häufig waren Streitigkeiten zwischen europäischen Assistenten, Chinesen und Javanern um javanische Frauen.[63]

Den verschiedenen ethnischen Gruppen auf der Plantage wurden je nach Eignung eigene Aufgaben zugewiesen. Im Fokus standen dabei Fähigkeiten und Eigenheiten dieser Gruppen, die Nienhuys und andere europäische Pflanzer sich in einer Art Alltagsanthropologie zurechtgelegt hatten. Indische Sikhs und Afghanen wurden als Sicherheitskräfte eingesetzt, Batak und Malaien zum Roden, Batak, Dayak oder Banjaresen aus Borneo für den Häuser- und Scheunenbau, Tamilen aus Südindien für den Strassen- und Kanalbau, Javaner für die Pflege von Pflanzen und Chinesen für alle Formen der Akkordarbeit im Tabak. Dadurch entwickelte sich ein sich selbst bestätigendes System von ethnischen Differenzen. Diese kamen im Hinblick

---

60 Breman, Jan (1989). *Taming the Coolie Beast: plantation society and the colonial order in Southeast Asia*, P. 2; Salverda, Reinier/Patricia Krus (2008). *The Netherlands and its colonies: Slavery and abolition*. In: Prem Poddar (Ed.). A historical companion to postcolonial literatures: continental Europe and its empires. P. 390-93. Die Unterschiede zwischen Sklaverei und Kontraktarbeit betont Northrup, David (1995).

61 Salverda, Reinier/Patricia Krus (2008), P. 390.

62 Furnivalls umfassende Studie zu Indonesien erschien 1939. Furnivall, John Sydenham (1948); Furnivall, John Sydenham (1944). Für eine aktuelle Diskussion von Furnivalls Thesen siehe: Hefner, Robert William (2001). *The politics of multiculturalism: Pluralism and citizenship in Malaysia, Singapore, and Indonesia.*

63 Stoler, Ann Laura (2002), P. 30.

auf die Disziplinierung der Arbeiter zum Tragen, indem die eine Gruppe eingesetzt werden konnte, wenn die andere rebellierte. Damit wurden die ethnischen Gegensätze verstärkt.

Die Kontraktarbeit in Deli stand von Anfang an in schlechtem Ruf. Die
Arbeitsbeschaffung lief über chinesische Makler in Penang. Im benachbarten britischen Malaysia kursierten schon bald Berichte über miserable
Arbeitsbedingungen und Misshandlungen auf den Plantagen Delis. 1876 sah
sich ein britischer Unternehmer genötigt, in der «Straits Times» auf die Vorwürfe zu reagieren.[64] Hinter der Agitation gegen die Arbeitsmigration nach
Deli standen chinesische Unternehmer auf der malaiischen Halbinsel, die
wegen des Aufschwungs in Deli einen Arbeitskräftemangel beklagten. Die
sich hartnäckig haltenden Gerüchte über systematische Entführungen von
Singkehs nach Sumatra veranlasste die Briten das so genannte Chinese Pro-
tectorate zu schaffen, welches die Kontrolle über das Geschäft mit Kulis
nach Sumatra übernehmen sollte. Ziel der Organisation war es, das Geschäft
aus den Händen chinesischer Brokers und Geheimgesellschaften zu nehmen.[65]

Dies machte jedoch die Arbeits- und Lebensbedingungen der Arbeiter in
Deli nicht besser: Die Sterblichkeitsraten bewegten sich auf enorm hohem
Niveau. Von den 1061 Chinesen, welche die Deli Mij im August 1869 engagierte, waren im März 1870 bereits 114 gestorben. Sie starben an Beri-Beri,
Cholera und Dysenterie, was auf einseitige Ernährung und schlechte hygie-
nische Zustände schließen lässt.[66] Hinzu kamen tödliche Arbeitsunfälle, vor
allem beim Roden. Die Ärzte der Senembah Mij stellten für die Jahre 1890-
96 eine gemittelte Sterblichkeit von 7.44 % fest.[67] Die gesundheitlichen
Bedingungen waren wohl mit jenen in den Zinnminen Malaysias vergleichbar. Da jedoch die Kulis in Sumatra von europäischen Managern mehr oder
weniger direkt geführt wurden, standen die Unternehmen unter erhöhter
Beobachtung einer britischen und niederländischen Öffentlichkeit. Von
Anfang an wurde über Misshandlungen berichtet. So schrieb ein dänischer
Mitarbeiter an den Direktor der Deli Mij in Holland über Gewaltexzesse
eines Managers. Bereits 1870 gab es auf der Plantage des Schweizers Breker
eine offizielle Untersuchung gegen einen javanischen Vorarbeiter wegen
Misshandlung,en, über die sich ein Kuli bei einem Besuch des Residenten
beschwert hatte.[68]

64 The Sumatra Tobacco Planters. Open letter to the Editor of the Penang Gazette.
    Straits Times. 22.4.1876. P.5.

65 Reid, Anthony (2005), P. 202.

66 Deli Mij. Tienjaarlijkse verslagen, 1. NA NL. Nl. Deli Mij. 2.20.46/25. P. 9.

67 Schüffner, W./Kuenen, W. A. (1909). Die gesundheitlichen Verhältnisse des
    Arbeiterstandes der Senembah-Gesellschaft auf Sumatra während der Jahre
    1897 bis 1907. Beitrag zum Problem der Assanierung grosser Kulturunterneh-
    mungen in den Tropen. *Zeitschrift für Hygiene und Infektionskrankheiten* 64. P.
    167-257.

68 Deli Mij. Tienjaarlijkse verslagen, 1. NA NL. Nl. Deli Mij. 2.20.46/25. P. 15, 22.

Der schlechte Ruf Delis verstärkte die Abhängigkeit der Plantagenbesitzer von chinesischen Mittelleuten. Chinesische Broker und Geheimgesellschaften kontrollierten daher das Geschäft mit Arbeitskräften weitgehend.[69] Reid beschreibt ein System, bei dem die Kulis bereits verschuldet in Singapur, ihrem eigentlichen Ziel, ankamen und dann nach Penang, British Malaya oder Deli weitergereicht wurden, bis sich ein Makler fand, der ihre Schulden übernahm. Unter den Singkehs bestand jedoch nur eine geringe Bereitschaft nach Sumatra zu gehen, sei es aus Angst vor dem Unbekannten, sei es aufgrund abschreckender Berichte.[70] Einige Hokkien-Familien in Penang bildeten überregionale Netzwerke an der Strasse von Malakka und waren in British Malaya in den Zinnabbau sowie an der Ostküste Sumatras in die Opiumpacht, in den Detailhandel und in die Vermittlung von Arbeitskräften involviert. Diese Familien waren wiederum mit Vermittlern in China verbunden, welche die Arbeitskräfte nach Penang brachten.[71]

Die Plantagenunternehmer verstanden die Logik und Dynamik der chinesischen Assoziationen kaum. In ihrer Wahrnehmung waren die nach Sumatra kommenden Arbeitskräfte vor allem ehemalige Verbrecher, Opiumsüchtige oder Piraten. Den chinesischen Brokern warfen sie vor, die Kulis zur Flucht von den Plantagen nach Penang zu verleiten, um sie dann von dort aus erneut zu vermitteln.[72] Flucht und Verfolgung von arbeitsunwilligen Kulis waren in den ersten Jahren der Plantagenwirtschaft ein Dauerthema. Die zunehmende Knappheit an Arbeitskräften, die wachsenden Preise für Kulis und die verstärkte politische Kontrolle des Geschäftes durch die Kolonialmächte trieb die Makler in Penang mehr und mehr in den Bereich des Halblegalen. Doch auch chinesische Beamte und Behörden kritisierten nun den Menschenhandel. 1879 verboten die Behörden von Chaozhou (in der Region Shantou, aus der die meisten Kulis in Deli kamen) Emigration auf Vorschusszahlungen hin, da abhängige Sinkehs in Singapur „nicht viel anders wie Vieh verkauft" würden.[73]

Modellverträge für Arbeiter und für die Pacht

1876 war ein kritisches Jahr für die Plantagenwirtschaft, das auch ein zwischenzeitliches Ende des Booms hätte einläuten können: Im Hinterland verbanden sich entlaufene Kulis und Einheimische zu Banden, die Überfälle auf Plantagen machten. Die britischen Behörden diskutierten einen Immigrationsstopp für Deli, und das niederländische Parlament beriet über eine

---

69 Reid weist darauf hin, dass die Quellen vorsichtig gelesen werden müssen, da diese meist die gesellschaftliche Komplexität im Umfeld der chinesischen Towkays unterschätzen. Reid, Anthony (2005), P. 199.

70 Ebd., P. 200-04.

71 Wong Yeetuan (2007).

72 The Sumatra Tobacco Planters. Open letter to the Penang Gazette. *Straits Times*. 22.4.1876. P.5.

73 Reid, Anthony (2005), P. 216.

Abschaffung der Kontraktarbeit. In dieser für die Plantagenwirtschaft kritischen Situation schrieb ein Manager der Deli Mij, JT. Cremer[74], einen offenen Brief ans niederländische Parlament, in dem er um Verständnis für die Plantagenunternehmen warb. Der Brief fand große Beachtung und förderte unter anderem die steile politische Karriere Cremers. Nach einigen Jahren als Parlamentarier wurde er 1897 für vier Jahre Kolonialminister, nach dem Ersten Weltkrieg Sonderbeauftragter der Niederlande in den USA. Cremer erreichte, dass für Sumatra eine Ausnahmeregelung geschaffen wurde, in der die Kontraktarbeit (‚poenale sanctie') weiterhin Bestand hatte, während sie auf Java abgeschafft wurde. Cremer argumentierte, dass ohne die ‚poenale sanctie' die an die Arbeiter geleisteten Vorschüsse nicht geschützt werden könnten und dass ohne diese Vorschüsse nicht genügend Arbeitskräfte für die Entwicklung der Außengebiete (alle Inseln außer Java und Madura) gefunden werden könnten.[75] Das Arbeitsreglement (Koeliordonantie) von 1880 legte diese Beibehaltung fest und regelte gleichzeitig die Bedingungen für die Arbeiter. Reid bezeichnet diese Bedingungen als „dem Buchstaben nach fortschrittlich für die Zeit".[76] In den Modellverträgen, die über die Jahre laufend angepasst und erweitert wurden, sind Arbeitszeit, Entlöhnung, Unterkunft, Abgabe von Essen, medizinische Versorgung und Vertragsbeendigung, Strafen etc. geregelt.

Ebenso wurde 1874 in der Folge des Batakkrieges ein Modellkontrakt für die Landvergabe erstellt, der die Rechte der malaiischen und der Batak-Bevölkerung auf dem Plantagengebiet festlegte. Darin kommt die neue liberale Politik der Kolonialadministration zum Ausdruck, die sowohl den Interessen der Unternehmen als auch denen der lokalen Bevölkerung Rechnung tragen wollte. Die Unternehmer erhielten langfristige Verträge zu niedrigen Preisen. Das bedeutete eine starke Verringerung des Anfangsrisikos, indem der Boden in der Startphase kaum Kosten verursachte. Die malaiische Aristokratie erhielt Zinsen auf das Land und das angebaute Produkt; davon konnte sie in hohem Maße profitieren. Die einheimischen Bauern schließlich erhielten Parzellen von entweder 4 bouw[77] fest oder 8 bouws als ‚Jaluran' zugesprochen. Letzteres bedeutete das Recht, auf abgeernteten Tabakfeldern Reis anzubauen. Dieses System erwies sich jedoch sowohl für die Tabakgesellschaften als auch für die lokale Bevölkerung als ungünstig. Wegen der laufenden Ausbreitung der Plantagenkultur beanspruchten mit den Jahren immer mehr Personen den Jaluran, was zur Folge hatte, dass der Kreis der Bezugsberechtigten immer weiter eingeschränkt wurde.[78] Als das Land knapper wurde setzten Tabakgesellschaften viel daran, den Boden für

---

74 Jacob Theodoor Cremer (1847-1923), Manager der Deli Mij, Kolonialminister, Präsident der NHM und Gesandter in Washington. Fasseur, Cornelis. Cremer, J.T. (1847-1923). *Biografisch Woordenboek van Nederland.*

75 Cremer, Jacob Theodoor (1876). *Een woord uit Deli tot de Tweede Kamer der Staten-Generaal.*

76 Reid, Anthony (2005), P. 207.

77 Ein Bouw ist ein niederländisches Flächenmass, rund 0,7 Hektaren.

eine weitere Nutzung nach einigen Jahren zu optimieren. Dies führte wieder zu Spannungen mit der lokalen Bevölkerung, weil deren Nutzungsrechte mit den Zielen der Pflanzer zur Optimierung des Bodens kollidierten.[79]

Der Pachtmodellvertrag und die Koeliordanantie legten die grundsätzlichen Parameter der Plantagenkultur fest und schufen damit für alle Plantagengesellschaften weitgehend gleiche Bedingungen. Auch wenn sie dem Buchstaben nach als fortschrittlich bezeichnet werden können, so war die Praxis auf den Plantagen zum Teil weit von den gesetzlichen Bedingungen entfernt; Reid sieht in den fortgesetzten Attacken auf europäische Assistenten ein Zeichen dafür, dass die Arbeiter systematischen Erniedrigungen und sogar physischer Grausamkeit ausgesetzt waren.[80]

Gewalt auf den Plantagen

Oft hatten private Pflanzer an den Rändern des Plantagengebietes, die mit weniger Kapital arbeiteten und deshalb billiger produzieren mussten, Konflikte mit ihren Kulis, weil sie diese zu übermäßigen Arbeitspensen verpflichteten oder sie durch Lohnkürzungen gegen sich aufbrachten. Jakob Huber war einer dieser Pflanzer mit wenig Kapital, bei dem Kulis immer wieder rebellierten und der auch wiederholt die Ordnung mit Gewalt wiederherstellte. Die Deli Mij schrieb, dass es „bei diesem Arbeitgeber sehr unangenehm zugehe".[81] Karl Krüsi, der anfangs bei Huber als Assistent arbeitete, berichtete mehrmals, dass „meuterische" Kulis erschossen worden seien.[82] Ähnlich kommentierte der Assistent Joachim Bischoff die Berichte seines Freundes Schoop über die Zustände auf der Plantage Amplas von Jakob Huber:

„Von den Schilderungen seiner Erlebnisse (Schoops), wenn sie in ihrer Wahrheit auch viel angetastet werden, haben doch zum grössten Theil ihre Berechtigung. Die Verhältnisse auf jenem Estate sind eben andere als bei uns. Es ist 2½ Stunden von uns entfernt in der Nähe v. Laboean. Sie haben viele alte meuterische Culis, welche ziemlich grob behandelt werden, was oft üble Folgen hat – Schluss. «S'isch halt ebe India».".[83]

Gewaltexzesse kamen aber keineswegs nur bei kleinen, privaten Pflanzern vor. Der Rhemrev-Report, den die Regierung in Batavia 1903 als Antwort auf eine Anklageschrift gegen die Zustände auf den Plantagen in Deli erstellen ließ und für den Regierungsbeamte auf sämtlichen Plantagen Mitarbeiter

78   Pelzer, Karl J. (1978). *Planter and peasant: colonial policy and the agrarian struggle in East Sumatra 1863-1947*, P. 78.

79   Haarsma, G. E. (1890). *Der Tabaksbau in Deli*; Weigand, Karl Leonhard (1911).

80   Reid, Anthony (2005), P. 208.

81   Deli Mij. Tienjaarlikse verslagen, 1. NA NL. Nl. Deli Mij. 2.20.46/25. P. 52.

82   Curriculum Vitae von Carl Krüsi. Privatarchiv Fam. Carl.

83   Joachim Bischoff an seine Eltern vom 9.2.1885. Bischoff, Joachim (2003), P. 63.

über die Arbeitszustände befragt hatten, listet Misshandlungen auf Plantagen sowohl von großen Gesellschaften wie von kleinen Pflanzern auf. Der Bericht nennt ungesetzliche Freiheitsberaubung, Schlagen, Auspeitschung, Folterung, Tötungen sowie Vorenthalten von Lohn, Essen und medizinischer Pflege.[84] Der niederländische Soziologe Piet Endt beschreibt bereits 1918 die Wand des Schweigens, die der Beamte Rhemrev bei seiner Untersuchung durchbrechen musste. Nur mit Tricks und gegen den Widerstand der Plantagengesellschaften gelang es ihm, die Aufsehen erregenden Fakten zusammenzutragen. Als direkte Folge richtete die Regierung eine Arbeitsinspektion ein, die den Plantagen regelmäßig Besuche abstatten sollte und bei der die Arbeiter Klagen anbringen konnten. Der verbesserte Schutz der Arbeiter stand im Einklang mit der nach der Jahrhundertwende eingeläuteten ‚ethischen Politik', welche einen Fokus auf die Verantwortung der Niederlande für die Geschicke der Bevölkerung hatte. Investitionen in Infrastruktur und Bildung sowie ein gewisser Schutz der Bevölkerung gegen koloniale Missstände gehörten zur Agenda dieser neuen Politik.[85]

Ob und inwiefern sich die Arbeitszustände danach verbessert haben, ist umstritten. Ann Laura Stoler und Jan Breman betrachten die Gewalt gegen asiatische Arbeiter auf den Plantagen als dem kolonialen Kapitalismus inhärent und sehen keine wesentliche Verbesserung der Verhältnisse nach dem Rhemrev-Report. Vincent Houben und andere niederländische Historiker hingegen kritisieren die Übertragung von heutigen Werten und Maßstäben auf den kolonialen Kontext und fordern eine Beurteilung innerhalb des damaligen zeitlichen und geographischen Rahmens.[86] Allerdings reproduziert Houben damit die Argumentation der Plantagengesellschaften, die stets eine den asiatischen Verhältnissen angepasste Arbeitsgesetzgebung forderten und westliche Vorstellungen von Gerechtigkeit als unangemessen ja sogar kontraproduktiv für einen geordneten Betrieb der Plantagen darstellten. Gleichzeitig setzten sie, wo ihnen dies entgegenkam, sehr wohl westliche Vorstellungen durch, etwa bezüglich Landeigentum, Landnutzung, Anbaumethoden, Arbeitskonzepten, dem Einsatz von Geld als Tauschmittel, etc.

Die vor dem Ersten Weltkrieg errichteten, teilweise sehr gut ausstaffierten Spitäler[87] und die modernen Unterkünfte der Arbeiter in den 1920er Jah-

---

84 Für den Rhemrev-Report siehe Breman, J./J. van den Brand/J.T.L. Rhemrev (1992). *Koelies, planters en koloniale politiek:*

85 Zur Ethischen Politik siehe Wedema, Steven (1998). *„Ethiek" und Macht: die niederländisch-indische Kolonialverwaltung und indonesische Emanzipationsbestrebungen, 1901-1927.*

86 Stoler, Ann Laura (1985); Breman, J. (1992b). Controversial Views on Writing Colonial History. *Itinerario* 16(2). P. 39-60; Houben, V. (1988). History and Morality: East Sumatran Incidents as described by Jan Breman. *Itinerario* 16(2). P. 97-100. Siehe auch Stoler, Ann Laura (2009).

87 Vor allem die Senembah Mij investierte auf private Initiative des Direktors stark in die medizinische Forschung und konnte die Mortalitätsraten enorm senken. Schüffner, W. A. P./Kuenen, W. A. (1909).

ren dienten den Gesellschaften später als Argument zur Legitimation der Kontraktarbeit. Allerdings entsprachen diese Maßnahmen einem streng betriebswirtschaftlichen Kalkül. Die beiden Ärzte der Senembah Mij, Wilhelm Schüffner und Wilhelm Kuenen, erregten bei den Kolonialmächten viel Aufsehen, als sie vorrechneten, wie viel eine Plantagengesellschaft spart, wenn sie die Arbeiter gesundheitlich angemessen versorgt. Sie konnte sich so die Kosten für die Anwerbung und Schulung neuer Arbeiter sparen. Die Plantage auf Sumatra diente somit als Pettenkofersches Feldlabor[88] und als ein Ort, wo moderne Formen des Wohlfahrtskapitalismus unter den Bedingungen der Kontraktarbeit ausgetestet werden konnte.[89]

Mit staatlichen Eingriffen wie Arbeitsinspektion und sozialen Sicherungen waren die Aspekte des Zwanges und der Gewalt nicht aus der Welt geschafft.[90] Vielmehr wurde der Zwang nach unten delegiert und damit zu einem individuellen Problem der Assistenten oder der asiatischen Vorarbeiter gemacht. Vor dem Rhemrev-Bericht deckten die Gesellschaften bei Schlägen mit Todesfolgen oder anderen Misshandlungen ihre Assistenten meist oder schauten dafür, dass sie verschwinden konnten, bevor es zu einem Verfahren kam; danach wurde die Verantwortung für die Disziplin auf sie abgewälzt. Einerseits mussten sie für eine möglichst billige und effektive Produktion sorgen, andererseits fielen sie, sobald Berichte über Übertretungen ans Tageslicht kamen, in Ungnade und wurden entlassen.[91] Auf diese Weise delegierten die Kapitaleigner die «Arbeiterfrage» an ihre Untergebenen; sie taucht auch in den Jahresberichten der Gesellschaften kaum auf. Hingegen verfassten nun verschiedene Gesellschaften Ratgeber für Assistenten für den ‚richtigen Umgang' mit den Arbeitern.[92] Diese Ratgeber zeigen eine Ambivalenz zwischen Nähe und Distanz: Einerseits sollten Assistenten ihre Arbeiter so direkt wie möglich kontrollieren und eingreifen, wo ihnen dies nötig erschien, andererseits wurden sie angewiesen, Distanz zu halten, um ihr Prestige und ihre Autorität zu wahren.

---

88 Imam, A.F.I. (2003). *„Spezies-Assanierung": die Entwicklung natürlicher Methoden der Malariabekämpfung in Niederländisch-Indien (1913-1938) und ihre mögliche Bedeutung für aktuelle Probleme der Malariabekämpfung.* P. 64.

89 Yacob, S. (2007). Model of Welfare Capitalism? The United States Rubber Company in Southeast Asia, 1910 – 1942. *Enterprise & Society* 8(1). P. 136-74.

90 Yacob entgegnet Houbens These der Besserung der Arbeitszustände durch staatliche Kontrolle mit der Aussage, die Tatsache bleibe bestehen, dass es mehr Zwang als Mediation gegeben habe. Ebd., P. 150.

91 Ein Buch der Amsterdam Langkat Co über die Führung der Assistenten zeigt den Fall des Assistenten K. Garnin aus Zug, der nach 7 Jahren Dienst „zu voller Zufriedenheit" nach einer Attacke auf ihn durch zwei Kulis nach kurzer Zeit entlassen wird. Conduitestaten betreffende de werknemers van de Amsterdam Langkat Co. NA NL, Nl. Deli Mij. 2.20.46/202, Amsterdam Langkat Co.

92 Senembah Mij (1916). Senembah Maatschappij: Haren Assistenten ter overweging en behartiging aangeboden door de Directie; Dixon, C.J. (1913). *Practische Opmerkingen met betrekking tot den omgang met koelies.*

Die Bedingungen der ersten Jahre der Plantagenkultur sind gekennzeichnet von einer geringen staatlichen Präsenz, einer Kooperation von malaiischer Aristokratie und den ersten Pflanzern, welche einen Prozess aggressiver Landnahme seitens der Europäer auslöste, und ein Arbeitssystem, das von Anfang an umstritten war und doch allmählich mit Hilfe der Kolonialbehörden durchgesetzt werden konnte.

2 INTERNATIONALITÄT UND NATIONALE INTERESSEN

Die Plantagenkultur Ostsumatras beruhte auf der Öffnung für internationales Kapital und dem Zugang von internationalen Gesellschaften zu langfristigen Landpachtverträgen. Diese Öffnung war eine Folge der liberalen Doktrin und wirtschaftlichen Zugeständnissen an die Briten im Vertrag von 1871, der den Niederländern freie Hand in Aceh gab. Auch Europäer anderer Nationen profitierten von dieser Öffnung. Ein Blick auf die Entwicklung der europäischen Bevölkerung in Deli zeigt deren mannigfaltige Herkunft.

Tabelle 6: Anzahl Europäer an der Ostküste Sumatras

	1871[1]	1884[2]	1892[2]	1930[3]
Niederländer	17	390	987	7998
Deutsche	8	113	239	780
Briten	4	88	100	584
Schweizer	9	40	67	267
Franzosen		12	29	30
Österreicher		11	12	64
andere Nationen	2	24	47	1108
Belgier				56
Amerikaner				114
Japaner				872
Total	42	678	1481	11080

Zu den Europäern zählten Amerikaner und nach dem russisch-japanischen Krieg auch Japaner. Daten: 1) A. Sturzenegger (siehe P. 245); 2) Blink (1916); 3) Volkstelling (1933).

In Anbetracht der verschärften nationalen Gegensätze in den Zeiten des Imperialismus mag diese internationale Gemeinschaft erstaunen. Konnten Pflanzer aus so vielen verschiedenen Nationen überhaupt kooperieren? Tatsächlich sind auf Sumatra nationale Enklaven zu beobachten. Der Tabakanbau auf Sumatra wurde mit der Zeit zu einem holländischen Monopol. 1924 waren von 75 Plantagen-Estates gerade noch zwei in Besitz nicht-holländischer Gesellschaften, einer britischen und einer schweizerischen. Ich beschreibe zunächst den Prozess, der dazu führte, dass die Tabakkultur holländisch wurde, dann die Reaktionen von Pflanzern aus der Schweiz und schließlich die zunehmende Internationalisierung der Plantagenwirtschaft nach dem Ersten Weltkrieg.

Nationalisierung der Tabakkultur

Die ersten nicht-holländischen Pflanzer in Deli kamen fast ausschließlich aus dem Raum Penang–Singapur oder hatten geschäftliche Beziehungen dorthin. Vor allem schweizerische und deutsche Assistenten in Handelshäusern, deren Vertrag nicht verlängert worden war, deren Karriereaussichten auf andere Weise beschränkt waren, die einen schnelleren Weg zu Wohlstand suchten oder die dem Kontor entfliehen wollten, versuchten dort ihr Glück. Die 17 Schweizer, die vor 1900 von Singapur oder Penang aus nach Sumatra wechselten[93], standen alle am Beginn ihrer Karriere. Karriereprobleme waren die übliche Ursache für den Wechsel.[94] Manchmal ergaben sich daraus strategische Allianzen. So war das Haus Schmidt, Küstermann & Co in Penang mit den Plantagen von Ritgen & Cramer in Deli verbunden. Adolf Sturzenegger erhielt 1870 gemeinsam mit Ferdinand Ritgen einen Landkontrakt, den sie Rotterdam-Estate nannten. Beide waren zuvor als Assistenten des Hauses Schmidt, Küstermann & Co bzw. des Mutterhauses Rautenberg, Schmidt & Co in Singapur tätig gewesen. Adolf war ein Bruder von Conrad Sturzenegger, dem Partner der beiden Häuser in Penang und Singapur. Als er 1874 an Cholera verstarb, ersetzte ihn ein Assistent aus demselben Haus. Es ist anzunehmen, dass die Kaufleute in Singapur das Geld für den Aufbau der Plantage vorgeschossen hatten; als Gegenleistung erhielt Schmidt, Küstermann & Co die Agentur für den Tabak von Rotterdam Estate.[95] Auch vom Hause Mathieu & Co in Penang wechselten mehrere Assistenten oder Manager in den Tabakanbau auf Sumatra, unter anderem die Schweizer Fritz Meyer, Otto Peyer, Fritz Hirzel und Kaspar Wiget. Letztere beiden leiteten

---

93   Es handelt sich um Jakob Huber und Otto Albrecht (Hooglandt & Co), Adolf Sturzenegger, Hermann Frey, Fritz Stoll und P. Suter (Rautenberg, Schmidt & Co), Albert Erb, Christian Müller und Karl Billeter (Kaltenbach, Fischer & Co), J Charles Faeh und Arthur Schlatter (Puttfarcken, Rheiner & Co), Caspar Wiget, Theodor Schlatter und Otto Wirth (Staehelin & Stahlknecht), Hermann Küng (Remé Bros), Konrad Bruderer (Behn, Meyer & Co) und Karl Albert Haggenmacher (Katz Bros).

94   Siehe Teil A.

95   Singapore and Straits Directory 1877, 1879, 1881. Ein Estate ist eine einzelne Plantage mit einem dazugehörigen Landkontrakt. Große Gesellschaften besaßen zahlreiche Estates. Die Deli Mij hingegen erwähnt den 1874 faillierten Schaffhauser Kaufmann und Bankier J.C. Imthurn als Investoren. Deli Mij. Tienjaarlijkse verslagen, 1. NA NL. Nl. Deli Mij. 2.20.46/25. P. 45.

die Firma 1880, wechselten dann jedoch selbst ins Tabakgeschäft, wo sie in Firmen einstiegen, deren Vertretung Mathieu & Co innehatte und die vermutlich auch mit Kapital von dieser Firma arbeiteten.[96]

Deutsche oder deutsch-schweizerische Handelshäuser in Penang wie Schmidt, Küstermann & Co, Friederichs & Co, Mathieu & Co (französisch-schweizerisch) und später auch Behn, Meyer & Co hatten wesentlichen Anteil am Kick-off der Tabakproduktion in Sumatra. Schmidt, Küstermann & Co hatte in den späten 1870er und frühen 1880er Jahren noch weitere Agenturen für Tabakplantagen inne, so unter anderen für Naeher & Grob, Meyer & Klünder, Ritgen & Cramer und die Amsterdam Deli Co. Klünder, Ritgen und Cramer waren alle ehemalige Assistenten des Hauses.

Die Handelshäuser in Penang verdienten nicht nur an den lukrativen Agenturen für Tabak, sondern konnten allgemein vom Aufschwung der Ostküste Sumatras profitieren. Katz & Co war Hauptlieferant der Niederländisch-Indische Armee (KNIL). Hüttenbach & Co sowie Goldberg & Zeitlin eröffneten Warenhäuser an der Ostküste.[97] Ebenso brachten Chinesen die Waren von Penang zu den Plantagen – Werkzeuge, Maschinen, Textilien, Nahrungsmittel etc. Eine niederländisch-indische Tageszeitung schrieb 1874, in Penang sei ein Tabakfieber ausgebrochen.[98]

Der Zuzug von Pflanzern aus Penang und Singapur wurde kritisch beobachtet. Die Intensivierung der Beziehungen mit den britischen Handelsposten lag nicht in ihrem Interesse. Theodoor Cremer schrieb 1874 in einem Artikel, der dem niederländisch-indischen Publikum das Projekt an der Ostküste Sumatras näher bringen sollte, dass die Behörden in Batavia die Pflanzer als „Sammelsurium aller europäischen Nationen (wir haben hier außer Holländern, Nord- und Süddeutsche, Schweizer, Engländer, Franzosen, Dänen, selbst Polen) betrachteten". Diese seien „als Goldsucher nach Deli gezogen und ausgestattet mit den unliebsamen Eigenschaften ihrer Kumpanen in Kalifornien und Australien." Die Deli Mij hingegen suchte nach und nach die Tabakkultur mit den niederländischen Kolonialinteressen in Einklang zu bringen, um auch auf politische Unterstützung ihrer Unternehmensstrategien zurückgreifen zu können.

Boom und Bust in der Tabakkultur

Cash Crops, industrielle Nutzpflanzen, sind in ihrer Preisentwicklung und mithin in ihrer Anbaufläche typischerweise von Boom und Bust-Zyklen geprägt. Auf Zeiten des schnellen Geldes folgen radikale Einbrüche, welche zur Redimensionierung, wenn nicht gar zum Verschwinden von Kulturen führen.[99] Die 1880er Jahre waren für die Unternehmer ein goldenes Zeitalter. Die Deli Mij erzielte enorme Renditen: Von 1879 bis 1890 zahlte die

96 Singapore and Straits Directory 1877, 1879, 1881.

97 Khoo, Salma Nasution (2006), P. 53.

98 Cremer, Theodoor. Noordoostkust van Sumatra. *Allgemeen Dagblad van Nederlandsch Indie*. Nr. 306 vom 31.12.1874.

Gesellschaft ihren Aktionären auf einem Aktienkapital von gemittelt 5 Mio. Franken insgesamt knapp 40 Mio. Fr. an Dividenden aus; das entspricht einer durchschnittlichen jährlichen Dividende von 72 %.[100] Damit war die Deli Mij wohl weltweit das profitabelste Unternehmen in der Agrikultur.

Auch Besitzer kleinerer Plantagen konnten profitieren, so zum Beispiel Ludwig Michalski, von dem 1870 ein Administrator der Deli Mij schrieb, er sei zwar ein guter Mensch, aber ein schlechter Kaufmann. Trotz diesem angeblichen Handicap verdiente er gegen Ende der 1870er Jahre innerhalb von drei Jahren 250.000 Franken.[101] Es scheint damals selbst für Pflanzer mit wenig Kapital und Know-how relativ einfach gewesen zu sein, zu einem Vermögen zu kommen.

Die Kunde vom schnellen Geld im Tabakanbau führte zu einem raschen Anstieg der Anzahl von Plantagen. An der Ostküste zogen die Pflanzer weiter südlich über Serdang, Bedagei, Padang, Batoe Bahra, Asahan bis nach Siak. Von 1885 bis 1891 verdoppelte sich die Zahl der Plantagen von 88 auf 169, während sich die Fläche der ausgegebenen Konzessionen auf 267.000 Hektaren ausdehnte.[102] Auch in Nordborneo, Neuguinea und den Philippinen wurden Versuche mit dem Deckblattbau gemacht.[103] Die Expansion hatte auch spekulativen Charakter: 1891 wurde nur ein Drittel der 150 Konzessionen an der Ostküste Sumatras tatsächlich bebaut.

Die Produktion steigerte sich von 10 Tonnen im Jahre 1880 auf 22 Tonnen im Jahr 1887. Damit drohte eine Übersättigung des Marktes; bereits anfangs der 1880er Jahre sagten Beobachter in den Niederlanden ein baldiges Ende des Wohlstands in Deli voraus, wenn mit der Ausbreitung der extensiven Tabakkultur weitergefahren würde.[104] Doch das Wachstum ging ungebremst weiter, da die Abnahme von Sumatra-Tabak in den USA gegen Ende der 1880er Jahre stark anstieg.

Als die USA jedoch auf das Jahr 1890 hin die Importzölle auf zahlreiche Produkte, darunter auch auf Sumatratabak, auf 49.5 % erhöhten, hatte dies schwerwiegende Auswirkungen auf die bereits angespannte Marktsituation. 1889 erzielte der Sumatratabak zwar dank amerikanischen Torschlusskäufen vor Inkrafttreten des neuen Zoll-Regimes noch einmal Rekordpreise, doch dann ließ der neue Zoll die Exporte nach Amerika vorübergehend einbrechen. Gleichzeitig fuhren die Pflanzer auf Sumatra eine Rekordernte von 36 Tonnen ein. Damit brachen die Preise in Amsterdam auf ein Drittel der

---

99 Der Bust im Tabakbau in Spanisch Louisiana 1790 führte zu einer Aufgabe der Kultur. Um 1800 hatten fast sämtliche Plantagen auf Baumwolle umgestellt. Coutts, B. E. (1986). Boom and Bust: The Rise and Fall of the Tobacco Industry in Spanish Louisiana, 1770-1790. *The Americas* 42(3). P. 289-309.

100 Eigene Berechnung auf Basis von Gilissen, Theodoor (Ed.) (1927). Sumatra Tobacco Companies.

101 Deli Mij. Tienjaarlijkse verslagen, 1. NA NL. Nl. Deli Mij. 2.20.46/25. P. 15, 59.

102 Breman, Jan (1989), P. 65.

103 Schadee, Willem Hendrik Maurits (1918), Vol. 2. P. 182-85.

104 Cremer, Jacob Theodoor (1881). *De toekomst van Deli: Eenige opmerkigen*, P. 2.

Durchschnittspreise 1886-89 ein. Die Deli Mij musste auf ihre Ernte von 1890 einen Verlust von 360.000 fl. hinnehmen; viele der kleineren Produzenten überlebten diesen Einbruch nicht. Sie konnten nicht flexibel auf die Überproduktionskrise reagieren, da die nächste Saat bereits im Boden war, als der Preiszerfall in Amsterdam einsetzte, waren nicht in der Lage, die auf ihre Ernten aufgenommenen Vorschüsse nicht zurückzuzahlen, und mussten am Ende ihre Plantagen schließen.[105]

Zwischen 1890 und 1894 machten 25 Plantagengesellschaften, denen zusammen 59 Plantagen gehörten, Konkurs. In den Randregionen in Richtung Berge und im Süden von Serdang bis Asahan, wo die Böden nicht dieselbe Qualität wie in Deli besaßen, mussten zahlreiche Plantagen schließen. In einigen südlichen Gebieten (Kwaloe, Bila, Laboean Batoe, Siak) verschwand die Tabakkultur. Ganze Landstriche verödeten. Rudolf Baumann schreibt von „vollständig abgebrannten und verwahrlosten Europäern, die kümmerlich in Malaiendörfern lebten, bevor sie Mittel zur Flucht aus dem Elend fanden, oder starben".[106] Doch noch viel heftiger waren die Auswirkungen auf die Arbeiter. Gegen 25.000 Kulis verloren an der Ostküste ihre Arbeit und wurden zum Teil trotz vertraglicher Sorgepflicht sich selbst überlassen. Sie zogen in Gruppen durchs Land auf der Suche nach Nahrung.[107]

1893 zogen die Tabakpreise wieder an. In Deli und im südlichen Langkat, wo die größeren Gesellschaften mit ausreichenden Kapitalreserven aktiv waren und wo der qualitativ beste Tabak herkam, stellten sich nach zwei mageren Jahren auch wieder Gewinne ein.

Veränderungen vor und nach der Krise

In den 1880er Jahren begannen Tabakmakler in Amsterdam die Erfolgszahlen der Plantagen auf Sumatra zu sammeln und so Transparenz im zunehmend unübersichtlichen Tabakmarkt zu schaffen. Die Qualität des Tabaks wies große Unterschiede auf, was sich an den erzielten Preisen ablesen lässt. Für die Erntejahre 1886 bis 1889 sind von jeder Plantage detaillierte Angaben über Erntemengen, Umsatz und erzielte Verkaufspreise an den Tabakbörsen vorhanden. Tab. 7 zeigt Preisunterschiede von Tabak nach Regionen. Der Tabak in Deli und Langkat erzielte um die Hälfte bessere Preise als derjenige aus anderen Regionen. Die Kapitalbasis der Unternehmen scheint hingegen keinen wesentlichen Einfluss auf die Qualität des Produkts gehabt zu haben. Die kapitalkräftige Deli Mij erzielte nur geringfügig bessere Preise als die kleineren Produzenten in Deli und Langkat. Entscheidend war somit die Qualität des Bodens.

---

105 Baumann, G. Rudolf (1936), P. 25.

106 Ebd., P. 24.

107 Breman, Jan (1989), P. 66f.

Tabelle 7: Durchschnittspreis Sumatratabak 1886-89 nach Region

Region	Preis per Pfund (in fl.)	in % von Deli
Deli	2.34	100.00%
Langkat	2.21	94.50%
Serdang	1.62	69.10%
Hochland und meernahe Gebiete von Deli und Langkat	1.45	62.00%
Padang/Bedagei	1.70	72.80%
Asahan	1.48	63.20%
Deli Mij	2.40	102.50%
Plantagen in Deli ohne Deli Mij	2.30	98.30%
Quelle: Tabaksondernemingen op de Oostkust von Sumatra, Amsterdam 1888-1891.		

Die ersten Pflanzer hatten die extensiven Anbaumethoden der Malaien übernommen. Mitte der 1880er stellte ein Manager der Amsterdam Deli Co auf
intensiveren Gartenbau um. Die Deli Mij übernahm diese Methode schon
bald und setzte auf eine Strategie der Qualitätsproduktion.[108] Die schnelle
Ausbreitung der extensiven Kultur vor der Krise ließ jedoch eine Stabilisierung der Qualitätsstandards nicht zu. Die Deli Mij versuchte Deli-Tabak als
eigenständiges Produkt zu etablieren und vom Tabak aus anderen Regionen
abzugrenzen. 1885 protestierten ihre Manager in der Pflanzervereinigung
gegen die Bezeichnung der Erzeugnisse aus Padang als «Deli-Tabak».[109]
Nach der Krise setzte sich das Konzept von Deli-Tabak als arbeitsintensi-
vem Qualitätsprodukt durch. Mit den wachsenden Produktionsmengen stiegen die Ansprüche der Käufer an die Qualität des Deckblatts. Es wurde
leichter, elastischer, feiner, heller und somit teurer zu produzieren.[110] Näher
& Grob hatten – wie die meisten Plantagen südlich von Deli –besonders mit
diesen steigenden Ansprüchen zu kämpfen, da der Boden in Senembah ein
dunkles, fettes Blatt hervorbrachte.[111]

Der Anbau von Tabak wurde daher auf Gebiete beschränkt, deren
Bodenqualität dafür geeignet schien. Da die Pflanzer davon ausgegangen
waren, dass für Tabakbau genutztes Land nicht wieder verwendet werden
könne, hatten sie lange Raubbau betrieben. Wegen des beschränkten Ange-
bots an hochwertigen Böden stellte sich die Frage, wie Land wieder verwendet werden könnte. Zur Klärung investierten die Gesellschaften in
wissenschaftliche Studien. 1894 beschlossen die der Deli Pflanzer Vereini-

---

108 Blink, Hendrik (1918). *Sumatra's Oostkust in hare opkomst en ontwikkeling als
economisch gewest*, P. 106f.; Maatschappij, Deli (1919). *Gedenkschrift bij gelegenheid van het 50-jarig bestaan der Deli Maatschappij*, P. 46.

109 Deli Mij. Tienjaarlijkse verslagen, Tweede Decennium. NA NL. Nl. Deli Mij.
2.20.46/26. P. 48.

110 Baumann, G. Rudolf (1936), P. 24.

111 Janssen, C.W. (1914), P. 8.

gung (DPV) angeschlossenen Unternehmen auf gemeinsame Rechnung ein bodenkundliches-chemisches Laboratorium einzurichten, das im folgenden Jahr operativ war. Im Jahr 1900 waren die Plantagenunternehmer für Fragen der Bodenqualität bereits so sensibilisiert, dass sie selbst die Daten für eine Bodenkarte der Ostküste Sumatras lieferten.[112]

Die Wertsteigerung von Land, die steigenden Ansprüche an die Produktion und der damit verbundene Bedarf an Arbeitskräften zwangen die Gesellschaften dazu ihre Kapitalbasis zu erhöhen. Eine neue Plantage erwirtschaftete normalerweise erst im zweiten bis dritten Jahr eine qualitativ gute Ernte und damit Gewinn. Die benötigten Kapitalreserven waren beträchtlich: Für die Startphase, um die Vorschüsse bei der Rekrutierung von Arbeitern zu leisten, für die folgende Zeit, um angesichts der langen Verwertungszyklen zwischen Aussaat, Ernte und Verkauf die Liquidität zu garantieren und schließlich für krisenbedingte Preiseinbrüche. Ohne ausreichende Reserven waren Plantagen zum Scheitern verurteilt.

Für eine mittelgroße Plantage galten noch Mitte der 1880er Jahre 80.000-100.000 fl. (160.000-200.000 Fr.) als ausreichendes Startkapital.[113] In diesen Jahren konnten viele Pflanzer eine solche Summe über persönliche Netzwerke und Kredite aufbringen. Gegen Ende der 1880er Jahre stieg jedoch der Kapitalbedarf. In der Zeitspanne von 1874 bis 1896 verzehnfachte die Deli Mij ihre Kapitalisierung (von 800.000 fl. auf 8 Mio. fl.). Der Kapitalbedarf überforderte Personengesellschaften zusehends, und deren Besitzer mussten über ihre persönliche Netzwerke hinaus nach Kapital suchen. Einige niederländische Handelsbanken spezialisierten sich auf den Kapitalmarkt für die Tabakkultur in Deli. Laufend wurden neue Aktiengesellschaften gegründet und an die Börse gebracht. 1896 waren die an den Börsen von Amsterdam und London kotierten Tabakfirmen mit nominal 66 Mio. Franken kapitalisiert. Der Kurswert der Aktien belief sich auf 150 Mio. Franken.[114] Zwar operierten um 1900 noch viele kleinere Personengesellschaften im Tabakbau, 1913 aber waren die meisten Plantagen im Besitz von Aktiengesellschaften, Diese produzierten ca. 95 % der gesamten Ernte. Von den 120 Mio. Fr. Kapital, über die diese Gesellschaften nominell verfügten, stammte 82 % von Firmen mit Sitz in den Niederlanden, weitere

---

112 Bemmelen, J. M. v. (1890). Über die Ursachen der Fruchtbarkeit des Urwaldbodens in Deli (Sumatra) und Java für die Tabakscultur, und der Abnahme dieser Fruchtbarkeit. *Landwirtschaftliche Versuchsstationen* 37. P. 374ff.; Overeenkomst tusschen tabaksplanters ter Oostkust van Sumatra voor de oprichting van een proefstation of chemisch laboratorium. KIT, Br RG-95; Hissink, D.J. (1901). *Toelichting, behooorende bij de Grondsoortenkaart van een gedeelte van Deli.*

113 Lindeman, M. (1884). Niederländische und deutsche Plantagen an der Ostküste von Sumatra. *Deutsche geographische Blätter* 7. P. 415.

114 Dentz, Henri (Ed.) (1913). Sumatra Tabak. Statistisch Overzicht op Handels- en op financiell Gebied over het Jaar 1913, P. 87.

16 % von solchen mit Sitz in Großbritannien, die restlichen 2 % von je einer Firma mit Sitz in Shanghai beziehungsweise Zürich.[115]

Wertvolles und wertloses Land

Der Boden um Deli war enorm begehrt: Die Region war verkehrstechnisch gut erschlossen, vor Angriffen der Bergvölker sicher und somit billiger zu bewirtschaften. Die Qualität des Humus war sehr gut. Zudem waren die alten Konzessionen in Deli nicht mit Grundrenten belastet, da die Pflanzer in den ersten Verträgen mit dem Sultan von Deli sehr günstige Bedingungen ausgehandelt hatten. Beim Handwechsel dieser Konzessionen fielen einmalige Kosten in Form von Geschenken an den Sultan an, danach war das Land so gut wie gratis. Schweizer Pflanzer besaßen damals einige der wertvollsten Pachten, konnten diese jedoch nicht halten.

Die Deli Mij konzentrierte sich auf Land in Deli und Langkat und war bereit dafür auch hohe Preise zu zahlen. Mit dem Sultan von Deli wurde 1880 ein Vorbezugsrecht für Ländereien, die unter seiner Verfügungsgewalt standen, vereinbart. Als Gegenleistung erhielt der Sultan regelmäßige „großzügige" Geschenke: einen Globus, eine Orgel, Gewehre und anderes mehr. Gleichzeitig sorgte die Deli Mij dafür, dass der Sultan nicht selbst in den Tabakbau einstieg. Sie erachtete es als „immer von größtem Belang, den Sultan als Freund zu halten" und war sich bewusst, dass ihre Konkurrenten sie um die guten Beziehungen zum Sultan und zum holländischen Assistenzregenten beneideten,[116] dank derer sie die Estates Batoe Sangkahan, Belawan und Boeloe Tjina erwerben konnte. Dies führte zum Streit mit anderen Pflanzern, welche sich aufgrund von Versprechungen des malaiischen Oberhaupts Hoffnungen auf das Land gemacht hatten. Im Falle von Boeloe Tjina waren die beiden anderen involvierten Parteien der Datoe von Hamperan Perak, ein malaiisches Oberhaupt, und Otto Peyer aus Willisau. Peyer hatte nach eigenen Angaben das Land vom Datoe schon zugesprochen erhalten und war im Begriff, es zu bebauen. Seine Proteste beim Residenten in Benkalis und beim Generalgouverneur in Batavia verhallten aber ungehört. Die Deli Mij hatte dem Datoe und seinen Verwandten Geschenke in der Höhe von 150.000 Franken zukommen lassen.[117] Peyer konnte mit solchen Angeboten nicht mithalten.

Immer öfter wurden auch die Gerichte bemüht, um Landkonflikte zu klären.[118] Der Umstand, dass in den 1870er Jahren Kontrakte nach malaiischem Adat (Gewohnheitsrecht) nur der seitliche Grenzverlauf entlang der

---

115 Dentz, Henri (Ed.) (1913). Sumatra Tabak. Statistisch Overzicht op Handels- en op financiell Gebied over het Jaar 1913, P. 87.

116 Brief der Konferenz der Administratoren an die Direktion vom 15. 10. 1886, Deli Mij. Tienjaarlijkse verslagen, 2. NA NL. Nl. Deli Mij. 2.20.46/26. P. 101.

117 Deli Mij. Tienjaarlijkse verslagen, 2. NA NL. Nl. Deli Mij. 2.20.46/26. P. 16.

118 Die Deli Mij führte Prozesse um drei Kontrakte. Deli Mij. Tienjaarlijkse verslagen, 3 NA NL. Nl. Deli Mij. 2.20.46/29. P. 33.

Flüsse vereinbart wurde, während der Umfang des Hinterlandes nicht genau beschreiben war, führte, als das Land an Wert gewann, zu Streitigkeiten zwischen den Pflanzern. Peyer bemühte sogar den Bundesrat um Unterstützung gegen die aus seiner Sicht ungerechte Behandlung durch die Behörden.[119]

In den ersten Jahren wirtschafteten die meisten kleinen Pflanzer mit Geld der Deli Mij, welches sie als Vorschuss auf die Ernte im Rahmen eines Konsignationsvertrages erhalten hatten. Einigen erfolgreicheren Pflanzern gelang es mit der Zeit, eigenes Kapital anzuhäufen und so eine gewisse Unabhängigkeit erlangen. Doch mit den steigenden Ansprüchen an die Produktion, den wachsenden Kosten für Arbeit und den Absatzschwierigkeiten in der Krise wurden ausreichende Kapitalreserven für die Pflanzer zur Überlebensfrage. Sie hatten ihr Pachtland als Sicherheit in die Konsignationsverträge mit der Deli Mij eingebracht. Auf diese Weise fielen die Kontrakte Bekalla und Helvetia durch Konkurse der Deli Mij zu.

Anderen Pflanzern gelang es, ihr Land der Deli Mij teuer zu verkaufen. 1880 bot Jakob Huber der Deli Mij seinen Kontrakt Toentoengan noch für rund 20.000 Franken an, ohne Erfolg. Huber verkaufte an den Briten Tait, der den Kontrakt 1887 für 1 Mio. Franken an die Deli Mij verkaufte. Auch Peyer konnte ihr seine beiden Plantagen Paya Bakong und Poengei für 1 Mio. Franken verkaufen. Die Deli Mij musste darauf ihr Betriebskapital erhöhen.[120] Der Anstieg der Landpreise, der bei manchem Plantagenbesitzer zu einem Missverhältnis von vorhandenen Betriebskapital und den kurzfristig realisierbaren Gewinnen führte, machte den Verkauf des Landkontrakts zu einer profitablen Option.

Verlagerung der Plantagen von Schweizern

Schweizer Pflanzer in Deli und Langkat hatten angesichts der geschilderten Sachlage zwei Optionen. Entweder sie dehnten die Kapitalbasis ihrer Unternehmen aus oder sie verkauften ihre Plantagen und realisierten kurzfristig einen großen Gewinn, um sich in der Schweiz ein geruhsames Leben in Wohlstand einzurichten – dafür waren sie überhaupt erst nach Deli gekommen. Letzteres scheint für die meisten die attraktivere Option gewesen zu sein. Von den neun ersten Pflanzern waren starben zwei (Sturzenegger, Brecker), zwei verkauften an die Deli Mij (Michalski, Peyer), drei an deren Konkurrenten (Huber, Krüsi, Küng), zwei weitere verkauften an eine Gesellschaft, an der sie weiterhin beteiligt waren (Niederer, Grob) Alle Verkäufe fanden zwischen 1886 und 1890 statt. Näher & Grob, die größte Firma, die teilweise in Schweizer Besitz war, ging 1889 an die Senembah Mij, eine zu diesem Zweck gegründete holländische Gesellschaft, über. Die beiden Eigner blieben dank einer namhaften Beteiligung im Verwaltungsrat.[121]

---

119 Otto Peyer an den Sekretär des Departementes des Auswärtigen vom 13. August 1887. BAR E2 1000/44 231.

120 Das Kapital wurde von 2 auf 4 Mio. fl erhöht.

121 Janssen, C.W. (1914).

Eine Statistik der regionalen Verteilung von Plantagen von Schweizern (oder mit starker Beteiligung von Schweizern) während der Boomphase, der Krise und der Zeit danach zeigt deutliche Veränderungen:

Tabelle 8: Plantagen von Schweizer Unternehmen nach Region

Region	1884 Tabak	1887 Tabak	1891 Tabak	1900 Tabak	1900 Kaffee etc.
Langkat	3	3	2	2	2
Deli (plus Senembah)	12	9	0	0	0
Serdang (ohne Senemb.)	0	0	3	0	10
Padang/Bedagei	1	5	4	0	3
Batoe Bahra	0	5	2	1	1
Asahan	0	5	4	0	7
Total	16	27	15	3	23
Quellen: Tabaksondernemingen (1888-91); Schaddee (1919)					

Auffällig ist, dass die schweizerischen Plantagen in Deli eingangs der Krise (1890/91) bereits verschwunden waren. Sie finden sich in den Gebieten Serdang, Bedagei, Padang und Asahan, wo schlechtere Preise für den Tabak zu erzielen waren. So hatten z.B. Huber und Krüsi ihre Plantagen bereits verkauft und begonnen, weiter südlich zu pflanzen. Dies ist erstaunlich, denn es gab bereits Mitte der 1880er Jahre skeptische Stimmen zu den Aussichten, weiter südlich erfolgreich Tabak anzubauen. So riet der Direktor der Deli Mij, P.W. Janssen 1884 seinem Kollegen Karl Grob, das Plantagen-Estate in Padang aufzugeben, da er schlechte Preise für den dortigen Tabak kriege.

Während sich also eine erste Generation von Tabakpionieren aus der Schweiz zurückzog, versuchten ab Mitte der 1880er Jahre einige neue von Schweizern geleitete Unternehmen auf Sumatra Fuß zu fassen. Die einen arbeiteten wie die erste Generation auf privater Basis, mit eigenem Kapital und mit Unterstützung von Verwandten und Bekannten, andere folgten dem holländischen Vorbild und gründeten Aktiengesellschaften, so etwa die Sumatra Tabakgesellschaft Tandjong Kassau (1889), die Tjinta Radja AG (1892) und die Deli Bila Mij (1895), alle mit Sitz in Zürich.[122] Von diesen Gesellschaften konnte sich einzig die Tjinta Radja AG halten (bis 1960); die anderen mussten aufgrund der schlechten Bodenverhältnisse den Tabakanbau bald wieder aufgeben und umsatteln oder liquidieren.

Nationale Interessen in der Tabakproduktion

Spätestens seit den 1880er Jahren war unter den Pflanzern in Deli allgemein akzeptiert, dass eine gewinnträchtige Produktion von Tabak langfristig nur möglich war, wenn entsprechende politische Rahmenbedingungen dafür

---

122 Siehe dazu Kapitel C2.

geschaffen würden. In seinem viel beachteten politischen Pamphlet unter dem Titel «Die Zukunft von Deli» sah Theodoor Cremer die Untätigkeit der politischen Instanzen als Haupthindernis für die Entwicklung Delis. Es werde „viel davon abhängen, ob die Regierung einen Zustand bestehen lassen will, in dem alles *vorläufig* sei."[123] Die Bemühungen um eine politische Stabilisierung der Produktions- und Verwertungsbedingungen führte indirekt zu einer Nationalisierung in der Tabakkultur, wobei drei Faktoren ausschlaggebend waren: Erstens zielten strategische Interessen der Deli Mij und holländischer Investoren auf die Kontrolle des Tabakmarktes in Amsterdam. Zweitens schienen Ausländer ein Hindernis für Absprachen und Kartelle unter den Plantagenbesitzern zu sein. Drittens verlangte politisches Lobbying für die Tabakkultur nach einer Stellungnahme zur Frage des Nutzens für die Niederlanden.

Marktkontrolle in Amsterdam

Im Laufe der 1880er Jahren wurde Sumatra-Tabak im Werte von über 250 Mio fl. umgesetzt. Der Löwenanteil davon wurde in Amsterdam verkauft, was hauptsächlich an den Anstrengungen der Deli Mij lag, den Tabakmarkt dort zu konzentrieren und den Verkauf in Bremen und London versuchte die Deli Mij aktiv zu verhindern. So schrieb ihr Präsident 1886:

„[...] voor de handhaving der hooge prijzen is niets noodzakelijker dan de instandhouding van Amsterdam en Rotterdam als de eenige markt, waar de groote huizen van de geheele wereld samen komen om in hunne behoefte te voorzien en door niets beter dan door de wrijving door zulk een concurrentie ontstaan kan de waarde van tabak worden bepaald. Tabak is een fancy artikel en do hooge prijzen darvoor zijn niet beter te handhaven dan door goed gefundeerde Huizen hier in de gelegenheid te stellen hun hoogste bod te doen. Dit wordt eerst mogelijk wanneer zij de betrekkelijke waarde der verschillende partijen uit den oogst onderling op dezelfde markt hebben kunnen toetsen en geen onverwachte concurrentie van elders verkochte tabak hebben te vreezen." (... für die Aufrechterhaltung von hohen Preisen ist nichts nötiger als die Beibehaltung von Amsterdam mit Rotterdam als einzigem Markt, wo die großen Häuser der ganzen Welt zusammenkommen, um ihren Bedarf zu decken, und nichts kann den Wert von Tabak besser bestimmen als die durch eine solche Konkurrenz entstehende Reibung. Tabak ist ein fancy Artikel und die hohen Preise dafür können am besten aufrecht erhalten werden, indem gut situierte Häuser in die Lage versetzt werden, ihr höchstes Angebot abzugeben. Das wird erst möglich, wenn sie [die Häuser] die unterschiedlichen Werte der verschiedenen Partien der Ernte auf dem gleichen Markt untereinander vergleichen können und keine unerwartete Konkurrenz von anderswo verkauftem Tabak befürchten müssen. Ü.d.A.) [124]

Die großen Mengen an eigenem und fremdem Tabak, den die Deli Mij auf den Markt brachte, erlaubten es ihr, Mengen und Qualitäten nach Wunsch zu

---

123 Cremer, Jacob Theodoor (1881), P. 31.
124 Deli Mij. Tienjaarl. versl., Resumé 2. NA NL. Nl. Deli Mij. 2.20.46/27. P. 31.

dosieren und somit die Preise zu beeinflussen. Der niederländische Wirtschaftsgeograph Hendrik Blink spricht von einer andauernden marktbeherrschenden Stellung der Deli Mij.[125] Um die verfügbaren Mengen zu erhöhen stellte die Deli Mij gegen Konsignation des Tabaks teilweise großzügig Kapital zur Verfügung. Konsignatäre äußerten jedoch immer wieder Skepsis, ob ihre Interessen bei der Deli Mij gut aufgehoben seien und ob sie für ihr Produkt auch einen fairen Preis erhielten. Der Hauptadministrator von Näher & Grob teilte der Deli Mij mit, dass er, falls sich die Preise nicht besserten, versuchen wolle, in Bremen bessere Preise zu erzielen. Als dann die Firma im folgenden Jahr tatsächlich Käufer in London und Bremen suchte, war die Deli Mij sehr bemüht, die Firma nach Amsterdam zu holen und „ihren alten Freunden" mit einer Beteiligung von 750.000 fl. Unter die Arme zu greifen.[126]

Den britischen Einfluss erachtete Cremer als besonders gefährlich für das „holländische Prestige".[127] Aber auch auf die wachsende deutsche Konkurrenz hielten die holländischen Tabakproduzenten ein wachsames Auge. 1886 waren von 100 Tabakplantagen 19 in deutscher und 8 weitere in schweizerisch-deutscher Hand; ein Jahr später waren von 159 ausgegebenen Kontrakten 58 im Besitze von Deutschen oder Schweizern.[128] Von Bremer Seite gab es Anstrengungen, Amsterdam als Haupthandelsplatz für Qualitätstabak abzulösen. Dies geschah, als Deutschland auf dem internationalen Parkett als Kolonialmacht auftrat. Bald wurden Versuche unternommen, die Tabakkultur in den deutschen Kolonien in Kaiser Wilhelmsland (Neu-Guinea) und in Ostafrika einzuführen.[129] Unter der Leitung Hermann Herrings, des ehemaligen Hauptadministrators der Deli Mij, übernahmen Deutsche mit Sumatra-Erfahrung, aber auch Schweizer wie Bluntschli und Baumann[130] diese Aufgabe. Das Unternehmen wurde zum Debakel: Die Tabakkrise, Krankheiten unter den Kulis, rücksichtsloses Verhalten gegenüber Arbeitern und lokaler Bevölkerung sowie Missmanagement brachten den Versuch bald zum Scheitern.[131]

Wichtiger als die Experimente in den deutschen Kolonien war für die Bremer daher die Kooperation mit deutschen Plantageneignern auf Sumatra. Eine solche gelang mit Hermann Herrings. Mit seinen sieben Estates in Asahan entwickelte er sich zu einem der schärfsten Konkurrenten der Deli Mij. Doch 1891 verkaufte Herrings seine Gesellschaft an eine niederländische Gesellschaft, ein herber Rückschlag für die Tabakbörse in Bremen.

---

125 Blink, Hendrik (1918), P. 96.

126 Copiebook 540 vom 29.8.1889. Deli Mij. Tienjaarlijkse verslagen, 2. NA NL. Nl. Deli Mij. 2.20.46/26. P. 76.

127 Ebd.

128 Meyer (1970), P. 56ff. Eigene Berechnungen auf Basis der Tabakstatistik (1887).

129 Schadee, Willem Hendrik Maurits (1918), Vol. 2. P. 209f.

130 Zu Bluntschli und Baumann siehe Kapitel B3.

131 Band 2 von Baumann, G. Rudolf (1925).

Auslöser war der Einsturz der Preise für Asahan-Tabak in der Tabakkrise gewesen. Unter deutschen und schweizerischen Pflanzern hielt sich jedoch die Meinung, die niederländischen Gesellschaften übten politischen Druck gegen sie aus. Ein Kaufmann aus Bremen beschuldigte die Niederländer, eine Änderung der Kolonialgesetzgebung zu ihren Gunsten anzustreben:

„Die Holländer versuchten ihre koloniale Gesetzgebung zum Verbot ausländischen Besitzes auf Sumatra zu beeinflussen und die dadurch für die bremische Interessenten geschaffene Unsicherheit führte zum Verkauf der großen Asahan-Plantage an ein Amsterdamer-Konsortium. Mit dem Abbröckeln des direkten Sumatra-Imports für Bremen schwand die Bedeutung unseres Sumatra-Importmarktes und die übrigen bremischen Unternehmungen mußten entweder ganz aufgegeben werden oder auch nach Holland verkauft werden."[132]

Auch wenn eine solche Regelung meinem Wissensstand gemäß nie in Kraft war, hatte allein die Aussicht auf eine Änderung der Landpachtgesetze natürlich Auswirkungen auf die Allokation von Kapital. Feststellbar hingegen ist, dass die Deli Mij und die Handelsbank NHM[133] bei den zahlreichen Gesellschaftsgründungen von 1885 bis 1895 erfolgreich darauf hinwirkten, dass diese von holländischem Kapital finanziert wurden und ihr Sitz in die Niederlande zu liegen kam. Belegt ist auch, dass die Tabakproduzenten institutionell eng mit den Amsterdamer Tabakhändler verbunden waren.[134] Die engen Verflechtungen erlaubten ihnen, Preise abzusprechen.[135]

Absprachen und Kartelle

1879 wurde die Deli Planters Vereeniging (DPV) als politisches Sprachrohr der Pflanzer gegenüber den Behörden in Batavia und Benkalis (später Medan) gegründet. Ausschlaggebend dafür waren die Diskussionen um das Arbeitsrecht und die ‚poenale sanctie'. Doch ebenso wichtig war die koordinierende Funktion der DPV gegen innen. Über die Jahre trafen die Mitglie-

---

132 Senator Frese, Über den Tabakhandel in Bremen (Vortrag). *Weserzeitung*, 2. Morgenausgabe 22.11.1904. Zit. nach Wilckens, Friedrich (1997). P. 16. Auch Joachim Bischoff, stellvertretender Administrator einer deutschen Gesellschaft, berichtet 1890 dieses Gerücht. Bischoff, Joachim (2003), P. 100.

133 Anfangs der staatliche Arm für den Handel mit Produkten aus Niederländisch-Indien entwickelte sich die Nederlandsche Handels-Maatschappij immer mehr zum Finanzdienstleister für Plantagen und Industrie. Nach dem Ende der Kolonialzeit fusionierte die NHM mit einer anderen Bank zur Algemene Bank Nederland, heute ABN Amro. Potting, C.J.M. (1997).

134 Taselaar, Arjen (1998). *De Nederlandse koloniale lobby*, P. 53.

135 Camfferman betrachtet Preisabsprachen am Tabakmarkt als Ursache für die fehlende Transparenz in den Jahresrechnungen von Tabakgesellschaften. Camfferman, Kees (2000). *Jaarrekeningenpublicatie door beursgenoteerde naamloze vennootschappen in Nederland tot 1910.* (Ed.). 63. P. 95.

der zahlreiche Übereinkommen und Absprachen, welche die Position der Industrie insgesamt stärken sollten.

An erster Stelle muss hier das ungeschriebene Gesetz des Schweigens gegenüber Behörden im Falle von Klagen seitens der Kulis genannt werden (vgl. unten Kapitel B3). Diese Komplizenschaft einigte die Pflanzer gegen außen, insbesondere gegenüber der kolonialen Administration. Das gemeinsame Schweigen gegen außen musste durch kommunikative Akte gegen innen gesichert werden.[136]

Relativ früh schon einigten sich die Mitglieder der DPV darauf, das Wissen über den Tabakanbau nicht an Asiaten weiterzugeben. In den ersten Jahren versuchten einige Chinesen und Malaien, Plantagen aufzubauen. 1876 half ein dänischer Pflanzer einem Malaien beim Packen von Tabak, ein Prozess, der für die Qualität des Tabaks von großer Bedeutung ist und entsprechendes Know-how verlangt. Er wurde von der Deli Mij zurückgepfiffen, die daraufhin ein Rundschreiben an alle Pflanzer verfasste mit der Aufforderung: Alle Pflanzer sollten sich verpflichten, weder Wissen an Inländer weiterzureichen noch einem Inländer Tabak abzukaufen.[137] Bei Zuwiderhandlung drohte der Ausschluss aus der DPV, ebenso falls wurde. Die Maßnahmen wurde als Prävention von Tabak-Diebstahl und ‚Wegläuferei‘ gerechtfertigt.[138]

Die ‚Wegläuferei‘ – manchmal wird auch von Desertion gesprochen – bildete anfangs das größte Problem auf den Plantagen. Ein den Plantagengesellschaften nahe stehender Jurist beschrieb das Archiv der DPV als ein „Ozean von Briefen und gegenseitigen Anklagen wegen Anstellung von Deserteuren".[139] Die Pflanzer versuchten sich darum darauf zu einigen, das gegenseitige Abwerben von Kulis zu verhindern und keine „entlaufenen Kulis" anzustellen. Dabei ging es zunächst nur darum, die geleisteten Vorschüsse zu schützen; gleichzeitig zielte die Abmachung aber darauf, angesichts der beschränkten Arbeitskräfte ein Konkurrenzverbot am Arbeitsmarkt durchzusetzen. Allerdings gab es ein paar Pflanzer, die sich beharrlich einer solchen Vereinbarung verweigerten und weiterhin mit Kulis von anderen Plantagen ihre Kosten bei der Anwerbung von Arbeitskräften gering hielten. Berüchtigt dafür waren Peyer & Gülich; entlaufene Kulis wurden

---

136 Stoler, A.L. (1992a), P. 155. Zur Verschwiegenheit siehe Breman, Jan (1989).

137 Deli Mij. Tienjaarlijkse verslagen, 1. NA NL. Nl. Deli Mij. 2.20.46/25. P. 61.

138 1884 wird Huttenbach & Co aus der DPV ausgeschlossen, weil sie Chinesen Trockentabak abgekauft hatten. Meyer & Gröngroft sowie Harrison wurde auf dieser Grundlage die Versicherung der Ernte verweigert. Deli Mij. Tienjaarlijkse verslagen, Resumé 2. NA NL. Nl. Deli Mij. 2.20.46/27. P. 42. Modderman, P.W. (1929). *Gedenkboek uitgegeven ter gelegenheid van het 50-jarig bestaan van de Deli Planters Vereeniging (DPV)*, P. 9.

139 Hendrik Johannes Bool (1904). De arbeidswetgeving in de Residentie Oostkust van Sumatra. Utrecht. Zit. nach Endt, Piet (1918). *Arbeidsverhältnisse in Niederländisch-Ost-Indien mit besonderer Berücksichtigung von der Ostküste von Sumatra*, P. 91.

meist zuerst bei ihnen gesucht.[140] Als sich 1874 das Gros der Pflanzer auf ein Abwerbeverbot einigte, schrieb Cremer, er sei mit ein paar anderen Delegierten zur Tabaks-Mij Arendsburg und zu Peyer & Gülich gegangen, „um einen letzten Versuch zu unternehmen, die Streitigkeiten auf gemeinsame Weise aus dem Weg zu räumen" – bei Peyer allerdings vergeblich.[141] 1878 kam das Traktandum erneut zur Sprache. Die DPV schreibt in ihrem Jubiläumsband, die Tatsache, dass beinahe alle Pflanzer die Übereinkunft unterschrieben hätten, sei ein Beweis dafür, dass „man den allgemeinen Nutzen der Regelung einsah". Darauf gab auch Peyer seinen Widerstand auf und unterschrieb.[142]

Weniger erfolgreich bemühte sich die DPV um Preisabsprachen auf dem Arbeitsmarkt. Ihre Mitglieder sollten sich zur Einhaltung eines Höchstpreises für die Vermittlung von Kulis verpflichten (50 $ für Singkehs, 30 $ für Laukehs). Eine solche Vereinbarung wurde 1885 zwar getroffen, doch bereits zwei Jahre später galt sie als unkontrollierbar und damit als hinfällig. Cremer beklagte sich, dass die ins Kraut schießenden Unternehmungen eine Lösung erschwerten. 1899 schreibt der Vorsitzende des DPV zum selben Problem, es sei zeitweise mühsam, einer Vereinigung vorzustehen, deren Mitglieder sich kaum an die getroffenen Abmachungen hielten.[143]

Erfolgreicher hingegen war die DPV in der Organisation der direkten Immigration aus China. 1888 gelang, was Mitte der 1870er der Deli Mij nicht gelungen war: Die vier größten niederländischen Tabakgesellschaften sowie die Firma Naeher & Grob beteiligten sich am Aufbau direkter Beziehungen mit Swatow (Shantou) und Amoy (Xiamen). Eine deutsche Firma in Swatow verfügte über eine offizielle Bewilligung der chinesischen Regierung für die Rekrutierung von Kulis für Sumatra. Rund 25.000 Kulis wurden jährlich hin und teilweise zurücktransportiert.[144] Die Kosten dafür wurden gemeinsam und proportional zur Anzahl beschäftigter Kulis getragen. Die Organisation wurde bald schon der DPV übertragen. Als später die Betreiber mehrjähriger Plantagenkulturen (Gummi, Kaffee, etc.) sich ebenfalls in einem Verband (AVROS) zusammenschlossen, organisierten die DPV die Arbeitskräftevermittlung aus China und Java, die im 20. Jh. noch an Bedeutung gewann, gemeinsam mit der AVROS.[145] Die Beschaffung von Arbeitskräften war, wie im Kapitel B1 dargelegt wurde, der kostenintensivs-

---

140 Curriculum Vitae von Carl Krüsi. Privatarchiv Fam. Carl. Die Deli Mij schreibt Römer müsse aufpassen, weil er in der Nähe Peyers arbeite. Deli Mij. Tienjaarlijkse verslagen, 1. NA NL. Nl. Deli Mij. 2.20.46/25. P. 53.

141 Deli Mij. Tienjaarlijkse verslagen, 1. NA NL. Nl. Deli Mij. 2.20.46/25. P. 39.

142 Modderman, P.W. (1929), P. 9, 21.

143 Deli Mij. Tienjaarlijkse verslagen, 2. NA NL. Nl. Deli Mij. 2.20.46/26. P. 85. // 2.20.46/28. P. 43.

144 Meyer, Günther (1970). Siehe auch Conrad, Sebastian (2006), P. 211f. Die Organisation der Migration von chinesischen Arbeitskräften von China nach Sumatra diente dem Deutschen Reich als Vorlage für ihre Bemühungen, Kulis für die Kolonien in Ostafrika anzuwerben. Ebd. P. 213.

te Faktor der Produktion, deshalb stand diese Kooperation im Zentrum der Aktivität der DPV und später der AVROS.

Weitere Absprachen zwischen den Pflanzern bezogen sich hauptsächlich auf die Beschränkung der Kosten für Arbeit und auf die Verhinderung von asiatischer Konkurrenz. 1894 kam die Gründung einer wissenschaftlichen Untersuchungsstation hinzu, welche die Anbaumethoden und das Pflanzen-material verbessern sowie Krankheiten des Tabaks bekämpfen sollte.[146] Nachdem sich die Tabakgesellschaften zunehmend zu einem Kartell entwi-ckelt hatten, einigten sie sich auf Produktionsbeschränkungen.[147]

Solche Absprachen setzten ein gutes gegenseitiges Einverständnis vor-aus, denn sie waren nur auf der Basis von Vertrauen in die Verlässlichkeit der Partner möglich. Anfangs kamen gemeinsame Positionen weniger auf-grund von Aushandlungsprozessen als aufgrund der Dominanz der Deli Mij zustande; Marinus bezeichnet sie als tonangebend für alle Belange der Tabakkultur.[148] Sämtliche Ausgaben der DPV wurden proportional zur An-zahl der Arbeitskräfte, zur Menge des produzierten Tabaks oder zur bebau-ten Fläche aufgeteilt. Die Deli Mij bestritt deshalb bis zu einem Drittel des Budgets und konnte deshalb das Präsidium fast ununterbrochen behaup-ten.[149] Dennoch: Auch Schweizer, Deutsche und Briten beteiligten sich rege an den Aktivitäten der DPV und gehörten bei den ersten Übereinkünften stets zu den Mitunterzeichnern und Initiatoren. Auch wurden Schweizer in der Anfangszeit mitunter als Schiedsrichter herangezogen.[150] Das Pflanzer-komitee, der Steuerungsausschuss der DPV, befolgte eine Art stillschwei-genden Proporz. Neben dem Vorsitzenden aus der Reihe der Deli Mij saßen meist ein Mitglied einer weiteren größeren niederländischen Gesellschaft sowie ein Vertreter der internationalen Pflanzer, entweder ein privater Pflan-zer oder ein Vertreter einer nicht-holländischen Gesellschaft im Komitee. Ausländer waren somit in die DPV integriert.

Anderseits schienen Ausländer jedoch als Hindernis für Absprachen wahrgenommen worden zu sein. Tatsächlich waren es meist einzelne ‚vreemdelingen‘, also nicht-holländische Europäer, die Absprachen unterlie-fen. Namentlich bekannt sind die Fälle der kleineren deutschen oder schwei-

---

145 Thee Kian-Wie (1977), P. 39. Zur Emigration aus Java siehe Hayashi, Yoko. Agencies and Clients: Labour Recruitment in Java, 1870s-1950s. *CLARA Work-ing Papers*. http://www.iisg.nl/~clara/publicat/clara14.pdf. Accessed 15.3. 2008.

146 Das Jubiläumsbuch der DPV listet alle nicht-geheimen Vereinbarungen im Detail auf. Modderman, P.W. (1929).

147 Die Senembah Mij hob sogar in ihrer Jubiläumsschrift ihren Einsatz zur Beschränkung der Anbauflächen hervor. Janssen, C.W. (1914), P. 12.

148 Marinus, J.H. (1929). *Veertig jaren ervaring in de Deli-cultures*, P. 25.

149 Modderman, P.W. (1929), P. 5f., 103.

150 1872 mussten Albert Breker und Otto Peyer für zwei holländische Parteien eine Einschätzung eines Muskatnussgartens vornehmen. NA NL. Nl. Deli Mij. 2.20.46/5; Grob vermittelte bei einem internen Konflikt der Deli Mij. Deli Mij. Tienjaarlijkse verslagen, 1. NA NL. Nl. Deli Mij. 2.20.46/25. P. 31.

zerischen Produzenten Lunberg, Peyer, Huber, Hüttenbach und Meyer. Eine gute Zusammenarbeit unter den Nationen galt also durchaus nicht als Selbstverständlichkeit. 1880 schrieb Cremer an Janssen, dass es „bemerkenswert (gewesen sei), die Pflanzervereinigung mit all den Nationalitäten so einstimmig zu sehen."[151]

Ein Problem war die Geheimhaltung. Als 1886 in den USA Zollerhöhungen für Tabak besprochen wurden, bestachen ein paar Mitglieder der DPV amerikanische Abgeordnete mit 70.000 fl., was zum eigenen Erstaunen der Gruppe zur Folge hatte, dass der Beschluss um vier Jahre hinausgezögert wurde. Dabei hielt der Hauptadministrator der Deli Mij fest, dass es „sehr unvorsichtig sei, dies gegenüber Leuten wie Küng zu erwähnen, sofern es geheim bleiben solle".[152]

Deutsche und schweizerische Pflanzer mussten in die Pflege der sozialen Beziehungen investieren, wenn sie das Vertrauen der Manager der Deli Mij gewinnen wollten. Auch Naeher & Grob, die zu den am besten in den Kreis um die Deli Mij integrierten Pflanzern gehörten, mussten ihr gutes Einverständnis immer wieder unter Beweis stellen. So tauschte sich Naeher in Deli regelmäßig mit Cremer aus und besuchte nach seiner Rückkehr in Europa den Direktor der Deli Mij, der sich anschießend wohlwollend über ihn äußerte. Die Administratoren von Naeher & Grob kamen hingegen den ungeschriebenen Verpflichtungen zeitweise zu wenig nach. Cremer schreibt wiederholt an den Direktor der Deli Mij, dass weder der Doktor noch einer der Administratoren von Naeher & Grob zu Besuch gekommen seien.[153] Angesichts der Transportverhältnisse in Deli waren solche Besuche mit beträchtlichem Aufwand verbunden. Der informelle Austausch war jedoch grundlegend für die Vertrauensbildung, gerade bei Abmachungen, die Geheimhaltung und entsprechende Vorsondierungen verlangten. Ein solches Abtasten verlangte die Fähigkeit zu sprachlicher Nuancierung, was das Gespräch mit Fremdsprachigen erschwerte.

Die DPV unter der Ägide der Deli Mij konnte bestimmte selektive Anreize mobilisieren, um ihre Mitglieder an das Kollektiv zu binden, nämlich Kapital, politische Verbindungen und Marktzugang. Mit der Organisation der direkten Emigration von Kulis aus China waren die Vorteile einer Kooperation eine Zeitlang so deutlich, dass es kaum mehr Widerstand dagegen gab. Für die Zugehörigkeit war weniger Nationalität als ein bestimmtes Verhalten ausschlaggebend.

Faktisch aber wurde die DPV im 20. Jh. eine niederländische Organisation. In der Tabakindustrie in Deli konzentrierte sich damals über 95 % der Produktion in den Händen der so genannten ‚Big four', vier große niederländische Gesellschaften, die über gegenseitige Beteiligungen einen festen

---

151 Deli Mij. Tienjaarlijkse verslagen, 2. NA NL. Nl. Deli Mij. 2.20.46/26. P. 85.

152 Deli Mij. Tienjaarl. verslagen, Resumé 2. NA NL. Nl. Deli Mij. 2.20.46/27. P. 31.

153 Deli Mij. Tienjaarlijkse verslagen, 2. NA NL. Nl. Deli Mij. 2.20.46/26. P. 75.

Cluster bildeten und im Markt eine absolute Monopolstellung innehatten.[154] Arjen Taselaar beschreibt in seinem Buch über die niederländische koloniale Lobby ein enges Netz von Interessenverbänden, das in den 1930er Jahren in ein korporatistisches Staatsmodell eingebunden wurde. Unternehmungen wurden damals gezwungen, Beiträge an die Forschung zu leisten, um das Trittbrettfahren, dh. das Profitieren von Ergebnissen der Forschung, ohne sich daran zu beteiligen, zu unterbinden.[155] Die besseren Handhabung gegen Trittbrettfahrer im nationalen Wirtschaftsraum mag mit ein Grund für die Nationalisierung des Tabakkartells gewesen sein.

‚Batig slot' oder ‚Was bringt's den Niederlanden?'

Zur Förderung des Verbandes der Tabakproduzenten brauchte es politische Unterstützung. Die Regierung in Niederländisch-Indien und in den Niederlanden arbeitete insbesondere im 20. Jh., sehr eng und effektiv mit Wirtschaftsverbänden zusammen. So errichtete sie mit finanzieller Unterstützung der Verbände in Buitenzorg das weltweit größte und umfassendste botanische Institut.[156] Die Gesetzgebung berücksichtigte die Interessen von Unternehmen teilweise äußerst großzügig. Daniel Headrick zeigt am Beispiel der Chinarinde wie die „Symbiose" zwischen der Regierung und einem „der weltweit effektivsten Kartelle" die Franzosen und Briten aus der Produktion von Chinin heraushalten konnte, wodurch Java zu einem globalen Monopol gelangte.[157]

Das Verhältnis zwischen Regierung und kolonialer Wirtschaft wird in der Literatur unter dem Begriff ‚koloniale Staatsbildung' diskutiert, und in diese Diskussion gehört die Frage, ob die niederländische Expansion in Indonesien als Imperialismus zu bezeichnen sei.[158] Die Niederlande hatte ihre Kolonialherrschaft bis 1870 weitgehend auf Java und Madura beschränkt, dehnte diese aber bis zum Ersten Weltkrieg laufend auf die Außenbesitzungen (alle anderen Inseln Indonesiens) aus. Lindblad sieht diese Ausweitung als Folge eines steten Pendelns zwischen privater und staatlicher Initiative:. Die ‚koloniale Staatsbildung' umfasst eine maritime Expansion durch den Ausbau der Schifffahrtslinien der KPM, die Installierung einer kolonialen Bürokratie, eine administrative Vereinheitlichung und schließlich eine beschleunigte ökonomische Entwicklung durch die Anbindung an den Weltmarkt für wichtige Produkte wie Zinn, Öl, Rubber und

154 Ebd., P. 70-73. ‚Big four' war eine Eigenbezeichnung. Siehe The big four. Amsterdam. 1934. (Broschüre KIT).

155 Taselaar, Arjen (1998), P. 617.

156 Siehe dazu Kapitel C3.

157 Headrick, Daniel R (1988). *The tentacles of progress: technology transfer in the age of imperialism, 1850-1940*, P. 231-37.

158 Für einen Überblick siehe Lindblad, J. T. (1989). Economic Aspects of the Dutch Expansion in Indonesia, 1870-1914. *Modern Asian Studies* 23(1). P. 1-24; Lindblad, J. T. (1995).

Palmöl. Mikro- und Makroebene sind im niederländischen Imperialismus eng verknüpft.

Die politischen Texte Theodoor Cremers spiegeln die Positionen von Unternehmen, kolonialer Administration und Politik in den Niederlanden.[159] Das Jahr 1876 hatte den Plantagegesellschaften vor Augen geführt, wie wichtig politisches Lobbying war.[160] Cremer sprach vom Damoklesschwert der Motion Mirandolle, welche die Kontraktarbeit aus dem Strafgesetz herauslösen wollte. Während jedoch die Arbeitsgesetzgebung bald zur Zufriedenheit der Pflanzer geregelt werden konnte, führten kostenrelevante Themen wie Sicherheit und Infrastruktur zu längeren Diskussionen.

Der koloniale Diskurs in den Niederlanden wurde zu Zeiten des ‚Kultursystems' unter dem Stichwort ‚batig slot' (wörtlich: vorteilhafter Abschluss) geführt. Der Begriff bezeichnete den Überschuss, den das Kultursystem in die niederländische Staatskasse brachte. Das Plussaldo rechtfertigte in dieser Lesart das koloniale Engagement. Dieses Gedankengut war, als nach Abschaffung des Kultursystems die liberale Politik die Außengebiete für internationales Kapital öffnete, immer noch wirksam.

So prangerte Cremer die borniert Haltung der niederländischen Regierung an, die im Unterschied zum britischen Kolonialismus die Entwicklung der Kolonien kaum fördere:

„Hier een moederland, dat voor ons wetten maakt, de koorden der beurs houdt, en de uitgaven zóó weet te regelen, dat wat ook de vereischten der kolonie mogen zijn, er een flinke som voor eigen behoeften overschiet; dat van 1832/74 *f* 721 millioen uit de kolonie trok, en nog meer eischt; dat niet te vreden is met de indirekte vordeelen die een kolonie levert, welker produkten voor een groot deel naar het moederland gaan; dat geene rekening houdt met de welvaart, welke de handel met de kolonie en de teruggekeerde welvarende kolonisten daar brengen, maar dat zich vastklemt aan dien vasten cijns." (Hier [im Gegensatz zu England] ein Mutterland, das für uns Gesetze macht, die Schnur des Geldbeutels hält und die Ausgaben so zu regeln weiß, dass, was auch immer die Bedürfnisse der Kolonie sein mögen, eine stattliche Summe für den eigenen Bedarf übrig bleibt; das von 1832-74 721 Millionen Gulden aus der Kolonie zog und noch mehr will; das nicht zufrieden ist mit den indirekten Vorteilen, die eine Kolonie liefert, deren Produkte zu einem großen Teil ins Mutterland gehen; das keine Buchhaltung über die Wohlfahrt führt, welche der Handel mit der Kolonie und die zurückkehrenden vermögenden Kolonisten bringen, sondern sich auf einen festen Zins einschwört. Ü.d.A.)[161]

In den 1870er Jahren hatte die Regierung in den Niederlanden noch keine genauen Vorstellungen über die Entwicklung Ostsumatras; dementsprechend

---

159 Siehe Fußnote 74, P. 191.

160 Die DPV nannte als ihre beiden Hauptzwecke die gemeinsame Beschaffung von Arbeitskräften und den Einsatz für ein geeignetes Arbeitsgesetz. Modderman, P.W. (1929), P. 9.

161 Cremer, Theodoor. Noordoostkust van Sumatra. *Allgemeen Dagblad van Nederlandsch Indie*. Nr. 306 vom 31.12.1874.

gering blieb das finanzielle Engagement. 1878 brachte ein Parlamentarier die Idee der Gründung einer neuen Ostindien-Kompanie für die Ausbeutung Sumatras ein. Sie sollte verhindern, dass internationales Kapital Nutzen aus Sumatra zog, während der niederländische Staat die Kosten für die Sicherheit tragen musste. Cremer entgegnete dem Vorschlag, indem er die indirekten Profite aus dem Tabakbau in Form von Abgaben in Deli und über den Tabakmarkt in den Niederlanden vorrechnete. Doch stellte er gleichzeitig fest, dass seit den Zeiten des ‚batig slot' die Niederländer lieber mit direkten Überschüssen als mit indirekten Vorteilen rechneten.[162] Auch die der kolonialen Administration nahe stehende «Zeitschrift für Niederländisch-Indien» sprach 1887 vom ‚batig slot' in Sumatra: Deli gebe dem Reich einen Überschuss und um diesen beizubehalten, sollte es der Regierung die Mühe wert sein, sich die Belange Delis besonders zu Herzen zu nehmen.[163]

Politisches Entgegenkommen seitens der Regierung in den Niederlanden und der Verwaltung in Batavia und Medan setzte also einerseits einen Nachweis ökonomischen Nutzens für das Mutterland und anderseits Rücksichtnahme auf politische Interessen voraus. Die ökonomischen Vorteile der Tabakwirtschaft für die Niederlande waren zwar schon bald offensichtlich, doch fielen in der niederländischen Presse auch kritische Worte zur Rekrutierungspolitik der Tabakgesellschaften. Bereits 1880 reagierte Cremer auf den Vorwurf, dass zu wenig Holländer in der Tabakkultur eine Anstellung fänden, indem er die übertriebenen Ansprüche der jungen Leute in Holland anprangerte. Schotten, Deutsche und Schweizer verlangten nicht so viel an Zigarren, Wein, Kleidung, Clubgebühren und andere ‚menus plaisirs', auch suchten junge Niederländer eher eine Beamtenstelle als eine unsichere unternehmerische. Er forderte deshalb im niederländischen Bildungssystem in den Niederlanden mehr Raum für eine nachfolgende praktische Tätigkeit.[164]

Rücksichtnahme auf die politischen Interessen der niederländischen Regierung ist bei den nicht-holländischen Pflanzern kaum zu finden. Stoler schreibt, dass die nicht-holländischen Firmen wenig auf die Interessen der Regierung an Ruhe und Ordnung gegeben hätten.[165] Die großen holländischen Gesellschaften hingegen forderten von ihrem Personal explizit Rücksichtnahme auf die Behörden. Der Anstellungsvertrag der Senembah Mij mit ihrem (deutschen) Hauptadministrator, Ewald Tweer, hielt fest, dass im Verkehr mit den Behörden stets holländisch zu gebrauchen sei. Zudem solle er stets auf ein gutes Einvernehmen mit den Autoritäten achten und auch die Angestellten dazu anhalten, denn das „das Prestige der Regierung in Medan sei von großem Belang für die Gesellschaft".[166]

---

162 Cremer, Jacob Theodoor (1881), P. 34.

163 De toestand van Deli (1887). *Tijdschrift voor Nederlandsch Indië*, Vol 16, P. 137.

164 Cremer, Jacob Theodoor (1881), P. 46.

165 Stoler, Ann Laura (1985), P. 22.

Zusammenfassend lässt sich sagen, dass die Tabakpflanzer auf Sumatra einerseits Handel und Wettbewerb bejahten, insofern die Tabakkultur oder ihr eigenes Unternehmen davon profitierten, dass aber anderseits auch einzelne Pflanzergruppen bzw. die DPV den Wettbewerb zu entschärfen versuchten, indem sie auf nationaler Ebene nach Möglichkeit den Einfluss von Briten und Deutschen Einfluss auf den Tabakmarkt zurückbanden. In Deli wurden Asiaten völlig aus der Tabakproduktion verdrängt und durch Absprachen sowie Qualitäts- und Produktionsstandards auch die Konkurrenz unter Europäern in Schranken gehalten. Die Regulierung des Marktes erfolgte über eine Kartellbildung insbesondere der großen Gesellschaften. Ziel des Kartells waren hohe und stabile Profite. Das Netzwerk um den Tabakbau ging aber über das Kartell hinaus und umfasste Kapitalgeber und Banken in den Niederlanden, Handelshäuser, politische und wissenschaftliche Institutionen und schließlich die größeren Gesellschaften vor Ort. Die kleineren Pflanzer waren in dieses Netzwerk nur teilweise einbezogen, da sich ihre Zielsetzungen oft von denen der großen Gesellschaften (Beschränkung der Produktionsmengen, kapitalintensive Qualitätsproduktion) unterschieden.

Fluktuation unter den Plantagenmanagern

Obwohl Schweizer und Deutsche als Besitzer von Tabakplantagen zunehmend verschwanden, blieben sie doch weiterhin unter den Europäern in Deli stark vertreten. Der Anteil der Niederländer stieg von knapp 60 % 1884 (Total: 664) auf 72 % 1930 (Total: 11.080). Deutsche und Schweizer machten 1930 zusammen fast 10 % der Europäer aus, während nur 2 % des an der Ostküste investierten Kapitals aus diesen beiden Ländern stammte.[167] Es gab also einen Arbeitsmarkt für Manager aus Deutschland und der Schweiz. Ich werde ihre Karrierechancen und die Rekrutierungspolitik und -praxis der Tabakgesellschaften im Folgenden genauer analysieren.

In den ersten Jahren fand, wer immer nach Deli kam, eine Anstellung. Bei der Firma Naeher & Grob wurden von 1872-89 23 Schweizer, etwas mehr Deutsche, vier Holländer, drei Briten und ein Däne angestellt. Ähnlich bei der Deli Mij: Bis Mitte der 1880er ist das Management international gemischt (Holländer, Deutsche, Schweizer, Dänen, Franzosen, Briten, etc.). In den ersten zwanzig Jahren beschäftigte die Gesellschaft mindestens sechs Kadermitarbeiter aus der Schweiz und vermutlich einige Assistenten mehr.[168]

---

166 Instruktionen der Senembah Mij für den Hauptadministrator Ewald Tweer von 1896. GAA. Nr. 399 Archief Westermann. 2.1.3.9. Jenny Westerman en Ewald Tweer. Inv. 384.

167 Zum Census siehe P. 195; zum Kapital Thee Kian-Wie (1977), P. 68.

168 Dies sind: Theodor Schlatter, Hermann von Mechel, Johann Batista von Tscharner, Emil Niederer, Ludwig Michalski, FW. Ziegler, Samuel Schaeffer. Genaue Zahlen lassen sich nicht eruieren, da keine Mitarbeiterlisten vorhanden sind.

Mit der Tabakkrise änderte sich das Bild. In den 13 Jahren nach der Übernahme von Naeher & Grob durch ein niederländisches Konsortium wurde nur ein einziger Schweizer angestellt. Die meisten Schweizer schieden in den ersten vier Jahren aus der neuen Gesellschaft aus. Nur zwei Administratoren und zwei Assistenten konnten sich bis über die Krise hinaus halten; einer der beiden Hauptadministratoren, der Buchhalter und fünf weitere Mitarbeiter verließen die Hauptverwaltung. Auch bei der Deli Mij verblieb um 1900 nur noch ein Schweizer Manager.

Nationalität als Kriterium der Rekrutierungspolitik schien an Bedeutung gewonnen zu haben. Gemäß einem Artikel aus dem Jahre 1913 soll die Deli Mij 1884 beschlossen haben, bei Neuanstellungen in Europa nur noch Niederländer zu berücksichtigen.[169] Es wurden aber weiterhin Europäer anderer Nationen berücksichtigt, wofür sich die Administration jedoch eher rechtfertigen musste. 1885 steht in den Annalen der Deli Mij: „Unter den mit Meißner engagierten Jünglingen (total 5) befand sich kein Holländer, was gemäß der Administration keinen guten Eindruck machte und dieser und jener äußerte die Frage, ob es denn in Holland keine tüchtige Burschen gebe."[170] Seitens der niederländischen Öffentlichkeit bestand ein gewisser Druck, Arbeitsplätze für junge Holländer zu schaffen, während der Arbeitsmarkt für Europäer seitens der Gesellschaften vom Wunsch nach geeigneten *Qualifikationen* und nach *Kontrolle,* seitens der Mitarbeiter vom *Wunsch nach schnellem* Aufstieg bestimmt war.

In den ersten zwanzig Jahren konnten selbständige Pflanzer in kurzer Zeit zu einem Vermögen gelangen. Die größeren Gesellschaften hatten deshalb Mühe, ihre fähigsten Manager zu halten, so zum Beispiel die Firma Naeher & Grob trotz ihrem guten Ruf.[171] Von den 56 Männern, die von 1872 bis 1889 eine Anstellung bei Näher & Grob fanden[172], machten sich mehr als zehn selbständig, stets in Partnerschaft (Tobler & Meyer, Koch & Lekebusch, Angelbeek & Bryner, Wetter & Gonzenbach, Pfordten & de Voogt für den Sultan von Serdang). Bei der Deli Mij mit ihrer ungleich größeren Zahl an Mitarbeitern sind es entsprechend mehr (Alma, Herrings, Arnold, Bovenkerk, Bernard, von Mechel, de Floris, Bentheim, Black, Just, Niederer, Schlatter, etc.). So gesehen bildeten die Gesellschaften Manager aus, die sie kurz darauf zu konkurrenzieren begannen.

Ein prominentes Beispiel dafür ist Hermann Herrings: 1875 kam er nach dreijähriger Handelstätigkeit in Batavia mit guten Empfehlungen zur Deli

---

169 ‚Deli en de toekomst van Indië'. *Het nieuws van den dag: kleine courant,* 28.4.1913. Erstes Blatt, P. 1.

170 Deli Mij. Tienjaarlijkse verslagen, II. NA NL. Nl. Deli Mij. 2.20.46/26. P. 73.

171 So riet WH. Diethelm, Kaufmann in Singapur, einem Bekannten, der in Deli eine Stelle suchte, sich bei dieser Firma zu bewerben, dort fahre er am besten. WH. Diethelm an Friederich Gerold Vogel vom 31.5.1884. DA A 2.11.

172 Eine Liste der europäischen Angestellten von Naeher & Grob und der Senembah Mij von 1883 bis 1904 findet sich im Nachlass von Ewald Tweer. GAA. Nr. 399 Archief Westermann. 2.1.3.9. Ewald Tweer. 399.

Mij. Die Administratoren hatten einen guten Eindruck von ihm und förderten seine Karriere. Er solle eine schnelle Promotion kriegen, schrieb einer
der Direktoren. Ab Mitte 1876 trübte sich sein Bild, nachdem er gemeinsam
mit anderen Pflanzern einen Landkontrakt in Serdang unterzeichnet hatte.
Herrings setzte allerdings seine Laufbahn in der Gesellschaft fort und stieg
innerhalb von sechs Jahren zum Hauptadministrator auf, der höchsten Charge in Deli, die nur die Direktion und den Verwaltungsrat in Holland über
sich hatte. 1883 kam es jedoch zu einem Konflikt zwischen den beiden
Hauptadministratoren Herrings und van den Honert, der mit der Entlassung
Herrings endete. Darauf eröffnete dieser eine eigene Firma in Asahan, verhandelte gleichzeitig mit Peyer & Gülich zwecks Übernahme ihrer Plantagen im besten Tabakgebiet von Langkat und drohte damit zu einem
ernsthaften Konkurrent der Deli Mij in den Stammlanden zu werden.[173]
    Die Abgänge der Manager aus den Gesellschaften sind eine Folge einer-
seits der Opportunitäten für selbständige Pflanzer, anderseits der zunehmenden vertikalen Integration der großen Gesellschaften zu betrachten, die das
Management auf Sumatra immer enger kontrollierten. Nach der Tabakkrise
stieg der Kapitalbedarf auch für kleine Pflanzer, und es wurde für Manager
schwieriger, sich selbständig zu machen. Mit den großen holländischen
Gesellschaften setzte sich auch ein bestimmtes Karrieremodell durch, dem
mancher Beobachter eine gewisse Verwandtschaft zur preußischen Militär-
organisation attestierten.[174] Ein Assistent begann üblicherweise in der Buchhaltung in der Hauptadministration der Gesellschaft, danach stand er einem
erfahrenen Assistenten bei einer Tabakkampagne bei, nach ein bis zwei Jahren leitete er selbst eine Kampagne. Über den Assistenten standen die Administratoren einer Plantage. Je nach Anzahl der Plantagen einer Gesellschaft
wurden diese von einem oder mehreren Inspektoren kontrolliert. Über ihnen
stand als höchster Amtsträger in Sumatra der Hauptadministrator. Über diesem wiederum standen die Kommissare (Verwaltungsräte) der Gesellschaft
in den Niederlanden und zuoberst der Direktor. Ewald Tweer, der bei der
Senembah Mij eine Karriere vom Assistenten bis zum Direktor durchlief,
sagte zur Personalpolitik, dass man stets junge Leute genommen habe und
keinen auf seinem Posten habe alt werden lassen; nach acht Jahren als

---

173 Deli Mij. Tienjaarlijkse verslagen, I, P. 52. II, P. 47. III, P. 20. NA NL. Nl. Deli
    Mij. 2.20.46/25, 26, 29.

174 Albert Frey-Wyssling, von 1928-32 Mitarbeiter am Forschungsinstitut für Gum-
    mikultur der AVROS und späterer Rektor der ETH Zürich, erklärte in seiner
    botanischen Vorlesung über Tropenpflanzen die Organisation der Plantagen
    anhand des Aufbaus eines Regiments, wobei er vom Hauptadministrator
    (Oberst), über den Administrator (Hauptmann), den Hauptmandur (Feldweibel),
    dem Kuli (Soldat) bis zum Wasserträger (Ordonnanz) für jede Funktion eine
    Entsprechung in der Armee fand. Vorlesung Tropische Kulturpflanzen II (WS
    42/43). ETHA, Nachlass Albert Frey-Wyssling. Hs 1368: 29/1, P. 162ff.

Administrator sei Schluss gewesen, ebenso als Inspektor und Hauptadministrator.[175]

Alle Löhne hatten einen erfolgsabhängigen Anteil, wobei dieser gegen oben deutlich anstieg. Madelon Székely-Lulof beschreibt in ihrem Roman «Rubber» (1931) die gegenseitige Konkurrenz, das Gerangel und die Intrigen im Management einer Plantagengesellschaft.[176] Solche Karrierekämpfe waren für die Gesellschaften ein wichtiges Kontrollmittel, weil sie angepasstes Verhalten förderte. Die Hierarchie war nur im Prinzip offen, faktisch aber waren die Aufstiegsmöglichkeiten beschränkt und für Leute mit eigenwilligen Ideen kaum vorhanden.[177]

In den Aufsichtsorganen der holländischen Gesellschaften saßen neben den Vertretern der Banken meist ehemalige Tabakpflanzer, die über das nötige Know-how verfügten. Die Direktion in Amsterdam oder Rotterdam ließ den Managern in Sumatra nur einen geringen Entscheidungsspielraum wie aus den Instruktionen der Senembah Mij an ihren Hauptadministrator von 1896 hervorgeht: Der Hauptadministrator muss bis spätestens August des Vorjahres den Pflanzplan nach Amsterdam senden. Die Direktion will Karten, wo deutlich angegeben ist, in welchem Jahr welche Fläche angepflanzt wird. Das Hauptbuch ist in Amsterdam, die Unternehmungen und die Hauptadministration führen Kassenbücher, die monatlich mit Amsterdam abgerechnet werden. Ende Jahr wird Inventur durchgeführt. Über die Ernte entscheidet allein die Direktion, ebenso über die Anstellung von europäischem Personal. Nur in äußerster Not kann der Hauptadministrator in Sumatra jemanden anstellen. Als Regel gilt: auf 100 Kulis ein Assistent, auf größeren Plantagen mit über 300 Feldern kommt noch ein Assistent dazu. Der Hauptadministrator schlägt Administratoren und deren Gehalt vor, dabei gelten klare Regeln. Beim inländischen Personal soll der Hauptadministrator in der Regel Singkehs engagieren, Laukehs sollen durch das Immigranten-Bureau angeworben werden. Wichtige Meldungen hat er telegrafisch zu senden und bei wichtigen Entscheiden in der DPV Rückfrage zu halten.[178]

Wenn also die Rekrutierung im Herkunftsland der Gesellschaft erfolgte, muss erklärt werden, weshalb auf den Plantagen doch noch internationales Personal angestellt wurde. Die Administratoren hatten eben noch immer Freiheiten in der Personalpolitik; vor allem solchen der kleineren Gesellschaften musste ein gewisser Spielraum gewährt werden, damit sie flexibel auf Anforderungen des Tages reagieren konnten. Die Administration solcher Gesellschaften konnte europäisches Personal anstellen und zwar meist befristet und ohne Vertrag. In Deli gab es in der Folge der Tabakkrise eine Zeitlang einen Überschuss an erfahrenen Managern, die vorübergehend als Administratoren eingesetzt werden konnten, etwa bei der Eröffnung von neuen Estates. Dieses qualifizierte Personal, das schnell herangezogen und

---

175 Lebenserinnerungen von Ewald Tweer, verfasst 1903-5. GAA. Nr. 399 Archief Westermann. 2.1.3.9. Ewald Tweer. Inv. 397.

176 Lulofs, Madelon (1931). *Rubber. Roman uit Deli.*

177 Stoler, Ann Laura (2002), P. 28f.

ebenso schnell wieder abgebaut werden konnte, war gerade kleineren Gesellschaften sehr dienlich. So entließ die Hauptadministration der Nederlandsche Asahan Tabak Mij (NATM) ihren Administrator Hermann von Mechel und stellte ihn kurz darauf ohne Vertrag wieder an, „um ihn besser in der Hand zu haben".[179] Doch auch umgekehrt schauten sich natürlich Angestellte ohne Vertrag bei der wieder wachsenden Anzahl an Gesellschaften nach neuen Möglichkeiten um:

„Die hier fast ausschließlich von draussen [auf Sumatra] engagierten Leute, die teilweise schon mehrjährige Praxis hinter sich haben, wollen unmittelbar Salärerhöhung haben und gleich Manager werden. Geschieht das nicht, so gehen sie bei der geringsten Chance fort, die sich ihnen anderswo bietet. So fragte vor 14 Tagen Herr U. Keller, der früher bereits Administrateur in Kwaloe gewesen ist, seine Entlassung, weil Herr Benda ihm eine bessere Position angeboten habe. Natürlich haben wir ihn gehen lassen, wir verlieren nichts in ihm, hätten ihn auch überdies nicht halten können, da er wie fast alle anderen Assistenten keinen Contract hat."[180]

Aus dieser Gruppe von erfahrenem Plantagenpersonal hatten auch Schweizer durchaus gute Chancen zu Stellen zu kommen.

Von alten und neuen Pflanzern

Wichtiger als Nationalität waren bestimmte *Qualifikationen*; Cremer hatte, wie bereits gesagt, schon 1880 bemängelt, dass junge Niederländern oft nicht über die richtigen Qualifikationen verfügten. Ebenso war die Senembah Mij in den 1890er Jahren mit diesem Problem konfrontiert, wie Direktor Jannsen schreibt:

---

178 Instruktionen der Senembah Mij für den Hauptadministrator Ewald Tweer von 1896. GAA. Nr. 399 Archief Westermann. 2.1.3.9. Ewald Tweer. Inv. 384. Die Administratoren erhalten in der Regel max. 400 fl. und 10% des Nettogewinns ihrer Plantage. Assistenten erhalten: 1. Jahr 100 / 2. 115 / 3. 130 / 4. 155 / 5. 180 / danach evt. 200 $. Davon gehen 4% / 5 % / 6% / 7% / 8% / evt. 10%, ebenso 3% der Prämie weg für die Lebensrente von 1000 fl./y nach 15 Jahren Arbeit. Nach 8 Jahren Dienstzeit hat der Assistent Recht auf 6 Monate Urlaub. Die Reise geht auf eigene Rechnung. Muss ein Assistent zur Herstellung seiner Gesundheit nach Europa, so ist das als Vertragsbruch anzusehen. Dazu geht man nach Penang gemäß den Usancen der Deli Mij. Das europäische Personal erhält keinesfalls Vorschuss. Die Assistenten erhalten zu Beginn 250 $ für die Einrichtung.

179 Brief vom 26. 9. 1893 der Hauptadministration der Nederlandsche Asahan Tabak Mij an die Direktion in Amsterdam, GA, Archief Van Heekeren 584, Inv. 702.

180 Brief vom 17. 7. 1893 der Hauptadministration der Nederlandsche Asahan Tabak Mij an die Direktion in Amsterdam, GA, Archief Van Heekeren 584, Inv. 702. Gemeint ist Jakob Ulrich Keller (1862-1933). Er hat später die Schweizerische Plantagengesellschaft Asahan mitbegründet.

„Bestond het personeel bij den overgang in onze Maatschappij in hoofdzaak uit Duitschers en Zwitsers, door ons werd natuurlijk in de eerste plaats naar geschikte Hollanders omgezien; maar het bleek, dat de meeste geschikte elementen hier nu juist niet bij voorkeur een Deli-carrière ambieerden, en dat zich als kandidaten voornamelijk aanmelden zij, die na het verlaten der school in den handel waren gegaan, maar niet naar winch waren geslaagd. [...] Deze ondervinding heeft vaak aanleiding gegeven, van aanbiedingen gebruik te maken, die ons uit Duitsland bereikten b.v. van jongelieden van goede familie, die daar op groote landgoederen hadden geleerd en tevens goed theoretisch landbouwonderwijs hadden genoten. Wij hadden te minder bezwaar tegen het behoud van het Duitsche element bij onze Maatschappij, daar de eerste jaren ons hadden bewezen, dat onze Hollanders en de van NAEHER & GROB overgenomen Duitschers zeer goed met elkander overweg konden en elkander tot zekere hoogte aanvulden." (Bestand das Personal beim Übergang in unsere Gesellschaft hauptsächlich aus Deutschen und Schweizern, schauten wir uns natürlich zuallererst nach geeigneten Holländern um. Aber es schien, dass die geeignetsten Elemente hier nun gerade nicht eine Deli-Karriere anstrebten, und dass sich vor allem diejenigen als Kandidaten meldeten, die nach Abgang von der Schule in den Handel gegangen waren, aber dort nicht nach Wunsch Erfolg hatten. [...] Diese Erfahrung hat oft dazu Anlass gegeben, von Angeboten Gebrauch zu machen, die uns aus Deutschland erreichten, vor allem von jungen Leuten aus gutem Haus, die dort auf großen Landgütern gelernt hatten und ebenfalls eine gute theoretische Ausbildung genossen hatten. Wir hatten umso weniger Bedenken, das deutsche Element in der Firma zu erhalten, als die ersten Jahre gezeigt hatten, dass unsere Holländer und die von der Firma Näher & Grob übernommenen Deutschen sehr gut miteinander auskamen und sich zu einem gewissen Grad ergänzten. Ü.d.A.)[181]

Jannssen nannte den schlechten Ruf Delis in Holland nach dem Rhemrev-Report[182] als Grund, weshalb sich dort die geeigneten Leute nicht fanden. Schweizer konnten allerdings wenig davon profitieren. Wie im Teil A und B1 gezeigt wurde, fallen viele von ihnen unter die Kategorie der gescheiterten Kaufleute. Ihnen fehlten die erforderlichen Kenntnisse im Landbau, welche manche Deutsche mitbrachten. Ewald Tweer beschreibt seine Einführung durch den Administrator J. Steiger aus Zürich wie folgt:

„Er zeigte mir – selber kontrollierend – wie der lufttrockene Tabak aufgestapelt wurde um zu gären, zu fermentieren, und suchte mir den Vorgang zu erklären, wobei ich merkte, dass er als gewesener Kaufmann nicht viel darüber nachgedacht hatte. Er wusste nur – so muss der Vorgang geregelt werden."[183]

Detaillierte Verzeichnisse über die nationale Herkunft der Angestellten der großen Gesellschaften existieren nicht. Die Adressverzeichnisse Delis zei-

---

181 Janssen, C.W. (1914), P. 37f.
182 Siehe oben P. 192.
183 Lebenserinnerungen von Ewald Tweer, verfasst 1903-5. GAA. Nr. 399 Archief Westermann. 2.1.3.9. Ewald Tweer. Inv. 397.

gen bei den großen Gesellschaften nebst Niederländern vor allem deutsche Namen, während Namen von Schweizern allmählich verschwinden.

In den Jahren zwischen der Tabakkrise und dem Ersten Weltkrieg setzt sich ein neuer Managertypus durch, der sich durch buchhalterische Fähigkeiten oder durch Anwendung rationaler Methoden im Landbau auszeichnet. In Deli war die Rede von ‚alten und neuen Pflanzern'. Die Unterscheidung kann auch als Ausdruck eines Konkurrenzkampfes unter Managern in der Konsolidierungsphase des Tabakbaus gedeutet werden. Im Gerangel um die verbleibenden Posten war viel von ‚veralteten Methoden', von ‚Pflanzern nach altem System' die Rede.[184] So schreibt der Hauptadministrator der NATM über seinen ehemaligen Vorgesetzten, er sei „ein tüchtiger Mann, indessen aus der alten Schule, der sich ungern mit Neuerungen befasst."[185]

Alte Pflanzer waren rationellen Managementmethoden gegenüber skeptisch und betonten stattdessen ein auf Lebenserfahrung und Erziehung fußendes Entscheidungsvermögen. Ihr elitäres Selbstverständnis grenzte ‚Charakter' von bloßem ‚Know-how' ab.[186] Vor dem Ersten Weltkrieg gehörten laut G. Rudolf Baumann zum Anforderungsprofil eines Pflanzers, eine gewisse Bildung und Umgangsformen; studierte Landwirte hätten „wenig Nutzen von ihren Kenntnissen gehabt".[187] Im Tropenspiegel breitet er das Thema aus und ironisiert die „Systemplantage", die nach streng wissenschaftlichen Methoden geplant ist und mit Hilfe von Kanälen und mit Dampfmaschinen betriebenen Pumpen den Wasserspiegel unter Kontrolle halten will. Baumann lässt sie beim ersten großen Regen untergehen.[188]

‚Alte Pflanzer' waren eher in den privaten Plantagengesellschaften zu finden, Promotoren des neuen Managertypus eher in den großen Gesellschaften, die auch Mittel für Forschung und Entwicklung hatten. Doch die Idee des ‚alten Pflanzers' blieb kulturell mächtig. Allein schon der Begriff des ‚Pflanzers' trägt im Unterschied zum Manager Konnotationen des alten Pflanzer in sich. Der prototypische Pflanzer ist ein selbständiger Unternehmer, der sich im Kampf ums Dasein bewährt.[189] Alte Pflanzer karikieren neue Manager als Buchhalter, die sich weder der Tropensonne und noch der Konfrontation mit Kulis aussetzen.

Ein elitäres Selbstverständnis und die Heroisierung der Tatkraft spielen allerdings auch bei den großen Gesellschaften eine Rolle. Leonhard Weigand, ein typischer Vertreter des neuen Managertypus, der bei der Senembah

---

184 Nederlandsche Asahan Tabak Mij. GA, Archief Van Heekeren 584, Inv. 700, 702.

185 Brief vom 2. 7. 1893 der Hauptadministration der Nederlandsche Asahan Tabak Mij an die Direktion in Amsterdam, GA, Archief Van Heekeren 584, Inv. 702.

186 Dieses Thema wird unten nochmals detaillierter aufgenommen. Siehe unten Kapitel B3.

187 Baumann, G. Rudolf (1936), P. 11.

188 Baumann, G. Rudolf (1925), P. 357-66.

189 Des weiteren nennt Stoler die Gleichgültigkeit gegenüber sozialer Herkunft. Stoler, Ann Laura (2002), P. 27.

Mij eine Karriere machte, systematisierte sein Wissen über den Tabakbau in einer Studie. Darin schreibt er über das europäische Personal:

„In früheren Zeiten rekrutierten sich diese [...] vielfach aus Glücksjägern. Seit Jahren aber legen die Direktionen großen Wert darauf, ihr europäisches Personal nur aus jungen, vollkommen gesunden Leuten aus guten Familien, mit gediegener Vorbildung und mit festem Charakter zu formieren. Eigentliche Fachkenntnisse werden nicht gefordert, doch werden Leute, die landwirtschaftliche Schulen besucht und Landwirtschaft praktisch ausgeübt haben, gerne in Dienst genommen."[190]

Da die Administratoren gehalten waren, möglichst rationell zu produzieren, mussten sie herausfinden, unter welchen Bedingungen und mit welchen Pflanzen Boden wieder verwendet werden konnte. Nach anfänglicher Skepsis gegenüber einem Wiederanbau von Tabak auf demselben Boden, wurden in den 1880er Jahren Versuche mit 8-jähriger Brachzeit gemacht. Mittels Düngung und gezielter Zwischenbepflanzung konnten diese Brachzeiten verkürzt werden. Auch musste wegen der allmählich vereinbarten Produktionsbeschränkungen über Versuche mit anderen Kulturen nachgedacht werden. Die Fähigkeit, mit solchen Problemen umgehen zu können, war bei der Auswahl von Managern viel wichtiger als ihre Nationalität. So schrieb der Hauptadministrator der NATM, es sei unter den Administratoren „auch nicht ein Holländer, dem man eine Unternehmung anvertrauen könnte; indessen ist daran nichts zu ändern, Geschäft bleibt Geschäft."[191]

Auf dem Arbeitsmarkt für europäisches Plantagenpersonal auf Sumatra zeigten sich für Schweizer zwei verschiedene Perspektiven: Für *neue Assistenten* schienen fast nur schweizerische Gesellschaften in Betracht zu kommen. Diese ließen in der Schweiz zuweilen Stelleninserate für Plantage-Assistenten auf Sumatra erscheinen, so etwa in der Schweizerischen Bauzeitung über die Gesellschaft ehemaliger Polytechniker und in der NZZ.[192] Für *Leute mit Erfahrung* bestand die Möglichkeit, Stellungen ohne Vertrag anzutreten. Allerdings scheinen unter Schweizern die gewünschten Qualifikationen, insbesondere systematische Kenntnisse im Landbau, weniger verbreitet

190 Weigand, Karl Leonhard (1911).

191 Brief vom 2. 7. 1893 der Hauptadministration der Nederlandsche Asahan Tabak Mij an die Direktion in Amsterdam, GA, Archief Van Heekeren 584, Inv. 702.

192 Die ersten Inserate von 1884 und 1888 in der Schweizerischen Bauzeitung wurden vermutlich von Ludwig Michalski in Auftrag gegeben. In seinem Nekrolog weist die Bauzeitung auf seine Stellenvermittlung über die Gesellschaft ehemaliger Polytechniker (GEP) hin. Es könnte sein, dass Michalski für die Deli Mij gesucht hat, mit der er verbunden war. Nekrolog Michalski (1888). *Schw. Bauzeitung,* 12 (2). P. 14. 1919 suchte eine belgische Gesellschaft über die GEP spezialisiertes Personal für Sumatra. Gesellschaft ehemaliger Studierender der ETH Zürich (1920). *Schw. Bauzeitung.* Vol 73/4(2), P. 18. In der NZZ erschien das erste Inserat 1880. *NZZ* vom 2.9.1880.

gewesen zu sein, weshalb ihre Aufstiegschancen in niederländischen Gesellschaften schlechter waren als die einiger ihrer deutschen Kollegen.

Die Konsolidierung des Tabakanbaus zwischen 1885 und 1900 umfasste verschiedene Prozesse: die Stabilisierung des Produkts sowohl in der Produktion (wozu wissenschaftliche oder landbautechnische Qualifikationen benötigt wurden) als auch am Mark (was eine gemeinsame Ausrichtung der Produzenten auf Qualitätsproduktion bedingte), die Sicherung des Nachschubs billiger Arbeitskräfte; die ausreichende Versorgung mit Kapital und schließlich die Verständigung mit politischen Behörden. Die Tabakpflanzer aus der Schweiz fanden in dieser Phase kaum Anschluss an die niederländischen Netzwerke, welche diese Prozesse steuerten. Sie operierten noch zu großen Teilen nach dem Modell der Glücksritter aus der Frühzeit Delis: selbständig und auf eigene Faust arbeitend, mit wenig Kapital und mit einer gewissen Abneigung gegen wissenschaftliche Methoden. Ob diese Produktionsweise selbst gewählt war oder ob sie das Resultat eines Verdrängungsprozesses waren, lässt sich nicht mit Bestimmtheit sagen. Ursache und Wirkung sind hier nur schwer voneinander zu trennen. Im folgenden Abschnitt gehe ich nun diesem Problem nach.

‚Pioneering‘ als Qualifikation

Die Annalen des Schweizer Vereins Deli-Sumatra dokumentieren für die Zeit von 1886 bis 1900 drei wichtige Ereignisse: Die Gründung des Vereins 1886, die Feier zum 600-jährigen Jubiläum der Eidgenossenschaft 1891 und die Generalversammlung 1899. Die Gründung fand im Hauptort Medan statt, in dessen Umgebung die meisten der 42 Mitglieder arbeiteten. CA. Meyer, Plantageneigner in der Region Bedagei 60 km südöstlich von Medan, konnte wegen der großen Distanz nicht teilnehmen und entsandte der Versammlung seine „freundeidgenössischen Grüsse". Die 600-Jahr-Feier zur Gründung der Eidgenossenschaft fünf Jahre danach fand auf seiner Plantage statt, in der Region Bedagei, bei den damaligen Verkehrsverhältnissen mehr als eine Tagesreise von Medan entfernt. Die Schweizer in Padang und Bedagei waren an der Ostküste in der Mehrheit und hatten ihren eigenen Schützenverein. Es schien daher sinnvoller, für die Kompatrioten in der Region Deli ein Schiff zu organisieren als die Feier in Deli abzuhalten. An der Generalversammlung 1899 des Schweizer Vereins Deli schließlich überbrachte CA. Meyer die Fahne des Schützenvereins, da dieser aus Mangel an Mitgliedern aufgelöst wurde. Die meisten Schweizer waren nun in den Hügeln des Serdang, ca. 40 km westlich von Bedagei tätig und hatten ihren eigenen Club mit Kegelbahn. Dieser wurde zwar von allen dort ansässigen Pflanzern frequentiert, die Mehrheit aber sprach Schweizerdeutsch.[193]

Diese flüchtigen Begebenheiten weisen auf strukturelle Veränderungen in der Plantagenwirtschaft hin, die nicht nur Schweizer betrafen, sondern

---

193 Deli-Sumatra, Schweizer Verein (Ed.) (1936). Der Schweizer Verein Deli-Sumatra: zum fünfzigjährigen Bestehen, 1886-1936.

sämtliche kleineren, privaten Pflanzer. Schon in den Anfängen hatten sich Schweizer wie auch Deutsche und Briten oft an den Rändern des Plantagengebiets bewegt und dessen Grenzen laufend erweitert, so etwa Peyer und Meyer im Langkat oder Naeher & Grob, die als erste im Serdang und später ebenso in Bedagei einen Kontrakt erhielten.[194] Bei der spekulativen Landnahme Ende der 1880er Jahre fällt die Anzahl der Schweizer in den Grenzgebieten besonders auf. In Kwaloe und Laboean Batoe südlich von Asahan werden zwischen 1886 und 1890 11 Plantagen eröffnet, mindestens 7 davon von Schweizern.[195] Mit der Zeit bildeten sich eigentliche nationale Enklaven, etwa im oberen Serdang eine schweizerische Gemeinde, in Asahan und etwas später in Siantar eine deutsche.

Die Tätigkeit an den Rändern erwies sich für die großen Gesellschaften als hilfreich. Die ‚Pioniere‘ bereiteten nämlich das Land für den späteren Einstieg des Großkapitals vor. Wenn kleine Unternehmen eingingen, konnten nachfolgende Firmen von vorbereitenden Arbeiten wie Roden und dem Bau von Gebäuden profitieren. Daraus entwickelte sich eine Arbeitsteilung. Private Pflanzer übernahmen das aufwändige Roden und das Drainieren des Bodens im Hinblick auf eine Übernahme. Vor allem britische und amerikanische Gesellschaften konzentrierten sich auf bereits bepflanzte Estates:

„Siantar in Sumatra zwischen den Hochlanden und der Ebene liegend war im Jahre 1910 the ‚coming land‘ für Kautschuk, nachdem Tabak ohne Erfolg gepflanzt wurde. Eine grosse englische Gesellschaft hat in diesen Jahren die Siantar Estate gekauft und das war das Signal für viele energische Europäer, besonders Deutsche, sich da festzusetzen. Es muss hier erwähnt werden, dass besonders die Deutschen und Schweizer, neben den Holländern, diejenigen Leute waren, die das Risiko auf sich nahmen, Urwälder in Plantagen umzuwandeln. Der Engländer kam erst, wenn die Sache im Betrieb war und sich rentierte. Sie haben dabei manchem der aus dem letzten Loch blies aus der Patsche geholfen."[196]

Walter Weidmann spricht von den Schweizern in Sumatra als „Pioniere und Kolonisten"und nennt allein 59 Plantagen, die im Laufe der Jahre von Schweizern eröffnet worden seien. Dies ist eine eindrückliche Zahl angesichts der 150-200 Plantagen, welche vor 1914 bestanden. Allerdings sind dabei auch sehr kurzfristige oder rein spekulative Projekte mitgezählt. Weidmann nennt zwei Schweizer Manager, die von internationalen Konsortien allein zur Eröffnung von Plantagen angestellt wurden. Das ‚Pioneering‘ entwickelte sich also zu einer Spezialisierung.[197]

---

194 Schadee, Willem Hendrik Maurits (1918), Vol. 2. P.103f.

195 Ebd., P. 211f. Es sind dies Emil Hubacher, Huber & Staehelin (2), Jakob Huber (2), A. Brändli und Max Koch. Borel und Favre sind vermutlich Franzosen.

196 Lebenserinnerungen von H. Rudolf Arbenz. P. 143. STAZ Nl. Crone-Arbenz. X 387/2.

197 So etwa Fritz Freudweiler oder Ernst Loosli, der in der Holzgewinnung tätig war. Weidmann, Walter (1936), P. 34-38.

Nischenproduktion

Als weiterer Vorteil für die großen Gesellschaften erwies sich, dass die kleinen Gesellschaften mit neuen Kulturen experimentierten. Aus der Retrospektive scheint die Ostküste Sumatras ausschließlich ein Land für Tabak sowie später Rubber und Palmöl gewesen zu sein, da dort die großen Renditen erzielt wurden. Für Zeitgenossen war diese Entwicklung keineswegs so eindeutig vorherzusehen. In den ersten Jahren wurden neben Tabak auch Versuche mit Muskat, Indigo, Färberkrapp (*Rubia tinctorum*), Baumwolle und Kokospalmen gemacht; Versuchsfelder wurden auch während des Tabakbooms anfangs der 1880er Jahre beibehalten. Die Deli Mij experimentierte mit dem Anbau von Kaffee (1879 hatte sie 20.000 Bäume Arabica-Kaffee gepflanzt), Ramie (eine Faser, auch bekannt unter dem Namen Chinagras) und Rambong (*Ficus Elastica*), aus dem Naturlatex gewonnen wurde und der in der Region wild vorkam – all dies offenbar mit wenig Erfolg.[198] Willem Schadee, der Chronist des Plantagengebiets, fragte sich, wieso die Deli Mij angesichts der befriedigenden Resultate im Tabak, überhaupt nach all den Enttäuschungen, die sie mehrere Tonnen Gold kosteten, stets damit fortfuhr, neue Kulturen zu testen. Schadee gibt die Antwort gleich selbst: Anfangs sei der Tabak im Raubbau betrieben worden und es sei überhaupt nicht klar gewesen, wie lange die Kultur fortgesetzt werden könne. Der Ostküste habe daher lange etwas Provisorisches angehaftet, und die Zukunft sei unsicher gewesen. Solche Versuche waren als Diversifikationsstrategie durchaus angezeigt.[199]

Generell jedoch waren die Gesellschaften skeptisch gegenüber anderen Kulturen. Die Deli Mij gab ihre nebenbei betriebenen Kaffeekulturen 1891 ganz auf, ebenso die niederländische Gesellschaft, welche die Plantagen von Herrings & Co übernahm, dessen ausgedehnte Versuche mit Rambong mit der Begründung, nichts von dem in Beikulturen investierte Geld sei zurückgekommen, und man könne nicht „ohne Kunst und Kenntnis irgendwelche Kulturen anlegen".[200] Ein Journalist der Sumatra Post hinwiederum bemängelte, dass die Tabakpflanzer getrieben seien und allen anderen Kulturen nur Geringschätzung und Gleichgültigkeit entgegenbrächten.[201] Die fehlende Risikobereitschaft hatte ihren Ursprung zum Teil im Konservatismus und in der Ängstlichkeit der Anleger. Ein Fallbeispiel einer niederländischen Gesellschaft zeigt, dass die Investitionen in Nebenkulturen in den Jahren des Tabakbooms vor den Investoren sogar verschwiegen wurden.[202] Nach der Tabakkrise änderte sich dann die einseitige Fokussierung auf Tabak. Insbe-

---

198 Deli Maatschappij (1919), P. 7f.

199 Schadee, Willem Hendrik Maurits (1918), Vol. 2. P. 25.

200 Geheime Berichte der Nederlandsche Asahan Tabak Mij an die NHM Amsterdam, 1898. GA, Archief van Heekeren 584, Inv. 700.

201 AJ. Lievegoed. ‚Vijf Dagen in de koffie' (Teil 2). *Sumatra Post*, 20.5.1904.

202 Dossier zur Langkat Cultuur Mij des Bankhauses Wertheim & Gompertsz (1897/8). GA, Archief Wertheim & Gompertsz 593, Inv. 220.

sondere in Gebieten, die sich für den Tabakanbau nicht eigneten, wurden Plantagen für andere Kulturen errichtet.

Kaffeebau und andere Nischenprodukte

Die Kaffeebohne war bereits im 17. Jh. von der VOC auf Java eingeführt worden. Die Holländer hatten arabische Restriktionen im Handel mit ungerösteten Bohnen umgangen und das Produkt aus Jemen herausgeschmuggelt. Auch auf Sumatra war die Pflanze schon lange heimisch. Dort wurde sie wohl eher von muslimischen Pilgern aus Arabien eingeführt als von der VOC. Die Minangkabau im Hochland Zentralsumatras bauten schon Mitte des 18. Jh. Kaffee an. Als nach der Unabhängigkeit Amerikas amerikanische Händler versuchten, auch im Welthandel stärker Fuß zu fassen, um sich aus der Abhängigkeit von den Briten zu lösen, tauchten 1784 in Padang, an der Westküste Sumatras, erstmals amerikanische Schiffe auf, die sich unter anderem für Kaffee interessierten. Der Kaffee war ein wichtiges Welthandelsprodukt, aber auch ein kultureller Bedeutungsträger im jungen Staat in Abgrenzung zum britischen Tee, dessen Einfuhr unter anderem ein Auslöser für den Unabhängigkeitskrieg gewesen war (Boston Tea Party). Der napoleonische Krieg und die britisch-amerikanische Konkurrenz um den Kaffee in Padang lösten einen Wirtschaftsboom unter den Minangkabau aus, der wiederum zu einem islamischen Missionierungsschub auf Sumatra führte.[203]

Dieses Paradebeispiel globalgeschichtlicher Verflechtungen soll hier bloß belegen, dass schon vor der Ankunft der europäischen Plantagenwirtschaft die einheimische Produktion an Märkte mit globaler Reichweite angeschlossen war. Auch an der Ostküste wurde Kaffee – wie manche andere Produkte auch – bereits von Malaien oder Batakern angebaut, bevor europäische Pflanzer mit dem Anbau begannen.[204] Die erste Kaffeeplantage eröffnete ein Italiener namens de Giovanni, nachdem er Mitte der 1880er Jahre im Auftrag einer britischen Gesellschaft Tabak und Kaffee parallel kultiviert hatte. Sein Estate lag im oberen Serdang, einer hügeligen, höher gelegenen (100-300 m.ü.M.) und deshalb für den Tabakbau ungeeigneten Gegend. Als Mitte der 1890er Jahre in seiner Nachbarschaft mehr und mehr Unternehmer Kaffee zu pflanzen begannen, konnten sie von seiner 10-jährigen Erfahrung profitieren. Das Gebiet wurde zum Zentrum des Kaffeebaus, 1900 lagen dort 31 der 53 Kaffeeplantagen der Ostküste. Viele davon waren in Schweizer Besitz, nämlich 8 der 31 im Serdang und insgesamt 17 der 53 Plantagen an der ganzen Ostküste. Damit bildeten Schweizer die größte

---

203 Siehe Dobbin, C. (1977). Economic Change in Minangkabau as a Factor in the Rise of the Padri Movement, 1784-1830. *Indonesia* 23. P. 1-38.

204 R. Devrient beschreibt in seinem Rekognoszierungsbericht über das Estate Laut Tador, das 1897 von Koch & Lekebusch eröffnet wurde, dass die dortigen Malaien Rambong (*Ficus elastica*) und Kaffee kultivieren. R. Devrient an Koch & Lekebusch vom 16.2.1897. GA, Archief Van Heekeren 584, Inv. 1200 E.

nationale Gruppe im Kaffeebau, gefolgt von Deutschen (11) und Niederländern (9).[205] Die Kaffeeplantagen von Schweizern boten einigen jungen Schweizern Stellen, wie der Jahresbericht des Schweizer Vereins Deli-Sumatra von 1897 festhält:

„Junge Leute aus der Schweiz kommen in letzter Zeit weniger in jene Kolonien, da durch das allmähliche Uebergehen von frühern Schweizer-Tabaks-Estates an speciell holländische Gesellschaften die Aussichten auf Engagement und Vorwärtskommen für Schweizer immer geringer werden. Zudem brachte die letztjährige Tabakkampagne den meisten Pflanzern herbe Enttäuschungen wegen der niedrigen Preise in Europa und es wurde deshalb der Betrieb eher eingeschränkt als erweitert, so dass für neue Ankömmlinge kein Platz offen war. Dagegen kann der Bericht mit Freude auf die blühende Schweizerkolonie in Ober-Serdang hinweisen, wo durch schweizerischen Unternehmungsgeist eine stattliche Anzahl Kaffee-Pflanzungen ins Leben gerufen wurden, welche für ihre Inhaber alle Aussicht auf eine lohnende Zukunft bieten."[206]

Die Kaffeepflanzer gerieten schon bald in Probleme, da sie sich zu sehr an der Tabakkultur orientierten. Sumatra-Tabak war ein Luxusgut, das dank seiner Qualität eine spezifische Funktion als Deckblatt hatte. Dieses Blatt konnte dank intensiver Zusammenarbeit der Gesellschaften untereinander und dank wissenschaftlicher Unterstützung so weit stabilisiert werden, dass das Produkt mehr oder weniger konkurrenzlos dastand. Kaffee hingegen war eine ‚commodity' und von Weltmarktpreisen abhängig. Die dem Tabakbau abgeschaute Produktionsweise mit migrierenden Arbeitskräften war im Vergleich zu den Bedingungen in Brasilien und Java zu teuer. Zudem fehlte den Kaffeepflanzern das Know-how. Dieser Meinung war Melchior Treub, Leiter des Botanischen Gartens in Buitenzorg, der 1898 die Kaffeekulturen besuchte. Er sah gute Aussichten für den Anbau von Liberia Kaffee, war indessen erstaunt über die seiner Ansicht nach völlig verkehrte Art zu arbeiten und zu pflanzen, und meinte, falls die Sache sich nicht rentiere, dann liege das vor allem an der unkundigen Arbeitsweise.[207] Ob es an den fehlenden Kenntnissen lag, dass sich 1900 *Cephonedes hylas*, ein Schmetterling in seiner vorreifen Form als Raupe explosionsartig über die Kaffeeplantagen ausbreitete, ist unklar. Jedenfalls setzte der Schädling den Pflanzen stark zu und seine Entfernung inklusive die seiner Eier band viele Arbeitskräfte, bis schließlich eine Pilzinfektion die Raupen verenden ließ.[208]

Kurz nach der kleinen Gründungswelle im Serdang fielen um 1900 die Weltmarktpreise im Kaffee. Die Kalkulationen der Pflanzer stimmten nicht mehr. Der Kapitalbedarf der Plantagen war zwar nicht riesig, aber sie benötigten nebst Arbeitskräften einen gewissen Maschinenpark für das Sortieren,

---

205 Schadee, Willem Hendrik Maurits (1918), Vol. 2. P. 214ff.

206 ‚Sumatra'. *Schweizerisches Kaufmännisches Zentralblatt* Nr. 3, 7.8.1897, P. 2.

207 Van den Honert an die Direktion der Deli Mij vom 21.6.1898. Deli Mij. Tien-jaarlijkse verslagen, 3. NA NL. Nl. Deli Mij. 2.20.46/29. P.27f

208 Neue Schw. Aktiengesellschaft Sumatra (1902). Jahresbericht 1901. Solothurn.

das Waschen und die Heißlufttrocknung sowie Wasserkraft, um die Maschinen zu betreiben. Als dann die Pflanzer wegen der Probleme mit den Schädlingen und wegen der tiefen Weltmarktpreisen schon bald in Rücklage gerieten, mussten sie sich nach Alternativen umschauen. Sie machten Versuche mit Produkten wie Pfeffer, Ananas oder Blumen, experimentierten mit Krapok (eine der Baumwolle ähnliche Faser) oder Rambong als Zwischenpflanzungen.[209] Dabei wurden sie unter anderem vom botanischen Garten in Buitenzorg unterstützt.

Neben dem Kaffee als wichtigstem Nischenprodukt gab es auch andere: Kaspar Kottmann betrieb im Hügelland nebst Pfefferproduktion eine Holzsägerei, mit der er die entstehende Erdölindustrie im unteren Langkat belieferte. Allerdings zeigte sich bald ein Holzmangel, und er konnte wegen der immer länger werdenden Transportwege nicht mehr mit dem per Schiff importierten Holz mithalten.[210] Caspar Bluntschli machte Versuche mit Ramie, einer Faser, welcher das Merksche Warenlexikon 1884 eine große Zukunft voraussagte.[211] Seine Versuche endeten jedoch schon bald in einem Debakel, da er schlechtes Pflanzenmaterial verwendet hatte. In Zürich ging dabei viel Geld verloren.[212]

Ab 1904 verbesserten sich die Aussichten im Kaffee wieder, insofern als die Weltmarktpreise stiegen und die Gesellschaften wieder Gewinne erzielen konnten. Doch als sich in Malaysia die ersten Anzeichen des Kautschukbooms abzeichneten, stellten sämtliche Kaffeepflanzer und auch einige Tabakpflanzer ihre Produktion auf *Hevea brasiliensis* um. Die Kaffeeplantagen wurden ab 1905/06 schnell mit Hevea bepflanzt und in den folgenden drei Jahren allesamt an britische Gesellschaften verkauft. Der Kaffee wurde dabei nicht völlig aufgegeben, sondern als so genannter ‚catch crop' beibehalten, um die erste Zeit, bis die Hevea-Bäume zapfbereit waren, zu überwinden und um danach die Arbeiterschaft gleichmäßiger auslasten zu können. Dabei zeigte sich eine Professionalisierung des Vorgehens. Dank neuen Pflanzmethoden und der Selektion von Saatgut auf Sumatra hatten die Kaffee-Pflanzer erreicht, dass die Liberia-Kultur weitergeführt werden konnte, während die Pflanze auf Java völlig degenerierte.[213]

Das polyvalente Produkt Gambir

Die Blätter des Gambir-Strauches (*Uncaria gambir*) wurden (und werden noch immer) im malaiischen Archipel als Zutat zum Siri-Kauen (Betelnuss)

---

209 AJ. Lievegoed. ‚Vijf Dagen in de koffie' (Teil 2). *Sumatra Post*, 20.5.1904.

210 Weidmann, Walter (1936), P. 38f.

211 Merck's Warenlexikon, Artikel Chinagras, Leipzig 1884.

212 Nachruf auf Caspar Bluntschli. *Neue Zürcher Zeitung* vom 6.1.1943.

213 Victor Ris, Präsident der Kaffeepflanzer-Vereinigung rapportiert die lobenden Worte eines Botanikers aus Buitenzorg über den Zustand des Kaffees auf Sumatra. Victor Ris in Begerpang an Arthur Lampard in London vom 22.3.1909. GL CAL, NL Harrisons & Crosfield. Ms 37040.

verwendet, und dementsprechend verbreitet war der Anbau des Strauches. Die Produktion wurde von Minangkabau in Zentral-Sumatra und von Chinesen im Archipel um Singapur betrieben. Zum Einkochen des Safts aus den Blättern wurde viel Holz gebraucht; eine nachhaltige Holzwirtschaft entschied daher über die Möglichkeit, die Produktion langfristig zu betreiben. Im Unterschied zu den Minangkabau betrieben die Chinesen im Riau Archipel Raubbau und mussten die Produktion mit der Zeit verlagern oder aufgeben.[214]

Gegen Ende des 19. Jh. stieg in Europa das Interesse an dem Stoff, der einige interessante Eigenschaften als Gerb- und Farbstoff für die Leder- und Seidenproduktion aufwies. Gemäß Mercks Warenlexikon von 1884 wurden jährlich 10.000 Tonnen Gambir von Singapur nach Europa geschickt. 1891 beliefen sich die Gambir-Importe Großbritanniens und der USA zusammen auf 16 Mio. Fr.[215] Die ökonomische Bedeutung der Produktion weckte allmählich auch das Interesse von Europäern. Im Handbuch «Die tropische Agrikultur» schrieb Heinrich Semler 1900, also etwa zur Zeit als die erste Schweizer Gambir-Plantage produktiv wurde:

„Es ist gar keine Frage, dass die Kultur dieses Strauches, wie die Gewinnungsmethode des Gambirs in den Händen weißer Pflanzer wesentliche Verbesserungen erfahren würden. Und warum sollten sie sich nicht an der Erzeugung dieses wichtigen und immer wichtiger werdenden Handelsproduktes beteiligen? Die billigen Produktionskosten der Chinesen und Malayen können kein Hindernis für einen erfolgreichen Wettbewerb sein, denn diesen Vorteil der genügsamen an der alten Bewirtschaftungsmethoden zäh hängenden Asiaten muss der weiße Mann durch Anwendung der modernen mechanischen Hilfsmittel sowie durch sorgfältigere Kultur und ein besseres Gewinnungsverfahren aufzuwiegen wissen.'[216]

Einzig zwei schweizerische Gesellschaften begannen, die Chinesen und Minangkabau zu konkurrenzieren. Die erste war die Cultuur Maatschappij Indragiri, die bereits 1893 auf Initiative von Anton von Mechel und Curt von Hagen als Indragiri Tabak-Gesellschaft mit Sitz in Frankfurt gegründet worden war.[217] Die Plantage (Gading Estate) lag weit ab vom Plantagengürtel am Indragirifluss in der Provinz Siak, nahe bei Singapur. Klima und Boden erwiesen sich für den Tabakbau als ungünstig. Nach zwei Missernten 1894/5 und misslungenen Versuchen mit Kaffee unternahm Administrator Anton von Mechel Versuche mit Gambir. Die Cultuur Mij Indragiri brachte ihren Gambir nicht wie andere westliche Unternehmen in Europa, wo sich große Gewinne erzielen ließen, sondern in Java auf den Markt und stand damit in direkter Konkurrenz zur einheimischen Produktion.

---

214 Colombijn, F. (1997). Een Milieu-Effect Rapportage van de Gambircultuur in de Riau-Archipel in de 19de eeuw. *Tijdschrift voor Geschiedenis* 110(3). P. 290-312.

215 Joekes, A.M. (1906). Gambier: Een zeer loonend bedrijf voor Nederlandsch Kapitaal, P. 23f.

216 Semler, Heinrich (1900). Die tropische Agrikultur. Zit. nach ebd., P. 23.

217 Zur dieser Gesellschaft siehe unten Kapitel C2.

Nach wenigen Jahren gründeten einige Schweizer, zum Teil ehemalige Mitarbeiter der Indragiri, ein Konkurrenzunternehmen (Ayer Moelek), das Gambir für den europäischen Markt produzieren wollte. Die beiden Unternehmen einigten sich auf jeweilige Exklusivität auf ihren Zielmärkten. Anfangs war jedoch die Qualität des Gambirs für die Seidenindustrie nicht genügend.[218] Deshalb konnte die Indragiri-Gesellschaft das in finanzielle Schwierigkeiten geratene Estate Ayer Moelek nach einigen Jahren aufkaufen. Das dortige Personal tauchte schon bald bei einer neuen Gesellschaft auf, nämlich der Goenoeng Malajoe Plantagengesellschaft, die 1905/06 im Umfeld des Handelshauses Jaeger & Co in Singapur mit dem relativ hohen Kapital von 1,5 Mio. Franken (verglichen mit anderen Schweizer Plantagen-Gesellschaften) gegründet wurde.

Auch die Schweizer Gambir-Produzenten benötigten viel Holz und suchten vermutlich deshalb abgelegene Landparzellen, wo sie weniger in Gefahr liefen, Konkurrenz in der Landnutzung zu erhalten. Für die Nachfuhr an Brennholz sicherte sich die Goenoeng Malajoe eine eigene Konzession von 600 ha. Um gegenüber der chinesischen Produktion konkurrenzfähig zu sein, musste die Produktion mechanisiert werden, wozu die Plantagen entsprechendes technisches Know-how benötigten. Dafür stellte Anton von Mechel, Manager der Cultuur Mij Indragiri 1902 den frisch diplomierten Chemiker Heinrich Surbeck an, der sich im Bereich von Farb- und Bleichstoffen spezialisiert hatte.[219]

Surbeck und der Administrator Friederich Gaugler waren kurze Zeit später an der Goenoeng Malajoe beteiligt und entwickelten dort die Verfahren weiter, um einen reinen Farbstoff für die Seidenindustrie zu erhalten.[220] Saatgut, war anfangs sehr teuer, da die Chinesen im Riau keine europäische Konkurrenz wünschten. Nach der Einführung der Kultur machte sich schon sehr bald ein Schädling breit, der dem Unternehmen nach zwei Jahren fast ein vorzeitiges Ende bereitete. Richtige Boomjahre entstanden im Ersten Weltkrieg, als Gambir dank dem Mangel an Gerbstoffen für Leder guten Absatz fand. Allerdings gelang es wegen der Handelsrestriktionen der Briten kaum mehr, den Rohstoff in die Schweiz zu exportieren.[221]

Die Cultuur Mij Indragiri pries gegenüber Investoren ihre Orientierung auf zwei voneinander völlig unabhängige Märkten als besonderen Vorteil an. Auch nach dem Ersten Weltkrieg blieb der östliche Markt ein Faktor, auch wenn nun Rubber zum wichtigeren Produkt geworden war. Die Nachfrage nach Gambir in der Seidenindustrie war wegen eines synthetischen

---

218 Obligationenanleihe der Cultuur-Maatschappij Indragiri. Bericht über das Unternehmen vom 22.6.1908. DA A 4.95.

219 Zu Heinrich Surbeck siehe Bruckner, Albert (1938). Heinrich Surbeck. In: Neue Schweizer Biographie. Basel. S. 526; Nachruf auf Heinrich Surbeck (1945). *Mitteilungen der Naturforschenden Gesellschaft Schaffhausen*, Vol. 20. P. 259-63. Ein Porträt findet sich im *Du* vom Juni 1953.

220 Friederich, Gaugler (1936). *Goenoeng-Malajoe Estate*. In: Schweizer Verein Deli Sumatra (Ed.). Der Schweizer Verein Deli-Sumatra, 1886-1936. P. 53-55.

Ersatzprodukts eingebrochen. Darauf wurde die Produktion des Essgambirs technisch weiterentwickelt und die Gambir-Würfel mit einer Marke geschützt. In der Weltwirtschaftskrise zahlte sich die Diversifikation des Unternehmens aus: während der Gummimarkt völlig einbrach und einige kleinere Gesellschaften, welche Hevea in Monokultur anpflanzten, schließen mussten, reagierte die Nachfrage nach Gambir nur schwach auf die Krise. Trotzdem musste die Cultuur Mij Indragiri ihren Bestand an Arbeitern und Management deutlich reduzieren.[222]

Die Goenoeng Malajoe schlug einen anderen Weg ein, indem sie sich auf Gambir für die Lederindustrie spezialisierte. Allerdings brauchte die Gesellschaft in den 1920er Jahren weiteres Kapital, weshalb sie 1925 an eine britische Gesellschaft (Amalgamated Rubber Co, später Harrisons & Crosfield) verkauft wurde. Vermutlich wegen des spezifischen Know-hows der Schweizer wurde das Management von den Briten übernommen. Bis nach dem Zweiten Weltkrieg bestand das europäische Personal der Goenoeng Malajoe Plantation Co mehrheitlich aus Schweizern.[223]

Rubber-Boom

Die Rubber-Kultur auf Sumatra begann 1905 und nahm einen solch rasanten Aufschwung, dass Hevea innerhalb weniger Jahre zur bedeutendsten Plantagenkultur wurde. Latex spielte als Rohstoff in der zweiten Industrialisierung mit Elektrotechnik, chemischer Industrie und Automobilindustrie eine wichtige Rolle. Bereits ab dem 18. Jh. hatte er verschiedene kleinere Verwendungszwecke, unter anderem für Regenmäntel, Schuhe und Radiergummis, woher der Name Rubber kommt. Die technologische Entwicklung der Vulkanisation von 1839 erlaubte es, die Steifheit des Latex zu variieren und zu stabilisieren. Mitte des 19. Jh. wurde Latex von Gutta Percha als Isolator für Kabel von Bedeutung, besonders für die Telegrafiekabel in den Ozeanen. Da die Nachfrage nach Rubber das Angebot übertraf, stiegen die Preise beträchtlich und lösten den ersten Rubber-Boom im Amazonas-Gebiet aus. Die Anfänge der Autoindustrie zu Beginn des 20. Jh. lösten einen zusätzlichen Run auf Rubber aus. Europäische Produzenten begannen, sich nach Möglichkeiten der Plantagenkultur von Hevea umzusehen.

---

221 „Gambier nach der Schweiz hereinzukriegen scheint auch mit Vermittlung der S.S.S. äusserst schwierig zu sein. Man sagt hier in Geschäftskreisen in der Praxis bewähre sich die Institution keineswegs, tatsächlich sei der Import von allen Rohstoffen, so gut wie unterbunden. Man sagt der Bundesrat habe sich übertölpeln lassen!" Anton Sprecher von Zürich an Theophil Sprecher vom 7.9.1915. PA Sprecher.

222 Die Jahresberichte nennen eine Reduktion im Management von 15 auf 10 Personen. Jahresberichte der Cultuur Mij Indragiri, 1931, 1933.

223 Angaben zur Goenoeng Malajoe Plantage verdanke ich Herrn Eduard Furrer, dessen Vater die Plantage während und nach dem Zweiten Weltkrieg leitete.

Wie Tabak, Kaffee und Tee war auch *Hevea brasiliensis*, wie der Name verrät, in Südostasien nicht heimisch. Hingegen wuchsen Ramboeng (*Ficus elastica*), Gutta Percha (*Palaquium*) und Jelutong (*Dyera costulata*) wild, und Malaien wie Bataker gewannen daraus Latex, zum Teil auch in Gärten.[224] Dieses wurde traditionellerweise zum Versiegeln von Schiffen verwendet. Die malaiische Produktion war bereits an den Weltmarkt angebunden, als Europäer sich für die Plantagenproduktion von Latex zu interessieren begannen. Die Experten versprachen sich jedoch von Hevea größere Produktionsmengen im Vergleich zu den heimischen Latex produzierenden Baum-Arten.

1876 ließ Henry Wickham, Direktor des botanischen Gartens, in Kew, 70.000 Hevea-Samen sammeln. Von den überlebenden 2800 Samen gelangten Setzlinge in die botanischen Stationen auf Ceylon, in Singapur und in Buitenzorg (Java). In den 1890ern wurden auf Ceylon und Malaysia erste Versuche mit dem Anbau von Hevea, auch Para-Rubber genannt, gemacht. Sie gingen jedoch nur mühsam voran. 1898 eröffnete ein Chinese in Malakka die erste kommerzielle Plantage. Als in Malaysia ein Pilz den Kaffeeplantagen zusetzte, begannen mehr und mehr Produzenten auf Hevea umzusteigen. In Ceylon, Malaysia und mit geringem Rückstand auch in Sumatra wurde Hevea nun ernsthaft angebaut.

Die Anbaufläche dehnte sich rasend schnell aus. 1911 waren in Malaysia, Borneo, Java und Sumatra 369.000 ha mit Rubber bepflanzt, 30.000 davon an der Ostküste Sumatras. Doch Sumatra holte schnell auf. Zwischen 1911 und 1914 stieg die Fläche jährlich um 100.000 an. Die Anzahl der in Reih und Glied gepflanzten Bäume ist gewaltig. Von 1902 bis 1914 wurden knapp 10 Millionen Para-Bäume gepflanzt, die meisten davon in den letzten drei Jahren.[225]

Trotz ihres Umfangs konnte die Plantagenproduktion den ‚native rubber', die Bezeichnung für die einheimische Latexproduktion nie verdrängen. Im Gegenteil: schon bald verbreitete sich Hevea unter Kleinbauern in Südsumatra und Südkalimantan. Einheimische Bauern konnten flexibler agieren, indem sie ihr bestes Land für Reis reservierten und einige Hevea Bäume auf trockenerem Land hielten. Da die Techniken der Kultivierung und des Zapfens relativ einfach waren, hatte die Plantagenproduktion keine wesentlichen Vorteile. Sowohl Plantagenunternehmen wie Kleinbauern prö-

---

224 In den folgenden drei Paragraphen beziehe ich mich auf Coates, Austin (1987). *The commerce in rubber: The first 250 years*; Dove, M. R. (1994). Transition from Native Forest Rubbers to Hevea brasiliensis (Euphorbiaceae) among Tribal Smallholders in Borneo. *Economic Botany* 48(4). P. 382-96; Sauer, Jonathan D. (1993). *Historical geography of crop plants: a select roster*, P.63-67.

225 Für die Fläche siehe Drabble, J. H. (1973). *Rubber in Malaya, 1876-1922 the genesis of the industry*, P. 88; Sauer, Jonathan D. (1993), P. 64. Für die Anzahl Bäume: Bos, J. (Ed.) (1911). The S.E.C. (Sumatra East Coast) Rubber Handbook. P. 8.

belten am Anfang. Eine der wichtigsten Lektionen der ersten Jahre waren die schädlichen Effekte des ‚clean weeding' (komplettes Jäten des Bodens):

„Übrigens herrscht unter der Pflanzergilde eine Meinungsverschiedenheit darüber, ob das sogenannte ‚clean weeding' oder nur das Reinmachen um den Strauch herum, vorzuziehen sei. Die Anhänger der letzteren Methode behaupten, dass Gras und Unkraut gebe dem Boden mehr Halt & hindre das Abspülen bei den hier so oft vorkommenden Platzregen und dann halte es auch die Feuchtigkeit länger auf dem Grund, während beim clean weeding der Boden durch die brennenden Sonnenstrahlen zu rasch ganz ausgetrocknet und hart werde. Der Erfolg scheint mir aber entschieden für gänzliches Reinhalten der Felder zu sprechen.'[226]

Wenn auch einige Pflanzer skeptisch gegenüber ungejäteten Böden waren, so setzten sich die Methoden der einheimischen Kleinbauern doch allmählich durch.[227]

Anfangs hatte der ‚native rubber' nur einen geringen Anteil an den Rubber-Exporten aus Niederländisch-Indien, doch in den 1920er Jahren erreichte er 20-25 %.[228] Die Produktion auf den Plantagen mit importierten Arbeitskräften war teuer. Um diesen Nachteil wett zu machen, investierten die Plantagenunternehmer in die Nachbearbeitung des Produkts (Walzen und Räuchern). Durch die industrielle Verarbeitung konnten die Plantagen Qualitätsunterschiede in Farbe und Elastizität des Latex erzeugen. Dafür benötigten sie einen Maschinenpark. In den 1920er Jahren wurden mit der Verbesserung des Saatguts große Produktivitätssteigerungen erzielt.[229]

Kapitalinvestitionen und Managementmodelle

Die Expansion der Rubberkultur forderte viel Kapital. Gesellschaften mussten die ersten fünf Jahre vom Pflanzen der Bäume bis zum ersten Zapfen überbrücken. Die unproduktive Zeit wurde teilweise durch den Anbau von Kaffee oder Cassava als ‚catch crops' etwas gemildert. Nichtsdestotrotz war der Investitionsbedarf für die Anlage der Plantage, die Arbeitskräfte und den Maschinenpark groß. Das Kapital kam anfangs fast ausschließlich aus Großbritannien, später aus Belgien, den Niederlanden und den USA. Das größte Rubber-Unternehmen war die Firma Harrisons & Crosfield. Das Londoner Handelshaus, von schottischen Quäkern gegründet, handelte ab Mitte des 19. Jh. mit Tee und hatte deshalb eine Filiale auf Ceylon. Der dortige Mana-

---

226 Anton Sprecher auf Ayer Moelek an seine Mutter vom 9.3.1910. PA Sprecher. Mit Sträuchern sind Gambir-Sträuche gemeint. Die Meinungsverschiedenheit betraf alle perennierenden Kulturen, also vor allem Rubber.

227 Zur Rubber-Produktion von Kleinbauern siehe Dove, M. R. (1994); Purwanto, Bambang (1996). *The Economy of Indonesian Smallholder Rubber, 1890s-1940.* In: J. Thomas Lindblad (Ed.). Historical foundations of a national economy in Indonesia, 1890s-1990s. P. 175-92.

228 Tiemann, Ilse (1936). Das Plantagengebiet der Ostküste von Sumatra, P. 36.

229 Siehe unten Kapitel C3.

ger, Arthur Lampard, begann sich Mitte der 1890er Jahre für den Anbau von Hevea zu interessieren. Als zwischen 1898 und 1903 britische Plantagen in Malaysia ihre Produktion auf Hevea umzustellen begannen und dafür Kapital benötigten, involvierte sich das Handelshaus.

Tabelle 9: Kapitalinvestitionen in Rubber auf Sumatra 1913 und 1932

Nation	1913		1932	
	in 1000 fl.	in %	in 1000 fl.	in %
NL	35100	33	143927	36
GB	36395	34	105374	27
USA	17160	16	74854	19
BE/FR	15965	15	47920	12
CH	815	1	3508	1
JP			9478	2
D	k.A.		3660	1
Andere	1008	1	7945	2
Total	106443	100	396666	100

Quelle: de Waard (1934), P. 257.

Harrisons & Crosfield griff dabei auf die für die britische ökonomische Expansion in die Kolonien typische Form der Organisation und Finanzierung zurück: Die Plantage wurde als eigenständige Aktiengesellschaft gegründet, während Harrisons & Crosfield als Agenten und Sekretäre der Gesellschaft fungierten.[230] Die Plantagengesellschaften – in Großbritannien hießen sie ‚free standing companies' – wurden auf einen spezifischen Zweck hin gegründet, der sich aus einer Investitionsmöglichkeit in Übersee ergab. So profitierten sie von der beschränkten Haftung in Großbritannien.[231] Doch wie Jones und Wale anhand von der Handelshäuser Harrisons & Crosfield, und Finlay & Co in London, Guthrie & Co, Boustead & Co und die Borneo Company in Singapur zeigten, waren die Plantagengesellschaften

230 Harrisons & Crosfield (1943). *One Hundred Years As East India Merchants*, P. 20f. Zur Free-standing Company siehe Wilkins, M. (1988). The Free-standing Company, 1870-1914: An Important Type of British Foreign Direct Investment. *Economic History Review* 41(2). P. 259-82. In Kontrast zu Wilkins und unter anderem am Beispiel von Harrisons & Crosfield Jones, G./Wale, J. (1998); Jones, G./Wale, J. (1999). Diversification Strategies of British Trading Companies: Harrisons & Crosfield, c.1900-c.1980. *Business History* 41(2). P. 69-101.

231 Wilkins grenzt das britische Modell von FDI über ‚free standing companies' vom Amerikanischen ab, das mehr auf Integration in multinationale Unternehmen baut. Wilkins, M. (1988). Jones und Wale dagegen betonen die Netzwerkstruktur zwischen Handelsunternehmen und ‚free standing companies', wobei die Firma Harrsions & Crosfield eines ihrer zentralen Studienobjekte ist. Siehe Jones, G./Wale, J. (1998); Jones, G./Wale, J. (1999).

über eine komplexe Struktur von Kreuzbeteiligungen mit diesen Handels-häusern verbunden.[232] Die Firma Harrisons & Crosfield wurde so zu einem der größten britischen Agribusiness-Unternehmen mit Tee-, Kautschuk- und anderen Plantagen in Asien und Afrika. Sie gründete 1909 den Rubber Plan-tations Investment Trust, an dem sie eine namhafte Beteiligung hielt, und der wiederum an zahlreichen Plantagengesellschaften in den Federated Malay States und in Ostsumatra beteiligt war. Zur Kontrolle des operativen Geschäfts der Plantagengesellschaften unterhielt Harrisons & Crosfield Büros in Kuala Lumpur und Medan.

Die ‚free standing companies' betrieben faktisch die Plantage, waren jedoch vor allem ein Finanzierungsinstrument. Sie suchten ein breites Publi-kum von Anlegern und gaben ihre Aktien meist in Höhe von nur zwei Shil-lings oder einem Pfund aus. Investoren und Management kamen wenig in Kontakt. Dies spiegelte sich in den Jahresberichten, die sich mehr oder we-niger auf die Erfolgsrechnung beschränken und konkrete Probleme im Betrieb keinen Eingang fanden. Umso wichtiger waren die Handelshäuser als Proxy zwischen den beiden Seiten. Die Handelshäuser rekognoszierten, bereiteten die Gründung von Gesellschaften vor, bestellten das Management und kontrollierten den Betrieb laufend. Nur über das Vertrauen in die Infor-mationen und die Kontrolle der Agenten vor Ort konnte britisches Kapital aufgebracht werden. Oft waren die Gesellschaften klein und umfassten 1-3 Estates: 1922 betrieben 107 Gesellschaften 215 Estates. Zieht man davon die 9 großen holländischen und amerikanischen Gesellschaften ab, so sind es 98 Gesellschaften mit 157 Plantagen (ca. 1,5 Estates pro Gesellschaft).[233] Dies im Unterschied zum Tabakanbau: dort hatte bis in die 1920er Jahre ein starker Konzentrationsprozess stattgefunden. 1900 betrieben noch 101 Un-ternehmen 224 Estates; 1924 waren es 14 Gesellschaften mit 74 Estates, wovon die vier größten über 65 Estates (16 pro Gesellschaft) betrieben.[234]

Die Briten hatten andere Auffassungen vom Management der Plantagen als Niederländer und Amerikaner. Bei den Niederländern hatte sich, wie bei den Tabakgesellschaften gezeigt, ein hierarchisches Modell durchgesetzt, das sich durch die starke Position der Hauptadministration und die enge Kontrolle der Direktion in Holland kennzeichnet. Der Hauptadministration waren die Buchhaltung und meist ein kleiner wissenschaftlicher Dienst

---

232 Jones, G./Wale, J. (1998).; für einen Vergleich der Direktinvestitionen mit ande-ren Branchen siehe Jones, Geoffrey (1994). *British multinationals and British business since 1850.* In: Maurice Kirby/Mary B Rose (Eds.). Business enterprise in modern Britain: from the eighteenth to the twentieth century. P. 172-206.

233 Continental Rubber Co, Deli Batavia Rubber Mij, Deli Mij, Goodyear, HVA, Hollandsch Amerikaansche Plantage Mij (Uniroyal), RCMA, Rubber Mij ‚Si Boelan' und Senembah Mij. Angaben aus: AVROS (1922). Cultuur-Statistiek. Medan.

234 Diese vier Gesellschaften traten in den 1920er Jahren auch in gemeinsamen Broschüren gegenüber Anlegern auf. Theodoor Gilissen (Ed.) (1927). Sumatra Tobacco Companies. Amsterdam; The big four. Amsterdam, 1934.

unterstellt. Dieses Modell hatte nicht nur im Tabak Geltung, sondern auch die aus Ostjava stammenden großen Rubber-Gesellschaften, RCMA und HVA, arbeiteten mit einer starken Hauptadministration.[235] Bei amerikanischen Gesellschaften zeigen sich Strukturen von global integrierten multinationalen Unternehmen, wie sie zu dieser Zeit aufkamen: Goodyear, Continental und Uniroyal sicherten sich über ihre groß angelegten Plantagen den Zugang zu den nötigen Rohstoffen. Die USA hatten ein großes Interesse an Rubber, da die Hälfte der Weltproduktion in die USA ging. Dementsprechend setzten sie Mittel ein, um den Rohstoff billiger beziehen zu können. Im Deli Courant erschien 1910 eine Kolumne, worin der Autor beschreibt, wie Amerikaner das Land überziehen und alle, inklusive die Deli Mij oder den Sultan mit seinen ganzen Ländereien, fragen: „How much?".[236] Die verschiedentlich erwähnte Gesellschaft von Herrings & Co und später der Nieuwe Asahan Tabak Mij wurde 1911 von der U.S. Rubber Company, später Uniroyal, aufgekauft. Sie gründete die Hollandsche-Amerikaansche Plantage Mij (HAPM). Zwei Jahre darauf ist es bereits der größte Gummi-Komplex der Welt. 1926 unterhält die Gesellschaft Rubber auf 40.000 ha, verteilt auf 240 km² Land. Die HAPM blieb jedoch ein rein amerikanisches Unternehmen: Die Ingenieure, die Chemiker und Förster kamen alle aus den USA. Die Administratoren hingegen kamen aus vielen Ländern, vor allem aus Holland, um bessere Karten gegenüber den Behörden zu erhalten.[237]

Die kleineren britischen Gesellschaften verfügten über keine Hauptadministration. Stattdessen kontrollierte eine externe ‚Estate Agency' die Plantage. Ein ähnliches Modell wählten die beiden belgischen Gesellschaften, Société Financière de Caoutchouc (Socfin) und Société Internationale de Plantations et de Finance (SIPEF). Die Plantagen erschienen nach außen als unabhängige Unternehmen, während Socfin und Sipef als Beteiligungsgesellschaften funktionierten und die Kontrolle des Betriebs gewährleisteten. Im Laufe der 1930er Jahre wurden die Plantagengesellschaften stärker integriert. Sowohl Socfin als auch Sipef sind heute noch in Sumatra aktiv.[238] Ähnlich, wenn auch in kleinerem Maßstab, funktionierten die nach 1910 verbleibenden schweizerischen Plantagengesellschaften. Alle standen mit

235 Bliek, PJ. „Gaan de Delische Cultures in de richting van Concentratie (Vortrag am Oostkust van Sumatra Instituut)." *Indische Mercuur*, 16.4. 1930, 316-19. Siehe auch Goedhart, Adriaan (2002). *Het wonder van Deli: uit de geschiedenis van de cultures op Sumatra's Oostkust*, P. 133ff.

236 Lievegoed, AJ. Terzijde. *Deli Courant*. 1910. AR IISG. Nl. Lievegoed. Inv. 18.

237 Stoler, Ann Laura (1985), P. 18-21. Stoler schreibt: „The staffs of U.S companies in Deli seem to have kept a low profile, but American influence in the organization of the estate economy was strong."

238 Siehe www.socfinal.lu und www.sipef.be. Einen kurzen Einblick bieten Mommen, André (1994). *The Belgian economy in the twentieth century*; van der Wee, Herman (1995). *Small countries and foreign investment: the Belgian case from the Middle Ages to the present*. In: B. Etemad et al. (Eds.). Pour une histoire économique et sociale internationale. P. 471-82.

einem Handelshaus in Singapur als Visiting oder Estates Agents in Verbindung.[239]

Schweizer als Türöffner für Briten

Als anfangs des 20. Jh .erste Anzeichen des Rubber-Booms sichtbar wurden, begannen einige Kaffeepflanzer auf Hevea umzusatteln. Bereits 1899 hatte die Deli Bila Mij – eine Gesellschaft aus Zürich, die sich mit Holzwirtschaft und Kaffeeanbau versuchte – auf dem Pangkattan Estate die vermutlich erste größere Anzahl Hevea an der Ostküste gepflanzt. Als das Estate 1906 verkauft wurde, konnte sofort gezapft werden.[240]

Abbildung 25: Wertsteigerung von Hevea-Land

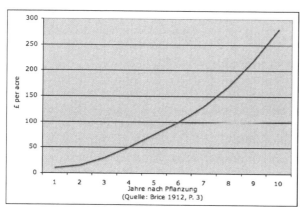

Das Jahr der Umstellung machte einen wesentlichen Unterschied, denn je älter die Hevea-Anpflanzungen waren, desto stärker stieg der Wert des Landes an. Nach dem großen Run auf Plantagenland wurde diese Wertsteigerung als ungefährer Richtwert publik gemacht (siehe Abb. 25). Diese Entwicklung war zwischen 1900 und 1905 noch nicht deutlich abzusehen. Als 1904 ein Konsortium aus der Schweiz eine Plantage übernahm, um sie für den Verkauf an britische Interessenten vorzubereiten, ging sie ein gewisses Risiko ein, allerdings ein lohnendes: Die Anteile konnten schon zwei Jahre danach zu einem Kurs von 230-240 % an eine britische Gesellschaft verkauft werden.[241] 1905 hatten bereits zwei weitere schweizerische Kaffeegesellschaften je über 50.000 Hevea-Bäume gepflanzt und suchten den Verkauf.[242] Der Kaufmann Gustav Forrer in Loboek Pakam, der bereits zuvor

239 Siehe unten Kapitel C2.

240 Bos, J. (Ed.) (1911). The S.E.C. (Sumatra East Coast) Rubber Handbook. P. 81.

241 Schweizer-Iten, Hans (1973), P. 446. Das Kopierbuch des Syndikats findet sich im Diethelm Archiv. DA A 3.5. Siehe auch unten Kapitel C2.

242 Es handelt sich um die Neue Schw. AG Sumatra und die Baumann, Wetter & Co. Jahresbericht 1905 der Neuen Schw. AG Sumatra. Solothurn, 1906.

als Schaltstelle für den Warenbedarf der Kaffeeplantagen im Oberen Serdang wirkte, förderte diese Umstellung, indem er rund 20 Mio. Hevea-Saaten an die Plantagen lieferte.[243]

Die beschränkte Kapitalbasis der schweizerischen Kaffeeplantagen, die Erfahrung der Pflanzer aus der Schweiz und die Suche britischer Handelsfirmen nach Plantagenland, brachte die beiden Seiten bald ins Gespräch. 1905 kam ein Kontakt zwischen dem Präsidenten der Kaffeepflanzer-Vereinigung, Victor Ris, und dem Vertreter von Harrisons & Crosfield, Arthur Lampard, zustande. Dieser besuchte 1905 die Ostküste Sumatras und sah dort große Möglichkeiten für die Ausdehnung der Plantagenkultur. Lampard zeigte sich begeistert vom hohen Organisationsgrad der Plantagenkultur und den großen Landstücken, welche auf Sumatra erhältlich waren.[244]

Victor Ris war damals Manager der in Schwierigkeiten geratenen Kaffeebaugesellschaft F. Ernst im Serdang. Es begann eine intensive Kooperation zwischen Ris und Lampard. Im folgenden Jahr wurden zwei Gesellschaften gegründet, die United Serdang Rubber Co und die Tandjong Rubber Co, die je eine schweizerische Kaffeegesellschaft übernahmen. Wenige Jahre später waren mit Ausnahme der Tjinta Radja AG sämtliche schweizerischen Kaffeegesellschaften verkauft. Die Preise dafür waren teilweise beträchtlich.

Victor Ris wurde als ,Visiting Agent' von Harrison & Crosfield in Medan eingesetzt. Damit begann für den Glarner eine steile Karriere. Nach seinem Studium an der ETH, wo er sich mit Tabakanbau beschäftigt hatte, war er mit 21 Jahren nach Sumatra gereist. In den ersten Jahren agierte Ris bei verschiedenen schweizerischen Gesellschaften wenig glücklich. 1902 wurde er bei der Tjinta Radja AG sogar entlassen. Durch seine Position als ,Visiting Agent' bei Harrisons & Crosfield und kurze Zeit später als Leiter derer Filiale in Medan[245], wuchs er zu einer der wichtigsten politischen Figuren an der Ostküste heran. Ab 1906 leitete er die Kaffeepflanzer-Vereinigung. 1910 ging diese gemeinsam mit der anderen Vereinigung kleinerer Pflanzer, dem ,Plantersbond Oostkust' in der neu gegründeten ,Allgemeene Vereeniging voor de Rubbercultuur ter Oostkust van Sumatra', kurz AVROS auf, die gemessen an Kapital, Anzahl, Arbeiter und Fläche der daran angeschlossenen Unternehmungen die DPV überflügelte. Victor Ris war deren erster Präsident. Als einer der wenigen ,Vreemdelingen' (Ausländer) wurde Ris in den Gemeinderat von Medan gewählt.

Wie ist nun dieser Aufstieg von Victor Ris zu erklären? Im Nachruf in der NZZ schreibt G. Rudolf Baumann Ris' Vertrauensposition bei der britischen Gesellschaft seinem entschiedenen Auftreten bei einem Streit mit Todesfolge unter seinen Assistenten bei einer feucht fröhlichen Weihnachts-

---

243 Weidmann, Walter (1936), P. 44.

244 Harrisons & Crosfield (1943), P. 24.

245 Victor Ris leitete die Filiale gemeinsam mit dem Briten Arthur Mathewson, der sich um die finanzielle Seite des Geschäfts kümmerte, während Ris operativ im Begutachten von neuen Ländereien, in der Planung des Aufbaus von Plantagen und in der Kontrolle des laufenden Betriebs tätig war. Ebd., P. 24f.

feier zu. Er habe den Täter schnellstmöglich außer Lande gebracht und damit der Firma „viel Ärger" erspart.[246] Aus dem Briefwechsel mit Arthur Lampard geht hervor, dass die Briten anfangs vor allem an seinen Kenntnissen im Kaffeeanbau interessiert waren. Kaffee half als ‚catch crop' die Renditen der Plantagen zu optimieren.[247] Damit wurden vor allem die fehlenden Einnahmen in der Zeit vom Pflanzen bis zum ersten Zapfen von Hevea überbrückt. Ris erwies sich für die britische Firma als fähiger Manager beim Anlegen neuer Plantagen. Doch all dies vermag meines Erachtens die Position Ris' noch nicht zu erklären.

Sie wird besser verständlich, wenn man in Betracht zieht, dass die Niederländer auf Sumatra seit alters her sensibel auf faktische und fiktive britische Einmischung reagierten. Zwar waren die Gebietsansprüche in dem Vertrag von 1871 klar geregelt, doch eine gefühlte Bedrohung der Souveränität führte schnell zu Anschuldigungen, wenn der britische Einfluss zunahm. So „enthüllte" der Haarlemsche Courant 1907, dass die Briten und Japaner einen Geheimplan zur Aufteilung Niederländisch-Indiens geschlossen hätten, sollten die Niederlande ihre Unabhängigkeit verlieren. Der Vorwurf ließ sich nicht halten. Die Befürchtungen der Niederländer wurden durch die britische Presse in den Straits begünstigt, die – wenn britische Belange betroffen waren – stets noch ein Wort in Sumatra mitreden wollte, wie ein Journalist der Sumatra Post 1907 kritisierte.[248] Diese Äußerungen fielen zum Zeitpunkt, als britisches Kapital in Mengen in die Rubber-Kultur zu strömen begann, was von holländischer Seite besonders skeptisch beobachtet wurde. Im Java Bode fragte ein Leser, warum sich die Holländer durch die Ausländer selbst in Java in den Schatten stellen ließen.[249]

Der Vorteil von Victor Ris für die Briten bestand in seiner Rolle als Mittelsmann. Ris war seit 20 Jahren in Sumatra tätig. Er kannte die Tabakkultur, sprach fließend holländisch und hatte als Präsident der Kaffeepflanzer, wenn auch in bescheidenem Umfang, Kontakte mit den offiziellen Behörden und der DPV aufbauen können. Gegen einen Briten als Direktor der Filiale von Harrisons & Crosfield in Medan hätten die Niederländer vermutlich wenig einzuwenden gehabt. Als Präsident der AVROS dagegen war ein Schweizer für Niederländer viel weniger problematisch als ein Brite.

Die AVROS war 1910 gegründet worden, um die Interessen der Plantagengesellschaften zu bündeln. Bereits vor dem Ersten Weltkrieg bröckelten die Preise wegen der Überproduktion. Die Bildung eines Produktionskartells, wie es die DPV in Bezug auf Tabak hatte, war keine Option, da man damit die Anstrengungen der chemischen Industrie zur Herstellung von synthetischem Kautschuk gefördert hätte. 1914 organisierte die AVROS

---

246 Nekrolog Victor Ris. *Neue Zürcher Zeitung* vom 22.10.1943. Morgen. P. 3.

247 Der Briefwechsel zwischen Victor Ris und Arthur Lampard im Archiv der Harrisons & Crosfield umfasst über 100 Briefe zwischen 1908 und 1920. GL CAL, Nl. Harrisons & Crosfield. Ms 37040-2.

248 Lievegoed, AJ. „Sumatra en de Engelschen". *Sumatra Post*, 11.7.1907.

249 ‚De Rubbercultuur op Java'. *Algemeen Handelsblad*. 29.8.1907, Abend. P. 6.

mit den Verbänden der Kautschukpflanzer auf Java und unter Beteiligung der Regierung in Batavia einen großen Kautschuk-Kongress, der ganz der rationelleren Bewirtschaftung der Plantagen gewidmet war.[250] Dieser Fokus bewirkte Maßnahmen auf zwei Ebenen, die eine Kooperation von politischen und wirtschaftlichen Akteuren verlangte. Erstens wurde die Arbeitsmigration aus Java intensiviert und politisches Lobbying zugunsten der Beibehaltung der Kontraktarbeit betrieben. Zweitens wurde unter Mithilfe des botanischen Gartens Buitenzorg die Forschung an Hevea (Zucht, Krankheiten, Düngung) in die Hand genommen.[251] In beiden Belangen war die AVROS politisch exponiert. Sowohl in der Arbeiterfrage als auch bei der Organisation der Forschung musste die AVROS mit politischen Instanzen kooperieren. Es erstaunt deshalb nicht, dass kein Brite die heikle Position des Präsidenten besetzte. Die Anerkennung, welche Ris von holländischer Seite genoss, wurde ihm am Schluss seiner Karriere in der Form des Ritterordens von Oranje-Nassau zuteil, eine Auszeichnung, die nicht viele Ausländer erhielten. Nach Ris' Rücktritt 1921 wählte die AVROS wieder keinen Briten als Präsidenten, sondern den niederländischen Juristen JF. Buffart, der die Stelle vollamtlich übernahm. Als Mitglied der Indischen Katholischen Partei verfügte er über politische Verbindungen nach Batavia.[252]

Schweizer Manager in ausländischen Gesellschaften

Die dezentrale Betriebsorganisation der Briten und der Belgier bot Schweizern mehr Chancen als das hierarchische Modell der Niederländer. Übernahmen von Plantagen durch Briten schlossen das Management oft ein. Der Präsident des britischen General Investment Trust, der in Niederländisch-Indien als Investor starke Präsenz zeigte, erklärte kurz vor dem Ersten Weltkrieg, dass auf den Plantagen des Trusts bei den Angestellten kein Unterschied bezüglich Nationalität gemacht werde.[253] Die Administratoren dieser Plantagen besaßen dementsprechend auch mehr Freiheit in der Personalpolitik. Unter den Assistenten britischer Plantagen fanden sich nebst den Abgängern von schottischen Landbauschulen[254] Deutsche, Niederländer und Schweizer, die meist vor Ort angestellt wurden. Dolok Estate der Firma Birenstihl & Sulger wurde 1907 von der Dolok Rubber Estates Co (später Amalgamated Rubber Co) übernommen; 1920 arbeiteten dort immer noch

---

250 Heusser, Karl (1936). *Die Züchtung von Hevea brasiliensis bei der Versuchsstation der AVROS.* In: Schweizer Verein Deli Sumatra (Ed.). Der Schweizer Verein Deli-Sumatra, 1886-1936. P. 111f.

251 Zur Arbeiterfrage siehe Taselaar, Arjen (1998), P. 261-300. Zur Forschung siehe Headrick, Daniel R (1988), P. 215f.

252 Notulen der Jaarlijkse Vergadering der AVROS, 1919, 1922, 1927.

253 Helfferich, E. (1926). Het vreemde element in Nederlandsch-Indië. *Economisch-Statistische Berichten* 11. P. 665.

254 Bliek, PJ. „Gaan de Delische Cultures in de richting van Concentratie" (Vortrag im Oostkust van Sumatra Instituut). *Indische Mercuur*, 16.4. 1930. P. 318.

hauptsächlich Schweizer einschließlich Administrator.[255] Oft spielten Seilschaften und Protektion durch Investoren eine Rolle. Die Gesellschaften, die
unter Schweizer Management standen, haben meist auch einen Schweizer
im Verwaltungsrat oder als Großaktionär, wie die Dolok Rubber Co (Arnold
Sulger) oder das belgische Tamiang Rubber Syndicat (Ubald von Roll).[256]

Mitarbeiter wurden jedoch vor allem aufgrund ihrer Qualifikationen
oder ihrer Verfügbarkeit vor Ort im Management angestellt. Die Zeit der
Goldgräber war damals längst vorbei. Auch bei den Briten und Belgiern
waren Leute gefragt, welche über Spezialisierungen verfügten, sei es Kenntnisse in Buchhaltung, technische Fähigkeiten für die Betreuung und Weiterentwicklung des Maschinenparks oder Landbaukenntnisse. Genaue Daten
fehlen, doch im Matrikelbuch des Schweizerischen Konsulats in Medan
geben Plantagenmitarbeiter in den 1920er Jahren nun öfters ihre Spezialisierung an, wie zum Beispiel Buchhalter oder Maschinist. Adolf von Aesch
wird für die Stelle als Mechaniker bei der Cultuur Mij Indragiri aus über
100 Bewerbern ausgesucht.[257]

Aus dem Matrikel-Buch kann man eine Verteilung der Arbeitstätigkeit
der immatrikulierten Schweizer nach Nationalität der Plantagengesellschaften vornehmen. Es ist eine ungefähre Momentaufnahme, denn die Angaben
bezüglich des Arbeitsorts sind nicht immer genau und die Fluktuation ist
teilweise hoch. Von den total 237 Eingeschriebenen (ohne Ehefrauen und
Kinder)[258] arbeiten 202 auf Plantagen, wobei die 7 Ärzte und die Hospitalas-
sistentin nicht mitgerechnet sind. Weitere 11 arbeiten als Ingenieure oder
Wissenschaftler, 15 sind ohne Stelle. Dabei handelt es sich fast ausschließlich um Pflanzer. 61 sind bei einer der drei schweizerischen Gesellschaften
(Tjinta Radja, Goenoeng Malajoe, Cultuur Mij Indragiri) angestellt. Die
Mehrheit arbeitet bei Gesellschaften aus anderen Ländern.

Tabelle 10: Firmensitz des Arbeitgebers von Schweizern in Sumatra 1920

Plantagenmitarbeiter									andere	Total
CH	GB	NL	NL-IN	BE	US	D	selbst.	ohne Arbeit		
61	55	33	5	19	9	2	3	15	35	237
Quelle: Matrikelbücher des Schw. Konsulats Medan. BAR 2200.62 1977/47 I.										

Wie zu erwarten, ist eine große Zahl von Schweizern bei den eher dezentral
organisierten britischen und belgischen Gesellschaften angestellt, bei denen
weniger auf die Nationalität geachtet wurde, angestellt. Hingegen fällt die

255 Arnold Sulger hielt als ehemaliger Besitzer Aktien der Gesellschaft. „Dolok
    Rubber Estates". *Financial Times*, 7.7.1916.
256 Swart, A.G.N. (Ed.) (1911). Rubber Companies in the Netherland East Indies
257 Schenker, Hanny (2002). *Unsere Zeit auf Sumatra, 1924-1956*, P. 3.
258 Drei der Eingeschriebenen sind Frauen, zwei Lehrerinnen und eine Hospital-As-
    sistentin. BAR E 2200.252, 1977/51: Immatrikulationsbücher Medan 1918-24.

Anzahl an Schweizern bei niederländischen Gesellschaften auf. Teilweise ist dies damit zu erklären, dass niederländische Gesellschaften nach und nach auch zur Rubber-Kultur übergingen, entweder parallel zum Tabakanbau oder ausschließlich. Dadurch entstand ein Bedarf an Know-how. Einige Schweizer verfügten durch ihren frühen Einstieg über solches Know-how, und so konnten einzelne von ihnen zu hohen Positionen aufsteigen. Mitte der 1920er hatten zwei der vier großen Tabakgesellschaften, die Deli Batavia Mij und die Senembah Mij, einen Hauptadministrator aus der Schweiz.[259] Auch bei der Deli Mij wurden in den 1920er Jahren vereinzelt Schweizer angestellt. Einer erreichte die Stellung eines Inspecteurs (zwischen Administrator und Hauptadministrator). Fritz Freudweiler, der das Estate leitete, das als erstes auf Sumatra Hevea anpflanzte, war in den 1920er Jahren Hauptadministrator bei der VICO (Vereenigde Indische Cultuur Ondernemingen). Auch die Cultuur Mij Indragiri interessierte sich für seine Dienste, fand jedoch seine Gehaltsforderungen „ganz unerhört".[260]

Diese Manager können nun nicht mehr wie die erste Generation als Glücksritter bezeichnet werden, die auf schnelles Geld aus waren. Viele Administratoren haben am Schluss ihrer Arbeitstätigkeit über 20 Jahre auf Sumatra verbracht; der Durchschnitt liegt bei denen, die nach 1900 kamen, bei 21 Jahren. Auch bei schweizerischen Plantagen verlängert sich die durchschnittliche Arbeitstätigkeit der leitenden Angestellten. Die Goenoeng Malajoe und Tjinta Radja hatten eine geringere Fluktuation. Die Administratoren der Tjinta Radja hatten ihre Karriere ausschließlich bei der Firma gemacht und blieben zum Teil über 30 Jahre. Die Position von Angestellten in internationalen Gesellschaften war jedoch nicht so sicher. Es gab eine Schicht von erfahrenen Managern, die von Gesellschaften nach Bedarf angestellt wurden, die aber intern nicht aufstiegen und in kritischen Phasen jedoch schnell wieder entlassen wurden. Dementsprechend hoch war die Fluktuation, da solche Manager das Mögliche rauszuholen versuchten.

Migration aus der Schweiz nach Sumatra

Abschließend gebe ich einen statistischen Überblick über die schweizerische Migration nach Sumatra. Dieser basiert auf Zählungen der niederländisch-indischen Administration und auf jenen der schweizerischen Konsulate in Batavia und Medan. Beide haben ihre Ungenauigkeiten. In den Matrikelbüchern fehlen Schweizer in geografischer Ferne von Batavia oder mit geringem Interesse, sich registrieren zu lassen.[261] Die Matrikelbüchern zeigen folgende geografische Herkunft der Migranten:

---

259 Es handelt sich um Walter A. Kaufmann, der zuvor die Goenoeng Malajoe Gesellschaft geleitet hatte, und um Bernhard Simon, der bei der Senembah eine interne Karriere gemacht hat.

260 Anton Sprecher aus Batavia an Theophil Sprecher vom 2.12.1919. PA Sprecher.

261 Der Konsul in Batavia meldet Probleme bei Registrierungen wegen der Wehrpflichtersatzsteuer. BAR E 2300 1000/716, Nr 1,2. Konsularberichte (1920-23).

Tabelle 11: Schweizer Migranten in Sumatra nach Kantonen

Kanton	1860-99	1900-19	1920-50	Total
Ohne Angaben	53	14	24	91
ZH	56	90	47	193
Ostschweiz (SG, TG, SH, AR, AI, GL, GR)	60	87	46	193
Nordwestschweiz (BS, BL, AG, SO)	25	63	32	120
Westschweiz (GE, VD, VS, NE)	3	8	14	25
Mittelland (FR, BE, JU)	6	33	24	63
Zentralschweiz (LU, ZG, SZ, UR, NW, OW, TI)	10	19	10	39
Schweiz	213	314	197	724

Quelle: Matrikelbücher Konsulate; Schweizer Verein Deli-Sumatra (1936).

Abbildung 26: Kantonale Verteilung der Migranten nach Sumatra

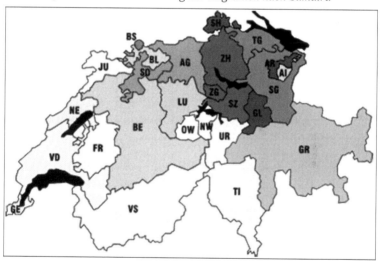

Verteilung der Migranten gemessen am Wohnbevölkerung der Kantone (Durchschnitt der Jahre 1900-1930): dunklere Kantone haben einen höheren Anteil.

Tab. 11 und die Abb. 26 zeigen einen Schwerpunkt der Migration aus Zürich und der Ostschweiz, wie bei den Kaufleuten in Singapur auch. In der Romandie, dem Tessin und der engeren Zentralschweiz (UR, OW, NW und SZ ohne March) hingegen bestanden kaum Beziehungen zu Südostasien. Die meisten Migranten kamen aus dem Bogen von Schaffhausen über Zürich, Zug, die March, Glarus, das Toggenburg bis Appenzell Ausserrhoden. Die Netzwerke der Textilproduzenten scheinen indirekt ihre Wirkung auch in Sumatra entfaltet zu haben. Wenn man von kolonialen Netzwerken spricht, müsste man von zürcherisch-ostschweizerischen sprechen und nicht von schweizerischen allgemein.

Die niederländischen Volkszählungen von 1920 und 1930 zeigen die Anteile der Schweizer unter den Europäern, zu denen auch Inländer mit holländischem Bürgerrecht, Amerikaner und Japaner zählten. Die Volkszählung 1920 erfasst im Vergleich zu den Matrikelbüchern zu wenig Schweizer. In Tab. 10 zur Verteilung der Schweizer nach Arbeitgebern wurden insgesamt 237 Schweizer angegeben, 217 davon an der Ostküste.[262] Dazu kommen 38 Frauen und 55 Kinder, die in den Matrikelbüchern vermeldet sind. Es ist nicht klar, ob alle diese Frauen und Kinder tatsächlich auf Sumatra anwesend waren. Von diesen 310 registrierten Schweizerinnen und Schweizer erfasst die Volkszählung 1920 nur 60 %. Die zweite Volkszählung 1930 scheint hingegen gründlicher durchgeführt worden zu sein.

Tabelle 12: Schweizer in Niederländisch-Indien nach Census 1920 und 1930

	1920	1930
Java	79	301
Aussenbesitzungen	270	489
Davon OK Sumatra	186	267
Total	349	790*

*489 Männer und 301 Frauen. Über ein Viertel (207) war in Niederländisch-Indien geboren. Quelle Volksteling (1930), Batavia.

Aus den Matrikelbüchern der Konsulate in Batavia und Medan, dem Mitgliederverzeichnis des Schweizer Vereins Deli Sumatra (für die Jahre vor der Gründung des Konsulats in Medan) lässt sich eine grobe Schätzung der Gesamtzahl von Schweizern an der Ostküste von 1870-1940 machen. Die Matrikelbücher und der Schweizer Verein Deli-Sumatra listen insgesamt 729 Schweizer auf. Rechnet man mit einem durchschnittlichen Frauenanteil von 20 %, so kommt man auf eine Gesamtzahl von knapp 960;[263] zählt man alle Nicht-Registrierten hinzu, so erhöht sich die Zahl auf geschätzte 1000-1100 Personen. Nimmt man dann die Anteile von Schweizern an der Ostküste an allen Schweizern in Niederländisch-Indien in den Volkszählungen von 1920 und 1930 zum Maßstab, so ergibt sich ein Total zwischen 1900 und 3250 Schweizerinnen und Schweizern in Niederländisch-Indien im Zeitraum von 1870 und 1940. Hinzu kommen 5000 Soldaten, welche von 1860-1920 in der KNIL dienten, größtenteils in den Jahren 1860-80.[264]

Diese Zahlen, wenn man die Tab. 6 zur Anzahl Europäer an der Ostküste Sumatras miteinbezieht[265], sind bemerkenswert. Sowohl der *Umfang* der Migration aus der Schweiz wie auch ihre *Position* unter den ausländischen Europäern, stets als drittgrößte Gruppe hinter Deutschen und Briten und vor Amerikanern, Belgiern, Italienern und Franzosen, sind unerwartet und schlu-

---

262 20 Schweizer bei der Cultuur Mij Indragiri im Distrikt Riau wurden mitgezählt.

263 Anfangs lag der Anteil unter 10 %, 1920 bei 21.3 % und 1930 bei 34.6 %.

264 Teitler, Gerke (2006), P. 156.

265 Siehe P. 195.

gen sich weder in der niederländischen noch in der schweizerischen Forschung bisher nieder. Diese Reihenfolge der Nationen gilt für ganz Niederländisch-Indien. Die Schweizer waren aber von allen Gruppen am meisten
auf die Ostküste Sumatras fokussiert. 1930 ist Drittel von ihnen in der Plan-
tagenregion zu finden, 1920 war es noch über die Hälfte.[266] Trotz allmähli-
cher ökonomischer Randposition blieben Schweizer also mit der Ostküste
verhängt. Welche Faszination hat die Ostküste Sumatras damals auf Schweizer ausgeübt, dass so viele von ihnen den Weg dahin unternahmen?

3 SELBSTBEHAUPTUNG AN DER FRONTIER

Das vorhergehende Kapitel B2 hat die Geschichte von Schweizern in der
Plantagenwirtschaft als einen Prozess der Verdrängung und der Findung von
Nischen dargestellt. Im Kapitel B3 wird nun von Heroisierung, Selbständigkeit und Selbstisolation die Rede sein. Diese andere Seite der Kultur Delis
speist sich aus den Erfahrungen der ersten Pioniere und reproduziert sich bei
den nachkommenden Generationen, die sich davon angezogen fühlten. Blicken wir also nochmals auf diese ersten Jahre der europäischen Besiedelung
Sumatras zurück.

Frontierkultur

Adolf Sturzenegger, der 1870 nach Deli gekommen war und sich gemeinsam mit Adolf Ritgen, einem anderen Assistenten des Hauses Schmidt, Küstermann & Co im Tabakbau selbständig gemacht hatte, musste, da er keine
Erfahrungen im Tabakbau hatte, das Know-how von anderen Pflanzern
erwerben. Zu diesem Zweck besuchte er im folgenden Jahr sämtliche 40
Europäer in Deli. Es waren dies:

„17 Holländer	5 Damen	12 Herren
9 Schweizer	1 d	8 h
8 Deutsche		8 h
4 Engländer	3 d	1 h
2 Dänen		2 h
40	9 Damen	31 Herren"
(Quelle: siehe Fußnote 267)		

Dieses Ritual hatte Sturzenegger aus Singapur und Penang übernommen, wo
solche Besuche üblich waren, um sich in die Gesellschaft einzuführen.
Allerdings kostete das bereitete in Deli wesentlich mehr Mühe, alle Wege
führten durch den Urwald. Es sei eine „selige Arbeit", wie er schreibt, für

---

266 Departement van landbouw, nijverheid en handel (1933), P. 81.

die er fünf Tage brauchte.[267] Die Pflanzer lebten sehr abgeschieden und bekamen in den ersten Jahren vielleicht nur gerade ihre unmittelbaren Nachbarn zu Gesicht, sofern sie sich nicht zu Besuchen aufmachten.

Abbildung 27: Erstes Gruppenbild von Europäern in Deli, ca. 1870

Stehend: links der spätere Kolonialminister Th. Cremer, L. Michalski, rechts H. Naeher und K. Grob. Sitzend in der Mitte Controlleur Cats de Raet, links neben ihm J. Nienhuys. A. Breker ist vermutlich mit im Bild. (Quelle: Tropenmuseum)

Doch schon in den Anfangsjahren pflegten sich Pflanzer zu treffen, um ihre gemeinsamen Belange zu besprechen. Das erste Gruppenbild der Pflanzer in Deli, das ungefähr 1870 aufgenommen wurde, zeigt eine internationale Gemeinschaft. Neben den drei Leitern der Deli Mij, Nienhuys, Cremer und Straatman, finden sich Michalski (ein in der Schweiz eingebürgerter polnischer Flüchtling, der an der ETH Bautechnik studiert hatte) und die beiden Kaufleute Hermann Näher aus Lindau und sein Kompagnon, Karl Grob, aus Zürich. Vermutlich ist auch Albert Breker, der allererste Schweizer in Deli, mit auf dem Bild. Frauen sind keine zu sehen. Obwohl damals, wie aus der Statistik Sturzeneggers hervorgeht, der Anteil europäischer Frauen auf Deli relativ hoch war, verstand sich die Plantagenkultur von Anfang an als ausgesprochene Männergesellschaft. Die ersten Pflanzer waren uneins darüber, ob europäische Frauen überhaupt Teil der Gesellschaft Delis sein sollten. Nienhuys versprach sich von ihnen einen zivilisatorischen Effekt, Straatman hingegen fürchtete eine Ablenkung von der Arbeit. Sich vom glücklich verheirateten Michalski distanzierend sagte er, für „Lust und Liebe habe er keine

---

267 A. Sturzenegger an Schwester Marie vom 31.3.1871. StASH D IV, 01.34.01/1426.

Zeit".[268] Ein Ereignis von 1870 könnte zu seiner negativen Einschätzung beigetragen haben: Die erste Ehefrau Ludwig Michalskis, eine Schwester Albert Brekers, nahm sich nach kurzer Zeit in Deli das Leben – laut Deli Mij „aus Verzweiflung über die gemeinen Zustände im Hause Breker".[269] Straatmans Vorstellungen scheinen sich im Umgang mit den Assistenten durchgesetzt zu haben. Ihnen wurde die Heirat vertraglich untersagt. So entstand in den 1880er Jahren, als immer mehr Assistenten angestellt wurden, ein starker Männerüberhang. Dies änderte sich erst in den 1920er Jahren als das Heiratsverbot wieder aufgehoben wurde.[270] 1930 lag der Frauenanteil unter Europäern auf Sumatra bereits auf über 40 %.[271]

Die ersten Schweizer und Deutschen, die nach Sumatra kamen, kannten sich fast alle aus ihrer früheren Tätigkeit in den Handelshäusern in Penang und Singapur und waren einander durch verwandtschaftliche, freundschaftliche oder berufliche Beziehungen verbunden. Albert Breker, der bereits seit 1866 in Deli war, holte in kurzen Abständen weitere Schweizer nach, unter anderen seinen Schwager Ludwig Michalski. Dessen zweite Frau ist die einzige Schweizerin in Sturzeneggers Aufzählung. Aus Sizilien folgten 1869 auf Brekers Empfehlung Karl Fürchtegott Grob, der spätere Besitzer der Villa Patumbah in Zürich, und Hermann Näher.[272] 1868 stießen Theodor Schlatter und der Deutsche Bernhard von Gülich aus Singapur dazu, die mit dem Willisauer Otto Peyer zusammen arbeiteten. Schlatter und Gülich hatten sich während ihrer Assistenzzeit im Haus Staehelin & Stahlknecht in Singapur kennen gelernt. 1868 wechselte Hermann Küng vom Haus Remé Bros, ebenfalls in Singapur, nach Sumatra. Als der Appenzeller drei Jahre darauf gemeinsam mit seinem Assistenten Meyer ermordet wurde, übernahmen kurze Zeit später sein Bruder Johannes Küng und sein Vetter Hermann Krüsi die Plantage. Als Sumatra-Pioniere bereits erwähnt wurden Fritz Meyer, Otto Peyer, Fritz Hirzel und Kaspar Wiget vom Hause Mathieu & Co in Penang. Fritz Meyer war ein Bruder des ermordeten Meyers.[273]

Unter all diesen Pflanzern waren Besuche willkommen, sie lernten von einander und halfen sich in Notfällen. Aus der Korrespondenz der Deli Mij, zu der alle mehr oder weniger enge Beziehungen unterhielten, erfährt man einiges über die Geschicke sämtlicher Europäer in Deli. Unmittelbarer

---

268 Deli Mij. Tienjaarlijkse verslagen, 1. NA NL. Nl. Deli Mij. 2.20.46/25. P. 18.

269 Deli Mij. Tienjaarlijkse verslagen, 1. NA NL. Nl. Deli Mij. 2.20.46/25. P. 7.

270 Stoler, Ann Laura (2002), P. 29ff.

271 In die Kategorie Europäer fielen 6300 Männer und 4779 Frauen. Departement van landbouw, nijverheid en handel (1933). *Volkstelling 1930, Vol. 6.*

272 Zu Michalski siehe sein Nekrolog in der *Schweizerischen Bauzeitung* 12(2), 1888. P. 14; Wohler, A. (2003). Ludwig Michalski, 1836-1888. *Unsere Heimat: Jahresschrift der Historischen Gesellschaft Freiamt* 71. P. 11-45. Zu Näher und Grob siehe Janssen, C.W. (1914). *Senembah Maatschappij, 1889-1914,* P. 3ff.

273 Fritz Meyer-Fierz ist als Sammler von Van Gogh und Hodler Gemälden in die Geschichte der Stadt Zürich eingegangen. Siehe Hans A. Lüthy. Hodler Sammler in Zürich. *Neue Zürcher Zeitung* vom 10./11.6.1989. P. 65.

Anlass der Anteilnahme war natürlich die Beobachtung möglicher Konkurrenten und die Interessen an deren Tabak, doch dies schloss auch nachbar-
schaftliche Hilfe nicht aus, die sowohl Holländern wie auch die anderen
Europäern zugute kam.

Da es anfangs abgesehen von einem niederen Beamten (Controlleur) in
Medan in Deli kaum staatliche Strukturen gab, musste im Fall von Konflikten mit den Einheimischen Militär aus Riau oder Batavia angefordert werden, so etwa 1872, als Bataker die in ihr Gebiet vordringenden Plantagen
angriffen. Vor dem Eintreffen des Militärs verließen sich die Pflanzer in kritischen Situationen in einem gewissen Maße auf den Schutz durch die anderen Pflanzer, denn faktisch waren die Pflanzer auf sich selbst gestellt und
mussten ihre Sicherheit selbst gewährleisten.

Was diese Eigenverantwortung bedeuten konnte, zeigte sich 1871, als
die beiden Pflanzer Hermann Küng und sein Assistent Meyer von ihren
Kulis umgebracht wurden. Das Ereignis erregte von Deli bis Singapur viel
Aufsehen. Morde an Pflanzern kamen über die Jahre immer wieder vor,
auch noch als der staatliche Sicherheitsapparat allmählich ausgebaut wurde.
Die Sicherheitslage auf den Plantagen war deshalb stets von zentralem
Belang für die Plantagenadministration. Im Falle von Küng und Meyer
kamen die Pflanzer zum Schluss, sie hätten fahrlässig gehandelt, weil sie
ohne Aufseher gearbeitet und im selben Haus mit den Kulis gewohnt hätten.
Adolfine Sturzenegger-Morstadt, die mit ihrem Gatten in Singapur wohnte
und deren Schwager in Deli eine Plantage betrieb, schrieb an ihre Schwägerin Marie Sturzenegger in Trogen:

„Wegen dem Mord an Küng und Meyer braucht ihr euch nicht etwa trübe Gedanken
zu machen, da selbiger viel durch eigenes Verschulden geschah: Sie wurden nämlich
vorher von verschiedenen Pflanzern gewarnt, doch ja keine Coolis zu halten ohne
Aufseher, und nicht im gleichen Haus zu wohnen. Hr. Meyer hatte zudem 200 Dollars den Abend vorher wo geholt und gezählt, sodass die Kerls unterm Haus das
Zählen des Geldes hörten. Und da solche Chinesen roh wies liebe Vieh sind, so kam
es ihnen nicht drauf an, den folgenden Morgen erst, den Meyer zu umzingeln, und
ihm mit dem Beil eins von hinten zu versetzen, sodass er gleich tot umfiel & als
Küng ihm zu Hilfe springen wollte, töteten sie ihn auf dieselbe Weise. Beide waren
neu angekommen dort und hätten eben nicht soviel Selbstvertrauen haben sollen und
dem Rathe folgen sollen."[274]

Die Beaufsichtigung der Kulis benötigte Vermittler. Die Deli Mij hatte von
Anfang an ein Oberhaupt der Chinesen, namens Baba, eingestellt, der weitgehende Kompetenzen hatte. 1871 schrieb Nienhuys, sie seien stets zufrieden mit ihm, er sei einzigartig und schwer zu ersetzen. Er habe große Macht
über die Chinesen und genieße auch das Vertrauen der Bataker und Malaien.

---

274 Adolfine Sturzenegger-Morstadt an Marie Sturzenegger, Singapur 23.11.1871.
StASH, Nl. Sturzenegger, D IV.01.34.01/1500.

Durch seine Vermittlung könnten die Arbeiter besser eingesetzt werden. Er arbeite mit 200 Kulis und 60 Batakern.[275]

Abbildung 28: Chinesische Arbeiter der Deli Mij, 1871 mit Baba

Quelle: Tropenmuseum Amsterdam

Anderseits waren die Gesellschaften aber auch bemüht, die Macht der so genannten Tandils und Haupttandils nicht zu groß werden zu lassen. In der Firma Näher & Grob erhielten die Tandils viel Macht über die Kulis durch das so genannte Tanggoeng-System (malaiisch für „Verpflichtung", „Verantwortung"), gemäß dem ein ausgebildeter Arbeiter die aus dem Vorschuss entstandene Schuld der neuen eingestellten Kulis (Sinkehs) übernehmen und diese wiederum zur Deckung dieser Schuld ihren Lohn den älteren Arbeitern abliefern mussten. Dadurch sollte das Risiko der Flucht von Arbeiter vermindert werden. Die Deli Mij bezeichneten das System als „unehrlich"; es stärke die Position der chinesischen Hierarchie innerhalb der Plantage, indem über kurz oder lang alle Kulis bei den chinesischen Tandils und beim Haupttandil (Vorarbeiter) verschuldet seien. Das Tanggoeng-System wurde bei der Nachfolgegesellschaft wieder abgeschafft.[276]

Um die Position des Haupttandils entstanden gelegentlich Faktionskämpfe unter Chinesen, in die auch die Geheimgesellschaften mit Verbindungen zu Maklern in Penang involviert waren. Diese Kämpfe wurden mit

---

275 Deli Mij. Tienjaarlijkse verslagen, 1. NA NL. Nl. Deli Mij. 2.20.46/25. P. 28.

276 Deli Mij. Tienjaarlijkse verslagen, 3. NA NL. Nl. Deli Mij. 2.20.46/29. P. 50.
   Janssen, C.W. (1914), P. 30f.

solcher Brutalität geführt, dass 1884 auf einigen Plantagen die Arbeit völlig zum Stillstand kam und die Pflanzer sich in Sicherheit bringen mussten.[277]

Die Pflanzer verstanden die gesellschaftlichen Dynamiken unter den Chinesen oft kaum und dementsprechend waren die Plantagen eine ständige Gerüchteküche, in der verschiedene Gruppen um das Deutungsmonopol von Ereignissen kämpften. Ein junger Schweizer Assistent legt indirekt Zeugnis von der Gerüchteküche im frühen Deli ab, wenn er an seine Eltern schreibt:

„Wenn ich zu den Schilderungen der hiesigen Verhältnisse übergehe, sei zum Voraus bemerkt, dass ich *nur das* mitteile, *was ich* mit eigenen Augen gesehen."[278]

Das Gerücht ist wie der Klatsch eine bestimmte Form der Vermittlung von Moral. Während jedoch das Gerücht von unbekannten Personen handeln kann und eine Komponente der Unsicherheit enthält, zielt der Klatsch immer auf eine Person, die beiden Kommunikationspartnern bekannt ist. Klatsch ist auf die Aktualisierung des Netzwerks ausgerichtet, das Gerücht hingegen funktioniert auch ohne diese Netzwerke.[279] Dies unterscheidet die dichten Netzwerke im kolonialen Singapur von der Frontiergesellschaft an der Ostküste Sumatras. Über Breker beispielsweise kursierte sowohl das Gerücht, dass er mit zehn Gulden begonnen habe, wovon er und zwei Kulis leben mussten, wie auch, dass er als Mitarbeiter von Volkart in Karachi deren Kasse um ein paar tausend Gulden erleichtert habe, bevor er nach Deli gekommen sei.[280] In diesem Gerücht ging es um die Frage nach der Verlässlichkeit und der Vertrauenswürdigkeit eines potentiellen Geschäftspartners; die Vorgeschichte vieler Pflanzer lag im Dunkeln.

Vor allem jedoch ging es in den Gerüchten um die Probleme „interkultureller Verständigung", um einen modernen Ausdruck zu verwenden. Gemäß Ann Laura Stoler erhebt sich aus den Gerüchte und Spekulationen die Stimme der Subalternen.[281] Wie schwierig Texte aus den Anfängen der Plantagenkultur zu lesen sind und wie sie gelesen werden könnten, zeigt Stoler beispielhaft an einem Ereignis im Jahre 1876.[282] Das Jahr war in mehrfacher Hinsicht kritisch für die Plantagenwirtschaft: In Penang mehrte sich die Kritik an den Arbeitsbedingungen in Deli, das niederländische Parlament beriet den Übergang von strafrechtlich zu privatrechtlich gesicherten Arbeitskontrakten, und ein niederländischer Beamte in Deli entließ eine Gruppe von Javanern, die wegen Nichteinhaltung ihres Kontraktes geklagt hatten, aus

277 Wong Yeetuan (2007), P. 114.

278 Bischoff, Joachim (2003). *Briefe aus Sumatra*, P. 53.

279 Stehr, Johannes (1998). *Sagenhafter Alltag: über die private Aneignung herrschender Moral*, P. 43f., 65f.

280 Deli Mij. Tienjaarlijkse verslagen, 1. NA NL. Nl. Deli Mij. 2.20.46/25. P. 5. Breker könnte tatsächlich in einer britischen Kolonie gewesen sein. Seine offizielle Korrespondenz führt er in Englisch. NA NL. Nl. Deli Mij. 2.20.46/5.

281 Stoler, A. L. (1992a). „In Cold Blood": Hierarchies of Credibility and the Politics of Colonial Narratives. *Representations* 37. P. 151-89, hier P. 153, 157.

282 Ebd.

ihrer Arbeitsverpflichtung. Gleichzeitig brach ein Plantagenmanager das ungeschriebene Gesetz des Schweigens und verzeigte einen anderen wegen verschiedener Gewaltexzesse.[283] Schließlich machte sich der Aceh-Krieg, den die holländische Armee von 1873 bis nach 1900 beschäftigte, an den Rändern des Plantagengebiets bemerkbar. Muslimische Gayos griffen verschiedentlich Plantagen an.

Stoler beschreibt einen Mord an der Ehefrau und den Kindern eines Pflanzers, dessen Hintergrund für die Pflanzer und die politischen Autoritäten schwierig zu deuten war. In den Untersuchungen war die Rede von Befestigungen im Hinterland, in denen Gayos, Bataker sowie entwichene javanische und chinesische Plantagenarbeiter zusammen lebten und nächtliche Streifzüge gegen Plantagen unternahmen, um Essen aufzutreiben oder Geld zu rauben. Diese Gruppen schienen eine Nische zu nutzen, welche die schwache staatliche Autorität öffnete; eine Kooperation unterschiedlicher ethnischer Gruppen war in der vorherrschenden kolonialen Ordnung nicht vorgesehen. Deshalb entstanden sehr unterschiedliche Deutungen des Mords. Einmal erscheint er als gezielter Racheakt an einem Pflanzer, der Kulis erniedrigt hatte, ein anderes Mal erscheint er religiös motiviert als eine von muslimischen Achinesen ausgehende Kriegshandlung gegen Christen.[284] Stoler zeigt, dass die von den Europäern gezogenen diskursiven Grenzen zwischen ‚privaten' Raubzügen und ‚politischen' Aktionen, zwischen Arbeitsunruhen und Krieg kaum zu halten sind. Landkonflikte mit Bataker und Gayos, die Abneigung chinesischer Arbeiter gegen Deli, der kriminelle Hintergrund gewisser Arbeiter, die Misshandlungen durch Europäer und die fehlenden staatlichen Strukturen in der Frontiergesellschaft schufen eine Konfliktpotential, das sich immer wieder entlud und teilweise in größeren Auseinandersetzungen verdichtete.

Weiße Bande des Schweigens

Man könnte nun meinen, dass die Konflikte und die bedrohliche Sicherheitslage die Pflanzer zu einer eingeschworenen Gemeinschaft gemacht hätten. Das trifft jedoch nur halbwegs zu. Die Pflanzer waren zunächst einmal vor allem Konkurrenten. In den ersten Jahren war Kooperation eher ein notwendiges Übel und ein Mittel zur Selbständigkeit. Konflikte führten daher schnell zum Bruch, und Streitigkeiten waren häufig. Näher und Grob arbeiteten erst mit Breker auf der zentralen und vergleichsweise sicheren Plantage Helvetia. Doch nach gut zwei Jahren verließen sie Breker, um weit ab vom Plantagengebiet im Serdang, wo sie als erste einen Kontrakt erhielten, zu pflanzen. Ihr einziger Nachbar war der Schweizer Huber, doch Grob zerstritt

---

283 Der fehlbare Pflanzer hatte einen Kuli zu Tode geprügelt und andere mit einer Kopierpresse gefoltert. Er nahm sich auf dem Schiff nach Batavia das Leben. Ebd., P. 155, 164f. Deli Mij. Tienjaarlikse verslagen, 1. NA NL. Nl. Deli Mij. 2.20.46/25. P. 62.

284 Stoler (1992a), P. 161ff.

sich derart mit ihm, dass er für die Drainage der Plantage Tandjong Morawa eine teurere Variante wählt, bloß um sich nicht mit Huber einigen zu müssen.[285] Die Pflanzer hatten etwas Eigenbrötlerisches an sich, und das hatte wohl damit zu tun, dass sie selbst um ihre Sicherheit besorgt sein mussten. Und in dieser Sorge um ihre Sicherheit überschritten sie oft ihre Kompetenzen und machten auch vor Verbrechen nicht Halt. Auch Nienhuys verließ Deli Hals über Kopf, nachdem er sieben Kulis zu Tode gegeißelt hatte.

Eine eingeschworene Gemeinschaft entstand viel eher dadurch, dass die Pflanzer die systematischen Misshandlungen mit trugen. Stoler spricht von einer Kultur der Gewalt und der Komplizenschaft des Schweigens, der sich die Pflanzer fast ohne Ausnahme unterzogen.[286] Keiner sollte den anderen vor einer offiziellen Behörde anschwärzen, und die wenigen, die es dennoch taten, wurden entsprechend sanktioniert. In der Korrespondenz der Deli Mij ist in den 1870er Jahren verschiedentlich von Spionen die Rede, unter anderem von einem aus den Niederlanden entsandten Bevollmächtigten einer Tabakgesellschaft, der einen Manager wegen Misshandlung in Batavia vors Gericht brachte.[287] Die 'omertà' – in Deli hieß sie 'toetoepstelsel'[288] – zwang die Pflanzer dazu, sich gegenseitig der Treue zum kollektiven Schweigegebot zu versichern. Dazu waren manchmal heikle kommunikative Akte nötig. Einfacher war es daher sich nicht einzumischen, wegzusehen und einander in Ruhe zu lassen.

Auch die Pflanzer aus der Schweiz sahen weg. Der Rhemrev-Bericht schildert in diesem Zusammenhang einen besonders krassen Fall. Ein französischer Kaffeepflanzer namens Elin ließ Kulis unter solch erbärmlichen Umständen arbeiten, dass sie zum Teil bei der Arbeit an Hunger und Erschöpfung starben. Einem Assistenten einer benachbarten Plantage, der zum wiederholten Male eine ausgehungerte Leiche auf dem Feld gefunden hatte, teilte er mit, dass er die Leiche hier vergraben wolle; das sei guter Dünger für den Kaffee. Die benachbarten Plantageneigner waren über die unmenschlichen Zustände auf der Plantage Damah Gloegoer Kiri unterrichtet. Eugen Wetter und G. Rudolf Baumann, letzterer als Präsident der Kaffeepflanzervereinigung in Serdang, räumten im Rhemrev-Bericht ein, dass die Zustände auf Elins Plantage bekannt gewesen seien und dass sich die Kaffeepflanzervereinigung schon zwei Jahre zuvor genötigt gesehen habe, darüber zu beraten, ob sie die Behörden informieren sollen. Sie seien jedoch zum Schluss gekommen, dass es nicht „schicklich" sei, einen Kollegen zu verraten.[289] In seinem Tatsachenroman «Der Tropenspiegel» über seine

---

285 Lebenserinnerungen Ewald Tweer. GA, Archief Westermann Nr 299/ Inv. 395.

286 Stoler, A. L. (1992a), P. 155. Siehe auch Breman, Jan (1989).

287 Deli Mij. Tienjaarlijkse verslagen, 1. NA NL. Nl. Deli Mij. 2.20.46/25. P. 62.

288 Toetoepstelsel ist ein Zusammenzug aus dem malaiischen 'tutup' für Decke, Deckel oder Tarnung und dem holländischen 'stelsel' für System, also ein Vertuschungssystem. Im Rhemrev-Report kam dieses System ausführlich zur Sprache. Breman, Jan/J. van den Brand/J. T. L. Rhemrev (1992).

289 Breman, Jan/J. van den Brand/J.T.L. Rhemrev (1992), P. 319-22.

Assistenzzeit verarbeitete G. Rudolf Baumann die Geschichte des Herrn Elin, allerdings anonymisiert. Er stellte ihn als einen Unternehmer dar, der von der fixen Idee besessen ist, sein Boden sei zu mager und sein Geld am Schwinden, und der deshalb die Leichen seiner Arbeiter zerstückeln und auf seinem Land verteilen lässt.[290] In Baumanns Darstellung erhält die Geschichte eine groteske Note.

Auch Ärzte waren in das ‚toetoepstelsel‘ mit eingebunden. Der deutsche Arzt Rüdel, der für die Betreuung der Arbeiter auf der Plantage Elins zuständig war, leitete sein Wissen über die erschreckenden Zustände nicht weiter. Sowohl Elin wie auch Rüdel verschwanden vor der Eröffnung des Prozesses. Rüdel ist kein Einzelfall: Auf der Plantage der British Deli and Langkat Tobacco Co schlug ein Assistent einen Angestellten mit einem Rotanstock, worauf dieser an einem Milzriss starb. Solche Milzrisse waren häufig, weil viele Arbeiter eine von Malaria vergrößerte Milz aufwiesen. Assistenten wurden deshalb instruiert, mit dem Stock nicht von rechts zu schlagen, da sie sonst die Milz treffen könnten.[291] Der zuständige Arzt, Dr. Oskar Henggeler aus Zürich, der nach seiner Tätigkeit in Sumatra von 1896-1904 Chefarzt am Theodosianum, einem Spital in Zürich, wurde, attestierte unter Eid, dass es keinen Zusammenhang zwischen Schlag und Milzriss gebe. Erst später, als zwei andere Ärzte aufgrund der Berichte zum gegenteiligen Schluss kamen, zog Henggeler seine Aussage zurück, worauf ein Verfahren gegen den Assistenten eröffnet wurde.[292]

Ökonomische und männliche Selbstbehauptung

Andreas Eckert und Albert Wirz haben Kolonien als „Platz außerhalb der bürgerlichen Gesellschaft, wo ungezügelte wirtschaftliche und sexuelle Betätigungen noch möglich waren und der männlichen Selbstbestätigung keine Grenzen gesetzt schienen", bezeichnet.[293] Auch das Selbstbild der Delipflanzer dreht sich um physische und ökonomische Selbstbehauptung, so etwa im Jubiläumsband des Schweizerischen Vereins Deli-Sumatra:

„Es sind viele die ihr Glück in Sumatra versucht haben, und grosse Summen wurden eingesetzt, um die mit Urwald bedeckten Gebiete ertragreich zu gestalten. Wenn man

290 Baumann, G. Rudolf (1925). *Der Tropenspiegel, Vol. 1*, P. 368.

291 Lebenserinnerungen von H. Rudolf Arbenz. P. 147. STAZ Nl. Crone-Arbenz. X 387/2. Die Senembah Mij verfasste 1916 für ihre Assistenten eine Wegleitung zum Umgang mit den Arbeitern, die unter anderem physische Gewalt zur Sprache brachte. Dabei hielt die Direktion fest, dass alte Pflanzer kaum verstünden, dass man heute nicht mehr schlagen dürfe, dass es besser sei, nicht zu schlagen und dass man Schläge nur als letztes Mittel benutzen sollte. Ein Assistenten, der das Ansehen der Kulis geniesse, könne so die guten Elemente auf seine Seite bringen. Senembah Mij (1916). Senembah Mij: Haren Assistenten ter overweging en behartiging aangeboden door de Directie.

292 Breman, Jan/J. van den Brand /J.T.L. Rhemrev (1992), P. 322f.

293 Eckert, Andreas/Albert Wirz (2002). P. 379f.

bedenkt, dass dazumal die Ostküste auch für die holländische Regierung unbekanntes Gebiet war, dass keine Strassen bestanden, Transporte auf dem Wasserweg vorgenommen werden mussten, die holländische Währung nicht eingeführt, die Pflanzer sich in allen Beziehungen selbst überlassen waren, dann erhält man ungefähr ein Bild der Schwierigkeiten, die zu überwinden waren. Die Zustände bedingten, dass nur dem Tüchtigen Erfolg beschieden sein konnte, der durch Einsatz aller Energie, Ausdauer und Initiative den Widerstand, den der Urwald und das Klima boten, bezwingen konnte. [...] Der Deli-Pflanzer mit seinem ausgeprägten Gefühl des *selbständigen Schaffens* ist deshalb bis auf den heutigen Tag ein Menschenschlag für sich geblieben, von vielen verkannt.'[294]

Selbstbehauptung hatte in den frühen Jahren eine ganz elementare physische Bedeutung. Die Geschichten aus Deli schwanken zwischen der Heroisierung der eigenen Rolle und der Angst um die eigene Haut. Während die Assistenten noch eher bereit waren, ihre Angst zu zeigen, ergingen sich gestandene Pflanzer eher in Heldengeschichten. Auch die Berichte der Plantagengesellschaften stimmen in diese von Militärjargon geprägte Tonlage ein. Sogar ein ,Grab des unbekannten Pflanzers', der im Kampf gegen den archetypisch Amok laufenden Kuli umgekommen ist, wurde in Erwägung gezogen.[295] Der Pflanzer G. Rudolf Baumann hat solche Erfahrungen in einigen Romanen und Kurzgeschichten festgehalten. Die Geschichte «Mein Mörder in Sumatra» beschreibt einen Kampf mit einem Kuli. Der Kampf an sich ist nicht sonderlich spektakulär, eher schon die Tatsache, dass es dabei um Leben oder Tod geht. Dabei vermittelt Baumann ein Ideal der Männlichkeit, das sich durch körperliche Tüchtigkeit und Selbstbehauptung auszeichnet.[296] Ähnlich beschreibt Karl Krüsi in seinen Memoiren detailreich eine Verfolgung von Kulis:

„Am Tag vor meiner Ankunft war nun bei Herrn Huber unter seinen Coolies eine grosse Revolte ausgebrochen, einer seiner Angestellten, der einen Chinesen erschossen hatte, musste fliehen, der andere war im Kampf verwundet worden und so kam ich denn Herrn Huber gerade recht, da er Niemanden hatte, um seine Arbeiter zu beaufsichtigen. Alles war noch in heller Aufruhr [...]. Trotz den 30 Bayonetten und 10 Lanzen, welche, die einen vom holländischen Platzkommandanten, die anderen vom Eingeborenen Sultan zu Herrn Huber's Hülfe gesandt worden waren, rissen die chinesischen Coolies aus wie Schafleder, besonders nachts in Banden [...]. Wir mussten also daran denken, die Ausreisser, die sich über das ganze Land verstreut hatten, wieder einzufangen und zurückzubringen.'[297]

---

294 Weidmann, Walter (1936). *Der Schweizer als Pionier und Kolonist in Sumatra.* In: Schweizer Verein Deli Sumatra (Ed.) (1936), P. 36.

295 Ebd., P. 35.

296 Baumann selbst war 22-jährig als die beschriebene Attacke vorfiel. Baumann, G. Rudolf (1959). *Mein Mörder in Sumatra.* Die Geschichte erschien in der Reihe des Schweizerischen Jugendhilfswerks (SJW). Zu seiner Biographie siehe unten.

297 Curriculum Vitae von Carl Krüsi. Privatarchiv Fam. Carl.

Einen Teil der Kulis fanden die Verfolger am Ende auf der Plantage von Peyer & Gülich, die offenbar eine der ersten Anlaufstellen für Kulis auf der Flucht war.[298] Nachdem Krüsi gemeinsam mit einem deutschen Assistenten die restlichen Kulis am Langkatfluss gefunden hatte, fuhren sie auf einem Boot von Perakmalayen flussabwärts, um über das Meer wieder zum Delifluss zu gelangen. Dabei vernahm Krüsi, der sich rühmte, etwas chinesisch zu verstehen, dass die Chinesen und Malaien planten, die beiden Europäer umzubringen und darauf nach Penang zu fliehen. Mit zwei geladenen Revolvern konnten sie die Gruppe offenbar in Schach halten.

Solche Geschichten dienten dazu, den Leuten zuhause ein abenteuerliches Leben im Dschungel zu vermitteln, und wurden dementsprechend ausgeschmückt. Grundthema sind meist Angst, Mut und Bewährung in kritischen Situationen. Andere Geschichten drehen sich um Kameradschaft, um Mutproben und Schabernack, um wilde Saufgelage und sexuelle Abenteuer.[299] Junge Assistenten hatten anfangs oft Mühe, sich mit den rauen Sitten in Deli abzufinden:

„Der Versuchungen treten auch hier einem oft entgegen und sind hierin gravierende Exempel aufgestellt, den Neuankommenden zur Warnung. Von Religion spürt man hier nicht viel, man ist auf sich selbst angewiesen d. h. es so: Thue Recht und scheue niemand. […] Den Wert des Lebens lernt man erst kennen in fernen Landen, wo der Ernst des Lebens in seinen Licht & Schattenseiten, die Versuchungen in ihren mannigfaltigsten Gestalten an den Menschen herantreten, wo man allein auf den angewiesen ist, in dessen Hand unser Schicksaal liegt, in dessen Willen es steht unsere Hoffnungen zu erfüllen & dessen Auge über uns allen wacht, wo wir auch gehen."[300]

Die Assistenten führten oft ein sehr einsames Leben weit ab vom Zentrum der Plantage und sahen lange Zeit keine anderen Europäer. Was hier mit Versuchungen und Gefahren nur angedeutet wird, war einerseits der Alkoholismus und anderseits die Konkubinage. Da die Plantagengesellschaften, um bei den Löhnen zu sparen, bis anfangs der 1920er Jahre ihren Assistenten vertraglich eine Heirat untersagten, lebten viele Assistenten mit einer javanischen, manchmal auch japanischen Hausangestellten, die zur Partnerin auf Zeit wurde. Die Gesellschaften unterstützten diese Konkubinage als Teil der Akkulturation, welche die Erlernung des Malaiisch beschleunigen sollte.[301] Doch da die häufigen Anschläge auf Assistenten durch javanische

---

298 siehe unten P. 44.

299 Lily Clerkx hat anhand von Romanen über Deli gezeigt, wie fiktionale Literatur als sozialhistorische Quelle genutzt werden können. Clerkx, Lily E./Willem F. Wertheim (1991). *Living in Deli its society as imaged in colonial fiction.*

300 Die Zitate sind zwei Briefen aus dem Jahre 1884 von Joachim Bischoff an seine Eltern entnommen. Bischoff, Joachim (2003), P. 55, 65.

301 Siehe Locher-Scholten, Elsbeth (1992). *The nyai in colonial Deli : a case of supposed mediation.* In: Sita van Bemmelen et al. (Eds.). Women and Mediation in Indonesia. P. 265-80; Stoler, A. L. (1992b).

Kulis meist auf einen Konflikt um solche Partnerinnen zurückgingen, forderte der erwähnte Ratgeber für Assistenten, diese zu Zurückhaltung auf.[302]

Weißes Prestige und die Geschichte von Lineal-Meyer

George Orwell, der in jungen Jahren als Kolonialbeamter in Burma wirkte, kritisiert in seinem kurzen Essay «Shooting an elephant» auf ironisch subtile Weise die Absurdität der kolonialen Herrschaft und das Bemühen der Europäer, ihr Selbstverständnis als legitime Herrscher zu wahren.[303] Um das so genannte ‚weiße Prestige' entwickelte sich ein Diskurs, der, wie Ann Laura Stoler zeigt, die Kernproblematik der kolonialen Herrschaftspraxis zum Ausdruck bringt. Dieser Diskurs manifestiert sich in gesellschaftlichen Bereichen wie Heiratsrecht, Sprach- und Bildungspolitik und Sozialgesetzgebung sowie in administrativen Maßnahmen im Umgang mit verarmten Europäern.[304]

Für die Pflanzer war die Frage des weißen Prestiges mit derjenigen ihrer eigenen Sicherheit verknüpft. Sie mussten ihre Autorität gegenüber den Kulis immer wieder auf's Neue sichern, oft in prekären Situationen. Ich greife hier eine Geschichte heraus, deren Relevanz für die damaligen Zustände zwar nicht klar einzuschätzen ist, der aber doch eine gewisse Bedeutung zuzukommen scheint, weil der Protagonist in der Folge einen Übernamen erhielt, der auf die Geschichte anspielt, und weil der Jubiläumsband des Schweizer Vereins Deli-Sumatra noch über 50 Jahre später vermutlich auf diese Geschichte anspielt. Es geht um einen Pflanzer namens Hermann Meyer, der 1881 einen opiumgeschwächten Kuli getötet haben soll, indem er ein Lineal nach ihm warf. Meyer sah sich im Recht und reiste nach Batavia, um sich vor dem Gericht zu verteidigen, statt, wie sonst üblich, zu verschwinden oder Gras über die Geschichte wachsen zu lassen. Das Gericht verurteilte ihn aber schlussendlich zu einer Gefängnisstrafe.

Die Geschichte ist historisch verifizierbar, erfüllte aber zugleich in Deli auch eine Funktion als ‚moderne Sage' – gemäß Stehr eine dritte Form des moralischen Diskurses neben Klatsch und Gerücht. Als moderne Sagen werden Berichte über außergewöhnliche und sonderbare Ereignisse bezeichnet, die für wahr gehalten werden. Sie drehen sich im Unterschied zu Klatsch und Gerücht nicht um konkrete Personen, sondern „sagen einiges über den Bewusstseinszustand einer Gesellschaft aus, in denen sie zirkulieren".[305] Bei

---

302 Senembah Mij (1916).

303 Orwell, George (1950). *Shooting an elephant and other essays.*

304 Stoler, A. L. (1992b). Sexual Affronts and Racial Frontiers: European Identities and the Cultural Politics of Exclusion in Colonial Southeast Asia. *Comparative Studies in Society and History* 34(3). P. 514-51; Stoler, Ann Laura (1995). *Race and the education of desire. Foucault's history of sexuality and the colonial order of things*; Stoler, Ann Laura (2002).

305 Stehr, Johannes (1998), P. 49-72. Der zitierte Text stammt aus Rolf Wilhelm Brednich (1994), Sagenhafte Geschichten von heute. Zit. nach ebd. P. 54.

Meyer handelt es sich zwar um eine konkrete Person, doch ist ‚Lineal-Meyer', wie der Protagonist fortan genannt wurde, angesichts der vielen Meyers in Deli eine diffuse Referenz. Während der reale Hermann Meyer bald aus dem gesellschaftlichen Bewusstsein verschwand, blieb Lineal-Meyer in den kollektiven Geschichten erhalten. Die Figur mag dazu gedient haben, den Sinkehs (wie auch die unerfahrenen, neu angekommenen Assistenten aus Europa genannt wurden) einen Aspekt der Kultur Delis und der Moralvorstellungen der Pflanzer zu vermitteln. Selbst in den nüchternen Jahrbüchern der Deli Mij, die nach dem Ersten Weltkrieg zusammengestellt worden sind und die über die zahlreichen Konkurrenten und ihre Beziehung zur Deli Mij berichten, taucht der Lineal-Meyer auf. Über die Gesellschaft H. Meyer & Co heißt es da, die Herren hätten 1888 über einen Konsignationskontrakt mit der Deli Mij verhandelt, und dahinter ist in Klammern angefügt: „H. Meyer meine ich, war Lineal-Meyer." Der Autor, vermutlich selbst ein ehemaliger Pflanzer bei der Deli Mij, kann die Geschichte – noch 40 Jahre nach dem Ereignis – offensichtlich als bekannt voraussetzen. Ebenso erzählt G. Rudolf Baumann im Jubiläumsband des Schweizer Vereins Deli-Sumatra von einem Schweizer, der auf sein Recht pochend ein Verfahren in Batavia auf sich nimmt und am Ende zu einigen Wochen Gefängnis verurteilt wird. Dieser sei fortan Sitzmüller genannt worden. Baumann hatte eine Vorliebe, Namen auf eine für Insider leicht durchschaubare Art zu verschlüsseln.[306]

Die Geschichte scheint mir in verschiedener Hinsicht typisch für das damalige Selbstverständnis der Pflanzer zu sein. Einerseits markiert sie die koloniale Hierarchie zwischen Europäer und Kulis, anderseits das Verhältnis zwischen Pflanzern und kolonialer Administration. Ich möchte beide Aspekte etwas eingehender beleuchten und dabei herausarbeiten, wie diese Geschichte damals verstanden worden sein könnte. Die Gesellschaft an der Ostküste Sumatras war von ausgesprochen strengen Rassengrenzen geprägt (sehr viel ausgeprägter als zur gleichen Zeit in Java).[307] Die folgenden Fotos aus den Jahrbüchern der Plantagengesellschaften inszenieren Differenz: Sie zeigen den weißen Pflanzer stehend auf der Bühne, die Kulis sitzend zu seinen Füßen (Abb. 29-31). Diese gleichsam doppelte Erhöhung war nicht nur eine Inszenierung für die Photographie, sondern gehörte zum Alltag, hier zur Überwachung des Sortierprozesses, einer der zentralen Tätigkeiten einer Tabakkampagne. Distanzierung durch Kleidung und Körperhaltungen gehörten ebenfalls zum Arbeitsalltag. Dabei ging es um Wahrung der Autorität und mittelbar um die Vermeidung von Konflikten. Einer der oben

---

306 Baumann, G. Rudolf (1936), P. 13. Im Roman Tropenspiegel hat Baumann einen Deutschen namens E. Müller als ‚toter Meier' anonymisiert. Weitere Aliase: Hermann Herrings alias Humers, Hermann alias Germann, Burgerdijk alias Bauernweg, Rovenkamp alias Bohnekamp, Althaus alias das alte Haus, etc. Es ist gut möglich, dass aus Linealmeyer ein Sitzmüller wird, der einen anderen Aspekt der Geschichte hervorhebt. Allerdings ist Hermann Meyer Deutscher und nicht Schweizer. Baumann, G. Rudolf (1925).

307 Stoler, Ann Laura (2002), P. 26.

genannten „Ratgeber für Assistenten" sagte den Chinesen eine angeborene Lust auf Komplotte nach. Sie seien Meister der Verschwörung und Intrige. Daraus folgerte er, dass es

„[...] den lezer duidelijk zijn [zal], van welk een groote beteekenis het zedelijk overwicht van den Europeaan op de onder hem werkende tandils en koelis is. Theoretisch kan iemand de beste planter van de wereld zijn, [...] hij is voor Deli onbruikbaar, als hij zich niet weet te doen gehoorzamen. Het prestige van den assistent of van den planter is de zaak waar het om gaat." (... dem Leser klar sichtbar sein soll, von welch großer Bedeutung die sittliche Überlegenheit des Europäers über den Tandil und den Kuli ist. Theoretisch kann jemand der beste Pflanzer sein, er ist für Deli unbrauchbar, wenn er sich keinen Gehorsam verschaffen kann. Das Prestige des Assistenten und des Pflanzers ist die Sache, um die es geht. Ü.d.A.)[308]

Dieses weiße Prestige beschreibt auch Baumann im seinem Roman «Tropenspiegel»:

„Das Ansehen der Europäer glich damals dem Ansehen einer Frau; man musste es vor jedem Flecken hüten. Allerdings, was hier Flecken macht, gab dort keine. [...] Aber über seinen Mut sollten nicht allzu viele Zweifel herrschen, und seine Macht musste ihn wie ein blanker Schild decken."[309]

Das Zitat schillert zwischen Vorstellungen von weißer Übermacht und der Angst vor dem Machtverlust. Es spricht indirekt die Farbe ‚weiß‘ an, die in der kolonialen Kultur Delis mehrfach mit Bedeutung aufgeladen wurde. Das Weiß der Hautfarbe setzte sich fort im weißen Tropenanzug, der sich in Deli schon bald als Uniform der Pflanzer und Assistenten durchsetzte. ‚Weiß‘ symbolisiert gewissermaßen die Unantastbarkeit der Europäer im Arbeitsalltag, in dem Europäer und Asiaten in ständigem Kontakt sind. Die in den Photographien inszenierte Differenz zwischen Kolonialherren und den verschiedenen asiatischen Bevölkerungsgruppen ist daher nicht nur Ausdruck der Dominanz, sondern auch der Angst der Europäer um ihre Sicherheit. G. Rudolf Baumann hat den prekären Nimbus der Unantastbarkeit der Europäer ironisch kommentiert, indem er behauptete, dass Tiger die Europäer ihrer weißen Anzüge wegen nicht angriffen.[310]

---

308 Dixon, C.J. (1913), P. 20.
309 Baumann, G. Rudolf (1925), P. 196.
310 Baumann, G. Rudolf (1936), P. 9.

Abbildung 29-31: Inszenierungen von Hierarchie und Ordnung

Tabaksortierung auf Sumatra (Quelle: Tropenmuseum Amsterdam)

Genau hier setzt die Geschichte um ‚Lineal-Meyer' an, indem sie die Angst in einer grotesken Geschichte zu bannen versucht. Die Pflanzer bestätigten sich dabei in ihrer Superiorität gegenüber den Kulis. Vor einem Kuli, den man mit einem Lineal töten kann, muss man sich nicht fürchten. Darüber hinaus geht es in der Geschichte auch um das Recht des Pflanzers, eigenmächtig für «Recht und Ordnung» zu sorgen und um die Unfähigkeit der offiziellen Instanzen, die Besonderheiten Delis zu verstehen.

Dieser Gegensatz von Europäern und Europäern wird in der Kolonialgeschichtsschreibung oft verwischt. Stoler bemerkt unter Verweis auf eine Aussage Bronislaw Malinowskis, dass die europäischen Interessen in den Kolonien zwischen kolonialer Administration und privaten Unternehmen selten einheitlich waren.[311] In Deli trat dies besonders deutlich zu Tage. Pelzer schreibt über die frühen Jahre in Deli, dass die Pflanzer ihre eigenen Anwälte, Polizisten, Untersuchungsrichter, Richter und Diplomaten gewesen seien.[312] Als dann mit der Zeit eine koloniale Administration errichtet wurde, war die Selbstorganisation der Pflanzer bereits so weit fortgeschritten, dass die Beamten nur noch ein schwaches Gegengewicht zu den Gesellschaften bilden konnten. Eingriffe in die Machtsphäre der Pflanzer stießen auf deren – zum Teil heftigen – Widerstand.

Ein zentraler Streitpunkt war die Reichweite der polizeilichen und richterlichen Kompetenz der Pflanzer. Die Plantagengesellschaften hatten das Recht, Verdächtige kurze Zeit festzuhalten, bis die lokale Polizei kam. Kulis wurden auf den Plantagen jedoch oft länger eingesperrt. G. Rudolf Baumann beschreibt in seinem Tropenspiegel – wieder mit leicht sarkastischem Unterton – eine Gerichtsverhandlung auf einer Plantage. Er stellt den Administrator als desorientierten Manager dar, der sich um den reibungslosen Ablauf der Plantage kümmern sollte, dabei aber die sozialen Vorgänge auf seiner Plantage kaum versteht. Sie erscheinen ihm geradezu rätselhaft. Die Gerichtsverhandlung – es geht um die Misshandlung einer javanischen Frau durch ihren Mann und eine Todesdrohung gegen einen Vorgesetzten – dient bloß dazu, die Zuständigkeit des Administrators zu demonstrieren und damit seine Autorität zu sichern. Dafür benötigt er jedoch Interpreten, die ihm ein Urteil ermöglichen, das sozial eingebettet ist. Die Interpretin ist seine Nyai, welche ihm ein Erklärungsmodell liefert, das zwar Geister bemüht und damit nicht dem Geschmack des Administrators entspricht, aber eben doch ein Erklärungsmodell ist und damit dem Bedürfnis des Administrators entgegenkommt. Schließlich fällt er ein Urteil auf Grundlage der Beschreibung seiner Nyai und stellt damit die Ordnung wieder her.[313]

Baumanns Darstellung ist für die Kolonialbehörde, welche die richterliche Macht für sich beansprucht, ein Affront. Für Baumann jedoch und andere auch ist die Macht über die Plantage eine unbedingte Voraussetzung für die Aufrechterhaltung der Autorität und des weißen Prestiges, die staatliche Autorität dagegen eine gefährliche Konkurrenz für die Autorität der Pflanzer

311 Stoler, Ann Laura (2002), P. 22.
312 Pelzer, Karl J. (1978), P. 98.

im Plantagenalltag. Dies ist auch ein wiederkehrendes Motiv im Diskurs um die Arbeitsgesetzgebung und Arbeitskontrolle. So formuliert die Senembah Mij Tabakgesellschaft im Jahresbericht von, 1928 ihre Kritik an der Arbeitsinspektion folgendermaßen:

„De onder onze werklieden heerschende geest gaf gelukkig geen aanleiding tot ongerustheid, is echter wel veranderd tegen vroeger. De allgemeene onrust in Oost-Azië is hieraan niet vreemd, waarbij komt, dat de manier waarop de Arbeidsinspectie hare taak opvat, volgens vele planters den geest onder het werkvolk niet den goede komt." (Der unter unseren Werkleuten herrschende Geist gab glücklicherweise keinen Anlass zu Sorge, ist jedoch sehr verändert gegenüber früher. Die allgemeine Unruhe in Ostasien ist hier nicht fremd, wobei hinzukommt, dass die Weise, wie die Arbeitsinspektion ihre Aufgabe auffasst, gemäß vielen Pflanzern der Einstellung unter dem Werkvolk nicht zugute kommt. Ü.d.A.)[314]

Die Pflanzer behaupteten nämlich, dass die Beamten der speziellen Situation in Sumatra zu wenig Rechnung trügen. Baumann etwa schreibt, diese Beamten hätten ihre Karriere in Java begonnen, „wo eine friedliebende und untertänige Bevölkerung wohnte", bei den Kulis auf Sumatra aber handele es sich um Chinesen aus Penang und Singapur, „darunter Abschaum und Verbrecher. […] Diese zu bändigen, brauche es starke Hände."[315]

Die Frontier an der Ostküste Sumatras prägte die Kultur Delis – jedoch nicht so wie im Wilden Westens, wo die scheinbar grenzenlose Verfügbarkeit von Land eine bestimmte Pionierkultur erzeugte. Im Wilden Osten war die Kultur, wie Jan Breman sagt, vor allem von der geringen staatlichen Präsenz bestimmt und von der Funktion der Plantagen als Organisationseinheiten im Gemeinwesen neben der malaiischen Gesellschaftsstruktur. Diese Kultur war geprägt vom Ideal der Selbstbehauptung, von einer Komplizenschaft des Schweigens und von einer strengen rassistischen Ordnung, die sich im Begriff des ‚weißen Prestiges' verdichtete.

---

313 Baumann, G. Rudolf (1925), P. 58-64. Die Nyai erscheint hier als Mediatorin, doch nur als warnendes Beispiel, um zu illustrieren, was einem Europäer passiert, wenn er der Nyai zuviel Raum zugesteht. „Es ging dann gar nicht mehr lange, bis Min [Nyai] ihren Bohnekamp [Administrator] vollständig zum Waschlappen erweicht hatte." Ebd., P. 81. Elsbeth Locher-Scholten äussert sich skeptisch gegenüber dem Verständnis der Nyai als kulturelle Vermittlerin, da seitens der Plantagengesellschaften das Bedürfnis nach Vermittlung zu wenig ausgeprägt vorhanden gewesen sei. Locher-Scholten, Elsbeth (1992).

314 Senembah Maatschappij (1929). Verslag over het boekjaar 1928 (Jahresbericht 1928). Amsterdam. Unter den Arbeitern in Deli war in den 1920er Jahren die Kommunistische Partei zunehmend aktiv. 1927 hatten die Kommunisten einen Aufstand gegen die Kolonialherrschaft organisiert, allerdings mit geringer Wirkung. Siehe Kahin, A. R. (1996). The 1927 Communist Uprising in Sumatra: A Reappraisal. *Indonesia* 62. P. 19-36.

315 Baumann, G. Rudolf (1936), P. 13.

Koloniale Romantik für Söhne aus gutem Hause

Die Kaufleute in Singapur rekrutierten sich zum größten Teil aus dem Umfeld der Ostschweizer Textilexportindustrie. Ihre Anforderungsprofile waren vorgezeichnet: man musste eine kaufmännische Lehre oder Handelsschule in der Schweiz absolviert haben, über eine gewisse Arbeitserfahrung, vorzugsweise bei einem Exporthandelshaus, verfügen und bei Antritt der Stelle unter 25 Jahre alt sein.[316] Was aber wurde von einem Pflanzer auf Sumatra erwartet? Was waren das für Männer, die sich von der Kultur Delis angezogen fühlten? Gemäß den eigenen Darstellungen von Pflanzern war das frühe Management auf Deli bestückt mit Sprösslingen gescheiterter Familienunternehmen und ausgestorbener Adelsgeschlechter, Flüchtigen vor unglückseligen Liebesaffären und anderen Abenteurern.[317] Auch Cremer hat die erste Generation von Tabakpflanzern als „Goldsucher mit den unliebsamen Eigenschaften ihrer Kumpane in Kalifornien und Australien" bezeichnet.[318] Clerkx und Stoler kritisieren dieses romantisierende Bild und beschreiben Deli als ein Projekt der Mittelklasse, die den sozialen Aufstieg suchte; in Wirklichkeit seien die Deli-Pflanzer zum größten Teil keineswegs ,gentlemen planters', sondern Bürokraten, Büroangestellte, Spezialisten und Feldaufseher gewesen.[319]

Stoler spricht dabei die Lage auf dem Arbeitsmarkt für Plantagen im 20. Jh. an, als die großen Gesellschaften bestimmte Karrieremodelle etabliert hatten. Die überragende Mehrheit der Europäer bildeten Angestellte, die nie eine Position im höheren Management erreichten. Auch im 19. Jh. stammte die Mehrheit aus der Mittelklasse und arbeitete unselbständig. Doch das heißt nicht, dass die Idee des ,gentleman planter' – in der Einleitung zu diesem Kapitel habe ich den Begriff ,*Romantik des kolonialen Junkertums*' verwendet – nicht wirkungsmächtig war. Das lässt sich sowohl an der sozialen Herkunft der Pflanzer ablesen als auch an ihren Handlungsweisen.

Die ersten Schweizer in Deli waren meist junge Kaufleute, die in ihrem Beruf keine Möglichkeiten des Fortkommens sahen und der Verlockung des schnellen Gelds folgten. Die in Singapur etablierten Kaufleute dagegen pflegten zwar einen Austausch mit ihren Landsleuten in Deli – so etwa an gemeinsamen Schützenfesten –, beobachteten das Plantagengeschäft jedoch aus skeptischer Distanz. So schreibt JR. Riedtmann-Naef aus der Schweiz an WH. Diethelm über den ehemaligen Mitarbeiter Jakob Huber:

„Jacob Huber ist angelangt und hat seine Aufwartung bereits in Niederuzwil gemacht, ich komme aber nicht viel mit ihm zusammen, denn er pflänzerlet sehr, sehr stark, die 50/60 mil [vermutlich 50.000-60.000 $, 200.000-240.000 Fr.] werden aber

---

316 Schweizer-Iten, Hans (1973), P. 480.

317 Clerkx, Lily E. (1991). *Living in Deli: its society as imaged in colonial fiction*. P. 10-12.

318 Siehe oben P. 197

319 Stoler (1989). P. 9.

in der Plantage sitzen, und diese kann man taxieren wie man will, aber einen Käufer dazu zu finden ist eben eine andere Sache, ich traue überhaupt vom Deli nichts.'[320]

Im Ausdruck ‚pflänzerlen' verdichtet sich die Skepsis der Kaufleute in doppelter Hinsicht: Es zeigt sich darin nicht nur die Herablassung des städtischen Kaufmanns gegenüber dem bäuerlichen Plantagenunternehmer mit dem Geruch seiner bäuerlichen Tätigkeit, ‚pflänzerlen' riecht auch nach schnellem und vergänglichem Geld, das dem langfristig planenden, vorsichtigen und auf gute Verbindungen zur Schweizer Exportwirtschaft setzenden Kaufmann anrüchig erscheint. Handelshäuser in Singapur waren in die schweizerische Exportwirtschaft eingebunden. Die Karrierewege waren mehr oder weniger transparent. Falls sie die Selbstständigkeit oder Partnerschaft nicht erreichten, konnten sich junge Kaufleute Chancen errechnen, nach der Rückkehr in die Schweiz einen Karrieresprung zu tun. Die Plantagenwirtschaft hingegen war kaum an die Wirtschaft in der Schweiz angebunden. Die Karriereaussichten bei Gesellschaften anderer Nationen waren undurchsichtig. Selbständigkeit und die Rückkehr mit Vermögen schien die einzige Karriereoption. Unter den Kaufleuten in den gesicherten Verhältnissen Singapurs wurden Werte wie Fleiß oder Verkaufsgeschick hoch schrieben, in der Frontiergesellschaft Sumatras hingegen ging es eher um Selbstbehauptung oder natürliche Autorität. Dies zog Männer aus anderen Schichten an.

Nebst den kaufmännischen Angestellten meist ostschweizerischer Herkunft, die von Penang oder Singapur aus nach Sumatra kamen, gab es eine Gruppe, die zuvor in Süditalien tätig war.[321] In Kapitel B1 wurde bereits angetönt, dass Schweizer gemeinsam mit Deutschen im Königreich Neapel eine gewissermaßen koloniale Elite bildeten. Zichichi spricht von getarntem Kolonialismus.[322] Man kann also davon ausgehen, dass die meisten der Schweizer, die vor 1880 nach Sumatra kamen bereits koloniale Erfahrungen gemacht hatten, und mit kolonialer Erfahrung meine ich hier die Begegnung mit einer auf strikter Hierarchie, (west)europäischer Dominanz und elitärem Selbstverständnis der Weißen basierenden Gesellschaft. Diese Erfahrungen sind weder zeitlich noch örtlich auf die Kolonien beschränkt, sondern gelten auch für nicht-koloniale Länder und wirken post-kolonial nach.

---

320 JR. Riedtmann in Bischofszell an WH. Diethelm vom 27.4.1876. DA A 2.7.

321 Johannes Küng war, bevor er die Plantage seines Bruders übernahm, im revolutionären Italien unterwegs. Witschi, Peter (1994). *Appenzeller in aller Welt Auswanderungsgeschichte und Lebensschicksale.* P. 99. Karl Grob und Hermann Näher zapften ihre Kontakte in Messina an, um Assistenten für ihre Firma zu rekrutieren. So kamen Johannes Emil Rüegg, Wilhelm David Gonzenbach, und Adolf Tobler-Gonzenbach, deren Väter nacheinander als Kaufleute oder Konsuln in Messina wirkten. Rubini (1998). Söhne von hohen Offizieren in Neapolitanischen Diensten finden sich ebenfalls in Sumatra wieder, unter anderem Ubald von Roll, sowie Hermann und Anton von Mechel. Siehe unten P. 103.

322 Zichichi (1988). Siehe auch oben P. 111.

H. Dohrn, der in den 1890er Jahren selbst Pflanzer auf Sumatra war, stellte damals fest, dass in Deli besonders viele deutsche Leute zu finden seien, „aus sogenannter guter Familie, welche zu Hause die Erwerbstätigkeit als nicht standesgemäß verabscheuen."[323] Der Kaufmann Johannes Cramer, ehemaliger Kompagnon von Adolf Sturzenegger, bestückte seine Plantage mit einer Entourage von deutschen Junkern: von Bülow, von Bernstorff, von Kraft, von Waldegg und von Autenried.[324]

Es mag angesichts der geringen gesellschaftlichen Bedeutung des Adels in der Schweiz erstaunen, dass auch bei Schweizern eine Affinität zwischen Adel und Kolonien feststellbar ist. Auf junge Angehörige des städtischen Patriziats, des Beamten- und Wehradels schien eine Tätigkeit in den Kolonien tatsächlich eine besondere Anziehung ausgeübt zu haben. Der Wehradel der Schweiz verfügte durch seine Tätigkeit in den stehenden Heeren Europas über familiäre Netzwerke in verschiedensten Ländern. Oft ließen sich Offiziere nach Beendigung ihrer militärischen Laufbahn im Land ihres Wirkens nieder. So entwickelten sich Familien, die über Doppelnationalitäten verfügten, wie etwa die Familie von Stürler/de Sturler: Vom Anfang des 18. Jh. an hatten verschiedene Mitglieder der Familie zum Teil als hohe Offiziere in holländischen Diensten gestanden oder nach Holland geheiratet. Als holländische Beamte oder als deren Gattinnen gelangten sie nach Niederländisch-Indien. Der Generalgouverneur in Batavia, Johannes Graf van den Bosch (1780-1844) war mit Rudolphina Wilhelmina de Sturler verheiratet. Ab dem frühen 19. Jh. gehörte die Familie zum engeren Kreis derer, die in der Kolonialarmee und im niederländisch-indischen Zivildienst Stellungen fanden. Johann Willem war Leiter des Handelspostens der VOC in Dejima in Japan. Sein Sohn gehört zu den wenigen europäischen Landbesitzern auf Java. Sein Gut in Tjiomas bei Buitenzorg erlangte 1886 wegen eines Aufstands der Einheimischen, der die feudalen Zustände auf den privaten Ländereien ans Tageslicht brachte, einige Berühmtheit. Die Familie besitzt zu dieser Zeit schon lange die niederländische Staatsbürgerschaft. Doch der Kontakt zur Schweiz geht nicht verloren. So lässt sich Wilhelm Louis Emile de Sturler, geboren 1861 in Tayu auf Java, 1868 gemeinsam mit seiner Mutter in Bern wieder als Schweizer einbürgern. Damit praktiziert die Familie eine Art Doppelbürgerschaft avant la lettre. Die Familie Baud, Senn van Basel, Koch und de Wetstein Pfister sind weitere Beispiele niederländischer patrizischer Familien mit mehr oder weniger engen Beziehungen zur Schweiz. Auf die Familie Koch werde ich noch eingehen.

Auch in Deli findet sich eine überdurchschnittliche Anzahl von Schweizern mit adeligem oder großbürgerlichem Hintergrund. 1876 engagiert die Deli Mij den Bündner Ingenieur Johann Batista von Tscharner.[325] Möglicherweise besteht hier ein Zusammenhang mit dem Stellenantritt seines Studienkollegen Anton Cadonau ein bis zwei Jahre zuvor bei Behn, Meyer &

---

323 Dohrn, H. Sumatra, *Die Nation* 13, 1895, S. 164. Zit. n. Meyer, G. (1970), P. 68.
324 Singapore and Straits Directory 1895.
325 Deli Mij. Tienjaarlijkse verslagen, 1. NA NL. Nl. Deli Mij. 2.20.46/25. P. 59.

Co in Singapur.[326] Doch sicher ist es kein Zufall, dass der soziale Aufsteiger Cadonau als Bauernsohn mit Matura bei einem Handelshaus landet, während der aus altem Wehradel stammende Tscharner in die Plantagenwirtschaft geht. 1879 folgt ihm sein Neffe Christian Georg Gaudenz genannt Hermann von Mechel und etwas später dessen Bruder Anton Ulrich. Die Brüder von Mechel sind sozusagen in fremden Diensten geboren. Ihr Vater war bis 1859 General der Eidgenössischen Regimente in Neapel und ihr Bruder hatte als eidgenössischer Kriegskommissar in den 1870er/80er Jahren die Pensionen der ehemaligen Schweizer Angehörigen der holländischen Kolonialarmee zu verteilen. Auch der Onkel des Solothurners Ubald von Roll, der in den späten 1880er Jahren nach Deli kam, war Offizier in neapolitanischen Diensten.[327]

Die Karrieren von vier Zürcher Großbürgern

Vor allem jedoch übte Deli eine Anziehung auf ein bestimmtes bürgerliches Milieu aus, das sich an Wertvorstellungen des Adels orientierte. In der Schweiz war gegen Ende des 19. Jh. die Aristokratie als eigenständige Schicht in Auflösung begriffen. Zwischen 1870 und 1914 fand in den Städten eine gegenseitige Annäherung der oberen bürgerlichen Schichten und des Patriziats statt, die sich in gemeinsamen Heiratskreisen und Zugehörigkeit zu geselligen Vereinen nachzeichnen lässt.[328] Während vor der Gründung des Bundesstaates und in den ersten Jahrzehnten danach ein liberales Bürgertum sich noch gegen die „Herren oben" abgegrenzt hatte, fand im letzten Viertel des Jahrhunderts mit dem Erstarken der demokratischen Bewegung und der aufkommenden Arbeiterbewegung eine Verlagerung dieser Grenze nach unten statt. Das Wirtschafts- und Bildungsbürgertum richtete sich an der Spitze der Gesellschaft ein, begann, sich zunehmend an aristokratischen Werten zu orientierten, und entwickelte ein elitäres Selbstverständnis. Umgekehrt verbürgerlichten Aristokraten in ihrer beruflichen Tätigkeit und Freizeitgestaltung.[329]

Dieser Prozess der Angleichung vollzog sich in Bern, wo die Patrizier sich auf Stellungen als Beamte, Militärs und an der Akademie beschränkten,

---

326 Caveng, Martin. Vom Bündner Bauernbub zum Kaufmann in Singapore. Samstags-Magazin der Bündner Zeitung, 24.2.1979. P. 16f.

327 STA BS. Nachlass Hans von Mechel PA 151. Weitere Schweizer aus Familien mit patrizisch-militärischer Tradition waren Wilhelm Gonzenbach aus St. Gallen (1884), Walter von Hettlingen aus Schwyz (vor 1915) und aus Bern Hans von Steiger (1915), Bernhard von Fischer (vor 1912) und Beat von Tscharner (1929).

328 siehe: Tanner, Albert (1990). *Aristokratie und Bürgertum in der Schweiz im 19. Jahrhundert: Verbürgerlichung der «Herren» und aristokratische Tendenzen im Bürgertum.* In: Sebastian Brändli et al. (Eds.). Schweiz im Wandel: Studien zur neueren Gesellschaftsgeschichte. P. 209-28.

329 Tanner, Albert (1995). *Arbeitsame Patrioten – wohlanständige Damen: Bürgertum und Bürgerlichkeit in der Schweiz 1830-1914*, P. 400-24.

langsamer als in Zürich, das sich rasch zur Finanzkapitale entwickelte. Hier entstand als erstes ein Großbürgertum, das sich international an Paris, London und Berlin orientierte. Aus dieser Schicht stammten fünf junge Männer, die zwischen 1884 und 1888 nach Sumatra fuhren und später ihre eigenen Plantagengesellschaften gründeten. Es handelte sich um die Gebrüder Hermann und Karl Max Siber, Hans Caspar Bluntschli, G. Rudolf Baumann und Max Koch.

Karl Max (1858-99) und *Hermann Siber* (1859-1901) stammten aus einer Seidenhändler-Dynastie. Ihr Vater Gustav (1829-71) wurde in eine der ältesten Schweizerkolonien in Italien, diejenige der protestantischen Seidenhändler in Bergamo, hinein geboren. Auch in Deutschland ist die Familie verankert: Gustav Sibers Mutter war Deutsche, er selbst absolvierte seine Ausbildung in Frankfurt und übernahm dann von seinem Vater die Partnerschaft im Handelshaus Zuppinger & Siber. Sein Bruder Hermann Siber hatte sich in den 1860er Jahren in Yokohama niedergelassen und mit Kaspar Brennwald die Firma Siber & Brennwald (später Siber Hegner und heute Teil von DKSH) gegründet. Gustavs ältester Sohn Edmund Gustav stieg nach dem frühen Tod des Vaters in das Seidengeschäft ein. Seine beiden Brüder studierten in München, Karl Max Forstingenieur und Hermann Jurisprudenz. 1884 trat Hermann Siber eine Stelle als Assistent auf der Plantage Säntis des Appenzellers Johannes Küng-Mösly an, verließ die Stelle jedoch „unerwartet schnell"[330] und baute bald in Asahan auf eigene Rechnung Tabak an. Die Firma lief zunächst unter dem Namen Gebrüder Siber, später unter Pagoerawan Tabakmaatschappij, einer Gesellschaft mit Sitz in Niederländisch-Indien. Bei schweizerischen Kaufleuten in Singapur stießen sie auf Skepsis:

„Der zweite Herr Siber ist nun auch angelangt und scheinen die beiden Leute ihr ganzes Augenmerk auf Deli zu richten. Der Doktor juris ist jedenfalls nicht gerade ein Licht und nimmt es mich wunder, ob die Leute reussieren werden."[331]

Tatsächlich hatten die Gebrüder Siber schon früh Probleme mit den schlechten Böden in der Region Batoe Bahra. Die Plantagen Si Pare Pare, Soengei Radja und Tandjong Koeba wurden nie voll produktiv und gehörten zu den ersten, die in der Tabakkrise wieder geschlossen wurden. Die Brüder zerstritten sich bald.[332] Danach war Hermann Siber bis zu seinem frühen Tod 1901 an einigen Minengesellschaften mit Sitz in Batavia beteiligt. Karl Max Siber kehrte nach einer Zwischenstation in Moçambique 1891 nach Zürich zurück und amtete bis zu seinem Tode 1899 als Forstmeister in Winterthur, wo er unter anderem groß angelegte Versuche mit dem Anbau von exotischen Holzarten machte.[333]

---

330 Bischoff, Joachim (2003), P. 78.
331 WH. Diethelm von Singapur JR. Riedtmann vom 14.8.1884. DA A 2.6.
332 ZB HS, Ms Z II 442. Nl. Sieber.

Hans Caspar Bluntschli (1865-1942) war ein Enkel des gleichnamigen Verfassungsrechtlers und ein entfernter Verwandter der Gebrüder Siber. Sein Vater Friederich Karl, ein Bruder des Architekten Alfred Friederich Bluntschli, schlug eine militärische Karriere ein, erst in Bayern, später in der Schweiz, wo er zuletzt eine Artilleriebrigade befehligte. In Zürich präsidierte er den Grossen Stadtrat (Parlament), gehörte also zum engeren Kreis der Eliten der Stadt. Bluntschli war stolz auf die uralte Verbindung seiner Familie mit Zürich, die dort – wie er betonte – seit 1400 das Bürgerrecht besitze.[334] Bluntschlis Mutter, Margaretha Steigerwald von Aschaffenburg, war Deutsche. Er war einziger Sohn. Bluntschli gehörte wie sein Großvater und sein Vater vor ihm der Freimaurerloge ‚Modestia cum libertate' in Zürich an und trat auch in Deli der Loge in Medan bei.[335] Durch Vermittlung seiner Verwandten Siber kam er 1885 nach Sumatra zur Firma Krüse & Kaufmann. Von 1889-95 arbeitete er als Administrator auf der Plantage Soengei Bamban der Deutsch-schweizerischen Plantagengesellschaft mit Sitz in Bremen, an der er beteiligt war.[336] Mitte der 1890er Jahre gab er diese Plantagen auf und gründete 1896 in Zürich die Liberia Sumatra AG für Kaffee und zwei Jahre darauf das Straits Settlements & Sumatra Ramie Syndikat. Doch auch diese beiden Firmen waren nicht erfolgreich. Kurz darauf erwarb Bluntschli deshalb eine Konzession in Siak, weit entfernt von Deli, doch in Reichweite von Singapur sowie in der Nähe der Plantagen der von Mechels. Dort gewann er Holz und baute Ramie und andere Produkte an. Sein Einsatz galt jedoch vor allem einem viel versprechenden Kohlevorkommen, für das er vom Sultan von Siak ebenfalls eine Konzession erworben hatte.[337] Gutachten von Schweizer Geologen wie Hans Hirschi oder Albert Heim erachteten das Vorkommen als exzellent und für einen Abbau lohnend. Doch Bluntschli lebte teils im Urwald, teils in Singapur und verfügte daher nicht über die nötigen Kontakte nach Batavia für eine Realisierung von Infrastrukturpro-

---

333 Steinmann, A. (1941). Die Sammlung für Völkerkunde der Universität Zürich : ihre Entstehung und ihre Wandlung bis heute. *Mitteilungen der Geographisch-Ethnographischen Gesellschaft Zürich* 41. P. 31f.; Wiesner, Michael (1997). *Waldzeit: Wälder für Winterthur.*

334 C. Bluntschli aus Pakan Baroe an Hans Bluntschli vom 13.1.1941. ZB HS, FA Bluntschli. 150.7.

335 Ley, Roger (1971). 200 Jahre Freimaurerloge Modestia cum Libertate im Orient von Zürich 1771-1971. P. 148.

336 In der Produktionsstatistik der Ostküste von 1889 wird HC Bluntschli als Besitzer geführt. Für die folgenden Jahre gibt es keine publizierte Statistik.

337 Plantagen- und Bergbaukonzessionen waren unterschiedlich geregelt und mussten einzeln erworben werden. Eine Plantagenkonzession berechtigte nicht zum Abbau von Mineralien. Die Bergbaukonzessionen Sapoe und Karoe in Kampar Kiri erwarb Bluntschli 1899 für 20.000 $ (ca. 60.000 Fr.), mit einer prozentualen Beteiligung am Abbau. STAZ Nl. Crone-Arbenz, X 387 3.3.

jekten wie Hafenanlagen und Eisenbahn, die einen rentablen Abbau erst möglich gemacht hätten.[338]

G. *Rudolf Baumann* (1868-1952) wurde als Autor bereits erwähnt. Seine Familie kam aus Horgen und war ab Mitte des 19. Jh. in Zürich heimatberechtigt. Sein Großvater war im Seidenhandel mit seinem Geschäftspartner in Leipzig zu einem Vermögen gekommen; die beiden Söhne setzten das Geschäft in Zürich und Mailand fort. Sein Vater Jakob Konrad Baumann führte das Geschäft, das eine Seidenweberei in Höngg und den lukrativen Seidenhandel mit Filialen in Leipzig und in Norditalien umfasste, unter dem Namen J. Baumann älter & Co. Die Eheschließungen spiegeln den gesellschaftlichen Aufstieg der Familie. Jakob Konrad Baumann heiratete in erster Ehe Viktoria Amalia Scharff, die Tochter eines Geschäftspartners in Frankfurt, in zweiter Ehe die adelige Amalie von Tischendorff; seine Schwestern heirateten sächsische Gutsbesitzer. Zur Hochzeit der jüngsten Schwester mit dem Freiherrn von Stieglitz von und in Mannichswalde konnte Jakob Konrad Baumann den Erzherzog von Bayern mit Gemahlin in der Stadt Zürich herumführen.[339] Auch seine älteste Tochter heiratete einen Deutschen, den Ingenieur Theodor Boveri, der dank dieser Verbindung das nötige Kapital zur Gründung der Brown, Boveri & Co einbringen konnte.[340] Dem wachsenden Vermögen folgte Vater Baumanns Wunsch nach gesellschaftlicher Anerkennung in seiner Heimatstadt. Im Militär führte er als Major ein Bataillon und gehörte dem Handelsgericht an. Doch die altehrwürdige Gesellschaft der Schildner zum Schneggen zeigte anfänglich Widerstand gegen seine Aufnahme. Der erzkonservative Generalmajor Nüscheler sah den Grund für Baumanns Streben nach Mitgliedschaft darin, dass „diese Gesellschaft, trotz allen demokratischen Umwandlungen der politischen und sozialen Verhältnisse, ihren auf historischer Grundlage aristokratischen Charakter bewahrt hatte, und als eine Elite-Vereinigung der Nachkommen altzürcherischer Familien angesehen wird, daher es seinen Ambitionen schmeicheln musste, derselben anzugehören."[341] Im Sommer mietete die Familie jeweils das Schloss Wildegg und gab dort Empfänge. Der älteste Sohn Konrad trat in die Fußstapfen des Vaters, Rudolf hingegen galt als Problemkind. Noch im Kindesalter verlor er seine Mutter und durchlief dann eine etwas schwierige Schulkarriere, unter anderem im Internat in Trogen.[342] Danach wurde er für eine kaufmännische Lehre zu seinem Onkel nach Frankfurt geschickt, anschließend in den obligaten Weiterbildungsaufenthalt in der Romandie.

---

338 Die Japaner ließen von 1943-45 Kriegsgefangene eine Eisenbahnlinie für den Transport von Kohlen bauen.

339 ZB HS, Ms Z II 471, Familienchronik Baumann, P. 141.

340 Tanner, Albert (1995), P. 180.

341 Zit. nach Tanner, Albert (1990), P. 253.

342 Im Biographischen Lexikon verstorbener Schweizer heisst es über Rudolf Baumann, er sei schulmüde gewesen und habe den Zorn seines Vaters auf sich gezogen. BLvS, IV, P. 122.

1889 entschloss sich Rudolf „ungeachtet Papas entschiedenem Abrathen" –
so sein Bruder Konrad – für eine Reise nach Sumatra.[343] Baumann begann
als Assistent der Firma Herrings & Co, einer großen deutschen Plantagengesellschaft. Die elterlichen Sorgen gehen weiter, als Rudolf im folgenden Jahr
von einem Kuli schwer verletzt wird. In der Familienchronik heißt es dazu
kühl, die telegraphischen Abklärungen dazu hätten seinen Vater 175 Franken
gekostet. 1892 verpflichtet er sich bei Herrings für den Aufbau von Tabakplantagen auf Kaiser Wilhelmsland (heute Papua Neuguinea). Nach dem
dortigen Misserfolg kehrt Baumann nach Zürich zurück und bereitet die Etablierung eines eigenen Unternehmens in Sumatra vor. Seine Waffensamm-
lung aus Sumatra und Neuguinea kommt in den Korridor des Elternhauses
zu stehen. 1896 wird in Zürich die Baumann Wetter & Co gegründet, die
Kaffeeplantagen im oberen Serdang betreibt. 1904 kehrt er – nun geschäftlich erfolgreich – in die Schweiz zurück und heiratet seine Cousine, die
Malerin Anna Kienast. Er macht Weltreisen, privatisiert im Tessin und
schreibt schließlich einige Geschichten und Bücher über seine Erfahrungen
im Osten, „diese Urwaldbücher, die Realität und Echtheit funkeln, die den
Leser in jenen Geruch von Wachstum, Fäulnis, Sterben, Kämpfen und Lieben eintauchen, als ob alles in der Stunde über ihn hereinbräche".[344]

Max (Wilhelm Heinrich Maximilian) Koch (1864-1924) stammte ebenfalls
aus einer Seidenhändler-Dynastie in Zürich. Die weitere Familie Koch gibt
Niklaus Meienberg in seiner Forderung nach Clanforschung nur allzu recht.
Im Bürgerbuch der Stadt Zürich von 1911 sind die Kochs speziell gekennzeichnet als alte Bürger seit 1640. Die Mitglieder der Familie – zumeist
Kaufleute und Nachfahren des Seidenfärbers Hans Jakob Koch (1749-1809)
– sind 1911 über die ganze Welt verstreut. Ein Zweig hat sich in Rotterdam
niedergelassen und führt das Schweizer Konsulat in Erbfolge, ein anderer ist
in Triest ansässig, weitere Familienmitglieder haben ihren Wohnsitz in
Basel, Marseille, Paris, Newcastle, London, Philadelphia, Chicago, Russland oder Java. Doch die Familienbande scheinen zu bestehen. Die Tabakplantage des Neffen auf Sumatra und die Kaffeeplantage des Sohns auf Java
ergänzen den Kaffee- und Tabakhandel in Rotterdam. Einer besitzt eine
Spinnerei, ein anderer eine Buntwebereifabrik in St. Gallen. Verschiedene
sind bei Versicherungen tätig, was die Tätigkeit der Überseekaufleute sinnvoll ergänzt. Heirat spielt eine wichtige Rolle in der Befestigung des Netzwerkes. So heiratete Ernst Koch-Vlierboom (1847-1907) die Nichte der
Ehegattin seines Onkels Ferdinand Koch-Vlierboom (1820-1903), und nach
Ernst Kochs Tod heiratete sein Bruder die Witwe. Ohne die Zusammenarbeit
und die Funktionsweise des Netzwerkes genauer zu kennen, kann man von
einer Akkumulation beträchtlichen Marktwissens in diesem Clan sprechen.

---

343 Handschriftenabteilung der Zentralbibliothek Zürich, Ms Z II 472, Familienchronik Baumann, 1889.
344 Biographisches Lexikon verstorbener Schweizer, IV, P. 122.

Max Koch konnte bei seinem Sprung von Zürich nach Sumatra vom
Familiennetzwerk profitieren. Er war der dritte Sohn des Architekten Martin
Koch-Schweizer. Seine beiden älteren Brüder, ebenfalls Architekten, waren
in Zürich am Bauboom Ende des Jahrhunderts beteiligt. Die engere Familie
ist also fest in Zürich verwurzelt. Sein Cousin Caspar Johannes Koch hingegen verließ 1884 das väterliche Kaufhaus in Rotterdam und ging als Kaffeepflanzer nach Java. Dessen Frau, Jonkvrouw Annette Lucie van Rappard,
eine holländische Adelige, war auf Sumatra geboren und aufgewachsen. Die
Firma Angst Koch & Cie in Marseille wiederum, an der Max' Cousin Ernst
Koch-Vlierboom als Partner beteiligt war, vertrat die Plantagenfirma Näher
& Grob in Marseille.[345] Max Koch trat 1886 eine Stelle als Assistent der Firma Näher & Grob an. Fast gleichzeitig tritt er auch als Eigentümer einer
Plantage auf, die ab 1889 der Sumatra Tabakgesellschaft Tandjong Kassau
gehört, an der unter anderem sein Bruder, sein Onkel und sein Cousin beteiligt sind. Max Koch leitet sie gemeinsam mit einem deutschen Kollegen.
1897 erwerben Koch & Lekebusch weitere Konzessionen im Umland, die
sie 1910 an Briten verkaufen.

Das Beispiel dieser vier Herren aus Zürich ist charakteristisch für eine
Gruppe von Unternehmern, die sich von den Kaufleuten in Singapur, die an
die schweizerische Exportwirtschaft angebunden sind, unterscheiden. Der
soziale Aufstieg wird nicht über eine Funktion im Rahmen der erweiterten
Volkswirtschaft, sondern in einem unabhängigen Feld gesucht, der Raum
bietet, einem elitären Selbstverständnis nachleben zu können. Die vier Männer aus Zürich entstammen alle großbürgerlichen und international – meistens mit Deutschland über die Familien der Mütter – vernetzten Familien.
Alle brechen sie auf ihre Weise aus der Familie aus, können jedoch auf ihre
Familien zurückgreifen, wenn es darum geht, Kapital für Plantagengesellschaften aufzutreiben. Darauf werde ich im Kapitel C2 zurückkommen. Hier
soll lediglich festgehalten werden, dass die Kolonie diesen Männern, die
aufgrund ihrer familiären Herkunft einem elitären Selbstverständnis nachlebten, einen Raum bot für ihre Selbstrealisierung. Ihre Handlungsweise ist
deshalb nicht nur in einem ökonomischen Rahmen zu verstehen.

Idyllen und Schreckensbilder aus den Tropen

Einige Pflanzer haben ihre Erfahrungen in Sumatra literarisch umgesetzt.
Für Historiker sind diese mehr oder weniger getreuen Tatsachenromane eine
problematische Gattung. Lily E. Clerkx hat am Beispiel der Gesellschaft
Delis erstmals gezeigt, wie literarische Quellen in eine systematische soziologische Untersuchung einbezogen werden können. Gerade in der Kolonialgeschichtsschreibung sind literarische Werke eine unerlässliche Quelle von

---

345 Dabei ging es vermutlich mehr um die Transport von Waren und Passagieren als
um den Tabak. So muss die Firma das Gepäck von Ewald Tweer wieder auftrei-
ben, als es bei seiner Ausreis nach Sumatra in Marseille verlorengeht. GAA, Nr.
299 Archief Westermann, 397 Ewald Tweer.

Informationen über das Verhältnis von Kolonisierern und Kolonisierten, häusliche Arrangements, die Beziehung der Geschlechter und die Sexualität.[346] Dennoch muss man sich natürlich Überlegungen zum Status der Texte machen. Als Texte von Pflanzern verstehe ich sie in diesem Zusammenhang vor allem als Quelle für die Aspirationen und das Rollenverständnis von Pflanzern.

Am produktivsten war G. Rudolf Baumann. Neben dem «Tropenspiegel» hat er drei weitere Erzählungen verfasst, eine davon, «Mein Mörder auf Sumatra», habe ich bereits erwähnt. Interessanter sind jedoch «Nachtwache im Durianhain» und «Der König von Pulu Manis». Die «Nachtwache» ist aus der Perspektive eines javanischen Arbeiters geschrieben, den unglückliche Umstände auf eine Plantage in Sumatra verschlagen haben. Von dort flieht er vor einem Furcht einflössenden Pflanzer in die Berge zu den Batakern, wo er aber auch kein Glück hat. Er gerät in Gefangenschaft und wird schließlich vom erwähnten Pflanzer gerettet, der sich im Nachhinein als Respekt einflössende Überfigur, aber auch als gerechter und gut meinender Mitmensch herausstellt.[347]

Ein ähnlicher Paternalismus zeichnet auch Paul Naefs Kurzgeschichten aus, die unter dem Titel «Unter malayischer Sonne: Reisen, Reliefs, Romane» erschienen sind. Naef war von Mitte der 1880er Jahre bis 1907 als Pflanzer der Tabakplantage von Fritz Meyer-Fierz tätig. In der Geschichte «Ompönnema» beschreibt er, wie er sich einer an Malaria erkrankten Ehefrau eines tamilischen Arbeiters annimmt, die sich darauf in ihn verliebt. Als er später eine Frau aus der Heimat heiratet, ist sie verstört, fügt sich aber in die Rolle einer Untergebenen in der Nähe „ihres Herrn". Sie rettet sogar die Ehefrau vor einer Schlange. Als das Ehepaar nach Hause reist, schwindet der Lebenswille der Tamilin: „Mit dem Freunde ging ihr Glück, ihr Schutz, ging – ihr Leben dahin." Bald darauf stirbt sie. Auch beim Pflanzer hinterlässt die tamilische Frau „mit ihrem Gazellenleib, perlweißen Zahnreihen, dunklen, glänzenden Augen und schalkhaft geschürzten Lippen" ihre Spuren, die sich allerdings nicht in so heftigen Emotionen äußern:

„[...] und das Bild der leidvollen Inderin, die sich aus ihrer dumpfer empfindenden Umgebung so menschlich nahe zu ihm emporgehoben hatte, verfolgte ihn noch in so manch einsamer Stunde [...]."[348]

Naefs Protagonist sublimiert seine erotischen Gefühle der Inderin gegenüber in der Idee einer Verantwortung für sie. Wäre er dort gewesen, hätte er ihren Tod – sie starb an einem einfach diagnostizierbaren Darmparasiten – verhindern können. Naef schließt seine Geschichte mit dem Satz: „Welche schwere Verantwortung, derart Vorsehung für einen Mitmenschen sein zu müssen!"

---

346 Clerkx, L.E. (1991). Siehe auch Stoler (2002).

347 Baumann, G. Rudolf (1938). *Die Nachtwache im Durianhain: Asnap aus Java erzählt seine Geheimnisse.*

348 Naef, Paul (1925). *Unter malayischer Sonne: Reisen, Reliefs, Romane,* P. 217.

Um Verantwortung geht es auch in Baumanns Kurzgeschichte «Der König von Pulu Manis». Sie spricht die Problematik der Rückkehr aus Sumatra an. Erzählt wird die Geschichte aus der Perspektive eines Advokaten, der zu einem reichlich merkwürdigen und Geheimnis umwobenen Privatier am Genfersee gerufen wird. Dieser sitzt in einer Badehose und einem Krönchen aus Strandgut und Schlick am See und erzählt dem Advokaten von vergangenen Zeiten, als er König in seinem eigenen Reich auf Sumatra war und, wie es sich für einen König auf Sumatra schickte, natürlich auch einen Harem besaß. Den reichen Privatier am Genfersee plagt das schlechte Gewissen. Er erinnert sich an die „gelben, braunen und schwarzen Kinder", die er gezeugt hat und die nun ohne seine Obhut aufwachsen. Er will den Advokaten beauftragen, die Adoption all dieser Kinder zu organisieren. Interessant ist, wie Baumann die Leser in der Schweiz langsam und über die Vermittlung eines Erzählers (des Advokaten) an die Existenz des Tropenschweizers heranführt, für die es in dieser Gesellschaft keinen Platz zu geben scheint. Sowohl sein Reichtum wie auch seine Verschrobenheit entfremden ihn seinen Mitmenschen. Baumann lässt über seine Identifikation mit dem Protagonisten keinen Zweifel aufkommen: Der Text ist illustriert mit einer Photographie, die Baumann an einem See mit besagtem Krönchen auf dem Kopf zeigt.[349]

Der Protagonist in Alfred Kepplers Geschichte «Die Unverbindlichen» – wie die Ich-Figur in Baumanns «Tropenspiegel» – entflieht als Sohn aus gutem Haus den väterlichen Vorstellungen einer Karriere entfliehen. Im realen Leben hatte der Sohn eines Arztes aus dem Appenzellischen an der ETH Botanik studiert und war danach auf diversen Plantagen tätig gewesen, zuletzt als Administrator der schweizerisch-holländischen Gesellschaft Tandjong Keling, die im Süden Sumatras Tee anbauen ließ. Später wirkte er als Auslandskorrespondent für den «Bund» und das «St. Galler Tagblatt» in Rom.[350] Sein Roman, den er unter dem Pseudonym Korang Tran verfasste, ist eine ungeschminkte Darstellung der Zustände auf Plantagen. Keppler schreibt in ironischem Ton über die Unzulänglichkeiten seiner Akteure, verhüllt jedoch auch nicht die Grausamkeiten, die er in beinahe sadistischer Detailtreue festhält: Sein Generaldirektor der Plantage ist ein Opium rauchenden Dandy, der mit Hilfe seines afghanischen Dieners und seiner Bodyguards, männliche Kulis sexuell missbraucht, sein Protagonist, Anton Gewölbebauch, ist anfangs von der weltgewandten Figur des Direktors fasziniert, später jedoch degoutiert. Eigentlich war er ja nach (Niederländisch)-Indien ausgezogen, um den Sinn des Lebens zu suchen, sein verschollener Freund Schlank, auf den er hier trifft und der ihn stets als ‚Kulturträger' anspricht, betrachtet seine Suche nach Sinn aus nüchterner Warte:

„Zuerst dachtest du, kommen die Wunder Asiens. Dann ein Gebirge, wo die Luft Geist ist, und immer mehr vergeistigt. Dort sitzt ein Weiser und leuchtet in die Fins-

---

349 Baumann, G. Rudolf (1928). *Der König von Pulu Manis*.
350 Nachruf auf Alfred Keppler. *St. Galler Tagblatt* vom 17.9.1974.

ternis, die es noch immer nicht begriffen hat. Schade, schade – dieses Indien existiert nur in Europa. Watu [Java] wird von blanken Menschen bewohnt und von braunen. Die Blanken kommen hierher, um fortzugehen – wenn sie Geld, nicht verdient, aber eingenommen haben. Das Merkmal der Braunen ist, dass man sie auch nicht zu bemerken braucht, denn sie sind nur vorhanden und man gewöhnt sich auch bald daran."[351]

Keppler lässt seinen Helden am Schluss die Suche nach dem Sinn aufgeben. Mit seiner javanischen Geliebten flüchtet er vor der Zivilisation und vor den Bankkontos „sinnlos" in die Berge, um dort ein Leben im tropischen Idyll zu führen. Europa sei kein Erdteil, sondern eine Psychose, die sich auch am Breitengrad Null breit mache, und diese Psychose bestehe darin, dass man nicht für das Vergnügen, sondern für die Arbeit auf der Welt sei.[352]

Kepplers Buch kam als Roman aus Deli in die Lesemappen, welche die Neue Helvetische Gesellschaft (NHG) in Sumatra zirkulieren ließ. Die Darstellung des dekadenten und sadistischen Generaldirektors stieß dort vor allem bei einigen Frauen auf heftige Ablehnung. „Tiefe sittliche Entrüstung durchschauerte einige Mitglieder", schrieb Anderegg, der Präsident der NHG an den Sekretär des Auslandschweizersekretariats, versuchte aber dennoch, Verständnis für Kepplers Darstellung zu wecken, auch wenn sie ihm stilistisch nicht gefiel, indem er auf die kaum vorhandenen Kontrollen durch die Regierung auf entlegenen Plantagen verwies:

„Grössenwahn & Gottähnlichkeitsgefühle gediehen denn auch auf dieser Basis, wie Pilze auf feuchtem Boden & der Kuli gewöhnte sich daran, im Plantagendirektor die höchste gesetzliche, richterliche und ausführende Gewalt zu sehen. Diese höchste Macht war oft, sehr oft in den Händen eines weisen Herrschers, vor denen muss man den Hut abnehmen. Sie waren streng, aber gerecht & was sie durch ihre Arbeit geleistet haben, zwingt jedem der den Djungel & die damalige Kulibevölkerung kennt, Bewunderung ab. Aber es gab auch andere Plantagendirektoren, die sich auf genannter Basis zu Tyrannen entwickelten & von ihrer Macht Missbrauch machten, die Kulibevölkerung zu sexuellen Orgien zwangen und dergleichen mehr. Dieser Typus war hier in der alten Zeit stark vertreten, heute kommt er nur noch sporadisch vor, ich habe ihn aber noch beinahe so mitgemacht, wie er im Buche «Die Unverbindlichen» beschrieben wird, nur auf sexualpathologischem Gebiet entwickelte er eine Variation."[353]

Der Präsident der NHG Sumatra legte hier zwar ein paternalistisches Verständnis der Rolle des Managements an den Tag, war sich jedoch der Fälle von Machtmissbrauch bewusst. Keppler, auf der anderen Seite prangerte Exzesse an. Dies hieß jedoch nicht, dass er nicht auch auf seine Weise in

---

351 Keppler, Alfred (alias Korang Trang) (1935). *Die Unverbindlichen*, P. 16.
352 Ebd., P. 214.
353 Conrad Otto Anderegg von Dolok Merangir an das Auslandschweizersekretariat vom 17.8.1936. BAR J 2.230 1996/431, 177 (NHG Sumatra).

den Tropen die Romantik einer vergangenen Welt suchte. 1927 schrieb er an seinen ehemaligen Botanikprofessor, Karl Schröter:

„Bedauerlich ist nur, dass die Erde so klein ist. Wir armen Sterblichen haben ‚rien que la terre‘, und diese wird je länger je mehr uniformiert, den Farbenreichtum ver-lierend, glanzlos, ohne Abenteuer, eine Interessengemeinschaft. Die patriarchalen Sitten verschwinden und auch der Osten wird eine Kopie des Westens, – eine schlechte Imitation überdies.“[354]

Anzufügen wären noch die sprachgewaltigen Stimmungsbilder aus dem Dschungel Siams von Hans Morgenthaler, der als Geologe im Dienste eines schweizerischen Handelshauses auf der Suche nach Zinn während drei Jah-ren in Südostasien weilte.[355]

Die Themen dieser Erzählungen aus den Tropen reichen von der Würde und Bürde paternalistischer Verantwortung über Naturerfahrung, Abenteuer unter Männern bis hin zur Befreiung von westlichen Werten. Dennoch gibt es Gemeinsamkeiten: Alle diese Autoren suchen Exotik, Abenteuer und star-ke gesellschaftliche Kontraste. Die üppige Tropenwelt und die hierarchische Gesellschaft dienen ihnen als Gegenpol zur Massengesellschaft Europas und ihren sich verwischenden Differenzen.

Etablierung an den Rändern

In Kapitel B2 habe ich einen allmählichen Prozess der Verdrängung von Pflanzern aus Deutschland und der Schweiz aus den zentralen Gebieten an die Ränder der Tabakkultur beschrieben. Aus der Perspektive des Kapitels B3 könnte man nun diesen Prozess als einen der selbstgewählten Distanzie-rung betrachten. Aus Sicht einiger Holländer sah es tatsächlich so aus, als wollten sich die Deutschen und Schweizer absondern. So schrieb der Direk-tor der Senembah Mij 1914 über die Vorgeschichte der Gesellschaft:

„Op een flinken afstand, ca 17 K.M., van [de drukke inlandsche handelsplaats, Rantau Pandjang] gelegen ontwikkelde zich hier eene Duitsch-Zwitschersche wereld, waar men wel met de algemeene belangen der kolonie meêleefde, maar toch weinig voeling had met de overige Deli, daar men meende het alleen wel af te kunnen.“ (In beträchtlichem Abstand, ca. 17 km vom regen inländischen Handelsplatz Rantau Pandjang gelegen, entwickelte sich eine deutsch-schweizerische Welt, in der man mit den allgemeinen Belangen der Kolonie mitfühlte, aber doch wenig Tuchfühlung mit dem übrigen Deli hatte, weil man meinte, es auch alleine zu können. Ü.d.A.)[356]

Die Aussage bezieht sich auf Naeher & Grob in der frühen Phase des Tabak-baus. Sie gilt aber für die folgenden 20 Jahre bis 1900 noch viel mehr. Ein

---

354 A. Keppler an K. Schröter vom 16.3.1927. ETHA Nl. Karl Schröter. Hs 399: 701.

355 Morgenthaler, Hans (1921). *Mata Hari – Stimmungsbilder aus dem Malayisch-Siamesischen Dschungel.*

356 Janssen, C.W. (1914), P. 5.

sichtbares Zeichen für die Distanzierung sind die Namen von Plantagen. Während die holländischen Gesellschaften stets lokale Flur- oder Dorfnamen verwendeten, gaben Deutsche und Schweizer ihren Plantagen eigene Namen. So gab es auf Seiten der Schweizer nebst der Plantage Helvetia die Estates Saentis, Polonia (die dem Exilpolen Michalski gehörte), Emmental, Winterthur, Switzerland, Rotterdam, Louisiana und Maryland, deutscherseits Königsgrätz, Bavaria, Germania, Ludwigsburg, Augustburg, Frankfurt, etc. Daneben gab es auch Gallia, Bruxelles, Milano. Die Namengebung hatte eine politische Bedeutung. Während die Niederländer darauf bedacht waren, den Eindruck zu wahren, das Land sei nach wie vor im Besitze des Sultans, hielten sich andere Ausländer weniger an diese Sprachregelung und traten gelegentlich auf, als stehe ihnen sämtliches Land zur Verfügung.

Was nach nationalen Grenzziehungen aussieht, ist aber in Wirklichkeit vielschichtiger. Die Selbstisolation hatte nicht nur einen nationalen, sondern auch einen individuellen Kontext. Ich möchte hier den in Kapitel B2 angesprochenen Diskurs über alte und neue Pflanzer nochmals aufnehmen. Nach der Tabakkrise war ein neuer Managertypus mit speziellen technischen Fähigkeiten gefragt. Trotzdem behielt der Typus des alten Pflanzers seinen Reiz, weil er die Werte der Frontierkultur wie Selbstbehauptung, Kampf gegen die Natur, Unerschrockenheit und Unabhängigkeit von den Kolonialbehörden etc. in sich barg. In den großen Gesellschaften mit ihren strikten Hierarchien konnten die Pflanzer solchen Idealen weniger nachleben. JH. Marinus hebt den Pioniergeist der privaten Pflanzer hervor, zu denen er selbst gehört:

„Als men de groote tabaksmaatschappijen van thans, miljoenen-lichamen met een wereldnaam, gaat ontleden, dan zal blijken, dat de meeste of een groot aantal ervan door de energie en werkkracht van de particulieren planter zijn ontstaan. [...] men moet [in de ontwikkeling van Deli] het aandeel van den eenzamen planter, gestaald door zijn werkkracht en energie, niet onderschatten, omdat zijn rustelooze pioniersarbeid steeds de gids is geweest voor het minder riskerende en meer bedachtzame grootkapitaal, dat in vele gevallen zijn voetspoor heeft gevolgd." (Wenn man die gegenwärtigen großen Tabakgesellschaften, Millionen-Körperschaften mit Weltnamen, analysiert, so zeigt sich, dass die meisten oder eine große Anzahl durch die Energie und Arbeitskraft von privaten Pflanzern entstanden sind. [...] man muss [in der Entwicklung Delis] den Anteil des einsamen Pflanzers, gestählt durch seine Arbeitskraft und Energie, nicht unterschätzen, weil seine ruhelose Pionierarbeit stets der Leitfaden für das weniger bewegliche, weniger risikobereite und vorsichtigere Großkapital, das in vielen Fällen seiner Fußspur gefolgt ist. Ü.d.A.)[357]

Pflanzer, die diesem Ideal noch nachleben wollten, siedelten sich deshalb vor allem an den Rändern des Plantagengebiets an. Dort bestand große Distanz zu den kolonialen Behörden, und die Pflanzer mussten oder konnten mehr oder weniger selbst schalten und walten, obwohl sie dies dem Gesetze nach gar nicht durften.

---

357 Marinus, J.H./J.J. van der Laan (1929), P. 33.

Die Bildung nationaler Enklaven in der Plantagengeographie ist also inspiriert vom Wunsch nach persönlicher Unabhängigkeit. Kleine Pflanzer schlossen sich zu Gruppen zusammen und bildeten kleine Kolonien im Plantagengürtel. Josepha Wetter, eine der seltenen europäischen Frauen in der frühen Phase der Plantagenkultur, beschreibt im Jahrbuch des Schweizer Vereins Deli, wie sie und ihr Mann 1894 ihr Tabak-Estate verlassen mussten und nach zwei Jahren, in denen das Land völlig verödete, zurückkehrten, um Kaffee anzubauen.

„Es waren manche Estates in unserer Gegend für Kaffee geöffnet und die Landschaft bekam ein ganz anderes Gesicht. Statt Chinesen überall Javaner, die grossen Trockenscheunen für Tabak waren verschwunden. Es entstand an der Grenze von Gallia und Batoe-Gingging der erste Club, in dem fleissig gekegelt wurde. Es waren fast alles Schweizer in der Umgegend."[358]

Auch einem Journalisten der Sumatra Post fiel diese schweizerische Welt im abgeschiedenen Hügelland auf:

„'t Is en mooi land, dat Boven-Serdang, mooi door de heuvels en ravijnen, door de kleur van de bodem, door de koffietuinen, en door de azuurblauwe Batak-bergen, die een prachtigen strook vormen tusschen het groen van de aarde en de telkens wisselende tinten der luchten. En dan all de kleine riviertjes er doorheen die soms meertjes vormen, zoo idyllisch, dat men er zich vanzelf een gondel bij denkt en zachte melancholische muziek in een zoeten mondnacht." (Es ist ein schönes Land, dieser obere Serdang, schön durch die Hügel und Schluchten, durch die Farben des Bodens, durch die Kaffeegärten und durch die azurblauen Batakberge, die ein prächtiges Band zwischen dem Grün der Erde und den ständig wechselnden Färbungen der Luft bilden. Und all die kleinen Flüsschen dort, die manchmal Weiher formen, so idyllisch, dass man sich selbstredend eine Gondel vorstellt und leise melancholische Musik in einer süßen Mondnacht.)[359]

Er hat den Eindruck, es mit „einfachen, jovialen, herzlichen und gastfreundlichen Leuten" zu tun zu haben, die „wenig Gelegenheit hatten, die weniger anziehenden Seiten zu erwerben, die das Horn des Überflusses gleichzeitig mit seinen guten Gaben sendet." Das aufklärerische Cliché der einfachen und unverdorbenen Sennen in einer schönen Bergwelt wirkte selbst auf Sumatra noch nach. Auch Schweizern war die Idylle der Landschaft bewusst. Der Kaffee in der Blüte muss in der Tat beeindruckend gewesen sein: rote Erde, dunkelgrüne Kaffeeblätter, weiße Blüten und blaue Berge in der Ferne:

---

358 Wetter, Josepha (1936). *Aus alten Deli-Zeiten*. In: Schweizer Verein Deli Sumatra (Ed.). Der Schweizer Verein Deli-Sumatra, 1886-1936. P. 85-89.

359 AJ. Lievegoed. ‚Vijf Dagen in de koffie'. *Sumatra Post*, 18.5.1904.

„Es gab nichts Prächtigeres als grosse Blütetage im Kaffee, den wir Liberia nennen. [...] Schon lange vor Tagesanbruch füllten Wohlgerüche die Häuser, und wenn die Sonne aufging, war einer der schönsten Anblicke auf Erden da."[360]

Das Wirtschaften an den Rändern des Plantagengebiets brachte Schweizer in geographische Nähe zu Batak und Achinesen. Ihre Kritik an der Einmischung der Kolonialbehörden begleiteten anerkennende Bemerkungen über diese indigenen Gruppen. Folgende Passage des Globetrotters Elias Haffter ist typisch:

„Die Atchinesen wehren sich tapfer für ihre Freiheit; man muss sie deshalb bewundern und kann nicht ohne Sympathie daran denken, wie sie immer und immer wieder die ihnen aufgedrängte holländische Herrschaft abzuschütteln versuchen, so ungleich der Kampf ist, den sie mit europäisch bewaffneten und instruierten Soldaten zu führen haben. – Die Holländer sprechen mit Begeisterung von der Zeit ihrer Befreiung vom spanischen Joch, als der glorreichsten Periode ihrer Geschichte, und dem damals erwachten Freiheitsgefühl und nationalen Bewusstsein. Aber ist's denn etwas anderes, das den Atchinesen, diesem urwüchsigen Bergvolke, die Waffen in die Hand gibt?"[361]

Die Identifikation des Schweizers mit dem urwüchsigen und freiheitsliebenden Bergvolk ist unverkennbar. Ähnlich beschreibt der Geologe Ernst Blumer 1906 bei seinem ersten Aufenthalt in Aceh die Gegend als „ein Gebirgsland wie die Schweiz [...] mit einer halben Million Menschen, die von derselben glühenden Freiheitsliebe beseelt waren wie die alten Eidgenossen und die, um ein Jahrhundert dem Rütlibunde voraus, schon vom Jahre 1205 einen selbständigen, zeitweise mächtigen und lange mit den Portugiesen Krieg führenden Malayenstaat gebildet hatten."[362] Arbenz erwähnt sogar einen umgekehrten Identifikationsprozess:

„Es ist bewundernswürdig wie lange diese Bergvölker ihre Unabhängigkeit behaupten konnten. Es ist daher nicht zu verwundern, dass wir Schweizer oft die Battaker Europas genannt wurden."[363]

Schweizer Pflanzer rühmen sich oft ihrer guten Beziehungen mit Batakern[364] und unterstreichen damit ihren Anspruch, selbstständig und ohne Einmischung der Kolonialbehörden wirken zu können.

Diese Position von Schweizern ist allerdings reichlich paradox. Keiner von ihnen hätte ohne den Schutz der Kolonialmacht Plantagen anlegen kön-

---

360 Baumann, G. Rudolf (1936), P. 26.

361 Haffter, Elias (1900). *Briefe aus dem Fernen Osten*, P. 52.

362 Blumer, Ernst (1968). *Aus jungen Jahren und weiter Welt Gedanken und Erinnerungen.*

363 Lebenserinnerungen von H. Rudolf Arbenz. P. 143/4. STAZ Nl. Crone-Arbenz. X 387/2.

364 Dieses Thema wird im Jubiläumsbuch des Schweizervereins Deli-Sumatra wiederholt aufgegriffen. Deli-Sumatra, Schweizer Verein (1936).

nen. Die Pflanzer an den Rändern des besetzten Gebietes spielten sogar eine entscheidende Rolle bei der Ausbreitung der Kolonialherrschaft. Einerseits beschleunigten sie die Landnahme und fachten damit Konflikte an, die wiederum die kolonialen Behörden in Batavia gelegentlich zur Entsendung von Militär zwangen. Sturzenegger, Ritgen, Peyer, Schlatter, Römer und Péchul, deren Plantagen 1872 militärischen Schutz benötigten, waren allesamt Deutsche und Schweizer, keine Holländer. Dasselbe gilt für Hermann Naeher und Karl Fürchtegott Grob, welche als erste Europäer im Sultanat Serdang, bzw. 1882 im Distrikt Padang Landkontrakte erhielten. Dort leisteten die Bataker ebenfalls Widerstand: Sie zerstörten einige Scheunen auf der Plantage Tebing Tinggi, was die niederländische Kolonialadministration dazu veranlasste, im Distrikt Padang vorerst keine Kontrakte mehr auszugeben.[365] Anderseits vermittelten die Pflanzer an der Frontier auch zwischen einheimischen Fürsten und der Kolonialregierung, oder leiteten den Kolonialbehörden ihr Wissen über die Bevölkerung in den Grenzgebieten weiter. Ein typisches Beispiel eines solchen Vermittlers ist Caspar Bluntschli:

„Bluntschli, jahrelang der einzige Europäer in Siak, hat persönlich viel dazu beigetragen, dass die Malaien von Siak sich der Oberhoheit der niederländisch-indischen Regierung willig fügten. Er suchte die Häupter der Eingeborenenstämme auf, verhandelte mit ihnen und brachte sie teilweise auf eigene Kosten nach Benkalis, dem Sitz der Regierung, wo sie sich bereit erklärten, die holländische Regierung anzuerkennen."[366]

Landschaftliche Schönheit, Freiheit, Nähe sowohl zu Einheimischen wie zu anderen Schweizern und Distanz sowohl zu den großen Plantagengesellschaften als auch zu den Kolonialbehörden scheinen hier in unternehmerische Entscheidungen mit eingeflossen zu sein. An der Ostküste Sumatras bestanden Rahmenbedingungen, die eine solche schweizerische Kolonienbildung im Kleinen zuließen.

Assistenten

Am Schluss dieses Teils komme ich auf die Assistenten zurück, die größte Gruppe unter den Europäern auf Sumatra, die in dieser Arbeit zugegebenermaßen etwas kurz kommt. Dies hat damit zu tun, dass sich die Perspektiven von Assistenten aus der Schweiz und denen aus anderen Ländern nicht wesentlich unterscheiden, während bei den Unternehmern die Unterschiede deutlicher hervortreten. Für die Untersuchung eines schweizerischen Kolonialismus ist die Betrachtung von Unternehmen ergiebiger. Ann Laura Stoler hat in ihrer wegweisenden Studie die Arbeitsbedingungen der Assistenten bereits beschrieben. Sie hebt dabei hervor, dass dem größten Teil von ihnen der berufliche Aufstieg nicht gelang und ihnen der Zugang zu den Geldtöpfen verwehrt blieb. Höhere Managementpositionen wurden insbesondere im

---

365 Schadee, Willem Hendrik Maurits (1918), Vol. 2. P. 103f.
366 Weidmann, Walter (1936), P.39.

20. Jh. vermehrt über die Netzwerke der Gesellschaft im Land ihres Sitzes besetzt.[367] Eckpunkte der Erfahrungswelt von Assistenten waren die Alltagsbewältigung angesichts von Einsamkeit, die Auseinandersetzung mit Kulis, die Sorge um die eigenen Gesundheit und die Verbesserung der Aufstiegschancen durch Leistung oder Intrigen. Es seien hier ein paar Beobachtungen von Schweizern angeführt:

Oskar Staehelin, Assistent der Cultuur Mij Indragiri, schreibt kurz nach seiner Ankunft: „Es gefällt mir so la la, ist halt ganz in der Wildnis drin."[368] Der Arbeitsalltag ist lange und eintönig:

„Am morgen um 5h pfeift die Fabrik das erste Mal, dann stehe ich auf, gehe baden, ziehe mich an und esse, um 6h kommt das 2te pfeiffen dann geht's zur Arbeit, um 11h kommt man nach Haus, badet, isst und legt sich schlafen, um 1h badet man wieder, zieht sich an und geht ins Feld, 6h zu Haus macht Rapport und Bücher bis 7h, isst, nachher wird weiter gearbeitet bis 8h, dann geht's an die privat Korrespondenz, die man schon nach einer ½ Std. wieder beiseite legt, der vielen Mosquiten wegen und dann legt man sich, indem man geschwind nochmals badet, zu Bett."[369]

Assistenten mussten eine große Anzahl Arbeiter zu einer Leistung führen, die zu erbringen, letztere nur bedingt interessiert waren:

„Alle die sieben (persönlichen Angestellten) zusammen arbeiten kaum das, was bei uns einer oder zwei. Wenn man mit dem Bambusrohr nicht hinter ihnen steht, dann wird überhaupt nicht gearbeitet. Das erscheint Euch vielleicht unmenschlich, aber es ist die einzige Art & Weise, um grössere Leistungen zu erzielen. An Lohnabzügen, die ja allerdings ja auch sehr häufig gemacht werden, hat der Kuli im Allgemeinen kein Interesse, denn es wächst hier so viel, dass er ohne zu arbeiten davon leben kann & wenn ihm etwas fehlt, dann wird's halt gestohlen. Was nicht eingeschlossen oder bewacht ist, verschwindet einfach eines schönen Tages."[370]

Junge Angestellte waren durch die direkte Konfrontation mit den Arbeitern besonders exponiert und fühlten sich oft unwohl dabei. Im Laufe der beiden Gummikrisen anfangs 1920er und 1930er mussten sie die Arbeiter zu größeren Arbeitspensen anhalten. Ein Assistent der Cultuur Mij Indragiri schrieb, „hier *muss* man eine Pistole haben". Er schlug seinem Schwager vor, eine in einem Kistchen mit doppeltem Boden zu schmuggeln.[371]

Ein Assistent der belgischen Socfin nahm Veränderungen durch die allmähliche Durchsetzung des Arbeitsgesetzes wahr:

---

367 Stoler, A.L. (1989), P. 9.

368 Oskar Staehelin an Johann Heinrich und Hermine Hotz-Zollinger vom 27.1.1911. PA Zollinger-Streiff.

369 Oskar Staehelin vom 18.5.1911.

370 Walter Bosshard von Ayer Moelek an seinen Schwager Hans Hofer vom 12.9.1919. AfZG, Nl. W. Bosshard, 8.2.

371 Ebd.

„Natürlich ist die Zeit vorbei, wo man Kulis nach Belieben verhauen kann. Eine zünftige Ohrfeige, den Schuh ins Hinter, oder einen Rippenstoss kann man sich, wenn man genug gefürchtet ist von den Leuten, von Zeit zu Zeit noch erlauben."[372]

Ein Manager der Cultuur Mij Indragiri schrieb aus der Retrospektive, er habe sich von Anfang an gesagt, er werde „seine Angestellten nicht in die Knie zwingen, so wie es bei Holländern und Engländern der Brauch ist."[373]

Die Saläre waren zwar, verglichen mit Gehältern in der Schweiz, hoch, doch ebenso die Lebenshaltungskosten. Die meisten Angestellten mussten Verwandte um Vorschüsse angehen, um die Unkosten für Reise und persönliche Anschaffungen zu decken. Viele hatten Mühe, diese Schulden wieder abzubauen. Viele sahen sich in ihren finanziellen Erwartungen enttäuscht; so schrieb Ernst Richner lakonisch: „Wenn nur mein Salair ein bisschen im Einklang mit meinem Größenwahn stände!"[374] Die Gehaltsansprüche wurden meist mit den erlittenen ‚Entbehrungen' gerechtfertigt:

„Denn unser aller Aufenthalt in den Tropen ist beschränkt, wir müssen in kurzer Zeit so viel verdienen, um nachher in Europa noch einige Jährchen nachholen zu können für die erlittenen Entbehrungen. Wir können uns also nicht stark begeistern für Angebote, die die Taschen einiger Couponabschneider füllen & die am Biertisch ihre Shares im fernen Osten rühmen."[375]

Bei Baissen im Rubber wurden die Angestellten der Cultuur Mij Indragiri vor die Wahl gestellt, reduzierte Saläre zu beziehen oder die Entlassung zu nehmen.[376] Europäisches Personal wurde bei schlechter Konjunktur sogar schneller entlassen als asiatisches, da der Arbeitsmarkt für Europäer flexibler war. Die Socfin baute nicht auf langfristige Mitarbeitertreue, sondern stellte oft entlassene Angestellte anderer Unternehmen zu schlechten Bedingungen ein und entließ sie auch schnell wieder. Ernst Richner bezeichnet die Socfin als „rechte Rausschmeissergesellschaft", „man weiss tatsächlich nie, ob man bleibt oder nicht."[377]

Die Risiken für die Gesundheit waren hoch. Oskar Staehelin litt 1919 zuerst an einer Dysenterie, darauf wurde er von einem „Eingeborenen über-

---

372 Ernst Richner an seinen Bruder vom 13.8.1928. PA Saager. Das Tagebuch von Ernst Richner aus den Jahren 1927-33 und die Briefe an seinen Bruder wurden mir freundlicherweise von Hansjürg Saager zur Verfügung gestellt.

373 Schenker, Hanny (2002), P. 17.

374 Ernst Richner an seinen Bruder vom 23.7.1928.

375 Walter Bosshard von Bangkok an seinen Schwager Hans Hofer vom 24.2.1921. AfZG, Nl. W. Bosshard, 8.3.

376 „An vielen Orten wurden die Leute auf halbes Salair gesetzt, damit die Gesellschaft keine Leute entlassen muss. Auch hier ist nun diese sehr einschneidende Massnahme ergriffen worden." Oskar Staehelin vom 20.3.1921. PA Zollinger-Streiff, Briefe O. Staehelin. Adolf von Aesch berichte von der Krise 1930, dass die Leute auf das Salair von 1924 zurückgesetzt wurden. Ebd., P. 18.

377 Ernst Richner an seinen Bruder vom 13.8.1928.

fallen" und erlitt eine schwere Kopfwunde. Er schreibt 1921, in vier Jahren habe es vier Todesfälle (unter Europäern) gegeben. Diese Todesfälle sind wohl darauf zurückzuführen, dass die Direktion auf der weit abgelegenen Plantage nur eine geringe medizinische Versorgung anbot, da sie die Kosten nicht mit anderen Plantagen teilen konnte. Im Zentrum des Plantagengebiets allerdings gab es eine sehr gut ausgebaute medizinische Infrastruktur; auch waren gewisse Krankheiten durch erzwungene Prävention kaum mehr vorhanden. Direktor Anton Sprecher schrieb nach seinem Besuch von 1919:

„Das Hospital kann stellenweise verbessert & ausgebaut werden, *genügt aber sonst noch lange für unsere Bedürfnisse*, sodass der sooft erwähnte Neubau, der uns gegen 200.000 fl kosten würde, unterbleiben kann. Ich habe hierüber mit der holl. Regierung & mit dem Arbeits-Inspektorat gesprochen, die diesem Vorhaben ganz zustimmen. Die Regierung sagte mir direkt, dass sie abgesehen von einigen kleinen Nachbesserungen den Bau als solchen weniger beanstande, als die Reinhaltung der Hospitalräume durch unseren europ. Arzt!"[378]

Um aufsteigen zu können, mussten junge Mitarbeiter ihre Position in der internen Assistenten-Rangordnung verbessern. Dies konnte durch einen Leistungsnachweis erfolgen, was zunächst einmal bedeutete, dass ihr Umgang mit den Kulis nicht zu Problemen führen durfte. Darüber hinaus waren Ideen zur Innovation und Verbesserung von Pflanzmethoden ein geeigneter Weg zum Aufstieg. Mancher Assistent ließ sich deshalb Bücher über Pflanzenbau und Sämereien für eigene Versuche zukommen. Adolf von Aesch konnte die Lebensdauer von Gambirsträuchern durch Schneiden wesentlich erhöhen und avancierte darauf zum Manager.[379] Staehelin schreibt:

„Du schreibst mir s. Zt., dass Versuche zu machen, Sache des Unternehmens sei. Dies ist ganz richtig & werden uns auch die Versuche bezahlt. Um sich selbst weiter auszubilden, müssen wir Bücher schon selbst kaufen. Durch das Studium derselben kommt man dann auf gute Ideen, die man verwerten kann & für die man auch entschädigt wird & sich zu einem höheren Posten emporschwingen kann."[380]

Auch Staehelin wurde 1920 stellvertretender Manager. Er war der Meinung, seine Erfindung eines Mittels zur Bekämpfung von Schädlingen sei ausschlaggebend gewesen für seine Beförderung. Die Rangordnung aufgrund von Leistung war unter anderem über die intern bekannte Verteilung der Gratifikationen sichtbar: Neben einem festen Schlüssel nach Dienstrang gab es einen zusätzlichen Leistungsbonus nach Fleiß.[381]
    Daneben existierte eine schwierig zu durchschauende soziale Ordnung. Assistenten waren gefordert, einen gewissen sozialen Standard einzuhalten.

---

378 Anton Sprecher von Ayer Moelek an Th. Sprecher vom 2.12.1919. PA Sprecher.
379 Ebd., P. 17.
380 Oskar Staehelin vom 25.2.1920. PA Zollinger-Streiff, Briefe O. Staehelin.
381 Circular der Cultuur Mij Indragiri an die Assistenten vom 10.2.1920. PA Zollinger-Streiff, Briefe O. Staehelin.

Walter Bosshard bat seinen Schwager, ihm sein Silberbesteck, seinen Serviettenring und einige gerahmte Druckgrafiken zu schicken („Bei den Bildern aber dann etwas typisch Schweizerisches."). „Man legt hier ausserordentlich grossen Wert auf ein hübsches Haus." Am Hari besar (malaiisch für ‚großer Tag‘), dem einen freien Tag alle vierzehn Tage, trafen sich die Angestellten jeweils im Club. Bosshard sagte der Club nicht besonders zu, denn „meistens artet die Hockerei doch nur zu einer Kneiperei aus"[382], er sah, wie der zuvor erwähnte Joachim Bischoff, im ausschweifenden Junggesellenleben eine Gefahr:

„Ich habe vielleicht Glück gehabt, ich darf aber auch ruhig sagen, das solide Leben und mein bestimmtes Auftreten haben auch ihren Teil daran. Denn was hier zusammengesoffen und noch mehr geludert & gehurt wird, davon macht Ihr Euch keinen Begriff. Die Leute auf der Plantage, die nicht syphilitisch sind, die sind bald gezählt. Doch das sind die typischen Zustände des Ostens. Drum gehen auch die meisten jungen Leute, die den nötigen Halt noch nicht haben unfehlbar unter."[383]

Das Zusammenleben mit asiatischen Frauen war für Unverheiratete die Regel. Sexualität schien im Vergleich zu Europa freier, unbeschwerter und verspielter, wie dies Hans Morgenthaler in seinem Roman «Mata Hari» beschrieben hat. Die Reaktion Bosshards auf den Roman, der zum Zeitpunkt des Erscheinens in Thailand arbeitete, ist aufschlussreich:

„Morgenthaler, dessen Vater in Burgdorf Anwalt ist, war hier als Geologe bei Berli & Co., ist ein seltsamer Kauz, der sich oft tagelang nicht gewaschen habe. Das Kapitel über die Nativ- & europäische Frau soll besonders empörend sein. Meine hiesigen Bekannten, eigentlich die ganze Schweizerkolonie hat mich aufgefordert eine Kritik über dieses Buch zu schreiben. Vielleicht werde ich es tun. Das Buch mag recht sein für die europäischen Leser, die die Unterschiede nicht kennen, die zwischen einem Native & einem Weissen bestehen (Morgenthaler hat ja übrigens diesen Unterschied auch nicht gekannt) aber wer über sein Verhältnis zum Boy oder zu den Nativfrauen liest und die hiesigen Verhältnisse kennt, der schüttelt den Kopf. Sein Paradies ist absolut nicht wahr, als literarische Ausschmückung oder poetische Idee finde ich es geradezu blöde."[384]

Nach der Lektüre ändert sich Bosshards Urteil, er nennt das Buch „eine Tat".[385] Dabei wird deutlich, dass weniger die Sexualität mit asiatischen Frauen an sich Anstoß erregte, sondern das öffentliche Sprechen bzw. Schreiben darüber. Morgenthalers poetische Darstellung, die von Orientalismus strotzt, zeigt eine romantische Seite der Begegnung zwischen Westen und Osten.[386] Die Realität war vermutlich um einiges prosaischer, wie dies aus den Aussagen Bosshards hervorgeht.

---

382 Walter Bosshard von Ayer Moelek vom 7.10.1919. AfZG, Nl. Bosshard, 8.2.

383 Walter Bosshard von Ayer Moelek vom 21.11.1919. AfZG, Nl. Bosshard, 8.2.

384 Walter Bosshard von Bangkok vom 4.10.1921. AfZG, Nl. Bosshard, 8.3.

385 Walter Bosshard von Bangkok vom 14.10.1921. AfZG, Nl. Bosshard, 8.3.

386 Morgenthaler, Hans (1921). Hier siehe P. 78-86.

Ein schweizerischer Assistent fürchtete „zugrunde zu gehen", falls er nicht heirate. Allerdings kam für Assistenten, die erst nach 6 Jahren auf einen Heimaturlaub Anspruch hatten, fast nur eine arrangierte Heirat in Frage, was in den 1920er Jahren kaum mehr den Gepflogenheiten entsprach. Doch für die Pflanzer war die Heirat einfach ein Mittel gegen ihre Einsamkeit. Darüber hinaus hofften sie, mehr sparen zu können und, da die Heirat auch ihren sozialen Status erhöhte, ihre Karriereaussichten zu verbessern. Ein Manager aus der Schweiz bat seinen Bruder um Vermittlung einer Heirat:

„Mein Salair ist jetzt, alles inbegriffen, 370 Gulden per Monat. Aber ohne Kontrolle in Küche und Haushalt geht alles ‚flöten'. [...] Also kurz gesagt, du begreifst, warum ich mich verheiraten will. Tu' ich das nicht [...], so muss ich immer sorgen und sorgen, dass ich durchkomme. Sieh, liebster Bruder, mit der Wahl einer Frau für mich bin ich gar nicht dificile. Ich kann Dir ganz offen gestehen, dass ich schon viele Weiber gehabt habe, dass mir jetzt hauptsächlich an einer Geldheirat gelegen wäre. [...] Die Weiber kenne ich, habe ich doch ca. 15 Haushälterinnen, und noch ein paar Aussenseiter, gehabt."[387]

Ehefrauen von Pflanzern hingegen blickten einem ungemein langweiligen Leben entgegen, da sie mehr oder weniger zur Untätigkeit verdammt waren. Madelon Lulofs hat die Öde des Alltags einer Pflanzerfrau in ihrem Roman «Rubber» eindrücklich beschrieben.[388] Für Abwechslung sorgten einzig die Intrigen, die unweigerlich zum Plantagen-Alltag gehörten. Wie dies Richard Sennett am Beispiel aktueller Arbeitsbedingungen beschrieben hat, zählte auch auf den Plantagen nicht nur die effektive Leistung, sondern auch die Darstellung der Leistung.[389] Durch Intrigen konnten Pluspunkte auf dem Leistungskonto anderer wieder schwinden:

„Eines muss man hier zuerst noch lernen: sich in das Intrigenleben einleben. Da versucht aber jeder, den anderen herauszudrücken, der Untergebene den Vorgesetzten, dieser wieder seine nächst höheren und wer hier ein Neuling ist, der wird entweder angeödet, wo es nur geht, er muss die Arbeit für alle anderen machen, oder er hat es auch gelernt, geht, um mit den Lehren sich anderswo niederzulassen. So habe ich es gemacht, man wird in gewisser Beziehung brutal, rücksichtslos, alles Denken und Sinnen geht daraufhin, möglichst rasch vorwärts zu kommen nach dem jesuitischen Grundsatze: Der Zweck heiligt die Mittel. Egoismus in konzentriertester Form muss man hier kennen, sonst ist man zum vornherein verloren, Diplomat wird man, man äussert sich höchst erstaunt über ein Vorkommnis, das man selber schon längst kennt oder selbst dabei beteiligt war. Es widert einen das im Anfang an, da es aber heisst: sein oder nicht sein, so weiss man, was man zu tun hat."[390]

---

387 Ernst Richner von Semadam Estate an Bruder Fritz vom 7.9.1928. PA Saager.

388 Lulofs, Madelon (1931).

389 Sennett, Richard (1998). *Der flexible Mensch: Kultur des neuen Kapitalismus.*

390 Walter Bosshard von Ronpibon vom 8.2.1920. AfZG, Nl. Bosshard, 8.3.

Bosshard beschuldigt vor allem die Frauen dieses Intrigenspiels, wobei unklar ist, ob er europäische oder asiatische Frauen meint.[391] Auch Ernst Richner litt unter solchen Intrigen und Diffamierungen, hauptsächlich durch den eigenen Vorgesetzten, den er als unfähig betrachtete:

„Du kannst mir wirklich glauben, lieber Bruder, dass man manchmal den Eindruck hat, es habe sich hier in den Tropen der Ausschuss der Gesellschaft Rendez-vous gegeben."[392]

Richner kam zum Schluss, dass er in der belgischen Firma Protektion benötige. Sein Bruder Fritz Richner, damals Vizedirektor der Schweizerischen Bankgesellschaft (SBG, heute UBS), hatte den Direktor der Socfin, Adrian Hallet, während seiner Lehrzeit in Belgien kennen gelernt und Ernst die Stelle bei der Socfin vermittelt. Immer wieder fordert Ernst seinen Bruder auf, „doch ja die Beziehungen mit Herrn Hallet nicht erkalten zu lassen"[393] oder „Hallet ein bisschen [zu] ‚stupfen', dass er [ihn] avancieren lässt".[394]

„In letzter Zeit ist viel Krach von Medan aus, vielleicht ist auch Europa der Urheber von allem. Wir müssen billiger arbeiten, und das geht natürlich auf Kosten der armen Coulis, die immer mehr in die Arbeit gejagt werden müssen. [...] Angestellte werden herausgeworfen, Subalterne machen Carrière, wenigstens im High Office in Medan, und wir Assistenten bleiben hintendran. Hat man einen Haufen Protecteurs, und ist man ein bisschen frech, dann geht's vorwärts, sonst nicht. Ein Assistent, der ungefähr gleich lang hier ist wie ich (natürlich ein Belgier), ist nun wie ich vernahm, Chef du service technique geworden. Vom Comptable Leyme (natürlich auch ein Belgier) [...] vernehme ich nun, dass er Kassier geworden sei und ein Monatssalair von 700 Gulden beziehe. [...] Ich muss halt mit 390 Gulden, y compris die neue Aufbesserung, begnügen. Es gibt auch bei mir nur ein Mittel, vorwärts zu kommen, nämlich indem Fritz Herrn Hallet möglichst warm hält."[395]

In den 1920er Jahren waren die Chancen für einen Assistenten aus der Schweiz noch vergleichsweise gut. In den 1930er Jahren geht dann aber die Zahl der Schweizer an der Ostküste deutlich zurück.

FAZIT

Die Plantagenkultur in Deli war das größte Projekt des Westens in der tropischen Agrikultur. Entstanden und gewachsen ist es unter den Bedingungen

---

391 „Man hat gegen mich intrigiert, versuchte mich herauszudrücken und das hauptsächlich von Frauenseite. Ich stellte, als ich genug hatte, den Direktor vor die Alternative: Entweder gibts Ruhe oder ich gehe." Walter Bosshard von Ronpibon vom 14.1.1920. AfZG, Nl. Bosshard, 8.3.

392 Ernst Richner an seinen Bruder vom 1.7.1928.

393 Tagebuch Ernst Richner. Eintrag vom 27.12.1927.

394 Ernst Richner an seinen Bruder vom 16.4.1928.

395 Ernst Richner an seine Familie vom 12.3.1929. PA Saager.

des niederländischen Kolonialismus. Daran waren Schweizer in einem über-
proportionalen Maß beteiligt, und auf eine Weise, die sich nicht einfach als
wirtschaftliches Engagement im Ausland bezeichnen lässt, das sich, wie
andere auch, im Rahmen lokaler Gesetze und Machtverhältnisse entfaltete:
Zu fest waren sie in den Aufbau und die Entwicklung der Plantagenkultur
involviert. Das Jubiläumsbuch zum 50-jährigen Bestehen des Schweizer
Vereins Deli-Sumatra betont das ausdrücklich.

Dank frühem Einstieg konnte eine erste Generation vom El Dorado im
Tabakbau profitieren. Diese ersten Schweizer Pflanzer, die meist ohne spezi-
elle Kenntnisse unter den Bedingungen der Frontier weitgehend ohne den
Schutz staatlicher Macht, aber auch ohne deren Kotrolle arbeiteten, waren
mitbeteiligt an der Entwicklung der gesetzlichen Rahmenbedingungen der
Plantagenkultur und der sozialen Strukturen auf den Plantagen.

Eine folgende Generation von Unternehmern reizte gerade das Koloniale
an Sumatra. Die Plantagen dienten ihnen nicht nur als Quelle zu schnellem
Vermögen, sondern auch als Ort der männlichen Selbstbestätigung und der
elitären Selbstvergewisserung. Diese Haltung, die ich als koloniales Junker-
tum bezeichnet habe, schloss Kooperationen mit der restlichen Plantagen-
welt entweder aus oder beschränkte sie auf ein die unternehmerische
Freiheit nicht bedrohendes Maß. Parallel dazu begann sich die Tabakkultur
unter der Leitung der Deli Mij zu einem Kartell zu organisieren. Dieser Prozess führte zu stärker national ausgerichteten Unternehmensstrategien. Wie
in Teil A zeigt sich dabei eine gewisse Ähnlichkeit zwischen deutscher und
schweizerischer Präsenz in den asiatischen Kolonien: Sowohl Schweizer
wie Deutsche waren Beteiligte und Außenseiter in einem. Ihre Position
ermöglichte ihnen eine Betrachtung des Systems von Außen. So formulierte
Victor Ris kurz nach dem Ausbruch des Ersten Weltkriegs in einem Brief an
seinen Vorgesetzten in London eine pointierte Kritik am kolonialen Rassismus:

„I am now [...] 25 years in the East and have seen the gradual rising of all who are
against the white men, this war is the very beginning of the deserved debacle of the
superiority of the white races."[396]

Der gleiche Victor Ris war als Präsident der AVROS eminent beteiligt am
Ausbau des Systems der Kontraktarbeit für javanische Arbeiter auf Sumatra,
das zu dem von ihm genannten Hass auf die Weißen beitrug und die Ober-
herrschaft der Weißen festschrieb. Zur heiklen Frage der Kontraktarbeit und
der damit verbundenen Missbräuchen schreibt G. Rudolf Baumann im Jubiläumsband:

„Man wird nicht behaupten können, die Schweizer verkehrten besser oder schlechter
mit ihren Untergebenen, denn auch die Schweizer waren sehr verschiedener Natur;
aber wir glauben doch, bei ihrem Verkehr mit Kulis und Eingeborenen jeder Stufe

---

396 Ris aus Medan an Lampard vom 21. 8.1914. GHL Nl. H & C. Ms 37041, Korrespondenz Arthur Lampard.

einen gemütlicheren Ton herausgehört zu haben, als es bei Europäern anderer Nationen der Fall war. Das hängt mit der demokratischen Erziehung unserer Landsleute
zusammen."[397]

Dieser gemütlichere Ton und das demokratische Selbstverständnis hinderten
Baumann und einige weitere Kaffeepflanzer nicht daran, einen der
schlimmsten Fälle von systematischer Arbeitermisshandlung zu decken;
auch sie fügten sich dem stillen Gebot des gegenseitigen Schweigens unter
den Pflanzern bei Missbräuchen.

Deutsche und Schweizer Plantagen bildeten bis zum Beginn des Kautschukbooms kleine nationale Enklaven an den Rändern des Plantagengebiets. Die Pflanzer an den Rändern spielten eine entscheidende Rolle
bei der Ausbreitung der Kolonialherrschaft. Sie beschleunigten nicht nur die
Landnahme und fachten damit Konflikte an, sie vermittelten auch den Kolonialbehörden ihr Wissen über die Bevölkerung in den Grenzgebieten. Sie
dehnten nicht nur die kultivierte Fläche aus, sondern führten auch neue Kulturen wie Kaffee, Gambir und Kautschuk ein.

Unter der dritten Generation von Schweizern, die mit der Expansion der
Kautschuk-Kultur ins Land kam, fanden sich angesichts des großen Kapitalbedarfs für Hevea-Plantagen kaum mehr eigenständige Unternehmer. Stattdessen fanden Schweizer spezialisierte Anstellungen in der Verwaltung, im
industriellen Bereich oder im Management der Plantagen. Neben diesen nun
eher technokratisch ausgerichteten Plantagenmitarbeitern gab es unter den
Schweizern auf Sumatra auch eine Reihe von Kaufleuten und Wissenschaftler und Ingenieure, die im Dienste der Regierung oder von Großfirmen wie
der Bataafsche Petroleum Mij (heute: Shell) arbeiteten.

Die 1920er Jahre erwiesen sich als die Periode, in der die meisten
Arbeitskräfte aus der Schweiz in Niederländisch-Indien gefragt waren, ihre
Zahl stieg in diesem Jahrzehnt laufend an. Das ist insofern erstaunlich, als
einige Autoren die Zwischenkriegszeit insgesamt als Phase der Degloba-
lisierung beschreiben, die sich in einem drastischen Rückgang der weltweiten Migrationsströme äußerte und einer zunehmend nationalistischen
Wirtschaftspolitik, welche den Zugang für multinationale Unternehmen
erschwerte.[398] Für die niederländische Kolonie stimmt diese Aussage in den
1920er Jahren nicht. Die Zahl der Ausländer stieg in der Periode deutlich an.
Eine spürbare Nationalisierung in der Anstellungspolitik setzte erst in den
1930er Jahren ein.

---

397 Baumann, G. Rudolf (1936), P. 14.
398 Siehe z.B. Fässler, Peter E. (2007), P. 99f.

Vernetzungen und Verflechtungen

Die Schweiz in Südostasien – Südostasien in der Schweiz

Einleitung: Schweizer Verflechtungsgeschichte

Befasst man sich als Historiker mit der Verflechtung der Schweiz mit Kolonien, so gerät man schnell in eine Sackgasse: Die Eidgenossenschaft war nach 1500 und spätestens nach 1648 kein Teil eines Reiches und hatte umgekehrt nach der Staatsgründung nie imperiale Ambitionen und folglich auch keine Kolonien. Während die Geschichte der Niederlande, Großbritannien und Frankreich ohne den Einbezug des imperialen Kontexts kaum geschrieben werden kann, scheint die Historiographie der Schweiz ohne die Welt in Übersee auszukommen.

Jürgen Osterhammel hält indessen fest, dass Imperien ohne externe Ressourcen und die vermittelnde Rolle von religiösen oder ethnischen Minderheiten nicht überlebensfähig gewesen wären. Als Beispiel nennt er Schotten im British Empire, merkantile Minderheiten im Osmanischen Reich wie Juden, Armenier und Griechen.[1] Auch Schweizer waren, wenn auch in geringerem Maße wie die Schotten, im britischen Empire überall anzutreffen. Läge also im Konzept der Vermittlung ein Schlüssel zum Verständnis der Rolle der Schweiz in der kolonialen Welt?

Mit dieser Frage rücken Migranten und ihre Zwischenraumbiographien in den Fokus. Die Sackgasse ergibt sich nämlich hauptsächlich aus dem Fokus auf *die Schweiz*; spräche man stattdessen von *Schweizern* so zeigt sich ein ganz anderes Bild. Tatsächlich kann auf der Basis der beiden vorhergehenden Kapitel eine vermittelnde Funktion von Schweizern im britischen Empire und der Niederländischen Kolonie ausgemacht werden. Diese migrierenden *Schweizer* stehen in einem Bezug zur *Schweiz*. Die Exportwirtschaft und für sie tätige Kaufleute im Ausland verwenden ein ähnliches Vokabular wie die Kolonialmächte. Schweizer verstehen sich nicht als Vermittler, sondern tragen einen Wettstreit mit anderen Nationen aus um wirtschaftliche Expansion und Absatzmärkte. Sie sprechen von *ihren Kolonien*

---

1 Osterhammel, Jürgen (2006). *Imperien*. In: G.-F. Budde/S. Conrad (Eds.). Transnationale Geschichte: Themen, Tendenzen und Theorien. P. 56-67.

(im Sinne von Handelsniederlassungen), die sie in den europäischen Kolonialreichen, in ehemaligen Kolonien oder in unabhängigen Gebieten gründen. Das Verhältnis der Schweiz zu den Kolonien ist in dem Sinne durch die *Migration von Schweizern* bestimmt.

Die Migration aus der Schweiz nach Übersee hat keinen spezifischen Fokus. Es bestehen zwar Schwerpunkte: Wichtigste Ziele waren die USA, Brasilien und Argentinien. Doch die Hauptdestinationen der Migration wie auch der schweizerischen Exportindustrie waren weltweit so verstreut, dass sich der Fokus auf spezifische Länder schnell verliert. Anstelle von einzelnen Ländern ist eher vom Ausland oder von der Welt als ganzes die Rede. Ein unsystematischer Blick auf drei Zeitungen, den *Nieuwe Rotterdamer Courant* (NRC), die *Times* und die *Neue Zürcher Zeitung* (NZZ), bringt den Unterschied im Fokus zutage. Die niederländische Zeitung führt anfangs des 20. Jh. neben den Nachrichten aus dem Inland und Ausland stets eine Rubrik mit Nachrichten aus Niederländisch-Indien. Die Times ist weniger stark in Rubriken organisiert und hat einen globaleren Ausblick. Es findet sich eine Rubrik ‚Imperial and Foreign News‘, worunter auch Artikel aus Indien fallen. Fast jede Ausgabe bringt Artikel über politische, wirtschaftliche oder gesellschaftliche Begebenheiten in der Kolonie. Während also die niederländische und britische Zeitung einen Fokus auf einen spezifischen Ort einflechten, beschränkt sich die NZZ in dieser Zeit auf die Rubriken ‚Eidgenossenschaft‘ und ‚Ausland‘, wobei unter letzterer Agenturmeldungen, meist ohne näheren Bezug zur Schweiz aufgeführt sind. Die Beziehung zur ‚Welt da draußen‘ fehlt aber nicht völlig. Sie taucht in der Form einer allgemeinen Rubrik ‚Schweizer im Ausland‘ auf, in der regelmäßig über Aspekte schweizerischer Migration geschrieben wird.

Das Fehlen eines spezifischen Fokus der Migration hat Auswirkungen auf die Migranten nach ihrer Rückkehr. In den Niederlanden ist der ‚Indiengänger‘ ein kultureller Topos. Angesichts der Bedeutung der Kolonie und der großen Zahl an Migranten besteht auch ein Raum für eine hybride Kultur.[2] In der Schweiz hingegen werden Kaufleute, Techniker, Pflanzer, Wissenschafter und Missionare in den Kolonien als ‚Überseeschweizer‘ oder schlicht ‚Auslandschweizer‘ bezeichnet. In diesen Begriffen verschwinden sowohl die Beziehungen zu konkreten Ländern in Übersee als auch die koloniale Position dieser Schweizer. Die Rede von ‚Auslandschweizern‘ lässt weniger Raum für den Gedanken der kulturellen Hybridisierung als diejenige des ‚Indiengängers‘. Man könnte einwenden, dass der Begriff der ‚Auslandschweizer‘ oder ‚Überseeschweizer‘ einen ganz pragmatischen Hintergrund hat und sich aus der globalen Verstreuung der Migration erklärt. Indessen existierten in der Schweiz Institutionen, welche ein Selbstverständnis von Schweizern in verschiedenen Kontinenten als ‚Überseeschweizer‘ verbreiteten. Gerade Rückkehrer aus Singapur und Sumatra waren besonders aktiv in der Verbreitung. Darauf wird in Teil C4 (Migration und das Dasein als Schweizer) näher eingegangen.

---

2   Bosma, Ulbe (2010); Bosma, Ulbe/Remco Raben (2008).

Nach der Rückkehr in die Schweiz werden die spezifischen Erfahrungen von Schweizern in Asien, Afrika und Südamerika zu allgemeinen Erfahrungen in der Welt. Der koloniale Hintergrund schweizerischer Präsenz in Übersee geht dabei völlig verloren. Andreas Eckert und Albert Wirz haben die gängige Haltung zur Kolonialzeit in Deutschland unter den Titel «Wir nicht, die anderen auch» gestellt.[3] In der Schweiz verkürzt sich diese Aussage auf «Wir nicht»; dies wurde in der Einleitung angesprochen. Diese Haltung gründet laut Eckert und Wirz auf einer Reduktion von Kolonialismus auf Kolonialherrschaft. Auch wenn die deutsche Kolonialherrschaft nur von kurzer Dauer war, hatte Deutschland sehr wohl Anteil am Kolonialismus: Sowohl die kapitalistische Produktion in der Wirtschaft wie auch die Wissenschaft beruhten auf Zugang zu kolonisierten Gebieten und Material aus diesen Gebieten.[4] Das gleiche gilt auch für die Schweiz.

Kehren wir zurück auf das eingangs gestellte Problem der Verflechtung der Schweiz bzw. Schweizern mit Kolonien. Ann Laura Stoler und Frederick Cooper haben in ihrem richtungweisenden Aufsatz gefordert, dass die Beziehungen zwischen Kolonie und Metropole in verschiedenen Richtungen verfolgt werden sollen. Sowohl die Metropolen beeinflussen die Kolonien, wie auch umgekehrt die Metropolen durch den Kolonialismus verändert werden.[5] Auf die Hybridität in der Beziehung zwischen Metropole und Kolonie weisen auch Randeria und Conrad mit ihrem Begriff der ‚geteilten Geschichte' hin.[6] Alle diese Autoren betrachten die Beziehungen zwischen Metropole und Kolonie als wechselseitig, wenn auch unter Bedingungen von asymmetrischen Machtverhältnissen.[7]

Auch die Schweiz ist Teil des Beziehungssystems zwischen Metropolen und Kolonien. Wie aus Teil A und B hervorgegangen ist, wirken Exportindustrie und Schweizer in den Kolonien *direkt* auf das gesellschaftliche Gefüge in südostasiatischen Kolonien ein. In Teil C wird im folgenden gezeigt, wie umgekehrt Waren und Objekte aus den Kolonien in die Schweiz fließen, Institutionen in der Schweiz auf die Kolonialreiche anderer Nationen reagieren, und Rückkehrer aus den Kolonien neue Vorstellungen über die Welt nach Hause bringen. Der materielle und ideelle Transfer von den Kolonien in die Schweiz ist jedoch *indirekt*. Eliten in der Schweiz orientieren sich an europäischen Metropolen. Sie übernehmen wissenschaftliche Erkenntnisse und Vorstellungen über Beziehungen zwischen Völkern, über

---

3   Eckert, Andreas/Albert Wirz (2002).

4   Ebd., P. 374, 379.

5   Cooper, Frederick/Ann Laura Stoler (1997). *Between metropole and colony: rethinking a research agenda*. In: dies. (Eds.). Tensions of empire: colonial cultures in a bourgeois world. P. 1-56.

6   Randeria, Shalini/Sebastian Conrad (2002), hier P. 25f. Siehe auch in der Einleitung unter Kolonialgeschichte.

7   Randeria und Conrad sprechen vom Paradigma der Interaktion. Ebd., P. 18. Cooper und Stoler sprechen allgemeiner von ‚reverberations between colony and metropole' Cooper, Frederick/Ann Laura Stoler (1997), P. 1.

rassische Ordnungen und über Sexualität, die in Reaktion auf koloniale Unternehmungen entstanden sind. Dort, wo *direkte* Beziehungen zu Schweizern in den Kolonien bestehen, sind sie nur *indirekt* sichtbar. Denn sie werden durch verallgemeinernde Bezeichnungen wie ‚Auslandschweizer‘ oder ‚Schweizer in Asien‘ verhüllt. Eine Verflechtungsgeschichte muss erst diese direkten Beziehungen *enthüllen*. Sie muss versuchen, Netzwerke zwischen der Schweiz und Südostasien zu rekonstruieren und anschließend die Transfers in diesen Netzwerken analysieren. Sie muss sich dabei fragen, welche thematischen und regionalen Einheiten sie verknüpfen will.[8]

Ich habe vier verschiedene Bereiche ausgewählt, bei denen sich im Laufe meiner Recherchen eine Verdichtung von Verbindungen und Interaktionen herauskristallisiert hat: Transportversicherung, Plantagenkapital, Wissenschaft und schließlich Schweizer Vereine im Ausland. Allen diesen Bereichen ist je ein Kapitel gewidmet. Die ersten beiden und zum Teil auch das dritte Kapitel sind der Rekonstruktion von Netzwerken gewidmet. Das erste widmet sich der Stellung von schweizerischen Kaufleuten in Asien in der entstehenden Versicherungswirtschaft. Im folgenden beschreibe ich die Beziehungen von Plantagenunternehmer zu Geldgebern in der Schweiz sowie strategische Überlegungen hinter den Investitionen. In beiden Kapitel verfolge ich nur am Rande eine verflechtungsgeschichtliche Perspektive. Diese kommt im dritten und vierten Kapitel zur Geltung. Im dritten beschäftige ich mich mit dem akademischen Austausch zwischen der Schweiz und Niederländisch-Indien, der an beiden Orten Wirkungen zeigt. Im letzten Kapitel versuche ich, aus der Perspektive von Schweizern in Südostasien einen generellen Blick auf das Verhältnis von Auslandschweizern zur Schweiz zu werfen.

1 TRANSPORTVERSICHERUNGEN

Der transkontinentale Handel war mit großen Risiken behaftet, insbesondere vor der Eröffnung des Suez-Kanals im Jahre 1869. Die Reise per Segelschiff um das Kap der guten Hoffnung über Java bis nach Singapur dauerte je nach Wetterlage rund drei Monate. Ladungen sanken immer wieder; deshalb waren Transportversicherungen im kolonialen Handel nicht wegzudenken. Vorläufer maritimer Versicherungen können schon im italienischen Handelswesen der Renaissance festgestellt werden. Die erste moderne Versicherungsgesellschaft für Gütertransport in Form einer Aktiengesellschaft, entstand im spekulationsfreudigen Umfeld Londons des frühen 18. Jh. Der Historiker Jean Halpérin verbindet ihre Entstehung mit der South Sea Bubble von 1720, der ersten Spekulationsblase im kolonialen Handel.[9] Das Risikomodell der maritimen Versicherung war vergleichsweise einfach, da das Sinken eines Schiffes ein mehr oder weniger isoliertes Ereignis war und daher nicht wie bei einem Brand oder einem Erdbeben eine Massierung von

---

8 Randeria, Shalini/Sebastian Conrad (2002), P. 18.

Schadensfällen erwartet werden musste. Die Wahrscheinlichkeit des Sinkens eines Schiffes oder des Verlusts von Ladungen konnte aus den Statistiken, welche im Umfeld der maritimen Versicherungen entstanden, errechnet werden. Transportversicherungen konnten deshalb mit einem geringeren Kapital operieren. Feuerversicherungen dagegen (wie der Brand von Glarus von 1864 zeigte) mussten über umfangreiche Reserven verfügen, um größere Schadensereignisse bewältigen zu können.[10]

Schließlich konnten die Transportversicherer ihr Marketing auf Werbung für die eigene Firma beschränken und das Produktmarketing beiseite lassen, da die Geschäftskunden kaum von der Notwendigkeit des Produkts überzeugt werden mussten. Ein einfaches statistisches Modell im Vergleich zu anderen Versicherungssparten, relativ geringer Kapitalbedarf und willige Kunden, all dies machte die Transportversicherung zu einem lohnenden Geschäft in der Frühphase des privaten Versicherungswesens.

Jean Halpérin hat in seinem transnationalen Vergleich der Entwicklung des Versicherungswesens in verschiedenen Industrienationen festgehalten, dass die Modernisierung dieses Sektors stets von den maritimen Versicherungen ausging. Ungleich den vormodernen Unterstützungskassen, die vom Gedanken der *gegenseitigen Unterstützung* geleitet wurden und zunächst nicht gewinnorientiert operierten, stand bei den maritimen Versicherungen die Idee der *Wette* Pate. Es wurde Geld auf eine geglückte Überfahrt eines Schiffes gesetzt. Wenn es unterging, war der vereinbarte Betrag verloren, sonst hatte der Versicherer einen Gewinn. Zur Deckung des Kapitalbedarfs wurde stets die Aktiengesellschaft als Organisationsform gewählt.[11] Damit wies die Sparte der ganzen Branche den Weg. Ebenso hatte sie wesentlichen Einfluss auf die Gründung von Rückversicherungen, dem späteren Rückgrat der Versicherungsindustrie. Nach Halpérin ist diese Entwicklung bei Frühentwicklern wie Großbritannien und Frankreich und bei Nachzüglern wie Japan zu beobachten.

Die Frühphase der Versicherungsbranche in der Schweiz

Auch die Schweiz war in der Versicherungsbranche ein Nachzügler. Während in den seefahrenden Nationen wie Großbritannien, Frankreich und den Niederlanden das Versicherungswesen sich bereits im Laufe des 18. Jh. zu professionalisieren begann, war es in der Schweiz bis Mitte des 19. Jh. stark

9   Halpérin, Jean (1946). *Les assurances en Suisse et dans le monde. Leur rôle dans l'évolution économique et sociale*. Zur maritimen Versicherung als Spiel siehe P. 42-46, zur South Sea Bubble P. 51- 66; ebenso Braun, Heinrich (1925). Geschichte der Lebensversicherung und der Lebensversicherungstechnik.

10   Widmer, Carl (1986). *125 Jahre Helvetia Feuer St. Gallen: Ausschnitte und Betrachtungen*, P. 15.

11   Zum Aufstieg der Aktiengesellschaft siehe Alborn, Timothy (1998). *Conceiving Companies: Joint-stock politics in Victorian England*.

in lokalen Strukturen und in Formen bürgerlicher Solidarität verhaftet.[12] Hilfskassen, Krankenkassen und Unterstützungsfonds basierten auf dem Prinzip der Wechselseitigkeit, was im französischen Begriff der Mutualité sichtbar bleibt. Die ersten modernen Versicherungsgesellschaften wurden in der Restaurationszeit gegründet, hatten aber – abgesehen von der Schweizer Mobiliar (1826) – nur eine kurze Lebensdauer. Der langsam wachsende Markt wurde ab den 1820/30er Jahren von ausländischen Anbietern bedient.

Die Gründe für die späte Entwicklung sind umstritten. Gemäß Joseph Jung oder auch Jean Halpérin fehlten dem Schweizer Markt einheitliche Maße und Währung sowie die Idee eines überregionalen Risikoausgleichs. Dies habe sich mit der Bundesverfassung von 1848 geändert, welche die Voraussetzungen für ein Zusammenwachsen des Binnenmarktes geschaffen und das Bildungswesen und die Kommunikation in Post und Verkehr gefördert habe.[13] Beat John hält dieser Argumentation entgegen, dass weder die bereits 1826 gegründete Schweizerische Mobiliar mit ihrer Ausrichtung auf den nationalen Markt durch Münzwirrwarr und ‚Kantönligeist' in ihrem Wachstum faktisch gehindert worden sei, noch dass die erst nach 1848 gegründeten, international ausrichteten Transportversicherungen bei einem früheren Einstieg ins Geschäft in ihrer Entwicklung theoretisch gehindert worden wären. Die kantonalen Schranken im Versicherungswesen seien nach 1848 eher gewachsen als weggefallen. John sieht die Gründungswelle von Versicherungsgesellschaften als Folge einer strukturellen Stabilisierung im Sinne Siegenthalers. Eine gemeinsame Orientierung der liberalen Führungsschicht habe die langfristige Bindung von Risikokapital begünstigt.[14]

Eine dieser neuen gemeinsamen Orientierungen der liberalen Eliten war eine *volks*wirtschaftliche Ausrichtung des ökonomischen Handelns, ohne den Eigennutz dabei in Frage zu stellen. Im Sinne des Territorialitätsprinzips werden der nationale Raum und die Geldflüsse in und aus diesem Raum für das ökonomische Handeln der Eliten von Bedeutung. Die Argumentationen zur Gründung von Transportversicherungen gehen meist dahin, dass das Geld für Versicherungen im nationalen Raum verbleiben und nicht ins Ausland abwandern solle.

---

12 Zur Entwicklung der Versicherungslandschaft in der Schweiz siehe Jung, Joseph (2000). *Die Winterthur: eine Versicherungsgeschichte*, P. 16-33. Zu bürgerlicher Solidarität siehe Kreis, Georg (1996). *Eidgenössische Solidarität in Geschichte und Gegenwart*. In: W. Linder et al. (Eds.). Schweizer Eigenart – eigenartige Schweiz: der Kleinstaat im Kräftefeld der europäischen Integration. P. 109-27.

13 Jung, Joseph (2000), P. 16.

14 John, Beat (1990). *Die schweizerische Versicherungswirtschaft 1850 bis 1913 unter besonderer Berücksichtigung der Wertschöpfung und der Nachfrage nach Lebensversicherung*, P. 4-7. Zum Begriff der strukturellen Stabilisierung siehe Siegenthaler, Hansjörg (1993). *Regelvertrauen, Prosperität und Krisen: die Ungleichmässigkeit wirtschaftlicher und sozialer Entwicklung als Ergebnis individuellen Handelns und sozialen Lernens.*

„Die Summen, welche aus der *Schweiz* jährlich an Versicherungsprämien ins *Ausland* wandern, gehen zum mindesten tief in die Hunderttausende hinein. Dem *Lande* aufgespart, bilden sie eine Quelle der Wohlfahrt. Alle diese Agentur- und Verwaltungskosten, Provisionen und Dividenden stellen ein Kapital dar, dessen Verwendung in *nationalökonomischer* Beziehung von ansehnlichem Vortheil ist, und es ist gewiss keine Illusion, davon nach wenigen Dezennien eine Vermehrung des *Nationalvermögens* um mehrere Millionen zu erwarten." (HdA)[15]

Tabelle 13: Gründungen von Versicherungen in der Schweiz 1800-1900

Zeit	Leben	Transport	Total
vor 1810	0	0	1
1810-25	0	1	2
1826-40	1	0	2
1841-55	1	0	1
1856-70	4	5	13
1871-85	3	3	13
1886-1900	0	0	3
Total	9	9	35
Quelle: John (1990), S. 152-55.			

Weiter unten kehre ich auf das Thema der volkswirtschaftlichen Orientierung zurück.[16] Tatsächlich lässt sich eine große Dynamik in der Entwicklung des Versicherungssektors ab Mitte der 1850er Jahre beobachten, die bis Mitte der 1880er Jahre andauert. In dieser Take-off-Phase sind Lebens- und Transportversicherungen die Motoren der Versicherungswirtschaft.

In kurzer Folge wurden sechs Gesellschaften gegründet: die Helvetia Allgemeine (1857), die Schweizerische Lloyd Winterthur (1863), die Basler Transport-Versicherungsgesellschaft (1864), die «Schweiz» Transportversicherungsgesellschaft in Zürich (1869), die Neuchâteloise Société Suisse d'Assurance des Risques de Transport (1869) und die Zürich Versicherungen (1872).[17] Im Bereich der Transportversicherungen setzte sich erstmals die Aktiengesellschaft als Gesellschaftsform durch (Helvetia, 1857). Die Transportversicherungen wie auch die Feuerversicherungen hatten zudem wesentlichen Einfluss auf die Gründung der insgesamt sechs Rückversicherungsgesellschaften in dieser Zeit. Die Schweizer Rück wurde auf Initiative der Helvetia und der Bâloise (beide Transport) gegründet, die Schweiz Allgemeine

---

15 Prospekt zur Gründung einer schweizerischen Gesellschaft für Versicherung von Land-, Fluss- und Seetransport. St. Gallen 1857. ZWD v-65.

16 Siehe unten P. 304.

17 Die Zürich Versicherung fungierte anfangs kurz als Transportversicherung. Das Geschäftsmodell erwies sich nicht als tragfähig, weil sie ihre Muttergesellschaft, die Schweiz Allgemeine, konkurrenzierte. Mitte der 1870er verlegte die Zürich ihre Tätigkeit auf Unfallversicherung. Das Transportversicherungsgeschäft wurde 1881 von der neu gegründeten Eidgenössischen Transportversicherungsgesellschaft übernommen.

betätigte sich gleichzeitig als Transport- und Rückversicherung, ebenso die Zürich.

Auch in der Wertschöpfung setzten die Transportversicherungen neue Maßstäbe. Nach Schätzungen von Beat John generierten sie 1866 zwei Drittel aller Einkünfte und über die gesamte Periode von 1850-89 immer noch ein knappes Drittel.[18] Die erzielten Renditen waren beträchtlich. Die Helvetia verteilte von ihrer Gründung 1857 bis 1880 durchschnittlich rund 35 % Dividenden an ihre Aktionäre, die Schweizerische Lloyd Winterthur von 1864 bis 1879 25 %. Hinzu kommen noch ansehnliche Tantiemen für Verwaltungsrat und Direktion. Doch die hohen Renditen verleiteten auch zur Sorglosigkeit. Bei der Winterthurer Lloyd, die innerhalb von gut zehn Jahren zum größten Transportversicherer Europas aufgestiegen war, führten ein Betrug durch zwei Direktoren und die fahrlässig vernachlässigten Reserven 1883 zum Konkurs.[19]

Nach 1890 treten die Transportversicherungen allmählich stärker in den Hintergrund, was unter anderem mit verbesserten Verkehrsverbindungen durch Erschließung neuer Verkehrswege (Suez Kanal 1869, Panama-Kanal 1914) und Innovationen bei den Verkehrsmitteln (Dampfschiffe) zu tun hatte, welche die Risiken und damit die Prämieneinnahmen wesentlich senkten. Unfall-, Lebens-, Rückversicherungen und Mobiliar wurden zu den neuen Pfeilern der kommerziellen Versicherungsbranche. Mit ihren schnellen Gewinnen und mit ihren Impulsen zu neuen Geschäftsformen und zu Innovationen für die ganze Branche hat sich die Transportsparte als Motor der frühen Entwicklung der ganzen Wirtschaftszweiges erwiesen.

Blicken wir nun auf die Verwaltungsräte der Transportversicherungs-Gesellschaften, so fällt auf, wie viele von ihnen in ihrer Tätigkeit einen starken Fokus auf asiatische – insbesondere südost- und ostasiatische – Märkte hatten, sei es, dass sie als Exporteure hauptsächlich nach Asien exportierten, sei dass sie selbst kürzere oder längere Zeit als Kaufleute in Asien tätig gewesen waren.

Wie nun ist – etwas überspitzt formuliert – die starke Präsenz Asiens im frühen professionellen Versicherungswesen der Schweiz zu erklären? Geht es um Know-how oder liegen die Gründe dafür eher in der Organisation der Aufsichtsgremien? Die folgenden Abschnitte werden diesen Fragen nachgehen und dabei auf die Netzwerke in der Transportversicherungsbranche eingehen. Damit sind wir wiederum bei der Frage der Netzwerkbildung angelangt, die bereits in Teil A angesprochen wurde. Es ist nicht der Anspruch dieses Kapitels, die Marktmechanismen im Transportversicherungswesen zu erklären. Der Fokus liegt vielmehr auf der Qualität des Netzwerks

---

18   Berechnungen aus der Datenreihe „Wertschöpfung von Privatversicherungen 1850-1913". Ritzmann-Blickenstorfer, Heiner/Hansjörg Siegenthaler (1996). *Historische Statistik der Schweiz*, 813.; siehe auch John, Beat (1990).

19   Anklageschrift an das Handelsgericht des Kantons Zürich namens der Schweizerischen Lloyd-Rückversicherungs-Gesellschaft in Liquidation gegen Direktion und Verwaltungsrat, Winterthur, 21.12.1885.

und *Reziprozitätserwartungen*: der Beschreibung des Verkehrs innerhalb eines Netzwerks und der Rationalitäten hinter der transnationalen Kooperation der Transportversicherer.

Zunächst beschreibe ich den Versicherungsmarkt in Singapur, im folgenden Abschnitt die Präsenz von Schweizer Transportversicherern in Südostasien, danach erörtere ich Rationalitäten in der Kooperation von Versicherern in der Schweiz und Handelshäusern in Übersee und komme schließlich auf die Frage der Zusammensetzung der Verwaltungsräte zurück.

Das Versicherungsgeschäft in Singapur

Als größtes Emporium in der Region, war Singapur Drehscheibe für den Handel innerhalb Südostasiens und zwischen Südostasien und Europa. Singapur entstand im 19. Jh. rund um seinen Hafen und die Godowns, die Lagerhallen, in denen Produkte aus Europa und aus dem malaiischen Archipel umgesetzt wurden. Natürlicherweise spielten Versicherungen in diesem Handel eine wichtige Rolle. Einerseits mussten mögliche Schäden von Manufakturen aus Europa beurteilt werden. Andererseits wurden Produkte im Handel innerhalb des Archipels und für die Reise nach Europa versichert. Dies geschah meist gleich beim Ankauf. Und so waren zahlreiche Versicherungen auf dem Handelsplatz präsent. Der ‚Singapore Almanac & Directory for the year 1860' listet 22 verschiedene Versicherer für den Transport auf See auf, dazu 12 Feuerversicherungen und 10 Lebensversicherungen. 1879 boten bereits 100 Versicherer ihre Policen in der Handelsstadt an. Zum Vergleich: auf dem gesamten schweizerischen Markt mit einer breiteren Palette operierten 1887 nur 85 Versicherer.[20]

Die Anbieter in Singapur kamen aus drei Kontinenten, wenige aus den USA, zahlreiche aus verschiedenen europäischen Ländern. Die meisten stellte Großbritannien, gefolgt von Deutschland, den Niederlanden und einzelnen anderen Ländern. Zahlenmäßig dominierten in den 1860er Jahren Versicherer mit Sitz in Asien, hauptsächlich aus Indien, Java und Kanton. Diese wurden zum einen Teil von europäischen Migranten geführt und aus europäischem Kapital alimentiert, den anderen Teil betrieben Händlergemeinschaften wie Parsis, Armenier oder Juden.[21] In den Gründerjahren nach 1870 drängten Versicherer aus Kontinentaleuropa, allen voran deutsche auf den Markt, und die kleineren Versicherer mit Sitz in Asien wurden verdrängt. Große koloniale Versicherungsgesellschaften mit Sitz in Südostasien wie zum Beispiel die Java Sea & Fire Insurance hatten neben einem weit

---

20 Kreisschreiben des Bundesrats an sämtliche eidgenössischen Stände, betreffend Ausführung des Gesetzes über Beaufsichtigung von Privatunternehmungen im Gebiete des Versicherungswesens. (Vom 26. Januar 1887.) *Bundesblatt*. 1887. Vol 1(4). P. 193-200.

21 Zur Stellung von Händlerdiasporas in Singapur siehe McCabe, I. B. (2005).

reichendem Agenturennetz von Indien bis China gegenüber europäischen Versicherern den Vorteil der schnellen Erledigung von Schadensfällen.[22]

Sämtliche Agenturen wurden von den dort ansässigen Handelshäusern als Nebengeschäft betrieben. 1864 führten 26 Handelshäuser die Agenturen für 93 Versicherungsgesellschaften, 1879 23 Häuser für deren 100. Größere Handelshäuser führten somit die Agenturen für verschiedene Versicherer. Die Firma Behn, Meyer & Co hielt 1895 die Agenturen von 14 Reedereien, 27 Versicherungen und von 2 Schiffs-Klassifikationsgesellschaften.[23]

Die Kumulation von Reederei-, Versicherungsgeschäft und Produktexport versetzte Handelshäuser in die Lage, Paketlösungen anzubieten und Druck auf Lieferanten auszuüben, indem sie Transport und Versicherung von einander abhängig machten.[24] Tonnage wurde demgemäß nur vergeben, wenn gleichzeitig eine Versicherung aus dem Angebot des Handelshauses abgeschlossen wurde. Auch die Kombination von Importtätigkeit und Versicherung bot den Handelshäusern Vorteile, indem sie bei guter Geschäftslage den Verkauf von Waren mit Versicherungsabschlüssen kombinieren konnten. Der Chronist der Firma Diethelm & Co in Singapur berichtet von der Bekämpfung von Missbräuchen in der Feuerversicherung durch die Drohung, Kredite im Importhandel zu kündigen.[25]

Die transkontinentalen Handelshäuser gehörten sebst zu den besten Kunden von Versicherungen. Henri Fischer, ab 1879 Teilhaber des mittelgroßen Hauses Kaltenbach, Fischer & Co schreibt 1881: „Wir zahlen in unserem Geschäft jedes Jahr 200.000 Franken Versicherungen, obgleich selten etwas passiert."[26] Als Versicherungsagenten konnten Handelshäuser Teile ihrer Prämienkosten wieder decken, indem sie üblicherweise an den Gewinnen aus dem Versicherungsgeschäft, das sie generierten, beteiligt waren. Der Abschluss von Generalpolicen erlaubte, günstige Konditionen auszuhandeln. Die tieferen Kosten und die Vorteile, die sich aus der Verbindung Handel, Shipping und Versicherungsagentur ergaben, setzten starke Anreize, Versicherung und Shipping komplett in die Handelsunternehmen zu internalisieren.[27]

Das Geschäft war angesichts der zahlreichen Anbieter hart umkämpft, und die Konkurrenz wurde „in vielen Beziehungen nicht allzu sauber ausgetragen"[28]. Die starke Konkurrenz mit spekulativen Tendenzen ist typisch für das Versicherungswesen der Gründerjahre. In Singapur spürte man mithin auch die rasche Expansion des kontinentaleuropäischen Versicherungswesens in der Periode.[29]

---

22 Schweizer-Iten, Hans (1973), P. 49.

23 Meyer, Günther (1970), P. 95.

24 Hinweis bei Schweizer-Iten, Hans (1973), P. 48.

25 Schweizer-Iten, Hans (1973), P. 48ff.; siehe auch Eggenberger, J. (1987), 24f.

26 Henri Fischers an seine Eltern in Winterthur vom 6.8.1881. DA Z4. Ca Di 22.

27 Jones, G./Wale, J. (1998), P. 384ff.

28 Schweizer-Iten, Hans (1973), P. 48.

Südostasien und der Versicherungsmarkt in der Schweiz

Was die Jahresberichte der sieben Transportversicherungsgesellschaften in der Schweiz betrifft, so scheint Südostasien irrelevant gewesen zu sein. In keinem der Jahresberichte – zugegebenermaßen nicht die informativste Quelle, was die Geschäftspraxis einer Firma betrifft – ist von Asien oder irgend ein Land des Kontinents je die Rede. Die Helvetia listet in den ersten Jahresberichten ihre Agenturen auf, aber nur solche in den großen Seehäfen Europas.[30]

In einer Machbarkeitsstudie für eine Transportversicherungsgesellschaft in der Schweiz, welche der Gründung der Helvetia vorausging, erscheint Asien jedoch an prominenter Stelle.[31] Die Studie ging von der aktuellen Handelsbilanz der Schweiz aus, aufgefächert nach Produkten und Regionen. Aufgrund der Summe von Importen und Exporten wurde nach Maßgabe von Produkt und Herkunfts- oder Zielregion eine Gesamtsumme an Prämien errechnet, unter der Annahme, dass sämtliche transportierten Güter (außer Vieh und ein Teil des Fluss- und Landtransports) versichert würden. Die Studie ging weiter davon aus, dass eine schweizerische Gesellschaft einen Drittel dieser Prämien erzielen und darüber hinaus noch einen Teil des Markts in großen europäischen Seehäfen übernehmen könne.

Tabelle 14: Schätzung der potentiellen Prämien-Einkünfte einer Transport-Versicherung auf Basis der Handelsbilanz

Region	Handelsbilanz*	Geschätzte Prämien*	Regionale Verteilung der Prämien
Asien	30120	628.0	27.3%
Amerika	88940	748.2	32.6%
UK	70600	325.7	14.2%
Europa	311500	307.7	13.4%
Levante	35840	243.0	10.6%
Schweiz	45000	45.0	2.0%
Total	582000	2297.6	100%

*in 1000 Fr.
Quelle: Prospekt zur Gründung einer schweizerischen Gesellschaft für Versicherung von Land-, Fluss- und Seetransport. ZWD v-65.

---

29 Zur generellen Konkurrenz in den Gründerjahren siehe Koch, Peter (1999). *125 years of the International Union of Marine Insurance. P. 9.*

30 Helvetia, Allgemeine Versicherungsgesellschaft in St. Gallen. Geschäftsberichte für die Jahre 1859, 1860.

31 Prospekt zur Gründung einer schweizerischen Gesellschaft für Versicherung von Land-, Fluss- und Seetransport. St. Gallen 1857. ZWD v-65.

In Tab. 14 machen Australien und Asien (ohne Levante) über 25 % aus, obwohl nur rund 6 % des Handelsverkehrs in diese Kontinente ging. Der hohe Anteil ergibt sich aus den massiv höheren Versicherungsprämien, die aufgrund der größeren Distanzen der Reise per Segler ums Kap der Guten Hoffnung festgesetzt wurden. Während der Prämie für den Transport zu Land und Fluss meist nur zu 0.1 % des Warenwertes veranschlagt wurde, standen Seetransporte nach Asien mit 2.5 % zu Buche.

Die prognostizierte Struktur des Marktes blieb nicht ohne Auswirkungen auf die Verteilung der Agenturen. Ursprünglich wollte die Helvetia nebst Niederlassungen in Schweizer Städten auch solche in europäischen Seehäfen, namentlich in Hamburg, Bremen, Rotterdam, Amsterdam, Antwerpen, Le Havre, Marseilles, und Genua gründen. In Übersee plante sie so genannte Havariebüros, Agenturen zur Beurteilung von Schadensfällen. Die Helvetia beschränkte sich demgemäß auf die Exportseite des Handels nach Asien. Die Ergebnisse der ersten Jahre spiegeln die Prognose. Allerdings wurden die Prämien nicht nach den Destinationen des Transportes ausgewiesen, sondern nach dem Ort, wo sie erhoben wurden. 1863 machten die Prämien für Transporte zu Land dabei gerade mal 3 % aus, während die Prämien für Transporte zu See 97 % der Einkünfte ausmachten. Hamburg mit seinen Verbindungen nach Übersee war der wichtigste Stützpunkt für die Helvetia.[32]

Für die Beurteilung von Schäden an den Exportdestinationen brauchte die Helvetia Gewährsleute. In nur wenigen Jahren hatte die Helvetia ein weltweites Netz solcher Havariebüros aufgebaut. Vorgesehen waren außerhalb Europas: Konstantinopel, Smyrna, Alexandria, Algier, Kapstadt, Bombay, Kalkutta, Moulmein und Akyab (Burma), Point de Galle (Ceylon), Penang, Singapur, Batavia, Hongkong, Kanton, Shanghai, Manila, Sydney, Melbourne, San Francisco, Buenos Aires, Montevideo, Valparaiso, Lima, Rio de Janeiro, Salvador de Bahia, Pernambuco (Recife), Veracruz, New York, New Orleans, Boston, Philadelphia, Havanna und St. Thomas.[33] An den meisten dieser Orte wurden auch tatsächlich Havariebüros eingerichtet. Dafür musste die Helvetia auf die dort etablierten Handelshäuser zurückgreifen. Dies galt übrigens nicht nur für die Havariebüros, sondern auch für sämtliche Verkaufsagenturen, ob in der Schweiz oder im Ausland; direkt angestellt waren nur einige Kaufleute und Buchhalter am Hauptsitz.

Im Geschäftsverzeichnis von Singapur von 1860 ist das Handelshaus Zapp, Ritterhaus & Co als Vertreter der Helvetia eingetragen, also bereits ein Jahr nachdem die Gesellschaft operativ tätig war. Mit der raschen Etablierung einer Agentur in Singapur ist die Helvetia unter den schweizerischen Gesellschaften keine Ausnahme: Alle waren sie kurz nach ihrer Gründung dort und zum Teil auch in Penang für Schadensabklärungen vertreten.[34] Die Einrichtung solcher Havariebüros scheint die Gesellschaften nicht vor große logistische Probleme gestellt zu haben. Sie konnten auf bestehende Handelsnetzwerke zurückgreifen. Bei der Gründung der

---

32 Helvetia Archiv. VR-Protokoll. Prämien-Einnahmen bis Ende Juni 1863.
33 Helvetia Archiv. Direktions-Protokoll. Directorial-Sitzung vom 2. Februar 1859.

Schweiz Allgemeinen Versicherung werden Unterlagen zur Gründung von Havariebüros weltweit an 304 Personen geschickt. Dies geschieht schnell und ohne größere Spuren in den Protokollen zu hinterlassen. Im Gegensatz dazu gestaltet sich die Suche und Auswahl der Kapitalgeber und die Organisation des Verwaltungsrats in der Schweiz weit schwieriger.[35]

Die Helvetia wollte ihre Präsenz in Übersee anfangs auf Havariebüros beschränken und keine eigentliche Geschäftstätigkeit aufnehmen:

„Unsere Befürchtung, die Operationsweise von so entfernt gelegenen Agenturen nicht mit der erforderlichen Sorgfalt kontrollieren zu können, ist der Grund, weshalb wir uns zur Errichtung solcher nur schwer entschliessen können."[36]

Die frühen Jahre der Helvetia zeichnen eine intensive Reisetätigkeit der Direktion zu den Agenturen in den europäischen Seehäfen aus. Das Gespräch von Angesicht zu Angesicht war offensichtlich ein wichtiges Element der Vertrauensbildung, und ein solches war auf den Plätzen in Südostasien natürlich nicht möglich.

Die Beschränkung der Aktivität in Übersee war von kurzer Dauer. Bereits 1862 beschäftigte sich der Verwaltungsrat „zum wiederholten Male" mit der Frage der Errichtung einer Agentur in Batavia. Über ihren Präsidenten, Salomon Zellweger, der als Textilexporteur eine Geschäftsverbindung mit dem Hause E. Moormann & Co in Batavia pflegte und für dessen guten Ruf garantierte, kam das deutsche Handelshaus zu einer Generalagentur, die auch Policen verkaufen konnte. Zur Risikominderung beschränkte die Helvetia den Maximalwert der versicherten Waren pro Schiff. Damit war die Helvetia auch an den Filialplätzen des Hauses in Surabaya, Makassar und Semarang vertreten. Ohne die Beziehungen von Zellweger wäre die Helvetia „höchstwahrscheinlich nicht auf den Gedanken gekommen, in Batavia eine Agentur zu errichten."[37] Die Handelsnetze der Textilexporteure waren also grundlegend für den Ausbau der Geschäftsbeziehungen nach Übersee und den damit verbundenen Vertrauensvorschuss.

34 Die Helvetia Allgemeine, die Bâloise und die Schweizerische Lloyd durch Zapp, Ritterhaus & Co (später Staehelin & Stahlknecht); die Schweiz Allgemeine durch Rautenberg, Schmidt & Co; die Neuchâteloise durch Behn, Meyer & Co; die Swiss Marine Insurance Co (Zusammenschluss von Bâloise, Helvetia und Swiss Lloyd in London) durch Puttfarcken, Rheiner & Co. Singapore Directory for the years 1860, 1862, 1864, 1866, 1870, 1877, 1879, 1881.

35 Protokolle des VR und des Ausschusses der Schweiz Allgemeine Versicherung, 1869-70. Archiv Swiss Re.

36 Helvetia Archiv. Verwaltungsratsprotokolle, Bd. 3. Geschäftsbericht der Direktionskommission der Helvetia Allgemeinen, 27.5. 1867.

37 Helvetia Archiv. Verwaltungsratsprotokolle. 45. Sitzung vom 17. 6. 1862; 47. Sitzung 30. 10. 1862.

„Die Hauptsache bleibt aber bei der grossen Entfernung von uns in noch höherem Maße als gewöhnlich die Persönlichkeit, welcher die Leitung dieses Geschäftes anvertraut wird."[38]

Da der Abschluss von Versicherungen zum Alltag von Handelshäusern gehörte und da sie Vorteile aus der Verbindung von Güterverkauf und Versicherungsabschlüssen ziehen konnten, traten weitere Häuser auf die Helvetia zu, um sich für eine Hauptagentur zum Abschluss von Policen zu bewerben. 1867 war – ebenfalls „zum wiederholten Male" – der Platz Singapur im Gespräch. Der Verwaltungsrat konnte gleich drei Bewerbungen beurteilen, nämlich der Häuser Stähelin & Stahlknecht, Puttfarcken, Rheiner & Co und Rautenberg, Schmidt & Co. Aus dem Bericht zum Geschäft gehen die Kriterien der Helvetia hervor:

„Die Hauptbedingung, welche wir bei Eintreten in ein derartiges Unternehmen stellen, ist ein volles Vertrauen unsererseits in die *moralische* und *finanzielle* Lage des Hauses, welchem wir das Mandat übertragen [...]."[39] (HdA)

Bei allen drei Häusern war das moralische Vertrauen gegeben. Beim ersten hegte die Helvetia hingegen Bedenken, dass das junge Unternehmen nicht über genügend Reserven verfügen könnte, beim zweiten hatten sie Vorbehalte zur Art und Weise der Unternehmungsführung. Schließlich erhielten Rautenberg, Schmidt & Co, das „grösste deutsche Haus" in Singapur mit Filiale in Penang das Vertrauen des Verwaltungsrates. Ausschlaggebend scheinen finanzielle Kriterien gewesen zu sein. „[...] obwohl beide [die Kaufleute Georg Emil Stähelin und Johann Otto Rheiner] uns als St. Galler näher stehen, so empfehlen wir Ihnen dennoch die Wahl auf H(erren) Rautenberg & Schmidt zu lenken."[40] Das Wörtchen ‚näher' meint dabei nicht die Distanz zu Singapur oder Hamburg: die Verhandlungen für Rautenberg Schmidt & Co führte Partner Konrad Sturzenegger aus Trogen!

In einer Annonce von 1870 im Singapurer Geschäftsverzeichnis präsentiert sich die Helvetia als eine der großen Versicherungsagenturen in der Region. Die Anzeige listet ihre weltweiten Agenturen und deren Vertreter auf. 16 der 28 Agenturen befinden sich im Mittleren und Fernen Osten.

Tabelle 15: Regionale Verteilung Agenturen der Helvetia St. Gallen, 1870

Europa	USA	Naher Osten	Indien	Südostasien	Ostasien	Australien	Total
9	2	1	2	7	4	3	28
Quelle: Singapore and Straits Directory, 1870.							

38 Dieser Geschäftsführer war Konrad Sonderegger, der wie Salomon Zellweger aus Trogen stammte. Helvetia Archiv. Verwaltungsratsprotokolle, Bd. 2. 47. Sitzung des Verwaltungsrat der Helvetia Allgemeinen, 30.10. 1862.

39 Helvetia Archiv. Verwaltungsratsprotokoll Bd. 3. Geschäftsbericht der Direktionskommission der Helvetia Allgemeinen an den Verwaltungsrat, 27.5. 1867.

40 Ebd.

Diese Liste ist sowohl ein Spiegel der Renditeerwartungen der Helvetia als auch einer der Destinationen der Ostschweizer Textilexportindustrie, denn ohne die Kaufleute aus der Ostschweiz, die sich in allen Weltregionen etablierten, hätte die Helvetia weder Aufträge gehabt noch Agenturen gründen können.

Es bleibt allerdings offen inwiefern die Hoffnungen der Helvetia bezüglich der Einkünfte auf dem südostasiatischen Markt tatsächlich erfüllt worden sind. Ein unsystematischer Blick auf die Geschäftszahlen, (die in den Verwaltungsratsberichten nur unregelmäßig zusammengetragen worden sind), zeigt eher ernüchternde Resultate, auch wenn man berücksichtigt, dass die größten Kunden über Generalpolicen verfügten, die in der Zentrale verrechnet wurden. Die Generalagentur in Singapur scheint Mitte der 1880er Jahre wieder eingestellt worden zu sein. Auch die Schweiz Allgemeine musste in den 1880er Jahren unrentable Agenturen in Asien schließen, so zum Beispiel in Calcutta und Bombay. Doch ihre Generalagentur in Singapur, die nach dem Ersten Weltkrieg von der Firma Hooglandt & Co, der Tochterfirma von Diethelm & Co in Zürich geführt wurde, blieb bis zum Zweiten Weltkrieg bestehen. Hooglandt führte auch die Schadensbüros für die Helvetia und die Bâloise bis zu ihrer Schließung vor dem Zweiten Weltkrieg.[41]

Ich will damit keine Aussagen über die effektive Bedeutung des Geschäftes für die Anfangszeit des Transportversicherungsgeschäft machen. Die Zahlen dafür müssten erst genau erhoben werden. Vielmehr liegt mir daran zu zeigen, dass die Transportversicherungsgesellschaften Zeit und Mühe darauf verwendeten, auf den dortigen Märkten präsent zu sein. In den Verwaltungsrats- und Direktionsprotokollen tauchen in den Jahren zwischen 1860 und 1880 mit gewisser Regelmäßigkeit Fragen auf, mit wem, auf welchem Platz und zu welchen Bedingungen kooperiert werden soll.

Regionale und nationale Netzwerke

Eine Besonderheit des Transportversicherungsmarktes war, dass viele der in einer *internen* Beziehung zur Institution Stehenden (Aktionäre, Verwaltungsräte, Agenten) gleichzeitig in einem *externen* Verhältnis als Kunden standen. Eine gleichzeitige Innen- und Außensicht prägte mitunter den Geschäftsalltag, und es wurde viel über Geben und Nehmen, über Ansprüche und deren Angemessenheit gesprochen. Die Schweiz Allgemeine etwa schreibt in ihrem zweiten Jahresbericht:

„In dem Bewusstsein, dass die Gesellschaft das Eigentum eines grossen Teils der ostschweizerischen Kaufmannschaft ist, war unser Bestreben weit mehr darauf gerichtet, unserm Handelsstande ein nützliches Institut zu sein, als grosse Dividenden zu verteilen. Glücklicherweise geht dieses Prinzip Hand in Hand mit der Prosperität jeder Versicherungsgesellschaft."[42]

---

41 Singapore and Malayan Directory for the year 1940, P. 417.
42 Jahresbericht der Schweiz Allgemeine Versicherungsgesellschaft. Zürich, 1870.

Wie eng die Beziehungen zwischen Gesellschaft und Kunden mitunter waren, zeigt das Beispiel der Firma P. Blumer & Jenny in Schwanden. Conrad Blumer, Fabrikant in Schwanden, war Verwaltungsrat der Helvetia Allgemeinen. Seine Firma verfügte über eine Generalpolice. Seine Geschäftspartner in Singapur war das Haus Rautenberg, Schmidt & Co. Diese waren gleichzeitig die dortigen Generalagenten der Helvetia. Der Transport von Waren von P. Blumer & Jenny nach Singapur lief bis Rotterdam oder Marseilles auf ihrer Generalpolice und ab dort auf derjenigen von Rautenberg, Schmidt & Co. Beide Firmen profitierten indirekt vom Gewinn der Helvetia.[43] Man kann hier kaum von entfesselten Kräften des Marktes sprechen, eher von einem Austarieren von Interessen.

Großkunden wie zum Beispiel Niederer & Co in Batavia wurden unter anderem mit der Aussicht auf Gewinnbeteiligung gewonnen.[44] Der Aufbau des Verkäufernetzes in Übersee war somit immer auch Teil der Kundenakquisition. Die Helvetia verknüpfte mit der Ernennung des deutschen Handelshauses Pustau & Co in Hongkong, Shanghai und Kanton zur Generalagentur die explizite Hoffnung, damit ihren Kundenstamm wesentlich erweitern zu können.[45] Dies wäre ein Beispiel für das, was Mark Granovetter die ‚Stärke schwacher Bindungen‘ nennt: die Verbindung mit einem Glied außerhalb des eigenen engen Netzwerks ermöglicht Zugang zu dessen engerem Netzwerk.[46]

Natürlich wurde darauf geachtet, dass auch die Kaufleute in Übersee von der Verbindung profitierten, oder – wie sich der erste Direktor der Bâloise ausdrückte mit Bezug auf die Errichtung der Agenturen ausdrückte –„dass die Interessen der dortigen Vertreter mit den Interessen der Gesellschaft Hand in Hand gingen und beiden Seiten ein lohnendes Resultat gewährten.“[47] Die Vorteile für die Kaufleute wurden bereits erwähnt.

Doch ein einseitiger Fokus auf Kundenakquisition bei der Errichtung von Agenturen wäre gefährlich gewesen, zumal hier ein Vertrauensverhältnis aufgebaut werden musste, bei dem es teilweise um große Summen und den Ruf der Firma ging. Bei der Vergabe der Agenturen – besonders bei den fern liegenden, die man nicht besuchen konnte – walteten die Verantwortlichen mit großer Vorsicht. Ein Blick auf die Liste der Agenturen der Helvetia in Übersee zeigt zwar zahlreiche holländische und deutsche Partner im Ausland, so in Adelaide, Alexandria, Amsterdam, Antwerpen, Batavia (inkl. Semarang und Surabaya), Bremen, Hamburg, Hongkong (inkl. Shanghai

---

43 Assecuranz Journal der Allg. Versicherungs-Gesellschaft ‚Helvetia‘ für Herren P. Blumer & Jenny, No 10. Wirtschaftsarchiv Schwanden. M 11-1/1.

44 Archiv Swiss Re. Protokoll des Ausschusses der Schweiz Allgemeinen. Bd. 1. Sitzung vom 14.2.1873.

45 Helvetia Archiv. VR-Protokoll der Helvetia. 54. Sitzung vom 10. Juli 1863.

46 Granovetter, M. (1983). The strength of weak ties: a network theory revisited. *Sociological Theory* 1. P. 201-33.

47 Mangold, Fritz (1940). *75 Jahre Basler Transport-Versicherungs-Gesellschaft, 1864-1939*, P. 25.

und Kanton), Liverpool, London, Makassar, Penang, Rotterdam und Singapur, was auf eine Politik der Erweiterung des Kundennetzwerkes deutet. Doch der Name des Agentureigners ist nicht sehr aussagekräftig, wie die Beispiele Singapurs, Penangs und Batavia zeigen. Oft liefen die Kontakte zu den deutschen Handelshäusern über Mitarbeiter aus dem engeren Umfeld der Ostschweizer Textilindustrie. Die Helvetia scheint die Vorteile der Erweiterung des Netzwerks zur Kundengewinnung mit denen der Kontrollmöglichkeiten über das engere regionale Netzwerk verbunden zu haben.

Die Verbindung zu den Agenturen war stets prekär. So musste die Direktion der Schweiz Allgemeinen den Verwaltungsrat informieren, dass in den amerikanischen Agenturen hohe Beträge, teilweise bis zu 250.000 Fr. verblieben, was sie als „unangenehme Situation" bezeichnete, auch wenn die Agenten vollstes Vertrauen genossen.[48] Handelshäuser konnten in Konkurs geraten und Guthaben lange blockiert sein, wie etwa im Falle des Hauses E. Moormann & Co in Batavia, das trotz seines guten Rufes die Erwartungen nicht erfüllte und Mitte der 1870er Jahre Konkurs ging. Die Agentur der Helvetia in den Niederlanden konnte wenigstens einen Teil des Kredits wieder zurückerlangen. Bei der Schweiz Allgemeinen missbrauchten die Agenten in Paris und Yokohama das Vertrauen. Der Agent in Paris veruntreute 55.000.- Fr., und das Haus Abegg, Borel & Co in Yokohama spekulierte mit einem Kredit, der zur Schadensdeckung reserviert war.[49] Im Falle Yokohama konnte über den Chef des Hauses in Genf und den Vater von Herrn Borel Druck gemacht bzw. Sicherheiten verlangt werden. Dass die Tätigkeit des Vaters als Pfarrer im Protokoll erwähnt wird, legt nahe, dass diese Intervention mehr moralischen als finanziellen Charakter hatte, dass also eine bestimmte Art des Verhaltens unter Einbezug des sozialen Umfelds eingefordert wurde.

Hartmut Berghoff hat in seiner Studie über die Vertrauensgenese im interkontinentalen Handel die privilegierte Position von engeren Netzwerken wie Familie, regionalen Kreisen und religiösen Gemeinschaften dargelegt.[50] Tatsächlich scheint die Führung der Helvetia geneigt gewesen zu sein, Personen aus dem nahen regionalen Umfeld größeres Vertrauen entgegen zu bringen. Die Geschäftsbeziehung war damit sozial stärker eingebettet. Bei einem groben Fehlverhalten drohte nicht nur dem Missetäter, sondern unter Umständen auch seiner Familie soziale Ächtung.

Kaufleuten in Übersee wurde Vertrauen in Form von Krediten und in der Ermächtigung zur Abwicklung von Schadensfällen entgegengebracht. Bei den engmaschigen Beziehungen von Kaufleuten in Übersee war bei der Erhebung von Schadensfällen die Loyalität der Kaufleute zur Versicherung

---

48 Archiv Rück. VR-Protokoll Schweiz Allgemeine. 20. Sitzung vom 30. 10. 1874. Bd. 1, P. 55f.

49 Helvetia Archiv. Direktionsprotokoll. Sitzung vom 20. 5. 1878; Archiv Swiss Re. VR-Protokoll Schweiz Allgemeine. 38. Sitzung vom 18. 7. 1879. Bd. 1, P. 81f.; Protokoll des Ausschusses. Sitzung vom 25.6.1873. Bd. 1.

50 Berghoff, Hartmut (2004).

besonders wichtig. Das Vertrauen gründete auf der Einbindung in ein regional verankertes System von Geschäftsverbindungen. Die Kontaktleute der Helvetia in Südostasien hatten ihre Ausbildung meist bei einem Textilexporteur durchlaufen, waren über die großen Exporteure zu ihren Stellen in Übersee gekommen; diese wiederum gehörten zu ihren wichtigsten Kunden. Einige große Textilexporteure saßen wiederum im Verwaltungsrat der Helvetia. Die Versicherung konnte deren Netzwerke nutzen und profitierte gleichzeitig davon, dass durch die Akkumulierung von Transaktionen im Netzwerk zusätzliche Abhängigkeiten geschaffen wurden, welche die Beziehung stabilisierten und die Möglichkeit eines Betrugs minderten. Auf diese Weise waren Geschäftsbeziehungen mehrfach abgesichert; ein Vertrauensmissbrauch konnte zu einem Verlust aller Beziehungen führen.

Langfristige externe Verbindungen konnten, wie Cox et al. am Beispiel eines britischen Handelshauses in Hongkong und Shanghai zeigen, für eine Firma kompetitive Vorteile bringen, bargen aber auch Gefahren, insofern als sich Verhandlungspositionen ändern konnten oder veränderte politische und ökonomische Bedingungen einen ehemals wertvollen Partner zu einer Bürde machten.[51] Versicherer waren deshalb auf Partner angewiesen, die ihre Interessen nicht nur nicht hintergingen, sondern sich auch aktiv dafür einsetzten. Bei der Expansionsstrategie waren weniger regionale als nationale Kriterien maßgebend. Bereits erwähnt wurde die Argumentation in Bezug auf die Gründung der Helvetia, nämlich „die Vermehrung des Nationalvermögens".[52] Die Helvetia vermehrte in ihren ersten Geschäftsjahren das ‚Nationalvermögen' so erfolgreich, dass sie die Dividenden zugunsten der Reserven bewusst niedrig halten musste, „um nicht Konkurrenten auf den Plan zu rufen".[53] Die Konkurrenz kam bekanntlich bald. Doch es entsprach der damaligen nationalökonomischen Logik der Führungsgremien, gemäß der möglichst viel Geld der Volkswirtschaft zugute kommen sollte, dass sich die Gesellschaften nicht gegenseitig konkurrierten, sondern sich bald auf eine Aufteilung des inländischen Marktes und auf Kooperationen im Ausland einigten. Der politische Rahmen des Bundesstaates begünstigte solche nationalen Lösungen, insofern als internationale Allianzen weniger politische Stabilität aufwiesen und je nach politischer Lage negative Effekte bargen.

Ein wesentlicher Schritt in Richtung Kartellbildung war die gemeinsame Gründung der Schweizerischen Rück 1863. Die Helvetia erhoffte sich davon, die Unterstützung der SKA, die am Projekt Rück beteiligt war und bisher nur Geschäftsverbindungen zur Schweizerischen Lloyd gepflegt hat-

---

51   Cox et al. führen nebst dem Aspekt der Dichte der sozialen Verbindungen, vor allem den der Dauer von Geschäftsverbindungen als Grundlage an. Cox, H./Biao, H./Metcalf, S. (2003). Compradors, Firm Architecture and the ‚Reinvention' of British Trading Companies. *Business History* 45(2). P. 16f.

52   Prospekt zur Gründung einer schweizerischen Gesellschaft für Versicherung von Land-, Fluss- und Seetransport. St. Gallen 1857. ZWD v-65.

53   Helvetia Archiv. VR-Protokoll der Helvetia. 54. Sitzung vom 10. Juli 1863.

te, zu gewinnen. Gleichzeitig sollte damit auch der Platz Zürich mit dem nötigen Häppchen abgespeist werden, damit dort von der Gründung einer weiteren Konkurrenzgesellschaft abgesehen würde.[54] Der Hunger der Zürcher sollte nur wenige Jahre später erneut erwachen, und diesmal konnte die Konkurrenzgesellschaft nicht mehr verhindert werden.

Die Kooperation und Tarifabsprachen gaben bei den Versicherern an sich wenig zu reden, die Verteilungsschlüssel hingegen durchaus. Die Neuchâteloise zum Beispiel stellte für einen Beitritt zum Preiskartell – bei den Versicherern hieß das Kartell ‚Convention' – zur Bedingung, dass alle Abschlüsse von 10.000 Fr. und höher aufgeteilt werden sollten, was für die anderen Gesellschaften unakzeptabel war.[55] Die Praxis des gemeinschaftlichen Geschäfts führte zu wiederholten Anpassungsprozessen. Für Tarifabsprachen bestand an sich wenig Spielraum, da die Tarife international ohnehin stark konvergierten und schon fast halb offiziell waren. Die Versicherer hatten hingegen einen Spielraum für Preisgestaltung in Form von Rabatten, deren Zulässigkeit im Kartell jedoch für Diskussionen sorgte.[56] Die Kooperation war keineswegs harmonisch, und die Versicherer trugen ihre überregionale Konkurrenz weiterhin aus, jedoch nicht am Markt, sondern am Verhandlungstisch: Aushandlungsprozesse innerhalb des Kartells legten fest, wem wie viel zustand.

In Verhandlungen konnten die Verbindungen ins Ausland in die Waagschale geworfen werden. Gutes Networking zahlte sich aus. Das Kartell war international tätig. Einige Agenturen wurden auf gemeinsame Rechnung betrieben. In London traten die Helvetia, die Schweizerische Lloyd, die Bâloise und später auch die Schweiz allgemeine gegen außen unter dem Namen «Swiss Marine Insurance Companies Ltd» auf. Dank der gemeinsamen Haftung konnte mit einer höheren Kapitaldeckung geworben und die Kosten für den Betrieb von Agenturen gesenkt werden.

In Yokohama hatte das Haus Siber & Brennwald als Agent der Helvetia eine Generalpolice, die der Helvetia regelmäßig gute Einkünfte brachte, welche die maximalen Risiken pro Schiff nicht strapazierten. Das Importgeschäft aus Japan hingegen erforderte eine höhere Flexibilität, da teilweise große Mengen versichert werden mussten. Die Helvetia wollte daher die Convention ins Geschäft einbeziehen, um Siber & Brennwald höhere Maxima anbieten zu können. Die lukrativen Exportbeziehungen wollte sie allerdings auf eigene Rechnung betreiben. In San Francisco reduzierte die Helvetia ihre Zusammenarbeit mit dem Germanischen Lloyd und der Allgemeinen Versicherungsgesellschaft Düsseldorf zugunsten einer Kooperation mit Bâloise und der Schweiz Allgemeinen. Dies geschah auf Initiative der Schweiz Allgemeinen, die als Mitgift eine eigene Verbindung zu einem

---

54 Wartmann, Hermann (1875), P. 70f.

55 Helvetia Archiv. Direktions-Protokoll. Sitzung vom 17. Dezember 1873.

56 Die Helvetia musste Spezialpolicen, auf die sie Rabatte gewährt hatte, in Generalpolicen umwandeln. Helvetia Archiv. Direktions-Protokoll. Sitzung vom 2. Januar 1867.

respektierten Haus in San Francisco mitbrachte, während sich die Helvetia zuvor auf die Netzwerke ihrer deutschen Partner stützte.

Damit wurden die Netzwerke im Ausland gewissermaßen nationalisiert, auch wenn der dem Kartell zugrunde liegende Zweck, Kosten zu senken und Marktmacht zu gewinnen, keine Auswahl der Partnern im Ausland nach nationalen Kriterien verlangt hätte. Trotzdem hält die Festschrift der Basler Transportversicherung fest, dass als Havarie-Kommissäre Schweizer bevorzugt wurden und zwar solche, die auch die anderen Transportversicherungen vertraten.[57] Auch bei den Generalagenturen ist eine solche Nationalisierung festzustellen.

Die Schweizer Versicherer sind hier keine Ausnahme. Bei den Anbietern von Versicherungen in Singapur zeichnet sich ein Bild nationaler Konvergenz ab: Die Herkunft von Versicherungsgesellschaften (britisch, indisch, niederländisch, deutsch und schweizerisch) und den namengebenden Partnern der Handelshäusern deckt sich weitgehend. Auffällig ist die weitgehende Kooperation von Deutschen und Schweizern.

Das Transportversicherungsgeschäft ist damit Teil der intensivierten nationalen Konkurrenz zwischen den westlichen Staaten im Rahmen des wirtschaftlichen Imperialismus. Saskia Sassen betrachtet den Unterschied zwischen der heutigen Globalisierung und derjenigen des 19. Jh. dahingehend, dass der industrielle Kapitalismus des 19. Jh. in seinen globalen Operationen hauptsächlich auf den Nationalstaat ausgerichtet gewesen sei.[58]

Die territoriale Ausrichtung der Ökonomie ist dabei als ein Denkmuster zu betrachten, das die Köpfe wirtschaftlicher Akteure besiedelte und deshalb im wirtschaftlichen Alltag *tendenziell* wirkungsmächtig war. Die Versicherer kooperierten nach Gelegenheit auch weiterhin stark mit ausländischen Handelshäusern und Versicherungsgesellschaften, insbesondere in den Nachbarländern. Doch die gesteigerte ökonomische Konkurrenz im aufkommenden Imperialismus ließ auch die Schweizer Wirtschaft stärker auf die Möglichkeiten ihrer Präsenz in der Welt achten. Den Kaufleuten im Ausland kam dabei eine privilegierte Stellung, eine Brückenfunktion für die Anknüpfung an Rohstoffmärkte, für die Schaffung von Exportmöglichkeiten und generell für den Austausch von Informationen zu. Was häufig in sich weltweit ausbreitenden, doch regional verankerten Netzwerken begonnen hatte, führte durch überregionale Kooperation zu nationalen Netzwerken, die im jungen Bundesstaat ihre territoriale und in der liberalen Elite ihre personelle Entsprechung fand.[59]

57 Mangold, Fritz (1940), 26.

58 Sassen, Saskia (2006). *Territory, authority, rights*, P. 74.; zum Verhältnis von nationalökonomischem Diskurs und Imperialismus im 19. Jh siehe Kap. 3 „Assembling national political economies centered on imperial geographies".

59 Zum Verhältnis von Außenhandel, überregionaler Kooperation und Bundesstaat siehe Siegenthaler, Hansjörg (1982). *Die Bedeutung des Aussenhandels für die Ausbildung einer schweizerischen Wachstumsgesellschaft im 18. und 19. Jh.* In: N. Bernard (Ed.). Gesellschaft und Gesellschaften. P. S. 325-340.

Kaufleute im Ausland agierten in diesen Strukturen. Nützlichkeit für die Volkswirtschaft gehörte zu den Interpretationsmustern, nach denen sie ihre wirtschaftlichen Handlungsweisen beurteilten und mit denen sie sich Reputation erwerben konnten. Gleichzeitig waren Versicherungen ein zu hoher Kostenfaktor, als dass hier nicht noch andere Kalkulationen in Betracht gezogen worden wären. Eine weitere Überlegung, die dabei eine Rolle gespielt haben könnte, ergab sich aus der Migrationssituation dieser Kaufleute. Sie waren auf Zeit im Ausland und mussten vor ihrer Rückkehr Karrieremöglichkeiten ausloten. Die Aussicht auf eine Stellung in einer Versicherung war attraktiv, und es ist wahrscheinlich, dass Kaufleute solche Optionen aktiv verfolgt haben. Tatsächlich findet man verschiedene Kaufleute aus Asien nach ihrer Rückkehr im Kader oder den Aufsichtsorganen von Versicherungen, womit wir bei der Zusammensetzung der Verwaltungsräte angelangt wären.

Die Option für die ‚Nation' setzt sich in der Kooperation zwischen Schweizer Kaufleuten im Ausland und Versicherern in der Schweiz aus zahlreichen Komponenten zusammen: Die Privilegierung regionaler Kooperationspartner als vertrauensbildende Maßnahme, die Pfadabhängigkeit durch die Benutzung der Netzwerke der Textilindustrie, der Nationalisierungsprozess des Netzwerkes der Versicherer im Ausland durch die Kartellbildung im Inland und schließlich durch die migrationsbedingte Interessenlage der Kaufleute im Ausland. ‚Nation' ist für Historiker oft eine einfache und nahe liegende Kategorie, die sich bei genauerem Hinsehen jedoch als vielschichtiges und komplexes Zusammenspiel verschiedener Faktoren herausstellen kann.

Zusammensetzung der Verwaltungsräte

Die Zusammensetzung der Verwaltungsräte von schweizerischen Transportversicherern spiegelt regionale Handelsinteressen. In Basel dominierte das lokale Bürgertum mit Vertretern von Chemie und Banken, in Neuenburg waren es hauptsächlich Bankiers sowie ein Vertreter der Uhrenindustrie, in Zürich und der Ostschweiz war die Textilindustrie stärker vertreten. Der Verwaltungsrat der Helvetia zeigt die enge Verflechtung der St. Galler Kaufleute: Präsident der Gesellschaft war der bereits mehrfach erwähnte Textilkaufmann Salomon Zellweger;[60] neben ihm beteiligten sich einige Exponenten der Kaufmannschaft, unter anderen Karl Bärlocher, Mitbegründer der Deutsch-Schweizerischen Creditbank und Carl Emil Victor von Gonzenbach, ehemaliger Kaufmann in Konstantinopel und Teilhaber des Textilhandelshauses Gebrüder Gonzenbach. Die beiden Letzteren waren auch im Präsidium des Kaufmännischen Directoriums vertreten. Des Weiteren finden sich Textilkaufleute aus anderen Kantonen: Conrad Blumer, Partner der Fir-

---

60   Zur geschäftlichen Tätigkeit Salomon Zellwegers siehe Salvisberg, Hugo P. (2008). *Salomon und Ulrich Zellweger: Appenzeller Wegbereiter offener Wirschaftsgrenzen, Vol. 89.*

ma Blumer & Jenny in Schwanden, der größten Glarner Buntdruckerei, die speziell Batiks für Java herstellten, Caspar Jenny, der eine Textilfabriken in Ziegelbrücke führte, und Gustav Siber-Gysi, Angehöriger einer Zürcher Seidenhandelsdynastie, dessen Bruder der Firma Siber & Brennwald in Yokohama vorstand.

Die beiden großen Toggenburger Buntwebereien Mathias Naef in Niederuzwil und Raschle in Wattwil waren erst später und indirekt vertreten: 1876 kam Johann Jacob Steffan-Raschle in den VR. Er hatte in den 1860er Jahren in den Philippinen gearbeitet und nach seiner Rückkehr in die Fabrikantenfamilie Raschle geheiratet. 1888 wurde Rudolf Moser-Naef, Schwiegersohn von Matthias Naef und Teilhaber der Textilfabrik in Niederuzwil in den Verwaltungsrat gewählt. Er war in den 1860er Jahren beim Hause Niederer & Co in Batavia tätig. Bereits 1882 war Otto Rheiner-Fehr hinzugestoßen. Er wird als Partner des Singapurer Handelshauses Puttfarcken, Rheiner & Co erwähnt; er war in der Kaufmannschaft von St. Gallen verankert und präsidierte während 15 Jahren das Kaufmännische Directorium. 1887 trat mit Arnold Wolff ein weiterer ehemaliger Kaufmann aus Asien in den Verwaltungsrat der Helvetia ein.[61]

Der Verwaltungsrat der Helvetia kann als eine Domäne des Kaufmännischen Directoriums bezeichnet werden, unter Beiziehung von Interessen der Textilexportindustrie der umliegenden Kantone. Die enge Verflechtung von wichtigen und miteinander in Konkurrenz stehenden Kunden im Verwaltungsrat war nicht unproblematisch. So gab es Beschwerden verschiedener Exporteure über das Recht des Präsidenten Zellweger, Policen einzusehen. Sie sahen ihre Geschäftsinteressen bedroht, solange ein Konkurrent die Geschäftsverbindungen und den Umfang ihrer Geschäfte begutachten konnte. Darauf musste Zellweger auf Einsicht in die Policen verzichten.[62]

Wie bei der Helvetia verfügten auch einige der Verwaltungsräte von Versicherern im Kanton Zürich über Erfahrungen auf asiatischen Märkten. Spiritus Rector des Schweizerischen Lloyd war Salomon Volkart, dessen Handelshaus sich bekanntlich in jener Zeit im Handel mit Indien etablierte. Im Verwaltungsrat der Eidgenössischen Transportversicherung, die 1883 zur Übernahme des Transportversicherungsgeschäfts der Zürich Versicherungen gegründet wurde, waren die Kaufleute mit Erfahrung in Asien in der Überzahl: Konrad Sturzenegger, Partner von Rautenberg, Schmidt & Co, wurde bereits oben erwähnt; Caspar Glinz, ehemaliger Partner des Hauses Behn, Meyer & Co in Singapur, des größten dortigen Anbieters von Versicherungen; und Hermann Naeher aus Lindau, der gemeinsam mit Carl F. Grob aus Zürich eine Tabakplantage auf Sumatra leitete. Beim Verwaltungsrat der Eidgenössischen Transportversicherung könnte man von einer Seilschaft von Kaufleuten aus dem Dreieck Singapur–Penang–Deli sprechen. Allerdings hielt diese Seilschaft nur kurze Zeit.

---

61 Arnold Wolff war für die Firma Siber, Brennwald & Co in Yokohama als Seidenhändler tätig gewesen. SHBL, Vol. 7, P. 371.

62 Helvetia Archiv. Direktionsprotokoll; Directorial-Sitzung vom 25. 3. 1859.

Schweiz Allgemeine Versicherung

Am dichtesten waren die Netze zwischen Südostasien und der Schweiz im Umfeld der Schweiz Allgemeinen Versicherung. Wie bei der Helvetia ist auch bei der Schweiz Allgemeinen Südostasien in den Geschäftsberichten kein Thema. Anfänglich war die Gesellschaft in Übersee viel mehr auf den amerikanischen Kontinent hin orientiert. Der Direktor der Gesellschaft reiste 1875 selbst nach New York, um sich um das dortige Geschäft zu kümmern, und Präsident der Gesellschaft war John Syz-Landis, der 1842-60 an der Ostküste als Importeur von Seidenmanufakturen gewirkt hatte. Sein Sohn Harry William führte in den ersten Jahren die Generalagentur der Schweiz Allgemeinen und der Helvetia in San Francisco. Und sein Enkel John Syz-Schindler wirkte wiederum im Verwaltungsrat der Schweiz Allgemeinen. Unter den weiteren Verwaltungsräten sind einige Textilindustrielle zu finden, von denen aber nur E. Raschlé-Ritter von der Firma JR. Raschle in Wattwil einen Geschäftsfokus auf Asien hatte.

Die folgenden beiden Präsidenten sind in Teil A der Arbeit ausgiebig zur Sprache gekommen. Als 1882 eine Vakanz im Verwaltungsrat entstand, wurde Johann Rudolf Riedtmann-Naef, Partner von Hooglandt & Co in Singapur, als Neuling direkt zum Präsidenten gewählt. Gleichzeitig präsidierte er auch die Tochtergesellschaft «Zürich». Riedtmann hatte von 1859 bis 1876 in Singapur gearbeitet. Einige Jahre nach seiner Rückkehr hatte er Aufgaben für die Versicherung übernommen; so wirkte er als Bevollmächtigter der Schweiz Allgemeinen im Rückversicherungsclub mit der Helvetia und der Schweizerischen Lloyd.[63] Die Jubiläumspublikation der Zürich-Versicherung spricht von einer glücklichen Wahl, „denn ein auf breiter Grundlage angelegter internationaler Versicherungsbetrieb lässt sich nur denken, wenn die an oberster Stelle stehenden Persönlichkeiten einen offenen Sinn für die von Land zu Land wechselnden Bedürfnisse und Auffassungen besitzen und ihre praktische Lebenserfahrungen auch außerhalb der heimatlichen Grenzpfähle gesammelt haben."[64] Riedtmann hielt diesen Posten bis 1901. Auf ihn folgte Wilhelm Heinrich Diethelm, ebenfalls Hooglandt & Co.[65] Er leitete die Schweiz Allgemeine bis in die 1920er Jahre, außerdem saß er im Verwaltungsrat der SKA. Auf ihn folgte Gustav Adolf Briner, ein Präsident mit einer hausinternen Karriere. Seine ersten Erfahrungen als Kaufmann hatte er ebenfalls in Indien gemacht.[66] In den 1920er Jahren ergänzten WM. Keller-Diethelm, Schwiegersohn von WH. Diethelm und Partner des Hauses Ed.A. Keller & Co in Manila, sowie WE. Hegner, Partner der Firma Siber Hegner in Yokohama, den Verwaltungsrat der Schweiz Allgemeinen. Die «Zürich»,

---

63   Riedtmann in Fluntern an Diethelm vom 26.8.1880. DA A 2.7. Briefe von JR. Riedtmann an WH. Diethelm.

64   Sprecher, Andreas von (1948). *75 Jahre „Zürich", allgemeine Unfall- und Haftpflicht-Versicherungs-Aktiengesellschaft*, 36.

65   Zu Riedtmann und Diethelm siehe Teil A3 und Eggenberger, Jakob (1987).

66   Nekrolog in der Neuen Zürcher Zeitung vom 27. 8. 1935.

die sich einige ihrer Verwaltungsratsmitglieder mit der Muttergesellschaft teilte, präsidierte in den 1920er Jahren August Leonhard Tobler, der in den 1890ern in Manila bei Sprüngli & Co gearbeitet hatte. „Im fernen Inselland hatte er bereits in seiner Firma, wie es sich bei Kolonialhäusern von selber gibt, mit Transport- und Feuerversicherung zu tun gehabt."[67] Auf ihn folgte Robert Naef, Neffe von JR. Riedtmann-Naef. Nach seiner Lehre bei Diethelm & Co in Zürich trat er in die Zürich Versicherungen ein und machte eine interne Karriere bis zum Präsidenten des Verwaltungsrats (1943).[68] Die Liste könnte verlängert werden. Allein die Tatsache, dass sowohl Schweiz Allgemeine, wie auch ihre Tochter Zürich Versicherung ab 1880 bis zum Zweiten Weltkrieg weitgehend von Personen präsidiert wurden, welche als Kaufleute in Asien tätig gewesen waren, ist bemerkenswert.

Offiziere und Auslandschweizer

Kehren wir zur Diskussion von Ursachen dieser speziellen Zusammensetzung zurück. Bereits angedeutet wurde die Möglichkeit, dass Kaufleute mit Erfahrung in Asien über Know-how verfügten, das sie für die Versicherung interessant machte. Tatsächlich war Know-how über Versicherungen in Unternehmerkreisen der Schweiz in den frühen Jahren des Versicherungswesens dünn gestreut. Die Direktoren der Versicherungen wurden anfangs allesamt in Deutschland rekrutiert.[69] Der Jubiläumsband der Basler Transportversicherung hält dazu fest:

„In der Schweiz waren damals Fachleute in der Transportversicherung außerordentlich selten, und nicht nur die «Basler Transport», sondern auch andere Gesellschaften sahen sich gezwungen, ihre Direktoren im Ausland zu holen."[70]

Ob die Nationalität der Direktoren bereits in den Gründerjahren problematisiert wurde, ist aus den mir verfügbaren Quellen nicht ersichtlich. Im jungen Bundesstaat, insbesondere an den Universitäten, war es üblich, Experten aus Deutschland und anderen Ländern zu rekrutieren. Es ist durchaus vorstellbar, dass im Rahmen der Liquidation der Schweizerischen Lloyd die Notwendigkeit, Know-how in die Netzwerke der Wirtschaftseliten zu integrieren, besprochen wurde. Damals wurde ein Verfahren wegen Betrugs gegen die beiden deutschen Direktoren eröffnet, im Rahmen dessen die Verwaltungsräte einvernommen wurden. Salomon Volkart und Heinrich Naef, Verwaltungsräte der Lloyd, wiesen dabei beide auf ihre mangelnden Fachkenntnisse hin.[71] Fehlende fachliche Kompetenzen der Aufsichtsorgane

---

67   Sprecher, Andreas von (1948), 46.

68   Nekrolog in der Neue Zürcher Zeitung vom 6.4.1956.

69   Siehe die Jahresberichte der Gesellschaften. Bei der Schweizerischen Lloyd und der Basler Transportversicherung waren sowohl Direktor wie Subdirektor anfangs aus Deutschland.

70   Mangold, Fritz (1940), P. 25.

71   Siehe oben Fußnote 19 P. 294.

dürften ein generelles Problem der frühen Versicherungsindustrie gewesen sein. Die Kaufleute aus Asien brachten tatsächlich praktische Erfahrungen in der Branche mit, kannten sowohl Verkaufs- als auch Kundenseite sowie die Probleme der Havariebeurteilung und hatten zudem gerade in Singapur verschiedenste Anbieter und somit ein gewisses Anschauungsmaterial vor Augen.

Dieses geringe Maß an Know-how ist indessen kaum ausschlaggebend für den Einbezug dieser Kaufleute mit Erfahrung in Asien. Vielmehr spielten dabei Faktoren eine Rolle, die mit der Reproduktion von Netzwerken und der Entwicklung gesellschaftlicher Eliten zu tun haben, was mit dem Begriff der Reziprozitätserwartung angesprochen wurde. Otto Rheiner, späterer Verwaltungsrat der Helvetia, hatte in Singapur zuvor als Havariekommissär für die Versicherung in St. Gallen gewirkt, kann also als Vertrauensperson gelten, die zum engen personellen Netzwerk gehört. Zum Zeitpunkt seiner Wahl in den Verwaltungsrat der Helvetia bekleidete er das Amt des Präsidenten des Kaufmännischen Directoriums, gehörte also bereits zum innersten Kreis der Kaufmannschaft in St. Gallen. Doch kann seine Tätigkeit in Singapur als Vertrauensperson für die Helvetia kann als eine Art Vorleistung betrachtet werden, die seinen Eintritt in die engeren personalen Netzwerke der kaufmännischen Elite in St. Gallen begünstigen sollte.

Dieses Argument jedoch kann für Riedtmann, Diethelm, Sturzenegger, Glinz und weitere nicht gelten, denn sie saßen in Verwaltungsräte von Versicherungen ein, die sie nicht einmal vertreten hatten. Ausschlaggebend könnte hier sein, was Berghoff und Sydow kollektive Rekrutierungsmechanismen von Eliten nennen.[72] Sie benutzen den Begriff im Zusammenhang mit personalen Netzwerken, welche Kapitalverflechtungen von Firmen spiegeln, aber auch generell bei der Reproduktion wirtschaftlicher Eliten wirksam sind. Die kollektiven Rekrutierungsmechanismen regeln den Zugang zu Eliten und sorgen für deren Homogenität und Exklusivität. Gemäß Berghoff und Sydow wirkt die Zugehörigkeit zum Netzwerk als ‚signalling device‘, das auf die für die Zugehörigkeit zur Elite nötigen Qualifikationen verweist.

Ein Blick auf die VR-Mandatsträger der wichtigsten Schweizer Unternehmen zeigt weitere ‚signalling devices‘. Managementschulen tauchten in der Schweiz erst spät im 20. Jh. auf. Bis dann galt eine Offizierskarriere als Grundlage für die in großen Unternehmen benötigten Führungsqualitäten. Gemäß Erhebungen der Lausanner Forschungsgruppe zu den Eliten in der Schweiz des 20. Jh. gehörten bereits 1910 33 % der Verwaltungsräte größerer Schweizer Unternehmen dem Offizierskorps der Armee an; ab 1937 bis 2000 war der Anteil sogar über 50 %.[73] Mitgliedschaft im Offizierskorps wies somit auf den Erwerb gewisser Qualifikationen hin und hatte zugleich eine Funktion als ‚lieu de sociabilité‘, wie die Forschungsgruppe in Lausan-

72 Berghoff, Hartmut/Jörg Sydow (2007).

73 David, Thomas/Mach, André/Ginalski, Stéphanie/Pilotti, Andrea. Les officiers parmi les élites suisses au 20e siècle, Présentation à l'Académie militaire (MILAK), 14.5.2009, Zurich. (AcademieMilitaireMai2009.pdf auf www.unil.ch)

ne festhält. Die Armee schuf oder spiegelte Seilschaften der Wirtschaft; in der Armee oder in Offiziersgesellschaften konnten sie sich auf informelle Weise treffen. Die Armee war also gleichzeitig ein Ort der nationalen Sozialisation und der überregionalen Kooperation und schließlich auch ein Ort, der die geschlechter- und nationenspezifische Exklusivität vollkommen gewährleistete, was für die Reproduktion der wirtschaftlichen Eliten ein wichtiges Kriterium war.

Im ausgehenden 19. Jh. spielte die Mitgliedschaft im Offizierskorps noch keine derart zentrale Rolle.[74] Angesichts der starken Exportorientierung der Wirtschaft könnte damals *Auslanderfahrung* eine ähnliche Rolle gespielt haben wie später die Mitgliedschaft im Offizierskorps. Diese These ist zu untersuchen, wobei erst Daten erhoben werden müssten. Als Indiz muss hier genügen, dass die Schweiz Allgemeine von ihrer Gründung bis zum Zweiten Weltkrieg stets von Kaufleuten präsidiert worden ist, die wesentliche Teile ihrer Karriere in Übersee durchlaufen hatten (John Syz-Landis, Riedtmann-Naef, WH. Diethelm, WM. Diethelm-Keller) oder ihre Karriere im Ausland begonnen hatten (GA. Briner).

Die postulierte Parallelität von Auslanderfahrung und Offizierskarriere mag auf den ersten Blick erstaunen. Doch sind Kaufleute im Ausland, ähnlich wie dies beim Offizierskorps eben beschrieben wurde, ebenfalls Aushängeschilder der Nation. Wie ich in Kapitel C4 zeigen werde, war die Bedeutung von Kaufleuten im Ausland für Exportwirtschaft so zentral, dass mitunter von einer Miliz im Dienste der Volkswirtschaft die Rede war. Diese Kaufleute, vor allem solche mit eigenen Häusern, waren tendenziell weniger regionalen Interessengruppen verpflichtet und gewohnt einen nationalen Horizont zu pflegen.

Hinzu kommt, wie Hansjörg Siegenthaler festgehalten hat, dass die Weltläufigkeit von Führungsgremien für ein Unternehmen zum kommunikativen Vorteil werden kann. Siegenthaler spricht dabei die krisenhaften Situationen an, in denen sich Fragen nach Innovationen stellen, die durch das „Selektionsspiel" sprachlicher Kommunikation gelöst werden.[75] Sowohl der Aspekt der überregionalen Vermittlung wie auch derjenige der internationalen Erfahrung machten die Kaufleute mit Auslanderfahrung zu interessanten Kandidaten für die Aufsichtsgremien.

Weshalb ist es von Bedeutung, dass sich die Aufsichtsgremien von Versicherungen (oder auch Banken und industrielle Großunternehmen) einen zunehmenden Fokus auf die *Volks*wirtschaft hatten – immer noch unter der

74 Gemäß Rudolf Jaun fehlt eine quantitative Analyse der Anteile von Offizieren unter den VR-Mandatsträgern im 19. Jh. Hinweise zum Verhältnis von Offizierskorps und Wirtschaft finden sich in Band 3 und 8 seiner Geschichte des Generalstabs. Jaun, Rudolf (1991). *Das Schweizerische Generalstabskorps 1875-1945: eine kollektiv-biographische Studie.*

75 Siegenthaler, Hansjörg (1993). *Kommunikation und Entwicklung des Bankenwesens.* In: Y. Cassis/J. Tanner (Eds.). Banken und Kredit in der Schweiz (1850-1930). P. 99-105.

Anmerkung, dass es sich hier um thesenhafte Erörterungen handelt? Wie die Lausanner Gruppe festgehalten hat, ist der Übergang von regionalen Netzwerken zu einem nationalen Großunternehmens-Netzwerk ein wichtiger Schritt für die Wirtschaftseliten in Bezug auf ihre politische Einflussnahme im Bundesstaat.[76] Die ersten Verwaltungsräte der Transportversicherer in der Schweiz rekrutierten sich noch weitgehend aus regionalen Netzwerken. In sämtlichen Verwaltungsräten dominierte die lokale Wirtschaftselite, im Falle der Basler und anfangs der Neuenburger sogar exklusiv. Doch im Rahmen von überregionaler Kooperation von Versicherungen – etwa zwischen der Helvetia und der Neuchâteloise – oder auch bei der nationalen Kartellbildung waren Personen mit Fähigkeiten und Bereitschaft zu überregionaler Kooperation gesucht. Der Name der Schweiz Allgemeine Versicherung betont gerade die nationale und nicht regionale Ausrichtung, und es scheint deshalb plausibel, dass Leute mit internationaler Erfahrung, einer Herkunft von außerhalb Zürichs und mit überregionalen Kontakten zu Produzenten, also Großkunden des Versicherers, geeignet schienen, die Firmen gegen außen zu repräsentieren.

Weshalb jedoch dieser Fokus auf Asien? Dies mag ein Zeichen dafür sein, dass sich eine Seilschaft herausbildete. Wie wir im folgenden Abschnitt sehen werden, verdichtete sich im Umfeld der Schweiz Allgemeinen Versicherung und der Zürich Versicherung ein Kreis von Kapitalinvestoren für Plantagen auf Sumatra. Der Verkehr im Netzwerk brachte somit nicht nur Personen und Know-how von Asien in die Schweiz, sondern umgekehrt auch wieder Kapital nach Asien. Dies gab den Verbindungen zusätzliche Stabilität durch die Kumulierung von Interessen und sozialen Kontakten.

2 KAPITAL AUS DER SCHWEIZ IN SUMATRA

Seit dem Anfang der 1990er Jahre ist im Rahmen des wachsenden Interesses an Globalisierung und ihrer Geschichte eine große Anzahl von Studien über die erste Globalisierungswelle als Auswirkung der sich ausdehnenden europäischer Kolonialreiche im Zeitalter des Imperialismus erschienen. Während die Geschichte von ehemaligen Kolonien zuvor aus dem Blickwinkel außereuropäischer Geschichte betrachtet wurde, stand nun aus der Perspektive imperialer oder globaler Geschichte die Vernetzung zwischen den kolonialen Mächten und den von ihnen abhängigen Ländern auf einem weltweiten Niveau im Fokus. Dabei kam auch der Begriff des Imperiums als Impuls für die Globalisierung zu einer neuen Konjunktur. Für die Rolle Englands sticht dabei das Werk «British Imperialism» von Cains und Hopkins heraus, das die bislang gängige Sicht des Imperialismus von Hobson und Lenin in Frage stellte.[77] Seine zentrale These geht dahin, dass nicht die Großindustriellen

---

76   Schnyder, Gerhard/Martin Lüpold/André Mach/Thomas David (2005). *Rise and Decline of the Swiss Company Network during the 20th Century*, P. 29f.

77   Cain, P.J/A.G Hopkins (1993). *British imperialism.*

der Midlands und des Nordens als treibende Kraft hinter dem imperialen Projekt zu betrachten sind – wie dies Hobson darstellt –, sondern vielmehr die ‚gentlemanly capitalists', die herrschende Schicht im Süden und der City of London, die sich aus der Landaristokratie und den im aufkommenden Dienstleistungssektor Tätigen rekrutiert. Die These hat sich als sehr fruchtbar erwiesen, was die große Zahl an Repliken zeigt.[78]

Die Schweiz mit ihrer außenpolitischen Zurückhaltung hegte keine Ambitionen, als machtpolitische Größe auf dem internationalen Parkett oder als Kolonialmacht aufzutreten. Trotzdem haben Historiker auch für die Schweiz den Begriff des Imperiums verwendet.[79] Allerdings scheint mir der Begriff für die Beschreibung der Verflechtung zwischen der Schweiz und den ehemaligen Kolonien – wie ich dies in der Einleitung dargelegt habe – etwas unglücklich, weil er zu schnell den Blick auf offizielle Instanzen lenkt.

Fragen wir stattdessen am Beispiel von Schweizern in Sumatra nach den Triebkräften hinter der Expansion der Schweiz in die Kolonien. Was war der soziale Hintergrund der Schweizer, die es in die europäischen Kolonialreiche zog? Und welches sind ihre Netzwerke im Herkunftsland? Die erste Frage wurde schon in den Teilen A und B beantwortet. Hier sollen nun die Verbindung zwischen den Kolonisten und Kapitalgebern im Herkunftsland untersucht werden.

In Folge der Tabakkrise auf Sumatra wurde es nötig, die Plantagengesellschaften professionell zu organisieren. Gleichzeitig und damit verbunden erhöhte sich der Kapitalbedarf, was wiederum den Rückgriff auf einen Kapitalmarkt erforderte. Und Kapital erhielten die Gesellschaften nur, wenn sie strukturelle Anpassungen vornahmen, welche die Transparenz der Unternehmensführung erhöhten. Das bedeutete, dass die Manager fortan weniger nach eigenem Gutdünken vorgehen konnten, sondern in ihren Entscheidungen gegenüber den Aktionären verantwortlich waren. Das war angesichts der großen geographischen Distanzen zwischen Management und Aufsichtsorganen das Principal-Agent-Problem. Dabei stellen sich folgende Fragen: Wie finden Unternehmer Geldgeber? Wie wird die Kontrolle der Gesellschaften gewährleistet? Welche Ziele verfolgen Geldgeber? Wie entwickeln sich die Beziehungen zwischen Plantagenmanagern und Kapitalgebern längerfristig?

In der Schweiz entstanden zwischen 1890 und 1914 mehrere Unternehmen zum Betrieb von Plantagen auf Sumatra. Insgesamt 16 Aktiengesellschaften mit einer Mehrheit von Kapitalgebern aus der Schweiz, wurden

---

78   Siehe z.B. Dumett, Raymond E (1999). *Gentlemanly capitalism and British imperialism: the new debate on empire.*

79   Behrendt, Richard (1932); Stucki, Lorenz (1968); Höpflinger, François (1979). *Das unheimliche Imperium. Wirtschaftsverflechtung in der Schweiz*; David, T./Bouda, E. (1998). Gibt es einen schweizerischen Imperialismus? Zur Einführung. *Traverse* 2. P. 17-27.

im In- oder Ausland gegründet (sowie 6 Personengesellschaften und 3 GmbH). Die Investoren versprachen sich hohe Renditen. So schrieb der österreichische Geograf F.A. Schoeppel in seiner Abhandlung über Niederländisch-Indien: „Welches europäische Land kann sich dessen rühmen, dass seine Unternehmungen durchschnittlich einen Ertrag von 10½ % abwerfen wie Niederländisch-Indien?"[80] Das große Geld machten jedoch nur große Gesellschaften wie die Deli Mij oder gewisse Zuckergesellschaften auf Java, während viele kleinere Gesellschaften eher ums Überleben kämpften als prosperierten. Wie stand es um die Gesellschaften aus der Schweiz?

Herkunft der Geldgeber

Die Tabakkrise im Plantagengürtel Ostsumatras zu Beginn der 1890er Jahre hatte nebst der schlechten Eignung bestimmter Böden für den Tabakanbau vor allem gezeigt, dass nur kapitalstarke Firmen starke Baissen im Tabakhandel aushalten konnten. Die ersten ‚Pflanzer' hatten sich noch als Glücksritter versucht, teils mit niedrigen Darlehen, teils mit Vorschüssen auf die ersten Ernten. Die Kalkulationen waren meist so eng, dass Preisbaissen zum Konkurs führen mussten. Diese Art zu wirtschaften war nach der Krise nicht mehr möglich. Die Deli Mij und die Nederlandsche Handels Mij (NHM), die in der ersten Zeit als Kreditgeber aufgetreten waren, sowie einige weitere Kreditanstalten, die sich auf den kolonialen Markt spezialisiert hatten, unterstützten nur noch Gesellschaften, deren Struktur bestimmten Kriterien entsprachen: Direktion in Holland, straffe Führung durch die Direktion, breitere Kapitalbasis und Beteiligung von Banken in der Leitung.[81] Diese Gesellschaften wurden als Aktiengesellschaften (AG) organisiert und meist an der Amsterdamer Börse gehandelt. Große Darlehen für Personengesellschaften (PG) zu kriegen war angesichts der Preisschwankungen in der Plantagenwirtschaft kaum mehr möglich.

Eine Ausnahme war die Firma Kottmann & Co, hinter der Kaspar Kottmann und Robert Kunz standen, zwei Schweizer, die bereits seit Mitte der 1880er Jahre in Deli tätig waren. Sie eröffneten die Konzession Lau Boentoe für den Abbau von Holz und der Anbau von Kautschuk- und Pfeffer. Bauholz und Bretter fanden in der im Entstehen begriffenen Erdölindustrie in der Region Langkat unter anderem als Material für die Herstellung von Ölkisten, einen wichtigen Abnehmer. Für die Holzproduktion wurden Elefanten aus Siam importiert, sowie ein Sägewerk und eine Schmalspurbahn – Kottmann war ursprünglich Bahningenieur – angelegt.[82] Der Kapitalbedarf wurde durch ein Darlehen über 200.000 fl. (ca. 400.000 Fr.) von anderen Schweizer Plantageunternehmern gedeckt. In einer notariellen Erklärung

---

80   Schoeppel, F. A. (1907). *Kommerzielles Handbuch von Niederl.-Indien*, P. 202.

81   à Campo, J. N. F. M. (1995). Strength, Survival and Success. A Statistical Profile of Corporate Enterprise in Colonial Indonesia 1883-1913. *Jahrbuch für Wirtschaftsgeschichte* 1. P. 45-74. Siehe auch unten P. 319.

82   Weidmann, Walter (1936), P. 38f.

von 1892 treten Fritz Meyer-Fierz, Hans Stünzi und Kaspar Wiget, die alle selbst in der Plantagenwirtschaft aktiv waren, als Vertreter der Geldgeber auf.[83] Es ist anzunehmen, dass Meyer zu den Geldgebern selbst gehörte, da er 1903 als Konzessionseigner bezeichnet wird.[84] Fritz Meyers Vermögen ist im Steuerregister von Riesbach 1892 mit 300.000 Franken veranschlagt. Obwohl das für jene Zeit ein ansehnliches Vermögen war, ging er mit einer Beteiligung an diesem Darlehen doch ein erhebliches Risiko ein. Tatsächlich musste die Firma nach gut zehn Jahren wegen Holzmangels unter beträchtlichen Verlusten liquidiert werden.[85]

Der Kreis der Personen, die überhaupt in der Lage waren, solche Darlehen zu leisten und sich auch genügend in der Plantagenwirtschaft auskannten, um das Risiko einzuschätzen, war sehr begrenzt. Aktiengesellschaften mit beschränkte Haftung schienen eher in der Lage zu sein, den Kapitalbedarf zu decken, gleichzeitig garantierten ihre Organe: ein Verwaltungsrat meist aus etwa 5 bis 7 Personen, ein Direktor in Zürich sowie ein Administrator auf Sumatra (anfangs oft der Initiator des Unternehmens) und eine gewisse Kontrolle der Unternehmensführung.

Für Unternehmer auf Sumatra war indessen die PG die attraktivere Variante, da sie so als Selbständige flexibel auf Anforderungen des Geschäfts reagieren konnten und nicht wegen der langen Korrespondenzwege und der sporadischen Sitzungen des Verwaltungsrats Monate lang auf wichtige Entscheidungen warten mussten. Trotzdem nahm ihre Anzahl ab, während die der Aktiengesellschaften anstieg. Ubald von Roll gründete noch 1904 eine Gesellschaft unter seinem Namen, vermutlich mit eigenem Kapital und unter Rückgriff auf das Vermögen seiner Familie. Fünf Jahre später entschied er sich mit der Dolok Baros Cultuur Mij dann doch für das Modell der AG. Die Unterschiede zwischen PG und AG liegen vor allem bei der Kapitalsumme und bei der Betriebsorganisation. Im Falle der schweizerischen Plantagengesellschaften auf Sumatra spielten Familiennetzwerke bei sowohl PG als auch AG eine zentrale Rolle, wie im Folgenden ersichtlich wird. Was die persönliche Beziehung der Geldgeber zum Unternehmer betrifft, sind die Übergänge zwischen PG und AG fließend.

Die erste AG zum Betrieb von Plantagen auf Sumatra mit Sitz in der Schweiz wurde im Jahr 1889 noch vor der Tabakkrise gegründet, die Mehrzahl aber entstand erst mit der Ausbreitung des Kaffeeanbaus. Allein 16 Gesellschaften entstehen in der Dekade von 1894-1904, von denen aber 13 (inklusive die Gesellschaften mit Schweizer Aktienmehrheit) innerhalb von 4 Jahren zwischen 1906 und 1909 wieder aufgelöst werden, diesmal nicht wegen einer Krise, sondern wegen den vorteilhaften Verkaufsangeboten in den Jahren des Rubber-Booms.

---

83 Staz, XI, Zürich Altstadt, 267. Allgemeines Protokoll 19. P. 293.

84 Handboek voor Nederlands Indie, 1903.

85 Weidmann, Walter (1936), P. 38.

Tabelle 16: Schweizer Plantagenunternehmen auf Sumatra

Gesellschaft	Form	Sitz	G*	A*	Kapital**	Anbau
Sumatra-Tabak-Ges. Tandjong-Kassau	AG	Zürich	1889	1904	652'000	Tabak später Rubber
Tjinta Radja	AG	Zürich	1892	1959	800'000	Tabak/Rubber
Kottmann & Co	PG		1892	1908		Holz/Kaffee
Birenstihl & Sulger	PG		1894	1909		Kaffee/Rubber
Deli Bila Maatschappij	AG	Zürich	1895	1904	600'000	Holz/Kaffee
Hubacher, Emil	PG		1895	1899		Tabak
Liberia Sumatra	AG	Zürich	1896	1907	360'000	Kaffee
Neue Schw. AG Sumatra	AG	Solothurn	1896	1907	1'000'000	Kaffee/Pfeffer
Schw. Kaffee-Plantagenges. Serdang	AG	Basel	1896	1908	300'000	Kaffee
Straits Settlements & Sumatra Ramie Synd.	AG	Zürich	1898	1908	630'000	Ramie
Baumann Wetter & Co	AG	Zürich	1898	1909	945'000	Kaffee
Schw. Plantagenges. Asahan	AG	Baden, Zürich	1898	1909	500'000	Tabak/Kaffee
Kaffeeanbauges. F Ernst & Co	PG/AG	Winterthur	1898	1908	290'000	Kaffee
Kollmus & Co.	PG		1899	1908		Kaffee /Holz
Gonzenbach & Co	PG		1899	1909		Kaffee/Rubber
Deli Bila Syndicat	AG	Singapur	1904	1906	145'000	Rubber
Goenoeng Malajoe Plantagen Gesellschaft	AG	Zürich, Schaffh.sen	1905	1925	1'776'000	Gambir
Ubald von Roll	PG		1904	1912		Kaffee
Tandjong Keling	AG	Zürich	1925	1952	650'000	Tee/Kaffee
0						
Deutsch-Schw. Plantagenges.	GmbH	Bremen	1891	1895	900'000	Tabak
Indragiri Gesellschaft (Cultuur Mij Indragiri)	GmbH	Frankfurt	1896	1909	~ 370'000	Gambir
Koch & Lekebusch/Koch & Co	GmbH	Frankfurt	1896	1909	670'000	Kaffee/Rubber
Cultuur Mij Bandar Slamat	AG	Tandjong Balei	1901	1909	200'000	Kaffee
Cultuur Mi Indragiri j***	AG	Amsterdam	1909	1960	3'000'000	Gambir/Rubber
Dolok Baros Koffie en Caoutchouc Cultuur Mij	AG	Bern, Den Haag/Paris	1909	ca. 1930	400'000	Kaffee/Rubber
Cultuur Mij Pangalian	AG	Amsterdam	1912	1948	1'200'000	Palmöl

* G: Gründung; A: Auflösung // **Die Angaben zum Kapital aus 1898, 1908, 1913 und 1925. Es wurde jeweils der älteste Betrag verwendet. Erhöhungen sind in der folgenden Grafik berücksichtigt. Wo nicht anders angegeben sind Schweizer Franken gemeint. // *** Schw: Schweizerisch.

Quellen: Handboek voor cultuur- en handels-ondernemingen in Nederlandsch-Indië (1899, 1908); The Sumatra East Coast Rubber Handbook, London 1911; Jahresberichte

Abbildung 32: Kapital schweizerischer Plantagengesellschaften auf Sumatra

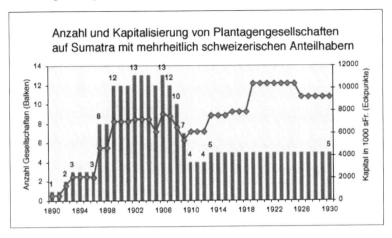

Abb. 32 zeigt die Anzahl der schweizerischen Plantagengesellschaften auf Sumatra und deren Kapitalisierung. Aufgeführt ist das effektiv einbezahlte Kapital[86], sofern es bekannt ist. Einige Gesellschaften gaben zusätzlich noch Obligationen aus, über die jedoch zu wenige Angaben vorhanden sind, als dass sie berücksichtigt werden könnten. Auffällig ist, dass zu Beginn die Anzahl der Gesellschaften und die Kapitalsumme korrelieren (durchschnittlich ca. 600.000 sFr.), während ab 1909/10 – also mit dem Ende der Kaffee-gesellschaften und dem Anfang des Rubber-Booms – diese Beziehung endet. Von da an existierten nur noch wenige, dafür kapitalkräftige Firmen, denn Rubber-Plantagen verlangten einen höheren Kapitaleinsatz, der in der Schweiz kaum mehr zu decken war.

Die von mir erhobenen Zahlen sind teilweise höher als diejenigen von de Waard und Blink, auf die sich die meisten Studien beziehen.[87] De Waard geht bei der Summe des Kapitals aus der Schweiz von 4.13 Mio sFr. im Jahr 1913 und 8.52 Mio. sFr. im Jahr 1932 aus, Blink spricht von 7.5 Mio. sFr. im Jahr 1916. Meine Zahlen liegen bei 7.57 (1913), 7.88 (1916) und 15 Mio. sFr. (1931). Die Spitze liegt bei 16 Mio. sFr. im Jahr 1930.[88] Insgesamt ist der Anteil des Kapitals aus der Schweiz auf Sumatra gering. Nimmt man die Aktienmehrheit als Kriterium für die nationale Zugehörigkeit, so liegt der Anteil der Schweizer Unternehmen auf Sumatra 1913 bei 2.2 % und

---

86 Bei Baumann, Wetter & Co, Goenoeng Malajoe und Cultuur Mij Indragiri. Das nominelle Kapital (5 Mio. fl.) letzterer wurde nie ganz in Anspruch genommen.

87 De Waard und Blink geben nicht an, wie sie ihre Zahlen erhoben haben. de Waard, J. (1934). De Oostkust van Sumatra. *Tijdschrift voor Economische Geografie* 25(8). P. 257; Blink, Hendrik (1918).

88 De Waard hat 1913 vermutlich nur Gesellschaften mit Sitz in der Schweiz gezählt. 1931 ergibt sich die Differenz allein aus der die Kapitalerhöhung der Firma Tandjong Keling, die de Waard scheinbar nicht berücksichtigt hat.

1932 bei 1.2 % bei einem Investitionsvolumen von insgesamt 335 Mio. resp. 1358 Mio. sFr.

Professionalisierung in der Kapitalbeschaffung

Die wachsende Zahl schweizerischer Aktiengesellschaften für Plantagen auf Sumatra könnte darauf hindeuten, dass sich professionelle Strukturen für solche Projekte herausgebildet hatten. Allein die Anzahl der Aktiengesellschaften ist wenig aussagekräftig; man müsste mehr über Investoren und deren Strategien wissen. Charakteristisch für eine Professionalisierung war jedenfalls die Arbeitsteilung. In den Niederlanden waren einige Banken und Handelshäuser wie Wertheim & Gompertz, Matthes & Ostwalt, Wijnen, van Steeden & Co, Van Heekeren & Co oder auch die Nederlandsche Handels Maatschappij auf die Gründung von Aktiengesellschaften für Plantagen spezialisiert. Sie verschafften den Firmen Zugang zu Kapital und brachten sie an die Börse. Die Firmen wiederum mussten dafür bestimmten Anforderungen, was Organisation, Buchführung und Informationsflüsse betraf, Genüge leisten. Die AG verweist in ihrer niederländischen (naamloze vennootschap) und französischen (société anonyme) Bezeichnung auf die Anonymität der Eigner. Mit der Börsenkotierung galt dies nicht mehr nur gegen außen; auch gegen innen fiel die Selbstverständlichkeit weg, dass Teilhaber sich kannten und sich über ihre Erwartungen verständigen konnten. Vertrauen musste durch erhöhte Transparenz geschaffen werden. Diese wurde einerseits durch eine Myriade von Statistiken, welche Vergleichbarkeit zwischen den einzelnen Plantagen untereinander sowie zwischen Gesellschaften schufen, anderseits durch eine den Anforderungen der Börsengesetze entsprechende Firmenkommunikation gewährleistet.[89]

Die kolonialen Beziehungen zu Niederländisch-Indien schufen erst die Voraussetzungen für den gegen Ende des 19. Jh. stets wachsenden niederländischen Kapitalmarkt für Plantagen. Gut die Hälfte der oben genannten 1360 Mio. sFr. kamen aus den Niederlanden; dies ist weniger als die Hälfte der in der Kolonie investierten Summe. Der größere Teil der Investitionen ging nach Java. 1914 umfassten die gesamten niederländischen FDI in Indonesien rund 3000 Mio. sFr., 1930 war der Betrag auf 8000 Mio. (1.5 Mrd. resp. 4 Mrd. fl.) angestiegen.[90] Auch aus Ländern wie Großbritannien, den USA und Belgien/Frankreich wurden beträchtliche Summen in die Plantagen auf Sumatra investiert (1932: je 150-250 Mio. sFr.). Die arbeitsteiligen Strukturen von belgischen wie auch britischen Beteiligungsgesellschaften und Plantagengesellschaften (‚free standing companies') wurden bereits erwähnt. Die funktionale Differenzierung von Finanzierung und Betrieb hat

---

89 Zu den Anforderungen an Transparenz bei börsenkotierten Unternehmen in den Niederlanden siehe Camfferman, Kees (2000). Camffermann untersucht darin, wie es dazu kam, dass Aktiengesellschaften ihre Jahresrechnung publizieren.

90 Lindblad, T. (1997). Foreign Investment in Southeast Asia in Historical Perspective. *Asian Economic Journal* 11(1). P. 63.

einerseits mit der geographischen Distanz zwischen Geldgebern und Management zu tun, andererseits mit der Politisierung der Arbeitsbeschaffung und den Arbeitsbedingungen.[91] Einige Gesellschaften suchten ihr Kapital im internationalen Bereich. So wurde die Aktie der belgischen Société Financière de Caoutchouc an den Börsen in Antwerpen, Paris und Genf gehandelt.[92]

Lokale Strukturen der Schweizer Gesellschaften

In der Schweiz, im Gegensatz zu den Niederlanden, Großbritannien und Belgien, entwickelte sich eine funktionale Arbeitsteilung im Betrieb von Plantagengesellschaften zunächst kaum. Allerdings sind die Gesellschaften schlecht dokumentiert: Man findet meist nur Gründungsdokumente, in denen die Geldgeber aufgelistet sind, und Jahresberichte, die jedoch kaum mehr als die Mitglieder des Verwaltungsrats nennen. Aus diesen Listen aber lassen sich wenigstens einige Rückschlüsse über die regionale und soziale Herkunft der Geldgeber machen. Im Falle der Baumann, Wetter & Co deckten sich Verwaltungsrat und Geldgeber, bei der Goenoeng Malajoe hingegen vertraten die Verwaltungsräte nur gut die Hälfte der Aktien. Neben diesen Listen existiert eine geringe Menge an Briefen zwischen Unternehmern und Kapitalgebern, hauptsächlich bei der Cultuur Maatschappij Indragiri. Anhand dieser Briefe können die Kernfragen bei der Konstituierung einer Gesellschaft aus der Perspektive von Investoren nachvollzogen werden.

Die Verwaltungsräte gehörten dem oberen Bürgertum an, was auf der Hand liegt. Es sind hauptsächlich selbständige Kaufleute, Bankiers oder zum Kader von Unternehmen Gehörige, zum geringeren Teil Unternehmer. Unter letzteren befinden sich einige bekannte Mitglieder der Wirtschaftselite, wie Oberst Huber-Werdmüller (MFO, AIAG), Walter Boveri (BBC), und Adolf Guyer-Zeller. Aufschlussreicher, aber auch nicht völlig unerwartet, ist die Tatsache, dass Schweizer Plantagenunternehmer Kapital in erster Linie in ihrem *engeren und familiären Umfeld* gesucht haben, im Unterschied zu börsenkotierten niederländischen Gesellschaften. Die erste Gesellschaft, die Sumatra-Tabakgesellschaft Tandjong-Kassau, ist besonders typisch in dieser Hinsicht. Die Gesellschaft wurde von einem Deutschen namens E. Lekebusch gemeinsam mit dem oben erwähnten Max Koch geleitet. Direktor der Firma war dessen Cousin Ernst Koch-Vlierboom, Kaufmann in Zürich und Verwaltungsrat der Schweiz Allgemeinen. Im Verwaltungsrat saßen außer ihm noch sein Bruder Martin Koch-Abegg, Baumeister in Riesbach, und sein Onkel Ferdinand Koch-Vlierboom, Kaufmann und Schweizer Konsul in Rotterdam. Auch in anderen Gesellschaften waren Familienmitglieder unter den Anteilhabern.[93]

---

91   Seihe oben Teil B1 und B2.
92   Société Financière de Caoutchouc. *Der Economist,* Vol. 2(1) vom 6.1.1912. P.12.

Nebst Verwandten finden sich unter den Investoren vor allem Personen aus dem näheren lokalen Umfeld des Initiators. Ein Vergleich der Verwaltungsratsmitglieder um 1900 (siehe Tab. 17) zeigt die geringe geographische Streuung. Die Neue Schw. AG Sumatra z.b. war ein ausschließlich solothurnisches Unternehmen. Auch Zürcher Gesellschaften rekrutieren ihre Aufsichtsorgane in ihrer Umgebung: Von 58 Verwaltungsräten stammten 34 aus der Herkunftsstadt des Managers; die anderen Verwaltungsräte kamen eher aus dem gleichen Kanton als aus einer anderen Region der Schweiz.

Tabelle 17: Verwaltungsrat von CH-Gesellschaften auf Sumatra um 1900

Gesellschaft	geographische Herkunft[1]			Erfahrung in Asien	verwandt mit Manager	Total
	lokal	überreg.	internat.			
Tandjong Kassau	4	2	1[2]	1	3	7
Tjinta Radja	5	1	1[2]	4	0	7
Deli Bila Mij	4	3	0	2	0	7
Cultuur Mij Indragiri	1	2	2	1	3	5
Liberia Sumatra	5	0	0	0	0	5
Neue Schweiz. AG	6	2	0	2	2	8
Baumann, Wetter	4	3	0	1	0	7
Ramie Syndikat	3	0	4	1	0	7
F Ernst & Co	2	0	3[1]	2	1	5
Total	34	13	11	14	9	58

[1] Herkunft der Verwaltungsräte in Bezug zum Sitz der Gesellschaft [2]Schweizer im Ausland

Quellen: STAZ, B XI 268, 269, 270. Allgemeines Protokoll. Notariatsakten Zürich I, 1890-1910. // Jahresberichte der Neuen Schweizerischen AG Sumatra. // PA Sprecher. Briefkopierbuch CMI.

93 Für die Tandjong Kassau siehe STAZ B XI 267 Allg. Protokoll 18, P. 132, 241, 400/1, 415. Die Baumann, Wetter & Co gehört zu drei Vierteln dem Manager G. Rudolf Baumann, höchstwahrscheinlich mit Geld von seinem Vater. Mit beteiligt ist sein Schwager Theodor Boveri. STAZ B XI 268 Allg. Protokoll 19, P. 291; B XI 268 Allg. Protokoll 20, P. 168; bei der Tjinta Radja AG ist Prof. Friederich Ernst, Vater des Managers im VR. STAZ B XI 267 Allg. Protokoll 18 P. 265,329; B XI 268 Allg. Prot. 20, P. 182. An der Goenoeng Malajoe AG sind vier Mitglieder der Familie Jaeger beteiligt und zwei mit der Familie Jaeger verschwägerte Sulzers. STAZ B XI 269 Allg. Protokoll 21, P. 386ff.; im VR der Neuen Schw. AG Sumatra sitzt Franz Lanzano, Schwager des Managers Ubald von Roll. LB: Jahresb. der Neuen Schw. AG Sumatra, 1896-1900.

Selbst die Gesellschaften mit internationalem Verwaltungsrat, waren nicht Ergebnisse gezielter Vernetzung, sondern eher Zufallsprodukte aus dem Beziehungsnetz der Manager: Beim ausländischen Verwaltungsrat der Gesellschaft Tandjong Kassau handelte es sich um einen Onkel des Managers, der in Rotterdam lebte, bei dem der Tjinta Radja um Hermann Näher aus Lindau, der als ehemaliger Tabakpflanzer in Geschäftskontakt mit WH. Diethelm stand. Bei der Cultuur Mij Indragiri hatten der deutsche und der schweizerische Manager je in ihrem Umfeld nach Investoren gesucht.

Man kann also in der Schweiz nicht von einem Kapitalmarkt für Plantagen sprechen, wie es ihn in den Niederlanden oder in Großbritannien gab. Die Unternehmer mussten sich selbst um die Finanzierung ihrer Gesellschaften kümmern, während in den Niederlanden diese Aufgabe an Banken und Handelshäuser delegiert werden konnte. Holländische Gesellschaften hatten dadurch Zugang zu viel mehr Kapital: Ihre durchschnittliche Kapitalisierung lag um 1900 bei 2.68 Mio. sFr., in der Schweiz bei 0.64 Mio., also einem Viertel.[94] Auch die Gesamtsumme des Kapitals war beschränkt. Eugen Hatt zum Beispiel, der zur Zeit der Tabakkrise auf seinem Land auf Öl stieß, fand für die Bohrungen und die Errichtung einer Raffinerie in Tandjong Bringin nicht in der Schweiz, sondern in Shanghai britische Kapitalgeber. Die dafür gegründete «Mij tot Mijn-, Bosch- en Landbouw-Exploitatie in Langkat» konnte mit ihrem Petrol die Royal Dutch eine Weile auf dem javanischen Markt konkurrenzieren.[95]

Das Verhältnis zwischen Manager und Kapitalgeber

Einige Beispiele schweizerischer Plantagengesellschaften zeigen, dass das Verhältnis zwischen Management und Kapitalgebern sich oft nicht zum Vorteil der Firma gestaltete. Das Hauptproblem bestand, wie gesagt, in der großen Distanz zwischen operativer Leitung und den Aufsichtsorganen. Diese Distanz bedingte einerseits, dass die Leitung mit genügend Kompetenzen ausgestattet sein musste, damit sie schnell auf anstehende Fragen reagieren konnte. Die geographische Distanz konnte sich in geringem Interesse für die Belange eines Unternehmens äußern. So schrieb Anton Sprecher, dass er verschiedene Abende im Jahr für sein Amt als Aufsichtsrat verwenden müsse.[96] Ein solcher Zeitaufwand war auf Schönwetterlagen ausgerichtet! Anderseits mussten effektive Mittel zur Kontrolle des Managements geschaffen werden. Gerade die engen sozialen Beziehungen von Manager zu den Eignern waren nicht immer nur vertrauensbildend, sondern zum Teil auch problematisch; auch unter Verwandten herrschte zuweilen Uneinigkeit

---

94 Der Betrag wurde aus dem Datensatz von ,Dutch public limited companies with ties in the Netherlands-Indies, 1900' errechnet (DANS: easy.dans.knaw.nl vom 9.6. 2009).

95 Gerretson, Frederik Carel (1953). *History of the Royal Dutch.* Vol. 1, P. 258 und Vol. 2 P. 247, 338

96 Anton Sprecher aus Zürich an Theophil Sprecher vom 26.4.1907. PA Sprecher.

über die Strategien. Hinzu kamen Konflikte über Entscheidungsbefugnisse. Die Manager als Initiatoren der Unternehmungen hatten die Tendenz, selbstherrlich zu entscheiden.

Caspar Bluntschli gründete drei verschiedene Gesellschaften (Deutsch-Schweizerische Plantagengesellschaft, Straits Settlements & Sumatra Ramie Syndikat, Liberia Sumatra), denen er kurze Zeit später den Rücken kehrte. Die Liberia-Sumatra konnte dank einer Kooperation mit deutschen Investoren vor Verlusten gerettet werden; sie verkaufte 1907 ihre Plantagen an die zu diesem Zweck gegründete Karang Gesellschaft (GmbH) und erhielt dafür eine Beteiligung am neuen Unternehmen. Dazu mussten allerdings einige Aktionäre der Liberia Sumatra nochmals weiteres Geld einschießen. Die Liberia Sumatra blieb als Beteiligungsgesellschaft der Karang bestehen. 1910 konnten die Plantagen Soengei Karang und Liberia an die Rubber Cultuur Mij Amsterdam verkauft werden zu einem Preis, der eine Liquidation der Liberia Sumatra mit nur 50 % Verlust auf die Einlagen erlaubte.[97] Wie das Straits Settlements and Sumatra Ramie Syndicat mit dem Abspringen ihres Managers umging ist nicht genau bekannt. Im Nachruf auf Bluntschli schrieb die NZZ, dass er bei der Errichtung der Plantagen ungeeignetes Pflanzenmaterial verwendet habe und viel Kapital aus der Schweiz verloren gegangen sei.[98] Ob Bluntschli nun glücklos agiert oder ob er es vorgezogen hatte selbständig zu sein – es war jedenfalls offensichtlich keine gute Kooperation zwischen Managern und Kapitalgebern zustande gekommen.

Die Probleme zwischen Manager und Eignern können exemplarisch an den beiden Gesellschaften, deren Korrespondenz ich zur Verfügung hatte, nachvollzogen werden. Beide zeigen entweder die Abhängigkeit der Teilhaber vom Management in Niederländisch-Indien oder Kompetenzstreitigkeiten. Bei beiden Gesellschaften kam zudem ein bedeutender Anteil des Kapitals aus dem Ausland, was wiederum spezifische Probleme nach sich zog.

Erstes Fallbeispiel: Die ‚Maatschappij tot ontginning van woeste gronden'

Die Abhängigkeit von der Person des Managers zeigt sich bei der ersten schweizerischen Aktiengesellschaft für Plantagen besonders deutlich. Die ‚Maatschappij tot ontgining van woeste gronden' entstand 1855 auf Initiative des Lehrers und Naturforschers Heinrich Zollinger. Bereits 1841 war Zollinger auf eigene Faust nach Java gereist, um sich dort als Naturforscher zu betätigen.[99] Von der niederländischen Regierung erhielt er unter anderem einen Auftrag zur Erforschung der Insel Sumbawa. Nach seiner Rückkehr wurde er Leiter des Lehrerseminars in Küsnacht. Doch Zollinger sehnte sich zurück nach Java. Zu diesem Zweck gründete er eine Plantagengesellschaft

---

97 Hermann von Mechel, Manager des benachbarten Estates, übernahm die Leitung auf Sumatra und leitete die Verbindung zu den Investoren in Frankfurt in die Wege. Rundschreiben der Liberia Sumatra AG vom 30.9.1913. STAZ Z 2.156.

98 Nachruf auf Hans Caspar Bluntschli. Neue Zürcher Zeitung vom 6.1.1943.

für Kokos in Rogodjampie (Ostjava), unter anderem um seine Tätigkeit als Naturforscher fortsetzen zu können. Das Unternehmen mit Sitz in Surabaya hatte die Form einer Aktiengesellschaft, an der Schweizer und Holländer beteiligt waren.

Auf Schweizer Seite waren dies Familienmitglieder und Freunde von Zollinger sowie Interessierte aus dem Umfeld des Institut Hüni[100] und der liberalen Unternehmerschaft am Zürichsee.[101] Fast die Hälfte des Kapitals von 200.000 fl. kam aus den Niederlanden von Investoren aus dem liberalen Spektrum.[102]

Welcher Teil des Kapitals einbezahlt wurde, ist nicht bekannt, doch waren 400.000 Fr. für jene Zeit ein hoher Betrag, und entsprechend groß war das Risiko der Investoren. Mit der Nederlandsche Handels Maatschappij (NHM), der Nachfolgerin der VOC beteiligte sich eine Organisation, die über große Erfahrung im Management von Plantagen verfügte. Ohne die Beteiligung der Niederländer, insbesondere der NHM wäre dieses mehrheitlich schweizerische Projekt zur Zeit des protektionistischen Kultursystems kaum möglich gewesen. Aus der Korrespondenz Zollingers geht hervor, dass die Belange der Gesellschaft in den Händen von Heinrich Hüni-Stettler, Heinrich Abegg, dem ersten Generaldirektor der SKA 1856/57, und Johannes Schwarzenbach-Landis gelegen hatten. Die übrigen Aktionäre, insbesondere die Holländer, tauchen in der Korrespondenz nicht auf. Heinrich Hüni-Stettler schrieb 1856 an Zollinger:

„Dass die Herren Holländer sich vom Unternehmen ferne halten, solange die Chance des Misslingens mehr oder minder gross ist, gibt mir eine sonderbare Meinung von diesen Leuten. Sie überlassen es uns, unser Geld zu wagen u. möglicherweise grosse Summen rein aufzuopfern; dagegen wünschen sie den Löwenantheil sobald Aussicht auf Erfolg da ist. Pfui über eine solche Handlungsweise!"[103]

---

99   Zur naturwissenschaftlichen Tätigkeit Zollingers siehe Kapitel C3. Zur Figur Zollingers siehe Rohr, Urs (1993). *Die Rolle des Forschers im kolonialen Prozess*; Wanner, H. (1984). Heinrich Zollinger 1818-1859: ein Zürcher Schulmann als Naturforscher und Pflanzer in Indonesien. *Vierteljahrschrift der Naturforschenden Gesellschaft in Zürich* 128(5). P. 1-32.

100 Das Institut Hüni in Horgen war eine Handelsschule bei der viele spätere Überseekaufleute ihre Ausbildung durchlaufen hatten. Peyer, Hans Conrad (1968). *Von Handel und Bank im alten Zürich*, P. 211. Investoren waren unter anderen Heinrich Abegg (SKA), Heinrich Hüni Stettler (Nationalrat), Jhs. Schwarzenbach-Landis (Seidenfabrikant), Jhs. Kägi-Fierz (Seidenfabrikant), Gebrüder Volkart, Otto Hüni. ZB HS, Nl. Zollinger.

101 Zollinger war eng befreundet mit Nationalrat Hüni-Stettler und Seidenfabrikant Johannes Kägi-Fierz in Küsnacht. ZB HS, Nl. Zollinger. 1.1. Private Korr.

102 Frederik s' Jakob und Izaac Dignus Fransen van de Putte (späterer Kolonialminister) waren beides Unternehmer und Politiker der liberalen Fraktion. Neben den beiden war die Nederlandse Handels Maatschappij mit 30.000 fl. beteiligt.

103 H. Hüni-Stettler an Zollinger vom 4.8.1856. ZB HS. Nl. Zollinger.

Die Schweizer Investoren, die über keine direkten Kanäle nach Ostjava verfügten, waren, sowohl was Informationen als auch was die Führung der Gesellschaft betraf, völlig von der Person Zollingers abhängig, und das wirkte sich auf das Unternehmen fatal aus. Bereits bei der Abreise entstanden erste Komplikationen, als Zollinger in einen Graben stürzte, sich den Arm brach und die Abreise sich dadurch verzögerte. Einige Aktionäre waren höchst ungehalten, hatten sie doch gerüchtweise vernommen, dass Zollinger „zuviel des Guten genossen und damit das Unglück verschuldet" habe. Hüni sprach dem Freund ins Gewissen:

„Es ist mir wohl bekannt, dass du hie und da einmal etwas zu viel trinkst, u. nun möchte ich dich als Freund in deinem Interesse u. im Interesse der Theilnahme an unserm Unternehmen auf Java angelegentlich u. dringend bitten, doch um Gottes Willen diesen Fehler abzulegen. Bedenke doch, was für nachtheilige Folgen daraus für dich u. deine Familie u. für unsere Unternehmung entstehen können!"[104]

In den kommenden Jahren waren Hünis Briefe an Zollinger stets von der Aufforderung begleitet, er möge sich um seine Gesundheit kümmern:

„Nun die Sache im Reinen ist, so ist nur zu wünschen, dass Gott dich recht gesund erhalte, damit du mit aller Thätigkeit u. allem Eifer der Unternehmung vorstehen kannst. Trage du selbst Sorge zu deiner Gesundheit, es ist dies deine heiligste Pflicht, gegen dich selbst, gegen deine Familie u. gegen deine Freunde. So Gott will gehst du nun der schönsten Zukunft entgegen u. wirst du ernten, was du gesät hast. Du hast heroisch gehandelt u. viel auf's Spiel gesetzt; aber gerade diese Hingebung für deine Unternehmung hat das nöthige Vertrauen hervorgebracht u. du wirst nun hoffentlich die Frucht deiner Mühen u. Leiden in heiterer Ruhe genießen."[105]

Die Aktionäre in Zürich wollten ihre Abhängigkeit von Zollinger vermindern und suchten deshalb einen geeigneten Stellvertreter.

„Ich gab dir [in meinem letzten Brief] eine Adresse auf, welche dir einen geeigneten Mann zur Mithülfe u. Stellvertretung bei deiner großen u. schwierigen Unternehmung verschaffen dürfte. Dieser Mitarbeiter u. Stellvertreter ist u. bleibt die wichtigste Angelegenheit für uns u. ich wünsche dringend, dass dieselbe bald u. bestmöglich erledigt werden könne; es ist dies aber vor allem deine Sache u. beruhet auf deine Interessen fast noch mehr, als die der Gesellschaft."[106]

Johannes Schwarzenbach-Landis schlug Zollinger vor, seinen Sohn Robert nach Abschluss seiner kaufmännischen Ausbildung in den Niederlanden als Assistent in die Plantage einsteigen zu lassen, und zog Erkundigungen über die Bedingungen ein. Schließlich schienen aber Bedenken gegenüber den

---

104 Hüni an Zollinger vom 16.6.1855. ZB HS, Nl. Zollinger.
105 Hüni an Zollinger vom 4.2.1857. Der Brief ist fälschlicherweise an die Insel Sumbawa adressiert, wo Zollinger Forschungen betrieben hatte. Dies zeigt, wie fern Java vom Erfahrungshorizont der Investoren liegt. Hüni bezeichnet dies in einem der folgenden Briefe als Nachlässigkeit (Brief vom 24.8. 1857).
106 Ebd. Brief von Hüni an Zollinger vom 11.1.1858.

Auswirkungen des tropischen Klimas auf die Gesundheit überwogen zu haben.[107]

Zollinger verlangte selbst nach einer jungen Kraft zu seiner Unterstützung. Er beklagte sich jedoch wiederholt über die Sorge der „Geldaristokraten" um ihre Anlagen.[108] Hüni und Johannes Kägi-Fierz versuchten ihm die Bedürfnisse der Kapitalgeber und den Courant normal im Umgang mit ihnen näher zu bringen, zum Beispiel, dass er erst Dividenden erhalte, wenn die Darlehen bedient seien.[109]

Die Sorgen der Investoren waren nicht unbegründet: 1859 starb Zollinger auf einer seiner Forschungsreisen an einem Leberversagen.[110] Nach seinem Tod hatten die Schweizer Investoren keine Vertrauensperson mehr auf Java. Die NHM nahm diese Gelegenheit wahr, wartete auf den Konkurs und übernahm die Plantage zu einem günstigen Preis:

„Wir sind nämlich auf dem Punkte angelangt, die ganze Unternehmung auf Rogodjampie fallen zu lassen. Die eingegangenen Nachrichten lauten so wenig tröstlich, dass wir fürchten müssen, nicht nur die bereits eingezahlten Summen, sondern auch alle weitern Zuschüsse zu verlieren. Wir erhielten den Eindruck, dass niemand mehr auf Java für uns sorge, sondern dass man im Gegentheil damit umgehe, uns zu beseitigen. Diese schlimmen Ahnungen haben sich im den letzten Tagen leider nur zu sehr bestätigt, indem die ehemalige Jgfr. Alder an Herrn Kägi schreibt, dass Herr de May beabsichtige Sie u. uns zu beseitigen u. dann die Pflanzung um ca. f. 20.000.- an sich zu bringen u. für eigene Rechnung fortzusetzen."[111]

Die NHM betrieb die Plantage bis in die 1890er Jahre.

Zweites Fallbeispiel: Die ‚Cultuur-Maatschappij Indragiri'

In den 1890er Jahren in Deli kamen Abhängigkeiten wie bei der Plantage Zollingers nicht mehr vor, zu groß war die Zahl möglicher Kandidaten für einen Managerposten. Bei der Cultuur-Mij Indragiri lagen die Probleme eher in Kompetenzstreitigkeiten zwischen dem Manager und den Aufsichtsorganen aufgrund der transnationalen Zusammensetzung der Investoren. Von dieser Gesellschaft, die in veränderter Form noch heute besteht, sind ein Brief-Kopierbuch ihres Präsidenten (1896-1903), die Korrespondenz zwischen dem Präsidenten und dem Direktor (Vater und Sohn von Sprecher) im Familienarchiv Sprecher von Berneck erhalten.[112]

---

107 Jhs. Schwarzenbach an Zollinger vom 1.11.1857. Ebd. Robert Schwarzenbach-Zeuner (1839-1904), späterer Direktor des Seidenhauses Schwarzenbach in Thalwil war damals 18-jährig.

108 Briefe von Hüni-Stettler an Zollinger vom 4.2. und vom 24.8.1857.

109 Kägi-Fierz an Zollinger vom 4.10.1856; Hüni an Zollinger vom 4.2.1857.

110 Wanner, H. (1984).

111 Hüni an Elise Zollinger-Moser (Witwe von Heinrich Zollinger), 16.11.1860.

Wie bereits erwähnt wurde die Gesellschaft 1893 als Indragiri Tabaks-Gesellschaft gegründet mit einem Stammkapital von 450.000 Reichsmark (ca. 610.000 Fr.). Initiatoren der Gesellschaft waren Anton von Mechel und Curt von Hagen. Nach Missernten im Tabak und misslungenen Versuchen mit Kaffee begann der Administrator Anton von Mechel Gambir zu pflanzen. Für die Produktionsumstellung wurde die Gesellschaft neu konstituiert und weiteres Kapital gesucht. Die Tabak-Gesellschaft war mehrheitlich von deutschen Anteilhabern bestritten worden. Einige stammten aus dem näheren familiären Umfeld von Hagen.[113] Für die neue Gesellschaft suchte Mechel nun Kapital in seinem familiären Umfeld, zu dem auch die Familie von Sprecher gehörte, die sich beteiligte. Nun lag die Mehrheit der Anteile in der Schweiz, auch wenn der Sitz der Firma vorerst in Frankfurt blieb.

Theophil Sprecher von Berneck, späterer Generalstabschef der Schweizer Armee und Schwager von Anton von Mechel, präsidierte die neue Gesellschaft, sein Bruder Hektor amtete als Geschäftsführer. Die Konstituierung der Gesellschaft zog sich aufgrund von rechtlichen Problemen und langen Kommunikationswegen hin. So stellte sich heraus, dass die Landkonzessionen im Indragiri auf die Namen der Manager liefen anstatt auf die der Gesellschaft. Theophil Sprecher musste daher in Deutschland in Erfahrung bringen, wie er Hagen in Neuguinea kontaktieren konnte, wobei er sich nicht sicher war, wie dieser zum Rücktritt von seinen Rechten stand. Ebenso war im Anfang unklar, welche Teilhaber tatsächlich in Deutschland registriert waren; bei Fritz Meyer-Fierz in Zürich sowie Julius Burckardt-Merian und Karl Köchlin-Iselin in Basel fehlte eine Bescheinigung ihrer Anteile. Die Aufforderung zur Richtigstellung an Mechel in Sumatra, zum Notar nach Batavia zu reisen, die nötigen Papiere in die Schweiz und von da nach Deutschland zurückzusenden und dort die Anteile bei der Registerbehörde amtlich zu machen – das alles dauerte Monate.

Vor allem führte die aus der Vorgeschichte der Gesellschaft entstandene Heterogenität der Investoren zu Problemen. Theophil von Sprecher versuchte einen gewissen regionalen Ausgleich zu schaffen:

„Es gibt in unserer Gesellschaft drei Haupt-Interessengruppen: Deutsche, Basler, Bündtner; jede der drei Gruppen sollte im Aufsichtsrat vertreten sein." // „Es müssen 2 Schweizer drin sein, der Geschäftsführer ist in Deutschland; so können wir 2 wenigstens hierzulande gültige Beschlüsse fassen, ohne halb Europa durchwandern zu müssen. Der 3te wäre H[err] v. Heynitz in Berlin oder wo er gerade ist."[114]

---

112 Briefkopierbuch der Cultuur Maatschappij Indragiri, 1896-1903. Privatarchiv Familie Sprecher von Berneck, Maienfeld.

113 Zwei Investoren heißen Winkler, wie Hagens Ehefrau, und sind vermutlich verschwägert. Ab Mitte der 1890er Jahre war Hagen Direktor der deutschen Neuguinea-Kompagnie tätig. Wikipedia, Artikel: Curt von Hagen vom 9.6.2009.

114 Th. Sprecher an August Kündig in Basel vom 2.12.1896. // Th. Sprecher an Köchlin-Iselin in Basel vom 5.2.1897. PA Sprecher. Kopierbuch der CMI.

Die Suche nach einem Basler Aufsichtsrat bereitete Sprecher erhebliche Mühe; er hatte Köchlin-Iselin neben sich selbst als zweiten Schweizer Aufsichtsrat vorgesehen, Köchlin-Iselin aber lehnte ab, ebenso Melchior Noerbel, Kaufmann in Mailand, als auch August Kündig, Direktor der Hypothekenbank in Basel – auch er ein Schwager Mechels. Schließlich konnte Oberst Hans von Mechel, ein Bruder Mechels, für das Amt gewonnen werden. 1901 stießen Leutnant F. Günther, Weingutbesitzer in Baden-Baden, und Anton Mechel, der mittlerweile in die Schweiz zurückgekehrt war, hinzu. Es dauerte also fast fünf Jahre bis der Aufsichtsrat wirklich operativ tätig sein konnte.

Die überregionale Verteilung des Aufsichtsrat ging auf Kosten der Flexibilität und erschwerte die Kommunikation: „Unser Aufs.-Rat ist ohnedies ein unsäglich schwerfälliger Körper, mit seinen Gliedern, die auf den Umkreis Basel – Berlin – Wien – Maienfeld – Tamins zerstreut sind."[115] Es herrschte keine Einigkeit über die Stoßrichtung der Gesellschaft. EIn Aufruf zur Nachzahlung wurde nur teilweise befolgt. Einige der deutschen Investoren – unter anderen Aufsichtsrat von Heynitz – wollten 1897 lieber liquidieren als Geld nachschießen. Aus Meinungsverschiedenheiten entstand angesichts erschwerter Kommunikationsbedingungen schnell Misstrauen. Sprecher musste sich gegenüber Heynitz verteidigen, dass „die deutschen Aufsichtsratsmitglieder nicht im Dunkeln gelassen [werden]; wenn sie sich zu den Versammlungen einfinden, erfahren sie soviel wie jeder College."[116]

Mit dem Manager bestanden Differenzen über Pflichten und Kompetenzen. Mechel verfügte zwar über technische Kompetenzen und hatte mit dem Anbau von Gambir mehr Erfolg als Bluntschli mit Ramie. In der Buchhaltung jedoch zeigte er Schwächen: In der Aufstellung der für den Betrieb der Plantage nötigen flüssigen Mittel, zog er die erwarteten Gewinne vom Aufwand ab, was laut Theophil von Sprecher dazu führte, dass die liquiden Mittel schnell aufgebraucht waren.[117]

„Mein Bruder als Geschäftsführer lässt es an dringenden Anforderungen an den Administrator, Herrn von Mechel, nicht fehlen, doch ja die nötigen Daten für die Rechnungsabschlüsse zu liefern; allein da hapert's eben. Herr von Mechel ist gewiss aus ein energischer und tüchtiger, aber den Werth einer guten Buchführung sieht er scheints nicht ein."[118]

Mechel agierte auch nach seiner Rückkehr in die Schweiz eigenmächtig. So stellte er den Chemiker Heinrich Surbeck ein, der als technischer Leiter den Gambir zu einem qualitativ hochwertigen Farb- und Gerbstoff entwickeln

---

115 Th. Sprecher aus Maienfeld an Mechel in Tamins vom 2.2.1903.PA Sprecher. Kopierbuch der CMI.

116 Th. Sprecher aus Maienfeld an W. von Heynitz in Weicha bei Weißenberg, Sachsen vom 15.7.1901. ebd.

117 Th. Sprecher aus Maienfeld an Mechel vom 16.3.1897. ebd.

118 Th. Sprecher aus Maienfeld an G. von Heynitz vom 15.7.1901. ebd.

sollte.[119] Theophil Sprecher hielt darauf gegenüber verschiedenen Personen fest, dass sämtliche operativen Entscheide von seinem Bruder, dem Geschäftsführer, abgesegnet werden müssten. Mechel dagegen drang auf mehr Kompetenzen und drohte damit, ein Konkurrenzunternehmen zu gründen, falls seinem Wunsch nicht entsprochen werde.

Schwierige Kommunikationsbedingungen und die Unmöglichkeit von Gesprächen von Angesicht zu Angesicht waren ein großes Hindernis für die Verständigung über die Stoßrichtung der Gesellschaft. Das Misstrauen zwischen den deutschen und schweizerischen Aufsichtsräten und die Kompetenzstreitigkeiten führten 1903 zum offenen Konflikt: Anton Mechel versuchte gemeinsam mit Aufsichtsrat Heynitz den Geschäftsführer Hektor Sprecher abzusetzen. Mechel brachte eine Mehrheit der Aufsichtsräte hinter sein Begehren, worauf Theophil Sprecher Verfahrensfehler geltend machte.[120] Das Kopierbuch bricht zwar im entscheidenden Moment ab, doch muss davon ausgegangen werden, dass der Putschversuch nicht erfolgreich war. Hektor Sprecher blieb Direktor, sein Bruder Theophil bis zu seinem Tode 1927 Präsident. Theophil Sprechers und Mechels Verhältnis wird durch die Kooperation nachhaltig beeinträchtig. Die Anrede in den Briefen wechselt von „Lieber Schwager" zu „Sehr geehrter Herr v. Mechel". Doch die Familie spielte in der Indragiri-Gesellschaft weiterhin eine zentrale Rolle: Nach Hektor Sprecher wurde Anton, der ältere Sohn Theophils, Direktor der Gesellschaft und hielt diesen Posten bis nach dem Zweiter Weltkrieg.

Anders als bei den schweizerischen Kaffeegesellschaften im Serdang stand ein Verkauf für die Cultuur-Mij Indragiri nie im Vordergrund. Ungefähr 1907 übernahm sie von ihrer Konkurrenzgesellschaft das Estate Ayer Moelek, auf dem ebenfalls Gambir angebaut wurde. Das eigene Estate ließ die Cultuur Mij Indragiri in eine zu diesem Zweck gegründete Gesellschaft für Kautschuk (Djapoera Rubber Estates) mit Sitz in Singapur übergehen, an der die Cultuur Mij Indragiri die Mehrheit hielt. 1911, als alle anderen Schweizer bereits verkauft hatten, stand auch die Cultuur Mij Indragiri kurz in Verkaufsverhandlungen mit Interessenten in Hamburg und London. Doch Anton Sprecher reizte seinen Verhandlungsspielraum nicht einmal aus.[121]

Wieso hielt die Familie Sprecher an dieser Plantagengesellschaft fest? Stellte die Unternehmung ein gutes Investment für die Familie dar oder steckte mehr dahinter? Die Gesellschaft wurde zwar profitorientiert betrieben und dabei kalkulierte die Direktion mitunter sehr kühl. Doch das Engagement der Familie ist zu bedeutend, als dass man von einer x-beliebigen Anlage sprechen könnte. Nebst dem Präsidenten Theophil Sprecher, seinem Bruder Hektor als erstem und seinem Sohn als zweitem Direktor zeichneten seine beiden Töchter Rudolphine und Amalie als Aktionärinnen, später noch weitere Anverwandte wie Rudi Erlach oder Rudolph de Bary. Der Schwie-

---

119 Zu H. Surbeck siehe Bruckner, Albert. NSB. Basel 1938. S. 526; Mitteilungen der Naturforschenden Gesellschaft Schaffhausen, 20, 1945. P. 259-63.

120 Th. Sprecher an Mechel vom 2.2.1903. PA Sprecher, Briefkopierbuch CMI.

121 Anton Sprecher an seinen Vater vom 1.6.1911. PA Sprecher.

gersohn von Anton Sprecher beteiligte sich als späterer Hauptadministrator auf Sumatra an der Gesellschaft. Man kann also von einem erweiterten Familienbetrieb sprechen, der in einem gewissen Maß auch die innerfamiliären Beziehungen bestimmt hat. Dies sei hier doch erwähnt, da dieses Engagement in die biographische Einleitung der gesammelten Schriften von Theophil von Sprecher, die auch verschiedene wirtschaftliche Tätigkeiten für die Rhätischen Bahnen oder für die Passugger Quellen anführt, keinen Niederschlag gefunden hat.[122]

Das Engagement wird besser, wenn man nebst ökonomischen auch kulturelle Faktoren einbezieht. Ich denke, dass hier wiederum die Romantik des kolonialen Junkertums in die Entscheidungen mit hineinspielt. Die Familie besaß und besitzt noch heute ein Weingut in Maienfeld. Die Tätigkeit auf der Plantage passt zu dem eines adeligen Weinbauern. In der Bündner Landschaft stießen die von Sprechers beim Ausbau ihrer Ländereien auf politischen Widerstand. „Der Freie Rätier" schrieb, dass „die übergroßen Grundbesitztümer [...] nicht zu den demokratischen Grundsätzen und Idealen passen." „Die Neue Bündner Zeitung" sprach von den „neuen Burgherren" in ihrem „Rittergut".[123] Auf Sumatra hingegen bestanden keine politischen Vorbehalte gegenüber Großgrundbesitz. Anton Sprecher benutzte den Begriff „Junker" sogar als Selbstbezeichnung. Als es um die Zukunftsaussichten seines jüngeren Bruders Andreas ging, sprach er von den noch auf längere Zeit schlechten Aussichten einer politischen Betätigung für Junker.[124]

Auf der Plantage wurde militärischen Idealen nachgelebt. Adolf von Aesch, späterer Hauptadministrator der Plantagen in Indragiri, bezeichnete seinen direkten Vorgesetzten als Militärkopf, der alle Kulis in Reih und Glied antreten lasse; manch einer mache mit der Reitpeitsche Bekanntschaft.[125] Anton Sprecher sah bei seinem Besuch 1919 die militärische Ordnung durch den damaligen Administrator Joseph Kalt vernachlässigt:

„Kalt ist dem Posten absolut nicht gewachsen und unter seiner largen Amtsführung ist eben auch unter dem Personal & den Kulis ein Schlendrian eingerissen, der drastische Maßnahmen nötig machte, um Zucht & Ordnung wieder herzustellen."[126]

Seinen militärischen Ordnungsvorstellungen hatten sich auch die Pflanzen zu fügen:

---

122 Sprecher, Daniel (2000). *Generalstabschef Theophil Sprecher von Bernegg.*

123 Der *Freie Rätier* vom 2.3.1898 und *Neue Bündner Zeitung* von 1904. Zit. nach ebd., P. 67.

124 Anton Sprecher von Küsnacht an seine Schwester Rudolfine vom 21.9.1921. PA Sprecher. Andreas Sprecher wirkte später als Direktor und Präsident der Zürich Versicherungen. Politisch trat er im Zweiten Weltkrieg als einer der Initiatoren der ‚Eingabe der 200' in Erscheinung, welche eine Anpassung der Politik an Forderungen des Dritten Reiches verlangte.

125 Schenker, Hanny (2002), P. 17.

126 Anton Sprecher von Batavia an Theophil Sprecher vom 2.12.1919. PA Sprecher.

„Alles was ich bis jetzt von Gading gesehen habe, machte mir einen sehr guten Eindruck. Die Felder und Pflanzungen stehen schön und rein." „Dort [in Gading Estate] sind alle Felder vom Unkraut gereinigt & schön in Reih und Glied gepflanzt. Hier [Ayer Moelek] stehen die Gambiersträucher zum Teil im hohen Gras und mehr durcheinander."[127]

Und wie der Schweizer Armee vor dem Ersten Weltkrieg das wilhelminische Deutschland als Richtschnur diente, so zeigten sich auch im Betrieb der Plantage Sympathien für die militärisch aristokratische Seite des deutschen Reiches. Elitäres Selbstverständnis, militärische Ordnung und Bewunderung für den deutschen Adel gehörten zur Atmosphäre rund um die Plantage der Familie Sprecher. Anfangs leiteten Deutsche die Plantage und deutsche Handelshäuser übernahmen die Vertretung der Plantagen. Allerdings musste die Cultuur Mij Indragiri gegen Ende des Ersten Weltkriegs ihre deutschen und österreichischen Angestellten auf Druck der Briten entlassen. Die ebenfalls von Theophil Sprecher präsidierte Cultuur Mij Pangalian[128] geriet auf die schwarze Liste der Briten, ebenso die Djapoera Rubber Co, konnte aber dank dessen politischer Intervention in London wieder entfernt werden.[129] Auch die Cultuur Mij Indragiri litt unter den restriktiven britischen Maßnahmen, laut denen gegen Ende des Krieges sogar die Verschiffung von Essgambir nach Java verboten war.[130] Anton Sprecher brachte seine Hoffnung zum Ausdruck, dass solche Schikanen bald aufhörten und er „den einen oder anderen wieder anstellen könne".[131] In Batavia besuchte er den britischen Attaché, um ihm darzulegen, dass die Gesellschaft um der „Einheitlichkeit des Personals" willen nur deutsch sprechende Leute brauchen könne,[132] wofür der Attaché Verständnis gezeigt habe. Doch die Briten übten ihren Einfluss offenbar auch nach dem Ende des Krieges weiter aus, wie der junge Assistent Walter Bosshard berichtete:

„Ich glaube, ich habe Dir erzählt, dass ich in Sumatra mit dem Direktor eine Auseinandersetzung hatte und die dortige Stelle endgültig und besonders auch noch auf Anraten von Beguelin hin verlassen habe. Die Firma sei im Osten als eine deutsche

---

127 Anton Sprecher von Gading Estate, an Theophil Sprecher vom 22./23.12.1909; Anton Sprecher von Ayer Moelek, an seine Mutter vom 9.3.1910. PA Sprecher.

128 Theophil von Sprecher präsidierte die Cultuur Mij Indragiri und die Cultuur Mij Pangalian. Anton Sprecher war Direktor der beiden Gesellschaften. Er saß im Verwaltungsrat der Djapoera Rubber Co und präsidierte die 1925 gegründete Tandjong Keling AG. Letztere wurde nach dem Ersten Weltkrieg zu einer mehrheitlich britischen Gesellschaft.

129 Anton Sprecher von Zürich an Theophil Sprecher vom 28.9.1918. Der politische Einfluss Theophil von Sprechers war offenbar auch günstig, um Passagescheine für Mitarbeiter zu erlangen. Anton Sprecher von Küsnacht an Theophil Sprecher vom 12.3.1917. PA Sprecher.

130 A. Sprecher von Singapur an Theophil Sprecher vom 26.3.1918. PA Sprecher.

131 Anton Sprecher von Zürich an Theophil Sprecher vom 10.11.1918. PA Sprecher.

132 Anton Sprecher von Batavia an Theophil Sprecher vom 2.12.1919. PA Sprecher.

oder deutschfreundliche bekannt und damit wäre die ganze zukünftige Karriere ver-
pfuscht, denn England wacht scharf darüber, dass diese Leute nicht hochkommen."[133]

1919 engagierte die Gesellschaft einige junge Offiziere aus der Schweiz.[134]
Doch Anton Sprecher war mit dem schweizerischen Hauptadministrator sehr
unzufrieden und entließ ihn, wie auch einige Assistenten. Danach suchte er
lange nach geeigneten Kandidaten:

„Deutsche Staatsangehörige, die sich für uns sehr gut eignen würde, bekäme man
hier genug, aber die Verhältnisse sind leider noch nicht so, dass wir es wagen dürften,
einen deutschen Hauptmanager zu haben. Hier in Deli, dem Centrum der Sumatraner
Rubber Cultur hat man in den letzten Jahren große Fortschritte in der rationellen
Bewirtschaftung der Gummiplantagen gemacht, die leider in Indragiri unbekannt
geblieben sind. Ein neuer Manager, der mit den neuen Methoden vertraut ist & die
richtige Controlle einführt, wird bei uns vieles erreichen und die Produktion bedeutend steigern können."[135]

Einerseits war Sprecher die Bedeutung von qualifiziertem Personal bewusst
anderseits war er nicht bereit, dafür einen hohen Preis zu bezahlen. Um Kosten zu sparen überlegte sich Sprecher, die Hauptadministration abzuschaffen
und jedes Estate als eine eigene Gesellschaft zu organisieren.[136] Doch damit
wäre die Position der Estate-Agenten umso wichtiger geworden, und die
Direktion in Zürich hätte den Einfluss verloren, den sie über einen Hauptadministrator nach ihrer Wahl besaß. Es wurden dann nacheinander zwei
Hauptadministratoren gefunden, die reiche Erfahrungen in der Rubber-Kultur hatten, beides Schweizer. Anton Eberle hatte seine Karriere in Sumatra
bei der Cultuur Mij Indragiri begonnen und danach bei der ersten Rub-
ber-Fabrik auf Bangoen Poerba gearbeitet. Julius Käppeli war zuvor bei britischen Gesellschaften, die von Harrisons & Crosfield kontrolliert wurden,
angestellt gewesen.[137] Die Anstellung von Deutschen war offensichtlich
auch eine Preisfrage, wie Walter Bosshard festhielt, wobei sich in seiner
Beurteilung ökonomische Fragen der Plantagenführung und politische Fragen in der Schweiz – hier die Abstimmung zum Beitritt in den Völkerbund,
bei der sich Theophil Sprecher für eine Ablehnung stark machte – nicht trennen lassen:

„Dass der General [Ulrich Wille] sich nun langsam doch als ein ,Deutscher' entpuppt
ist bedauerlich, bedenklicher aber ist es, wenn auch der Generalstabschef [Theophil
Sprecher] nach jener Seite hinneigt. So hatten die Engländer am Ende gar nicht so

133 Walter Bosshard von Ronipon (Thailand) an seinen Schwager Hans Hofer in
    Zug vom 28.1.1920. AfZG, Nl. Walter Bosshard. 8.3.

134 Anton Sprecher von Zürich an Theophil Sprecher vom 11.1.1919. PA Sprecher.

135 Anton Sprecher von Tjinta Radja Estate, Sumatra an Theophil Sprecher vom
    18.1.1920. PA Sprecher.

136 Anton Sprecher von Küsnacht an seinen Bruder Andreas Sprecher vom
    6.11.1921. PA Sprecher.

137 Weidmann, Walter (1936), P. 42.

Unrecht, wenn sie die Plantage des Herrn von Sprecher als ‚german' declarierten und auf die schwarze Liste brachten. Er soll ja auch [...] alle Anstrengungen machen, seine viel geliebten Compatrioten, die Deutschen, wieder auf seine Estate zu bringen, sie arbeiten billiger als die dummen Schweizer!"[138]

Tatsächlich stellte Anton Sprecher dann einen Administrator an, in dessen Person politische Präferenzen und familiäre Verbindungen zusammenlaufen. Hermann von Rabenau war als deutscher Offizier in der Schweiz interniert worden. Anton Sprecher war damals Mitglied der ‚Stimmen im Sturm', einer pro-deutschen Propagandaorganisation in der Schweiz, und organisierte 1916 geheime Treffen zwischen Theophil Sprecher und Exponenten der ‚Deutschschweizerischen Gesellschaft', um deren Finanzierung zu gewährleisten.[139] Im Rahmen dieser Propagandatätigkeit zugunsten des Deutschen Reiches begegneten sich die beiden. Rabenau heiratete bald darauf die Tochter von Anton Sprechers Frau aus erster Ehe, reiste mit ihr nach Suma-tra[140]und folgte dort 1935 den beiden technisch erfahrenen Hauptadministra-toren in ihrem Amt. Sein Nachfolger Adolf von Aesch bezeichnete ihn als „Niete" und „hochadeligen deutscher Baron mit grauenhaftem Dünkel". Er mache seine dummen Sprüche und verstehe nichts. Als sich ein Mitarbeiter bei den Aktionären beschwert habe, sei ein Experte vorbeigeschickt worden; Baron Rabenau sei darauf einer fristlosen Entlassung zuvorgekommen.[141]

Dieser Exkurs zur Cultuur Mij Indragiri sollte die kulturelle Einbettung von Investitionsentscheiden beleuchten. Die Plantage ist dabei sehr wohl, aber keineswegs ausschließlich als renditeorientierte Anlage zu betrachten. Viel-mehr diente sie der Familie Sprecher unter anderem zu ihrer Selbstverwirk-lichung. Investitionsentscheidungen wurden deshalb nicht zwingend nach ökonomischen Kriterien gefällt: Die bewusst gewählte Distanz zum übrigen Plantagengebiet verursachte der Firma Mehrkosten. Wenn eine Konzession in der Nähe anderer Plantagen gewählt worden wäre, hätte die Firma Arzt-kosten mit anderen Gesellschaften teilen können. Ein weiteres Problem der marginalen Position lag im fehlenden Zugang zu Informationen aus erster Hand über technische Neuerungen. So wurden Innovationen meist erst mit einiger Verspätung umgesetzt, wodurch der Gesellschaft wiederum Geld verloren ging. Beide Probleme waren Anton Sprecher wohl bewusst, wie aus verschiedenen Briefen und auch den Jahresberichten der Gesellschaft her-

---

138 Walter Bosshard von Bangkok an Hans Hofer in Zug vom 6.7.1920. AfZG, Nl. Walter Bosshard. 8.3.

139 Anton Sprecher von Zürich an Theophil Sprecher vom 7.9.1915, vom 2.9.1916 und vom 29.9.1916. PA Sprecher. Zu den Gruppierungen siehe Winkler, Stephan (1983). Die ‚Stimmen im Sturm' (1915-1916) und die ‚Deutschschweizerische Gesellschaft' (1916-1922).

140 Elisabeth, genannt Ely, ist die Tochter des Arztes Max von Gonzenbach und Emilie Diehl. Sie starb auf der Plantage in Sumatra nach kurzer Zeit an einem Nierenversagen.

141 Schenker, Hanny (2002), P. 17, 22.

vorgeht. Trotzdem wurden die neuen Konzessionen der Cultuur Mij Pangalian und der Tandjong Keling noch weiter entfernt vom Plantagengebiet
erworben.

Das verstärkt den Eindruck, dass die Plantage eine Art Steckenpferd von
Eliten waren, das ihnen erlaubte, ihre Vorstellungen von ihrer eigenen Rolle
in der Gesellschaft zu verwirklichen. Das Betreiben eines Guts oder eines
Plantagenbetriebs als gewissermaßen höhere Form des Arbeitens verkörpert
dabei einen Wert an sich. Dies zeigt sich auch in der weiteren Geschichte
der Cultuur Mij Indragiri: Fritz Richner, der Bruder des im Teil B erwähnten
Plantagenmanagers Ernst Richner, führte neben seiner Tätigkeit als Direktor
der Schweizerischen Bankgesellschaft (SBG) ein landwirtschaftliches Mus-
tergut im Aargau. Bruno M. Saager, Schwager der beiden Brüder Richner
und ebenfalls Kadermitglied der SBG, und Niklaus Senn, späterer Präsident
der SBG, beteiligten sich in den 1950er Jahren als Hauptaktionäre der Cultuur Mij Indragiri, die inzwischen AG für Plantagen hieß. 1959 mussten die
Estates im Indragiri-Gebiet wegen der Nationalisierungspolitik in Indonesi-
en aufgegeben werden.[142] Seit 1981 besitzt die Gesellschaft, unter dem
Namen Substantia AG mit Sitz in Chur, das Weingut Eikendal in Südafrika.
Die Familien Sprecher und Saager sind immer noch beteiligt.

Investitionsstrategien

Die Investoren in der Schweiz waren nicht bloß Verwandte, sie waren auch
erfahrene Kaufleute und Unternehmer. Man könnte deshalb fragen, ob sie
nicht doch professionelle Strategien verfolgten. Natürlich sind solche Investitionen auf die eine oder andere Weise mit der Idee verbunden, Mehrwert
zu generieren. Doch Mehrwert kann auf unterschiedliche Weise entstehen,
und daher lassen sich entsprechend verschiedene Investitionsziele identifizieren:

a) ein Unternehmer orientiertes: Ein Unternehmer wird von seinem
   sozialen Umfeld zur Erlangung der Selbständigkeit unterstützt.

b) ein Rendite orientiertes: Ein Unternehmen wird als Gelegenheitsgesellschaft für einen kurzfristig realisierbaren Gewinn gegründet.

c) ein Unternehmen orientiertes: Ein Unternehmen soll langfristige
   Renditen generieren und daher auch längerfristig bestehen.

d) ein Kooperation orientiertes: Ein Unternehmen soll Vorteile für die
   eigene Firma realisieren: der Bezug von billigen Rohstoffen, der Verkauf
   von Maschinen und Geräten für das Unternehmen oder Zwischenhandel

Typ a und b sind eher kurzfristig, und die Investoren mischen sich wenig bis
gar nicht in die Belange des Unternehmens ein. Typ c und d sind langfristig

---

142 Nach der Darstellung seiner Söhne sah Bruno Saager die Implikationen des
japanischen Restitutionsfonds voraus und investierte in die unterbewerteten
Indragiri-Aktien. Saager, Hansjürg/Rudolf Saager (Eds.) (o.J.). Bruno M. Saager.

und bedingen Formen der Kontrolle des Managements. Die Plantagengesellschaften in der Schweiz lassen sich problemlos der einen oder anderen Kategorie zuordnen.

ad a) Die Tabakgesellschaft Tandjong-Kassau kann als Unternehmer orientiert bezeichnet werden. Max Koch war seiner Verwandtschaft wohl zwar moralisch verpflichtet, sie mischte sich aber nicht konkret in seine Geschäfte ein.

ad b) Das Deli-Bila-Syndikat von 1904 war auf eine relativ kurzfristige Rendite hin orientiert und als Gelegenheitsgesellschaft ausschließlich zu spekulativen Zwecken gegründet worden. In den Jahren zuvor war die Deli Bila Maatschappij, die ursprünglich Holz gewonnen hatte und später Kaffee und Para Rubber angebaut hatte, nach dem Zerfall des Kaffeepreises in Zahlungsschwierigkeiten geraten. WH. Diethelm schlug deshalb vor, das Anpflanzen von Kautschuk zu intensivieren und anschließend die Plantage zu veräußern. Die früheren Investoren wollten keine weiteren Risiken mehr eingehen, und so übernahm WH. Diethelm die Plantage zum Preis der Schulden der Gesellschaft (100.000 Fr.). Anschließend gründete er ein Syndikat mit Sitz in Singapur und einem geringen Kapital von 255.000 Fr., das den Betrieb bis zum Verkauf garantieren sollte. 40 % des Kapitals übernahm Hooglandt & Co, die Tochterfirma von Diethelm & Co, 60 % sollten auf dem Kapitalmarkt in der Schweiz aufgetrieben werden. Namhafte Beiträge kamen aus dem Umfeld der Schweiz Allgemeine Versicherung.[143]

Ein längerfristiger Anbau war beim Deli Bila Syndicat nie beabsichtigt. Der Manager wurde sogar hingehalten, als er die Anstellung eines Arztes verlangte, der doch zum Standard im damaligen Plantagenbau gehört hätte.[144] Tatsächlich fand das Syndikat bereits 1906 mit der Firma MP. Evans & Co in London einen Käufer, der bereit war, einen hohen Preis für die Plantage zu bezahlen. Das Deli Bila Syndicat war in seinem Gesellschaftszweck eine Ausnahme. Andere Kaffeegesellschaften übernahmen diese Methode und setzten, sofern Kapital noch vorhanden war, schnell Hevea in den Boden und verkauften anschließend an die Briten.

ad c) Ein Indiz für ein langfristig ausgerichtetes Engagement ist der Einbezug von Personen mit Know-how in den Verwaltungsrat. Die Tjinta Radja Tabakgesellschaft, zum Beispiel, griff wie die holländischen Gesellschaften auf ehemalige Plantagenmanager zurück Mit Karl F. Grob und Hermann Näher waren die ehemaligen Besitzer des größten schweizerisch-deutschen Plantagenunternehmens bei der Gesellschaft engagiert. Drei weitere Mitglie-

---

143 Das Syndicat hatte in der Schweiz insgesamt 19 Teilhaber für die Summe von 145.000 Fr. Brief WH Diethelm an Hooglandt & Co vom 17.4.1905. DA, A 3.5, Kopierbuch des Deli-Bila Syndicats.

144 Brief WH Diethelm an Hooglandt & Co vom 20.10.1905. DA, A 3.5, Kopierbuch des Deli-Bila Syndicats.

der der Aufsichtsorgane waren lange Zeit in der Tabakkultur tätig gewesen.[145] Ohne die „warme Fürsprache" von Näher und Grob wäre das Kapital für die Gesellschaft in den Nachwehen der Tabakkrise nicht zusammengekommen.[146] In den ersten Jahren des Tabakanbaus hatten sich Diethelm und sein Partner Riedtmann-Naef oft zurückhaltend über das spekulative Plantagengeschäft geäußert. 1893 hingegen ergriff Diethelm die Gelegenheit einer Kaufoption auf einen Landkontrakt, dessen Inhaber in der Krise in Zahlungsschwierigkeiten geraten war. WH. Diethelm und seine Firmen traten als Hauptinvestoren auf, er selbst präsidierte die Gesellschaft nach dem Tode von Näher. Obwohl die Gesellschaft hohe Renditen abwarf, hatte der Verwaltungsrat vor allem die Konsolidierung und vorsichtige Erweiterung der Firma im Auge:

„In guten Jahren sind wir mit Abschreibungen und Rückstellungen stets sehr weit gegangen. Sie haben zu derselben immer Ihre Zustimmung gegeben & diese Harmonie zwischen Verw.Rat und Aktionären hat zu unserer wiederum günstigern finanziellen Lage merklich beigetragen."[147]

Die Firma beschränkte sich nicht nur auf Tabak, sondern erwarb zwischen 1900 und 1907 drei weitere Landkontrakte (Batoe Rata, Kotari, Silinda), auf denen sie unter anderem Kaffee und Kautschuk anbaute. In den 1910er Jahren wurden auch Versuchsfelder mit Koprah (Pamlöl) angelegt. Im Tabakbau spezialisierte sich die Gesellschaft auf qualitativ hochwertige Blätter. Im Laufe der Jahre konnte der Anbau so perfektioniert werden, dass die Gesellschaft in den 1930er Jahren regelmäßig die höchsten Preise an der Tabakbörse erzielte.[148] Als deren Leiter Max Imhof von der Geographischen Gesellschaft 1925 eingeladen wurde, ein Referat über die Tabakkultur in Deli zu halten, meinte der befreundete Leiter des Kolonialinstituts in Amsterdam mit leicht ironischem, aber doch anerkennendem Ton, er solle den Titel wählen: „Wie man aus einer mittelmäßigen Tabakgesellschaft eine sehr gute macht, und wie man davon Verwaltungsrat wird". Dies werde bei seinen Landsleuten auf Sumatra sicher einschlagen, die offenbar weniger Wert auf eine qualitativ hochstehende Produktion legten.[149] Die Tjinta Radja war wohl die profitabelste Schweizer Plantagengesellschaft auf Sumatra: 1907 bestand die Möglichkeit eine Dividende von 40 % auszurichten, in den ersten 20 Jahren durchschnittlich 17 %.[150]

---

145 Otto Maerck, später Carl Wiget und Hans Morel als VR, Emil Rüegg, Neffe von Grob, als Revisor. STAZ B XI 267 Allgem. Protokoll 18, P. 265, 329; B XI 268, Allg. Protokoll 20, P. 182.

146 DA, A 2.49. Geschichte der indischen Firmen der Diethelm AG. Vortragsmanuskript von WH. Diethelm, gehalten am 20. 5. 1916.

147 Ebd.

148 Siehe Neue Zürcher Zeitung vom 26.10.1936, 4.8.1937, 28.11.1938.

149 de Bussy an Max Imhof vom 13.1.1925. Koloniaal Instituut Amsterdam. KIT, Dossier 5562. Max Imhof.

150 Siehe Fußnote 146 auf dieser Seite.

Ähnlich wie die Tjinta Radja stützte sich auch die Goenoeng Malajoe auf Leute mit Erfahrung in Asien: 4 der 7 Verwaltungsräte von 1911 hatten in Singapur oder auf Plantagen in Sumatra gearbeitet.[151] Auch die Cultuur Mij. Indragiri hatte verschiedene Verwaltungsräte, die entweder in Singapur oder auf den Plantagen in Sumatra Erfahrungen gesammelt hatten. Diese drei – Tjinta Radja, Goenoeng Malajoe und Indragiri – waren die Gesellschaften, welche am längsten Bestand hatten und bis über den Zweiten Weltkrieg hinaus entweder in Schweizer Besitz oder zu mindest mit Schweizer Management arbeiteten.[152] Die Mitverantwortung von Handelshäusern in Singapur für Zulieferung, Kontrolle und/oder Sicherung des Absatzes schien also ein entscheidender Faktor für den längerfristigen Erfolg schweizerischer Plantagenunternehmen zu sein (vgl. nächster Punkt). Die Zusammensetzung der Verwaltungsräte ist zwar bloß ein Indiz für eine längerfristige Ausrichtung eines Unternehmens – Absicht und Erfolg eines Unternehmens liegen ja bekanntlich nicht auf einer Linie –, doch gibt die professionelle Organisation eines Unternehmens immerhin Hinweise auf die Verbindlichkeit der Absichten ihrer Investoren.

ad d) Schließlich und vor allem funktionieren Investitionen in Plantagengesellschaften als strategische Beteiligungen, welche dem investierenden Unternehmen Vorteile verschaffen sollen. Was nun könnte ein Unternehmen in der Schweiz veranlassen, in Plantagen auf Sumatra zu investieren? Drei Strategien sind hier zu unterscheiden: Erstens investieren Firmen in die Rohstoffproduktion, um Rohstoffe billiger beziehen zu können. Zweitens tätigen Unternehmen aus der Maschinenindustrie Investitionen zur Generierung von Aufträgen. In der Schweiz hat sich im ersten Viertel des 20. Jh. ein System von Beteiligungsgesellschaften und Investitionsbanken entwickelt, das der Elektroindustrie zu Absatz in der Schweiz, Europa und Übersee verhelfen sollte. Die bekanntesten Unternehmen sind die Motor Columbus in Baden und die Elektro-Watt in Zürich.[153] Drittens können Investitionen in Plantagen zu den Diversifikationsstrategien von Handelshäusern gehören. Cox und Metcalf betrachten die Investitionen in lokale Unternehmungen wie Plantagengesellschaften als eine der wichtigsten Entwicklungsmöglichkeiten von Handelshäusern in Übersee, da sie die Handelstätigkeit dieser

---

151 Otto Jaeger, Direktor des Handelshauses Jaeger & Co in Singapur und Zürich war treibende Kraft hinter der Gesellschaft. Mit im Verwaltungsrat saßen Anton Straessle und Conrad Bruderer, beides ehemalige Mitarbeiter von Jaeger & Co in Singapur, sowie H. Kummer, der die Plantage bis 1910 geleitet hatte.

152 Die Goenoeng Malajoe wurde 1925 an eine britische Gesellschaft verkauft, arbeitete aber weiter mit fast ausschließlich Schweizer Belegschaft. Siehe Geschäftsberichte der Goenoeng Malajoe AG.

153 Segreto, Luciano (1992); Segreto, L. (1994). Financing the Electric Industry Worldwide: Strategy and Structure of the Swiss Electric Holding Companies, 1895-1945. *Business and Economic History* 23(1). P. 162-75. Hauser-Dora, Angela Maria (1986), P. 182-91.

Unternehmen gut ergänzten.[154] Welche Schlüsse können aufgrund des beschränkten Materials über Plantagengesellschaften in der Schweiz in Bezug auf solche strategischen Investitionen gezogen werden?

Zu den Investitionen in Rohstoffe: Großfirmen tätigten weit reichende Investitionen in Plantagen, Unilever etwa bei Palmöl, Goodyear, Continental und Uniroyal bei Kautschuk.[155] Bei Schweizer Unternehmen können solche Strategien kaum beobachtet werden. Kaffee, Tabak und Gummi wurden in der Schweiz vermutlich generell über die Rohstoffmärkte bezogen.[156] Erst in den 1950er Jahren warb die Firma Weber & Söhne in Menziken mit dem Spruch: „Tjinta Radja ist eine der berühmtesten Plantagen auf Sumatra. Von Schweizern geführt und sorgfältig betreut, liefert sie uns die herrlichen Deckblätter für die neue Weber-Corona! Schweizerarbeit auf Sumatra und in Menziken haben diese Spitzenleistung vollbracht".[157] Das Inserat lässt jedoch kaum den Schluss zu, dass die Blätter als Rohstoff direkt importiert wurden, der Hinweis auf die „Schweizerarbeit" sollte wohl einfach für die Qualität der Zigarren garantieren.

Anders sieht die Situation bei industriell verwertbaren Rohstoffen wie Kautschuk, Gambir, Ramie oder Palmöl aus. Hier gibt es Hinweise auf Investoren, die ein Interesse an einem direkten Bezug von billigen Rohstoffen haben konnten. Anfangs der 1920er Jahren sind Seidenindustrielle wie Rudolf de Bary, der mit Theophil von Sprecher verschwägert war, und Edwin Schwarzenbach, der geschäftlich und privat mit Anton Sprecher verkehrte, als Großaktionäre an der Cultuur Mij Indragiri beteiligt, weil sie sich für den Direktimport von Gambir interessierten.[158] Gambir kam als Färbmittel in der Seidenindustrie zum Einsatz. Die Zürcher Vereinigung der Seidenfärber bezog Gambir direkt von Goenoeng Malajoe, wie aus Dokumenten der britischen Behörden zur Kontrolle der Warenströme im Ersten Weltkrieg hervorgeht.[159] Auch die Firma Huber & Co in Pfäffikon bezog ab 1931 ihren Gummi für elektrische Kabel über Diethelm & Co.[160]

Offensichtlicher noch sind die Verbindungen bei der Cultuur Mij Pangalian, die im Süden Sumatras Palmöl produzierte und bei der Heinrich Steinfels-Saurer einsaß, als Direktor der Steinfels AG, die in ihrer Seifenproduktion auf Palmöl angewiesen war. Eine solche Verbindung schien für

---

154 Cox, H./Metcalf, S. (1998), P. 54f.

155 Fieldhouse, David K. (1978). *Unilever overseas 1895-1965: the anatomy of a multinational*, P. 449f.; Yacob, S. (2007).

156 Für Tabak siehe Schw. Sammelstelle für Handels- und Betriebstechnische Studienmaterialien (1937). *Tabakeinschreibungen in Amsterdam, Vol. 108.*

157 Neue Zürcher Zeitung, 2.10.1953. Inserat.

158 Oskar Staehelin an Johann Heinrich und Hermine Hotz-Zollinger vom 20.3.1921. PA Zollinger-Streiff.

159 W.T. Sargant & Sons an den Under Secretary of State fort he Colonies vom 7.12.1915. NA, FO 382/429, Nr, 56529.

160 Schweizer-Iten, Hans (1973), P. 840.

beide Seiten, Plantagengesellschaft auf Sumatra und Industrie in der Schweiz sinnvoll. Nachträglich relativiert die Steinfels die Bedeutung allerdings:

„Unter einem weniger glückhaften Stern stand für das Haus Steinfels auch ihre Teilhaberschaft an der Zürcher Plantagen-Aktiengesellschaft, die noch heute unter leicht verändertem Namen als Geschäftsstelle und Dachorganisation existiert: Waren Hoffnungen auf vorteilhafte Rohstoffbezüge von ‚eigenen‘ Gummi- und Kokosplantagen in Sumatra von allem Anfang an höchstens ferne Spekulation, so zerschlugen sie sich vollends, als im Zweiten Weltkrieg und danach in den indonesischen Unabhängigkeitskämpfen alle Felder verwahrlosten und die Besitzansprüche hinfällig wurden."[161]

Jedenfalls steht das Engagement der Steinfels in keinem Verhältnis zu dem der zugegebenermaßen viel größeren Unilever. Der direkte Bezug billiger Rohstoffe aus Sumatra für die Industrie in der Schweiz scheint also eine geringe Rolle gespielt zu haben und falls dies ausschlaggebend für Investitionen war, so doch eher nach dem Ersten Weltkrieg, als in der Folge des Wirtschaftskrieges der Rohstoffversorgung eine erhöhte Aufmerksamkeit galt.

Zu Kooperationen zum Zweck des Maschinenexports: Der Betrieb einer Plantagen erforderte einen ausgebreiteten Maschinenpark. Dieser diente der Aufarbeitung der Produkte zu einem handelbaren Rohstoff. Gambir wurde gehackt, gekocht und zu Würfeln gepresst, Gummi mit Säure behandelt und zu sheets gerollt, Kaffee durch Wasserkanäle geschwemmt und sortiert. Daneben benötigten die Plantagen mechanische Transportmittel. Schmalspurbahnen wurden angelegt, auf Flüssen wurden die Waren mit Dampfschiffen befördert.

Diese Maschinen und mechanischen Apparaturen für Transport und Energiegewinnung wurden zu einem guten Teil aus der Schweiz importiert. Für den Kaffeeanbau entwickelte die Firma von Roll spezielle Apparaturen:

„Kleine Fabriken entstanden mit nie vorher gesehenen Wasseranlagen, Kanälen, Turbinen und polternden Maschinen, durch Laien und Ingenieure aufgestellt. Einige Apparate, speziell für diesen Zweck ausgedacht und in der Schweiz hergestellt, bewährten sich gut."[162]

Sämtliche Maschinen im Kaffeeanbau wurden mit Wasserkraft betrieben, „wie es sich für Söhne des Landes, in dem die weisse Kohle die einzige Quelle der Kraft ist, gehörte".[163] Auch die dazu gehörigen Wasserräder und Turbinen kamen aus der Schweiz. Diese beiden Hinweise, welche die Bedeutung der Plantagenwirtschaft auf Sumatra für die Schweizer Maschinenindustrie in ein gutes Licht rücken wollen, stammen aus dem Jubiläums-

---

161 Bondt, René (1982). *Fünf Generationen Steinfels, Vol. 35*, P. 67.

162 Baumann, G. Rudolf (1936), P. 25.

163 Weidmann, Walter (1936), P. 40.

buch des Schweizer-Vereins Deli Sumatra; es gibt noch weitere Beispiele: Die Firma Rauschenbach in Schaffhausen lieferte eine Futterschneid- und eine Häckselmaschine an die Cultuur Mij Indragiri.[164] Die Neue Schw. AG Sumatra benutzte für ihren Kaffee einen Heißlufttrockner aus Zürich, ebenso ein Wasserrad und später eine Turbine.[165] Die Escher Wyss & Co lieferte ein oder zwei der prestigeträchtigen mit Erdöl betriebenen Naphtaboote nach Sumatra.[166] Auch die beiden Dampfschiffe der Cultuur Mij Indragiri ‚Bernina' und ‚A.U. von Mechel' kamen von der Escher-Wyss.[167] Vermutlich war auch die eine oder andere Schmalspurbahn schweizerischer Provenienz.

Doch nur gerade bei der Firma von Roll, die für die Anlagen im Kaffeebau Entwicklung betrieb, kann von einem namhaften Interesse die Rede sein. Die Verbindung nach Sumatra ging über Ubald von Roll.[168] Es ist plausibel, dass die Industriellenfamilie, die ihren Verwandten finanziell unterstützt hatte, gleichzeitig auch den Auftrag zur Entwicklung der technischen Infrastruktur der Plantage erhielt. Ob auch bei der Beteiligung Walter Boveri (BBC) bei Baumann, Wetter & Co, Eduard Sulzer-Ziegler (Gebrüder Sulzer) bei Goenoeng Malajoe[169] solche Überlegungen mitgespielt haben, ist ungewiss. Insgesamt stehen diese Investitionen in keinem Verhältnis zu denjenigen in die Anlage- und Finanzierungsgesellschaften der Elektro- und Maschinenindustrie, die in den Jahren von 1896 bis 1913 ca. 4,66 Mrd. Franken im Ausland anlegten.[170] Man kann allenfalls von bescheidenen Kontakten im familiären und sozialen Umfeld sprechen.

164 PA Sprecher. Kopierbuch der CMI. Briefe vom 26.8.1898 und 10.2.1899.

165 Geschäftsbericht der Neuen Schw. AG Sumatra 1898 und 1900, Solothurn.

166 Die Neue Zürcher Zeitung spricht von einer Lieferung an H.C. Bluntschli. Die Referenzprospekte der Escher Wyss nennen die Deli Bila Mij. Ob es sich um zwei verschiedene Boote handelte ist unklar. siehe Neue Zürcher Zeitung, vom 30.8.1896; ZWD i-334/14, Escher Wyss & Cie, Neu verbesserte Naphta-Launches, Zürich, 1896.

167 Anton Sprecher von Rengat, Sumatra an Theophil Sprecher vom 31.10.1919. PA Sprecher.

168 Ubald von Roll, Manager verschiedener Kaffeegesellschaften auf Sumatra (Neue Schweizer AG Sumatra, Dolok Baros Caoutchouc en Koffie Cultuur Mij, Tamiang Rubber Syndicaat und unter eignem Namen), gehörte zur weiteren Verwandtschaft der Firma von Roll. Siehe Zwicky, J.P. (1945) Schweizerisches Familienbuch.

169 Ebenfalls beteiligt war Fritz Sulzer, Direktor der Rotfärberei in Aadorf. Fritz Sulzer war in den 1890er Jahren selbst für drei Jahre in Singapur für die Firma Rautenberg, Schmidt & Co tätig gewesen und stand in Geschäftsbeziehungen mit der Firma Jaeger & Co in Singapur. Zu den Beziehungen der Sulzer Aadorf zu Jaeger & Co siehe Teil A.

170 Hauser-Dora, Angela Maria (1986), P. 184. Zu den Finanzierungsgesellschaften siehe ebd. P. 182-194; Segreto, L. (1994).

Zur Kooperation im Zwischenhandel: Im Zwischenhandel ist eine ganz andere Interessenlage zu beobachten. Handelshäuser in Singapur und in Penang waren auf mehrfache Weise ins Plantagengeschäft involviert. Anfänglich hatten einige schweizerisch-deutsche Häuser Agenturen für Tabakplantagen.[171] Diese Agenturen gingen wieder verloren, als die Deli Mij den Handel zunehmend monopolisierte. In der Folge der Tabakkrise und mit der Diversifizierung von Produkten begannen Schweizer Handelshäuser wie Diethelm & Co und später auch Jaeger & Co in den Handel mit Plantagenprodukten einzusteigen. Die Tjinta Radja Tabakgesellschaft operierte noch weitgehend unabhängig von den sonstigen Geschäften der Firma Diethelm. WH. Diethelm war einzig als Kapitalgeber und Präsident der Gesellschaft involviert.

Mit dem aufkommenden Gummiboom änderte sich die Interessenlage der Firma. Diethelm stieg erst bei der Neuen Schw. AG Sumatra und später bei der Deli Bila Mij ein. Zunächst war das Interesse mehr spekulativ: die serbelnden Kaffeegesellschaften wurden zum Verkauf als Rubber-Plantagen vorbereitet. Die Tjinta Radja dagegen wurde auf Heveakultur umgestellt, nicht weil man sie verkaufen wollte, sondern um das Agenturgeschäft von Hooglandt & Co auszudehnen. Wie in Teil A5 dargestellt wurde, hatte sich die Agentur von Rubber zu einem stetig wachsenden Geschäftszweig der Firma entwickelt. Hooglandt brachte den Rubber diverser Plantagen in Singapur auf den Markt. Die Diethelm & Co investierten im Hinblick auf solche Agenturen. Als die Plantage des Deli Bila Syndicats 1906 an die britische Firma M.P. Evans verkauft wurde, ergriff Diethelm & Co die Gelegenheit, seine Anteile zu halten und damit auch die Agentur zu behalten. Im Ersten Weltkrieg wurden die Investitionen in „befreundete Plantagen" erheblich ausgeweitet, da die Firma ihr Importgeschäft wegen des Wirtschaftskriegs stark zurückgefahren hatte und deshalb aus den Verkäufen freie Gelder zur Verfügung hatte.[172] Es ist auffällig, dass diese Beteiligungen an Plantagen nicht als Anlagen betrachtet, sondern meist vollumfänglich abgeschrieben wurden. Als Anlagen gelten bei Diethelm & Co nur Wertschriften wie Staatspapiere, Aktien oder Obligationen von Schweizer Großunternehmen oder Banken. Die Beteiligungen an Plantagen werden auch nicht als Deckung für Kredite bei den Banken verwendet. Die Investitionen sind also eindeutig strategischer Natur und sollten der Firma Cashflow bringen.

Die Einkünfte der Hooglandt & Co aus dem Agenturgeschäft waren vielfältig und gingen weit über den Verkauf des Rubbers in Singapur hinaus, auch wenn die Kommission aus diesem Geschäft wohl den größeren Anteil der Einkünfte ausmachte. Allein im Dezember 1915 bis Januar 1916 wurden Rubber für 400.000 $ verkauft. Mit der Agentur war meist eine Visiting-Agency verbunden: Ein Manager von Hooglandt besuchte halbjährlich die

---

171 Matthieu & Co, Schmidt, Küstermann & Co, Friederichs & Co. The Singapore and Straits Directory for 1881. Singapur, 1881. P. 85f. Siehe auch Teil B1.

172 Schweizer-Iten, Hans (1973), P. 717.

Plantagen und unterrichtete den Verwaltungsrat über deren Führung und Zustand.[173] Darüber hinaus erhielt Hooglandt & Co für so genannte Estate-Agencies jährlich 500-600 £.[174] Dafür besorgte das Handelshaus – gegen Unkosten – alle für den Betrieb benötigten Materialien, die nicht vor Ort besorgt werden konnten, wie Verpackungs- und Verarbeitungsmaterialien, Maschinen und Zubehör, Esswaren, Medikamente sowie Haushalts- und Büroartikel. Schließlich betreuten es Personal auf der Durchreise in Singapur, neu ankommende Assistenten aus Europa, die sich in Begleitung eines Angestellten von Hooglandt in Singapur ausstaffierten, aber auch Arbeitskräfte aus China und Java, was den Mitarbeitern stets „unangenehm" gewesen sei.[175]

In den beiden Jahrzehnten vom Anfang des Rubber-Booms bis Mitte der 1920er Jahre bauten Diethelm & Co resp. Hooglandt & Co ihre Aktivitäten im Rubber-Geschäft laufend aus. 1912 regten die beiden Filialen in Singapur die Gründung einer Filiale in Teluk Anson in British Malaya an, wo viele Rubber-Plantagen lagen. Diese sollte Vertretungen von Rubber Estates übernehmen. Der Anregung wurde zuerst Folge geleistet, die Manager von Hooglandt zogen Erkundigungen ein, das Projekt wurde jedoch schon im Mai 1913 wieder fallengelassen, weil sich kein paralleles Importgeschäft aufziehen ließ.[176] Der große Schritt für Diethelm geschah jedoch 1928 mit Investitionen in eine Aluminium-Fabrik in Singapur. Die Firma L. Raeber & Co war von zwei ehemaligen Mitarbeitern von Sturzenegger & Co in Penang gegründet worden, die beide eine Vertretung der Aluminium-Fabrik LASA in Menziken hatten. Aluminium war sehr begehrt in der Rubber-Industrie, erstens als Material für Trichter, die leichter waren als die schweren Keramiktrichter, die oft zerbrachen, zweitens als Material für Koagulierpfannen, das nicht auf Säuren reagierte. Das früher verwendete Eisenblech hatte den Gummi schwarz gefärbt, und Holz hatte oft zu Verunreinigungen durch Bakterienbefall geführt. Aluminiumblech wurden aus der Schweiz bezogen und dann vor Ort nach den Bedürfnissen der Plantagen gefertigt. Diethelm & Co übernahm die Firma nach dem Tode des Inhabers und schon kurze Zeit danach überflügelte das Geschäft mit Aluminiumprodukten das

---

173 Schweizer-Iten, Hans (1973), P. 832.

174 Also 12-15.000 Fr. jährlich. Hooglandt & Co hatte eine Estate Agency für die Cultuur Mij Indragiri, die Djapoera Rubber Estates, bei der Anton von Sprecher im Verwaltungsrat saß, und beim Bangoen Poerba Estate der Batu Rata Rubber Estates, bei der WH Diethelm im Verwaltungsrat saß. Siehe ebd., P. 737.

175 „In den zwanziger Jahren gab es noch keine direkte Schiffsverbindung zwischen Java und der Ostküste Sumatras. Die Arbeitskräfte wurden daher nach Singapore „verladen" und von dort aus auf kleinen Küstendampfern nach Sumatra „verschifft". Man kann dabei nicht einmal von Deckpassagieren reden, und Kabinen gab es für die Leute sowieso nicht, so dass die „Verschiffungen" eigentlichen Warentransporten gleichkamen. [...] In Singapore wurden die Javaner jeweils in Pfahlbauten in der Nähe des Hafens untergebracht." Ebd., P. 834.

176 Verwaltungsratsprotokoll Diethelm & Co, Sitzung vom 28.5.1913. DA A 1.6.

eigene Importgeschäft in Singapur. Die Artikel der Fabrik brachten die Produktionskosten von Latex von 1-2 Cents per Pfund auf ¼ Cent hinunter; das Geschäft mit Aluminium hatte daher in den kritischen 1930er Jahren einen wesentlichen Anteil am guten Betriebsergebnis.[177]

Eine solche Beteiligung an einem lokalen Industriebetrieb war insofern bemerkenswert, als Handelshäuser in Singapur in der Zwischenkriegszeit kaum in die Industrialisierung investierten.[178] Die Firma unterstrich Ende der 1930er Jahre ihren Fokus auf Rubber mit der Herausgabe der «Diethelm's Rubber Planters' Review», deren Publikation mit dem Ausbruch des Zweiten Weltkriegs wieder aufgegeben wurde.

Professionalisierung rund um die Plantagenwirtschaft

Blicken wir zurück auf das Verhältnis der Plantagengesellschaften zu ihren Kapitalgebern aus der Schweiz. Die Suche nach Kapital auf dem Schweizer Kapitalmarkt zeigte sich für Plantagengesellschaften generell als schwierig. Der Kreis der potentiellen Geldgeber hatte kaum einen Bezug zu Sumatra. Das Beispiel Karl Fürchtegott Grobs und anderer Tabakmillionäre in Zürich ließ wohl in einigen reichen Familien Zürichs den Wunsch aufkommen, sich an diesem El Dorado auf Sumatra zu beteiligen, doch waren Investoren der ersten Plantagengesellschaften meist wenig informiert, standen in engen sozialen oder familiären Beziehungen zum Unternehmer auf Sumatra und mussten seinen Kalkulationen und seiner Kompetenz vertrauen. Einige Investoren in der Schweiz sahen sich in ihrem Vertrauen enttäuscht und verloren in der Tabakkrise viel Geld.[179] So zum Beispiel Edmund Gustav Siber, Zürcher Seidenproduzent, der beim Konkurs der Pagoerawan Tabak Mij, einem Unternehmen seiner beiden Brüder, mehrere hunderttausend Franken verlor, die er im Laufe der Jahre nur teilweise rückerstattet erhielt.[180] Die langen Kommunikationswege komplizierten die Situation,[181] in Aussicht gestellte Renditen blieben aus:

„In der Schweiz suchten die Herren Aktionäre und Verwaltungsräte nach den kräftigsten, straflos noch brauchbaren Ausdrücken, um den Gründer zu verfluchen."[182]

---

177 Eggenberger, Jakob/Diethelm & Co (1987), P. 175f.

178 In der Forschung bestehen unterschiedliche Ansichten über die Bedeutung fehlender Investitionen in Industrialisierung beim Niedergang britischer Handelshäuser. Die Investitionen von Diethelm & Co sind eine der wenigen Ausnahmen, wenn auch in bescheidenem Rahmen. Jones, G./Wale, J. (1998), P. 383.

179 Weidmann, Walter (1936), P. 40.

180 Hermann Siber musste auf das elterliche Erbe verzichten und seinem Bruder Beteiligungen seiner Minengesellschaften in Niederländisch-Indien überlassen. ZB, Ms Z II (Nachlass Siber). 442 Zessionsurkunde vom 16.5.1890.

181 Baumann, G. Rudolf (1936), P. 25.

182 Ebd., P. 27.

Gerade in kritischen Situationen, in der Entscheidungen über Liquidation oder Einschuss von weiteren Mitteln getroffen werden mussten, akzentuierte sich der Bedarf nach verlässlichen Informationen zum Marktgeschehen und alternativen Anbaumodellen. Beziehungen zu unabhängigen Leute mit Erfahrung im Osten waren wichtig, um die Abhängigkeit vom Manager auf Sumatra in den Entscheidungen zu mindern und eine effektive Kontrolle ausüben zu können. Ohne professionellere Strukturen waren die steigenden Kapitalanforderungen der Plantagenwirtschaft kaum zu decken.

Ein möglicher Weg waren internationale Kooperationen. Max Koch und Emil Hubacher gelangten an den Hamburger Industriellen Baron Ferdinand von Krauskopf, der in St. Petersburg Gummistiefel herstellte. Die Kooperation war allerdings nicht erquicklich, die beiden Estates auf Sumatra wurden bald darauf an eine holländische Gesellschaft verkauft.[183] Die Dolok Baros von Ubald von Roll hatte ihren Sitz in Paris und Den Haag, die Cultuur Mij Indragiri und die Cultuur Mij Pangalian in Amsterdam. Administrativ-rechtliche Überlegungen könnten dabei auch eine Rolle gespielt haben, doch wichtiger war die Erweiterung der Kapitalbasis. Als 1910 das Gading Estate aus der Gesellschaft herausgelöst wurde, gründete Anton Sprecher mit Interessenten in Singapur ein Konsortium. Die Mehrheit lag bei der Familie Sprecher, aber auch die Firma Behn, Meyer & Co. war daran beteiligt, wobei allerdings die Erfahrungen in der Zusammenarbeit mit dem großen Hamburger Handelshaus eher von Konflikten gekennzeichnet waren. Sprechers traten darauf mit Interessenten in London zusammen, in der Absicht die Gesellschaft zu verkaufen. Anton Sprecher aber hielt seine Anteile und war auch im Verwaltungsrat vertreten. Nach dem Ausbruch des Ersten Weltkriegs an kam eine Kooperation mit Deutschen ohnehin nicht in Frage. Die Gesellschaften um die Familie Sprecher suchten daher vermehrt Kapital in den Niederlanden. Dort war der Zugang zu Kapital für Unternehmungen auf Sumatra viel einfacher, selbst wenn die Kontrolle der Gesellschaft in der Schweiz lag:

„Ich habe aus meinen Vorbesprechungen den Eindruck mit heimgebracht, dass wir in Holland eine Neu-Emission zum Teil oder auch ganz unterbringen könnten & dass sich wohl auch eine befriedigende Einigung über den Ausgabekurs unserer neuen Aktien erzielen ließe. Um uns aber in der Schweiz den Haupteinfluss auf die künftigen Geschicke unserer Indragiri Unternehmung zu sichern, wäre es doch wünschenswert, wenn ein guter Teil des neu auszugebenden Aktienkapitals in der Schweiz plaziert werden könnte. Dies ließe sich wahrscheinlich erreichen wenn man den alten Aktionären die Aktien billig anbieten würde dh. also zu einem Vorzugskurs gegenüber neuen Aktionären."[184]

Der Verwaltungsrat der Indragiri verfügte in den 1920/30er Jahren stets über zwei niederländische Mitglieder. Die Kapitalerhöhung der Cultuur Mij Pan-

---

183 GA, Archief Van Heekeren 584. Laut Tador und Medaris, 1200 E-O (1897-1907).

184 Anton Sprecher von Küsnacht an Th. Sprecher vom 30.5.1920. PA Sprecher.

galian versuchte Sprecher in der Schweiz durchzuziehen, was nur unter großen Schwierigkeiten gelang; nachdem die Basler Handelsbank keine Obligationen platzieren konnte, musste er bei zahlreichen Bekannten nachfragen.[185] Bei der Tandjong Keling hingegen griff er auf niederländisches Kapital zurück. Für die Gesellschaft, die 1925 in Zürich gegründet worden war und im Süden Sumatras Kaffee und Tee anbaute, konnte in der Schweiz die damals hohe Summe von 4 Mio. sFr. platziert werden. Für die Anlage der Teeplantage und der dazugehörigen Fabrik wurde das Kapital 1930 auf 7 Mio. erhöht. Das nötige Kapital fand Anton Sprecher bei Exponenten niederländischer Handels- und Bankenkreisen.[186]

Am Anfang des Tabakanbaus bestanden zwar keine effektiven Hindernisse für schweizerische Kapitalinvestitionen, dann aber arbeiteten die niederländischen Vertreter der Tabakkultur auf ein nationales Monopol hin. Nach dem Ersten Weltkrieg wiederum bestanden kaum mehr politische Schranken für Kapital aus der Schweiz. Im Gegenteil: Als Max Imhof, Hauptadministrator der Tjinta Radja AG auf Sumatra, sich 1920 über die Gründung einer neuen schweizerischen Plantagengesellschaft informierte und zu diesem Zweck mit dem Gouverneur von Niederländisch-Indien sprach, soll dieser wörtlich gesagt haben:

„Bringen Sie Schweizer Kapital so viel wie Sie nur können; das sehen wir gerne, denn schweizerisches Kapital ist ungefährliches Kapital!"[187]

Schweizer waren für Briten politisch nicht bedrohlich. Die Probleme der Kapitalbeschaffung lagen also in der Vorsicht der Investoren in der Schweiz. Nur einer kleinen Anzahl von Gesellschaften gelang es, genügend Kapital in

---

185 „Nach unserer gestrigen Besprechung mit Dürler scheint es zwecklos, Herrn Professor Tobler wegen Beteiligung Pangalian zu begrüssen, denn wie Dürler sagt, mache er prinzipiell bei solchen Sachen nicht mit. Dürler hat für sich fr. 20.000.- gezeichnet, aber damit haben wir erst 240.000.- beieinander & woher wir die übrigen 360.000 fr. noch bekommen sollen, ist mir vorderhand noch ein Rätsel. Fr. 600.000 ist aber das Mindeste was wir brauchen, um den Betrieb auf ein Jahr hinaus weiterzuführen & die nicht gestundeten Schulden zu bezahlen. Die Basler Handelsbank hat bei ihren ersten Bemühungen um die Plazierung solcher Obligationen keinen Erfolg gehabt & daraufhin will sie sich nicht weiter damit befassen. Ich schreibe um weitere Briefe an alle Bekannten, die allenfalls in Betracht kommen könnten, erwarte aber nicht sehr viel davon." Anton Sprecher von Küsnacht an Th. Sprecher vom 22.6.1921. PA Sprecher.

186 Neu in den Verwaltungsrat gewählt wurden HL. Van Eeghen, vom Bank- und Handelshaus Van Eeghen, Baron Th. de Gunzburg und der Reeder W. Ruys (Direktor der Rotterdamschen Lloyd). Tandjong Keling AG (1929). Jahresbericht 1928. Zürich.

187 Max Imhof in Bern an O. Schneebeli-Strauli in Winterthur vom 29.10.192 (Jahr fehlt, aber aus den Daten im Brief muss es 1926 oder 1927 sein). KIT Dossier 5562, Max Imhof. Der Brief bestätigt ähnliche Erfahrungen von Schweizern, die in Portugiesisch Ostafrika investierten.

der Schweiz aufzubringen. Wichtig war dabei stets die erwähnte Beteiligung von Handelshäusern in Singapur. Bei der Cultuur Mij Indragiri fand die Annäherung zu Diethelm & Co im Ersten Weltkrieg statt, nachdem die Beziehungen zu Behn, Meyer & Co wegen der britischen Handelsrestriktionen abgebrochen waren:

„Ich habe für Indragiri ein neues Kapitalerhöhungsprospekt ausgearbeitet, für das es mir gelungen ist, Herrn WH. Diethelm von hier, ein in Geschäftskreisen großen Einfluss besitzende Persönlichkeit (Verw. Rat der Kreditanstalt) zu gewinnen."[188]

Hooglandt & Co übernahm das Estate Management, und die Plantage erhielt einen beschränkten Kredit beim Handelshaus. Allmählich wurden die Beziehungen intensiviert. Bei seinem Besuch 1919 logiert Anton Sprecher beim Manager der Firma Diethelm in Singapur und macht anschließend seinen Besuch in Sumatra gemeinsam mit WA. Hesta, dem für Ayer Molek zuständigen Estate Manager von Hooglandt & Co. In den 1920er Jahren scheinen die vor dem Ersten Weltkrieg regelmäßigen Kontrollbesuche des Direktors durch solche von Hooglandt & Co abgelöst worden sein. Es ist wahrscheinlich, dass Manager von Hooglandt & Co mit im Spiel waren, als es darum ging, die Indragiri in Kontakt mit holländischem Kapital zu bringen.

Manager von Diethelm & Co und ehemalige Hauptadministratoren der mit Diethelm & Co vebundenen Tjinta Radja beteiligten sich in den 1920er Jahren an den Gesellschaften unter der Direktion Anton Sprechers.[189] Daneben finden sich neben den holländischen Verwaltungsräten einige Exponenten der Zürcher Finanzwelt, hauptsächlich um die beiden Versicherungen Zürich und Schweiz Allgemeine, mit denen sowohl die Familie Sprecher als auch WH. Diethelm verbunden war.[190] Bis in die 1920er Jahre fand eine Verdichtung der Beziehungen und eine Spezialisierung innerhalb eines Netzwerkes statt: In Zürich gründeten Anton Sprecher und sein Partner E. Heer die Plantagen AG, welche in Zürich die *operative Führung* verschiedener Plantagengesellschaften übernahm. Ehemalige Plantagenleiter brachten *Know-how* in Sachen Produktion in die Betriebsorganisation und in die Aufsichtsorgane ein. In Singapur sorgte die Hooglandt & Co für die *Versorgung* der Estates mit dem für die Kontrolle nötigen Material. In Zürich wiederum findet sich eine Gruppe von *Investoren* im Umfeld der Zürich Versicherung, einiger Privatbanken und ehemaliger Plantagenmanager. Sodann gibt es

---

188 Anton Sprecher von Zürich an Theophil Sprecher vom 27.4.1915. PA Sprecher.

189 Oskar Fahrländer (ehemals Tjinta Radja) war Verwaltungsrat der Tandjong Keling. Nach dem Tode von Anton Sprecher 1936 übernahm Max Imhof (ehemals Tjinta Radja) das Präsidium der Gesellschaft. Hans Morel (ehemals Tjinta Radja) war ebenso Verwaltungsrat der Gesellschaft wie Max Diem (Diethelm & Co) Bei der Cultuur Mij Indragiri saßen ebenfalls Oskar Fahrländer und Martin Haffter, ein Manager der Diethelm & Co, im Verwaltungsrat. Siehe Jahresberichte der beiden Gesellschaften.

190 August Leonhard Tobler, ab 1929 Präsident der Zürich Versicherung, übernahm 1927 nach dem Tode von Theophil Sprecher das Präsidium.

Experten im *Controlling* wie die Fides Treuhand (heute KPMG Schweiz), die in diesen Zusammenhang gehört: Aus der Kooperation der Kanzlei des von Theophil von Sprecher beigezogenen Juristen Eugen Keller-Huguenin mit der Verwaltung der Cultuur Mij Indragiri, „deren Sitz in Holland, während alle Aktionäre Schweizer seien"[191] entstand nämlich noch im selben Jahr die Fides.[192]

Als sich in den späten 1920er Jahre in Niederländisch-Indien ein Ende der kolonialen Phase bereits erahnen ließ, bereiteten diese Netzwerke neue Projekte in Afrika vor. Einige Exponenten gründeten 1928 die Kelbosa AG zum Betrieb von Sisal-Plantagen in Ostafrika. Beteiligt waren Oscar Fahrländer (Tjinta Radja), Eduard Dürheim (Hauptadministrator einer britischen Gesellschaft) sowie Walter M. Diethelm, der Sohn von WH. Diethelm, nebst Emil Duft, ein Mitbegründer der Bank für Industrieunternehmungen.[193] Bei seinen Abklärungen zur Gründung der Gesellschaft, konnte sich Max Imhof (Tjinta Radja) auf die Erfahrungen von Franz Meyer-Stünzi und Walter Schöller, dem Sohn und Schwiegersohn des ehemaligen Plantagenbesitzers Fritz Meyer-Fierz, stützen, die bereits an zwei Sisalplantagen in Portugiesisch Ostafrika (Moçambique) beteiligt waren.[194] Auch die Cultuur Mij Indragiri machte am Ende der Kolonialzeit einen Sprung von Sumatra nach Afrika. Mit dem Geld aus den Japan Restitutionen wurden ab Mitte der 1950er Jahre Kaffee- und Weizenplantagen in Tansania erworben und angelegt.[195]

Durch die Arbeitsteilung ergab sich eine breitere Vernetzung. Die Hooglandt & Co hatte privilegierten Zugang zu Marktinformationen in Singapur, Verbindungen zu britischen Banken und zu holländischem Kapital. Einige Kapitalgeber in der Schweiz verfügten über politische Kontakte in der Schweiz und im Ausland, die in gewissen Fällen den Unternehmen nützlich waren. Die Plantagenmanager wiederum hatten politische Kontakte in Niederländisch-Indien und zu wissenschaftlichen Institutionen. Für die Tandjong Keling erwiesen sich diese Kontakte als äußerst wichtig, war es doch der mit dem Administrator bekannte Charles Bernhard, der die Gesellschaft auf die Eignung des Terrains für Teebau aufmerksam gemacht hatte.[196]

---

191 Keller-Huguenin, Eugen (1944). *Erinnerungen und Aufzeichnungen aus meinem Leben*, P. 72.

192 Anton Sprecher schlug seinem Vater vor, dass Schwager Rudi Erlach eine Stelle bei Fides annehmen solle, da deren Tätigkeitsbereich ständig ausgedehnt wird. Anton Sprecher von Küsnacht an Th. Sprecher vom 11.9.1917. PA Sprecher.

193 STAZ B XVII Allgemeines Protokoll Zürich Altstadt. 382, P. 233

194 Korresp. von Max Imhof und Koloniaal Instituut Amsterdam. KIT, Dossier 5562.

195 AG für Plantagen, Jahresberichte 1955-66.

196 Tandjong Keling AG (1928). Jahresbericht 1927. Zürich.

3 ZIRKULATION VON FORSCHERN, OBJEKTEN UND WISSEN

In den bisherigen Kapiteln war von einem wichtigen Bereich des Austauschs zwischen Niederländisch-Indien und der Schweiz kaum die Rede: dem der Zirkulation von Wissen und der akademischen Zusammenarbeit. Nun ist, wenn wir Rudolf Stichweh folgen, die Globalisierung von Wissenschaft anderen Rhythmen und anderen Widerständen unterworfen als die der Wirtschaft.[197] Und tatsächlich lief dieser Austausch bereits im 19. Jh., vor allem jedoch im frühen 20. Jh. über akademische oder der Akademie nahe Institutionen. Doch gleichzeitig trifft man in den Quellen viele der in den vorhergehenden Kapiteln erwähnten Plantagenmanager und Kaufleute wieder an. Die globalen Vernetzungen der Wissenschaft und der Wirtschaft verlaufen somit keineswegs unabhängig voneinander.

Das Ziel der folgenden Abschnitte ist zunächst aufzuzeigen, wie auf einer personellen Ebene die schweizerische akademische Welt Anschluss an koloniales Wissen in Niederländisch-Indien gefunden hat. Die niederländische Kolonie erwies sich dabei als ein bevorzugter Ort für die akademische Kooperation aus der Schweiz. Es zeigt sich, dass in der zweiten Hälfte des 19. Jh. ein vielfältiger Verkehr von Wissen und Objekten zwischen akademischen und bildungsbürgerlichen Institutionen in der Schweiz und solchen in Niederländisch-Indien entsteht. Das Kapitel analysiert die Etablierung der Netzwerke und versucht gleichzeitig Anhaltspunkte zu liefern, wo gesucht werden könnte, wollte man das, was bei diesem Verkehr transportiert wird, genauer untersuchen.

Zuerst werfe ich einen Blick auf einige der frühen Naturforscher aus der Schweiz, welche im malaiischen Archipel tätig waren. Darauf betrachte ich die Etablierung von geographischen/ethnographischen Gesellschaften, ihren Zweck, ihre Mitgliederstruktur und ihre Organisation der Zirkulation von Objekten aus Übersee. Dabei kooperierten Kaufleute in Übersee oder mit Verbindungen dahin und Akademiker in einer Weise, die von Beteiligten als eine spezifische Reaktion auf die koloniale Abstinenz der Schweiz gesehen wurde. Im dritten Teil schließlich untersuche ich die Kooperation zwischen dem botanischen Garten in Buitenzorg und der ETH, sowie die Beteiligung von Botanikern aus der Schweiz am niederländisch-indischen botanischen Dienst.

Naturforscher aus der Schweiz in Indonesien

In der Schwellenzeit zwischen 1750 und 1850, in der sich in der Welt und im besonderen in Europa so vieles veränderte, trat ein Arrangement eines systematischen Transfers von Objekten und Wissen aus kolonialen Ländern

---

197 Stichweh, R. (1999). Globalisierung von Wirtschaft und Wissenschaft: Produktion und Transfer wissenschaftlichen Wissens in zwei Funktionssysteme der modernen Gesellschaft. *Soziale Systeme* 5. P. 27-39.

nach Europa in Erscheinung und verfestigte sich in Institutionen wie botanischen Gärten, Kabinetten und Museen. In diesem System wurde das Wissen in den Zentren der Kolonialreiche akkumuliert, klassifiziert und katalogisiert. Für die Organisation dieses Transfers werden staatliche Institutionen in bisher unbekanntem Maße wissenschaftlich aktiv. Bayly nennt die von Napoléon gesandte Expedition der Académie française nach Ägypten und das britische parastaatliche Netzwerk von Ärzten der Navy und Mitgliedern der East India Company unter der Schirmherrschaft der Royal Society.[198] Gleichzeitig bot der Kolonialismus, wie Nicholas Dirks beschreibt, ein Theater für das Projekt der Aufklärung, das große Laboratorium, das Entdeckung und Vernunft verband.[199] Das Sammeln führte schon bald zu einem systematischen Transfer von Pflanzen auf globalem Level.[200] Der Fortschritt von Wissenschaft und Technologie und die europäische Expansion sind im Projekt des Verbessern der Natur, das von physiokratischen Grundsätzen geleitet die Pflanzendecke insbesondere kolonialer Gebiete nachhaltig veränderte, intrinsisch verknüpft.

Für Reiseberichte wie auch Sammeln und Verbessern der Natur benötigten die Kolonisierer Personal mit geschultem Blick. In den Anfängen konnten auch Laien mit Beiträgen das Interesse der Gelehrtenwelt wecken. Im 19. Jh jedoch mit den Fortschritten in Verkehr und Kommunikation und der zunehmenden wissenschaftlichen Spezialisierung konnten Laien kaum mehr mithalten. Stattdessen organisierten einige Zentren wie die botanischen Gärten in Kew und Paris, Universitäten und andere staatliche Institutionen eine „wachsende Armee von Forschern" – so Bayly –, welche die Grundlagen für die Beschreibungen der Lebewesen, Naturprodukte und Erzeugnisse aller Erdteile lieferten. Das malaiische Archipel erlebte in der ersten Hälfte des 19. Jh. einen noch nie da gewesenen Ansturm auf seine Naturschätze, der vom werdenden niederländischen Kolonialstaat und naturgeschichtlichen Institutionen in den Niederlanden organisiert wurde.[201]

Die werdende Schweiz war fern von diesem Wissen aus den Kolonialreichen. Die bereits 1746 gegründete Naturforschende Gesellschaft Zürich (NGZH), die früheste solche Institution in der Schweiz, die im 18. Jh. in Anlehnung an die physiokratische Bewegung vor allem Verbesserungen der Agrarwirtschaft im Auge hatte und damit zum Vorbild für naturforschende Sozietäten in anderen Städten der Schweiz wurde, legte sich anfangs in ihrer Sammlungstätigkeit von Mineralien, Pflanzen und Tieren auf den Kanton Zürich fest.[202] Auch die Société genevoise d'histoire naturelle (gegr. 1790) konzentrierte sich auf die nähere Umgebung des Kantons und dies so umfas-

198 Bayly, Christopher A. (2006). *Die Geburt der modernen Welt. Eine Globalgeschichte 1780-1914*, P. 387.

199 Dirks, Nicholas B (1992). *Colonialism and culture*, P. 6.

200 Drayton, Richard (2000). *Nature's government: science, imperial Britain, and the ‚improvement' of the world*. Kap. 3

201 Weber, A. (2009). Encountering the Netherlands Indies: Caspar G.C. Reinwardt's Field Trip to the East (1816-1822). *Itinerario* 23(1). P. 45.

send, dass Gründungsmitglied Jean-Pierre-Etienne Vaucher glaubte behaupten zu können, dass es keine vergleichbare Stadt gebe, deren Landschaft naturgeschichtlich besser untersucht sei.[203]

Die naturforschenden Gesellschaften waren mitunter Teil einer aufkommenden nationalen Bewegung. 1815 wurde auf Initiative des Berners Jakob Samuel Wyttenbach die Schweizerische Naturforschende Gesellschaft gegründet. Wyttenbach stellte die Natur der Schweiz und insbesondere der Alpen in den Fokus dieser Gesellschaft:

„Das so angenehme als weitläufige Studium der Natur, besonders in Absicht auf *unser Vaterland*, – die so mannigfaltigen Gegenstände, die sich in *Helvetiens* verschiedenen Teilen dem aufmerksamen Auge des Beobachters darstellen, – die vielen Reisen, die von Wissbegierigen in unsern *Alpen* angestellt werden, die vielen Versuche, die vielen eigenen Beobachtungen, die jeder für sich anstellt und sammelt, – dies Alles würde schon längstens *in unserm Vaterland* mehreren Geschmack an der Naturgeschichte, nützlicheren Einfluss auf das gemeine Beste, lebhaftere Aufmunterung für manchen Jüngling, hellere Aufklärung für tausend Leser bewirkt haben, wenn die *Forscher des Schweizerlandes* sich näher miteinander verbunden […]" (H.d.A.)[204]

In den Anfängen fungierten die Sammlungen hauptsächlich als Repräsentationen der Donatoren und wirkten auf die inneren Zusammenhang und das neue Selbstverständnis des städtischen Bürgertums.[205] Da jedoch, wie ein Bericht der NGZH von 1838 festhält, „die Natur selbst keine Gränzen" kennt, begann auch die Zürcher Gesellschaft ihren Blick zu öffnen. Um auf der Höhe der Wissenschaft zu bleiben, wurden eine Bibliothek angelegt und Referate gehalten, in denen verschiedene Gelehrte die Zürcher Amateure – hier im Sinne von Liebhaber der Wissenschaften – auf den Stand der Forschung brachten. Gleichzeitig stellte sich die Frage, wie die zoologischen und botanischen Sammlungen, die dem Anspruch der Vollständigkeit zu genügen hatten, eine Ergänzung durch Material aus den von europäischen Forschern bereisten Teilen der Erde erhalten könnte.[206]

Die Gesellschaft erweiterte ihre Bestände durch Schenkungen von Mitgliedern. Der Anschluss an ein internationales Kommunikationsnetz von

202 Verhandlungen der Naturforschenden Gesellschaft Zürich, 1838, P. VI. Zur physiokratischen Tätigkeit der Gesellschaft siehe Graber, Rolf (1991). *Spätabsolutistisches Krisenmanagement*. In: Hans Ulrich Jost/Albert Tanner (Eds.). Gesellschaft, Sozietäten und Vereine. P. 81-94.

203 Erne, Emil (1988). *Die schweizerischen Sozietäten: lexikalische Darstellung der Reformgesellschaften des 18. Jh. in der Schweiz*, P. 309.

204 Jakob Samuel Wyttenbach im ersten Protokoll der Privatgesellschaft naturforschender Freunde in Bern 1786. Zit. nach ebd., P. 182.

205 Heesen, Anke te (2001). *Vom naturgeschichtlichen Investor zum Staatsdiener: Sammler und Sammlungen der Gesellschaft Naturforschender Freunde zu Berlin um 1800*. In: dies. (Ed.). Sammeln als Wissen das Sammeln und seine wissenschaftsgeschichtliche Bedeutung. P. 62-84.

206 Zum Aspekt der Vollständigkeit siehe ebd., P. 69ff.

Gelehrten und Ehrenmitgliedern brachte der Gesellschaft weiteres Material und vor allem Literatur. Einige Sammlungen wurden aufgekauft. Doch der Zugang an Präparaten blieb beschränkt, denn die schweizerischen naturforschenden Gesellschaften waren nicht nur fern von den Sammelplätzen, sie hatten ohne die Autorisierung durch die Kolonialmächte keinen Zugang zu diesen Plätzen und waren damit auf deren Vermittlung angewiesen.

Die Naturforschung in der Schweiz zeigt drei Reaktionen auf den beschränkten Zugang zu Material aus fernen Welten: erstens verstärkte sie hauptsächlich den Zugriff auf die ‚wilde' und ‚unberührte' Welt vor ihren Augen, nämlich auf die Alpen, zweitens versuchte sie in bescheidenerem Maße Anschluss an die Naturforschung europäischer Kolonialmächte zu gewinnen. Und drittens scheinen die Bestrebungen zur Erforschung der Alpen und der fernen ‚Wildnis' auf einander bezogen worden sein. So zeigt Patrick Harries am Beispiel der Tätigkeit von naturforschenden Missionaren aus der Romandie in Südostafrika, wie ein an der Betrachtung und Erforschung der Alpen geschulter Blick ihre Sichtweisen der Umwelt in Afrika prägt.[207] Die Konjunkturen der Erforschung der Alpenwelt und ihre Wechselwirkungen im ausgehenden 18. und anfangs des 19. Jh. mit zivilisationskritischen Ideen und dem Aufkommen einer nationalen Bewegung in der Schweiz ist ein Thema, das hier nicht ausgebreitet werden kann.[208] Ich beschränke mich deshalb auf die den zweiten und dritten Aspekt, die ich anhand des Beispiels von Naturforschern aus der Schweiz in Indonesien erörtern möchte. Gleichzeitig können in diesem beschränkten Rahmen allein die Verbindungen auf einer personellen und institutionellen Ebene vollzogen werden – leider, muss ich sagen, denn erst auf einer inhaltlich materiellen Ebene bringt die Untersuchung oft unerwartete und spannende Verknüpfungen hervor.

Das niederländische Kolonialreich war traditionellerweise durchlässig für Europäer anderer Nationen und rekrutierte viele Schweizer als Soldaten, Chirurgen und später als Wissenschaftler. Im 17. Jh waren die Beziehungen zwischen dem reichen reformierten Holland und Gelehrten in der Eidgenossenschaft besonders eng.[209] Der erste Bericht eines Schweizers über das Reich Insulindes erschien 1669 in Bern, verfasst vom Albrecht Herport, der

---

207 Harries, P. (1997). Under Alpine eyes: constructing landscape and society in late pre-colonial South-East Africa. *Paideuma: A Journal Devoted to Ezra Pound Scholarship* 43. P. 171-91; Harries, Patrick (2007). *Butterflies & barbarians Swiss missionaries & systems of knowledge in South-East Africa.*

208 Eine erste Umdeutung der Alpen durch Naturforscher in der Schweiz fand bereits in der Renaissance statt. Im 18. Jh., eingebettet in einen zivilisationskritischen Diskurs wurden die Alpen und die unverdorbenen, freiheitsliebenden Schweizer zu einem literarischen Modethema weit über die Schweiz hinaus, an dem sich auch Naturforscher aus der Schweiz – allen voran Albrecht von Haller mit seinem Alpengedicht – beteiligten. Zu den verschiedenen Deutungen der Alpenwelt siehe den Sammelband Mathieu, Jon (Ed.) (2005). Die Alpen! Zur europäischen Wahrnehmungsgeschichte seit der Renaissance, Vol. 2.

als Soldat der VOC gedient hatte und nach seiner Rückkehr seine Erlebnisse in Ceylon, Java und Formosa zu Drucke brachte.[210] Doch solche Zeugnisse von Soldaten sind eher selten. Es waren vor allem Ärzte im Dienste der VOC, die ab dem 18. Jh. ihre zoologischen und botanischen Sammlungen im Archipel beschrieben, so etwa Laurent Garcin (1683-1752), Hugenotte aus Grenoble, der in Neuchâtel aufwuchs, in Holland Medizin studierte und 1720-29 als Schiffsarzt Java, Malakka, Bengalen, Persien und Arabien bereiste. Dort sammelte er zahlreiche in Europa bisher unbekannte Pflanzen, die er nach seiner Rückkehr klassifizierte. Ebenso sammelte er Wissen über indische und chinesische Medizin. In Europa stießen seine Objekte und sein Wissen auf reges Interesse, worauf sein Briefwechsel mit zahlreichen Gelehrten in Frankreich, den Niederlanden und in Schweden mit Linné schließen lässt.[211]

400 der Pflanzen aus Garcins Sammlungstätigkeit bildeten bereits 1757 einen Stock der botanischen Sammlung der NGZH.[212] Im 18. Jh. kam eine Reptiliensammlung eines Chirurgen namens Werndli aus Surinam und Tierhäute sowie Hörner von der Kapkolonie durch den Chirurgen Waser hinzu. Nebst dem Material aus den Gebieten der niederländischen Kompanien kam solches aus Süd- und Nordamerika hinzu. Schweizer Kaufleute, sowie deutsche und niederländische Gelehrte trugen zur Erweiterung der Sammlung bei. Doch alles in allem blieb der internationale Anteil der Materialsammlung bescheiden.

Mit der zunehmenden Akademisierung der NGZH parallel zur Gründung der Universität in Zürich, wurde der Druck zum Anschluss an die internationale Zirkulation von biologischen Gegenständen zum drängenden Problem. Das Aufkeimen eines evolutiven Weltbildes in der ersten Hälfte des 19. Jh. verlangte nach wissenschaftlichem Vergleich von biologischen Objekten aus allen Erdteilen. In den Verhandlungen der NGZH von 1836 ist beispielsweise ein Fund von fossilen Affenknochen in Südfrankreich beschrieben, die mit gegenwärtigen Menschenaffen aus Java verglichen werden.[213] Gleichzeitig gab es nur wenige Personen, die aus eigener Anschauung über ferne Länder berichten konnten. Noch 1832 kann Leutpriester Meyer seinen Bericht über die Bewohner des malaiischen Archipels und der Südsee ausschließlich auf der Grundlage von neuesten Reisewerken von französischen Autoren sowie Raffles stützen.[214] Solche Reiseliteratur vermittelte dem gebildeten Publikum in Europa ein Gefühl sowohl von Vertrautheit wie auch eines

209 Benziger, C. (1920). Die Schweiz in ihren Beziehungen zu Holland. *Beilage zum Schweizerischen Konsularbulletin* 1(1). P. 11f.

210 Psota, Thomas (1996). *Albrecht Herport: ein Berner geht ins Pfefferland.*

211 Jacquat, Marcel S. (1996). *Laurent Garcin: médecin-chirurgien, naturaliste (1683-1752).* (Ed.). De saint Guillaume à la fin des Lumières (Vol. 1). P. 103-09.

212 Rudio, F. (1896). Die naturforschende Gesellschaft in Zürich 1746-1896. *Vierteljahrschrift der NGZH* 41(3). P. 187.

213 *Verhandlungen der NGZH,* 1836, P. 78.

214 *Verhandlungen der NGZH,* 1832, P. 93-97.

Anspruchs auf diese Gebiete, wie Mary L. Pratt argumentiert.[215] Doch Erfahrungen aus erster Hand waren in den Naturwissenschaften mit dem Aufkommen des Positivismus ein wichtiger Wert.

Umso stärker war die NGZH auf Personen angewiesen wie Ludwig Horner und Heinrich Zollinger, beides Zürcher, die als Naturforscher in die Dienste der Niederländisch-indischen Kolonialadministration traten. Ludwig Horner (1811-1838) gehörte zum engeren Umfeld der Stadtzürcher Aristokratie und der NGHZ. Sein Onkel Johann Kaspar Horner hatte als Astronom und Geograph an der Weltumseglung (1803-6) des Russen Adam Johann von Krusenstern teilgenommen. Er selbst war ausgebildeter Arzt und ab 1832 als Privatdozent an naturwissenschaftlichen Abteilung der Universität in Zürich tätig. 1834 reiste er erst nach Holland und ließ sich dort zum niederländischen Militärarzt ausbilden.[216] Im folgenden Jahr hat er das Glück, dass eine Stelle in der Kommission für Naturkunde auf Java frei wird, für die er beim Kolonialministerium auf Empfehlung verschiedener Biologen in Leiden vorgeschlagen wird. 1835 reiste er nach Batavia, um dort in den zivilen Teil des niederländischen Kolonialdiensts überzutreten.

Heinrich Zollinger (1818-59) war verglichen mit Horner ein sozialer Aufsteiger und fuhr auf's Geratewohl nach Java. Sein Vater war Gemeindepräsident von Feuerthalen im Zürcher Unterland.[217] Von Ausbildung Lehrer, verfolgte er seinen Wunsch, als Naturforscher zu wirken. 1837/38 studierte er in Genf bei Vater und Sohn de Candolle, bis ihm sein Geld ausging. 1842 erreichte er Java, um dort eine Anstellung als Naturforscher zu erwirken. Um sich seine Naturforschertätigkeit zu finanzieren schuf er auf Anraten de Candolles einen Fonds, an dem sich interessierte Pflanzenfreunde beteiligen konnten und die entsprechend ihrer Beteiligung Pflanzen zugesandt erhielten. Eine Aktie von 200 französischen Francs berechtigte zum Bezug von 500 verschiedenen Herbarpflanzen. Fünfzig Sammler und Museen in Europa beteiligten sich an diesem Fonds. Für den Fall seines frühzeitigen Todes hatte Zollinger eine Lebensversicherung abgeschlossen, welche unter anderem die Kosten der Beteiligten am Pflanzenfonds decken sollten.[218]

Beide Forscher brachten der NGZH erwünschtes biologisches Material und Anschauungsberichte. Horner wurde schon bei Antritt seiner Reise mit einem Kredit zum „Erwerb von Naturgegenständen aus Sumatra" versehen[219]. Allerdings hatte Horner schon bald nach seiner Ankunft mit gesundheitlichen Problemen zu kämpfen und verstarb 1838 in Sumatra an einer Durchfallerkrankung, weshalb sein Beitrag zur Sammlung limitiert ist.

---

215 Weber, A. (2009), P. 46.

216 Für biographische Angaben und Ausschnitten aus den Briefen Ludwig Horners siehe Horner, Johann Jakob (1854). *Ludwig Horner, 1811-1838;* Horner, F./Horner, L. (1919, 26). Briefe und Tagebuchnotizen des Dr. med. L. Horner aus Niederländisch Indien. *Zürcher Taschenbuch* 40. P. 183-208; 46. P. 173-217.

217 Zur Biographie Heinrich Zollingers siehe Rohr, Urs (1993); Wanner, H. (1984).

218 Wanner, H. (1984), P. 10f.

219 Rübel, Eduard (1947). *Geschichte der NGZH, 1747-1947*, P. 50.

Erhalten sind Tagebuchaufzeichnungen und Briefe seiner Reisen, die zu verschiedenen Zeiten von Verwandten Horners in Reihen des stadtzürcherischen Bürgertums veröffentlicht wurden.[220]

Zollinger hingegen brachte der Sammlung zahlreiche Objekte, und seine Forschungen erhielten in den Vierteljahrsschriften viel Raum. In den Jahren von 1847 bis 1858 publizierte er regelmäßig in den Vierteljahrsschriften der NGZH über Geographie, Flora, Fauna und Meteorologie von Ostjava.[221] Er versuchte einige hartnäckige Irrglauben über Java zu korrigieren, wie zum Beispiel die Idee, dass im Osten Javas ein Volk lebt, das Erde isst, eine Idee, die von einem Franzosen in die Welt gesetzt wurde auf Grund seiner Beobachtungen des Sirikauens (Betelnuss), wozu Malaien eingetrockneten Gambirsaft benutzen. Wichtiger jedoch war sein Beitrag für Forschungen in Zürich: nicht nur lieferte er Material in einer Form, welche der weiteren Erforschung dienlich war, sondern auch Informationen, welche eine weitere Bearbeitung ermöglichten. Allerdings waren die Transfers nicht unproblematisch; zwei Krüge mit Wasser aus einem Fluss in Ostjava zerbrachen auf der Winterreise von Holland nach Zürich, weil der Inhalt einfror, und der Chemiker Eduard Schweizer war sich nicht sicher, ob die beiden erhaltenen Eisklumpen noch die ursprünglichen Salze enthielten.[222] Schweizer analysierte später auch von Zollinger gesammelte Asche eines Vulkanausbruchs auf Java.[223] Der Zoologe Albert Mousson konnte auf der Grundlage von Zusendungen Zollingers eine Systematisierung der Weichtiere vornehmen:

„Gegenwärtig kommen neuerdings durch die mehrjährigen Bemühungen des Hrn. Seminardirektors Zollinger 35 unbeschriebene Arten hinzu, welche die Gesamtzahl auf 107 erheben, was zur Rechtfertigung dienen mag, wenn hiermit eine Charakterzeichnung der Moluskenschöpfung von Java versucht wird.'[224]

---

220 Siehe vorhergehende Seite Fussnote 216.

221 Zollinger, H. (1848). Allgemeine Übersicht der Gebirgssysteme des östlichen Java. *Mitteil. der NGZH* 2; ders. (1857). Über Begriff und Umfang einer Flora Malesiana. *Vjschr. der NGZH* 2. P. 317-94; ders. (1857). Über die Höhenverbreitung und das Vorkommen der Land- und Süsswasser-Mollusken auf Java und den Sunda-Inseln. *Vjschr. der NGZH* 2. P. 300-05; ders. (1857). Einige kurze Notizen über gewisse eingerostete Unrichtigkeiten: geniessbare Erde, Halicore, Malaiische Sprache. *Vjschr. der NGZH* 2. P. 198-201; ders. (1858). Zusätze und Berichtigungen zu der «Übersicht der Gebirgssysteme des östlichen Java». *Vjschr. der NGZH* 3(1). P. 74-82; ders. (1858). Über die Gewitter und andere damit verwandte meteorologische Erscheinungen im indischen Archipel. *Vjschr. der NGZH* 3 (2,3). P. 193-268, 309-357.

222 Schweizer, E. (1847). Qualitative Analyse des Wassers von dem Sungie pait oder bittern Fluss auf Java. *Mitteilungen der NGZH* 2. P. 204-06.

223 Schweizer, E. (1856). Über die bei der Eruption am 25. November 1843 ausgeworfene vulkanische Asche des Guntur auf Java. *Mitteil. der NGZH* 10. P. 12-18.

224 Mousson, A. (1848). Über die Land- und Süsswassermollusken von Java. *Mitteilungen der NGZH* 3. P. 264.

Die Kooperation dieser Forscher in den Kolonien mit Institutionen in der Schweiz brachten also nicht nur Objekte, sie förderte auch direkt – wenn auch in bescheidenem Maße – die hiesige Forschung.

Horner und Zollinger waren jedoch vor allem in das niederländische System der Wissensproduktion über die Kolonie im Osten eingebunden. Sie publizierten hauptsächlich in niederländischen Zeitschriften. Horner angesichts seiner kurzen Zeit bis zu seinem Tode etwas weniger, Zollinger hingegen publizierte mehrere Artikel jährlich. Die Bibliographie durch Urs Rohr listet in den 15 Jahren vor seinem Tod 64 Titel auf, wovon 31 in niederländischen Zeitschriften wie «Natuurkundig Tijdschrift voor Nederlandsch Indië», der «Tijdschrift voor Nederlandsch-Indië» oder den «Verhandelingen van het Bataviaasch Genootschap van Kunsten en Wetenschappen» erschienen sind.[225] Weitere Artikel publizierte er im «Journal of the Indian Archipelago and Eastern Asia». Zollingers äußerst reichhaltige Herbarsendungen sind in botanischen Instituten über ganz Europa verteilt.

Doch es ging nicht nur um detailliertere Pflanzenkenntnis: Horner wie Zollinger waren eng in das niederländische koloniale System eingebunden. Beide hatten Zugang zum Generalgouverneur von Niederländisch-Indien. Horner begleitete Generalgouverneur Jean Chrétien Baud, dessen Vorfahren aus der Waadt kamen, auf eine Reise durch Zentraljava. In seinen Briefen beschreibt er diese Reisen mit großem Tross in Begleitung zahlreicher lokaler Fürsten und ihren Dienern. Zollinger hatte zwar nicht so direkten Zugang zum engeren Kreis der Herrschaft, doch konnte er Generalgouverneur Jan Jacob Rochussen für sein Projekt zur Erforschung der kleinen Sunda-Inseln (Bali, Lombok, Sumbawa, Flores und Timor) gewinnen. Das Wissen wird nicht nur instrumentell für die koloniale Herrschaft, sondern seine Generierung ist direkt mit der Expansion der Herrschaft gekoppelt. Schweizer Wissenschaftler konnten der Kolonialadministration mit ihren geodätischen Kenntnissen ein wichtiges Instrument zur Ausbreitung der kolonialen Herrschaft liefern. Für die Kolonialadministration waren geologische und geodätische Kenntnisse von besonderem Interesse, da in den Niederlanden mangels Gebirgen solches Know-how kaum vorhanden war. Horner war anfangs auf Borneo mit geologischen und mineralogischen Untersuchungen beauftragt, welche den Niederländern zu Kohle, Gold oder anderen Metallen verhelfen sollten. Kartenmaterial und Hinweise auf mögliche Erzvorkommen hatten wiederum sehr direkten Einfluss auf die Ausbreitung der Kolonialherrschaft, denn zuverlässige Karten waren gerade in den Urwaldgebieten für militärische Feldzüge von zentraler Bedeutung.

Zollinger wetteiferte mit dem deutschen Naturforscher Franz Junghuhn im Projekt, die Insel Java botanisch, geologisch und geographisch zu beschreiben. Allerdings reüssierte nur Junghuhn.[226] Ihr Wettstreit erschloss den Niederländern den bisher weitgehend unbekannten Osten Javas. Zollinger, der immer wieder um seine Position im niederländischen Kolonialdienst und mit Geldproblemen kämpfen musste, war der Auftrag zur Erforschung

---

225 Rohr, Urs (1993), P. 148ff.

der kleinen Sundainseln deshalb hoch willkommen. Der Auftrag der Regierung an Zollinger hält fest, dass diese Inseln „seit alters her der niederländischen Herrschaft unterworfen sind und dass deshalb für die Regierung die Verpflichtung besteht, sich auch dort um die Interessen der Einheimischen zu kümmern und Wohlfahrt und Zivilisation zu verbreiten"[227]. Auf Lombok sollte Zollinger die Lage und Qualität von Häfen, Transportmöglichkeiten, den landwirtschaftlichen Ertrag der Insel sowie Möglichkeiten zu dessen Steigerung, Innen- und Außenhandel und die militärische Stärke erkunden. Und anfangs seiner Reise begleitete Zollinger die militärische Expedition auf Bali 1847. Zollinger war somit ein Teil dessen, was der niederländische Historiker Cornelis Fasseur als ‚koloniales Paradox' bezeichnet, nämlich die koloniale Expansion im Archipel in den Jahren 1830-70, obwohl die offizielle Politik in Den Haag und Batavia grundsätzlich einer Erweiterung entgegentrat. Fasseur schreibt die Expansion vor allem den Ambitionen lokaler Administratoren zu. Allerdings stimmt Zollingers Beispiel insofern nicht, als zwar sehr wohl persönliche Ambitionen spielten, doch Zollinger eben durchaus im Auftrag Batavias handelte.[228]

Mit seinem Beitrag zur kolonialen Expansion war Zollinger kein Einzelfall. Fünfzig Jahre später begleiteten die Reisen der Vettern Sarasin die koloniale Herrschaftsgewinnung auf Celebes (Sulawesi). Fritz und Paul Sarasin waren im Gegensatz zu Horner und Zollinger als Zoologen akademisch etabliert. Auch plagten sie als Nachkommen einer Seidendynastie keine finanziellen Sorgen. Bevor sie nach Sulawesi reisten, hatten sie 1883-86 auf Sri Lanka über Zoologie und Geographie der Insel sowie Anthropologie der Veddas geforscht und gelten daher als Mitbegründer der Ethnologie in der Schweiz.[229] In den folgenden zwei Jahrzehnten reisten die Vettern mehrmals nach Celebes und Ceylon. Bei ihrem zweiten Forschungsaufenthalt 1902/3 erhielten sie großzügige Unterstützung durch die niederländisch-indische Verwaltung. „Insbesondere hätten der Generalgouverneur in Buitenzorg und der Gouverneur von Celebes […] alles aufgeboten, was in ihrer Macht stand, um das Gelingen der Expedition zu sichern." Der Widerstand von

---

226 Junghuhn stellt in seinem Werk Zollinger die Ecke des Dilettanten. Junghuhn, Franz Wilhelm (1852). *Java: seine Gestalt, Pflanzendecke und innere Bauart*, P. 306, 370, 435. Junghuhn schreibt zum Beispiel „Zollinger glaubt, Arten dieser Gattung auf dem G.-Ajang gesehen zu haben." (P. 370) oder „Auch das schöne *Exacum sulcatum* Koxb. […] wird, nach H. Zollinger, in einer Höhe von 2000' auf dem Plateau Bandong noch gefunden, aber gewiss nicht in Sümpfen, wie Zollinger sagt, sondern in Alangfeldern, zufällig in der Nähe von Sümpfen." (P. 306). Solche Seitenhiebe gehören zum Stil Junghuhns.

227 Zit. nach Rohr, Urs (1993), P. 97.

228 Fasseur, C. (1979). Een koloniale paradox: De Nederlandse expansie in de Indonesische archipel in het midden van de negentiende eeuw (1830-1870). *Tijdschrift voor Geschiedenis* 92(2). P. 162-86.

229 Reubi, Serge (2009). *Gentlemen, prolétaires et primitifs. Institutionnalisation, pratiques de collection et choix muséographiques dans l'ethnographie suisse.*

Bewohnern Zentral-Sulawesis wurde mit Kriegsschiffen gebrochen, und die zweiten Reise wurde von Anfang an von zwei Kriegsschiffen begleitet. Es sei „vor allem ihre Eigenschaft als Schweizerbürger gewesen […], die die niederländischen Behörden zu einem so weit gehenden Entgegenkommen veranlasst hätten." Deshalb bat der Regierungsrat des Kantons Basel-Stadt im Namen von Fritz und Paul Sarasin, dass sich die Eidgenossenschaft bei der „königlichen Regierung" für die Unterstützung bedanken solle, welchem Wunsch der Bundesrat entsprach.[230]

Auch in Afrika unterstützten Wissenschaftler aus der Schweiz mit ihren Forschungen die Kolonialbestrebungen europäischer Nationen, so zum Beispiel Carl Passavant aus Basel, seinerseits ein Vetter der Vettern Sarasin, über den Petermanns geographische Mitteilungen im Nachruf schrieben: „Bekannt ist, wie er durch seine Kenntnis des Landes der deutschen Expedition förderlich war und wie er mit seinen Kru-Negern die deutschen Truppen in ihren Kämpfen in Kamerun unterstützte."[231] Auch wenn diese Naturforscher sich teilweise kritisch gegenüber dem Kolonialregime der Niederländer äußerten, so besteht doch eine erhebliche Diskrepanz zwischen ihrer Haltung und ihrer Wirkung im Rahmen der kolonialen Expansion.

Geographie und Ethnographie als bürgerliche Praxis

In den Jahren um 1870 hatten Forscher wie Livingston, Schweinfurth, Cameron und Stanley Expeditionen in Afrika durchgeführt, welche die kollektiven Imaginationen europäischer Politiker, Geschäftsleute, Wissenschaftler und breiterer Bevölkerungskreise einer Inbesitznahme des nicht mehr ganz so weißen Flecks auf der Landkarte zu beherrschen begannen. Afrika sollte angesichts wachsender Konkurrenz und sinkender Margen im globalen Handel den europäischen Exportländern neue Märkte eröffnen. Anfangs standen weniger die Bodenschätze Afrikas im Mittelpunkt europäischer Kolonialstrategien als die Idee, wachsende Handelsdefizite ausgleichen zu können.[232] Einerseits führte dies zu einer gesteigerten Konkurrenz der Großmächte, die im ‚scramble for Africa', der kolonialen Bemächtigung fast des gesamten Kontinents bis zum Ersten Weltkrieg, gipfelte. Andererseits beinhaltete die Idee Afrikas als Exportmarkt ein zivilisatorisches Moment, insofern als Märkte für den Export erst geschaffen werden mussten. Die zivilisatorische Mission war wiederum Anknüpfungspunkt für zahlreiche missionarische, philanthropische und wissenschaftliche Institutionen, die ihren Anteil am Projekt nehmen wollten. Unter letzteren sind vor allem die geographischen Gesellschaften ein Ort, wo sich die Debatten um Afrika verdichteten. Sie standen an der Schnittstelle zwischen Begehrlichkeiten wachstumsorientierter Nationalökonomien und einer philanthropischen Visi-

---

230 Brief des Regierungsrats des Kantons Basel-Stadt an den Bundesrat vom 15.6.1903. BAR E 88, 1000/1167, Bd. 19, Nr. 193.

231 Zit. nach *Mitteilungen der OGCG*, 1888. P. 72.

232 Shillington, Kevin (2005). *History of Africa*, P. 301.

on der Entwicklung Afrikas aus dem Umfeld der Antisklaverei-Bewegung.[233]

Bekanntlich wusste König Leopold II von Belgien mit seinen Plänen im Kongo an diese zivilisatorische Mission anzuknüpfen. 1876 – noch während der Reise Stanleys im Kongo – lud er die geographischen Gesellschaften Europas zu einem internationalen Kongress nach Belgien und propagierte seinen „friedlichen Kreuzzug neuer Art", was zur Gründung der ‚Association Internationale Africaine' führte, die zu einer Art Tarnorganisation für seine privaten kolonialen Ambitionen wurde. Unter dieser Dach Organisation sollten die Anstrengungen in den beteiligten Ländern zur „Erforschung und Gesittung von Zentralafrika" gesammelt werden.[234]

König Leopolds Projekt und die Konferenz in Belgien hatten in der Schweiz nachhaltige Wirkung.[235] Auch hier lenkte sich im Laufe der 1870er Jahre die Aufmerksamkeit von Handel und Wissenschaft vermehrt in Richtung Afrika. Schweizer waren von Beginn an als Forschungsreisende, Missionare, Händler und Militärs an der kolonialen Inbesitznahme Afrikas beteiligt. Susanne Gehrmann behauptet, dass sich die Exponenten dabei nicht als Individuen, sondern als Teil einer nationalen Bewegung verstanden hätten.[236] Anstelle von nationalen Ambitionen müsste wohl eher von lokalpolitischen gesprochen werden, denn die Akteure wirkten hauptsächlich innerhalb von und für kantonale bzw. städtische Netzwerke wie verschiedene Beispiele zeigen.[237]

Die Delegierten des Handels- und Landwirtschaftsdepartements am Internationalen geographisch-commerciellen Kongress in Brüssel von 1879 waren voll des Lobes über Leopold II. Die beiden Vorstandsmitglieder der Ostschweizerischen geographisch-commerciellen Gesellschaft Kaspar C. Amrein und Künzle-Steger bezeichnen Leopold als „das edle und erhabene Beispiel eines menschenfreundlichen Königs, der sich ganz und voll nicht nur dem Wohl seiner eigenen Völker, sondern der Menschheit widmet".[238] Und Albert Mousson, der Vertreter Zürichs meinte, „die Schweiz könne dieser schönen, großartigen Bestrebung nicht fern bleiben." [239] Leopold sollte diesen Ruf bekanntlich nicht lange halten können, doch stießen seine Ver-

233 Driver, F. (1991). Henry Morton Stanley and His Critics: Geography, Exploration and Empire. *Past & Present* 133. P. 134-66.

234 Wehrli, H. J. (1938). Zur Geschichte der Geographisch-Ethnographischen Gesellschaft 1888-1938. *Mitteilungen der GEGZ* 39. P. 6.

235 Zur Rezeption des Kongoprojekts in der Schweiz siehe Gehrmann, Susanne (2003). *Kongo-Greuel: zur literarischen Konfiguration eines kolonialkritischen Diskurses (1890-1910)*, P. 227-70.

236 Ebd., P. 227.

237 Franc, Andrea (2008); Harries, Patrick (2007); Wirz, A. (1998). Die humanitäre Schweiz im Spannungsfeld zwischen Philanthropie und Kolonialismus: Gustave Moynier, Afrika und das IKRK. *Traverse* 2. P. 95-111.

238 Bericht über die Verhandlungen des Congrès International de Géographie Commerciale de Bruxelles. Mitteilungen der OGCG. Bd 1, 1879. P. 43.

heißungen nicht nur in Handelskreisen sondern auch in philanthropischen auf offene Ohren, wie Albert Wirz am Beispiel des Rotkreuz-Gründers Gustave Moyniers dargestellt hat.[240]

Der Kongress löste in ganz Europa eine Gründungswelle von geographischen Organisationen aus, und auch die Schweiz erlebte einen Institutionalisierungsschub von Geographie und Ethnographie. Die beiden bereits existierenden geographischen Gesellschaften in Genf – gegründet 1858 als weltweit neunte solche Gesellschaft – und die Geographische Gesellschaft Bern (GGB) (1873) waren von philanthropischen Kreisen im Umfeld der Universitäten iniziiert worden, ebenso Neuchâtel (1885). Mit der Ostschweizerischen geographisch-commerciellen Gesellschaft (OGCG) in St. Gallen (1878) und der Mittelschweizerischen geographischen-commerciellen Gesellschaft (MGCG) in Aarau (1884) entstanden zwei handelsgeographische Vereinigungen, die sich praktische Ziele der Exportförderung gesetzt hatten. Die Geographisch-ethnographische Gesellschaft (GEGZ) in Zürich (1899), ein Zusammenschluss der Ethnographischen (1888) und der Geographischen Gesellschaft (1898), war ebenfalls kommerziell orientiert. Etwas verspätet, nämlich 1923, gründete auch Basel eine geographische Gesellschaft.[241] Die Institutionen verfügten über eigene Zeitschriften und Museen, in denen das ethnographische und geographische Wissen gesammelt und aufbereitet wurde. Oder sie betreuten wie in Bern Abteilungen von bestehenden Museen.

Das folgende Unterkapitel vergleicht die Mitgliederstruktur der Gesellschaften in Bern, St. Gallen und Zürich und ihre Vernetzung mit der Welt.

Lokale und globale Gesellschaftsmitglieder

Ein Vergleich der Mitglieder der OGCG in St. Gallen und der GGB in Bern zeigt unterschiedliche Charakteristiken der beiden Gesellschaften. Bern rekrutierte seine Mitglieder vor allem lokal, St. Gallen stärker überregional. Die OGCG war als handelsgeographische Gesellschaft wirtschaftsorientiert. Unter den 305 ordentlichen Mitgliedern finden sich viele Exportfirmen, zum Beispiel Raschle in Wattwil, Bally in Schönenwerd, verschiedene Strohfabrikanten im Aargau, aber auch die Helvetia Versicherungen, kaufmännische Gesellschaften in St. Gallen, Appenzell und Zürich. Zahlreiche Firmen waren durch ihre Direktoren oder Patrons vertreten, darunter die größten Buntweberei-Produzenten. Die große Mehrheit der Mitglieder sind Kaufleute, selten sind Lehrer, Buchhändler, Advokaten, Apotheker etc.

Bern wiederum legt wenig Gewicht auf die Bezeichnung Kaufmann, hier dominieren – nebst einigen patrizischen Bernburgern – Militärs und die ‚bourgeoisie des talents'. Im Vorstand sind vor allem die Professorenschaft

239 Mousson, Alfred. Berichte über den Gang des internationalen Unternehmens zur Zivilisation von Zentralafrika. Zit. nach Wehrli, H. J. (1938), P. 6.

240 Wirz, A. (1998).

241 Siehe Wehrli, H. J. (1938), P. 5.

und philanthropische Kreise vertreten, wie zum Beispiel die beiden späteren Friedensnobelpreisträger Ducommun und Gobat. Im Vorstand der OGCG hingegen sind sechs Kaufleute aus der St Gallen selbst, nebst drei auswärtigen – unter anderen ein Vertreter der kaufmännischen Gesellschaft Zürich – von insgesamt 21 Mitgliedern.

Diese Charakteristiken finden ihre Entsprechung in Befunden der Schweizer Bürgertumsforschung. Albert Tanner zeichnet in seinen Studien zum Bürgertum Unterschiede zwischen Zürich und Bern, die grob vereinfacht so zusammengefasst werden können, dass sich im Berner Bürgertum die ‚bourgeoisie des talents‘ eine wichtigere Rolle zukommt als in Zürich, wo das Wirtschaftsbürgertum tragender war, was Albert Tanner anhand verschiedener bürgerlicher und patrizischer Gesellschaften untersucht. [242] Die Handelsstadt St. Gallen ist natürlich noch stärker als Zürich von der Kaufmannschaft dominiert. So gesehen ist die Mitgliederstruktur der beiden Gesellschaften nicht weiter überraschend.

Doch blickt man nun darauf, wie sich diese Gesellschaften mit der Welt vernetzen – und das ist schließlich die Idee einer geographischen Gesellschaft –, so zeigen sich frappante Unterschiede. Beide Gesellschaften bauten Netze von korrespondierenden Mitgliedern auf, sozusagen ihre Vorposten in der Welt draußen. Diese Korrespondenten sollten die Gesellschaften mit Berichten, neuesten Forschungen und interessanten Objekten aus der Welt versorgen. Die GGB brachte hier vor allem ihre Kontakte zu ausländischen Gelehrten und Honoratioren ins Spiel, und vernetzte sich mit gelehrten Gesellschaften auf fünf Kontinenten für den Austausch von Schriften. Die OGCG hingegen baute ein weltweites Netz von größtenteils Auslandschweizern auf und konnte dabei auf die Handelsnetzwerke der ostschweizerischen Textilexportindustrie zurückgreifen.

Die regionale Verteilung der Korrespondenten zeigt nun starke Unterschiede. Während in Bern die meisten Korrespondenten über Europa verteilt waren und weniger als ein Viertel auf Ländern des Südens fielen, so konnte die OGCG mehr als der Hälfte ihrer Korrespondenten in Ländern des Südens anwerben. Davon sind inklusive Handelskonsuln fast zwei Drittel Kaufleute. Die GGB bezeichnet nur zwei ihrer Korrespondenten explizit als Kaufleute. Die Berner Aristokraten und Professoren waren eher europäisch vernetzt und bauten auf *internationale* akademische Netzwerke und korrespondierende Gesellschaften, während die St. Galler stärker auf ihre ‚eigenen‘ Leute in der Welt, also *nationale* Netzwerke zurückgriffen. Dieses nationale Netzwerk kann zwar die Bezeichnung ‚global‘ viel eher für sich in Anspruch nehmen, doch ging dies auf Kosten der Internationalität, die den St. Gallern in gewissem Maße fehlte.

---

242 Zu den beruflichen Kategorien siehe Tanner, Albert (1995), P. 89-120. Zu den Differenzen der beruflichen Verteilung in der Aristokratie Zürichs und Berns siehe Tanner, Albert (1990), P. 216ff.

Tabelle 18: Mitglieder der GGB und der OGCG

	GGB (1884)	OGCG (1889)
Ehrenmitglieder	27	31
Korrespondierende	56	69
Lokale	153	305
Auswärtige	38	
Total	274	405
Korrespondierende Mitglieder		
Regionale Verteilung		
Asien (ohne Naher Osten)	2	12
Australien und Ozeanien	1	3
Afrika (ohne Maghreb)	2	9
Arabische Welt	1	3
Mittel-, Südamerika und Karibik	7	11
Nordamerika	5	4
Europa	30	19
Schweiz	8	8
Total	56	69
Asien, Afrika, Südamerika, Australien	13	38
Soziale Verteilung		
Mitglieder anderer geogr. Gesellschaften	12	9
Lehrpersonen/Akademiker	20	8
Militärs und Staatsbeamte	4	2
Konsule	7	10
Kaufleute (deklariert)	2	24

Quelle: Mitgliedervezeichnis der Geographischen Gesellschaft von Bern. Mitteilungen der Geographischen Gesellschaft Bern, 1884. P. 255-267. // Mitgliederverzeichnis der Ostschw. geograph.-commerciellen Gesellschaft. Mitteilungen der OGCG. 1890/91 (1). P. 136-142.

Die Mitgliederstruktur der Geographisch-Ethnographischen Gesellschaft Zürich (GEGZ) stellt sich als Mittelwert der Berner und St. Galler Gesellschaft dar. Um 1900 finden wir darin 24 Universitäts-Professoren, aber auch viele Kaufleute, Militärs, einige Handelshäuser.[243] Die GEGZ verstand sich tendenziell als akademische Gesellschaft und arbeitete eng mit den beiden Hochschulen zusammen. Im 10-köpfigen Vorstand saßen 1900 6 Professoren, und stets stand ein Professor an der Spitze der Gesellschaft. Erst der Zoologe Conrad Keller (1888-1914) (mit einem kurzen Intermezzo des Zürcher Stadtforstmeisters Ulrich Meister 1901-3). Auf ihn folgte der Geograph und Ethnograph Hans Wehrli (1914-30), darauf der Anthropologe Otto Schlaginhaufen (1930-36).

---

243 Verzeichnis der Mitglieder. *Jahresbericht der GEGZ*, 1, 1899/1900. P. 27-34.

Doch wirtschaftliche Interessen waren in der Gesellschaft gut aufgehoben, nicht nur in der thematischen Ausrichtung, sondern auch personell in
den leitenden Gremien. Der Aufruf zur Gründung einer Ethnographischen
Gesellschaft von 1887 war nebst den verschiedenen der erwähnten Professoren von wirtschaftlichen Führungskräften unterzeichnet worden: Carl
Abegg-Arter (Verwaltungsrat der SKA), Heinrich Angst (Kaufmann, engli-
scher Konsul, später Direktor Landesmuseum), Conrad Cramer-Frey (ehe-
mals Kaufmann in Bahia, Präsident der Kaufmännischen Gesellschaft
Zürich und des SHIV), Carl Fierz-Landis (Kaufmann, Verwaltungsrat der
Zürich Versicherung), Emil Frey (Redaktor des Handelsteil der NZZ),
August Koller (Steuervorstand der Stadt Zürich), Arnold Ramsauer (ehe-
mals Kaufmann in Alexandria, Sekretär Verkehrsverein Stadt Zürich), Fritz
Rieter-Bodmer (Kaufmann in der Firma Rieter, Ziegler & Co, Vorstand der
Kaufmännischen Gesellschaft Zürich, später Vizepräsident des Vororts des
SHIV), Carl Schindler-Escher (Seidenfabrikant in Zürich). Die Gesellschaft
konnte somit auf den Rückhalt einiger der wichtigsten wirtschaftspolitischen
Persönlichkeiten, entweder selbst Entscheidungsträger oder mit gutem
Zugang zu solchen, aufbauen. In den ersten Jahren wurde die intellektuelle
Nähe der Gesellschaft zur Wirtschaft physisch dadurch unterstrichen, dass
sich ihre ethnographische Sammlung in den Räumen Börse, die der von Cramer-Frey präsidierten Kaufmännischen Gesellschaft gehörte, befand.[244] Mit
der Eröffnung des neuen Universitätsgebäudes 1914 wurde die Sammlung
an den Kanton Zürich abgetreten und erhielt im Kollegiengebäude eine neue
Bleibe.[245]

Die GEGZ hatte zwar kein offizielles Korrespondentennetz, doch auch
ihr stellte sich im Kontext ihrer Sammlungstätigkeit die Frage der Vernetzung, und auch sie stützte sich in Anlehnung an die Praxis der OGCG auf
Schweizer in Übersee, wie der spätere Präsident des Völkerkundemuseums,
Alfred Steinmann, in seinem Rückblick auf die ersten 50 Jahre erwähnt:

Die vielseitigen Beziehungen, welche die Ethnographische Gesellschaft mit Schweizern, die als Kaufleute, Pflanzer, Aerzte, Geologen, Ingenieure usw. in überseeischen
Gebieten tätig waren, unterhielt, erwiesen sich [...] für die Sammlung als sehr nutz-
bringend, denn ihnen verdankt sie manche wertvolle Zuwendung.[246]

Steinmann nennt dabei speziell die Schweizer in Niederländisch-Indien, die
zum großen Stock an Objekten aus Indonesien beigetragen haben, zu denen
er selber auch gehört.[247] Zudem versuchte die GEGZ konsularische Beziehungen zugunsten ihrer Sammlung zu kanalisieren, indem sie mit Schweizer
Konsuln in Übersee und ausländische Konsuln in der Schweiz in Verbin-

---

244 Zu den Gründungsmitgliedern und ihren Verbindungen zur Wirtschaft siehe
    Wehrli, H. J. (1938), P. 8-11.
245 Steinmann, A. (1941), P. 26, 31.
246 Ebd., P. 32.
247 Ebd., P. 36f. Steinmann hatte 15 Jahre als Botaniker an der Rubberprüfstation in
    Buitenzorg gearbeitet. Ebd. P. 60.

dung trat.[248] Auch die GGB war in diesem Sinne aktiv; in den 1880er Jahren beteiligte sich intensiv an der Vernehmlassung für die Revision des Konsularwesens zuhanden des Bundesrates.

Diese verschiedenen Formen der Vernetzung, die internationale akademische Kooperation aufbauend auf persönlichen Beziehungen von Professoren oder durch institutionellen Austausch, die kaufmännischen Netzwerke, die meist auf nationaler Kooperation fußten und schließlich offizielle Kanäle durch die konsularische Vertretungen stellten das Set von Möglichkeiten dar, wie die Schweiz an die koloniale Wissensproduktion und den Transfer von kolonialen Objekten anschließen konnte. Nach 1900 und in der Spätphase des Kolonialismus nach dem Ersten Weltkrieg wurden die verschiedenen Elemente verbunden und systematischer angewandt.

Doch wenden wir uns zunächst der Tätigkeit der OGCG und GEGZ zu, den beiden Gesellschaften mit explizitem Anspruch der Nützlichkeit und mit den engsten Verbindungen nach Südostasien.

Geographie zwischen Handel und Akademie

Die Anfänge der Geographie in der Schweiz zeichnen sich nebst der Erforschung des Alpenraumes und der damit verbundenen Akademisierung von Geologie und Glaziologie hauptsächlich dadurch aus, dass sich ihre Exponenten in Bezug zu den kolonialen Projekten europäischer Großmächte setzten und eine eigene Rolle darin finden wollten. Conrad Keller, Präsident der Geographisch-ethnographischen Gesellschaft in Zürich leitete aus der kolonialen Abstinenz der Schweiz die Forderung nach umso intensiverer Beschäftigung mit Geographie ab. [249] Ins selbe Horn stösst Hermann Brunnhofer von der MGCG in einem Text zur Reform des geographischen Unterrichts:

„Die förderlichste Hebung des Studiums der Geographie ergiebt sich […] zwar für alle Staaten, welch an der Wohlthat des zukünftigen Weltwirthschaftsbundes theilzunehmen gedenken, insbesondere aber für die kleineren, abgelegeneren Binnenstaaten, die ausschließlich n u r intellektuelle Machtmittel in die Wagschale der Völkergeschicke zu werfen vermögen, als eine der vitalsten Existenzfragen."[250]

Geographisches Wissen sollte eine privilegierte Position in der Wahrung der Interessen einer exportorientierten Nationalökonomie zukommen; der Bericht der Delegierten am Brüsseler Kongress für Geographie spricht dieselbe Sprache. Damit steht geographisches Wissen von Anbeginn in einem Dilemma zwischen wissenschaftlichen Werten wie Universalität und Kooperation auf der einen Seite und den Interessen von Nationalstaaten bzw. Volkswirtschaften oder privater Unternehmen auf der anderen. Der Delega-

---

248 Ebd., P. 32.

249 *Jahresbericht der GEGZ*, 1 1899/1900, P. 9f.

250 Brunnhofer, Hermann (1886). Ueber die Reform des geographischen Unterrichts. *Fernschau, Jahrbuch der MGCG.* Vol. 1. P. 47.

tionsbericht aus Brüssel schillert ständig in den Farben internationaler Kooperation und nationaler oder privater Interessen.[251]

Die Gesellschaften hatten unterschiedliche Strategien, wie sie Wissenschaft und Handel bedienen wollten. Bei den beiden älteren Gesellschaften in Genf und Bern trat der Handel in den Hintergrund; für sie stand die Liebe zur Erdkunde im Zentrum, deren Studium sowie die Verbreitung des Wissens sie fördern wollten. Die St. Galler hingegen sahen ihre Hauptaufgabe in der Förderung des Handels, einerseits direkt, indem die OGCG als Initiatorin und Schaltstelle für Handelsprojekte wirkte, und indirekt durch die Förderung der geographischen Bildung. Dafür kümmerte sich die OGCG weniger um die wissenschaftlichen Belange, erwies sich jedoch auch in diesem Gebiet durchaus als effektiv. Die Gesellschaft in Neuchâtel versuchte sich als wissenschaftliches Dokumentationszentrum für Handel und Industrie und Emigration zu positionieren. Diejenige in Zürich schließlich konstituierte sich um ihre ethnographische Sammlung, welche sowohl für die universitäre Forschung als auch für die Bildung der Jugend und der Wirtschaft Funktionen übernehmen sollte.[252]

Zur direkten Handelsförderung führte die OGCG eine kommerzielle Abteilung. Diese versuchte Handelsverbindungen zu initiieren, so etwa in Südafrika, Australien, Madagaskar, am Roten Meer und auf Sansibar. Die OGCG investierte dabei zwar kein Geld, sondern brachte Handelshäuser und interessierte Kreise zusammen, um das nötige Kapital aufzubringen. In ihrer vermittelnden Rolle als Wegbereiterin des Übersee-Handels musste die Gesellschaft jedoch immer wieder Rückschläge hinnehmen. Das unterstützte Handelshaus in Kapstadt trat nach dem Tod eines der Partner bereits nach kurzer Zeit in Liquidation. Der andere Partner gründete ein neues Haus am Ort, was die Gesellschaft wieder etwas optimistischer stimmte. Auch die vom ehemaligen Generalsekretär der OGCG, J. Lutz gegründete Handelsniederlassung auf Nossi-Bé bei Madagaskar (1888-90) kam nicht auf Touren.[253]

---

251 Sektion II des Kongresses wollte zum Beispiel feststellen, welche pflanzlichen, mineralischen und zoologischen Produkte aus den verschiedenen Teilen der Erde ausgeführt werden können, und welche Waren dagegen im Tausch einzuführen wären. Ein französischer Kaufmann brachte sogleich die Problematik dieser Frage auf den Punkt, indem er festhielt, dass sich Kaufleute sehr wohl für die Ergebnisse des Kongresses interessierten, dass aber nicht von ihnen verlangt werden könne, jahrelang aufgebaute Geschäftsgeheimnisse „auf den Altar internationaler Interessen" zu legen. Bericht über die Verhandlungen des Congrès International de Géographie Commerciale de Bruxelles. *Mitteilungen der OGCG*. Bd 1, 1879. P. 62f.

252 Jud, P. (1989). 100 Jahre Geographisch-Ethnographische Gesellschaft Zürich. *Geographica helvetica* 44 (3). P. 117.

253 Zu den von der OGCG unterstützten Projekten in Pretoria und Nossi Bé siehe Debrunner, Hans Werner (1991), P. 100-09.

In Australien hingegen wollte Friedrich Plüss, dem eine Explorationsreise zu 20.000 Fr. à fonds perdu finanziert worden war und der sich darauf in Sydney etabliert hatte, nicht auf den von der OGCG geschickten Associé, der die Interessen der Ostschweizer Textilexporteure vertreten sollte, einsteigen, was die OGCG äußerst verärgerte, da sie sich seinerzeit für Plüss stark gemacht hatte und die Zusammenarbeit mit ihm als besonders gelungenes Beispiel der Verbindung von „patriotischer Auffassung und erforderlicher Opferbereitschaft" präsentiert hatte.[254] Diese Projekte hatten noch mehr, als dies bei den schweizerischen Exportgesellschaften gezeigt worden ist, mit dem Problem zu kämpfen, dass volkswirtschaftliche und individuelle Rationalitäten sich nicht entsprechen mussten und dass Geschäftsverbindungen nicht einseitig aus den Interessen der Exportwirtschaft aufgebaut werden konnten. Das Principal-Agent Problem zeigte sich beim Verhältnis der OGCG zu den von ihr angeworbenen Kaufleuten potenziert, da die OGCG nicht einmal Principal war, die Kaufleute also keine finanziellen Obligationen hatten.

Nebst der direkten Handelsförderung war die OGCG wie auch andere geographische Gesellschaften politisch aktiv im Sinne der Förderung der geographischen Forschung und Lehre sowie geographischer Bildung in Schulen, durch Vorträge und Museen. Wichtigstes Anliegen des Vereins war die Bildung junger Männer, insbesondere Handelsschüler in den eigenen Sammlungen:

„Es ist ein hohes Bedürfnis, dass (die Schweiz) in allen Theilen des Erdballs vertreten sei, und das kann am besten geschehen, wenn die junge Generation in die Lage versetzt wird, ihr diesen Dienst zu leisten. Machen wir es jungen, intelligenten und strebsamen Männern möglich, die Ressourcen sowohl als die Bedürfnisse aller Gegenden der Erde kennen zu lernen, und statten wir sie mit denjenigen Kenntnissen aus, die erforderlich sind, um die Aufgabe in allen Theilen erfüllen zu können."[255]

Um solche „Pioniere" des schweizerischen Handels in fernen Absatzgebieten heranzubilden, forderte die OGCG die Gründung einer Handelsakademie, die dann 1898 in St. Gallen tatsächlich umgesetzt wurde (die heutige Hochschule St. Gallen, HSG). Zweitens unterstützte sie die Forderung der Vereinigung ehemaliger Polytechniker (VeP) nach einem Lehrstuhl für Geographie an der ETH.[256] Die VeP hatte in einer Petition an den Bundesrat umfassende Reformen der ETH gefordert, die unter anderen auch die Forderung nach Errichtung einer Handelsakademie als Ergänzung zu den bestehenden Abteilungen des Polytechnikums enthielt. Diese höhere Handelsschule sollte unter anderem „Geographie, mit besonderer Berücksichtigung der statistischen, politischen und handelswirtschaftlichen Verhältnisse" leh-

---

254 Präsidialbericht der OGCG, 1879. *Mitteilungen der OGCG.* 1880, P. 11f.; Präsidialbericht der OGCG 1880, *Mitteilungen der OGCG.* Vol. 3, 1882, P. 5.

255 Bericht über die Verhandlungen des Congrès International de Géographie Commerciale de Bruxelles. *Mitteilungen der OGCG.* Vol. 1, 1879. P. 48.

256 Ebd. P. 47.

ren.[257] Der Schulrat der ETH nahm in seiner Vernehmlassung zur Petition zuhanden des Departements des Innern einzig die Forderung nach der Errichtung einer fächerübergreifenden Professur für Geographie auf. Deren Notwendigkeit müsse nicht erläutert werden, so der Schulrat.[258]

Bereits seit den späten 1860ern lehrte an der ETH Privatdozent Jakob Egli, und seine Vorlesungen behandelten unter anderem Ethnographie, Handelsgeographie oder – um den Titel genau zu nennen – „Das britische Reich aller 5 Erdteile nach seiner materiellen Kraftentwicklung".[259] Doch Eglis Forschungen, der Versuch einer umfassenden geographischen Nomenklatur, publiziert unter dem Titel «Nomina geographica», war der ETH-Leitung vermutlich etwas zu literarisch angelegt. Eglis Anfrage um die Schaffung eines Lehrstuhls für Geographie wurde 1871 abschlägig beantwortet, und er erhielt schließlich an der Universität Zürich den ersten Lehrstuhl für Geographie in der Schweiz.[260] Vermutlich um Egli elegant zu umgehen, erteilte die ETH einen Lehrauftrag für Handelsgeographie in französischer Sprache.[261] Erst 1898 wurde eine ordentliche Professur für Geographie, nun aber als physikalische Geographie im Rahmen der Ausbildung der naturwissenschaftlichen Fachlehrer geschaffen. Mit Johann Jakob Früh, ehemals Lehrer an der Kantonsschule in Trogen, übernahm ein Mitglied der OGCG den Lehrstuhl. Früh hatte geologische Forschungen betrieben und mit Karl Schröter eine Monographie über die Moore in der Schweiz verfasst, entsprach in dieser Hinsicht weniger dem von der OGCG angestrebten Gelehrten. Für die Nachfolge Früh 1923 kamen eher die Kriterien zum Tragen, welche der OGCG vorgeschwebt hätten:

„Wünschenswert ist nebst der allgemeinen Geographie die Betonung und Pflege der Länderkunde, der Wirtschafts-, Verkehrs- und Kolonialgeographie, um vor allem jene Länder kausal und klar darlegen zu können, die in wirtschaftlicher Beziehung zur Schweiz stehen. [...] Studien und Reisen ins Ausland, wenn möglich direkte Einsicht in subtropische und tropische Kolonialgebiete sollten dem Dozenten Sicherheit und Urteilskraft verleihen können."[262]

Da diese Fähigkeiten in der Schweiz nicht vorhanden zu sein schienen, wurde der Tscheche Fritz Machatschek auf den Stuhl berufen.

257 Petition der Gesellschaft ehemaliger Studirender des eidgen. Polytechnikums an den Bundesrath, 26. August 1877. (www.ethistory.ethz.ch/materialien/quellen)

258 ETH-Archiv. Bericht des Schweizerischen Schulrathes an den hohen schweizerischen Bundesrath über die Frage der Reorganisation der polytechnischen Schule. 12.10.1879. P. 25f.

259 Programm der ETH für das Schuljahr 1867/68, Zürich, 1867.

260 ETH-Archiv, Schulratsprotokolle 1871, Sitzung Nr. 2 vom 17.03.1871, Traktandum 43, P. 55. Zu Jakob Egli siehe den Artikel Egli, Jakob. Allgemeine Deutsche Biographie. Bd. 48 (1904). P. 280f.

261 Damit wurde gleichzeitig die Forderung des VeP zur Stärkung der französischen Sprache an der ETH bedient.

262 ETH-Archiv. Schulratsprotokoll 1924, Sitzung Nr. 1 vom 12.01.1924. Nr. 6.

Gemäß Peter Jud war die Akademisierung der Geographie in der Schweiz ein langwieriger und zäher Prozess. Er sieht die geographischen Gesellschaften als Bahnbrecher für die akademische Geographie.[263] Allgemein waren die gelehrten Gesellschaften naturwissenschaftlicher Richtung – insbesondere auch die Naturforschende Gesellschaft der Schweiz –institutionelle Vehikel für reisende Forscher wie die Vettern Sarasin, Edouard Desor (1811-1872, Naturforscher in Neuenburg; Reisen in der Sahara), Theophil Studer (1845-1922; Zoologe, ab 1876 Professor für Zoologie an der Universität Bern; Weltumseglung 1874-76), Conrad Keller (1848-1930; Zoologe, ab 1898 Professor für Zoologie und Anthropologie an der ETH; Reisen in Abessinien, Somaliland, Madagaskar), Otto Stoll (1849-1922; Arzt, ab 1895 Professor für Geographie und Ethnologie an der Universität Zürich; Reisen in Zentral- und Nordamerika), Hans Schinz (1858-1941; Botaniker, ab 1893 Professor für Botanik an der Universität Zürich; Reisen in Kleinasien und Namibia), Rudolf Martin (1864-1925; ab 1892 PD, später Professor für physische Anthropologie; Reisen in Südostasien) und Walter Volz (1875-1907; PD für Zoologie an der Universität Bern; Reisen in Südostasien und in Liberia). Zum Teil finanzierten die Gesellschaften Reisen von Forschern wie im Falle von Conrad Keller (Madagaskar, 1885) oder Walter Volz (Liberia, 1906/7). Volz's Reise wurde aus dem Afrikafonds, den der Dachverband der geographischen Gesellschaften unterhielt, alimentiert.[264] Die Gesellschaften förderten also direkt durch politisches Lobbying und indirekt über Forschungsreisen akademische Karrieren. Rückblickend war sich Konrad Keller der karrierefördernden Wirkung solcher Reisen wohl bewusst:

„Ich stand im Beginn meiner akademischen Laufbahn und es schiene mir gut zu gehen, aber bald erfuhr ich heftige Anfeindungen. [...] Unter dem Druck der Verhältnisse hatte ich starke Neigung, ein Original zu werden. Diese Idee [...] konnte mir kaum förderlich werden [...] [Aber] irgendwo in der Welt waren vielleicht noch einige geistige Lorbeeren zu holen, vielleicht in dem dunklen Erdteil. [...] Es wurde mir [...] klar, dass ein Biologe, wenn er etwas werden wollte, hinaus in die weite Welt müsse. Im Laboratorium wäre ich zur blossen Nummer geworden."[265]

---

263 Jud, P. (1989).

264 Debrunner, Hans Werner (1991), P. 162.

265 Keller, Conrad. Lebenserinnerungen eines schweizerischen Naturforschers. Zürich 1928. Zit. nach Debrunner, H.W. (1991), P. 156. Keller hatte allerdings die Reisen in seiner frühen Karriere mit Unterstützung der Kaufmännischen Gesellschaft in Zürich gemacht und nicht von einer geographischen Gesellschaft, die damals weder in Zürich noch in St. Gallen existierten. Seine Sammlung zoologischer und ethnographischer Objekte wurde im Kuppelraum der Börse ausgestellt und bildeten den Grundstock der späteren ethnographischen Sammlung in Zürich. Ich danke Bernhard Schär für diesen Hinweis.

In ihren Vortragsreihen und Schriftenreihen verschafften die geographischen Gesellschaften den reisenden Forscher Foren und in den Sammlungen boten sie Forschungsmaterial.

Die genaue Wirkungsweise der Gesellschaften, der Einfluss von Akademikern auf ihre Etablierung, ihr umgekehrter Einfluss auf wissenschaftliche Karrieren und die Institutionalisierung wissenschaftlicher Geographie und Anthropologie/Ethnologie ist allerdings noch keineswegs geklärt und müsste detailliert studiert werden. Unbestritten ist die wichtige Funktion der geographischen und naturforschenden Gesellschaften in der Popularisierung von Wissen.[266] Die OGCG bot zur Verbreitung des Wissens monatlich einen Vortrag und brachte die im Austausch mit anderen Gesellschaften erhaltenen Zeitschriften durch Mappen in Zirkulation, wovon immerhin 132 Mitglieder Gebrauch machten. Sie erhielten, eingeteilt in sechs Lesekreise, die neusten Schriften in deutscher, französischer und englischer Sprache.[267] Ähnlich Anja Laukötter spricht bezüglich der ethnographischen Museen in Deutschland von einer ‚bipolaren Ausrichtung‘ eines ‚Hybridraums‘, der sowohl mit seinen Inszenierungen die Öffentlichkeit anspricht, wie auch wissenschaftlichen Erkenntnisgewinn zulässt.[268] Ähnlich könnte man auch bei diesen Gesellschaften von hybriden Strukturen zwischen Wissenschaft und Öffentlichkeit und einer bipolaren Ausrichtung, die sowohl Funktionen für das Innen der Wissenschaften hatten wie auch das Außen.

Ethnographica für junge Handelspioniere

Die wichtigste Aufgabe sowohl der OGCG als auch der GEGZ war jedoch die Vervollständigung, Pflege und Präsentation ihrer Sammlungen. Anlässlich der Jahrestagung der Schweizerischen Naturforschenden Gesellschaft 1879 präsentierte die OGCG eine große Ausstellung eingeteilt in Kartographie, Ethnographie und Produktsammlung. Im folgenden Jahr wurden Räume für die gezeigten Exponate gesucht und die temporäre in eine permanente Ausstellung verwandelt. Damit hatte St. Gallen die erste geschlossene ethnographische Sammlung der Schweiz. Verschiedene Museen zeigten zwar schon Ethnographica, so etwa Neuchâtel, Bern, Genf und Basel, Objekte, die zum Teil von Offizieren in fremden Diensten mitgebracht worden waren und als Raritäten oder Kuriositäten ausgestellt worden waren.[269]

---

266 Zur Popularisierung von naturgeschichtlichem Wissen in Basel siehe Simon, Christian (2009). *Natur-Geschichte: das Naturhistorische Museum Basel im 19. und 20. Jh.;* für die MGCG siehe Schürpf, Markus (2006). *Fernschau. Global: ein Fotomuseum erklärt die Welt (1885-1905).*

267 Präsidialbericht der OGCG, 1883. *Mitteilungen der OGCG.* 1884, P. 30f.

268 Laukötter, Anja (2009). Vom Alltags- zum Wissensobjekt. Zur Transformation von Gegenständen in Völkerkundemuseen im beginnenden 20. Jh. *Themenportal Europäische Geschichte.*

269 Zum Beispiel die Sammlung Sammlung de Meuron in Neuchâtel aus Südafrika und Sri Lanka. Siehe Steinmann, A. (1941), P. 29.

Auf St. Gallen folgte 1881 Bern mit seiner ethnographischen Abteilung des historischen Museums. 1888 eröffnete die GEGZ ihr Ethnographisches Museum in der Börse. Und auch in den anderen Schweizer Städten erhielten die ethnographischen Sammlungen in dieser Zeit ihre institutionelle Unabhängigkeit, nämlich Basel 1892, Genf 1901 und Neuchâtel 1903.[270]

Diese Institutionalisierungswelle ethnographischer Museen ist natürlich ein internationales Phänomen, wobei die Entwicklung in der Schweiz bis zu einem gewissen Punkt am ehesten mit derjenigen Deutschlands verglichen werden kann. Glenn H. Penny stellt für Deutschland zwischen 1870 und 1914 eine enorme Dynamik in der Gründung und Entwicklung ethnographischer Sammlungen fest, die er jedoch nicht als Phänomen des ‚empire building‘, sondern des ‚city building‘ versteht. Nach Penny sind diese Sammlungen ein Produkt der Aktivität gelehrten Vereine in den Städten, die ihren eigenen kulturellen Fortschritt präsentieren wollen und in einer freundlichen Konkurrenz zueinander stehen.[271]

Die wichtigste Funktion der Sammlungen in St. Gallen war – wie bereits erwähnt – die Bildung der Jugend, insbesondere künftigen Pionieren des Handels. Auch in Zürich wurde bei der Gründung des Völkerkunde-Museums nebst den wissenschaftlichen Aspekten vor allem mit dem Bildungszweck argumentiert:

„Als Sitz zweier Hochschulen ist die wissenschaftliche Pflege der Ethnologie und Anthropologie ein stets wachsendes Bedürfnis, welchem nur an Hand größerer Sammlungen Genüge geleistet werden kann. Die Mittelschulen und Volksschulen in Zürich würden in einer derartigen Schöpfung ein wertvolles Hilfsmittel zur Belebung des geographischen Unterrichts gewinnen. Auch die kommerziellen Kreise haben an derselben ein nicht zu unterschätzendes Bildungsmittel zu erwarten. Der junge Kaufmann wird je länger je mehr genötigt sein, eine tüchtige Schulung des Geistes und einen weiten Blick mitzubringen, wenn er in seiner Laufbahn prosperieren will. Da er vielfach nach überseeischen Plätzen auswandert, so kann es für ihn von Nutzen sein, wenn er frühzeitig die Kulturzustände anderer Völker beurteilen lernt.‘‘[272]

Die Schüler der merkantilen Abteilung der Kantonsschule St. Gallen erhielten in der Produkt- und der Ethnographischen Sammlung Anschauungsunterricht. Es mag für den heutigen Leser nicht auf der Hand liegen, dass Handelsschüler erstes Zielpublikum einer ethnographischen Sammlungen sein sollen. Die Ausstellungen sollten nicht ferne, schützenswerte kulturelle Eigenheiten vermitteln. Vielmehr sollten sich die Schüler fremde Welten aneignen, um später mit Menschen in einer fernen Weltgegend, insbesondere Afrika in Kontakt treten zu können. Die Ethnographica waren so geordnet, „dass die Culturobjekte nach Weltheilen und hier wieder nach Völkerstämmen zusammengestellt, ein möglichst getreues Bild von den

---

270 Diese Chronologie folgt ebd., P. 28f.

271 Penny, H. Glenn (2002). *Objects of culture: ethnology and ethnographic museums in imperial Germany.*

272 Zirkular vom November 1887, zit. nach Wehrli, H. J. (1938), P. 8.

häuslichen Einrichtungen, Trachten, Schmucksachen, Waffen, kurz von dem Kunstsinn und den verschiedenen Culturstufen und Culturzuständen fremder Völker und Länder zu geben geeignet sind.'[273]

Mit den Begriffen wie Kulturobjekte, Weltteilen, Völkerstämmen, Kulturstufen etc. sind wir mitten im Feld der theoretischen Einbettung der Ethnographica und der bürgerlichen Repräsentationspraktiken des späten 19. Jh. angelangt. Damals gab es bereits verschiedenste konkurrierende Ideen, und heute besteht wiederum eine ausdehnte Debatte nur schon im Bereich der Geschichte der deutschen Ethnologie, welchen ideologischen Modellen einzelne Aussagen und Repräsentationsformen zuzuordnen sind. Es würde den Rahmen dieser Arbeit bei weitem sprengen, eine detaillierte Analyse der Museumstopographie und -narratologie zu führen. Ich möchte hier nur kursorisch drei grundsätzliche theoretische Modelle der damaligen Anthropologie und Ethnographie nachzeichnen, die in der realen Ausstellungen und anderen populären Darstellungen in Mischformen auftraten.

a) Das erste Modell geht auf Hegels und Rankes grundsätzliche Dichotomie von *Naturvölkern* und *Kulturvölkern* aus. Die sich naturwissenschaftlich verstehende deutsche Ethnologie übernahm diese Unterscheidung. Sie deutete sie jedoch zu ihren Gunsten um, indem sie die Natur als universelles anthropologisches Fundament und die Kultur als einen historischen Spezialfall betrachtete. Naturvölker wurden dabei als nicht ‚kulturfähig' gedacht, wobei biologische Rassentheorien die dazu gehörigen Erklärungen zu liefern versuchten. Mit diesem Theoriengebäude beanspruchte die Ethnologie den Vorrang in der Erklärung des Menschen gegenüber den historischen Geisteswissenschaften. Dieses Verständnis der Völkerhierarchie war besonders geeignet, aggressive Formen der kolonialen Expansion und der Unterwerfung anderer Völker zu begründen.[274] Mit ihrem Begriff der *Ergologie* leisteten die Vettern Sarasin einen Beitrag in der Debatte um eine naturwissenschaftliche fundierte Ethnologie. Der Mensch sollte darin in aufklärerischem Sinn und in Absetzung von christlichen Auffassungen als Teil der Zoologie mit denselben Methoden wie die Tiere untersucht werden. Ergologie war ein Versuch, die Kultur in der Natur zu fundieren und umfasste dabei die ganze nicht physiologische Biologie von den Pflanzen bis zum Menschen, Gebiete die heute unter dem Titel Ökologie, Ethologie, Verhaltenswissenschaft und Biogeographie behandelt werden. Rudolf Martin verwendete den Begriff ebenfalls in der gebräuchlicheren Form, was heute als Ethologie bezeichnet wird.[275] Die Darstellungen der Vettern Sarasin vergleichen die ‚Primitiven' im malaiischen Archipel mit den Pfahlbauern in der

---

273 Bericht über Stand und Zweck der geographischen Sammlungen. *Mitteilungen der OGCG* (1881), P. 14.

274 Siehe Zimmerman, Andrew (2004). *Ethnologie im Kaiserreich: Natur, Kultur und «Rasse» in Deutschland und seinen Kolonien.* In: S. Conrad/J. Osterhammel (Eds.). Das Kaiserreich transnational. P. 191-21.; siehe auch Geulen, Christian (2004). *Wahlverwandte: Rassendiskurs und Nationalismus im späten 19. Jh.*

Schweiz, mit dem Unterschied, dass sie bei der Bevölkerung in der Schweiz den Prozess einer Evolution postulieren, den sie den ‚Naturvölkern' von Ceylon und Celebes nicht zugestehen.[276]

b) Die angelsächsische Anthropologie des späten 19. Jh. war in Anlehnung an Darwin von einem evolutionistischen Modell geprägt, das sich im Gegensatz zum ersten Modell dafür interessiert, wo sich Naturvölker zu Kulturvölkern entwickeln beginnen. Der Begriff der ‚Kulturstufe' impliziert ein evolutionistisches Modell. Dieses war anschlussfähig an Ideen einer ‚mission civilisatrice', die ‚primitive Völker' zu ‚entwickeln' helfen sollte. Bei der Mission, sowohl der religiösen wie auch der säkularen, steht die Idee der Transformation, dh. der Lern- und damit Kulitivierungsfähigkeit von Menschen und Gesellschaften im Zentrum.[277] Die Aussagen der OGCG sind anfangs stark von dieser Idee geprägt. Ihr Idealtypus eines jungen Kaufmanns sollte fähig sein, „die wirkliche und durch den Handel *zu heben-de* Consumationsfähigkeit einer Bevölkerung zu beurtheilen und zu bestimmen, ob dieselbe der schweizerischen Industrie *anzupassen* sei."[278] Fritz Rieter-Bodmer von der GEGZ schreibt in seinem Tour d'Horizon über Afrika, nachdem er den Sklavenhandel als das große Problem Afrikas dargestellt hat, nicht ohne die europäische Beteiligung voranzustellen, es sei „nun Aufgabe der ganzen zivilisirten Welt geworden, die Neger zu einer höhern Stufe zu erheben."[279] Diese Aussagen können nur auf dem Hintergrund eines evolutionistischen Modells verstanden werden. Die Zivilisierungsmission wurde von kaufmännischen Kreisen insbesondere auf dem Hintergrund einer aus klimatischen Gründen beschränkten Möglichkeit zur Siedlungskolonisation betrachtet. Ziel der Zivilisierung sollte die Heranbildung – unter Zwang und missionarischer Erziehung – von Arbeitskräften sein.[280]

---

275 Das dritte Kapitel Rudolf Martins Buch steht unter dem Titel Ergologie. Martin, Rudolf (1905). *Die Inlandstämme der Malayischen Halbinsel: wissenschaftliche Ergebnisse einer Reise durch die Vereinigten Malayischen Staaten.*; Sarasin, Fritz (1916). *Streiflichter aus der Ergologie der Neu-Caledonier und Loyalty--Insulaner auf die Europäische Prähistorie.*; zu einer Kritik an der Verwendung der Vettern Sarasin siehe Stoll, O. (1917). Die Entwicklung der Völkerkunde von ihren Anfängen bis in die Neuzeit. *Mitteilungen der GEGZ*, 18. P. 4ff. Ich danke Bernhard Schär für die Hinweise zum Begriff der Ergologie.

276 Zu den Forschungen der Vettern Sarasin siehe das laufende Dissertationsprojekt von Bernhard Schär an der Universität Bern: „Pfahlbauer auf Sulawesi. Untersuchungen über den nationalen Gebrauch von imperialem Wissen in der Schweiz um 1900."

277 Siehe dazu Fuhrmann, Malte (2006). *Der Traum vom deutschen Orient: zwei deutsche Kolonien im Osmanischen Reich, 1851-1918.* Kapitel 4

278 Präsidialbericht der OGCG 1880. *Mitteilungen der OGCG* (1881), P. 48f.

279 Rieter-Bodmer, Fritz (1886). *Etwas über Afrika unter besonderer Berücksichtigung der kommerziellen Verhältnisse (Vortrag)*, P. 6.

280 Siehe zum Beispiel ebd.

c) Schließlich ein aus dem Humboldtschen Kosmopolitismus stammendes Modell der *Vielfalt kultureller Varietäten*. Penny behauptet in seiner unerwarteten und durchaus umstrittenen Lesart der deutschen Ethnologie, dass ihre Anfänge, insbesondere jene Adolf Bastians, dem Direktor des gewichtigen Berliner Museums für Völkerkunde, von diesem Humboldtschen Gedanken geprägt gewesen sei und dass Bastian bewusst auf Anordnungen im Sinne von kulturellen Hierarchien verzichtet habe. Vielmehr sei das ethnographische Museum in Deutschland anfangs als Archiv von in Wechselbeziehung stehenden visuellen Texten konzipiert worden, die als eine Art menschliche Thesauri funktionieren.[281] Anfangs habe das ethnographische Museum vor allem als Ort der wissenschaftlichen Kategorisierung und des Vergleichs gedient. Erst mit der Zeit hätten sich die Museen unter dem Einfluss von Geldgebern, ausländischen Wissenschaftern, städtischen Behörden und der breiten Bevölkerung spektakuläreren Darstellungsweisen angeglichen, die auch nationalistische und imperialistische Gemütslagen bedient hätten.

Diese Idee des kulturellen Thesaurus ist in schweizerischen Museen durchaus präsent. Insbesondere die MGCG stand unter dem Einfluss sowohl der Idee des Kosmopolitismus als auch des kulturellen Thesaurus, der vor allem dem praktischen Ziel der Unterstützung von Gewerbe und Industrie unterworfen war.

„Mitten aus der uns alle umtosenden Strumflut der Selbstvergötterung, welche die europäischen Culturvölker zu gegenseitiger Zermalmung antreibt, hat sich seit einem halben Menschenalter in grösster Stille der lang versunkene Fels des Menschheitsgedankens von neuem erhoben und verspricht den Trägern des verpönten *Kosmopolitismus* oder der Weltwirthschaftsidee den festen Halt für eine segensvolle Wirksamkeit weit hinein in die nebelgoldene Zukunft. Mehr als alle andern wissenschaftlichen Gesellschaften, welche sich die Pflege der Culturideale zur Aufgabe gesetzt haben, sind seit einem halben Jh. wirkenden geographisch-ethnologischen Vereine thätig gewesen, die Völker zur Bescheidenheit zu mahnen und ihnen auf dem Felde der Forschungs- und Handelsinteressen den friedlichen Wettbewerb zu empfehlen. Die *vergleichende Methode*, zu welcher das Studium der Geographie und Ethnologie z w i n g t, hat ihre beruhigende Macht darin am wohlthätigsten offenbart, dass sie in den einsichtsvollsten Kreisen der Culturwelt neuerdings die Ueberzeugung gepflanzt hat, wie schwach und unzulänglich jede Einzelnation der Lösung der grossen Menschheitsfragen gegenübersteht.'[282]

Die Gesellschaft spricht zwar selbstverständlich von Kulturvölkern und im Zusammenhang mit dem Kongo vom „Hinblick auf die Ausbeutungs-

281 Penny, H. Glenn (2002), P. 2.; siehe auch Penny, H. Glenn (2003). *Worldly provincialism: German anthropology in the age of Empire.* Für eine Kritik siehe Laukötter, Anja (2007). *Von der „Kultur" zur „Rasse" – vom Objekt zum Körper? Völkerkundemuseen und ihre Wissenschaften zu Beginn des 20. Jh.*

282 Organisation und Ziele der Mittelschweizerischen Geograpisch-Commerciellen Gesellschaft. *Jahrbuch der MGCG.* Vol. 1, 1886. P. V.

fähigkeit einer geographischen Entdeckung zur freien Schöpfung eines allen Culturvölkern offenstehenden Freihandelsstaates"[283], womit eine Hierarchie der Völker, welche die einen zur Ausbeutung berechtigt, ganz selbstverständlich festgeschrieben wird. Doch gleichzeitig leitete Präsident Hermann Brunnhofer aus einer Mischung von Missionsgedanken, wissenschaftlichem Universalismus und weltwirtschaftlichen Vorstellungen ein Ideengebäude einer kosmopolitischen zivilisatorischen Mission ab:

„Gibt es denn eine Menschheit, die das Bewusstsein hegt und pflegt, dass alle Völker, seien sie noch so verschieden an Hautfarbe und Sprache, ein durch ihre innersten Geistesanlagen geeinigtes Brudergeschlecht sind? Die diesem Bekenntnis unmittelbar folgende Betrachtung führt alsdann bald zu der Ueberzeugung, dass es noch lange, lange der vereinten Bemühungen der Mission, der Wissenschaft und der Exportindustrie bedürfen wird, bis der Segen des weltbürgerlichen Denkens den Kulturvölkern des Westens und des Ostens einleuchten wird."[284]

In Gewerbemuseen sollten gemäß Brunnhofer Ethnographica ganz konkreten Anwendungen dienen. Das Modell dazu lieferte die Ostschweizer Textilindustrie, die durch das Kopieren und die industrielle Produktion von Handarbeiten aus verschiedenen Weltregionen groß geworden war. Die großen Produzenten hatten zwar ihre eigene Kanäle, doch die Museen sollten auch als Reservoir für Design-Ideen dienen:

„Der junge Kaufmann, der die Wohlthat eines reich assortirten Handelsmuseums genossen hat, der Exportindustrielle, der sich an der Hand eines alle Völker umfassenden Ethnologischen Gewerbemuseums einen Einblick verschafft hat in die Geschmacksrichtungen, die den von ihm zu exploitirenden Völkern eigen sind, sie werden […] in unverhältnismässig kürzerer Zeit zu Geld und Vermögen gelangen als der unvorbereitete Grünling […]."[285]

Doch Brunnhofer versprach sich aus der Bildung im Gewerbemuseum nicht nur Geschäftsvorteile für die Industrie, sondern aus der Anschauung Kunstbeflissenheit aller Völker sollte ein Gefühl universeller Humanität entstehen:

„Von welcher Hochachtung werden wir da nicht erfüllt für Völker, die wir kurz vorher noch unter die Barbaren gezählt hatten! Wir rücken diese Völker in unserer gesammten Weltanschauung mehr und mehr in die Reihe der mit uns Gleichberechtigten ein! So wächst uns in jedem neuen Ethnologischen Gewerbemuseum ein neuer Verkünder des in der Gleichberechtigung der Völker gipfelnden Völkerrechts der Zukunft heran."[286]

---

283 Ebd, P. VI.

284 Brunnhofer, Hermann (1886). Die weltbürgerliche und vaterländische Wirksamkeit Ethnologischer Gewerbemuseen. *Jahrbuch der MGCG.* Vol. 2. P. V.

285 Ebd., P. VI.

286 Ebd., P. VII.

Die MGCG organisierte 1888 eine Ausstellung unter dem Titel «Völker-
schau: eine Sammlung von Erzeugnissen des Kunst- und Gewerbefleisses
aller Zonen und Zeiten». Der Kontrast zu den Völkerschauen Hagenbecks,
nach deren Modell auch in der Schweiz verschiedene auf Spektakel ausge-
richtete Zurschaustellungen von Primitiven organisiert wurden und deren
Hauptziel das Zeigen von Alterität war, ist offensichtlich.[287]

Ähnlich wie die MGCG organisierte die OGCG 1886 gemeinsam mit
Henri Moser Charlottenfels eine Ausstellung mit Objekten aus dessen Reisen in Zentralasien. Den Vorstand „leitete die Überzeugung, der St Gallischen Einwohnerschaft durch Vorführung eines ebenso wertvollen als
kompletten und lehrreichen Kulturbildes aus uns meist nur dem Namen nach
bekannten Ländern einen Genuss zu bieten, der allseitig und *namentlich von
den Vertretern der Industrie* Würdigung finden würde und rechnete bei dem
gebotenen grossen *Material von neuen Formen und Farbstellungen* auf lebhaften Besuch aller *Gewerbetreibenden.*" (H.d.A.)[288]

Die Verwendung von Ethnographica als Vorlagen für Gewerbe und
Industrie war anfangs durchaus umstritten, und Brunnhofer macht zahlreiche Andeutungen über Anfeindungen und Spott. Doch mit der Zeit entwickelte sich tatsächlich eine Kooperation von Museen und Designern an
Schulen und in der Industrie. Diese Funktion ethnographischer Museen steht
eigentlich im Widerspruch zur Idee der Konservierung und dem Schutz vor
dem Untergang von indigener Kultur. Doch zeigte sich bei diesen Anwendungen ein besonderes Interesse an den Sammlungen, Diese stechen gerade
im Bereich der Textilien, insbesondere von Ikatten oder Batiks aus Südostasien heraus. Das Völkerkundemuseum in Zürich arbeitete eng mit dem
dortigen Kunstgewerbemuseum zusammen und machte immer wieder temporäre Leihgaben für die Sonderausstellungen des letzteren. Zwischen 1915
wurden weit über 500 Objekte für 19 thematische Ausstellungen ausgelie-
hen. Zwei Sonderausstellungen widmeten sich indonesischen Textilien.[289]
Das Völkerkunde Museum in Basel machte unter der Direktion Alfred Büh-
lers Indonesien zu einem Sammlungsschwerpunkt. Nebst der bedeutenden
Textilsammlung der Kleinen Sunda-Inseln, die er dem Museum zuführte,
beschäftigte er sich mit allgemeiner Textilforschung, Färbeverfahren und
Techniken aus Indonesien.[290] Noch 1954 preist Alfred Bühler die Textilsammlung des Museums mit dem Argument an, „sie könnte für Industrie-,

---

287 Zu den Völkerschauen in europäischen und schweizerischen Zoos siehe Bancel,
    Nicolas (2004). *Zoos humains au temps des exhibitions humaines*; Staehelin,
    Balthasar (1993). *Völkerschauen im Zoologischen Garten Basel 1879-1935*;
    Brändle, Rea (1995). *Wildfremd, hautnah: Völkerschauen und Schauplätze,
    Zürich 1880-1960 Bilder und Geschichten.*
288 Präsidialbericht der OGCG, 1886. *Mitteilungen der OGCG.* 1887(1). P. 33.
289 Bühler, A./Steinmann, A. (1941). Ikatten. *Ciba-Rundschau* 51(9). P. S. 1850-
    1888; Weber, Friedrich (1935). *Indonesische Gewebe: Ausstellung, 5. Juni bis
    21. Juli 1935.* Für die Leihgaben siehe Steinmann, A. (1941), P. 47.

Gewerbe-, und Kunstkreise eine Fülle von Anregungen geben."[291] Serge
Reubi hat die Kooperation von Museen und Industrie in der ersten Hälfte
des 20. Jh. untersucht. Gemäß Reubi erhielt das Basler Völkerkundemuseum
in den 1930 bis 60er Jahren laufend Anfragen von Industriedesignern um
Erlaubnis für Aufnahmen.[292] Gemäß Regula Iselin habe der sachliche Blick
des Kunst-Gewerbes, der in erster Linie auf „technische, materielle und
formale Aspekte der fremden Gegenstände" gerichtet war, „eine relativ
unvoreingenommene, nüchterne und vorurteilsfreie Beschäftigung mit ‚primitiven' künstlerischen Formen" ermöglicht. Offenbar gingen die Gewerbemuseen und -schulen von der „selbstverständlichen Annahme einer
Universalität von Kunst und Kunstgewerbe" aus, was jedoch für die Zeit ein
Novum gewesen sei.[293]

Die Einbindung von Kaufleuten in Übersee

Für die Bestückung ihrer Museen brauchten die geographischen und ethnographischen Gesellschaften Objekte aus den fernen Welten. Zum Teil lieferten Naturforscher Objekte, wie zum Beispiel Emil Hassler, Arzt und
Botaniker aus Aarau, der ab Mitte der 1880er Jahre in Südamerika tätig
war.[294] Für das Jahrbuch der MGCG schrieb Hassler einen umfangreichen
Artikel über seine Forschungen im Amazonasgebiet und lieferte dazu – ganz
im Sinne des Gewerbemuseums – Objekte bzw. größtenteils photographi-
sche Abbildungen von Waffen, Kleidung, Arbeitsgeräte, Toilettengegenstän-
de, Schmuck Hausrat, Töpfereien, Genussmittel, Taschen, Schiffe,
Ackerbaugeräte, Musikinstrumente und Kinderspielzeug von Eingeborenen-
Stämmen aus dem Grenzgebiet zwischen Brasilien, Paraguay und Bolivi-
en.[295]

Insbesondere die OGCG und die MGCG, die nicht an Universitäten
angeschlossen waren, hatten jedoch kaum Möglichkeiten ihre Bestände so
zu füllen. Sie waren auf Gönner in der Schweiz und im Ausland angewiesen.

290 Marschall, Wolfgang (1985). *Schweizer ethnologische Forschungen in Indonesien – ein Überblick*. In: ders. (Ed.). Der grosse Archipel: Schweizer ethnologische Forschungen in Indonesien. P. 5.

291 Zit. nach Reubi, Serge (2007). *L'ethnologue, prestataire de service pour l'industrie dans la Suisse des années 1930-1960*. In: H.-J. Gilomen et al. (Eds.).
Dienstleistungen: Expansion und Transformation des «dritten Sektors», P. 322.

292 Ebd.; Reubi, Serge (2009).

293 Iselin, Regula (1999). Zur Archäologie von Design und Ethnologie. *Tsantsa* 4. P.
191. Der Artikel basiert auf der Lizentiatsarbeit von Iselin «Die Polyvalenz der
‚Primitiven': Zur Rezeptionsgeschichte afrikanischer Kunst in der Schweiz».

294 Zu Emil Hassler siehe Käslin, Hans (1947). Zwei Aargauer als Naturforscher
und Ärzte in Paraguay. *Aarauer Neujahrsblatt*, Vol 21. P. 29-34.

295 Hassler, Emil (1888). Centralamerikanische Forschungen. *Fernschau – Jahrbuch der MGCG,* Vol. 2. P. 1-138. Zentralamerikanisch bezieht sich hier auf das
Zentrum Südamerikas.

Zwei Jahre nach der Gründung der OGCG wurden die Korrespondenten und Mitglieder durch „warmen Aufruf" dazu ermuntert, zur ethnographischen Ausstellung und zur Produktsammlung beizutragen.

„Es dauerte gar nicht lange, so kam uns Kunde auf Kunde zu Ohren, dass auf allen Theilen des Globus, vom fernen Ostland bis zum stillen Weltmeere, vom heissen Afrika bis zu den Walfischjägern im arktischen Meere, für uns gesammelt werden solle."[296]

1881 verfügten die Sammlungen in St. Gallen bereits über 2.810 Katalog-nummern, größtenteils aus 143 Schenkungen.[297] Die OGCG konnte dann auch gezielt Lücken in ihrer Produktsammlung angehen und ihre Korre-spondenten auf diese ansetzen. Die MGCG druckte in ihrer Zeitschrift jeweils das allgemeine Sammelprogramm, eine Spezialwunschliste sowie ein jährlich wechselndes Sammelprogramm. 1890 schickte der Konservator Karl Bührer die Bitte an die korrespondierenden Mitglieder, im folgenden Jahr Essbesteck und Musikinstrumente zu senden.[298]

Mit den Jahren entstand ein steter Strom an Objekten, welche aus allen Ecken der Welt in die Schweiz flossen. Ethnographica aus Südostasien machen einen wichtigen Anteil dieser Sammlungen aus, besonders in den Museen in Basel sowie St. Gallen und Zürich mit ihren kaufmännischen Netzwerken in Südostasien. So erhalten die Sammlungen der OGCG von Victor Zollikofer, Kaufmann in Rangoon, 8 Götzenbilder mit Silberbeschlä-gen in Alabaster, einen Medizinlöffel aus Messing in Brillenschlangenform, von Konsul Altherr in Batavia „eine vollständige Kleidung aus Baumrinde, auf der Insel Sumatra bei der ärmeren Bevölkerung im Gebrauch". Von R. Henne am Rhyn Trinkgefässse und Götzenbilder aus Sumatra. Von Emil Vogel eine Segel-Kanu mit Auslegern, singhalesisches Modell sowie Was-serbehälter und Trinkgefässe der Batak auf Sumatra. Vor allem jedoch tru-gen Kaufleute in Südostasien zur Produktsammlung der OGCG bei, unter anderen Wilhelm H. Diethelm, Johann Glinz in Singapur sowie Gustav Hollmann und Johann Rudolf Riedtmann ehemals Singapur, Johannes Alt-herr in Batavia, Caspar Wiget in Penang und Eduard Keller in Manila.[299]

Auch die GEGZ pflegte gemäß eigenen Angaben „eine enge Beziehung zu Schweizern, die als Kaufleute, Pflanzer, Ingenieure, Techniker und Uhr-macher, Ärzte und Förster, später auch Geologen und Botaniker" in Süd- und Ostasien und im Malaiischen Archipel gelebt und gewirkt haben. Plan-tagenbesitzer auf Sumatra haben wesentliches zur Sammlung in Zürich bei-getragen. Sie enthält Gegenstände von Bataker, Dayak und Javanern als

---

296 Bericht über Stand und Zweck der geographischen Sammlungen. *Mitteilungen der OGCG.* 1881, P. 12.

297 Ebd. P. 17.

298 Bitte an unsere korrespondierenden Mitglieder. *Fernschau: Jahrbuch der MGCG.* Vol. 4. P. 194-200.

299 Donatorenverzeichnis der Productensammlung der OGCG. *Mitteilungen der OGCG,* 1881. P. 18f. *Mitteilungen der OGCG,* 1886. P. 67.

Geschenke von Conrad Bluntschli, August Brändli, Dr. Fritz Ernst, Dr. Joseph Erb, Karl Grob-Zundel, Karl Krüsi, Max Siber, Emil Rüegg-Eschmann, Dr. Hans Hirschi, Fritz Meyer-Fierz, Dr. Adolf Frick und Conrad Kläsi. 1909/10 erwerben sie 40 ausgewählte Objeke aus der „guten, von Herrn Nacher (sic!) aus Lindau in den Jahren 1875 bis 1880 angelegten Batakerammlung".[300] Diese Personen waren auf Plantagen tätig (Bluntschli, Brändli, Ernst, Grob, Krüsi, Siber, Rüegg, Meyer und Naeher) oder als Geologen für die Royal Dutch (Erb, Hirschi).

Nun ist die Tatsache, dass auf Sumatra tätige Personen Objekte von dort nach Hause bringen, nicht weiter bemerkenswert. Bemerkenswert hingegen sind die sozialen Effekte dieses Transfers innerhalb des Bürgertums. Wie im letzten Kapitel ersichtlich wurde, lag in der Rückkehr von migrierenden Kaufleuten ein problematisches Moment, insofern als sie gefordert waren, im Herkunftsland ihre soziale Konformität zu beweisen. In einem städtischen großbürgerlichen Milieu waren die Kaufleute etwas weniger solchem Druck ausgesetzt, als in anderen bürgerlichen oder bäuerlich-ländlichen Milieus, die stärker einem republikanischen Ideal nachlebten, das soziale Differenzen und kulturelle Manierismen stärker problematisierte. Während das Sammeln von Ethnographica in einer republikanischen Kultur wohl eher als Manierismus gelten mag, schufen die geographischen Gesellschaften einen Raum, in dem die Kaufleute, Plantagenmanager, Geologen und Ärzte ihre Tropenerfahrung lokal als kulturelles Kapital zur Geltung zu bringen konnten. Dieses kulturelle Kapital verfügte in der Schweiz nicht über viele Orte, an denen es als solches wahrgenommen wurde und nicht als kulturelle Entfremdung. Das Sammeln in den geographischen Gesellschaften war hingegen ein patriotisches Projekt, insofern als da Ethnographica unter anderem dazu dienen sollten, Vorlagen für industrielle Produktion in der Schweiz zu liefern und gleichzeitig junge Kaufleute mit fremden Welten vertraut zu machen. Die Ethnographica standen sozusagen im Dienste der schweizerischen Volkswirtschaft. Gleichzeitig diente das Schenken, wie Philipp Sarasin in seiner Analyse des bürgerlichen Stiftens und Schenkens dargestellt hat, der Repräsentation der eigenen Position innerhalb der sozialen Gruppe.[301] In der Praxis des Sammelns, Schenkens und Repräsentation von Ethnographica rund um die geographischen Gesellschaften konnte Weltgewandtheit zur Geltung gebracht werden, und sie trug dazu bei, eine großbürgerliche, kosmopolitische Identität von republikanischen und stärker auf den nationalen Rahmen orientierten Konzepten von Bürgerlichkeit in der Schweiz abzugrenzen.[302]

---

300 Steinmann, A. (1941), P. 36.

301 Sarasin, Philipp (1998). *Stiften und Schenken in Basel im 19. und 20. Jh.: Überlegungen zur Erforschung des bürgerlichen Mäzenatentums*. In: J. Kocka/M. Frey (Eds.). Bürgerkultur und Mäzenatentum im 19. Jh. P. 192-211.

302 Zur Aristokratisierung des oberen Bürgertums siehe Tanner, Albert (1990); Sarasin, Philipp (1997). *Stadt der Bürger: bürgerliche Macht und städtische Gesellschaft Basel 1846-1914.*

Ebenso bemerkenswert ist die Art der Zusammenarbeit von Wissenschaft und Exportwirtschaft, die sich zwar in gewissem Maße auch in anderen Ländern Europas herausbildete, doch in der Schweiz als spezifische Antwort auf das Fehlen staatlicher Kanäle nach den Tropen für die Wissenschaft wahrgenommen wurde. So schrieb Konrad Keller, Präsident der MEGZ, im Jahresbericht 1899/1900:

„Aber gerade weil wir keine Kolonien besitzen und schwerlich je Aussicht haben, solche zu erwerben, so müssen wir Ausschau nach allen Regionen der Erde halten, um unseren wirtschaftlichen Einfluss nach aussen hin zu wahren. Insbesondere wende ich mich auch an die kommerziellen Kreise von Zürich, denn diese dürfen sich heute nicht mehr mit blosser Routine begnügen. Nur eine mehr in die Tiefe gehende Bildung wird ihnen in der Zukunft Erfolg im Kampf ums Dasein sichern."[303]

Die Investition in Bildung als Reaktion auf das beschränkte machtpolitische Potential der Schweiz wurde allmählich zu einem Topos. Ganz ähnlich wie Keller klingt 50 Jahre später der Präsident des frisch gegründeten Schweizerischen Nationalfonds:

„Denn während die Bedeutung grosser Staaten durch militärische Macht, durch Bodenschätze und andere Naturprodukte besonders sinnfällig wird, beruhen Ansehen und Einfluss der Schweiz in der Ebene der zwischenstaatlichen Beziehungen in beispiellosem Masse auf den Leistungen des kulturellen Fortschrittes und der Menschlichkeit, also auf Werken des Geistes. [...] Förderung der Forschung aus der Quelle des Bundes ist heute eine conditio sine qua non, wenn unser Land seinen Rang im internationalen Wissenschaftsbetrieb bewahren soll."[304]

Doch die positiven Wirkungen dieser gewünschten Kooperation von Universitäten und Wirtschaft jenseits von Formen bürgerlicher Repräsentation blieben um 1900 offenbar beschränkt. Fritz Rieter, der vor der kaufmännischen Gesellschaft über die wirtschaftlichen Erfolgsaussichten für den europäischen Handel in Afrika berichtete, konnte in Bezug auf die Rolle der Schweiz im kolonialen Projekt der Europäer nur feststellen:

„Umsomehr ist es zu bedauern, dass die Schweiz verurteilt ist, der grossen Bewegung fern zu bleiben, und dass Dutzende tüchtiger junger Leute aus unserm Lande unter fremder Flagge fremde Waren verkaufen, während unsere heimische Industrien immer mehr den Mangel an Absatzgebieten empfinden. ‚Trade follows the flag‘, das haben die Deutschen den Engländern abgelernt, und deshalb haben sie sich mit solcher Vehemenz auf den afrikanischen Kontinent geworfen."[305]

---

303 *Jahresbericht der GEGZ*, 1 1899/1900, P. 9.

304 Joseph Kälin, Präsident des Stiftungsrates des Schweizerischen Nationalfonds bei der Eröffnungsrede 1952. Zit. nach Fleury, Antoine/Frédéric Joye (2002). *Die Anfänge der Forschungspolitik in der Schweiz: Gründungsgeschichte des Schweizerischen Nationalfonds zur Förderung der wissenschaftlichen Forschung (1934-1952)*, P. 179.

305 Rieter-Bodmer, Fritz (1886), P. 20f.

Rieter sah trotz aller seiner Begeisterung für die europäischen Kolonisationsbestrebungen keine spezifische Rolle für die schweizerische Wirtschaft und Akademie. Die OGCG verfolgte zwar verschiedene Ansätze, in Afrika Fuß zu fassen; die damit verbundenen Schwierigkeiten wurden bereits erwähnt.

Im nächsten Abschnitt folgt ein Beispiel, das sowohl die Modellhaftigkeit der Kooperation wie auch ihre Problematik des Beitrags von Laien an die sich zunehmend spezialisierenden Naturwissenschaften zeigen wird. Hier füge ich ein Beispiel einer längerfristigen Zusammenarbeit zwischen dem Kaufmann Otto Alder und einem Sammler von wissenschaftlichem Material an, das die Unterschiedlichkeit der Zielsetzungen von Laien und Wissenschaftern in ihrer Sammlungstätigkeit zeigt.

Otto Alder war von 1869 und 1873 in Singapur als Kaufmann im Textilexport tätig gewesen und hatte im Laufe seines Aufenthaltes verschiedene Erfahrungen mit der Natur der Tropen gesammelt. Am interessantesten sind für ihn die Erlebnisse mit großen Tieren. So berichtet er – durchaus mit einer Prise Ironie – von einem Appenzeller, der einen Königstiger mit einem Juchzer vertrieben haben will. Er selbst hat Erlebnisse mit Schlangen und Krokodilen. Ein Chinese schenkt ihm Kampffische. Doch die Naturwissenschaften interessieren sich nicht für die großen Tiere. Als er für seinen Vetter aus Surabaya in St. Gallen eine Muschelsammlung zum Verkauf ausstellt, legt er ein ihm eigenartig anmutendes Schwammgebilde, das er bei einen Ausflug auf die malaiische Halbinsel erstanden hatte, bei. Für diesen Becherschwamm interessiert sich ein Naturalienhändler aus Basel, der Museen in Europa und den USA beliefert. Der nicht näher bezeichnete Händler beauftragt Alder, ihm weitere Objekte zu besorgen. Alder erhält eine Carte blanche, dh. der Händler verpflichtet sich alles abzunehmen, was Alder liefert. Dafür setzt der Händler den Preis fest. Alder stellt dabei erstaunt fest, dass für „die kleinen unscheinbaren Wesen" und das „Meeresgewürm", da sie unbekannt sind, Phantasiepreise bezahlt werden, während ihm die Prachtfasanen Unkosten bescheren. Alder geht offenbar mehr von ästhetischen Kriterien aus, während der Sammler von dem der Seltenheit geleitet ist. Die Kooperation kommt zu einem Ende, als der Sammler menschliches Material will:

„Menschenschädel sollten wir ihm verschaffen für anthropologische Studien an den Universitäten. Diesen Auftrag lehnten wir jedoch dankend ab. Die Herrlichkeit nahm überhaupt dadurch ein Ende, dass der Basler Naturalienhändler schließlich seinen Sohn nach Indien zum Einkauf sandte, und es ist wohl anzunehmen, dass unser bisheriger Kunde durch ihn sein Verlangen nach Menschenschädeln schließlich doch noch befriedigen konnte."[306]

Was für den Wissenschafter als ‚hot science' galt, betrachtete der Laie als Leichenfledderei. Nicht immer stellten sich die Übersetzungsprobleme beim Transfer von Objekten in so krasser Weise dar. Doch waren dieser Koopera-

---

306 Alder, Otto (1929), P. 120.

tion aus den spezifischen Ansprüchen der Wissenschaften Grenzen gesetzt. Denn Laien waren nach einem Ausdruck von Bruno Latour und David Livingston keine kalibrierten Werkzeuge, welche Material auf eine Weise liefern konnten, die eine nachträgliche Interpretation des Materials aus dem Feld ermöglichten.[307]

Der botanische Garten Buitenzorg und die Botanik in der Schweiz

1882 lancierten die Professoren Oswald Heer für Botanik, Eduard Schär für Pharmazie sowie die PDs Karl Schröter für Botanik und Jakob Jäggi, Custos der botanischen Sammlung, über den Schulrat eine Eingabe an den Bundesrat. Sie hatten Lücken in den Herbarien der polytechnischen Schule, die in der botanischen Lehre benutzt wurden, festgestellt. Interessant sind die Begründungen dieser Professoren für den gegenwärtigen Zustand, für die nötigen Eingriffe und ihre Vorschläge, wie der Zustand zu beheben sei. Sie sind Zeichen einer spezifisch schweizerischen Reaktion auf den Imperialismus, nämlich der Kooperation von schweizerischen Kaufleuten und Fachkräften in Kolonien (und anderen Staaten des Südens) mit Wirtschaft und Wissenschaft in der Schweiz.

Die Petenten diagnostizierten Lücken in ihren Sammlungen und wünschten, diese in drei Richtungen zu vervollständigen und zu erweitern. Gesucht wurden Früchte und Samen besonders tropischer Länder sowie zu „medicinischen Zwecken dienende Droguen". Zudem sollte neu eine umfassende Sammlung von in der Technik und der Nahrungsmittelindustrie verwendeten vegetabilen Rohstoffe und der daraus gefertigten Fabrikate geschaffen werden. Im Vordergrund stand somit anwendungsorientiertes Wissen für die Industrie.[308]

Die Ursachen für die Lücken sahen die Professoren darin, dass es in der Schweiz keine Staatsangestellte gebe, die angewiesen seien, „in fremden Ländern persönlich zu Gunsten der Sammlungen zu wirken". In Großbritannien etwa gebe es das «Admiralty Manual of scientific inquiry», ein jährliches Register von botanischen Desiderata zuhanden der Marineoffiziere. Der Schweiz fehlt gemäß dieser Diagnose also ein militärisch-staatlicher Apparat, der einen regelmäßigen Zufluss an Pflanzenmaterial garantieren könnte. An dessen Stelle soll nun ein freiwilliger Beitrag von Schweizern im Ausland treten:

„Da in unseren Verhältnissen dieses Vorgehen [der Rückgriff auf eine Marine] aus nahe liegenden Gründen nicht nachgeahmt werden kann, so glauben wir um so eher an die Liberalität und den patriotischen Sinn unserer Landesangehörigen appeliren zu dürfen, und zögern deshalb nicht, einer von den Dozenten der obgenannten Fächer

---

307 Weber, A. (2009), P. 46.

308 Directive zur Einsammlung und Versendung von Vegetab. Objekten für die botanischen und pharmaceutischen Sammlungen des eidgen. Polytechnicums, 1883. BAR E80 1000/1126 Bd. 126 Nr. 1379.

ausgehenden Anregung folgend, an alle schweiz. Privaten und Firmen im In- und Auslande den Aufruf ergehen zu lassen, zur Äuffnung der botanischen Sammlungen des eidg. Polytechnikums durch Schenkung von Objekten aus den unten angeführten Categorien nach Kräften beizutragen."[309]

Die Professoren schlugen vor, über die Konsulate auslandschweizerische Handelsfirmen und Private anzugehen, worin sie vom Bundesrat unterstützt wurden:

„Nous considérons comme allant sans dire que votre patriotisme éprouvé contribuera aussi, dans la mesure du possible, à l'œuvre entreprise dans l'intérêt de notre institution nationale."[310]

Der Appell an die patriotischen Gefühle war natürlich eine Folge der fehlenden finanziellen Mittel für das Projekt, das den Bund keinen Rappen kosten sollte. Der Aufruf erging 1883 zunächst an die Konsulate in Übersee, namentlich New Orleans, Sydney, Montreal, Rio de Janeiro, Yokohama, Algier, Valparaiso, Melbourne, San Francisco, Parà, Salvador de Bahia, Pernambuco (Recife), Montevideo, Buenos Aires, Port Louis (Mauritius), Batavia, Manila sowie Nizza und Palermo. Im Folgemonat wurden sämtliche Schweizer Legationen, Konsulate und Vizekonsulate angeschrieben.

Ein solcher Aufruf an Laien in der gegen Ende des 19. Jh. weitgehend spezialisierten Botanik ist bemerkenswert. Damit die Laien nicht irgendwelche Objekte schickten, welche für die botanischen Sammlungen wertlos sein würden, erstellten die Botaniker länderspezifische Desideratenlisten und genaue Anweisungen, wie das Material behandelt werden müsse, damit es nicht verdirbt, und welche Angaben zur Beschreibung des Materials vonnöten sei, wie zum Beispiel lateinischer und lokaler Namen sowie Angaben zur Verwendungsweise der Pflanzen. Eine solche Arbeit stellte Laien vor große Hürden, und dementsprechend fielen die Antworten der Konsulate aus.

Berlin schrieb, das Konsulat kenne keine Handelshäuser, denen „mit Nutzen dieser Aufruf mitgeteilt werden könne." New York teilte mit, dass sämtliche Schweizer in Büros oder Ateliers arbeiteten und deshalb nichts mit Pflanzen zu tun hätten. Es waren dies auch nicht die Destinationen, von wo die ETH viel Material erwartete. Doch aus den tropischen und fernen Ländern in Übersee klang es nicht anders. Buenos Aires meldete, dass der Aufruf unter den Schweizern im Norden Argentiniens, in Paraguay und Bolivien verteilt sei, dass jedoch unsicher sei, ob sie dem Aufruf Folge leisteten, da der Aufwand beträchtlich sei. Yokohama bezweifelte, dass dem Aufruf entsprochen werden könne, da vor allem Pflanzen aus China aufgelistet seien. Batavia hatte den Aufruf unter die dort residierenden Schweizer

---

309 Entwurf zu einem Aufruf zur Äuffnung der botanischen und pharmaceutischen Sammlungen, Bunderat im November 1883 (verfasst durch die Petenten). BAR E80 1000/1126 Bd. 126 Nr. 1379.

310 Aufruf des Bunderats an die schweizerischen Consulate vom 15. 11.1883. BAR E80 1000/1126 Bd. 126 Nr. 1379.

gebracht, „doch ist leider nicht gerade viel Aussicht vorhanden, dass von dieser Seite große Anstrengungen für Zusammenstellung der gewünschten Sammlung gemacht werden, da, wenn auch der gute Wille noch vorhanden wäre, das Verständnis für derartige Arbeiten eben den Meisten fehlt."[311]

Viele Konsulate griffen auf professionelle Strukturen im Handel oder Tausch von Pflanzenmaterial zurück. Rio und San Francisco senden Kataloge von Anbietern. Berlin versandte die Liste an drei in Deutschland lehrende und aus der Schweiz stammende Botanikprofessoren. Montevideo, Sydney und Batavia nahmen Kontakt mit den botanischen Gärten vor Ort auf. In Montevideo ergab sich daraus ein Tausch von botanischem Material gegen das Gesamtwerk von Oswald Heer. Der größte Erfolg war dem Aufruf jedoch in Batavia beschieden. Melchior Treub, Direktor des botanischen Gartens in Buitenzorg, erklärte sich bereit, eine Sammlung für die ETH zusammenzustellen. Diese Kollektion Treubs fiel ausgesprochen großzügig aus, und er versprach, noch fehlende Bestandteile wie Chincona (Chinarinde) nachzusenden. Der Bundesrat zeigte sich in seiner Antwort an das Konsulat in Batavia sehr angetan:

„Wir sind ebenso erstaunt als hocherfreut über die Reichhaltigkeit & die sorgfältige Auswahl der Sendung, welche eine Zierde der Sammlungen unserer eidgenössischen Lehranstalt bilden wird, & wir erfüllen eine angenehme Pflicht, wenn wir Sie Herr Konsul beauftragen, in der Ihnen geeignet scheinenden Weise dem Herrn Direktor Treub für seine hingebenden und uneigennützigen Dienste unsere hohe Anerkennung und unseren wärmsten Dank auszusprechen."[312]

Welche Motive Treub geleitet haben, kann nicht mehr genau verfolgt werden. Jedoch stehen sie im Einklang mit der gegen Ende des 19. Jh. von Buitenzorg verfolgten Politik der offenen Türen.

Das Besucherlabor in Buitenzorg

Der botanische Garten und seine verschiedenen Außenstationen stellte Botanikern und anderen Biologen aus Europa und den USA für begrenzte Zeit ihre Infrastruktur zur Verfügung, um ihren Forschungen nachzugehen. Die Bedingungen dazu waren sehr attraktiv, weshalb dieses Angebot auch intensiv genutzt wurde. Beühmtestes Beispiel ist Ernst Haeckel:

„Beutenzorg (geschrieben ‚Buitenzorg‘), ‚Außer Sorge‘, das ‚Sans-Souci‘ von Java – hatte mir seit vielen Jahren als ein ideales Reiseziel vorgeschwebt. Besteht doch hier seit dem Jahre 1817 ein botanischer Garten, der durch die ungewöhnliche Gunst der Naturverhältnisse und die verdienstvolle Arbeit trefflicher Männer sich zum reichsten und größten aller botanischen Tropengärten entwickelt hat. Neuerdings hat derselbe nicht nur die höchste praktische Bedeutung für die vervollkommnete Cultur der mannigfaltigsten tropischen Gewächse gewonnen, sondern er ist auch seit

---

311 Vizekonsul Otto Dürler an den Bundesrat, Batavia 6.3.1884. BAR E80 1000/1126 Bd. 126 Nr. 1379.

312 Bundesrat an Batavia vom 20.11.1884. BAR E80 1000/1126 Bd. 126 Nr. 1379.

zwei Decennien durch Errichtung ausgezeichneter Laboratorien und Versuchsstationen zu einer wissenschaftlichen Anstalt ersten Ranges geworden. Alljährlich wird
jetzt dieses ‚Botanische Central Institut', wie wir es wohl nennen dürfen, von
einer Anzahl europäischer Botaniker aufgesucht, welche hier die Wunder des Pflanzenlebens aus erster Quelle und in reichster Entfaltung studiren können; sie gewinnen
hier im Laufe weniger Monate durch eigene lebendige Anschauung viel mehr für das
Verständniß des Pflanzenlebens nach allen Richtungen hin, als sie im europäischen
Laboratorium durch vieljähriges Studium einer sehr umfangreichen Literatur und
durch das ungenügende Surrogat der verkümmerten Tropenpflanzen in unseren
Gewächshäusern erlangen können.'[313]

Die Beschäftigung mit der tropischen Pflanzenwelt führte zu einem Paradig-
menwechsel in der Botanik. Im 18./19. Jh. dominierte die Pflanzenwelt der
gemäßigten Zonen die botanischen Hand- und Lehrbücher, und die Periodizität von Pflanzen galt als Normalfall. Gegen Ende des 19. Jh. wurde diese
Periodizität – also die Anpassung der Pflanzen an jahreszeitliche Bedingungen wie das Verlieren von Blättern – als sekundäres und erst spät – nämlich
in den Eiszeiten – sich entwickelndes Phänomen betrachtet. Die tropische
Pflanzenwelt mit ihrem Formen- und Artenreichtum wurde zum primären
Phänomen und Normalfall der Botanik, während die Pflanzen als Winter-
schläfer nun zum Spezialfall wurden. Haeckel bezeichnet das frühere
Modell ironisch als ‚Marmotten-Botanik', wobei er gleich nachschiebt, dass
er mit den winterschlafenden Murmeltieren die Pflanzen und nicht die sie
studierenden Professoren gemeint seien. [314] Melchior Treub, Direktor des
Gartens verfocht mit Verve die neue Auffassung der tropischen Pflanzen und
forderte Botaniker in aller Welt auf, Buitenzorg zu besuchen, um ihr schie-
fes Bild der Pflanzenwelt zu korrigieren.[315]

1885 lud er per Zirkular „alle Botaniker der Welt"[316] ein, nach Buitenzorg zu kommen, wie sich sein Genfer Kollege Hochreutiner ausdrückte, um
die guten Bedingungen für systematische, physiologische und ökologische
Forschungen zu nutzen. Im Vorjahr hatte Treub ein Besucherlaboratorium,
das so genannte ‚Vreemdelingen Laboratorium', eingerichtet. Hinzu kam
der in den Bergen gelegene Garten Tjibodas, zu dem ein großes Stück
Urwald gehörte. Ein einziger umgestürzter Baumstamm bot dort beste
Bedingungen für die Beobachtung der Beziehungen von Pflanzen-, Tier-
und Pilzwelt, so Treub.[317]

---

313 Haeckel, Ernst (1901). *Aus Insulinde: Malayische Reisebriefe*, P. 54.

314 Ebd., P. 73f.

315 Treub, Melchoir (1893). *Kurze Geschichte des botanischen Gartens zu Buitenzorg*. In: ders. (Ed.). Der botanische Garten „'s Lands Plantentuin" zu Buitenzorg auf Java (1817-1892). P. 23-78.; Treub, M. (1890). Un jardin botanique
tropical. *Revue des deux mondes* 97(1). P. 162-83.

316 Hochreutiner, Bénédict. A la mémoire du professeur Treub. *Journal de Genève*.
31.10. 1910. P. 1.

317 Haeckel, Ernst (1901).

Buitenzorg und sein «Bulletin du Jardin Botanique de Buitenzorg» wurden zu führenden Institutionen der internationalen botanischen Forschung. Bis 1914 besuchten insgesamt 171 Wissenschaftler und die Forschungsstationen – in erster Linie deutsche und niederländische, aber auch russische, amerikanische und solche aus der Donaumonarchie; darunter waren namhafte Wissenschafter wie der erwähnte Zoologe Ernst Haeckel, die Vitalisten Baron von Uexküll und Hans Driesch, der Herausgeber der Zeitschrift «Tropenpflanzer», Otto Warburg. In den folgenden 20 Jahren kamen nochmals 81 Besucher. Französische und britische Wissenschaftler finden sich kaum, da sie die eigenen Institutionen in den Tropen nutzen konnten.[318]

Die systematischen, theoretischen und ökologischen Abteilungen machten jedoch nur einen geringen Teil Buitenzorgs aus. Im Zentrum stand die angewandte Botanik, die sich jeweils um einzelne Kulturpflanzen der industriellen Agrikultur gruppierte. Es gab so genannte Prüfstationen für Kaffee, Tee, Cinchona, Tabak, Gummi, und Kakao, die jeweils physiologische, genetische, pathologische, entomologische und chemisch-analytische Forschung betrieben. Daneben gab es verschiedene von privaten Pflanzerorganisationen oder Plantagen-Großunternehmen organisierte Prüfstationen, die eng mit Buitenzorg kooperierten.[319] Hinzu kamen staatliche Laboratorien unter der Leitung Buitenzorgs wie agrikultur-chemisches, bodenkundiges, pharmakologisches, phytopathologisches, etc. sowie Museen, Bibliotheken, photographisches Atelier, Druckzentrum, Informationsbüros.

Bénédict Hochreutiner, Botaniker aus Genf, schrieb 1904:

„C'est pas un jardin, une station d'étude, un institut, c'est une faculté des sciences orienté vers le botanique, c'est plus: c'est toute une administration, comprenant douze divisions dont chacune a comme directeur un savant, dont un grand nombre même possèdent un personnel scientifique, sans parler d'innombrables secrétaires et serviteurs indigènes."[320]

Buitenzorg war die wohl größte botanische Institution weltweit, wenn man vom US-Department of Agriculture mit seinen weit verzweigten Forschungsinstitutionen absieht. 1904 wurden die verschiedenen staatlichen Forschungsinstitutionen in und außerhalb Buitenzorgs zu einem Departement für Landbau zusammengefasst. Dieses hatte 1913 ein Budget von 10.6 Mio. fl.[321] Treibende Kraft dahinter war Melchior Treub, der 1880 relativ jung zum Direktor des Botanischen Gartens berufen worden war und diesen

318 Headrick, Daniel R (1988), P. 221.

319 Die Prüfstationen für Zucker (Proefstation Oost-Java), für Kaffee (Besoekisch Proefstation, Djember), für Tabak und für Gummi (Deli-Proefstation und Algemeen Proefstation AVROS, Medan) waren den Pflanzerkartellen unterstellt. Die US Rubber Plantations und die RCMA hatten eigene Labors. Toxopeus, Hille (1999). *Landbouwkundig onderzoek, het algemeine proefstation voor de landbouw.* P. 194.

320 Hochreutiner, Bénédict. Lettres d'un Botaniste en Extrême-Orient. *Journal de Genève.* 29.8.1904, P. 1.

in den folgenden 30 Jahren konsequent ausbaute. Er verstand es private Mittel für seine Institutionen zu akquirieren, indem er Plantagenunternehmern Mittel gegen Seuchen versprach.[322] Er genoss den Ruf eines wissenschaftlichen Impresarios. Schröter anerkannte die unter Akademikern damals seltene Fähigkeit des Fund-raisings:

Turmhoch ragen seine Leistungen als Organisator und Administrator der wissenschaftlichen Institute am botanischen Garten in Buitenzorg empor. Treub war ein organisatorisches Genie und ein feiner geistvoller Diplomat, der es ausgezeichnet verstand, bedeutende Mittel für seine wachsenden Betriebe flüssig zu machen.[323]

Auch britische Botaniker mussten die Stellung Buitenzorgs – ob neidlos oder neidisch sei dahingestellt – anerkennen, so zum Beispiel Sir Arthur W. Hill, späterer Direktor des Royal Botanic Garden in Kew und einer der wichtigsten Promotoren einer ökonomisch und kolonial ausgerichteten Botanik im British Empire. Er bezeichnete Buitenzorg als die wahrscheinlich vollständigste und extensivste botanische Institution weltweit.[324] Die Verbindung von Buitenzorg diente als Modell für die Erweiterung von britischen Institutionen in den Tropen.[325]

Die Bezeichnung vollständig bezog sich auf die Kombination von theoretischen und praktischen Aspekten der Botanik, ein wichtiges Anliegen Treubs. Er durchbrach damit die gängige Arbeitsteilung zwischen den Kolonien und den Mutterländern, gemäß derer in den Tropen Material gesammelt wurde und allenfalls tropische Pflanzen verbessert wurden, die theoretische Beschäftigung mit der Botanik jedoch ein Privileg der Metropolen sein sollte. Das britische Empire verfolgte tendenziell eine solche Aufteilung, indem gegen Ende des 19. Jh. sämtliche botanische Institutionen im Empire unter die Leitung des botanischen Gartens in Kew gestellt wurden.[326] Treub betrachtete die Beschäftigung mit allgemeiner Botanik als Grundlage für ihre Anwendungen.[327] Mit der Errichtung des Besucherlabors generierte er einen konstanten Austausch, bei dem die theoretische Botanik von den Bedingungen in den Tropen profitierte und Buitenzorg wiederum Anschluss an neue Entwicklungen in Europa erhielt.

Um diesen Austausch zu fördern regte Treub in verschiedenen Ländern die Stiftung von botanischen Reisestipendien, so genannte Buitenzorg-Stipendien, an, so auch in der Schweiz. 1902 machte er eine Promotionstour in

321 Buitenzorg. *Minerva, Jahrbuch der Gelehrten Welt*. Vol. 23, 1913-14. P. 278. Verglichen mit der ETH und der Universität Zürich ist dies ein Vielfaches, doch beinhaltet der Betrag vermutlich Renditen aus den Gouvernementspflanzungen.

322 Headrick, Daniel R (1988), P. 220.

323 Schröter, Karl (1911). *Prof. Dr. Melchior Treub (1851-1910)*, P. 155f.

324 Hill, A. W. (1915). The History and Functions of Botanic Gardens. *Annals of the Missouri Botanical Garden* 2. P. 212f.

325 Drayton, Richard (2000), P. 248.

326 Headrick, Daniel R (1988), P. 212ff.

327 Treub, Melchoir (1893); Treub, M. (1890).

der Schweiz, wo er an der Jahrestagung der SNG teilnahm. Gemeinsam mit Karl Schroeter sprach er anschließend bei Bundesrat Ruchet vor und verwandte sich für die finanzielle Unterstützung von Botanikern. Durch einen jährlichen Beitrag des Bundes von 2500.- Fr. sollte jedes zweite Jahr einem Botaniker die Reise nach Buitenzorg ermöglicht werden. Dabei kam den Schweizer Botanikern wohl zu statten, dass Treubs Mutter aus der Romandie stammte und er fließend französisch sprach. Ruchet war jedenfalls beeindruckt, und 1904 wurde eine Kommission der Schweizerischen Naturforschenden Gesellschaft zur Verwaltung dieses Stipendiums geschaffen.[328] Anfangs wurden damit ausschließlich Reisen nach Buitenzorg finanziert, später fand eine regionale und fachliche Öffnung statt. Schröter amtete bis zu seinem Tode als Präsident der Stipendien-Kommission.[329]

Zuvor waren nur wenige Akademiker aus der Schweiz nach Buitenzorg gereist. Schröter selbst konnte dank einer Einladung auf eine Weltreise durch seinen Schüler Maurice Pernod, Sohn der bekannten Absinth-Dynastie, Buitenzorg 1898 besuchen.[330] Im selben Jahr kam Max Westermaier, Professor für Botanik an der Universität Fribourg. Mit dem Stipendium wurden die Beziehungen zwischen der Botanik in der Schweiz und Buitenzorg intensiviert. Die botanischen Institute der ETH und der Universitäten in Bern, Basel, Fribourg, Genf und Zürich profitierten in der einen oder anderen Weise vom Botanischem Garten und Besucherlabor in Buitenzorg, sei es, dass Institutsleiter oder Mitarbeiter nach Buitenzorg reisten, sei es, dass sie mit Material von da arbeiteten.[331] Alfred Ernst aus Zürich, späterer Rektor der Universität Zürich, zum Beispiel machte pflanzensoziologische Studien zur floristischen Wiederbesiedelung der Insel Krakatau. Pflanzensoziologie wiederum war unter Karl Schröter ein Forschungsschwerpunkt in Zürich.[332] Alfred Bernard aus Genf leitete 1909/10 das Besucherlabor, nachdem er selbst mit einem Reisestipendium der SNG nach Buitenzorg gekommen war. Schröter wies in seinem Nekrolog von Treub in der NZZ auf die große Bedeutung dieser Verbindung für die Botanik in der Schweiz hin.[333]

Die Beschäftigung mit theoretischer Botanik hatte einen weiteren Zweck. In den Nachwehen der Ära des Kultursystems hing dem niederländischen Kolonialismus der Vorwurf der Ausbeutung an. Der Fokus der ange-

---

328 Jahresbericht des Vorstandes der schweiz. botanischen Gesellschaft pro 1902/1903, 1903/4, 1904/5. *Berichte der Schw. Bot. Ges.* Vol 13-15, 1904-6.

329 Siehe Rübel, Eduard (1940). *Carl Schröter (1855-1939)*, Vol. 103, P. 44.

330 Ebd., P. 40.

331 Bis 1911 waren dies Proff. Alfred Ernst in Zürich (1906), Gustav Senn in Basel (1910/11), Max Westermaier in Fribourg (1898/99), Karl Schröter (1898), sowie die Doktoren Bénédict Hochreutiner und Charles Bernard. Prof. Eduard Fischer in Bern arbeitete mit umfangreichem Material an Pilzen aus Buitenzorg, und Prof. Alexander Tschirch für Pharmazeutik hatte vor seiner Zeit in Bern Buitenzorg besucht. Schröter, Karl (1911), P. 158.

332 Rübel, Eduard (1940), P. 36ff.

333 Nekrolog Melchior Treub in der NZZ, 1910. ETHA, Nl. Karl Schröter.

wandten Wissenschaften in Buitenzorg auf Plantagenkulturen, die von europäischen Großunternehmen betrieben wurden, half wenig, diesem Vorwurf zu begegnen. Die ‚reine Wissenschaft' hingegen mit ihrer Ideologie der Zweckfreiheit und des allgemeinen Nutzens war eher geeignet, dem kolonialen Projekt der Niederländer Legitimation zu verschaffen. Aus heutiger Sicht mag diese Argumentation krude erscheinen, fand doch in der theoretischen Botanik noch weniger als in der angewandten ein Wissenstransfer an die einheimischen Angestellten statt.[334] Von den 300 javanischen Angestellten in Buitenzorg um 1900 gestand Treub dreien ein etwas weitergehendes botanisches Verständnis zu. Ein Transfer von Wissen war hier (noch) nicht vorgesehen.[335] Schröter, dessen Ehegattin übrigens Holländerin war und dessen eine Sohn sich in den 20er Jahren als Bauingenieur auf Java niederließ und sich später die niederländische Staatsbürgerschaft übernahm, zeigte sich stets begeistert vom niederländischen Kolonialismus, und Buitenzorg spielte bei seiner Einschätzung eine wesentliche Rolle:

„(Buitenzorg) ist die bedeutendste wissenschaftliche Anstalt der Tropen, die für die Entwicklung der Tropenbotanik mehr geleistet hat, als irgend ein anderes derartiges Tropen-Institut, und es gereicht der holländischen Nation zum unvergänglichen Ruhme, dieses Institut geschaffen und zu solcher Blüte gebracht zu haben."[336]

Karl Heusser, ein Schüler Schröters, der als Botaniker lange in Niederländisch-Indien arbeitete, bezeichnete Schröter als einer, der die niederländische Kolonie „durch die Brille des Enthusiasten" betrachte.[337] Schröter stand im Zentrum des akademischen Transfers zwischen der Schweiz und Niederländisch-Indien, wie im folgenden Abschnitt gezeigt wird.

Schöne neue angewandte Wissenschaft

1915 hatten die Laboratorien und Prüfstationen des Landbaudepartements und privaten Forschungsstationen insgesamt 66 Wissenschaftler angestellt, 1920 83, und 1930 zeigte eine Spitze von 112. Das Landbau-Ministerium griff zur Besetzung dieser Stellen auf Wissenschafter aus verschiedenen Ländern zurück. Wissenschaftler aus der Schweiz hatten im landwirtschaftlichen Dienst Niederländisch-Indiens gute Chancen. Insgesamt konnten 22 Botaniker ermittelt werden, welche im Zeitraum zwischen 1900-30 eine Anstellung in den staatlichen Versuchsstationen oder bei einem der privat

---

334 Zur Rolle der Botanik als reiner Wissenschaft in der Legitimation der niederländischen Herrschaft siehe Goss, A. (2009). Decent colonialism? Pure science and colonial ideology in the Netherlands East Indies, 1910–1929. *Journal of Southeast Asian Studies* 40(1). P. 187-214.

335 Headrick, Daniel R (1988), P. 221.

336 Schröter, C. (1900). Ein Besuch bei einem Cinchonenpflanzer Javas. *Schweizerische Wochenschrift für Chemie und Pharmacie*, P. 1.

337 Karl Heusser in Medan an Albert Frey-Wyssling vom 10.3.1928. ETHA, Nachlass Frey-Wyssling. Hs 443: 590.

betriebenen Labors der angewandten Botanik angestellt waren (siehe Tab. 19). Hinzu kommen noch zwei in der staatlichen Versuchsstation in Surinam. Diese arbeiteten zusammen insgesamt ca. 300 Jahre an diesen Versuchsstationen. Einige blieben ihre ganze Karriere in Indonesien.

Doch nicht nur Botaniker wurden als Experten in Niederländisch-Indien gebraucht. Vor allem für Geologen bestand ein hoher Bedarf, da ihn den Niederlanden mangels Anschauungsmaterial die Geologie an den Universitäten nur schwach vertreten war. Über 50 Geologen fanden in der ersten Hälfte des 20. Jh. eine Anstellung, hauptsächlich bei der Bataafschen Petroleum Maatschappij (B.P.M., heute Shell) und bei Minengesellschaften. Aus dieser Tätigkeit geht die Schweizerische Vereinigung der Petroleum-Geologen und –Ingenieuren von 1934 hervor. Alle vier Gründungsmitglieder hatten bei Shell gearbeitet, drei von ihnen in Niederländisch-Indien.[338] Die Vereinigung war in der Schweiz nicht so erfolgreich in ihrem Projekt der Erdölförderung. Immerhin haben die Ölbohrungen Inspiration zum Roman «Riedland» von Kurt Guggenheim gegeben. Doch als Interessenvertretung der im Ausland tätigen Geologen aus der Schweiz konnte die Vereinigung ihre Position ausbauen und hatte Mitte der 1970er Jahre 385 Mitglieder. Zur Shell bestanden für Geologen aus der Schweiz seit den Anfängen Ende des vorletzten Jahrhunderts stets enge Verbindungen.[339] Auch als Chemiker, Geometer, Bautechniker im Strassen- und Staudammbau, Elektro- und Maschineningenieure und Ärzte kam gut ausgebildetes Personal aus der Schweiz zu Anstellungen. Die Niederlande betrieb eine Arbeitsbörse für den staatlichen Dienst in Niederländisch-Indien, deren Leiter 1920 nach Zürich kam, um Werbung für eine solche Karriere zu machen. Gesucht waren damals hauptsächlich Elektrotechniker mit einem ETH-Diplom für die PTT, da der Bedarf in den Niederlanden nicht gedeckt werden könne.[340]

---

338 Peter, L. (2004). Zum 70. Geburtstag der VSP/ASP. *Bulletin für angewandte Geologie* 9(1). P. 3-9.

339 Boos, Susan (2004). Bohrinsel Schweiz. *NZZ Folio 09/04.*

340 Gesellschaft ehemaliger Studierender der ETH Zürich (1920). *Schw. Bauzeitung.* Vol 75(9), P. 106

Tabelle 19: CH-Naturwissenschaftler in niederländischem Kolonialdienst

Name	Dauer	Letzte Funktion	Spätere Karriere
Zehntner, Leo	1894-1905	Direktor VS-Salatiga (Kakao)	Politiker BL
Diem, Paul	1902-21	Agronom VS-Deli (Tabak)	stirbt
Hochreutiner, B.	1903-05	Systematiker Buitenzorg	Prof. Botanik Genf
Wurth, Theophil	1905-22	Direktor Malang (Kakao, Kaffee)	stirbt
Bernard, Charles	1905-33	Chef Tee-VS Buitenzorg	Wirtschaftsminister NEI
v. Sprecher, A.	1915-22	Buitenzorg (Tabak)	Tit. Prof ETH, FAO
Bobilioff, Wassily	1917->50	Buitenzorg (Hevea)	
Gäumann, Ernst	1917-22	Pathologie Buitenzorg	Prof. spz. Botanik ETH
Heusser, Karl	1918-32	AVROS (Hevea)	Funktionär (SOTA)
Paravicini, Eug.	1919-22	Pathologie Buitenzorg	Ethnogr. Museum BS
Vischer, Wilhelm	1919-22	Buitenzorg (Hevea)	Prof. Botanik Basel
Bally, Walter	1919-31	Salatiga (Kakao)	Chef trop. Sektion FAO
Scheibener, Ed.	1920->35	Mineraloge Buitenzorg	
Schweizer, Jean	1920->47	Pathologie Besoeki	Direktor Besoeki
Buchser, Fritz	1920-21	Agronom H&C (Tee)	wird ermordet
Steinmann, Alfr.	1920-35	Buitenzorg (Hevea)	Prof. Völkerkunde ZH
Menzel, Richard	1920-28	Entomologe Buitenzorg (Tee)	Versuchsanstalt Wädenswil
Hallauer, Ernst	1920-26	Chemiker Salatiga (Kakao)	
Lehmann, Karl	1925->30	Agronom, Senembah Mij	OSEC
Schmuziger, A.	1925-32	Pasoeroean (Zucker)	Kali Syndikat (D)
Frey-Wyssling A.	1928-32	AVROS (Hevea)	Prof. Botanik ETH Rektor
Handschin, Ed.	1930-32	Entomolog. Untersuchung im Auftrag Australiens	Prof. Entomologie, Basel
Schneider, Fritz	1934-37	Entomologe, H&C (Gambir)	Versuchsanstalt Wädenswil
Surinam			
Stahel, Gerold	1914-39	Paramaraibo (Hevea)	Direktor. Versuchsstat. Paramaribo
Bünzli, Gustav	1929-32	Entomologe, Paramaraibo	

Quelle: Bernard (1945), Science and Scientists in the Netherlands Indies, P. 10-15; Straumann (2005), Nützliche Schädlinge, P. 139f.

Doch der Austausch zwischen Niederländisch-Indien und der Schweiz hatte auch an der ETH seinen Platz. Dort stellen in der Zwischenkriegszeit unerwarteter Weise die Niederländer das größte Kontingent an ausländischen Studierenden.[341] Vor dem Ersten Weltkrieg kamen am meisten Studierende aus dem Gebiet der k u. k-Monarchie. Nebst den 309 aus den Niederlanden waren noch 11 aus Niederländisch-Indien eingeschrieben, darunter auch einige Javaner. Die Zahlen sind zwar nicht nach Fachrichtung aufgeschlüsselt, aber generell waren die meisten ausländischen Studierenden in den Fächern Elektrotechnik und Maschinenbau eingeschrieben. Es finden sich auch einige Chemiker und Geologen. Bei diesen niederländischen Ingenieuren in der Zwischenkriegszeit, als in den Kolonien viele Infrastrukturprojekte anstanden, kann davon ausgegangen werden, dass ein guter Teil eine solche Ausbildung im Hinblick auf eine Tätigkeit in den Kolonien aufnahm.[342]

Abbildung 33: Ausländische Studierende an der ETH Zürich 1925-40

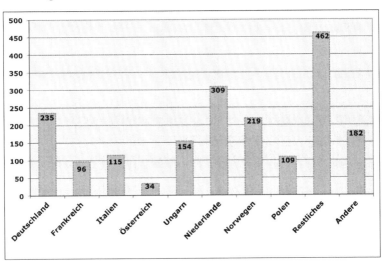

Der wissenschaftliche Dienst wiederum zeigte sich für Schweizer als durchlässig. Die steilste Karriere machte Charles Bernard aus Genf, der 1905 in den Dienst der Versuchsstation für Tee trat, zwei Jahre darauf deren Leitung übernahm und in den 1920er Jahren als Direktor für Landbau, Industrie und Handel dem gesamten wissenschaftlichen Dienst vorstand. Um dieses politische Amt übernehmen zu können, musste Bernard die niederländische Staatsbürgerschaft erwerben. Der «Java-Bode» schrieb zur Wahl Bernards

---

341 Datenquelle: Herkunft der ausländischen Diplomstudierenden an der ETH Zürich (www.ethistory.ethz.ch/materialien/statistiken)

342 Zu den Infratrukturprojekten siehe Ravesteijn, W. (2007). Between Globalization and Localization: The Case of Dutch Civil Engineering in Indonesia, 1800–1950. *Comparative Technology Transfer and Society* 5(1). P. 32-64.

als Vorsteher des gewichtigen Landbaudepartements, es komme mit ihm nicht nur ein Außenstehender, sondern sogar ein Ausländer, aber einer, der eine langjährige und ehrenvolle Laufbahn in Indien hinter sich habe. Dieser eröffnenden Bemerkung folgte eine ausführliche Beschreibung der Qualitäten Bernards, um ihn am Schluss als „unverdorbener Mann von außen" (‚onbedorven buitenman') und als „unbefangen" zu bezeichnen.[343] ‚Buitenman' meint jemand von außen, hat aber auch die Bedeutung des Menschen von außerhalb der Stadt, den Dörfler.

Bernard verbrachte zwar insgesamt 28 Jahre seiner Karriere in Niederländisch-Indien und erwarb, wie eben gesagt, im Rahmen dieser Karriere die niederländische Staatsbürgerschaft. Doch gleichzeitig kümmerte es sich weiterhin um die Belange der Schweizer, unter anderem als Präsident der Gruppe Niederländisch-Indien der Neuen Helvetischen Gesellschaft. Das Journal de Genève schrieb nach seiner Rückkehr 1933:

„Il n'a cessé de soutenir tous les efforts de la colonie Suisse à Java et fut, à différentes occasions, de grande utilité au consulat de Suisse, à notre industrie et à notre commerce. Son départ de Java est une grande perte pour nos compatriotes à Java."[344]

Unter diese Dienste fällt sein Einsatz für die Karrierechancen von Botanikern aus der Schweiz. Gegen Ende des Ersten Weltkriegs korrespondiert er mit Schröter über Stellenmöglichkeiten für einzelne Nachwuchsbotaniker. Konkret geht es um Karl Heusser, der kurz darauf als Pflanzenzüchter der AVROS auf Sumatra angestellt wird. Bernard teilt Schröter die Kontaktpersonen mit und leitet ihm sogar weiter, wie viel Lohn die Assistenten bei den Verhandlungen herausschlagen können.[345] Im Sommer 1919, als Bernard gleichzeitig 9 Bewerbungen von Agronomen von der ETH auf dem Tisch hat, schreibt er einen sehr ausführlichen Brief, in dem er die niederländischen Anforderungen beschreibt, Hindernisse bei der Unterbringung von Schweizern diskutiert und Maßnahmen an der ETH vorschlägt. Als eines der Hindernisse sieht Bernard den wachsenden Nationalismus:

„Une autre raison qu'on avoue pas toujours est que le sentiment national est en recrudence ici comme ailleurs par suite des circonstances politiques, (je dirais dans beaucoup de cas un chauvinisme malsain), et qu'on évite en tout premier lieu de prendre des étrangers; ou bien, comme on me l'a répondu dans un certain cas: ‚Je regrette, mais j'ai déjà un Suisse et, si je ne prends pas un Hollandais, je veux donner à ma Station un caractère aussi international que possible.'"[346]

---

343 De nieuwe directeur van landbouw. *Nieuwe Rotterdamsche Courant*. 15.4.1928, Abendausgabe. P. 13.

344 Le Dr Charles-Jean Bernard. *Journal de Genève*. 23.7.1933, P. 3.

345 Brief von Bernard aus Buitenzorg an Schröter vom 21.12.1917. ETHA. Nachlass Karl Schröter. Hs 399:157.

346 Brief von Bernard aus Buitenzorg an Schröter vom 15.6.1919. ETHA. Nachlass Karl Schröter. Hs 399:158.

Doch vor allem geht es um die Qualifikationen der jungen Leute. Bernard teilt Schröter mit, weshalb er vor allem Biologen oder Agronomen mit besonderen Spezialisierungen brauche, weshalb er Plantagengesellschaften nicht empfehle, welche Leute anzugehen wären, wollen sie trotzdem als Assistenten auf Plantagen arbeiten, bittet Schröter um einen Studienplan der ETH, um einen Überblick über die Spezialisierungen zu gewinnen und schlägt vor, dass in der Schweiz jemand beauftragt werden sollte, die Bedürfnisse der niederländischen und anderer Kolonien zu studieren und sich mit den Personen am Koloniaal Instituut in Amsterdam zu vernetzen.

Bald darauf schickt er nochmals einen vertraulichen Brief an Schröter, in dem er weitere Probleme schildert. Einerseits geht es wieder um Qualifikationen. So meldete der Schweizer Botaniker Theophil Wurth, dass er Kandidaten aus der niederländischen Schule für Landwirtschaft Wageningen den Vorzug gebe, da sie besser qualifiziert seien. Schlimmer jedoch ist der Bericht aus Sumatra: Zwei Leiter von Forschungsstationen schreiben über Schweizer, die ihre Sympathien für die Deutschen während des Ersten Weltkriegs auf aggressive Weise zur Schau trugen. In einer Region, wo die Mehrheit antideutsch sei, hätte man ihnen ihre Sympathien nicht vorgeworfen. Sie seien aber imperialistischer als der Kaiser aufgetreten. In ihrer Arbeit mit den Pflanzern zeigten sie nicht immer die nötige Souplesse, es fehle ihnen ‚het meegaan' (das Mitgehen). Sie passten sich bestens den materiellen Bedingungen des Landes an, aber nicht den moralischen. Sie diskutierten in zu scharfem Ton und ließen keine andere Meinungen zu. Sie empfänden sich als höhere Rasse – was auch vielen anderen gemein sei – aber sie zeigten es auch, was fehl am Platz sei.[347] Schröter sah sich veranlasst, diesen Brief Bernards an der ETH in Umlauf zu bringen mit dem Vermerk ‚Dringend!', ließ aber den Namen des Mitarbeiters, auf den der Kommentar hauptsächlich gemünzt war, entfernen.[348] Er betrachtete also die Notwendigkeit als gegeben, die Anforderungen des wissenschaftlichen Stellenmarktes ETH-intern zu diskutieren.

Schröter und andere Professoren standen auch mit Verantwortlichen aus den Niederlanden in Kontakt, so zum Beispiel mit dem Botaniker und Direktor des botanischen Gartens Utrecht Friederich August Went, der am Auswahlverfahren der Botaniker für den wissenschaftlichen Dienst in Niederländisch-Indien beteiligt war, oder mit dem Bodenchemiker Albertus van Bijlert an der Hochschule für Landbau in Wageningen, die unter anderem einen Lehrgang in tropischer Landbaukunde anbot.[349] Van Bijlert schrieb 1921 an Schröter, dass es einige offene Stellen für Agronomen im Niederländisch-Indischen Beratungsdienst für Landbau gebe, der zum Ziel hatte

---

347 Brief von Bernard aus Buitenzorg an Schröter vom 18.7.1919. ETHA. Nachlass Karl Schröter. Hs 399:159.

348 In Frage kommt bloss Paul Diem, damals als Agronom für die private Versuchsstation Deli für Tabak angestellt.

349 Maat, Harro (2001). *Science cultivating practice a history of agricultural science in the Netherlands and its colonies, 1863-1986.*

die inländische Produktion stärker zu rationalisieren. Da der fünfjährige Lehrgang in Wageningen erst 1918 begonnen habe, nehme man in der Übergangszeit auch Ausländer auf. Er sandte Schröter die Lehrpläne von Wageningen zum Vergleich, wie er auch umgekehrt den Lehrplan der ETH einzusehen wünschte. Kandidaten sollten einen sechs-monatigen Ergänzungskurs organisieren in Niederländisch, einer indonesischen Sprache, Volkskunde, tropische Kulturen, agrarisches Recht und Ökonomie. Van Bijlert betonte wiederum die Bedeutung von Umgangsformen, da die Berater häufig mit inländischen Fürsten in Berührung kämen, die sehr auf Ettikette bedacht seien.[350] Auch Friederich August Went zweifelte gegenüber Prof. Paul Jaccard nicht an den Qualifikationen möglicher Kandidaten, sondern wollte sich vor allem der sozialen Kompetenzen („aptitude sociale") eines Kandidaten versichern.[351]

Trotz Zeichen eines zunehmenden Nationalismus und gewissen Zweifeln an der sozialen Kompetenz von Schweizern wurden 1919/20 innerhalb eines Jahres 9 Biologen aus der Schweiz angestellt (siehe Tab. 19). Der Lohn und die Arbeitsbedingungen waren für junge Akademiker verlockend. 1928, als der spätere ETH-Rektor Albert Frey-Wyssling für vier Jahre an die Versuchsstation für Hevea der AVROS in Medan kam, teilte ihm sein Vorgänger Karl Heusser mit, dass die wissenschaftlichen Mitarbeiter monatlich 600 fl. erhielten, wobei beim üblichen Fünfjahresvertrag jedes Jahr 100 fl. dazukommen. Heusser meinte, Frey könne, da er über Erfahrung verfüge, bereits bei 800 fl. einsteigen. Man vergleiche diese 1600.- Franken monatlich mit den 1000.- Franken Grundgehalt, welche neuen Professoren der ETH im selben Jahr zustanden. Allerdings warnte Heusser Frey-Wyssling vor den hohen Lebenshaltungskosten, die aus den allmählich anwachsenden sozialen Verpflichtungen entstünden.[352]

Im Lebenslauf Frey-Wysslings wird denn seine Tätigkeit auf Sumatra vor allem unter diesem finanziellen Aspekt dargestellt. Die Entlöhnung von Forschungsassistenten sei zu niedrig gewesen, um eine Familie zu gründen, und deshalb habe Frey-Wyssling die Chance ergriffen, als ihm eine Stelle als Pflanzenphysiologe angeboten worden sei und habe gleichzeitig geheiratet.[353] In Matiles Darstellung ist kein Platz für einen Einfluss einer angewandten Tätigkeit im fernen Asien auf die wissenschaftlichen Leistungen an den europäischen Hochschulen. Doch ganz so unabhängig von wissenschaftlichen Kriterien ist Frey-Wysslings Entscheidung, eine Tätigkeit auf

---

350 A. van Bijlert von Wageningen an Karl Schröter vom 21.9. und 11.10. 1921. ETHA, Nl Schröter. HS 399: 172/3.

351 Friederich August Went von Utrecht an Paul Jaccard vom 24.1.1920. ETHA, Nl. Jaccard. HS 445:23.

352 Karl Heusser in Medan an Albert Frey-Wyssling vom 10.3.1928. ETHA, Nachlass Frey-Wyssling. Hs 443: 590. Für die Besoldungen an der ETH siehe die Schulratsprotokolle auf www.sr.ethbib.ethz.ch.

353 Matile, P. (1990). Albert Frey-Wyssling. 8 November 1900-30 August 1988. *Biographical Memoirs of Fellows of the Royal Society* 35. P. 116.

Sumatra nachzugehen, wohl kaum ausgefallen. Frey-Wyssling selbst schrieb, er sei überzeugt, „dass ein paar Jahre Tropen für mich wesentlich wertvoller sind, als wenn ich weiterhin als Assistent in Zürich sitze".[354] Vielmehr dürften Überlegungen zum Tragen gekommen sein, die sein Mentor Paul Niggli in seiner Rektoratsrede von 1928 zum Ausdruck gebracht hat.[355]

Niggli ging von der Unterscheidung zwischen reiner und angewandter Wissenschaft aus und den ihnen zugewiesenen Institutionen, der Universität resp. die Technische Hochschule, um dann ein Plädoyer für den Platz reiner Forschung an der ETH zu halten. Niggli brachte sowohl Beispiele, wie so genannt zweckfreie Forschung zu bedeutenden Anwendungen führen können, wie auch umgekehrt Anwendungen entscheidend auf die Ausbildung von Theorien wirken könne. Für letzteres nannte Niggli sein eigenes Forschungsgebiet, die Mineralogie, wo die praktische Geologie und ihre Suche nach Erzlagerstätten einen revolutionierenden Einfluss auf das Konzept der Erdrinde hatte. Niggli postulierte eine Einheit der technischen Wissenschaften und Naturwissenschaften in Zielen und Methode.[356]

Die biologischen Forschungslaboratorien in Niederländisch-Indien entsprachen wohl dem Bild Nigglis, da dort technische Fragen der Pflanzenverbesserung, der Pathologie und der Schädlingsbekämpfung nach Maßgabe neuester Forschung auf dem Gebiet behandelt wurden, was wiederum Rückwirkungen auf aktuelle Forschungsfragen hatte. Auch Frey-Wyssling orientierte sich an solchen modernen, technisch orientierten Fragen der Biologie. In Zürich hatte er sich bereits von der dominierenden pflanzensoziologischen Schule unter Schröter abgewendet und unter Niggli kristallographische Methoden auf die Botanik angewendet. Frey-Wyssling, der als ein Pionier der submikroskopischen Morphologie und Elektronenmikroskopie gilt[357], hat auf Sumatra auf seinem Forschungsgebiet gearbeitet. Hevea wurde zu einem Forschungsmaterial für ihn, und noch heute heißt eine der submikroskopischen Substanzen in Hevea ‚Frey-Wyssling particle‘, und seine Forschung zum Fluss von Hevea beim Zapfen verdichtete er nach seiner Rückkehr in einem Überblickswerk.[358]

Allerdings müssen die Auswirkungen dieser Kooperation in ihrem Bezug zur kolonialen Herrschaft in Indonesien und die Effekte auf die wis-

354 Frey-Wyssling an Friederich August Went in Utrecht vom 19.12.1927. ETHA, Nl. Frey-Wyssling. HS 443:1268.

355 Niggli war von 1930-52 eine zentrale Figur der schweizerischen Wissenschaftspolitik und einer der wichtigsten Promotoren des Schweizerischen Nationalfonds. Zu Niggli siehe Fleury, Antoine/Frédéric Joye (2002), P. 111-18, 136.

356 Niggli, Paul (1945). *Reine und Angewandte Naturwissenschaft, Rektoratsrede 1928 (ETH Zürich)*. In: ders. (Ed.). Schulung und Naturerkenntnis. P. 142-60.

357 Matile, P. (1990), P. 115.

358 Frey-Wyssling, Albert (1929). Microscopisch onderzoek naar het voorkomen van harsen in de latex van *Hevea. Archief voor de rubbercultuur in Nederlandsch-Indië.* Vol 13. P. 371-412; ders. (1935). Die Stoffausscheidung der höheren Pflanzen.

senschaftliche Forschung und Lehre in der Schweiz detailliert untersucht werden. Ich möchte hier zwei Perspektiven auf die Effekte dieser Zusammenarbeit präsentieren, die zu verfolgen ich als lohnenswert erachte:

a) Auswirkungen auf akademische Disziplinen
b) Auswirkungen auf Anwendungen von Wissenschaften in der Schweiz unter dem Stichwort ‚Industrialisierung der Landwirtschaft'

Modernisierung der Botanik

Botaniker aus der Schweiz fanden in Niederländisch-Indien beste Forschungsbedingungen. Im Labor der AVROS in Medan waren zehn europäische Wissenschaftler tätig mit einem Stab von inländischen Angestellten. Es gab eine botanische, chemische und landwirtschaftliche Abteilung. Die Fragen, mit denen sich die Wissenschaftler beschäftigten, waren zwar klar durch die Bedürfnisse der Plantagengesellschaften vorgegeben. Doch einerseits gründeten die Herangehensweisen in der Züchtungsforschung, Pathologie und in der Entomologie auf neuen wissenschaftlichen Methoden aus Physiologie, Zytologie und Genetik und nderseits bestand auch Raum für eigene Forschung sowie Publikationsorgane, welche international wahrgenommen wurden. Im Bereich der phytochemischen Forschung, also der chemischen Bestandteilen von Pflanzen, insbesondere von Chinin und Tanninen, die in der Plantagenproduktion eine zentrale Bedeutung hatten, waren die Labors auf Java führend.[359] Vergleicht man diese Methoden mit denjenigen der Botanik an der ETH, die anfangs der 1920er Jahren immer noch von pflanzengeographischen Fragestellungen dominiert waren, so kann man sagen, dass Niederländisch-Indien nebst Deutschland und den USA der wichtigste Weiterbildungsplatz für junge Akademiker aus der Schweiz in Bezug auf moderne biowissenschaftliche Methoden war.

Als Schröter 1927 auf seiner zweiten Reise nach Niederländisch-Indien Charles Bernard besucht, hört er von diesem, dass sich Schulrat Chodat bei ihm informiert habe, ob er einen Mykologen als Schröters Nachfolger für geeignet halte. Schröter selbst favorisierte seinen Schüler, den Pflanzensoziologen Martin Rikli. Doch hatte er wenig Einfluss auf die schlussendliche Wahl des jungen, biochemisch ausgerichteten und in Niederländisch-Indien weitergebildeten Mykologen Ernst Gäumann.[360] Auch Paul Jaccard, Professor für Pflanzenphysiologie, regte sich über die wachsende Bedeutung des unmittelbaren Nutzens in der Botanik der ETH auf. An einem botanischen Kongress in Cambridge 1930 wird der junge Gäumann ihm als offizieller Vertreter der ETH vorgezogen.[361] Die Verbindung zu Buitenzorg hatte somit

359 Messer, A. (1994). Effects of the Indonesian National Revolution and Transfer of Power on the Scientific Establishment. *Indonesia* 58. P. 42.

360 Schröter in Buitenzorg an Albert Frey vom 20.4.1927. ETHA. Nachlass Karl Schröter. Hs 399:463a.

361 Paul Jaccard in Zürich an Frey-Wyssling in Medan vom 16.8.1930. ETHA Nl. Frey Wyssling. Hs 443:637.

direkte Auswirkungen auf institutioneller Ebene. Allerdings müsste noch genauer betrachtet werden, was die Biologen mitbrachten, wie sie arbeiteten, wie sie sich interdisziplinär vernetzten und welche Auswirkungen dies auf ihre spätere Forschung hatte. Im Fokus stünden nicht nur Methoden, sondern auch Techniken und Forschungsmaterial.

Eine weitere, vielleicht etwas unerwartete Verknüpfung zwischen Buitenzorg und den schweizerischen Universitäten bestand in einer Metamorphose. Einige der Botaniker gingen nach Indonesien und kehrten als Ethnologen zurück. Eugen Paravicini, geboren in Brasilien und mit einer Ausbildung als Botaniker an der ETH, arbeitete von 1919-22 am Pflanzenpathologischen Institut in Buitenzorg. Nach seiner Rückkehr arbeitete er erst als Lehrer, ab 1929 als Custos des Ethnologischen Museums Basel. Später habilitiert er in Ethnologie. Alfred Steinmann hatte 1916 über die Azidität des Rhabarbersafts doktoriert und ab 1920 15 Jahre an der Rubber-Prüfstation Westjava über Krankheiten von Hevea geforscht. Nach fünf Jahren begann er Ethnographica zu sammeln, in seinen letzten drei Jahren im Auftrag des Völkerkundemuseums Zürich.[362] Nach seiner Rückkehr etabliert er sich an der Universität Zürich als PD für Völkerkunde und fungierte als Direktor des genannten Museums. Auch der bekannte Basler Ethnologe Paul Wirz hatte erst an der ETH Botanik studiert, dann jedoch bereits in Ethnologie doktoriert, bevor er seine Reisen nach Neuguinea unternahm. So erhielt die Ethnologie in der Schweiz nicht nur mannigfaltiges Material aus Indonesien, sondern auch ein Momentum in ihrer Institutionalisierung durch Personal mit Erfahrungen aus erster Hand.

Industrialisierung der Landwirtschaft

In den 1920er/30er Jahren setzt in der Schweiz an der Schnittstelle zwischen Hochschulen und Industrie eine Politik ein, welche die Zusammenarbeit von Hochschulen, Industrie und strategischen Institutionen, welche durch Finanzierung die Richtung der Forschungspolitik bestimmten, zu stärken versuchte. Heute wir dieser Bereich unter dem Begriff Forschung und Entwicklung (F+E) zusammengefasst. Die Entwicklung von F+E zeigte sich in der Stärkung von unabhängigen Institutionen der Forschungsfinanzierung, die Entstehung von industrienahen Forschungslabors und in einem wissenschaftspolitischen Lobbying. Wie die Vorgeschichte der Gründung des Schweizerischen Nationalfonds 1952 zeigt, ging es dabei unter anderem um die Frage des Stellenwerts von anwendungsorientierter und Grundlagenforschung.[363] In der Schweiz mit ihrer starken Maschinen-, chemischen und elektrotechnischen Industrie spielten dementsprechend die Frage um die Art der Unterstützung von Wissenschaften, welche Grundlagen für diese Indus-

---

362 Steinmann, A. (1941), P. 60.

363 Fleury, Antoine/Frédéric Joye (2002); Heiniger, Markus (1990). *Vorüberlegungen zu einer Geschichte der Forschung und Entwicklung (F&E) in der Schweiz, 1930-1970.*

trien lieferten, eine wichtigere Rolle. Doch auch biologische Wissenschaften hatten im Hinblick auf die Industrialisierung der Landwirtschaft einen angewandten Fokus.

Was nun F+E im Bereich der Biologie betrifft, so waren die tropischen und subtropischen Kolonien, der zentrale Ort, wo Modelle, sowohl der Art der Kooperation zwischen Industrie und Forschung, wie auch der politischen Einflussnahme von Wissenschaftlern entwickelt und ausprobiert wurden. Wie Richard Drayton oder Daniel Headrick gezeigt haben, konnten sich Biologen in den Kolonien politisch gestaltend einbringen und entscheidenden Einfluss auf einen politisch administrativen Apparat ausüben, mitunter mit weitgehenden Folgen für die Umwelt und die Lebensgrundlagen der dort ansässigen Bevölkerung.[364] Ähnlich wie Laura Ann Stoler von der Plantagenwirtschaft in Nordsumatra als einem technischen und sozialen Experimentierfeld spricht[365], so sind auch für die Wissenschaftler in Buitenzorg und den privaten Forschungslabors die Organisation der Natur und der Wirtschaft ein großes wissenschaftspolitisches Laboratorium.

Die Groß-Plantagen in den Tropen erlaubten Eingriffe in die Natur in einer umfassenderen Manier als dies in der vergleichsweise kleinräumigen Landwirtschaft in europäischen Ländern möglich war. Die Länder der an die AVROS angeschlossenen und mit deren Forschungsstation kooperierenden Plantagengesellschaften umfassten 1918 eine Fläche von 473.000 ha.[366] Vergleichsweise betrug die gesamte offene Ackerbaufläche der Schweiz 1919 205.000 ha.[367]

Insbesondere bei der Bekämpfung der in den Monokulturen wellenartig auftretenden Schädlingsinvasionen arbeiteten Forschungsinstitutionen und Plantagenmanagement eng zusammen, indem die Plantagengesellschaften Meldungen von Vorkommnissen machten und Anweisungen im Umgang mit Krankheiten und Schädlingen erhielten. Auch Karl Heusser, der an der Forschungsstation der AVROS mit Züchtung von ertragreicheren Heveasorten beauftragt war, konnte sämtliche angeschlossenen Plantagen um Material für die Züchtung (Mutterbaumauslese) angehen. Dabei wurde eine Umfrage unter den Zapfern gemacht, „denn ein guter Zapfer kennt die Bäume seines Zapfgartens ebenso, wie ein Melker seine Kühe". Heusser schreibt weiter:

„Man spricht gerne von der Intuition des Züchters und stellt sich darunter eine geheimnisvolle Begabung vor. Im Falle der Mutterbaumauslese, glaube ich, ist der Erfolg mehr dem Zurate-Ziehen der Fülle bewusster und unbewusster Beobachtungen, wie sie die intensive Beschäftigung mit einem Objekt mit sich bringt, zuzuschreiben."[368]

---

364 Drayton, Richard (2000); Headrick, Daniel R (1988).

365 Stoler, Ann Laura (1985), P. 1.

366 AVROS (1918). Cultuur-Statistiek. Opgaven van den Stand der Cultures van bij de A.V.R.O.S. aangesloten 114 Maatschappijen. Vol. 2. Medan.

367 Angaben aus Ritzmann-Blickenstorfer, Heiner (1996). Tabelle I.1-3

368 Heusser, Karl (1936), P. 116.

Heussers Züchtungen, die den Ertrag der Bäume um das Fünf- bis Zehnfache steigerten, trugen viel dazu bei, die Konkurrenzfähigkeit der Plantagen gegenüber dem ‚native rubber', also dem Gummi der Einheimischen, zu erhalten.[369]

Einige dieser Leute waren auch in der Schweiz damit beschäftigt die Landwirtschaft zu technisieren. Für angewandte Entomologen bestand in den 1920er Jahren in den niederländischen Kolonien ein Arbeitsmarkt und diese wurden danach mitunter zu Promotoren der chemischer Schädlingsbekämpfung, so etwa Ernst Gäumann, Richard Menzel, Eduard Handschin, Gustav Bünzli und Fritz Schneider.[370] Karl Heusser arbeitete nach seiner Rückkehr bei der Forschungsstelle für die Verbesserung des inländischen Tabaks (SOTA).

Fritz Schneider und Karl Heusser arbeiteten beide für große britische bzw. internationale Organisationen, Schneider im Auftrag von Harrisons & Crosfield (H&C) und Heusser für die AVROS. Doch bei genauerer Betrachtung schließen sich plötzlich Kreise zu einigen in Teil A und B erwähnten Personen und Firmen aus der Schweiz. Heusser fand seine Stelle bei der AVROS 1918 als Victor Ris sie präsidierte. Bernard erwähnte gegenüber Schröter Ris als mögliche Kontaktperson für Anstellungen junger Botaniker.[371] Für seine Züchtungen brauchte Heusser die Mitarbeit von Plantagenpersonal. Er fand diese unter anderem auf dem Estate Tjinta Radja der gleichnamigen Gesellschaft aus der Schweiz.

Fritz Schneider führte seine Forschungen über Insektenschädlinge bei Gambir auf der britischen Plantage Goenoeng-Malajoe durch, deren Personal auch zehn Jahre nach der Übernahme durch H&C fast ausschließlich aus Schweizern bestand. Die Gambirproduktion von Schweizern hatte wohl dabei die Forschungsfrage überhaupt erst geschaffen.[372] Als sich in Basel pharmazeutische Chemiker für die Pflanze *Strophantus sarmentosus* interessierten und Stationen benötigten, um bestimmte Exemplare unter kontrollierten Bedingungen aufzuziehen, fanden sie unter anderen einen Partner in der Tjinta Radja AG.[373]

Fazit

Die Beziehungen zwischen akademischen Institutionen in Niederländisch-Indien und der Schweiz sind so eng, dass man die niederländische Kolonie als den privilegierten Zugang der Schweizer Wissenschaft in die

---

369 Headrick, Daniel R (1988), P. 243-48.

370 Straumann, Lukas (2005). *Nützliche Schädlinge: Angewandte Entomologie, chemische Industrie und Landwirtschaftspolitik in der Schweiz 1874-1952*, P. 138-42.

371 Siehe Fußnote 345, P. 391.

372 Schneider, Fritz (1940). *Schadinsekten und ihre Bekämpfung in ostindischen Gambirkulturen.*

373 Reichstein, Tadeusz et al. (1957). Die Glykoside yon *Strophanthus sarmentosus P. DC. Helvetica chimica acta.* Vol. 45(7). P. 2079-109.

Kolonien bezeichnen kann. Nicht nur floss zahlreiches Material für Forschung, Lehre und Museen von dort in die Schweiz; es wurde auch eine enge Zusammenarbeit von akademischem Personal gepflegt, die mitunter eine Anpassung von Forschungsschwerpunkten und Lehrplänen in der Schweiz zur Folge hatte. Die Vernetzung fand zunächst nicht auf einer institutionellen Ebene statt, sondern beruhte eher auf persönlichen Verbindungen. Angesichts der Dichte der persönlichen Verbindungen zwischen der ETH Zürich und dem Botanischen Garten in Buitenzorg kann jedoch durchaus von institutionellen Verbindungen gesprochen werden. Es wurde umgekehrt gezeigt, wie auch die angewandte Forschung aus der Schweiz von den Plantagengesellschaften profitieren konnte.

4 Migration und das Dasein als Schweizer

In diesem letzten Unterkapitel schlagen wir einen Bogen zurück zu den in der Einleitung genannten Vorstellungen von Migration. Die Schweizer in Singapur und Sumatra verstanden sich generell nicht als Auswanderer, sondern als im Ausland Lebende. Dieses Selbstverständnis dominierte den schweizerischen Migrationsdiskurs im 19. Jh., obwohl die eigentlichen Auswanderer möglicherweise in der Überzahl waren. Die äußeren Gründe für dieses Selbstverständnis lagen in der sozialen Struktur der Kolonien in Südostasien. Die Europäer bildeten dort eine kleine und exklusive Oberschicht auf Zeit. Eine eigentliche Besiedelung war wegen des Klimas und ausreichender lokaler Arbeitskräfte nicht vorgesehen. Hier interessieren nun die inneren Gründe, dh. die eigenen Beweggründe der Migranten.

Das kulturelle Leitbild in diesem Diskurs ist der ‚Hans im Glück‘, der in die Welt auszieht und etwas wagt, um reich zu werden. Damit allein ist es jedoch noch nicht getan: Hans darf auch seine Heimat nicht vergessen. Er muss mit einem Vermögen zurückkehren und danach zu einem wertvollen Mitglied der Gemeinschaft werden. Schweizer in der Ferne werden als solche gedacht, die dereinst heimkehren werden oder die zumindest ihren Bezug zur Heimat nie verlieren.

Der Lebensentwurf ‚im Ausland Leben‘ erfordert mehr Ressourcen als auswandern. Man muss eine Kommunikation aufrechterhalten, muss wirtschaftliche Verbindungen pflegen und dafür auch hin und her reisen. Im Ausland lebt eher ein städtisches kaufmännisches Bürgertum, während ländliche Schichten eher auswandern – in die Stadt oder ins Ausland. Die Bürgerbücher, die verschiedene Schweizer Städte im Abstand von rund zehn Jahren publizierten, sind ein Spiegel dieses Migrationsentwurfes: Wohl nur die Hälfte der aufgeführten Bürger lebt tatsächlich in den Städten, die anderen in der übrigen Schweiz oder im Ausland. Während sich die Spur von Auswanderern, falls überhaupt geführt, darin bald verliert, haben die im Ausland Lebenden ihren festen Platz im Kollektiv. Ihr gegenwärtiger Aufenthalt in der Welt wird über Jahrzehnte mitverfolgt, und so entsteht das

Bild eines erweiterten Kollektives, das sich nicht auf die Stadt beschränkt, sondern die Welt mit einbezieht. Da gibt es Familien, deren Mitglieder über den ganzen Erdkreis verteilt die Firma des Vaters oder ältesten Bruders vertreten. Viele von ihnen kehren später zurück und bringen materielle und kulturelle Ressourcen zurück.

Hansjörg Siegenthaler beschreibt idealtypisch die Disposition von Migranten aus der Schweiz des 19. Jh., etwa eines Käsers aus dem Emmental in Südrussland oder eines Kaufmanns aus dem Zürcher Oberland in Südamerika:

„Beide bleiben bestrebt, internalisierte Normen zu erfüllen, beide halten an ihrer Sprache fest, eignen sich die neue Welt an genauso, wie es erlernte Regeln von ihnen verlangen, als interpretierende Beobachter, und was sie in der neuen Welt bewegt, das machen sie den Briefpartnern in der alten Heimat verständlich und schweigen darüber vor andern am neuen Ort. Anpassung vollzieht sich zweckrational im Rahmen vorgegebener Normen und Regeln, und was zu tun ist, das ergibt sich aus Erfolg und Misserfolg, ohne dass sich die Maßstäbe ändern, nach denen man beide bemisst.“[374]

Die Briefwechsel von Schweizer Kaufleuten in Singapur mit ihren Angehörigen in der Schweiz sind Zeugnis dieser Position als Interpreten, deren Wertmaßstäbe und Referenzpunkte im Lande ihrer Herkunft liegen. Doch die Einhaltung der Regeln und Normen findet in einem sozialen Raum statt. Wie Jürgen Osterhammel festhält, werden Migrationsentscheide – kulturübergreifend – selten isoliert getroffen: Es gibt Pioniere, Organisatoren und Gruppensolidaritäten.[375] Aus den Migrationsgeschichten schweizerischer Kaufleute in Singapur geht hervor, wie sehr diese bemüht waren, an bestehende Verbindungen anzuknüpfen und Vertrautes zu suchen. Dies beginnt schon lange vor der Entscheidung eines jungen Kaufmanns, nach Indien zu reisen, wenn er von zurückgekehrten Kaufleuten in Winterthur, St. Gallen oder Bischofszell Geschichten aus Südostasien vernimmt. Joachim Bischoff zum Beispiel, zwar kein Kaufmann, sondern später Pflanzer auf Sumatra, liest 1883 mit brennendem Interesse den begeisterten Bericht von Elias Haffter über die Tätigkeit von Thurgauern in Singapur, Batavia und Yokohama. Die Frau seines zukünftigen Principals geht im Haus seiner Eltern ein und aus und informiert ihn über Sumatra.[376] Heimgekehrte geben Tipps für die Reisevorbereitungen, eine wachsende Literatur gibt Sichtweisen auf fremde Völker und Sitten wieder, auf dem Schiff werden Räubergeschichten geboten und Ratschläge erteilt. Auf den Zwischenstationen der Reise suchen die jungen Migranten Compatrioten, meist erfolgreich: Sturzenegger findet in Hamburg zufällig einen Schweizer Hotelier, Diethelm trifft in Port Said auf einen Uhrmacher aus dem Jura; in Singapur organisieren sich die Kaufleute in nationalen oder sprachlichen Gemeinschaften.

---

374 Siegenthaler, Hansjörg (1993), P. 166.
375 Osterhammel, Jürgen (2009), P. 250.
376 Bischoff, Joachim/Ernst Hofmann (2003), P. 11f.

Und doch perlt die Welt da draußen an diesen Kaufleuten nicht einfach ab wie an Gottfried Kellers Martin Salander. Martin Salander kehrt im gleichnamigen Roman zweimal aus Brasilien zurück – seine insgesamt zehn Jahre in Brasilien sind im Roman nicht beschrieben – und nimmt sein Leben genau dort wieder auf, wo er es jeweils zuvor verlassen hat. Die zehn Jahre in Brasilien scheinen Salander in seinem Verhältnis zu seinem sozialen Umfeld und zur Schweiz kaum verändert zu haben. Gemäß Jeroen Dewulf möchte Keller seiner Figur dadurch mehr Gewicht verleihen: Wer nach zehn Jahren im Ausland seiner Heimat so die Treue hält, ist nicht nur ein guter Patriot, sondern vielleicht sogar der bessere.[377] Doch als Auswanderer fehlt Salander Leben; er steht „blass und unglaubwürdig" da.[378] Auswanderer werden unweigerlich mit neuen Menschen, Verhaltensweisen und kulturellen Gebräuchen konfrontiert, die ihnen lieb werden. Die jungen Männer lernen am neuen Ort Frauen kennen, heiraten unter Umständen. In den Köpfen ist jedoch die Idee, dass wer nach zehn Jahren im Ausland seiner Heimat so die Treue halte, nicht nur ein guter, sondern womöglich der bessere Patriot sei sehr wirksam. Um ihm gerecht zu werden müssen im Ausland Lebende Institutionen schaffen, welche die Beziehung zum Ursprungsland pflegen und eine Rückkehr ermöglichen sollen. Besonders in den Gebieten fern vom protestantischen Westeuropa wurde die Gefahr kultureller Entfremdung beschworen. Nicht nur Anpassungsleistungen an die Gesellschaft im Ausland können zu neuen Lebensweisen führen, sondern ebenso die Abgrenzung davon. Die nordwesteuropäischen Oberschichten in südostasiatischen Kolonien entwickelten eine eigene Kultur, die sie von der lokalen Bevölkerung abschottete.[379] Ähnliches Verhalten lässt sich auch aus Lateinamerika oder Afrika berichten. Es war ein Leben auf großem Fuß mit einem elitären Bewusstsein und rassistischen Vorurteilen. Diese Abgrenzung führte zur Ausbildung von kulturellen Mustern, welche die Rückkehr in die „grauen Massen" in Europa ebenso erschwerte.

Die Bedeutung des vorherrschenden Migrationskonzepts ‚im Ausland Leben' zeigt sich auf verschiedenen Ebenen, die hier nacheinander genauer betrachtet werden sollen: Erstens in Vorstellungen bürgerlicher Solidarität im jungen Bundesstaat, zweitens in einem volkswirtschaftlichen Diskurs um die Bedeutung von Auslandschweizern für die Exportwirtschaft und schließlich auf der Ebene des Selbstverständnisses der Migrantengruppen, die je auf ihre Weise den Brückenschlag zwischen der Welt und der Schweiz versuchen.

---

377 Dewulf, Jeroen (2007); Dewulf, Jeroen (2007). *Brasilien mit Brüchen: Schweizer unter dem Kreuz des Südens.*

378 Dewulf, Jeroen. (2005). Wenn die Schweizer Heimat exotisch geworden ist: Das Thema der Heimkehr aus Brasilien bei deutschschweizerischen Autoren. *Transit 2.*

379 Siehe Kapitel A2.

Auslandschweizer und der junge Bundesstaat

In Gottfried Kellers Novelle „Das Fähnlein der sieben Aufrechten" planen Schneidermeister Hediger und seine Freunde am Eidgenössischen Schützenfest in Aarau teilzunehmen und für die Schützen eine Ehrengabe zu stiften. Über die Gestalt dieser Gabe entsteht unter den sieben Männern ein lebhafter Streit, im Laufe dessen sich die Meinung durchsetzt, ein silberner Becher sei das einzig Angemessene.

„Und wird nicht der Kunst Gelegenheit gegeben, durch stets neue Formen Mannigfaltigkeit in die Menge der Gefässe zu bringen und so sich in der Erfindung zu üben und einen Strahl der Schönheit in das entlegenste Tal zu tragen, so dass sich nach und nach ein mächtiger Schatz edler Ehrengeschirre im Vaterland anhäuft, edel an Gestalt und im Metall! Und wie zutreffend, dass dieser Schatz, über das ganze Land verbreitet, nicht zum gemeinen Niessbrauch des täglichen Lebens verwendet werden kann, sondern in seinem reinen Glanze, in seinen geläuterten Formen fort und fort das Höhere vor Augen stellt, den Gedanken des Ganzen und die Sonne der ideal verlebten Tage festzuhalten scheint! Fort daher mit dem Jahrmarkttrödel, der sich in unsern Gabentempeln anzuhäufen beginnt, ein Raub der Motten und des gemeinsten Gebrauches! und festgehalten am alten ehrbaren Trinkgefäss!"[380]

In der mit viel Pathos vorgetragenen Rede des Zimmermanns Frymann hat der kunstvoll gefertigte Becher aus edlem Metall eine moralische Dimension. An Stelle der an Schützenfesten häufigen Gaben an Wein, Zigarren, Käse oder Geld fordert der Redner ein möglichst unbrauchbares, lange haltbares Geschenk, das zur Religion des Patriotismus anhält und nicht mit der Zeit altert oder schwindet. Doch nicht jeder konnte sich ein so wertvolles, rein dekoratives Geschenk leisten. Geldgaben waren unter den Schützen beliebt und mit der Zeit die Regel. Die Professionalisierung des Schützenwesens förderte die Monetarisierung der Gaben. So forderte ein Artikel in der Schützenzeitung von 1894, Geldgaben den Vorzug vor Naturalgaben zu geben. Die Schützen hätten Auslagen für Vorbereitung und den Festanlass und sollten dementsprechend dafür kompensiert werden.[381] Die Rede Frymanns dagegen spricht auch die ästhetische Dimension der Gabe an. Der Becher repräsentiert einen ewigen Wert, der sich vom Trödel abhebt. Über Geschmack lässt sich bekanntlich streiten, doch seit Pierre Bourdieu wissen wir, dass auch Fragen des Geschmackes soziale Marker sind.[382]

Behalten wir also die Rede Frymanns im Hinterkopf und gehen an das Eidgenössische Schützenfest 1859 nach Zürich. Dort konnte man, gemäß der Liste der Ehrengaben im Gabentempel, ein Tigerfell und ein Paar Büffelhörner aus Java gewinnen. Gewonnen hat diesen Preis, der nicht zu den

---

380 Gottfried Keller. «Das Fähnlein der sieben Aufrechten». Zürich.

381 ‚Die Ehrengaben an eidgenössischen Schützenfesten'. *Schw. Schützenzeitung.* Vol. 13, 48, 1.12.1894.

382 Bourdieu, Pierre (1993). *Die feinen Unterschiede: Kritik der gesellschaftlichen Urteilskraft.*

höchsten gehörte, ein Jean Daget, Kaufmann in Vevey. Ob er dieses Fell ein-
gelöst und in seiner Stube aufgehängt hat oder – wie die Gabenliste auch
suggeriert – lieber die 120 Franken in bar entgegengenommen hat, die das
Festkomitee dem Gewinner als Ersatz für die verspätet eintreffende Gabe in
Aussicht gestellt hat, wissen wir heute nicht. Doch es ist anzunehmen, dass
weder ein Bauer oder Handwerker, noch ein kleinerer Krämer oder Angestellter viel mit dem Fell oder den Hörnern hätten anfangen können. Einer
wie Schneidermeister Hediger konnte seinen Gästen wohl kaum den Eindruck vermitteln, er habe den Tiger selbst geschossen, und er wollte dies
auch nicht, da er sich gegen jede Protzerei verwahrte. Ganz anders dagegen
Johannes Schwarzenbach-Landis, Seidenfabrikant aus Thalwil und Präsident des Festkomitees, mit seinen weltweiten geschäftlichen Verbindungen:
Er hatte das Tigerfell aus Java aufgetrieben. Als Investor bei der ‚Maatschappij tot Ontginning van Woeste Gronden' bat er den Direktor Heinrich
Zollinger, etwas Spezielles aus Java als Ehrengabe für das Schützenfest zu
besorgen und dies früh genug zuzustellen. Eine solche Gabe passte gut zu
den Repräsentationvorstellungen eines sich weltläufig gebenden Bürgertums
– und offenbar auch an ein Schützenfest. Gaben von Auslandschweizern
waren keine Ausnahme. Im Vorfeld der Feste wurden jeweils Sammlungen
veranstaltet, an denen sich die in der Ferne Weilenden besonders rege beteiligten. Gerade die ersten Preise stammten fast ausschließlich von wohlha-
benden Schweizern im Ausland. Die Preise für die Schützen waren in
aufwendig gestalteten Gabentempeln ausgestellt:

„Neben den Geldspenden erhält der Betrachtende ein erfreuliches Bild schweizerischer Gewerbsthätigkeit. Da sind Foulards und Filzhüte, seidene Roben und Meer-
schaum-Cigarrenspitzen, Fauteuils und Reisetaschen, Damenkleider- und Möbelstoff,
Uhren und Tafelservice, Minerallampe und Tranchirbesteck, Jagdgewehre und
Gemüselöffel, Spieltische und Rebscheeren, Pulverhorne und Herrenstiefel, Mörser
und Pantoffeln, Käse und alle möglichen Weingattungen, Cigarrenkistchen und
Pokale in jeder erdenklichen Form, Silber- und Porzelanwaaren, Baumwollgarn und
gedörrte Ochsenzungen. Zwei Stücke rohes Silber aus den Minen von Cordova durch
die Schweizer in Buenos-Ayres, Geldspenden aus Havre und Paris, aus Hamburg und
Amsterdam, aus Turin, Mailand und Bergamo, aus Rom, Modena und Ancona, aus
Palermo, Messina und Catania, aus St. Petersburg und Neapel, aus Manchester und
Liverpool, aus Constantinopel und Memphis, aus Beirut und Smyrna, aus Manilla
und Rio de Janeiro, aus New York und Philadelphia, aus New Orleans und Cincin-
nati, aus Nashville im Staat Tennessee und Tell City in Indiana, aus Java und Mexiko,
aus Valparaiso und Pernambuco, Silberwaaren aus Odessa, Cigarren aus Havannah,
zwei Pistolets-Revolver aus Highland im Staat Illinois, ein Revolver in Etuis aus St.
Louis in Missouri, ein mexikanischer Sattel aus San Antonio in Texas, ein silberner
Pokal aus Melbourne in Australien, Syrakuserwein aus Neapel, Beaujolais aus Lyon,
Catabewein aus St. Louis, Orortowein aus Bahia – wer wollte die Gaben alle bei

Namen nennen, welche von Schweizern aus allen Theilen der Welt geflossen sind?"[383]

Diese ausführliche Aufzählung bringt das weltumspannende Netz von Schweizer ‚Kolonien' eindrücklich zur Geltung quasi als notwendiges Gegenüber zu Gewerbe und Industrie im eigenen Land. Ausgestellt sind diese Gaben an einem der wichtigsten nationalen Anlässe, einer Art ‚Tagsatzung des Volkes' mit großer Ausstrahlungskraft und Tragweite für die Nationsbildung der Schweiz, deren Bedeutung in der Historiographie gut dokumentiert ist.[384] Ausgestellt sind diese Gaben schließlich im Gabentempel, dem zentralen sakralen Raum der an den Schützenfesten praktizierten patriotischen Zivilreligion. Und durch diese heiligen Hallen der Nation weht ein Hauch von großer weiter Welt. Die erstaunliche Präsenz des Auslands und der ihr gewährte repräsentative Raum wurden in der Historiographie bisher kaum beachtet. Woher kommt im Zusammenhang mit einem patriotischen Anlass dieser hohe Stellenwert der Auslandschweizer und wie ist er zu deuten?

Aufschlüsse gibt eine Rede, die am Schützenfest in Glarus von 1847, zu einem historisch bedeutsamen Zeitpunkt angesichts der wirtschaftlichen und politischen Krise der Eidgenossenschaft, gehalten wurde. In der emotional aufgeheizten Stimmung am Vorabend des Sonderbundkriegs, in der in zahlreichen Reden die nationale Einheit beschworen wurde, wetterte Landammann und Festpräsident Kaspar Jenny über die Machenschaften der Jesuiten. Ihnen stellte er die Auslandschweizer gegenüber:

„Die wahre Grösse des Schweizervolkes besteht im alten und ewig neuen Schweizersein, das so herrlich an den Schweizern, die tausend Meilen vom Vaterlande getrennt sind, sich bewährt, das in allen Schweizerniederlassungen im fernen Nord und Süden die wohlthätigen Vereine stiftet, durch welche den leidenden Miteidgenossen so hülfreiche Hand geboten wird unter allen Wechselfällen des Lebens. Gibt es bei anderen Völkern ein so warmes Gefühl der Zusammengehörigkeit, als beim Volk der Schweizer?"[385]

---

383 Eidgenössisches Schützenfest Zürich (Ed.) (1859). Eidgenössisches Schützenfest in Zürich vom 3. bis 12. Juli 1859. P. 43f. Was wegen Verzögerung im Transport in der Liste fehlt ist ein Tigerfell und ein Paar Büffelhörner von Heinrich Zollinger aus Java.

384 Siehe Weishaupt, Matthias (1998). *Bruderliebe und Heldentod. Geschichtsbilder und Geschichtskultur in Festreden am schweizerischen Schützenfest in Glarus 1847.* In: A. Ernst/A. Tanner/M. Weishaupt (Eds.). Revolution und Innovation: Die konfliktreiche Entstehung des schweizerischen Bundesstaates. P. 61-78.; Henzirohs, Beat (1976). *Die eidgenössischen Schützenfeste 1824-1849: ihre Entwicklung und politische Bedeutung*; Capitani, François de/Peter Kaiser/Marco Marcacci (1991). *Das nationale Fest.*

385 Fest- und Schützenzeitung oder Bulletin des Eidgenössischen Freischiessens in Glarus (1847). P. 59.

Diese Gegenüberstellung ist insofern interessant als die Jesuiten in dieser Zeit den Liberalen als Inbegriff des Einflusses von außen galten. Auslandschweizer waren gewissermaßen auch ein Aussen, ein Aussen jedoch, das sich als gespiegeltes Innen gab und deshalb Vorbildfunktion für den nationalen Zusammenhalt hatte.

Die Verbindung von Schützenfesten, Gemeinnützigkeit und Katastrophenhilfe mag auf den ersten Blick etwas irritieren, lässt sich aber durchaus erklären: Sowohl bei Schützenfesten wie auch bei der Katastrophenhilfe ging die Initiative jeweils von privaten Hilfsgesellschaften aus, wie zum Beispiel der Schweizerischen Gemeinnützigen Gesellschaft. Diese Hilfsgesellschaften schufen im frühen 19. Jh. neue, zivile Formen des überregionalen Beistandes, die Georg Kreis als „freiwillig-karitative" Solidarität bezeichnet und vom militärischen Solidarpakt der alten Eidgenossenschaft und der „obligatorisch-systematischen" Solidarität, die den modernen Sozialversicherungen zugrunde liegt, unterscheidet.[386] Im entstehenden und jungen Bundesstaat, in dem die zentralstaatliche Macht noch sehr bescheiden ausgestattet war und keine formellen Parteien existierten, lag die Förderung des nationalen Zusammenhaltes vor allem in Händen solcher Vereine. Etwas später verschrieben sich die großen Volksvereine, in der Triade der Schützen-, Turn- und Sängervereine, auf kulturellem Gebiet dieser Aufgabe und organisierten aufwändige nationale Feste. Von diesen war das Schützenfest jeweils das wichtigste, nicht zuletzt weil der nationale Zusammenhalt dabei in eine Rhetorik der Opferbereitschaft gekleidet wurde und durch einen historischen Rekurs auf die gegenseitige Hilfe der Stände in der Alten Eidgenossenschaft im Falle von kriegerischen Auseinandersetzungen bezogen werden konnte. Die Schützen sollten nationale Wehrbereitschaft demonstrieren angesichts einer gefühlten Bedrohungslage des jungen liberalen Staats in einem monarchistisch-konservativen Europa. Militärische und karitative Solidarität vermengten sich im Motto „Einer für alle, alle für einen", dem inoffiziellen Wahlspruch der Eidgenossenschaft, der die Glaskuppel im Bundeshaus verziert. Der nationale Zusammenhalt sollte sowohl durch die Solidarität der Wehrbereiten, wie sie sich bei den Schützenfesten manifestiert, wie auch durch die Solidarität in Form von Spenden an Notleidende gefördert werden.

Nun ist dies historiographisch gewiss kein Neuland. Doch in der Geschichtsschreibung der Societäten und Vereine scheint mir eine Gruppe zwar präsent, aber doch etwas untervertreten, nämlich die der Auslandschweizer. Gemeinnützigkeit hatte in den Schweizer Kolonien eine lange Tradition, wobei zunächst die Vertretung der eigenen Interessen und der Zusammenschluss zu einer Frühform der Sozialversicherung im Vordergrund standen und erst mit wachsendem Wohlstand die philanthropische Tätigkeit in Erscheinung trat. Die Vereinigungen funktionierten einerseits als soziale Netze im Falle von Krankheit und Alter, andererseits als Rechtsschutz im Falle von Willkür im vorkonsularischen Zeitalter. So existierte in

---

386 Kreis, Georg (1996), P. 112f.

Lyon vom Spätmittelalter bis ans Ende des Ancien Régimes die ‚Nation suisse' als Interessenvertretung der dort tätigen Händler aus der Eidgenossenschaft. In London gründeten Schweizer 1703 die ‚Société des Suisses', die ab 1718 ‚Société de Secours Mutuel des Suisses à Londres' hieß. Im Unterschied zur Alten Eidgenossenschaft, die von starken kantonalen Grenzen und regionalen Rivalitäten geprägt war, lernten Schweizer im Ausland schon früh überregional zu kooperieren. In Lyon zum Beispiel waren sowohl Händler aus der Ostschweiz wie auch aus Genf und Neuchâtel ansässig.[387] Mit der zunehmenden Migration von Schweizern im 19. Jh. entstanden immer mehr solche Gesellschaften. Ihre Gründung wurde vom jungen Bundesstaat finanziell unterstützt. Der Bund machte dabei die bescheidene Unterstützung von gemeinnütziger Tätigkeit abhängig. In erster Linie sollten Migranten aus der Schweiz, die in Notlagen geraten waren, unterstützt werden; die Vereine beteiligten sich aber auch an Sammlungen zugunsten von Katastrophenopfern in der Schweiz oder an Hilfefonds, die der Bund einrichtete.

Bei Naturkatastrophen kam die Opferhilfe zu einem namhaften Teil von Auslandschweizern. 1868 kam bei der Spendenaktion zugunsten der Geschädigten der Überschwemmungen im Wallis ein knappes Drittel der 4 Mio. Franken Hilfsgelder aus dem Ausland, mehrheitlich von Auslandschweizern.[388] Die von Schweizern im Ausland gezeigte Solidarität wurde in der Schweiz eingefordert. So formulierte der Bundesrat seinen Spendenaufruf «an das Schweizervolk und an die Schweizer im Auslande» und sprach die Auslandschweizer speziell an:

„Auch an Euch, Ihr Eidgenossen in der Ferne, richtet sich unsere Stimme; an Euch, die Ihr, wenn auch in alle Theile der Welt zerstreut, doch niemals die geliebte und Euch mit Liebe umfangene Heimat zu vergessen im Stande seid. Ihr habt, obwohl von uns getrennt, das Recht Euch vorbehalten, an den Geschiken Eueres Vaterlandes redlich Theil zu nehmen. Zu allen Zeiten und unter allen Umständen habt Ihr Euch das Recht gewahrt, sei es zur Hebung unserer Freude, sei es zur Milderung unseres Missgeschikes, dem Zuge Euerer Herzen freien Lauf zu lassen. Und daher dürfen wir mit dem Vertrauen der Gewissheit zu Euch hoffen, dass auch diesmal unser Hilferuf

---

387 Für die Bedeutung dieser überregionalen Netzwerke für die Entstehung des Bundesstaates siehe: Siegenthaler, Hansjörg (1982).

388 Stephanie Summermatter differenziert die Kategorie Spenden aus dem Ausland nicht, was auch verständlich ist angesichts der schwierig zu handhabenden Kategorie Auslandschweizer. So ist unklar, ob eine Sammlung des Schweizer Konsuls in Neapel nun von Schweizern in Neapel oder generell von Leuten aus Neapel stammt. Doch aufgrund der Namen der Spender im Ausland und der Einsendung des Konsuls in Washington, der eine detaillierte Liste mitlieferte, schätze ich, dass über drei Viertel der Spenden aus dem Ausland von Auslandschweizern stammte. Summermatter, S. (2005). „Ein Zoll der Sympathie": Spendensammlung und -verwendung anlässlich der Überschwemmungen von 1868 im Kanton Wallis. *Blätter aus der Walliser Geschichte* 37. P. 1-46.

bei Allen, keinen ausgenommen, ein freudiges und entsprechendes Echo finden werde."[389]

Die Bundesgelder an Hilfsgesellschaften wurden in der Folge der Spendenaktion aufgestockt und weitere Hilfsgesellschaften eingebunden. Dies war für den Bund gut investiertes Geld, denn die Ausgaben an die Auslandschweizervereine standen in keinem Verhältnis zu den zurückfließenden Spenden. Der Bund wendete anfangs lediglich 10.000 Fr. jährlich auf. Auch wenn man die Kosten für den diplomatischen Dienst von bescheidenen 50.000.- Fr. im Jahre 1868 noch dazuzählt, so brachten solche Spendenaktionen meist ein Mehrfaches der Gesamtkosten, die der Bund für Schweizer außer Landes aufwendete.

Es greift jedoch zu kurz die Vorbildfunktion von Auslandschweizern auf ihre karitative Solidarität in Form von Spenden zu reduzieren. Ebenso wichtig ist die Idee, dass Schweizern im Ausland, die Überbrückung nationaler Gegensätze angeblich besser gelinge als den Leuten zuhause. Auslandschweizer zeigen somit nationale Solidarität in umfassenden Sinne:

„Die Schweizerkreise in England waren mir eine freudige Aufmunterung. Vom Großindustriellen und großen Kaufmann, vom Sprachlehrer und Journalisten bis zum einfachsten Kellner, überall fand ich unter ihnen tüchtige Leute, die der Heimat Ehre einbringen. Sie bleiben auch der Heimat treu; der Abend in der Londoner Gruppe der Neuhelvetischen Gesellschaft war geradezu eine patriotische Feier, im besten Sinn des Wortes. Sind sie für jeden Besuch aus der Schweiz dankbar, so haben wir von ihnen ebensoviel zu lernen: der Auslandschweizer kennt keinen Egoismus der Kantone mehr, sondern nur noch die Schweiz. Er behält die Hauptsache, das Beste, das Lebendige von unserem Wesen und bereichert es durch den Vergleich mit dem Besten eines fremden, großen Volkes. Am Auslandschweizer sieht man, was wir werden könnten, wenn wir endlich den Mut hätten, unseren Katechismus zu revidieren.'[390]

Die Idee des Glücks in der Ferne und die Solidarität mit der Heimat sind zwei Aspekte eines bürgerlichen Verständnis' von Selbstverantwortung und Verantwortung gegenüber der Gesellschaft. Auslandschweizer dienten dabei in mehrfacher Hinsicht als Vorbilder: Sie nahmen ihr Schicksal selbst in die Hand und fielen nicht der Gemeinschaft zur Last; durch freiwillige Spenden halfen sie, die kollektive Unterstützung für unverschuldet in Not Geratene mit zu tragen; schließlich zeigten sie einen besonderen Patriotismus, was als Reaktion auf die Auseinandersetzung mit dem Fremden gedeutet werden kann. Die Idee der sozialen Mobilität im Ausland, um soziale Spannungen im Inland abzubauen, war zentral für die gesellschaftliche Integration. Soziale Differenzen wurden – mit einem Ausdruck von Jakob Tanner – mit

389 Bundesrat, S. (1868). Aufruf des Bundesrates an das Schweizervolk und an die Schweizer im Auslande. *Bundesblatt* 21(3). P. 519-21; siehe auch Summermatter, S. (2005), P. 20f.

390 England (1921). *Wissen und Leben* 14(7). P. 300f.

dem Zauber des gemeinsamen Vaterlandes eskamotiert.[391] Im liberalen Integrationsdiskurs des jungen Bundesstaates, wie er sich an Schützenfesten und darüber hinaus in politischen Reden zeigt, klingen immer wieder ähnliche Themen an: Solidarität, nationale Einheit und Waffenbereitschaft, bürgerliche Solidarität, Selbsthilfe und Sicherheit, Versicherungswesen. Die Verbindung von Versicherungswesen und äußerer Bedrohung zeigt sich etwa in folgendem Zitat des Ökonomen Isaak Iselin, der in seinen Ausführungen über den Handel in der Schweiz nach Erklärungen für den großen Stellenwert der Assekuranzen sucht:

„Die enge Verflechtung mit der ganzen Weltwirtschaft liess die schweizerische Wirtschaft und die Existenz fast jedes einzelnen Schweizers immer empfindlicher gegen äussere Entwicklungen und Ereignisse werden, die sich der eigenen Macht entzogen. Darin liegt zweifellos der tiefste Grund für die außerordentliche Entfaltung des Versicherungswesens in der Schweiz."[392]

Diese Bemerkungen über die Bedeutung der Auslandschweizer als „im Ausland lebende Schweizer" für Vorstellungen von nationaler Integration im jungen Bundesstaat in der Zeit von ca. 1840-80 sind kursorisch und sollen lediglich Hinweise liefern, welchen Pfaden eine detailliertere Untersuchung folgen könnte. Besonders interessant wäre es, der Frage, wie sich der Stellenwert und das Bild von Auslandschweizern während und nach dem Ersten Weltkrieg verändern. Diese Phase ist gekennzeichnet durch den Übergang zum modernen Sozialstaat und der gleichzeitigen Kanalisierung des Verhältnisses von Auslandschweizern zur Schweiz mit der Gründung der Neuen Helvetischen Gesellschaft und der Auslandschweizer-Organisation. Dabei wäre das Verhältnis von Schweizer-Vereinen im Ausland, zurückgekehrten Auslandschweizern und der Neuen Helvetischen Gesellschaft zu untersuchen, bei einer – so Arlettaz – der spektakulärsten Wandlungen in der Geschichte der Schweiz, nämlich der Schaffung eines auf Selbstabgrenzung beruhendem Integrationsmodells.[393]

Auslandschweizer als ‚Pioniere der Volkswirtschaft'

Im Gegensatz zur bisher wenig beachteten ideologischen Bedeutung der Beziehung von im Ausland lebenden Schweizern zum Bundesstaat ist die volkswirtschaftliche Funktion dieser Beziehung breit rezipiert worden.[394] Die effektive Bedeutung von Auslandschweizern für die Volkswirtschaft kann diskutiert werden. Im Teil A wurde am Beispiel des Handels in Singa-

---

391 Tanner, J. (1995). Der Tatsachenblick auf die „reale Wirklichkeit": zur Entwicklung der Sozial- und Konsumstatistik in der Schweiz. *Schweizerische Zeitschrift für Geschichte* 45. P. 105.

392 Iselin, Isaak/Herbert Lüthy/Walter S. Schiess (1943), P. 111.

393 Arlettaz, Gérald (2002). *La Nouvelle Société Helvétique et les Suisses à l'étranger (1914-24)*. In: Schw. Bundesarchiv (Ed.). Die Auslandschweizer im 20. Jh. P. 60f.

pur deutlich, dass Schweizer Exporteure auch mit deutschen, englischen oder niederländischen Häusern kooperierten, dass sie jedoch aus Gründen des Know-hows und der Vertrauensbildung ihre Verbindungen doch meist über Auslandschweizer abwickelten. Vieles in diesem Abschnitt ist im Teil A schon angesprochen worden. Hier sollen auf knappem Raum Positionen von Exportwirtschaft und politischen Instanzen in der Schweiz zur Sprache kommen. Dabei geht es nicht um die effektive Bedeutung von Schweizern im Ausland für die Exporte, sondern vielmehr die gefühlte:

„Die schweizerische Gesandtschaft in London schätzte noch im Jahre 1896 den Anteil der in England domizilierten Schweizerfirmen am Export der Schweiz nach England auf 60-70 Prozent. Für andere Länder wurden durch die zuständigen Konsulate folgende Angaben gemacht: Brasilien 25-30 Prozent, Buenos Aires 50 Prozent, Spanien 80 Prozent, Manilla 75-80 Prozent, Japan 100 Prozent."[395]

Ihre Abhängigkeit von Exportkaufleuten war der Exportwirtschaft sehr wohl bewusst. Über die beste Form der Vernetzung wurde laufend gesprochen. Allerdings neigten Beobachter in der Schweiz aus einer volkswirtschaftlichen Perspektive dazu, die Probleme des Absatzes zu unterschätzen:

„Der Schweizer, der mit seiner Liebe zur alten Heimat auch die Liebe zu ihren Sitten und Gebräuchen, zu ihrer Lebensweise und damit zu ihren Produkten verbindet, will, soweit möglich, die heimischen Erzeugnisse: die Schweizer Uhr, den Schweizer Käse, die Schweizer Broderien, usw. nicht entbehren; auch schmeichelt es selbstverständlich seinem Nationalstolz, für diese Artikel bei anderen Propaganda zu machen und unwillkürlich wird jeder Einzelne dadurch zum Pionier für unsern Export [...]. Wir besitzen zwar keine Kolonien [...], aber unsere Kolonisten durchkreuzen die ganze Welt und sie tragen die Produkte unserer Arbeit nach allen Zonen."[396]

Angesichts der Bedeutung des Exporthandels für die Volkswirtschaft verließen sich die großen Exporteure natürlich nicht nur auf die Präsenz von Kaufleuten im Ausland und der sich daraus erhofften automatischen Steigerung des Absatzes. Wie wir im Teil A gesehen haben, bestanden verschiedene regionale Netzwerke für den Export mit starken Verflechtungen und intensivem kommunikativem und wirtschaftlichem Verkehr.

Immer wieder gab es Initiativen, die Exportwirtschaft auf einer *nationalen* Ebene zu fördern. Bereits 1849 forderte der Industrielle und Nationalrat Friedrich Peyer-Neher, die Auswanderungsfrage sei durch den Bund an die Hand zu nehmen, denn die Auswanderung leite nicht nur ab, sondern sie

394 Für einen allerdings etwas älteren Überblick siehe Veyrassat, B. (1991). 1945-1990: Bilan des recherches sur l'histoire du négoce international de la Suisse. *Schweizerische Zeitschrift für Geschichte* 41(3). P. 274-86.insbesondere P. 281-4
395 Lätt, Arnold (1919). Die Auslandschweizeraktion der Neuen Helvetischen Gesellschaft. P. 5.
396 *Mitteilungen der OGCG*, 1896, S. 8f. Zit. nach Hauser-Dora, Angela Maria (1986), P. 179.

führe dem schweizerischen Handel Agenten und Verbündete zu.[397] In den 1850er Jahren gab es verschiedenste Kolonisationsprojekte. Bei diesen ging es um landwirtschaftliche Kolonisation, die hier nicht näher thematisiert wird. Es werden dabei andere soziale Schichten angesprochen, und da solche Projekte Landnahme involvieren, haben sie einen anderen Zeithorizont und ein anderes Verhältnis zur Gastgesellschaft.[398]

Die offizielle Schweiz stand solchen Projekten skeptisch gegenüber. Die einzige Aktivität des Bundes, welche die schweizerischen Kolonien im Ausland betraf, bestand in der Errichtung von Konsulaten und einer kleinen finanziellen Unterstützung der Schweizervereine im Ausland. Die Etablierung von Konsulaten stand meist im Zusammenhang mit einer mehr oder weniger großen Präsenz von Schweizern. Die Konsulate dienten dem Schutz der schweizerischen Staatsangehörigen im Konsularbezirk und funktionierten zugleich als Informationsbörsen für die Exportwirtschaft, indem sie regelmäßig wirtschaftliche Berichte und Mustersendungen lieferten, und schließlich auch als Kommunikationskanal für die Regierung an die Landesangehörigen. Im 19. Jh. gab es kaum schweizerische Berufskonsulate; die Posten wurden fast ausschließlich von Honorarkonsuln versehen.[399] Die Honorarkonsuln wiederum waren meist Kaufleute mit Verbindungen zur Exportwirtschaft in der Schweiz.

Der Bund verfolgte im 19. Jh. eine äußerst zurückhaltende konsularische Politik, die wenig von einer globalen Vereinnahmung von Auslandschweizern geleitet war, wie dies in der Zwischenkriegszeit sichtbar wird.[400] Stattdessen entschied der Bundesrat je nach Lage und Interessen im Sinne der wichtigsten Beteiligten. Bereits die Errichtung eines Honorarkonsulats konnte eine heikle Einmischung in die Belange von Kaufleuten bedeuten. Nach der Eröffnung des Suezkanals 1870 und der in der Folge steigenden Bedeutung Singapurs für den Handel mit schweizerischen Produkten verlangte eine Gruppe von Handelshäusern aus St. Gallen, Winterthur, Zürich und Aarau die Errichtung eines Konsulats in der asiatischen Handelsstaat, das den Handel unterstützen, Schweizer auf der Durchreise beraten und ihnen den nötigen Schutz gewähren sollte. Im damals üblichen Vernehmlassungsverfahren bei den Kantonen kamen von den meisten positive Rück-

---

397 Steinemann, E. (1934). Die schaffhauserische Auswanderung und ihre Ursachen: ein Beitrag zur Wirtschaftsgeschichte. *Schweizerische Zeitschrift für Geschichte* 14. P. 437.

398 Zu Kolonisationsprojekten in Brasilien siehe Nicoulin, Martin (1973). *La genèse de Nova Friburgo: émigration et colnisation suisse au Brésil, 1817-27* siehe auch Ziegler Witschi, Béatrice (1985). *Schweizer statt Sklaven: schweizerische Auswanderer in den Kaffee-Plantagen von São Paulo (1852-1866)*. Zu einem nicht realisierten Projekt in Costa Rica siehe Steinemann, E. (1934).

399 Altermatt, Claude (1990). *Les débuts de la diplomatie professionnelle en Suisse (1848-1914)*. Gesandschaften gab es u.a. in Paris, Wien, Berlin, London, Washington.

400 Arlettaz, Gérald (2002).

meldungen, die auf allgemeinen Überlegungen der Handelsförderung fußten. Entschieden dagegen sprachen sich hingegen Appenzell A.Rh. und vor
allem St. Gallen aus:

„Die *einstimmige* Ansicht derjenigen, die mit den Verhältnissen dieser englischen
Kolonie durch langjährigen Aufenthalt daselbst vertraut sind, geht dahin, dass die
Stellung der Schweizer durch die Aufstellung eines eigenen Consulats in Singapore
nur *benachtheiligt* werden könnte, da unsere Landsleute gegenwärtig ganz gleich den
Engländern selbst des wirksamsten Schutzes der englischen Behörden geniessen &
eines weitern ganz und gar nicht bedürfen.“[401]

Der eigentliche Grund war wohl, dass die St. Galler wohl Streitigkeiten
unter den möglichen Kandidaten befürchteten. Die Übernahme eines Konsulatsposten verschaffte einem Handelshaus Vorteile gegenüber Konkurrenten,
denn ein Konsulat erleichterte den Zugang zu politischen Behörden, und das
Prestige des Amtes übertrug sich jeweils auf das Handelshaus.[402] Das Prestige konnte allerdings auch über die Vertretung der Interessen anderer Länder
erworben werden. Wie in Teil A erwähnt wurde, übernahmen verschiedene
Manager von Hooglandt & Co oder Diethelm & Co Konsulatsposten von
europäischen Ländern, die in Südostasien kaum präsent waren.

Eine bessere Koordination der Handelsförderung im Dienste der Nation
war ab den 1880er Jahren, als die Großmächte wieder zu einer vermehrt
protektionistischen Handelspolitik übergingen, ein ständiges Thema. Zahlreiche Vorschläge zur Verbesserung der schweizerischen Präsenz auf näheren und fernen Märkten standen zur Debatte. In diesem Diskurs wurde
neben der Professionalisierung des Konsulatswesens, der Gründung von
Handelskammern, Exportmusterlagern und Handelsmuseen auch die Kolonienbildung verhandelt.[403] Letztere fand jedoch als offizielles Mittel der
Politik kaum Anklang. Hauptdiskussionspunkt waren die unterdotierten und
manchmal von der Doppelbelastung von Beruf und Konsulat überforderten
Honorarkonsule. Für andere Initiativen zur Exportförderung schien gerade
die Beziehung zu den fernen Märkten in Asien als Testfeld gedient zu haben,
denn auf diesen Märkten zeigte sich die Bedeutung von kulturellem Vorwis-
sen und die Notwendigkeit von Vermittlung viel akuter als in anderen
Gebieten.[404] Hier soll diese Debatte jedoch nicht analysiert werden, sondern

---

401 Kaufmännisches Direktorium an den Bundesrat vom Oktober 1870. BAR E2
1000/44 1477.

402 Zur Bedeutung von Konsulatsposten für Schweizer Handelsfirmen im Ersten
Weltkrieg siehe Dejung, C./Zangger, A. (2010).

403 Eine Schriftensammlung des Vororts mit Positionen der Exportwirtschaft und
des Bundes zu Exportförderungsfragen findet sich in BAR E6 1000/953, Bd 47,
268 und 269. Interessen der Schweizer Wirtschaft im Ausland und Motion
Geigy-Merian.

404 Die Geschichte der Kaufmännischen Gesellschaft von 1924 widmet der Handelsförderung in Asien beinahe 50 Seiten. Richard, Emil (1924). *Kaufmännische
Gesellschaft Zürich und Zürcher Handelskammer 1873-1923, Vol. 1,* P. 692-739.

festgehalten werden, dass wegen der beschränkten Finanzen und einer großen Zurückhaltung in außenpolitischen Fragen und nicht zuletzt auch aufgrund von liberalen Grundsätzen der Entscheidungsträger solchen Initiativen bis zum Ersten Weltkrieg klare Schranken gesetzt waren. Nicht zuletzt scheiterten die Ambitionen einer staatlich geförderten Außenhandelspolitik an der fehlenden Bereitschaft der Bevölkerung, die dafür nötigen Mittel zu sprechen. 1884 hat das Volk in einem Referendum eine jährliche Entschädigung des Gesandten in Washington von 10.000.- Fr, abgelehnt.[405]

Umso wichtiger wurde daher die Rolle der im Ausland tätigen schweizerischen Kaufleute als Anknüpfungspunkte für den Exporthandel aus der Schweiz. Jungen Kaufleuten wurden Perspektiven einer Karriere im Ausland schmackhaft gemacht. Mit rhetorischen Mitteln wurde an den Patriotismus von Kaufleuten im Ausland appelliert. Im jungen Bundesstaat lehnte sich diese Rhetorik mitunter an den Milizgedanken an. In einem Artikel aus dem Toggenburger Boten ist aus dem Anlass des frühen Todes eines Kaufmanns in Costa Rica zu lesen:

„Wir betrachten die muthigen jungen Schweizer, welche in fernen Landen meist unter grossen Gefahren und Strapazen für den Absatz der vaterländischen Industrieprodukte sorgen und denselben Abfuhrwege öffnen, als *Soldaten einer tapferen industriellen Armee*, denen das Vaterland für und für zu warmem Danke verpflichtet ist."[406] (H.d.A.)

Häufiger als die Metapher vom Soldaten wird die vom Pionier. 1899 schlussfolgerte ein Bericht zur Frage des Zugangs zum chinesischen Markt, es brauche „ausser einer breiten Masse von Kolonisten […] eine grössere Anzahl von junger kaufmännisch und industriell gebildeter Leute, die im Innern des Landes die Pioniere von Handel und Industrie zu bilden geneigt sind":

Im Gegensatz zu Frankreich hat es bei uns an solchen unternehmungslustigen jungen Leuten nie gefehlt. Und der Schweizer im Auslande […] fühlt sich, wo ihn das Schicksal auch hinverschlagen mag, fast ausnahmslos als Schweizer; er hält den Kontakt mit seinem Heimatland nicht nur persönlich, sondern so viel als möglich auch geschäftlich aufrecht."[407]

Das Risiko eines Einsatzes für die Exportindustrie berechtigte, Anspruch auf fiktive Ehrenmedaillen im wirtschaftlichen Wettstreit der Nationen zu stellen. Mit der Gründung der Neuen Helvetischen Gesellschaft im Ersten Weltkrieg wird diese Rhetorik nochmals gesteigert:

„Die Schweiz steht ja in bezug auf ihre Abhängigkeit vom Weltmarkt an der Spitze aller Länder. Jedes neue Absatzgebiet, das unsere Auswanderer erschliessen, verbessert die Aussichten unseres Handels und unserer Industrie. So sehr deshalb aus

---

405 Altermatt, Claude (1990).

406 Toggenburger Bote vom 13.4.1864. Zit. nach Fischer, Thomas (1990), P. 202.

407 Richard, Emil (1924), P. 702.

allgemein volkswirtschaftlichen Gründen eine lebhafte Auswanderung zu begrüssen ist, so sehr liegt es auch im nationalen Interesse, dass die grösstmögliche Zahl von Auslandschweizern dem heimischen Wirtschaftsleben früher oder später wiederum zugeführt werden. In allen Weltteilen leisten unsere Landsleute Pionierarbeit für die Heimat. Jeder ist in gewissem Sinne und an seinem Ort der verantwortliche Träger des Schweizernamens, unser aller Gesandter."[408]

Im letzten Zitat hier wird das Modell der Rotationsmigration von Kaufleuten auf alle Auslandschweizer übertragen und diese dadurch insgesamt auf den Dienst an der Nation verpflichtet.

Wie bereits im Teil A1 detailliert gezeigt worden ist, ließen sich junge Kaufleute nicht einfach von patriotischer Rhetorik gängeln, sondern waren an sozialem Aufstieg und finanziellen Opportunitäten interessiert. Für einen erfolgreichen Einsatz von Kaufleuten im Dienste der Exportindustrie waren daher zwei Bedingungen zu erfüllen: Erstens mussten Karrieren im Ausland und nach einer möglichen Rückkehr in der Schweiz in Aussicht gestellt werden. Zweitens musste eine Beziehung zu den Kaufleuten im Ausland aufrecht erhalten werden.

Kandidaten für kaufmännische Stellen im Ausland mussten wissen, was sie an ihren Destinationen ungefähr erwartete, und die Tätigkeit musste im Vergleich zu Optionen in der Schweiz mehr bieten. Der einfachste Rekrutierungsmechanismus waren die hohen Verdienstmöglichkeiten im Ausland und die Karriereförderung:

„Unter den Ausziehenden, die mit der Wanderlust ihrer helvetischen Vorfahren einem anderen Himmelsstrich zustreben, bilden ein starkes Kontingent die jungen Kaufleute. Ihnen ist schon in der Lehre eingeprägt worden, dass eine mehrjährige Auslandpraxis ein notwendiger Bestandteil ihrer beruflichen Praxis sei."[409]

Nicht jeder Platz bot jedoch dieselben Karrieremöglichkeiten. Bevorzugt waren Tätigkeiten in Paris oder London, da dort sowohl die wichtigen Handelssprachen erlernt, als auch Weltläufigkeit erworben werden konnten. Da jedoch gewisse Industriezweige auf Vertreter im Balkan, Orient, Russland, Asien, Afrika und Südamerika angewiesen waren, musste für diese Gebiete besonders geworben werden. Handelshäuser im Osten hatten eine sehr transparente Hierarchie; Diethelm & Co – darin war das Haus keine Ausnahme – verfolgte eine Anstellungspolitik, welche eine fortwährende Fluktuation des Personals im Osten vorhersah.[410] So konnten junge Leute schnell in verantwortliche Positionen aufsteigen. Ebenso wichtig waren auch Signale der kaufmännischen Abteilungen von Industrie, Handelshäusern und Finanzdienstleistern, dass Auslandkarrieren an abgelegenen Orten nach der Rück-

---

408 Lätt, Arnold (1919). *Die Auslandschweizeraktion der Neuen Helvetischen Gesellschaft.* P. 8f.

409 Röthlisberger, E. (1899). *Die Schweizer in der Fremde.* In: Paul Seippel (Ed.). Die Schweiz im 19 Jh., Vol. 1. P. 585.

410 Siehe Teil A2.

kehr honoriert werden, denn wenn sich eine Tätigkeit im Balkan, Brasilien oder in Südostasien als Sackgasse für eine Karriere erwiesen hätte, hätten sich beim Nachwuchs sehr schnell Stockungen ergeben. Nebst Handelshäusern nahmen vor allem Versicherungen ehemalige Angestellte aus Singapur auf.

In der Schweiz betrieben verschiedene Institutionen Aufklärungsarbeit. Wie bereits dargestellt wurde, hatte sich die Ostschweizerische Geographisch-commercielle Gesellschaft der Förderung des kaufmännischen Nachwuchses für Übersee verschrieben.[411] Neben ihrer Informationstätigkeit über ferne Länder setzte sie sich vor allem für die Gründung einer Handelsakademie ein. Hier ist auch die Schweizerische Technische Stellenvermittlung zu erwähnen, die 1922 aus der Stellenvermittlung der Gesellschaft ehemaliger Polytechniker hervorging und unter anderem Ingenieure nach Übersee vermittelte.[412] Der Schweizerische Kaufmännische Verein organisierte Aufklärungskurse für künftige Überseer, wie auch das schweizerische Tropeninstitut für Ärzte in dieser Hinsicht tätig war.[413]

Auslandschweizer wurden ebenfalls in die Informationstätigkeit eingebunden. So forderte das Kaufmännische Zentralblatt Kaufleute im Ausland auf, ihre Erfahrungen weiterzuleiten:

„(Den auswärtigen Kaufleuten) möchten wir ans Herz legen, dass ein Teil ihrer Aufgabe zu Gunsten des heimischen Handels zu wirken, auch darin besteht, dafür zu sorgen, dass diejenigen, die sie später vielleicht ablösen sollen, wohl vorbereitet an das Werk gehen können; denn das bedeutet einen Gewinn an Zeit und Kraft."[414]

Tatsächlich erschienen im Anschluss an diese Ausführungen einige Artikel über ferne Destinationen, so etwa über Singapur oder Cochin-China (Vietnam), die jedoch eher geeignet waren, die Leserschaft mit Exotik als angehende Kaufleute mit wertvollen Ratschlägen zu bedienen.

Die Rekrutierung von jungen Kaufleuten für Übersee gab wenig Anlass zu Problemen. Die Verdienstmöglichkeiten waren an vielen Orten in Übersee sehr gut; ein in der NZZ veröffentlichter Brief aus Japan spricht vom „zu Hause fast sprichwörtlich gewordenen raschen Geldmachen des Überseers"[415]. Schwieriger hingegen war es, Kaufleute, die einmal in Übersee etabliert waren, auf einen Dienst für das Vaterland zu verpflichten, der allfälligen beruflichen Opportunitäten entgegensteht. Auch wenn die Rede vom ‚Einsatz der Kaufleute in Übersee für die Schweizer Wirtschaft' einem Mantra gleich wiederholt wurde, so war gewissen Exponenten doch sehr wohl bewusst, dass Geschäft eben Geschäft war. So schrieb Max Huber in

---

411 Siehe Teil C3.

412 ‚Schweizerische Technische Stellenvermittlung'. *Schweizerische Bauzeitung* vom 25.11.1922. P. 253.

413 ‚Überseeschweizer'. *Neue Zürcher Zeitung* vom 24.9.1954. Morgenausgabe, P.3.

414 A. Hefti. ‚Auf zur That'. *Schweizerisches Kaufmännisches Zentralblatt*. Nr. 37 vom 11.9.1897. P. 1.

415 F. Paravicini. ‚Japan-Brief'. *NZZ* vom 19.5.1908. Zweites Morgenblatt, P.1.

einem Referat über die Aussichten der schweizerischen Exportindustrie auf dem chinesischen Markt:

„Was nun die Initiative der beteiligten Industriellen und Kaufleute anbelangt, so kommen nur die hiesigen und nicht die überseeischen in Betracht; denn auf diese können wir keinen Einfluss ausüben. Wir haben lediglich die Tatsache zu rechnen, dass der Importeur drüben die Art und Herkunft seiner Artikel, die er einführt oder vertritt, einzig allein bestimmt nach den Chancen, die sich ihm bieten, und nach der Gewinnmarge, die sie ihm lassen. Inbezug auf patriotischen Geschäftsbetrieb soll man sich keinen Illusionen hingeben."[416]

Im Teil A und C1 zeigten sich eine Reihe von Gründen, weshalb Kaufleute im Ausland zwar für Handel und Industrie der Schweiz tätig waren, sich aber über die Schweiz hinaus vernetzen mussten und nicht einfach als Agenten der schweizerischen Volkswirtschaft operieren konnten. Die Bindung zur Schweiz war komplex. Konkrete Geschäftsverbindungen beruhten eher auf Vernetzungen, die beiden Seiten Vorteile boten. Vage Appelle an den Patriotismus schufen höchstens Erwartungen im Umfeld der Angesprochenen.

Wirksamer in dieser Hinsicht waren die Vereine der Auslandschweizer, welchen ein Großteil der Schweizer an den Orten, wo es sie gab, angeschlossen war. Sie waren der Ort, wo die Art und Weise der Verbindung zur Schweiz diskutiert wurde, und diese Funktion der Schweizer Vereine sprach wohl ein weiterer Artikel im kaufmännischen Zentralblatt an, als er sie als ‚petites Suisses' (kleine „Schweizen") bezeichnete:

„[…] nous ignorons même qu'il existe 142 petites Suisses dans le monde, 142 petites Suisses que la plupart d'entre nous ne sauraient pas montrer sur la carte parce qu'aucune carte les mentionne, 142 petites Suisses où nos compatriotes se distinguent par leur probité, leur amour de l'ordre et du travail et où ils servent si souvent d'intermédiaires entre les fabricants de la mère patrie et les acheteurs étrangers!"[417]

Die Wirkungsweise dieser Schweizervereine wird im nun folgenden Teil betrachtet.

Schweizervereine als Vermittler von Migrationsentwürfen

Die wichtigste Verbindung der Schweizer in Asien zum Land ihrer Herkunft war die zu der näheren Verwandtschaft. Brach diese ab, löste sich oft auch die Beziehung zur Heimat. Nachdem seine Eltern gestorben waren, schrieb Rudolf Arbenz:

---

416 Max Huber (1902). Die Aussichten der schweizerischen Exportindustrie auf dem chinesischen Markte. Zürich. Zit. nach Richard, Emil (1924), P. 705.

417 ‚Les Suisses en dehors de la Suisse'. *Schweizerisches Kaufmännisches Zentralblatt.* Nr. 37 vom 11.9.1897, P. 2.

„Es war mir als ob ich das letzte Band mit der Heimat verloren hätte und ich zu Hause nichts mehr zu suchen hätte. Mein Briefwechsel versiegte."[418]

Die Korrespondenz mit der Verwandtschaft war im allgemeinen anfangs sehr regelmäßig – abhängig von der Frequenz der Postschiffe war ein 14-täglicher Briefverkehr möglich –, später lässt sie oft etwas nach. Die Kaufleute und Pflanzer, deren Briefe verfügbar sind, schrieben über persönliche Erlebnisse, über die Arbeitsbedingungen, über Einkünfte und Ausgaben wie auch berufliche Aussichten; über die spärlichen Freizeitbeschäftigungen, Ausflüge, Jagdpartien, über das Essen und immer wieder über Klima, Gesundheit und Wohlbefinden, machten Vergleiche mit Vertrautem, um den Angehörigen die Fremde näher zu bringen. Oft werden auch die Modalitäten der Korrespondenz verhandelt, Vorwürfe geäußert, dass zu wenig Briefe kommen oder Rechtfertigungen vorgebracht, weshalb man selbst nicht soviel schreibt.

Wichtig sind stets die Nachrichten von zuhause: Heiraten in der Verwandtschaft und Bekanntschaft, Begebenheiten im Dorf wie auch politische Ereignisse in der Schweiz. Diese private Praxis des Erinnerns, wie sie in der Korrespondenz mit den Familienmitgliedern zum Ausdruck kommt, ist auf das Bekannte und Vertraute ausgerichtet. Von Verwandten geschickte vertraute Speisen, welche gelegentlich Sumatra unverdorben erreichen, können große Emotionen auslösen. Ebenso Bilder von Angehörigen, regionale Zeitungen und anderes mehr; Erinnerung ist dabei weniger an die Nation geknüpft als an die Region und das unmittelbar Erlebte.

Die unmittelbarste Verbindung zur schweizerischen Nation stellten einerseits die Reisepässe dar, denen jedoch im 19. Jh., als in Asien noch weitgehende Reisefreiheit herrschte, eine viel geringere Bedeutung zukam als heute, andererseits die Unterstützungsvereine, welche als soziale Netze für Migranten einer Nation wirkten. Im Laufe des 19. Jh. wuchs deren Zahl und Verbreitung auf der Weltkarte laufend. Diese Vereine, die neben karitative Aufgaben auch gesellige Bedürfnisse wahrnahmen, reproduzierten innere Hierarchien und festigten damit die soziale Struktur der Gruppen. Die Vereine werden oft mit der Vermittlung von Schweizer Identität in Verbindung gebracht.[419] Ich würde eher von der Vermittlung eines Selbstverständnisses von Schweizern im Ausland sprechen. Vermittelt wird ja nicht die nationale Identität – ein ohnehin schwierig zu fassender Begriff, sondern es wird ein Ort der inszenierten Erinnerung geschaffen und damit das Zentrum und die Grenzen dessen festgeschrieben, was die Gruppe als schweizerische Existenz am jeweiligen Ort betrachtet. Die Mitglieder erhalten somit einen Lebensentwurf, der ihrer Situation als Migranten Sinn gibt.

---

418 Lebenserinnerungen von H. Rudolf Arbenz. P. 147. STAZ Nl. Crone-Arbenz. X 387/2. P. 206.

419 Arlettaz, Gérald (1986). „Les Suisses de l'étranger" et l'identité nationale. In: Schw. Bundesarchiv (Ed.). Studien und Quellen, Vol. 12. P. 5-36.

Betrachten wir zunächst das Zentrum: Die Vereine funktionierten als Unterstützungsvereine für in Not geratene Mitglieder. Diesen wurde die Heimfahrt ermöglicht. Wie erwähnt, unterstützte der Bund diese Funktion in bescheidenem Maße und offizialisierte damit die Beziehungen der Schweizerbürger im Ausland zum Herkunftsland gewissermaßen. Auch lange im Ausland Lebende hielten so eine Verbindung zur Schweiz aufrecht. Die Unterstützungsvereine und ihre Repatriierungshilfe sind wohl in der Schweiz generell einer der Entstehungsorte der Idee nationaler Zugehörigkeit.

Der gesellige Aspekt formierte sich üblicherweise um eine der drei nationalen Freizeitbeschäftigungen, nämlich Singen, Turnen und Schießen. Aus Le Havre meldet der dortige Konsul 1872, dass es einen Gesangsverein und neu einen Schützen- und einen Turnverein gebe. In den Vereinigten Staaten gibt es den Männerchor Helvetia in New York und einen ebensolchen in Pittsburgh, den Gesangverein des Schweizerbundes in San Francisco und viele mehr. Doch scheint allgemein, und in Südost- und Ostasien ganz besonders, eine klare Präferenz für die Bildung von Schützenvereinen bestanden zu haben.[420]

1869 berichtet der Schweizer Konsul in Yokohama, dass die 30 in Yokohama und Yedo wohnhaften Schweizer seit 1864 einen Schützenclub hätten und regelmäßig großzügige Freischießen organisierten, an denen alle dort etablierten Nationen teilnähmen.[421] Und 1875 berichtet der Schweizer Konsul in Manila:

„Schweizergesellschaften gibt es keine, dagegen üben sich eine Anzahl Schweizer gruppenweise in der Schießkunst mit schweizerischen Hinterladerwaffen. Ein am 14. Februar abgehaltenes kleines Schützenfest verlief in höchst gelungener Weise."[422]

In Singapur gründeten – wie oben erwähnt – die dortigen Schweizer 1871 einen Schützenverein, ebenso die Schweizer in Deli 1885. Nur in Batavia gab es lediglich zwei Lesezirkel: einen für die wenigen Kaufleute und einen für die Soldaten, der unter Mithilfe des Konsulates gegründet worden war. Auch in Singapur gab es andere Angebote. So berichtet Henri Fischer 1873, dass er Vizepräsident des deutschen Vereins Teutonia, Sekretär des Schweizer Schützenvereins, Präsident des Jagdclubs und Mitglied der Lesegesellschaft, der Hilfsgesellschaft und des Freiwilligencorps sei.[423] Aber auch hier war der Schützenverein für die kleine Gemeinde der 20-30 Schweizer Kris-

420 Fleury, Antoine (2002). *Politique étrangère et colonies suisses*. In: Schw. Bundesarchiv (Ed.). Die Auslandschweizer im 20. Jahrhundert. P. 19.

421 Brennwald, K. (1870). Bericht des Schweiz. Generalkonsuls in Yokohama über das Jahr 1869. *Bundesblatt* 1870, Bd. 4. P. 131-39, hier P. 139.

422 Germann, K. (1875). Bericht des schweizerischen Konsuls in Manila über das Jahr 1874. *Bundesblatt* 1875, Bd. 3. P. 657-61, hier P. 661.

423 Henri Fischer aus Singapur an seine Eltern in Winterthur vom 10. Mai 1873. DA, Z 4.3.12, Ca Di 22.

tallisationspunkt ihrer Aktivitäten. Der Verein, der seine Schießaktivitäten in den 1980er Jahren aufgegeben hat, zählt heute rund 1300 Mitglieder.

Für die große Bedeutung des Schützenwesens für die Konstituierung der Schweizer Gemeinden gibt es verschiedene Gründe. Zunächst kann festgehalten werden, dass Waffen und deren Gebrauch im Alltag der Europäer ihren festen Platz hatten. Die häufigste Freizeitbeschäftigung, die Jagd auf Großwild, Elefanten, Nashörner und Tiger erforderte große Treffsicherheit, da verletzte Tiere den Schützen gefährlich werden konnten. Weiter spielten die Waffen eine wesentliche Rolle für die Sicherheit der kleinen weißen Gemeinschaft. Auf Sumatra wurde der Umgang mit Waffen bei Europäern vorausgesetzt. Transporte von Lohngeldern wurden gelegentlich überfallen, und auf den Plantagen gab es häufig kleinere Ausschreitungen, bei denen Europäer zur Waffe griffen. Auch in Singapur, wo die öffentliche Sicherheit wesentlich besser gewährleistet war, entsprach die Möglichkeit der Selbstverteidigung bei sporadisch vorkommenden Aufständen von Chinesen einem Bedürfnis. Diese Ausschreitungen waren zwar meist nicht gegen die Europäer gerichtet, sondern entsprangen Rivalitäten unter chinesischen Dialektgruppen oder Geheimgesellschaften. Doch die öffentliche Ordnung war während solcher zum Teil heftiger Auseinandersetzungen, die zahlreiche Opfer forderten, bedroht. Der schwerwiegendste Zusammenstoß hatte sich 1854 zwischen Hokkien und Teochews zugetragen, als noch kaum eine Handvoll Schweizer in Singapur lebte. Damals wurden sämtliche Europäer zu den Waffen gerufen, desgleichen 1867 aus ähnlichem Anlass in Penang. 1889 wurde eine Schutztruppe der weißen Ausländer als Ortsmiliz institutionalisiert. Dazu fragte der deutsche Gesandte in Bern im Namen der unter deutschem konsularischem Schutz stehenden Schweizern den Bundesrat an, ob es ihnen erlaubt sei, an dieser Miliz teilzunehmen:

„Es handelt sich hier um die Bildung einer freiwilligen Truppe aus Nichtengländern, mit eigenen selbst gewählten Offizieren, welche unter dem Oberbefehl des Kommandanten der englischen Freiwilligenkorps oder des Polizeichefs von Singapore stehen würde und den Zweck hätte, im Falle innerer Unruhen oder eines Angriffs von Außen für die Aufrechterhaltung der Ordnung und die Sicherheit von Leben und Eigenthum in der Kolonie Sorge zu tragen. Die Mitglieder der Truppe werden von der Leistung des englischen Fahneneides befreit sein.'[424]

Ein gewisses Unbehagen der Weißen im mehrheitlich asiatischen Singapur und der Wunsch, entsprechend gerüstet zu sein, mag durchaus mit ein Grund für die Gründung eines Schützenclubs gewesen sein. Einen Schweizerverein hätte man dafür aber nicht gründen müssen. Die Europäer waren in Singapur gewissermaßen eine Solidargemeinschaft, wenn auch die Deutschsprachigen eine kleine Enklave in der weißen, britisch dominierten Mehrheit bildeten. Die Zugehörigkeit ist dabei abgestuft. Adolf Sturzenegger schrieb zum Aufstand in Penang 1867:

---

424 Aus den Verhandlungen des schweiz. Bundesrathes. *Bundesblatt*, vom 8.2.1889. Bd. 1, P. 295. Der Bundesrat erteilte die Erlaubnis dazu.

„Seit 4-5 Tagen stehen *wir* unter Waffen. [...] Bewaffnung eines jeden ist ein Rifle und ein Revolver. Schiessen können die Chinesen nicht gut. *Wir Schweizer* halten uns brav. *Wir Deutschen* sind in einer Abtheilung unter famosem Commando eines Capitäns von Hamburg, 14 Mann stark."[425] (H.d.A.)

Sturzenegger betrachtete sich als Schweizer, Deutscher und Europäer unter Asiaten. Der Ausdruck ‚wir Deutschen' fällt aus einer Perspektive nach den beiden Weltkriegen und nach dem national-ideologischen Abschließen der Schweiz besonders auf. Vor dem Ersten Weltkrieg jedoch stand solchen doppelten Identifikationen wenig entgegen, zumal die Deutschschweizer in Ostasien eng mit Deutschen zusammenarbeiteten. Bis zum Ersten Weltkrieg waren die Schweizer in Singapur an die deutsche Unterstützungskasse angeschlossen und hatten somit eine Solidargemeinschaft mit den Deutschen.

Trotzdem wurde der Schützenverein für die Schweizer im Ausland ein Raum, wenn nicht *der* Raum für das patriotische Erlebnis. Manfred Hettling hat den emotionalen Aspekt der Verbindung zur Nation an Schützenfesten hervorgehoben, der den Nationalismus nicht zu einer ideologischen, sondern zu einer durch Praxis erfahrbaren Sache macht.[426] Henri Fischer hob als Präsident des Schützenvereins – neben dem klassischen Argument des Trainings der Milizsoldaten – diese emotionale Bindung zum Vaterland hervor:

„Die Schweiz ist wohlbekannt als das Land der Schützenfeste und muss sich oft mit dem Vorwurf auseinandersetzen, sie seien *übertrieben*, weil man auch das Gute übertreiben könne. Aber diese Schützenfeste gehören für uns zum Dienst am Vaterland. An diesen Festen können die Männer unserer Milizarmee, die nicht lange Dienstjahre absolvieren müssen wie in anderen Ländern, ständig die Stärke ihrer Hand und die Stetigkeit des Auges auf die Probe stellen. Und mit diesen Festen wird das Band der Gemeinschaft stetig erneuert in Übereinstimmung mit den Ansprüchen der Zeit, und ebenso wird der Eid der Väter erneuert: ‚alle für einen, einer für alle'. Die Schützen kehren von diesen Festen heim mit *Herz und Hand für Vaterland*. In diesem Sinne haben wir hier die Schiessübungen begonnen."[427] (H.d.A.)

Im Schützenverein praktizierten Schweizer gemeinsam ihre Verbindung zur Nation; wie bei Hettling erwähnt, wird der Patriotismus dabei durch visuelle Erlebnisse unterstützt, wie Armin Rheiner aus Singapur an seine Eltern schreibt:

„Schweizer Fähnlein [...] wehen, dass es eine Freude ist. Die Kantonswappen sind an den Wänden angebracht und die Bilder der Generale Dufour und Herzog steigern den Patriotismus aufs höchste."[428]

---

425 Adolf Sturzenegger an Schwester Marie, 9. 8. 1867. StASH, D IV.01.34.01/1423.

426 Hettling, Manfred (1998). *Die Schweiz als Erlebnis*. In: Urs Altermatt/Catherine Bosshart-Pfluger/Albert Tanner (Eds.). Die Konstruktion einer Nation. P. 19-31.

427 Rede des Präsidenten des Schweizerischen Schützenvereins Singapur, Henri Fischer am Schützenfest von 1878. Zit. nach Schweizer-Iten, Hans, (1980), P. 34.

428 Carl Armin Rheiner an seine Eltern vom 10.7.1888. DA Z 4.3.12, Ca Di 11.

In die visuellen mischen sich akustische und olfaktorische Eindrücke.:

„Das Schützenhaus und die dabeiliegende Festhütte, resp. der Gabentempel, sind sehr gemütliche Lokale, besonders wenn man sich vor einer Batterie von Bierflaschen befindet und die Gewehre lustig knattern."[429]

In Bierdunst und Pulverdampf fachen sich die Mitglieder zu patriotischen Exzessen an. Rheiner beteiligte sich an einem Wettkampf, bei dem es darum ging, möglichst viele Schüsse auf die Scheibe abzugeben:

„[…], da ging ein Gepaff los, wie es das Schützenhaus noch nie erlebt hat . […] Wir drei schwitzten, dass uns der Schweiss nur so herunterlief und wir aussahen wie die Kohlenbrenner."[430]

Im Unterschied zum Schweizerischen Schützenverein Singapur war der Schweizer Verein Deli-Sumatra zunächst ein klassischer Unterstützungsverein. Zwar hatte es verschiedene Anläufe zur Gründung von Schützenvereinen gegeben, so etwa 1885 in Deli und später in Bedagei. Angesichts der Distanzen und der Mobilität der auf Sumatra tätigen Schweizer konnte jedoch keine regelmäßige Vereinsaktivität aufrecht erhalten werden. Patriotische Feste spielten aber eine ähnliche Rolle wie bei den Schweizern in Singapur. Am 1. August wurde jeweils ein Schützenfest organisiert. Joachim Bischoff beschreibt die Fahnenweihe des Schweizerischen Schützenvereins von Deli 1885:

„Auf freiem Platz war die Schweizerfahne aufgehisst, schon hallte das Knallen der Stutzer an unsere Ohren, mit beschleunigter Gangart gings dem Schiessstand zu. Was!? Trompetenschall!? Festmusik!? Wirklich war dem so. Als wir uns dem Schützenhaus näherten, spielte die Musik einen flotten Marsch, dessen Takt wir unserem militärischen Geiste gemäss die Gangart anpassten. Lautes Hallo hallte uns entgegen, freundliche Grüsse, warme Händedrüke empfingen uns."[431]

Es wird gesungen, gejodelt, so dass im Laufe des Abends „die Herzen Aller übervoll freudig ernster & heiterer Stimmung" waren. Nach Toasts auf den Spender der Fahne, das Vaterland und die Vaterlandsliebe verabschieden sich die Schützen „im Gefühle einen fröhlichen echt eidgenössischen Tag erlebt zu haben."[432]

Man erhält den Eindruck, dass diese Schweizer das, was sie selbst als ‚übertrieben' empfinden, noch etwas weiter treiben. Sie scheinen sich in ihrer patriotischen Verve überbieten zu wollen. Im Ausland Lebende fühlen sich auch stärker mit der Frage ihres Verhältnisses zur Heimat konfrontiert und herausgefordert, die Gesinnung ihrer Kompatrioten zu beurteilen. Bischoff bemerkte zu seinem Empfang in Singapur:

---

429 Ebd.
430 Carl Armin Rheiner an seine Eltern vom 18.11.1889. DA Z 4.3.12, Ca Di 11.
431 Joachim Bischoff vom 10.4.1886. Bischoff, J./E. Hofmann (2003), P. 96.
432 Joachim Bischoff von Saentis Estate an seine Familie vom 10.4.1886. Ebd.

„Die freudige Erfahrung habe ich gemacht, dass man in der Welt draussen Landsleute antrifft, wie man sie zu hause leider immer seltener antrifft, in deren Adern ächtes Schweizerblut quillt & deren Herz warm schlägt für die Interessen des Vaterlandes."[433]

Anderes stellt der junge Assistent Friederich Vogel fest:

„Die Schweizer, die hier ziemlich stark vertreten, sind's viele bloss dem Namen nach. Die Meisten ziehen furchtbar über ihr Vaterland los [...]. Die Herren Sieber aus Zürich sind nun auch hier. Diese beklagen sich bitter, dass sie so viel steuern mussten, sie wollen nichts mehr von ihrer Heimat wissen. Ich vertheidige meine Schweiz immer, besonders mein liebes Zürich, und bin auch froh, sie wieder einmal zu sehen."[434]

In der Gruppe neigen diese Auslandschweizer dazu, ihren Patriotismus zu übersteigern,[435] wobei dieser im öffentlichen Raum der inszenierten Erinnerung demonstrierte Patriotismus sich gelegentlich deutlich von der privaten Praxis des Erinnerns unterscheidet.

Der patriotische Eifer der Schweizervereine konnte auch Widerhall in der Schweiz finden. 1881 erschien eine von WH. Diethelm verfasste Einladung zum Schützenfest in Singapur in der NZZ:

„Die bevorstehende Jubiläumsfeier erhält erst dann ihre ächte Weihe, wenn sich auch unsere Freunde und Landsleute in den umliegenden Ländern Ostasiens mit uns um unser Panner schaaren, mit uns die Bande der Freundschaft enger knüpfen und die Liebe zum theuern Vaterland aufs Neue befestigen und bekräftigen. Wir verkennen keineswegs, welch' grosse Hindernisse einer zahlreichen Betheiligung im Wege stehen. Denjenigen aber, die das Opfer bringen wollen und bringen können, dürfen wir getrost frohe und genussreiche Stunden in Aussicht stellen."[436]

Der Artikel diente kaum dazu, irgendwelchen Schweizern in Ostindien tatsächlich eine Nachricht zukommen zu lassen, als dass er den Lesern der NZZ den vorbildlichen Patriotismus der Schweizer in Asien vermitteln sollte.

1883 traf sich eine Gruppe von Sumatra-Schweizern, um als Gruppe das Schützenfest in Lugano zu besuchen. Dazu wollten sie einen Zirkuselefanten mieten, um auf dessen Rücken Einzug zu halten, was indessen misslang. Leider, muss ich als Historiker sagen, denn die Reaktionen auf dieses Unterfangen hätten sich sicherlich als fruchtbare Quelle für die Reaktionen in der

---

433 Joachim Bischoff von Saentis Estate an Familie vom 16.1.1885. Ebd., P. 48.

434 Friederich Vogel von Patumbah Estate an Salomon Vögelin, 1.12.1884. ZB Nl. Salomon Vögelin. Ms T 311/239.

435 Walter Alvares Keller beschreibt in seinen Lebenserinnerungen die lächerlichen patriotischen Darbietungen des Schweizer Vereins in São Paulo an der 1.August-Feier 1927. Siehe Dewulf, Jeroen (2005).

436 „Schweizer Schützenfest in Singapur". *Neue Zürcher Zeitung* vom 27.7.1881. Erstes Blatt, P. 1f.

Schweiz auf diese Inszenierung einer hybriden Existenz von Schweizern in den Tropen erwiesen. Die anstelle des Elefanten eingesetzten Tropenhelme schienen die Zeitgenossen nicht allzu stark beeindruckt zu haben.[437]

Mehr Wirkung zeigte die Betätigung der Sumatraschweizer auf dem politischen Parkett. Einige der offensichtlich tonangebenden Schweizer auf Sumatra erregten sich – dies schreibt Vogel – über den Ausbau der Bürgerrechte und der direkten Demokratie. In den 1890er Jahren strebten in der Schweiz Konservative und Demokraten das Proporzwahlrecht an und lancierten im Rahmen ihrer Kampagne unter anderem eine Initiative für die Volkswahl des Bundesrates. Eine Mehrheit des Schweizer Vereins Deli-Sumatra lehnte die Erweiterung von Volksrechten ab, eine Haltung, die im Einklang stand mit ihrer elitären Position auf Sumatra. So reagierte der Schweizer Verein Deli mit einem offenen Brief im St. Galler Tagblatt, in dem er mit Verve die Position der liberalen Mehrheit vertrat. Die bisherige Wahlart des Bundesrates habe sich glänzend bewährt und eine Volkswahl führe nur zu „noch mehr Hader und Hass unter den Parteien". Die Ehrenmänner der Bundesversammlung, die sich nicht durch Parteidisziplin und Wanderpredigten beeinflussen ließen, böten mehr Gewähr als 500.000 Stimmberechtigte, welche die zur Wahl Stehenden kaum kennten. Die Schweizer in Deli riefen sämtliche Auslandschweizer zu einer Art Referendum auf, das zwar keine rechtliche Folgen haben könne, doch das ein wichtiges Signal wäre, insofern als „die Schweizer im Ausland nicht von parteipolitischen, sondern von rein patriotischen Beweggründen geleitet werden."[438] Die «Zürcher Post», deren Redaktor Curti selber ein Exponent der Bewegung für den Proporz war, reagierte umgehend. Die „Plantagen- und Kulibesitzer auf Sumatra" sollten besser daran denken, dass alle Parteien zuhause das „kostspielige Konsularwesen" bezahlen, statt mit „protzenhaften Redensarten" ein Referendum zu inszenieren; der Tabak werde auch nicht fetter davon.[439] Die Bezeichnung ‚Plantagen- und Kulibesitzer' traf die Initianten offensichtlich. In den folgenden Tagen erschien in der NZZ eine Zuschrift, die diesen Titel als „unberechtigt" darstellte. „Mit wenigen Ausnahmen [sind] die meisten Schweizer Angestellte und keine Besitzer, es [ist] also die reinste Verdächtigung, sie Plantagen- und Kulibesitzer zu nennen."[440] Der patriotische Impetus hatte sich zum Bumerang entwickelt; die Sumatra-Schweizer mussten sich plötzlich gegen einen Titel wehren, der sie in einen krassen Gegensatz zum Citoyen, wie ihn sich Radikal-Demokraten vorstellten, brachte.

In Singapur, wo junge Kaufleute aus der Ostschweiz den sozialen Aufstieg suchten, bestand weniger Abneigung gegen radikal-demokratische Ideen. Die Depesche zur Annahme der revidierten Bundesverfassung von 1874

---

437 Baumann, G. Rudolf (1936), P. 19.

438 *Neue Zürcher Zeitung*, 4. Juni 1892, 1. Blatt, S.1.

439 Curti, Theodor. „Verein schweizerischer Plantagen- und Kulibesitzer auf Sumatra." *Zürcher Post*, 1892, 1. Curti war Nationalrat der demokratischen Partei.

440 *Neue Zürcher Zeitung*, 8. Juni 1892, 2. Blatt, S.1.

wurde mit Jubel aufgenommen. Dazu passt auch, dass die Regeln des Schützenclubs die monatlichen Schießübungen für obligatorisch erklärten. Damit wurde der Milizgedanke ins Zentrum gestellt, was laut Antoine Fleury eine allgemeine Tendenz bei den Schweizer Vereinen war.[441] Hier fließen die unterschiedlichen in diesem Kapitel beschriebenen ideologischen Stränge zusammen: die Verbindung von militärischem Schutz und Solidargemeinschaft sowie der Milizgedanke, der die Migranten einerseits auf die Verteidigung des Vaterlandes vorbereiten sollte und sich andererseits auch auf die ökonomische Funktion im Dienste der Volkswirtschaft übertragen ließ. Dass dies nicht nur Worthülsen waren, zeigte sich im Ersten Weltkrieg, als zahlreiche Auslandschweizer, sich dem Beispiel der Krieg führenden Nationen anschließend, der Mobilmachung Folge leisteten und in die Schweiz zurückkehrten.[442] Soviel zum Zentrum dessen, was als schweizerische Existenz in der Fremde betrachtet wird.

In einem andern Sinn waren Auslandschweizer Vereine aber auch Orte, an denen die Grenzen dessen verhandelt wurden, was es bedeutet, Schweizer im Ausland zu sein. Der Begriff ‚Grenzen' bezieht sich auf den Umgang mit der Gastkultur. Dazu möchte ich ein Zitat aus einem geografisch ganz anderen Kontext voranstellen. Der Unternehmer Alfons Escher-Züblin, der in Salerno Textilfabriken betrieb, beschreibt darin sein Verhältnis zu seiner süditalienischen Umgebung:

„Wir betrachteten unsere Fabriken als ein Sache, welche nur die Schweizer anging. Sowohl die technische als auch die kaufmännische Leitung in den oberen und mittleren Chargen lag ausschließlich in unseren Händen. [...] Geeignete Leute [...] wären unter diesen Südländern schwer zu finden gewesen, und schwer nur hätten sich dieselben in die strenge Disziplin und Einordnung in die Bedürfnisse der Betriebe einstellen lassen. Wie wir zur Genüge erfuhren, stellten sie stets ihr persönliches Interesse allen anderen voran. Auch im häuslichen Leben verhielten wir uns zurückhaltend gegenüber den Neapolitanern. Ihre Lebenshaltung und ihre Anschauungen mochten uns nicht in allem zusagen, und wir mussten besonders ihren Einfluss auf die Kinderwelt fernhalten, um der jungen Generation die Schweizerart zu erhalten."[443]

Das Verhältnis der deutschsprachigen kaufmännischen Oberschicht im südlichen Italien des Risorgimento ist demjenigen der deutschsprachigen Kauf-

---

441 Fleury, Antoine (2002), P. 19.

442 Lätt, Arnold (1919). Die Auslandschweizeraktion der Neuen Helvetischen Gesellschaft. P. 3f. Die Erfahrungen dieser Rückkehr seien dann allerdings meist schlecht gewesen, weil Vorgesetzte zu wenig Verständnis für die Situation von Schweizern im Ausland zeigten, so dass „manch einer, der hohen Sinnes und mit einem Herzen voller Vaterlandsliebe gekommen war, nach Wochen und Monaten der Heimat für immer den Rücken kehrte, enttäuscht, verbittert, geschlagen."

443 Zit. nach K. Ehrensberger. „Die Schweizer Baumwollindustrie in Süditalien." *Neue Zürcher Zeitung*, vom 13. März 1924, P. 1.

leute und Pflanzer nicht unähnlich. Luisa Rubini spricht im Falle der Erste-ren von einer semikolonialen Position.[444] Wir finden im Zitat verschiedene Topoi, die auch im Verhältnis von Europäern gegenüber ihrem asiatischen Umfeld zum Tragen kommen: das Verhältnis zu Disziplin, die Gegenüber-stellung von eigenem Streben nach Gemeinwohl und fremdem Eigennutz, die Angst vor kultureller Vermischung, etc.

Grenzen des Kontakts mussten alle Migranten für sich selbst festlegen, doch als zentraler gesellschaftlicher Ort dieser Migranten fungierten die Auslandschweizervereine als Foren, in denen implizit Grenzen des kulturel-len Kontakts verhandelt und festlegt wurden. Gleichzeitig ermöglichten sie überhaupt erst ein Leben in der sozialen Enklave. Jürgen Buchenau be-schreibt in seiner Untersuchung der deutschen Gemeinde in Mexiko deren Selbstsegregation auf der Grundlage von Ethnie, Konfession und Klasse. Für Buchenau sind Institutionen wie Kirchen, Schulen, Sportstätten, soziale Clubs und Wohltätigkeitsvereine Kriterien, die es erlauben, von einer ethni-schen Enklave zu sprechen, wobei er die Schule als das wichtigste bezeich-net. Die heutige Verteilung von Schweizerschulen kann sowohl auf Gruppengröße hinweisen wie auch als Indikator der Intensität eines (einsti-gen) Bedürfnisses nach kultureller Distanzierung gelten. Diese Schulen sol-len damit nicht auf diese ihre Funktion in der Enklavenbildung reduziert werden, – es geschieht dort immer auch ein kultureller Austausch –, aber die Entstehungsgeschichte dieser Institutionen ist meist mit Selbstsegregation verbunden, oft nach konfessionellen Kriterien (Italien, Spanien) und gleich-zeitig auch nach sprachlichen und kulturellen.

Abbildung 34: Schweizerschulen im Ausland 2008 (Quelle: admin.ch)

Die deutschsprachigen Gemeinschaften in Singapur und Sumatra waren jedoch zu klein und im Falle Sumatras zu verstreut, als dass sie sich eigene Schulen und Kirchen hätten leisten können. In Sumatra gab es erst in den 1930er Jahren eine deutschsprachige Schule in Brastagi, die Schweizer Schule in Singapur wurde 1970 gegründet.[445] Zuvor wurden Kinder in Sin-

---

444 Rubini, Luisa (1998).
445 Zur Schweizer Schule in Schweizer-Iten, Hans/Swiss Club (Singapore) (1980).

gapur meist privat geschult oder in die Schweiz gebracht. Die Institutionalisierung von Schweizer Schulen im Ausland erhielt einen maßgeblichen Impuls durch Anton Cadonau, einen ehemaligem Kaufmann in Singapur, der ein Legat von 300.000.- Fr. zugunsten von Schweizerschulen im Ausland stiftete, das anschließend vom Bund verwaltet wurde.[446]

Die sozialen Schranken der Schweizer Vereine – im Folgenden ist hauptsächlich vom Schweizerverein in Singapur die Rede – bewegen sich entlang der Kategorien ‚gender', Klasse und Ethnie, wobei sich die drei Kategorien immer wieder auf komplexe Weise überlagern. Ich kann diese Schichtungen und Überlagerungen nicht im Sinne einer tiefer gehenden Intersektionalitätsanalyse beschreiben.[447] Eine solche Studie würde mit Vorteil unter Einbezug von Vergleichsmaterial aus anderen Kontinenten gemacht, denn die Zielgesellschaft spielt eine wesentliche Rolle in der Ausgestaltung der sozialen Beziehungen. Es seien hier nur einige Beispiele angeführt: Interessant bezüglich der Überlagerung der drei Kategorien ist der Diskurs um Partnerschaft und Ehe. Er umschließt Überlegungen zu sozialem Status, ethnischer Abgrenzung und Geschlechterrolle. Einer der Aspekte in den Aussagen und Geschichten rund um das Thema Ehe und Familie sind die positiven Auswirkungen einer Ehe mit einer Schweizerin auf die Lebensgestaltung in der fremden Umgebung. Die Gattin wird dabei als Garantin einer schweizerischen Lebensweise betrachtet:

„Tous mes compliments à votre femme qui, je n'en doute pas, contribue à maintenir autour de vous une atmosphère helvétique."[448]

War ein Kaufmann erst einmal verheiratet, so unterhielt oft die Ehefrau den brieflichen Kontakt mit seinen Verwandten. Rudolf Arbenz hatte seine Korrespondenz mit Verwandten nach dem Tod der Eltern aufgegeben:

„[…] erst durch meine Verheiratung kam ich wieder in näheren Kontakt mit der Heimat, besonders als sich mein liebes Gritli anerbot, meine Privatbriefe für mich an die Verwandten zu schreiben."[449]

Die Ehefrau erscheint in diesen Zitaten als doppelte Garantin des Bezugs zur Schweiz.

Ein weiteres Thema in der Rede von der Ehe ist der soziale Status. Verheiratet zu sein, verhieß gesellschaftlichen Aufstieg. Für die schweizerischen Kaufleute war es aber nicht einfach, eine Heirat mit einer Schweizerin

---

446 Botschaft des Bundesrates über die Unterstützung der Schweizerschulen im Ausland vom 17.9.1946. *Schweizerisches Bundesblatt*. 1946. P. 244.

447 Für einen aktuellen Überblick über Intersektionalität siehe Berger, Michele Tracy/Kathleen Guidroz (2009). *The intersectional approach: transforming the academy through race, class, and gender.*

448 Paul Jaccard an Alfred Frey-Wyssling in Medan vom 4.11. 1928. ETHA Nl. Frey-Wyssling. Hs 443: 636.

449 Lebenserinnerungen von H. Rudolf Arbenz. P. 147. STAZ Nl. Crone-Arbenz. X 387/2. P. 206.

einzurichten. Der sechsmonatige Urlaub nach vier bis sechs Jahren musste dazu benützt werden, eine Frau zu finden. Das Umfeld der Kaufleute wartete jeweils gespannt auf den Ausgang einer solchen Brautschau, da jede neue Frau in der Kolonie mit Männerüberschuss willkommen war. Die Brautschau war gleichzeitig eine Prüfung zum Abschluss der Adoleszenz und entsprechend standen die Kaufleute unter Druck.[450] Das Leben im Ausland war sowohl auf eine Karriere in der Firma als auch auf die Gründung einer Familie ausgerichtet. Beide Seiten waren aufeinander bezogen, insofern als ein Angestellter in gesicherter Stellung eher eine Frau fand und umgekehrt ein verheirateter Mann eher Karriere machte.

Die Ehefrauen der Prinzipale hatten einen hohen gesellschaftlichen Status, der dennoch in der von Männern dominierten Gesellschaft prekär war. Sie standen in den frühen Jahren im Zentrum der sozialen Aktivitäten, indem sie die Einladungen zu Dinnerparties geben konnten. Insofern hatten sie einen bescheidenen Einfluss auf die Ausgestaltung der sozialen Beziehungen unter den anwesenden Kaufleuten.

Der Schweizer Schützenverein war eine Männerdomäne. Frauen konnten nicht Mitglied werden und waren nur an speziellen Anlässen erwünscht, dann aber sehr wohl. Für die sozial nicht arrivierten und unverheirateten Assistenten hingegen, bedeutete der Club ein Stück soziale Unabhängigkeit. Dank den Clubs konnten sie ihr Sozialleben vermehrt selbst an die Hand nehmen.[451] Während in der Gesellschaft der europäischen Kaufleute Klassenunterschiede sehr betont wurden, bot der Schweizer Verein den jungen Assistenten eine gewisse republikanische Sphäre, in der diese Klassenunterschiede im Pathos nationaler Gemeinschaft aufgingen.

Ein weiteres Thema rund um Ehe und Partnerschaft waren das Konkubinat und die Ehe mit einer Eurasierin. ‚Eurasier' wurden Kinder von europäischen Vätern und asiatischen Müttern sowie deren Nachfahren genannt. Je nach Sprache der eurasischen Familie (englisch, holländisch, portugiesisch, deutsch) entwickelten sich verschiedene soziale Gruppen, wobei die Grenzen dieser Gruppen von außen ebenso wie von innen festgesetzt wurden.[452] Armenier wurden wie Eurasier zur nicht-weißen Oberschicht gezählt, zu der es soziale Kontakte gab, etwa bei Tanzparties, die aber zugleich vom Zugang in den Kreisen der Weißen marginalisiert wurden. Jacques Troll heiratete 1869 Anna Zacharias, Tochter eines armenischen Kaufmanns. Die Heirat wurde von seinem Umfeld jedoch nicht akzeptiert. Henri Fischer folgte der Einladung zur Hochzeit nicht, und auch der Kontakt zur Familie Sturzenegger scheint sich darauf sichtlich abgekühlt zu haben. Troll war seit der gemeinsamen Lehre in Winterthur mit Conrad Sturzenegger befreundet gewesen und arbeitete mit ihm beim Hause Rautenberg, Schmidt & Co. Die Frau des letzteren, Adolfine Sturzenegger-Morstadt schreibt in einem Brief,

---

450 Siehe den Briefwechsel Sturzengger. StASH Nl. Sturzenegger. D IV 01.34.01.

451 Schweizer-Iten, Hans/Swiss Club (Singapore) (1980), P. 30.

452 Zu portugiesischen Eurasiern in Singapur siehe Daus, Ronald (1983). *Die Erfindung des Kolonialismus.*

dass sie ihre gesellschaftlichen Kontakte auf einige schweizerische, deutsche und niederländische Kaufmannsgattinnen beschränke:

„Mit Engländern verkehren wir so gut wie gar nicht, wir haben keine Sympathie für diese Menschen, und ich lerne auch nur sehr wenig Englisch parlieren; Wir sehen immer die Deutschen und Schweizer bei uns."[453]

Eine Armenierin hatte in dieser sozialen Kulisse noch weniger einen Platz. Troll wechselte bald darauf in die Agentur der Firma in Penang:

„Troll wird nächster Tage von hier fort nach Penang gehen. Ob er auch Schriften von zu hause hatte [für die Heirat], weiss ich nicht, denn dies ist hier nicht notwendig. Ob sein Vater überhaupt etwas erfuhr, möchte ich nicht bestimmt behaupten, denn Troll soll sich geäussert haben, er werde gar nie mehr heimgehen, was auf wenig Liebe zu den Eltern und der Heimat schliessen lässt. Jedenfalls bitte ich Euch [Fischers Eltern], darüber zu schweigen."[454]

Trotzdem kehrte Troll später in die Schweiz zurück. Doch seine Kollegen betrachteten seine Heirat offensichtlich als einen Indikator für seinen Bruch mit der Schweiz. Diese „snobistische Haltung gegenüber gemischten Ehen"[455] scheint in Singapur besonders ausgeprägt gewesen zu sein.

Abb. 35: Paula Jucker mit Kindern, 1890 in Winterthur

Quelle: Meyer (1982).

In Bangkok heiratete zur selben Zeit Albert Jucker, Inhaber des Handelshauses Berli, Jucker & Co, die portugiesische Eurasierin Paula da Cruz. Sein späterer Partner Albert Berli heiratete deren älteste Tochter Mary. Paula Jucker-da Cruz zog nach dem Tod ihres Mannes nach Winterthur, wo sie ihre Kinder aufzog. Als der thailändische König Chulalongkorn 1907 auf Staatsbesuch in der Schweiz weilte, traf er auch Mae Phan, unter welchem Namen Paula Jucker in Thailand bekannt war. Der älteste Sohn stieg ins elterliche Handelshaus ein, der zweite studierte Ingenieurswissenschaften an der ETH und arbeitete später ebenfalls für die Firma in Thailand. Auch die Mutter kehrte, nachdem die Ausbildung der Kinder beendet war, nach

---

453 Adolphine Sturzenegger-Morstadt in Singapur an Marie Sturzenegger in Trogen vom 22.11.1869. StASH, Nl. Sturzenegger. D IV.01.34.01/1493.

454 Henri Fischer aus Singapur an seine Eltern in Winterthur vom 25.4.1869. DA, Z 4.3.12, Ca Di 22.

455 Schweizer-Iten, Hans/Swiss Club (Singapore) (1980), P. 309.

Thailand zurück.[456] Es bestand also am oberen Rand der Gesellschaft bereits am Ende des 19. Jh. In beschränktem Maße Raum für eine hybride Existenz zwischen Thailand und der Schweiz.

Weniger glücklich verlief die Ehe von Karl Krüsi mit Mary Ganno, die aus einer portugiesisch-malaiischen Familie stammte. Die Scheidungsunterlagen in Zürich sprechen von ständigen Streitereien, Eifersuchtsszenen und Prügel. Für Mary Ganno selbst war die Aussicht auf ein Zusammenleben in Europa wenig verlockend, da „die gesellschaftlichen Verhältnisse derart seien, dass sie sich absolut nicht darein schicken könne". Der Scheidungsrichter hielt fest, „dass (die Ehefrau) nicht im Stande ist, den Anforderungen eines auch nur etwas gebildeten Mannes an gesellschaftlichen Anstand zu genügen, und es [...] als ein Ding der totalen Unmöglichkeit erscheint, dass diese Ehe in Europa [...] fortgesetzt werde."[457] Auf Sumatra stellten sich solche Probleme weniger, da auf den Plantagen das Zusammenleben mit Nyais (einheimischen Haushälterinnen) allgemein akzeptiert war und sich ein Europäer auch nach einem Zusammenleben mit einer Nyai für eine Ehe entscheiden konnte.

So häufig wie Partnerschaften und Ehen zwischen Europäern und Asiatinnen sind Geschichten, wie sie Rudolf Arbenz in seinen Lebenserinnerungen unter dem Titel ‚Schicksale' erzählt: Die Geschichten berichten vom Umgang mit Geld und von Problemen in gemischten Ehen oder generell von den Problemen einer Existenz zwischen der Schweiz und den asiatischen Tropen. Die Schwierigkeit lag dabei weniger in der Beziehung mit einer Asiatin als in den Folgen der Legalisierung einer solchen Beziehung. Denn damit wurde ein Entscheid über Zugehörigkeit gefällt, der die Beteiligten – sei es die Frau, sei es der Mann, seien es die Kinder – in Konflikte brachte. Da gab es etwa einen Sohn aus einer gemischten Ehe, der die Mutter mit Vorwürfen für seine Existenz als ‚half-caste' terrorisierte; da ist die Rede von der Eifersucht einer entlassenen malaiischen Haushälterin, die, als eine rechtmäßige Ehefrau aus der Schweiz auftauchte, diese zu vergiften versuchte. Da ist ein Manager eines Handelshauses, der eine Eurasierin heiratet, die ihn langsam der Schweizer Gemeinde entfremdet. Er besucht nicht mehr den Schweizer Club, sondern die britischen ‚Tuan besar'-Clubs (große Herren). Schließlich gibt er seine Schweizer Staatsbürgerschaft auf und gerät wenige Jahre später in japanische Gefangenschaft, da er nicht mehr von der Neutralität profitieren kann.[458] Solche Geschichten gibt es viele.

Das Verhältnis zu den Nyais hingegen romantisiert Arbenz – im Guten wie im Schlechten:

---

456 Meyer, Walter (1982). 100 years of Berli & Jucker.

457 Ehescheidungsakten des Bezirkgerichts Zürich. STAZ B XII Zch 6341.57 (1886). 30.11.1886.

458 Lebenserinnerungen von H. Rudolf Arbenz. STAZ Nl. Crone-Arbenz. X 387/2. Kapitel 60.

„Über die Haushälterinnen in Sumatra könnte man Bände schreiben, die alle mensch-
lichen Schwächen und Stärken umfassen würden: Hingebung, Liebe, Erotik,
Berechnung, Eifersucht, Macht, Hass, Mitleid, Barmherzigkeit, Untreue, Verrat,
Gemeinheit, Seelenadel, Aufopferung, Nächstenliebe und viele andere Eigenschaften.
– Mancher ist durch seine Haushälterin zugrunde gegangen und wieder andere sind
gerade durch diese hochgekommen. – Sehr oft hat die Haushälterin mehr Stamina
[Stehvermögen] gezeigt als der Tuan [Herr], besonders wenn er sich in schlechter
Gesellschaft befand."

Nach dem Ersten Weltkrieg hat sich auch im Umfeld der Schweizer in Singapur die Haltung gegenüber Mischehen geändert, allerdings nur gegenüber
der eurasischen Oberschicht. Der im Teil A erwähnte Heinrich Greminger,
Manager von Diethelm & Co, der eine eurasische Frau geheiratet hatte, wurde im Jahr nach seiner Heirat zum Präsidenten des Clubs gewählt.[459]

Neben den ethnischen Schranken bestanden unter den schweizerischen
Kaufleuten und Pflanzern auch soziale Schranken gegen unten: Das Selbstverständnis der eigenen Überlegenheit sollte auf keinen Fall durch Angehörige einer weißen Unterklasse kompromittiert werden.[460] Die zentrale
Funktion der Vereine, nämlich die Repatriierung von in Schwierigkeiten
geratenen Landsleuten, schloss sich nahtlos an diese Ideologie an, indem die
Aufwendungen für die Repatriierung als eine Maßnahme verstanden wurde,
die verhindern sollte, dass sich eine Klasse armer Weißer bildete.

Bis zur Mitte des 19. Jh. war noch eine Mehrheit der Schweizer in Indonesien Söldner und dementsprechend in einer prekären sozialen Position.
Armin Rheiner beschreibt einen Ausflug von Singapur auf die benachbarte
zu Niederländisch-Indien gehörende Insel Riau. Im dortigen Fort fragen sie
nach Schweizern, können aber die drei, die es dort geben soll, nicht finden.
Schnell weicht die Vorstellung nationaler Verwandtschaft wieder Ängsten
vor der Devianz der Unterklasse: Rheiner und seine Freunde mutmaßen,
dass die Soldaten wohl im Gefängnis sitzen, worauf ihre „Lust, mit denselben in Berührung zu kommen". schnell schwindet.[461]

Solcher sozialen Abgrenzung entsprechend waren Schweizer Vereine
keine Vereine für alle Schweizer. Gemäß Angaben von Rudolf Arbenz wurden vor dem Ersten Weltkrieg „Schweizer gewisser Berufsklassen" nicht
aufgenommen. Dies sei den englischen ‚Tuan Besar'-Clubs (großer Herr)
abgeschaut worden. Arbenz bezeichnete dies als „unschweizerische Tendenzen", wobei er seinen eigenen Einsatz für die Öffnung des Clubs für alle
(männlichen) Schweizer heroisiert.[462] Zeitgleich mit dem Entstehen eines

---

459 Schweizer-Iten, Hans/Swiss Club (Singapore) (1980), P. 344f.

460 Stoler, A.L. (1989). Rethinking colonial categories: European communities and
the boundary of rule. *Comparative Studies in Society and History* 31(1). P. 134-
61. Siehe für Indien Fischer-Tiné, Harald (2009).

461 Carl Armin Rheiner an seine Eltern vom 19.6.1889. DA Z 4.3.12, Ca Di 11.

462 Lebenserinnerungen von H. Rudolf Arbenz. P. 147. STAZ Nl. Crone-Arbenz. X
387/2. P. 215.

nationalistischen Integrationsmodells in der Schweiz begannen auch Schweizer in Asien ihre republikanische Seite zu entdecken.

Aus der Perspektive des Teils C stellt sich abschließend die Frage, welche Rückwirkungen die Tätigkeit der Schweizervereine in Singapur und Sumatra oder die in ihnen herrschende Kultur auf historische Prozesse in der Schweiz gehabt haben könnte. Dabei springt zunächst ein sehr offensichtlicher Bezug ins Auge, nämlich die Rolle von Rückkehrern aus Singapur und Sumatra in der Etablierung des Begriffs Überseer in der Schweiz. Übersee war in der Schweiz wie in Deutschland im 19. Jh. der gängige Begriff für das Ensemble aller anderen Kontinente, wobei Nordamerika mit der Zeit eine eigene Kategorie bildete und Übersee hauptsächlich nicht-westliche Gebiete inklusive Australien bezeichnete. Der Begriff Überseer hingegen war eine Neuschöpfung. In der NZZ taucht er erstmals 1899 auf als Bezeichnung von Rückkehrern aus Südafrika und Australien. Vier Jahre zuvor hatten einige ehemalige Tropenschweizer eine freie Vereinigung der Schweizer Überseer gegründet, deren Zweck die Organisation eines Überseertags war. Einmal jährlich sollten sich dabei Schweizer, die in Lateinamerika, Afrika, Asien oder Australien tätig waren, zum freundschaftlichen Austausch treffen. Die Asienaufenthalter, im speziellen diejenigen aus Singapur und Sumatra dominierten die Veranstaltung. WH. Diethelm war Mitinitiator und bis in die 1920er Jahre Präsident des Überseetags. Auf ihn folgte Hans Morel, zuvor Administrator der Tjinta Radja Gesellschaft auf Sumatra.[463] Die NZZ berichtete über den Überseertag.

Eine Stiftung half den Begriff zu verankern. Die Mutter von Heinrich Huber, dem Partner von Fischer, Huber & Co in Singapur und Paris, der 1900 unverheiratet verstorben war, errichtete unter Mithilfe von WH. Diethelm mit einem Kapital von 2.5 Mio. Fr. einen Fonds für in Not geratene Überseer; diese Heinrich-Huber-Stiftung besteht bis heute.[464] Hier sei auch nochmals auf den Anton-Cadonau-Fonds für Schweizerschulen verwiesen, dessen Zweck ebenfalls auf das Leben von Überseern ausgerichtet war.

Der Überseertag fand regen Zulauf, vor allem unter Ostschweizern, und wurde jeweils von mehreren hundert Personen besucht.[465] Er diente weniger politischen Zielen als dem Austauschen von Erinnerungen. Rückkehrer aus Singapur und Sumatra hatten verschiedene Räume geschaffen, wo sie ihre gemeinsamen Erfahrungen austauschen und der Fremde in der eigenen Heimat Vertrautes aus der Ferne entgegensetzen konnten.[466] Im Restaurant Orsini in Zürich existierte ab 1891 ein Überseerstammtisch[467], im Tessin bildeten

---

463 Nachruf ‚Hans Morel'. *Neue Zürcher Zeitung* vom 12.5.1935. P. 2.

464 Heinrich Huber (1851-1900) war Partner der Firma Fischer, Huber & Co. Schweizer-Iten, Hans/Swiss Club (Singapore) (1980), P. 305f.

465 ‚Überseeschweizer'. *Neue Zürcher Zeitung* vom 24.9.1954. Morgenausg., P. 3.

466 Zur Problematik der Rückkehr, die hier kaum angeschnitten ist, siehe Dewulf, Jeroen (2007), P. 276-99.

467 Schweizer-Iten, Hans/Swiss Club (Singapore) (1980), P. 63.

Rückkehrer aus Sumatra eine kleine Kolonie und auch in Zürich gab es regelmäßige Treffen der Rückkehrer aus Sumatra, wie Karl Heusser schreibt:

„Morgen gehe ich mit Dürheim, dem Vorgänger Rusterholz's nach Lugano, wo wir unter anderem die Sumatranerkolonie besuchen werden. In Zürich ist jeden Freitag Sumatranen-koempoelan; ich halte mich noch am liebsten in diesem Milieu auf, wiewohl die alten Gebrechlichen grosse Neigung zum verphilistern haben."[468]

Zur gemeinsamen Kultur gehörte indisches Essen, wobei mit ‚indisch' hier die asiatische Seite des europäischen Lebens in Südostasien, also eine hybride Kulturform, gemeint ist. Am Überseertag wird stets Chicken Curry gegessen; dies ist auch in den 1950er Jahren noch Tradition.[469] Allerdings konnten angesichts der zahlreichen unterschiedlichen Länder und Kulturen, in denen die Überseer gelebt hatten, Gemeinsamkeiten weniger in der Pflege von hybriden Kulturformen gesucht werden als im Auslandschweizertum an sich sowie in einer gemeinsamen kolonialen Haltung:

„Da das mittlere und ältere ‚Element' am Überseertag jeweils besonders stark als ‚Hüter der Tradition' vertreten ist, liegt heute noch ein gewisser Abglanz des einstigen, nunmehr so verpönten ‚Kolonialzeitalters' auf den mehr oder weniger bemoosten Häuptern dieser Teilnehmerschicht."[470]

Die patriotische und zugleich koloniale Kultur des Überseertags befremdete einige Gruppen. So erschienen in den 1920er Jahren kaum noch Rückkehrer aus Argentinien am Überseertag; sie hatten ihren ‚Dia Suiza Argentino':

„Die Gefolgschaft jener Vereinigung ist, im Gegensatz zum Überseertag, nicht *rein schweizerisch*; wollten alle unsere Landsleute aus den überseeischen Staaten sich eine ‚Extratour' gestatten, so hätte der Schweizerische Überseetag schon längst das zeitliche gesegnet. Wir wollen hoffen, dass sich die ‚Argentinier' wieder zahlreicher an unserer patriotischen Tagung einfinden mögen."[471] (H.d.A.)

Es scheint, dass die Institution der ‚Argentinier' stärker auf Austausch orientiert war, während der Überseetag das ‚rein Schweizerische' propagierte. Jeroen Dewulf hat in seiner Dissertation über Auswandererliteratur von Schweizern in Brasilien das Schwanken zwischen Faszination und Angst vor dem Fremden oder zwischen Hybridität und Reinheit als ein Charakteristikum der Schweizer Kultur bezeichnet. Da sich die brasilianische Gesellschaft bereits früh und in einer radikalen Form hybridisierte, habe dieses Land die Schweizer zu einer Auseinandersetzung mit Phänomenen wie Ras-

---

468 Karl Heusser an Albert Frey-Wyssling in Medan vom 25.9.1929. ETHA, Nl. Frey-Wyssling. Hs 443: 591. Koempoelan (kumpulan) heißt Versammlung.

469 ‚Überseeschweizer'. *Neue Zürcher Zeitung* vom 24.9.1954. Morgenausg., P. 3.

470 Ebd.

471 ‚Schweizerischer Überseetag'. *Neue Zürcher Zeitung* vom 17.9.1925. Abendausgabe, P. 1.

senmischung, Identitätsverlust oder Kulturbeeinflussung gezwungen.[472] Lässt man die Rassenmischung weg, könnte Ähnliches auch über Schweizer in Argentinien gesagt werden, nicht aber über Schweizer in Ost- und Südostasien. Der Diplomat Paul Ritter, der lange als Konsul in Japan tätig war, hielt 1910 im Swiss Club New York eine Rede über schweizerische Auswanderung. Dabei stellte er Unterschiede bezüglich sozialer Herkunft der Auswanderer und der Vermischung mit den Einheimischen fest:

„Die Fremden in Asien vermischen sich kaum mit den Eingeborenen. Sie bleiben unter sich, meist in den sog. Settlements."[473]

Koloniale und nationale Exklusivität lagen beim Überseertag nahe beieinander. Die Vermutung eines ideologischen Transfers zwischen den Vorstellungen von Reinheit und Ausschluss des Fremden, wie sie in Kreisen von Überseeschweizer herrschten, und dem nationalistischen Überfremdungsdiskurs der 1920er Jahre liegt nahe, ist aber noch zu untersuchen.

---

472 Dewulf, Jeroen (2007), P. 299.
473 ‚Schweizer im Auslande'. *Neue Zürcher Zeitung* vom 11.9.1910. P. 2.

Schlusswort

Die Arbeit ist von der Frage ausgegangen, wie sich Schweizer zwischen der Mitte des 19. Jh. und 1930 in Singapur (Britisch Malaya) und Sumatra (Niederländisch-Ostindien) etablierten, in welchem Verhältnis die Migranten aus der Schweiz zu den kolonialen Strukturen in der Region standen und welche Rückwirkungen ihre dortige Anwesenheit auf die Schweiz hatte. In diesem Zusammenhang wurden verschiedene Themen angesprochen, die ich hier unter den Stichwörtern Kolonialismus, globale Netzwerkbildung und Rückwirkungen auf die Schweiz zusammenfasse.

Kolonialismus

Kehren wir noch einmal auf die in der Einleitung erwähnte Aussage eines schweizerischen Diplomaten von 2001 zurück, die Schweiz habe mit Sklaverei und Kolonialismus nichts zu tun. Vorliegende Studie reiht sich in eine Serie von Untersuchungen ein, welche die Unhaltbarkeit dieser Aussage belegen, und ergänzt diese um ein Kapitel aus der Region Südostasien. Was hatte die Schweiz mit dem dortigen Kolonialismus zu tun? Um die Frage zu beantworten, muss geklärt werden, sowohl was mit ‚Kolonialismus‘ als auch was mit ‚Schweiz‘ eigentlich gemeint ist. Die Aussage des Diplomaten meint die offizielle Schweiz. Diese ist tatsächlich nur am Rande in die hier dargestellte Geschichte involviert. Eine Geschichte der Schweiz geht jedoch über die politischen Institutionen hinaus und betrifft die Gesellschaft als Ganzes. Unter den Eliten in der Schweiz bestand offenbar ein Konsens, dass der Anschluss an Gebiete in Übersee, über die Exportwirtschaft und zivilgesellschaftliche Institutionen organisiert werde. Die vorliegende Untersuchung hat gezeigt, dass eine beträchtliche Anzahl von Schweizern über einen großen Zeitraum hinweg in der britischen und in der niederländischen Kolonie im malaiischen Archipel tätig war und dass viele Unternehmen, wirtschaftliche Interessenverbände sowie akademische und kulturelle Institutionen die daraus hervorgehenden Verbindungen nutzten. Für bestimmte

Sektoren der Textilexportindustrie war die Region eine Hauptdestination, Handelshäuser mit Beteiligung von Schweizern fungierten als Drehscheibe für die Exportindustrie, und aus der Region zurückgekehrte Kaufleute hatten Einfluss auf die Entwicklung des Finanzsektors in der Schweiz. Ebenso brachten Plantagen Rohstoffe und Kapitalgewinn in die Schweiz, wenn auch beides in bescheidenem Maß. Wissenschaftliche Institutionen wie Botanik und Geologie der ETH standen in engem Austausch mit Partnerinstitutionen in Niederländisch-Indien. Dieser Austausch wiederum hatte Einfluss auf die Entwicklung der Botanik in der Schweiz. Museen profitierten von den im Archipel anwesenden Wissenschaftlern, Kaufleuten und Missionaren.

Die wirtschaftlichen und zivilgesellschaftlichen Netzwerke, welche den Anschluss an Handelsplätze in den Kolonien für Import und Export sowie den Wissenstransfer aus Übersee in die Schweiz gewährleisten sollten, waren eine spezifische Reaktion der Schweiz auf den staatlichen Imperialismus anderer europäischer Nationen. Junge Männer wurden durch Mittel- und Hochschulen sowie Handelsschulen gezielt auf einen Einsatz in Übersee im Dienste der Exportindustrie oder der Wissenschaft vorbereitet. Im jungen Bundesstaat wurden Auslandschweizer als Vorbilder in Bezug auf den nationalen Zusammenhalt und die bürgerliche Solidarität dargestellt und an Schützenfesten und in der Katastrophenhilfe entsprechend inszeniert.

In den Niederlassungen in Übersee organisierten sich die hier tätigen Schweizer in ‚Schweizerkolonien‘, die als Schweizervereine im Ausland eine offizielle Sanktion durch den Bund erhielten. Auch einige Kaufleute im Zentrum der beschriebenen Netzwerke gelangten als Handelskonsuln zu einem Status als gewissermaßen offizielle Vertreter der Schweiz. Die Bildung von Schweizerkolonien beschränkte sich zwar nicht auf die Imperien der Kolonialmächte, sondern erfolgte auch in andern Ländern des Südens, in Europa und Amerika. Doch war es vor allem die schweizerische Migration in Kolonien und in nicht-kolonisierte oder ehemals kolonisierte Länder in Übersee, die von Bedeutung war im Blick auf das Selbstverständnis von Schweizern im Ausland generell. Diese Migration ist geschlechtlich spezifisch: Es handelt sich zum größten Teil um Männer. Frauen aus der Schweiz kamen vor allem als Ehefrauen in die Kolonien und spielten eine Rolle als Bindeglied zur Schweiz.

Was also ist unter dem Verhältnis der Schweiz zum Kolonialismus zu verstehen? Die Schweiz als Staat hat offensichtlich nie ernsthaft Pläne zur Schaffung eines Kolonialreiches verfolgt. Es stellt sich deshalb die Frage, ob Schweizer in den Kolonien eine andere Position einnahmen als die Vertreter der Kolonialmächte, ob sie also eher als Mediatoren betrachtet werden können, welche in den Kolonien zentrale Aufgaben in der Vermittlung zwischen Kolonisatoren und Kolonisierten übernahmen. Tatsächlich waren die Schweizer und mit ihnen die Deutschen im wirtschaftlichen Verhältnis zu den Kolonisatoren in einer Außenseiterposition. Die profitabelsten Projekte (Bergbau, Tabak, Zucker, Chinarinde) befanden sich meist in den Händen von Unternehmen, welche an imperiale Interessen ihres Mutterlandes appellieren und somit politische Unterstützung mobilisieren konnten. In der Tabakproduktion hatten niederländische Unternehmen mit behördlicher Unterstützung innerhalb von zwei Jahrzehnten beinahe die gesamte Konkurrenz verdrängt. In Singapur ließen die Briten auf Grundlage ihrer Freihandelspolitik schweizerische und deutsche Handelshäuser lange gewähren. Doch auch sie waren bereit, ihren nationalen Interessen Geltung zu verschaffen: Im Ersten Weltkrieg isolierten sie sämtliche mit dem Deutschen Reich verbundenen Unternehmen. Aus der Perspektive *nationaler* Interessen in den *Imperien* war die Position von Schweizern wie auch von Deutschen in gewissem Maße prekär. Deutsche und schweizerische Unternehmen mussten dementsprechend sowohl im Handel wie auch in der Plantagenwirtschaft Nischen finden. Solche öffneten sich vor allem im grenzüberschreitenden Handel und Verkehr in der Region.

Vergleicht man jedoch aus der Perspektive der *kolonialen* Gesellschaft Schweizer und Deutsche mit asiatischen Mittelleuten so zeigen sich deutliche Unterschiede in rechtlicher und gesellschaftlicher Stellung. Gesellschaftlich gehörten die Schweizer zur weißen kolonialen Oberschicht, rechtlich nutzten Unternehmen aus der Schweiz die Privilegien von Europäern in den Kolonien. Der Sicherheitsapparat der Kolonialmächte ermöglichte ihnen überhaupt erst den Zugang zu Ländern, in denen die Sicherheit von Leib und Leben für Europäer ohne Kolonialherrschaft nicht gewährleistet gewesen wäre. Schweizer beteiligten sich mitunter an Milizen, wenn es galt, die Sicherheit der Europäer zu verteidigen. Für Handelshäuser war darüber hinaus der Schutz des Eigentums durch ein westliches Rechtssystem sowie eine westliche Gerichtsbarkeit ausschlaggebend für Investitionsentscheide. Auch in nicht-kolonisierten Gebieten wie dem Osmanischen Reich, Persien, Siam, China und Japan konnten Schweizer das koloniale Privileg der Konsulargerichtsbarkeit für sich in Anspruch nehmen.

Auf Sumatra profitierten Schweizer von den Rahmenbedingungen eines kolonialen Regimes, das ihnen sehr einfach Zugang zu Land und Arbeitskräften verlieh. Von den Niederländern wurden sie zwar allmählich aus der Tabakkultur verdrängt, doch dank ihrer rechtlichen Privilegien konnten sie im Gegensatz zu Chinesen und Einheimischen Plantagenland an den Rändern des Plantagengürtels erwerben und förderten so Ausbreitung des faktischen Kolonialgebietes und die allmähliche Verdrängung einheimischer Gruppen aus ihren Anbaugebieten mit nachhaltiger Bewirtschaftung des Urwaldes. Ebenso trugen sie das System der Kontraktarbeit und der sie begleitenden Zwangsmethoden mit. Durch ihre frühe Anwesenheit halfen sie, das Regime aufzubauen, einige von ihnen übten darin gar zentrale Funktionen aus. Insgesamt waren sie also aktiv an der Aushandlung der Bedingungen des Regimes beteiligt. Das System zeigt bis heute Nachwirkungen auf die Ökologie der Region, die Landnutzung und die ethnische Zusammensetzung der Gesellschaft, alles Ursachen von sozialen Spannungen.

Schließlich erhielten auch Wissenschaftler aus der Schweiz, insbesondere Botaniker, von der Kolonialadministration in Batavia Unterstützung für ihre Forschung, unter anderem Zugang zu Gebieten, militärische Sicherung, vor allem jedoch die Erlaubnis zur Nutzung der botanischen Institutionen, die zu den weltweit führenden gehörten. Der wissenschaftliche Austausch mit Niederländisch-Indien verschaffte der Botanik in der Schweiz Zugang zu Material aus den Tropen. Einige junge Biologen, die später als Institutsleiter oder Professoren in schweizerischen Universitäten an Schaltstellen tätig waren, erhielten hier Anschauungsunterricht in angewandter, experimenteller Botanik.

Die Schweizer waren also durchaus an der konkreten Realisierung kolonialer Herrschaft beteiligt und nutzten die rechtlichen Privilegien ihrer Position in der kolonialen Gesellschaft. Aber auch noch darüber hinaus waren Schweizer als Angehörige der europäischen Oberschicht Teil einer kolonialen Kultur. Sie übernehmen und reproduzieren deren Denkmuster. Dies beinhaltet unter anderem ein elitäres Selbstverständnis, soziale Abgrenzung gegenüber Asiaten in rassistischen Denkmustern sowie die Legitimation europäischer Expansion durch die Gegenüberstellung von Tradition und Moderne bzw. Natur und Zivilisation. Dazu gehört auch ein männliches Selbstverständnis von Durchsetzungskraft im Lebenskampf, das die Position an der Spitze der Hierarchie legitimieren sollte. Gerade die Affinität zu dieser Kultur vermag die Präsenz einer gewissen Schicht von schweizerischen Pflanzern auf Sumatra besser zu erklären als eine rein ökonomische Sichtweise.

Diese koloniale Kultur wirkt weit über die faktische Kolonialherrschaft hinaus, nicht nur zeitlich, indem sie postkoloniale Folgen zeitigt, sondern auch örtlich, indem sich diese Kultur auch an Orten manifestiert, die nie als Kolonien galten, so etwa in Süditalien. Die elitäre Kultur der Abgrenzung gegen kulturelle Einflüsse in Übersee fand ihre Entsprechung in der Kolonienbildung unter Schweizern. Zusammenfassend kann man sagen, dass die Schweiz als Staat nicht *imperialistisch* auftrat, dass jedoch zahlreiche Institutionen der schweizerischen Gesellschaft mit der Ausgestaltung des *Kolonialismus* sehr wohl in vielen verschiedenen Facetten zu tun hatte.

Netzwerkbildung im Rahmen von Globalisierung

Die Frage des Kolonialismus ist untrennbar verbunden mit der Diskussion um Entwicklung und Ausbreitung der Moderne insgesamt. Damit sind Institutionen wie Demokratie, Kapitalismus, Wissenschaft und Nationalstaat gemeint. Diese Diskussion wird heute eher unter dem Stichwort *Globalisierung* geführt. Sie greift die traditionelle und wirkungsmächtige Idee der Verbreitung von westlicher Moderne als zivilisatorische Mission auf und kritisiert sie von verschiedenen Seiten. Ich möchte hier zwei Standpunkte plakativ zusammenfassen, den ersten: Es gibt nicht eine westliche Moderne, die durch Globalisierung allmählich in die restliche Welt diffundiert, sondern viele verschiedene parallele Modernen und verschiedene Wege ihrer Realisierung (‚multiple modernities' von Shmuel Eisenstadt; ‚provincialising Europe' von Dipesh Chakrabarty), den zweiten: Der Westen ist gar nicht so modern, wie er manchmal dargestellt wird, vielmehr entsteht die Moderne in der Begegnung mit dem Anderen (z.B. ‚cultural flow' und die verschiedenen ‚scapes' von Arjun Appadurai; Verflechtung von Shalini Randeria/Sebastian Conrad). Die Diskussion wird großen Teils in einem *kulturhistorischen* Rahmen geführt. Der erste Teil meiner Arbeit liefert einen Beitrag aus *wirtschaftshistorischer* Perspektive zu letzterem Aspekt. Darin geht es um den Aufbau von Handelsnetzwerken und um den Stellenwert persönlicher Beziehungen und ‚objektiver' Strukturen bei diesem Prozess. Traditionelle Positionen in der Soziologie bezeichnen den Übergang von einer Wirtschaft auf der Grundlage von persönlichen Netzwerken hin zu ‚objektiven' Strukturen als typisch für die westliche Moderne. Zu diesen objektiven Strukturen gehören beispielsweise eine auf dem Preismechanismus beruhende Arbeitsteilung, der Umgang mit Gütern als ‚commodities', also objektivierte und austauschbare Waren, sowie personenunabhängige Institutionen der Vertrauensbildung wie zum Beispiel ein tragfähiges Rechtssystem und wissenschaftliche Expertise.

Die Arbeit liefert Ergebnisse zur Gestaltung der Beziehungen im transkontinentalen Handel zwischen Europäern einerseits und Europäern und Asiaten anderseits. Sie zeigt einen lange andauernden Prozess zunehmender transnationaler Vernetzung, der von engen familiären und regionalen Netzwerken ausgeht und zunehmend nationale und transnationale Dimensionen erreicht. Persönliche Beziehungen waren grundlegend für den Aufbau von Geschäftsbeziehungen zwischen schweizerischen Textilproduzenten und ihren europäischen Handelspartnern in Südostasien. Diese persönlichen Beziehungen aufrecht zu erhalten, war aber schwierig angesichts der großen örtlichen und zeitlichen Distanz. Als Knackpunkt erwies sich das Principal-Agent-Problem: Junge, ambitionierte Kaufleute sollten den Verkauf in Übersee durchführen, mussten aber auch kontrolliert werden, ob sie im Sinne der Auftraggeber handelten. Es wurden verschiedene Modelle der Betriebsorganisation getestet. Wirtschaftliche Kooperation war dabei in der Idee gemeinsamer Herkunft aufgehoben, sei es der Familie, der Region, der Nation oder der Sprachgemeinschaft.

Die Bedeutung familiärer und regionaler Netzwerke im internationalen Handel wurde in der Literatur bereits vielfach dokumentiert. Doch die gemeinsame Herkunft allein erwies sich im Falle des schweizerischen Exporthandels nicht als ausreichende Grundlage für tragfähige Strukturen. Es setzte sich vielmehr ein komplexes Modell durch, das sich durch zwei wesentliche Aspekte auszeichnet. Erstens bleiben die interkontinentalen Beziehungen zwischen Produzenten in der Ostschweiz und jungen Kaufleuten in Singapur informell. Sie sind in regionalen Netzwerken und einer Kultur von Wechselseitigkeit aufgehoben. Diese Wechselseitigkeit war in ein Migrationskonzept eingebunden, in dem migrierende Kaufleute mit einem Karrieresprung nach ihrer Rückkehr in dies Schweiz rechnen konnten. Vertrauen zwischen den beiden Seiten entstand aus der engen Vernetzung in Familie und Region als erweiterte Sippe und aus konkretem Erleben von Wechselseitigkeit. Zweitens sind die jungen Kaufleute direkter patronaler Kontrolle durch Vorgesetzte vor Ort unterstellt. Die Vorgesetzten in Südostasien waren zum Teile Deutsche, kamen also nicht aus denselben regionalen Netzwerken. Die Kooperation mit deutschen Kaufleuten ist bemerkenswert. Sie ging über pragmatische Überlegungen hinaus und war in eine gemeinsame Kultur und die dazugehörigen Institutionen wie Clubs, regelmäßige Dinners, etc. eingebettet. Vertrauen generierte sich hier über die gemeinsame Sprache und fortgesetzte soziale Beziehungen. Die deutsch-schweizerische Geschäftswelt in Singapur lebte lange in einer ethnischen Enklave.

In der Periode von 1860 bis 1930 kann allerdings eine wachsende Bedeutung der Nation als gemeinsamer Identifikationsraum festgestellt werden. Insbesondere der Erste Weltkrieg brachte einen Schub in diese Richtung, indem die Solidargemeinschaft mit den Deutschen vor Ort, die ihr Fundament in der gemeinsamen Hilfskasse hatte, ein Ende fand. Die Bildung von Netzwerken durch Schweizer in Südostasien schwankte stets zwischen einem nationalen Fokus und transnationaler Orientierung. Erfolgreiche und dauerhafte Vernetzung bedingte meist den Einbezug von Partnern außerhalb der Schweiz. Die transnationale Vernetzung hatte zur Folge, dass nationale Identität innerhalb der Netzwerke vermehrt verhandelt werden musste. Dieses Sprechen über den Stellenwert von nationaler Herkunft in Netzwerken, über die Kooperation mit anderen Nationen und über nationale Interessen machte Nationalität und Grenzziehungen insbesondere unter den Kaufleuten zu einer wichtigen Denkkategorie.

Schlagen wir den Bogen zurück zur eingangs aufgeworfenen Thematik des Stellenwerts persönlicher Beziehungen und ‚objektiver Strukturen‘: Der Aufbau der Netzwerke erfolgte also auf der Grundlage persönlicher Beziehungen und weniger auf Verträgen. Letztere spielten vor allem bei der Regelung von Partnerschaften innerhalb einer Firma eine Rolle und weniger im Geschäft zwischen Firmen, das auf Vertrauen fußte.

Der Export von Gütern aus der Schweiz bedingte den Aufbau von Handelsstrukturen mit Asiaten. Über die sozialen Umstände dieses Handels existiert wenig Literatur. Man könnte daraus schließen, es hätten sich in diesem Handel keine Probleme gestellt und der Markt habe wie die Warenbörse in Chicago als anonymer Rohstoff-Markt mit Preistransparenz funktioniert. Der Bazar zeichnete sich jedoch durch vielfältige soziale Beziehungen aus. Europäische Groß- und asiatische Zwischenhändlern standen in einer Klientelbeziehung. Die gegenseitige Abhängigkeit zwischen Patron und Klienten beruhte auf Krediten, welche der Klient brauchte und der Patron bedient haben wollte. Das Verhältnis wurde durch Geschenkrituale besiegelt, welche die Wechselseitigkeit der Beziehung bestätigen sollte. Doch waren Beziehungen über ethnische Grenzen hinweg prekär, da sie angesichts des kolonialen Rassismus sozial wenig abgestützt waren. Ich habe in meiner Arbeit gezeigt, wie sich an der Schnittstelle zwischen asiatischen und europäischen Kaufleuten eine spezifische Form von ,branded goods', von Markenprodukten entwickeln. Sie verliehen der Klientelisierung des Bazars ein sichtbares Zeichen und generierten damit ein Gefühl der Vertrautheit zwischen Fremden. Der Handel mit Markenprodukten ist eine Zwischenform zwischen dem Handel aufgrund persönlicher Beziehungen wie zum Beispiel im Bazar und dem unpersönlichen Handel mit Gütern als ,commodities'. Brands stießen auf Interesse in einer Kultur, in der Authentisierung oder Autorisierung eine wichtige Bedeutung hat. Man kann also sagen, dass ,branding' als wirtschaftliche Praxis in Singapur als Lösung für ein kulturelles Problem, nämlich den kolonialen Rassismus, diente.

Bei der Durchsetzung von Brands im Markt mit europäischen Textilien im kolonialen Singapur zeigen sich drei Paradoxe. Erstens zogen die Textilkaufleute aus, um Tuch als ,commodity' zu verkaufen, brachten dann aber Markenprodukte auf den Bazar. Zweitens gingen ihnen die Bemühungen um Brands eigentlich beinahe gegen ihre Überzeugungen. Denn traditionellerweise waren sie sich gewohnt, Tuch über Erfahrung zu prüfen. Drittens schienen bei asiatischen Händlern Brands eher einen Vertrauensvorschuss zu generieren als die persönliche Beziehung zum europäischen Händler. Hier sahen die europäischen Textilkaufleute zum ersten Mal die Wirkungsmacht von Marken und lernten etwas über die kulturelle Bedeutung von Symbolen. Das System der ,branded goods' setzte sich im Bazar durch, indem beide Seiten des Handels dazu beitrugen: kulturell waren sie eingebettet in die Gepflogenheiten des Bazars, rechtlich gehörten sie jedoch den Handelshäusern. Die Verbreitung von Branding lässt sich also nicht einfach als Prozess, der von Europa aus geht, beschreiben, vielmehr ist die außereuropäische Welt von Anfang an an diesem Prozess beteiligt, der allerdings zu größerer

Abhängigkeit von westlichen Industrieprodukten führt. Mehr noch: Branding setzt sich überhaupt erst außerhalb von Europa als Praxis durch zur Lösung eines neuen Problems, das im imperialen Kontext auftaucht.

Globalisierung, hier im Sinne einer Ausbreitung des westlichen Kapitalismus verstanden, erfolgte auf Sumatra und Singapur unter unterschiedlichen Voraussetzungen. Dementsprechend ist auch der Verlauf der Geschichte, insbesondere in den Jahren der Dekolonisierung ein anderer. In der Plantagenwirtschaft an der Ostküste Sumatras erfolgte sie in Form einer mehr oder weniger gewaltsamen Expansion. In der Handelsmetropole Singapur waren Asiaten im Handel an der Ausgestaltung der Regeln im Geschäftsalltag stärker beteiligt als etwa die Bewohner der Batakdörfer oder die chinesische Kulis an denen der Plantagenwirtschaft. Soziale Beziehungen und Landbesitz scheinen die entscheidenden Kriterien für die Pfade der Entwicklung in der Dekolonialisierung gewesen zu sein. Auf Sumatra wurden die Europäer weitgehend aus der Plantagenwirtschaft verdrängt, während sie sich in den Handelsmetropolen halten konnten.

Rückwirkungen der Verflechtung auf die Schweiz

Betrachten wir schließlich die *Rückwirkungen* schweizerischer Migration und wirtschaftlicher Tätigkeit in Singapur und Sumatra: Mit Arjun Appadurai oder Stuart Hall könnte man sich fragen, inwiefern Kolonialismus auch für die Schweiz die konstitutive Außenseite der Entwicklung zur kapitalistischen Wirtschaft im demokratischen Nationalstaat darstelle. Auf den ersten Blick scheint diese Frage absurd. Im Gegensatz zu den Niederlanden, wo der Kolonialismus so deutlich in die Entwicklung des Landes eingeschrieben ist, von den Migrantengruppen aus den ehemaligen Kolonien über Essgewohnheiten bis hin zu Zeugen der Vergangenheit in Literatur, Kunst und Architektur, müssen in der Schweiz die Zeugnisse der kolonialen Vergangenheit erst entdeckt werden, das heißt: Historiker müssen die entsprechenden Zusammenhänge in den Quellen bergen und beschreiben. Meine Studie konnte am Beispiel des malaiischen Archipels zeigen, dass eine solche Spurensuche in der Schweiz durchaus viel Material hervorbringt. Die Verbindungen zu den europäischen Kolonien in Asien deshalb aber als konstitutiv für die Entwicklung der hiesigen Gesellschaft zu bezeichnen, hieße diese Indizien überstrapazieren.

Im Unterschied zu den Niederlanden mit ihrer wirtschaftlichen und kulturellen Verflechtung mit Indonesien hat die Schweiz keinen derartigen Fokus außerhalb ihrer Grenzen. Die Außenseite der Schweiz ist eher die *Welt* insgesamt als ein spezifisches Land in der Welt. Versuchte man die These von Hall und Appadurai am Beispiel der Schweiz zu diskutieren, müsste man demgemäß erst nach dem Verhältnis der Schweiz zur Welt an sich fragen und in einem zweiten Schritt erst die Bedeutung von Kolonialismus diskutieren. Ich möchte in diesem Schlusswort aufgrund meiner Forschung zusammenfassend vier Beobachtungen festhalten.

Erstens: In der Schweiz ist seit der Gründung des Bundesstaates ein
Arrangement zwischen Wirtschaft und Politik wirkungsmächtig, das der
Politik das Innen und der (Export-)Wirtschaft das Außen als Wirkungsfelder
zuweist. Richard Behrendt hat bereits 1931 die These aufgestellt, dass durch
das Fernhalten der Politik von allen Großmachtambitionen die Exportwirtschaft mehr vom Kolonialismus profitieren konnte als die Kolonialmächte
selbst. Die Erfahrungen aus der Kolonialzeit mögen zur Stabilität dieses
Arrangements beigetragen haben. Auch heute noch wirkt dieses Verhältnis
von Wirtschaft und Politik in den Diskussionen um außenpolitische Öffnung
und um das Verhältnis mit der EU nach.

Zweitens: In Reaktion auf den Imperialismus fanden sich Exponenten
der Exportwirtschaft und Akademiker in der Auffassung, dass Investitionen
in Bildung eine geeignete Antwort auf den fehlenden direkten Zugang zu
Kolonien sei. Die Investition in Bildung und Forschung verlangte aber nach
Zugang zu Material aus fernen Kulturen oder tropischen Gebieten. In
Fächern wie Biologie, Geologie, Geographie oder Ethnologie drohte sonst
der Verlust des Anschlusses an die Forschung in den Zentren der Kolonialmächte. Hochschulen und andere Institutionen versuchten deshalb durch
Vernetzung mit akademischen Institutionen und Schweizern in Übersee, den
Nachschub an Objekten (Mineralien, Pflanzen, Tiere, menschliche Skelette
und Kulturobjekte) zu gewährleisten. In St. Gallen, in Zürich und etwas
weniger ausgeprägt in Basel stand dabei die Vernetzung mit Südostasien im
Zentrum. Generell ist der enge Kontakt mit dem niederländischen Kolonialreich in der Botanik, der Geologie und später in der Ethnologie augenfällig.
Dieser Austausch führte an der ETH sogar zu Anpassungen der Lehrpläne
und Forschungsschwerpunkte.

Drittens: Noch stärker als bei imperialen Nationen sind Rückwirkungen
auf das Mutterland im Rahmen von Migration hin und zurück zu verorten.
Ich habe in der Einleitung meiner Arbeit dargelegt, dass man Migranten im
Zusammenhang dieser Untersuchung nicht als Auswanderer, sondern als ‚im
Ausland Lebende' verstehen muss und dass es sich dabei fast ausschließlich
um Angehörige der Mittel- oder Oberschicht handelt. Migration wurde als
Versuch einer sozialen Karriere im Ausland mit anschließender Rückkehr
aufgefasst. Dieses Migrationsmodell war in der Schweiz des 19. Jh. verbreitet, blieb aber auch im 20. Jh. noch wirkungsmächtig und wurde durch die
Exportwirtschaft unterstützt. Schweizer gingen in die Welt hinaus und verteilten sich mehr oder weniger über alle Länder und Gegenden. Es gab zwar
regionale Schwerpunkte, aber nie in einem Maße, dass der Austausch mit
einer bestimmten Weltgegend kulturell dominant wurde. Vielmehr ist das
Typische am Verhältnis der Schweiz zur Welt gerade das Unspezifische,

nämlich dass Schweizer überall Nischen suchten und nicht auf den eigenen Staat zurückgriffen, um ihre Präsenz an einem bestimmten Ort abzusichern. Diese Form verlangte sowohl von Migranten als auch Unternehmen einen höheren Grad von *kultureller Versatilität*. Migranten mussten Sprachen lernen, sich am neuen Ort vernetzen und sich an Gewohnheiten der dominanten Gruppe anpassen.

Die vierte Beobachtung steht in einem direkten Zusammenhang mit dem Kolonialismus. Es geht dabei um den Umgang mit der Außenwelt während der Migration und mit dem kulturellen Cargo nach der Rückkehr. ,Im Ausland Leben' forderte von den Migranten eine enorme kulturelle Anpassungsleistung. Schweizervereine im Ausland fungierten als Instanzen kultureller Vermittlung, indem sie einerseits die Integration erleichterten, anderseits halfen, die Bindung von Schweizern mit dem Land ihrer Herkunft nicht abbrechen zu lassen. Sie vermittelten den Migranten einen Lebensentwurf, der ihre Präsenz in einen Bezug zur Schweiz stellte. In Singapur wurde die Bindung zur Schweiz durch die obligatorische Schießpflicht der Mitglieder des Schützenvereins unterstrichen; die Migranten sollten jederzeit zur Verteidigung des Vaterlands bereit sein. Die Vereine ermöglichten das Leben in mehr oder weniger geschlossenen ethnischen Enklaven. Damit sollte der kulturellen Hybridisierung begegnet werden, die das Leben in der Ferne mit sich brachte. Vor allem bei Partnerwahl und Kindererziehung wurden Grenzen dessen verhandelt, was es bedeutet Schweizer zu sein. Lange wurden gerade in Singapur Mischehen als problematisch erachtet und Mitglieder aus diesem Grund ausgeschlossen. Ebenso ist die geographische Verteilung von Schweizerschulen im Ausland ein Indikator für das Gefühl kultureller Distanz. Die Abgrenzung gegen das Andere und das Leben in der elitären Enklave waren ein zentraler Teil dessen, was die koloniale Ordnung ausmacht. Die Exklusivität schuf jedoch Probleme bei der Rückkehr in die Massengesellschaft Europas. Es brauchte deshalb auch Vermittlung bei der Rückkehr. Dafür war die Organisation der Überseeschweizer zuständig, die hauptsächlich von Rückkehrern aus Südostasien gegründet worden war mit dem Ziel, den umgekehrten ,Kulturschock' aufzufangen. So trugen Schweizervereine im Ausland und die Organisation der Überseeschweizer im Inland zu einem Verständnis des Nationalen bei, das auf kultureller Abgrenzung und Exklusivität beruhte.

Zusammenfassend können also wesentliche Merkmale helvetischen Selbstverständnisses – die Aufgabenteilung von Wirtschaft und Politik, die Bedeutung des Bildungsstandorts und die Verpflichtung zu kultureller Versatilität – als Reaktionen auf die imperialen Strategien der Großmächte gelesen werden. Es ist die Antwort eines relativ kleinen, bürgerlichen Landes ohne Kolonien auf das Verhältnis Europas zur Welt. Sie wirkt bis heute nach.

Anhang

Abkürzungsverzeichnis

AVROS	Vereeniging van de Rubberplanters ter Oostkust van Sumatra: Kautschuk-, Kaffee-, Tee, und Palmölproduzenten (ab 1911)
BPM	Bataafsche Petroleum Maatschappij (heute: Shell)
DKSH	Welthandelsfirma in Zürich (steht für Diethelm, Keller, Siber Hegner)
DPV	Deli Planters Vereeniging, Verband der Tabakproduzenten (ab 1879)
ETH	Eidgenössische Technische Hochschule, Zürich
GEGZ	Geographisch-ethnographische Gesellschaft Zürich
GGB	Geographische Gesellschaft Bern
HVA	Handelsvereeniging Amsterdam: Plantagengesellschaft
KNIL	Koninklijk Nederlandsch-Indisch Leger: niederl. Kolonialarmee
KPM	Koninklijke Paketvaart Maatschappij
KSW	Koninklijke Stoomweverij Nijverdal, Textilunternehmen in Twente
MGCG	Mittelschweizerische geographisch-commercielle Gesellschaft, Aarau
Mij	Maatschappij, holländisch kurz für Aktiengesellschaft
NATM	Nederlandsche/Nieuwe Asahan Tabak Mij (1892-1910)
NHM	Nederlandsche Handel-Maatschappij, 1824 als Nachfolgerin der VOC gegründet. Ab 1870 vermehrt als Handelsbank in Amsterdam tätig.
OGCG	Ostschweizerische geographisch-commercielle Gesellschaft, St. Gallen
RCMA	Rubber Cultuur Maatschappij Amsterdam
SSD	Singapore and Straits Directory, Handelsverzeichnis in Singapur
VOC	Vereenigde Ostindische Compagnie: die niederländische Ostindien Kompanie wurde 1602 gegründet und dominierte im 17./18. Jh. den Handel mit Ostindien

Lexika

HLS	Historisches Lexikon der Schweiz, www.hls-dhs-dss.ch
NSB	Neue Schweizer Biographie
HBLS	Historisch Biographisches Lexikon der Schweiz, 1921-33
ADB	Allgemeine Deutsche Biographie, www.deutsche-biographie.de

Archive

AfZ	Archiv für Zeitgeschichte
BAR	Bundesarchiv Bern
DA	Archiv der Diethelm & Co.
ETHA	ETH Archiv
GA	Gemeentearchief Amsterdam (heute: Stadsarchief)
GHL	Guildhall Library London
IISG	Internationaal Instituut voor Sociale Geschiedenis
KB	Koninklijke Bibliotheek Den Haag
KIT	Koninklijk Instituut voor de Tropen
KSW	Koninklijk Stoom Weverij Nijverdal
LB	Landesbibliothek
NA UK	National Archives United Kingdom
Nl.	Nachlass
NLS	National Library Singapore
RCMA	Rubber Cultuur Mij Amsterdam
StASH	Stadtarchiv Schaffhausen
STAZ	Staatsarchiv Zürich
WA BS	Wirtschafstarchiv Basel
WiBib	Winterthurer Bibliotheken
ZB HS	Handschriftenabteilung Zentralbibliothek Zürich
ZWD	Zentrale für Wirtschaftsdokumentation, Zürich

ARCHIVE

Firmenarchive und Nachlässe

■ Archiv der Diethelm & Co, heute DKSH, Zürich (DA)

A 1.6/7	Protokolle des Verwaltungsrats und des Ausschusses
A 1.8	Geschäftsberichte
A 2.4/6/7/9-12	Typoskripte der Korr. von/an WH. Diethelm (1870-90)
A 2.14	Privatkorr. von WH. Diethelm mit W. Ingold (Singapur)
A. 2.23	H. Schweizer-Iten «Das Haus Diethelm» (Typoskr. 1984 S)
A 2.27/28/31/32/49	Reiseberichte und Erinnerungen von Managern
A 3.5/12/13	Korrespondenz von Zürich mit Filialen (ca. 1906-1920)
A 3.19	Korrespondenz mit Politischem Department (1906-22)
A 3.20	Privatkorrespondenz von WH. Diethelm mit Managern
A 4.95/103	AG für Plantagen/Tandjong Keling:Jahresber. (1924-60)
A 5.1/4	Bilanzunterlagen
A 6.1/2	Ticketbooks (Trademarks)
Z 4.3.12	Sammlung von Briefen von Kaufleuten in Singapur: (Caveng Dokumentation, 1851-1900)

- Archiv Swiss Re

  Protokolle des VR/Ausschusses der Schweiz Allgemeine Versicherung, 1869-82.

- Archiv Helvetia Versicherungen

  Direktionsprotokolle 1859-80; VR Protokolle 1859-70

- Glarner Wirtschaftsarchiv, Schwanden: Nl. Firma P. Blumer & Jenny

H 11/8	Pack-Buch (1863-68)
H 13/1	Informationsbuch über Kunden im Ausland (1855-83)
M 10/1	Buch über Verschiffungen der India Gesellschaft (1836-47)
M 11-1/1	Versicherungs-Journal Helvetia (1865-71)
Einzelbriefe	

- Toggenburgermuseum Lichtensteig: Nl. Firma Raschle und Co, Wattwil

  Appretierbuch Birnstiel, Lanz & Co (1900-10)

- Kantonsarchiv St. Gallen: Nl. Buntweberei Mathias Naef, Niederuzwil

W31/6 F	Beziehungen nach aussen

- Historisch Centrum Overijssel: Nl. Koninklij Stoomweverij Nijverdal, 167.4

Doos 48, 49, 50, 52	Korrespondenz über und Listen von Handelsmarken

- Historisch Centrum Overijssel: Nl. Geldermann & Zonen, 168.2

Doos 3	Handelsmarken

- Nationaal Archief, Den Haag: 2.20.46 Deli Maatschappij

4,5	Konzessionen
25-36	Zehnjährliche Berichte und Zusammenfassung der Korrespondenz (1867-1920)
202	Mitarbeiterbeurteilung der Amsterdam Langkat Co. (1911)

- Nationaal Archief, Den Haag: 2.20.40 Rubber Cultuur Mij Amsterdam (RCMA)

762, 850	Plantagen AG, Zürich (1950-66)
1014	Zembe Plantagen AG, Zürich (1929-60)

- Stadsarchief Amsterdam (GA): Archief van Heekeren (Bank), 584

700, 702, 721, 744	Korr. Nederlandse Asahan Tabak Mij (1893-1911)
850	Korr. A. Haggenmacher mit Asahan Plantage Mij (1900-11)
975	Korr. mit Onderneming Si Paré Paré (1901-1904)
1200	Laut Tador und Mendaris: Korr. (1897-1905)

- Stadsarchief Amsterdam (GA): Archief Wertheim & Gompertz (Bank), 593

201	Amsterdam Sumatra Cultuur Mij: Übernahme 1897
203	Asahan Plantage Mij (1901)
209	Deli Tabak Mij: Übernahme (1898)
219, 220	Langkat Cultuur Mij: Übernahme, Kapitalerw. (1898)

- Guildhall Library London (GHL): Nl. Harrison & Crosfield

Ms 37040/41	Korrespondenz Arthur Lampard (1907-20)
Ms 37047	Kopierbuch E. Miller (1906-11)
Ms 37266	Korr. Mit Filiale in Medan (1910-20)

- Staatsarchiv Zürich (STAZ): Liberia Sumatra AG

  | Z 2.156 | Korrespondenz 1896-1914 |

Unveröffentlichte Personennachlässe und Briefe

- Privatarchiv Familie Sprecher von Berneck (PA Sprecher)

  Briefkopierbuch Cultuur Maatschappij Indragiri 1896-1903

  Briefe von Anton Sprecher an Theophil Sprecher (1906-23)

- Archiv für Zeitgeschichte (AfZ). Nl. Walter Bosshard

  | 8.2/3 | Korr. mit Hans Hofer in Zug (1919-22) |

- Privatarchiv Zollinger-Streiff in Gockhausen (PA Zollinger)

  Briefe von Oskar Staehelin an Johann H. und Hermine Hotz-Zollinger (1919-22)

- Privatarchiv Hansjürg Saager in Zürich (PA Saager)

  Tagebuch und Briefe von Ernst Richner in Sumatra (1927-1933)

- ETH Archiv (ETHA)

Nl. Karl Schröter	Korrespondenz mit diversen (1898-1935)
Nl. Frey-Wyssling	Korrespondenz (1925-33), Vorlesung (1941/42)
Nl. Paul Jaccard	Korrespondenz mit niederl. Botanikern (1920-25)

- Stadtarchiv Schaffhausen (StASH): Nachlass Sturzenegger-Morstadt

  | D IV.01.34.01 | Briefe |
  | D IV.01.34.02.31 | Familien- und Personengeschichte Conrad Sturzenegger (inkl. Dokum. Firma Rautenberg, Schmidt & Co, Singapur) |

- Handschriftenabteilung Zentralbibliothek Zürich (ZB HS)

FA Zollinger, 1.1.	Private Korrespondenz (1840-59)
FA Bluntschli, 150.7	Briefe von Kaspar Bluntschli an Hans Bluntschli (1907-41)
Ms Z II 471, Abt. II	Erinnerungen der Familie Baumann 1772 - ca. 1910
Ms Z II 442	Nachlass Siber

  Diverse Briefe aus der Briefsammlung

- Staatsarchiv Zürich (STAZ): Nl. Crone-Arbenz

  | X 387, 2 | Lebenserinnerungen von Rudolf Arbenz |
  | X387, 3 | Unterlagen von H.C. Bluntschli |

- Winterthurer Bibliotheken, Sondersammlungen (WiBib)

  | ALBU 1.044 | Sammlung Merkantildruck von Ernst Speth |

- Staatsarchiv Basel: Nachlass von Mechel

  PA 594e F 3   Dokumente zu Schweizern in der KNIL

- Landesmuseum Zürich

  LM 82526   Schriftliche Unterlagen zur Fotosammlung Krüsi

- Koninklijk Instituut voor de Tropen Amsterdam (KIT)

  5562   Briefwechsel Max Imhof und KIT Amsterdam

Archive staatlicher Institutionen

- Bundesarchiv Bern (BAR)

E 2200.62 Jakarta	1977/47: Immatrikulationsbücher (1876-1924)
E 2300 100/716	Medan, Nr. 1: Politische Berichte und Briefe (1926-34)
E 2400 1000/717	Jakarta, Nr. 1: Konsularberichte (1864-81)
E 2300 1000/716	Jakarta, Nr. 1, 2: Konsularberichte (1920-23)
E 2200.252 Medan	1977/51: Immatrikulationsbücher (1918-1938)
	Bd. 3 Kopierbuch
E2 1000/44	231, 1236, 1477, 2131: Schutz der Schweizer in Niederländisch-Indien und Singapur/Berichte zu Konsulatsfragen
E 2001(A)/ 9001	1359/60: Korrespondenz mit Schweizer Konsulat Batavia
	1361: Gründung Vicekonsulat Deli Langkat
E88 1000/1167	19: Beiträge an Forschungsreisen (1848-1914)
	126: Beiträge an wissensch. Sammlungen (1860-1914)
	128: Wissenschaftliche Fonds und Stiftungen
E6 1000/953	47/268: Interessen der Schweizer Wirtschaft im Ausland
	47/269: Motion Geigy-Merian
J 2.230 1996/431	177: NHG Gruppe Sumatra (1921-58)

- Staatsarchive ZH, AR, GE, BS

  Dokumente zu Konsularischen Fragen bezüglich Konsulat Batavia

- Staatsarchiv Zürich (STAZ): Notariatsakten Zürich Altstadt

  B XI, 267-269   Allgemeines Protokoll 19-21 (1890-1910)

- ETH Archiv (ETHA)

  Schulrats- und Präsidialprotokolle (1870-1930) (online)

- National Archives United Kingdom (NA UK)

  Alle Recherchen im National Archive betreffen die Jahre 1914-18

CO 323	706; 722/2, 19; 725/13: Statutory Lists
CO 323	674/3, 7; 675/4, 31, 38, 43, 46, 61, 64: Wirtschaftskrieg
FO 371	2465 Siam
FO 382	429; 1093; 1095: Switzerland 1915/16
FO 628	32/349: Bangkok 1915

Zeitungen

Die Zeitungen wurden nach bestimmten Stichwörtern, hauptsächlich nach Firmen- und Personennamen durchsucht.

Neue Zürcher Zeitung (digitales Archiv)

Intelligenzblatt der Stadt Bern (digitales Archiv)

Journal de Genève (digitales Archiv)

Nieuwe Rotterdamer Courant 1910-16 (digitales Archiv)

The Times (digitales Archiv)

The Straits Times (digitales Archiv)

Schweizerisches Kaufmännisches Zentralblatt (1897-99)

■ IISG: Nl. AJ. Lievegoed

14, 15, 18, 19   Artikel AJ. Lievegoed in *Sumatra Post* und *NRC* (1903-19)

Zeitschriften

Mitteilungen der Ostschw. geogr.-comm. Gesellschaft St. Gallen (1879-1930) (von 1879-82: Jahresbericht der OGCG)

Fernschau, Jahrbuch der mittelschw. geogr.-comm. Gesellschaft Aarau (1886-94)

Jahresbericht der geogr.-ethnographischen Gesellschaft Zürich (1899-1930) (ab 1917 Mitteilungen der GEGZ)

Der Economist: Wochenschrift für Handel, Industrie, Finanz- und Verkehrswesen (1911-13)

Jahresberichte

■ Versicherungen und Handelsgesellschaften

ZWD   Helvetia, Basler, Schw. Lloyd, Neuchâteloise, Schweiz Allgemeine, Zürich (1859-1914)

DA   Diethelm & Co (1907-30)

■ Plantagengesellschaften

LB   Neue Schw. AG Sumatra (1899, 1901, 1904, 1907)

DA   Cultuur Mij Indragiri (1924-70)

DA   Cultuur Mij Tanjong Keling (1927-50)

DA   Cultuur Mij Pangalian (1924-50)

StASH   Goenoeng Malajoe (1920, 1921)

WA BS   Dolok Baros (1918-20)

GHL   United Serdang Rubber Co (1909-18)

■ Verbände

KIT   AVROS (1915-1930)

Verzeichnisse

NLS	Singapore and Straits Directory (1856, 1860, 1862, 1864, 1870, 1871, 1877, 1879, 1881-1922, 1932, 1936)
KB	Handboek van Cultuur- en Handels-Ondernemingen in Nederlandsch-Indië (1898, 1908)
KIT	Tabaks-Ondernemingen op de Oostkust Sumatra, 1888-91
KIT	Sumatra Tabak: statitisch overzicht op handels- en financiëll gebied (1900, 1902, 1913, 1918)

Karten und Photosammlungen

- KIT: Kartenserver (Dutch colonial maps: www.kit.nl)
  Karten des Plantagengebiets von 1876-1930

- Tropenmuseum: Digitale Sammlung (collectie.tropenmuseum.nl)
  Photos des Plantagengebiets von 1870-1930

BIBLIOGRAPHIE

Quellen

Alder, Otto (1929). Jugenderinnerungen eines St. Gallischen Überseers aus den Jahren 1849-1873. Stuttgart: Deutsche Verlagsgesellschaft.

Altwegg-Im Hof, Renate/Daniela Schlettwein-Gsell (1994). Briefe aus Rio, Briefe nach Rio, 1836-1850. Vol. I-V. Basel.

Baumann, G. Rudolf (1925). Der Tropenspiegel. Vol. 1 und 2. Zürich: Orell Füssli Verlag.

———— (1938). Die Nachtwache im Durianhain: Asnap aus Java erzählt seine Geheimnisse. Zürich: Atlantis-Verlag.

———— (1959). Mein Mörder in Sumatra. Schweizer Jugendhilfewerk (SJW, 655), Zürich.

———— (1936). Sumatraschweizer. In: Schweizer Verein Deli Sumatra (Ed.) (1936). Der Schweizer Verein Deli-Sumatra: zum fünfzigjährigen Bestehen, 1886-1936. P. 7-31.

Baumgartner, Walter (1947). Handbuch für Überseer, Kaufleute und Auswanderer anderer Berufe, sowie für Übersee-, Import- und Exportfirmen. Zürich: Verl. Schweiz. Kaufm. Verein.

Bemmelen, Jakob M. van (1890). Über die Ursachen der Fruchtbarkeit des Urwaldbodens in Deli (Sumatra) und Java für die Tabakscultur, und der Abnahme dieser Fruchtbarkeit. Landwirtschaftliche Versuchsstationen 37. P. 374ff.

Bijlert, Albertus van (1897). De grondsoorten, welke in Deli voor de tabakscultuur worden gebezigd, en hare eigenschappen. Teysmannia 7. P. 419-56.

Bischoff, Joachim/Ernst Hofmann (2003). Briefe aus Sumatra. Zollikerberg: E. Hofmann.

Bliek, PJ. ‚Gaan de Delische Cultures in de richting van Concentratie' (Abdruck eines Vortrags gehalten im Oostkust van Sumatra Instituut am 26.3.1930). Indische Mercuur, 16.4. 1930, 316-19.

Blumer, Ernst (1968). Aus jungen Jahren und weiter Welt Gedanken und Erinnerungen. Glarus: Tschudi.

Bos, J. (Ed.) (1911). The S.E.C. (Sumatra East Coast) Rubber Handbook. Medan.

Brennwald, Kaspar (1870). Bericht des Schweiz. Generalkonsuls in Yokohama über das Jahr 1869. Bundesblatt 1870, Bd. 4. P. 131-39.

Cremer, Jacob Theodoor (1876). Een woord uit Deli tot de Tweede Kamer der Staten-Generaal: Art. 2 no. 27 van het politie-reglement voor Inlanders, met het oog op werkovereenkomsten met vreemde Oosterlingen. Amsterdam.

———— (1881). De toekomst van Deli: Eenige opmerkigen. Leiden: Kolff.

Curti, Theodor. ‚Verein schweizerischer Plantagen- und Kulibesitzer auf Sumatra.‘ Zürcher Post, 1892, 1.

Deli Maatschappij (1894). Verslag over her Vijf-en-Twintigjarig Tijdvak, 1869-1894. Amsterdam.

———— (1919). Gedenkschrift bij gelegenheid van het 50-jarig bestaan der Deli Maatschappij. Amsterdam.

Dentz, Henri (Ed.) (1913). Sumatra Tabak. Statistisch Overzicht op Handels- en op financiell Gebied over het Jaar 1913. Amsterdam

Departement van landbouw, nijverheid en handel (1933). Volkstelling 1930: Europeanen in Nederlandsch-Indië. Vol. Vol. 6. Batavia: Landsdrukkerij.

Dixon, C.J. (1913). Practische Opmerkingen met betrekking tot den omgang met koelies. Amsterdam: J.H. de Bussy.

Dutch public limited companies with ties in the Netherlands-Indies, 1900 (Datensatz). (online easy.dans.knaw.nl vom 9.6. 2009).

Eidgenössisches Schützenfest Zürich (Ed.) (1859). Eidgenössisches Schützenfest in Zürich vom 3. bis 12. Juli 1859. Zürich.

Gaugler, Friederich (1936). Goenoeng-Malajoe Estate. In: Schweizer Verein Deli Sumatra (Ed.). Der Schweizer Verein Deli-Sumatra: zum fünfzigjährigen Bestehen, 1886-1936. Zürich: Neue Zürcher Zeitung. P. 53-55.

Germann, Karl (1875). Bericht des schweizerischen Konsuls in Manila über das Jahr 1874. Bundesblatt 1875, Bd. 3. P. 657-61.

Gilissen, Theodoor (Ed.) (1927). Sumatra Tobacco Companies. Amsterdam.

Haarsma, G. E. (1890). Der Tabaksbau in Deli. Amsterdam: J. H. de Bussy.

Haffter, Elias (1900). Briefe aus dem Fernen Osten. 6.Aufl. ed. Frauenfeld: Huber.

Helfferich, Emil (1926). Het vreemde element in Nederlandsch-Indië. Economisch-Statistische Berichten 11. P. 645-48/665-7.

Heusser, Karl (1936). Die Züchtung von Hevea brasiliensis bei der Versuchsstation der AVROS. In: Schweizer Verein Deli Sumatra (Ed.) (1936). Der Schweizer Verein Deli-Sumatra: zum fünfzigjährigen Bestehen, 1886-1936. P. 109-24.

Hissink, D.J. (1901). Toelichting, behooorende bij de Grondsoortenkaart van een gedeelte van Deli. Buitenzorg: s' Lands Plantentuin.

Horner, Friederich/Horner, Ludwig (1926). Briefe und Tagebuchnotizen des Dr. med. L. Horner aus Niederländisch Indien. Zürcher Taschenbuch 46. P. 173-217.

Horner, Friederich/Horner, Ludwig (1919). Briefe und Tagebuchnotizen des Dr. med. L. Horner aus Niederländisch Indien. Zürcher Taschenbuch 40. P. 183-208.

Horner, Johann Jakob (1854). Ludwig Horner, Med. Doctor, geb. in Zürich den 1. März 1811 - gest. in Padang in Sumatra den 7. Dez. 1838. Zürich.

Janssen, C.W. (1914). Senembah Maatschappij, 1889-1914. Amsterdam.

Joekes, A.M. (1906). Gambier: Een zeer loonend bedrijf voor Nederlandsch Kapitaal. 's Gravenhage.

Junghuhn, Franz Wilhelm (1852). Java – seine Gestalt, Pflanzendecke und innere Bauart. Leipzig: Arnold.

Karminski, Friederich (1906). Der antiamerikanische Boykott in den Straits Settlements. Österreichische Monatsschrift für den Orient P. 58.

Keller-Huguenin, Eugen (1944). Erinnerungen und Aufzeichnungen aus meinem Leben. Zürich.

Keppler, Alfred (alias Korang Trang) (1935). Die Unverbindlichen. Zürich: Oprecht & Helbling.

Kindt, Jules (1847). Notes sur l'industrie et le commerce de la Suisse. In: Ministère du commerce: Direction du commerce extérieur (Ed.). Annales du commerce extérieur; Suisse; Législation commerciale. Paris. P. 14-26.

Lätt, Arnold (1919). Die Auslandschweizeraktion der Neuen Helvetischen Gesellschaft. Seperatdruck aus der Neuen Schweizer Zeitung. Zürich.

Lindeman, M. (1884). Niederländische und deutsche Plantagen an der Ostküste von Sumatra. Deutsche geographische Blätter 7. P. 394-415.

Lulofs, Madelon (1931). Rubber. Roman uit Deli. Amsterdam.

Marinus, J.H./J.J. van der Laan (1929). Veertig jaren ervaring in de Deli-cultures. Amsterdam.

Martin, Rudolf (1905). Die Inlandstämme der Malayischen Halbinsel: wissenschaftliche Ergebnisse einer Reise durch die Vereinigten Malayischen Staaten. Jena: Gustav Fischer.

Modderman, P.W. (1929). Gedenkboek uitgegeven ter gelegenheid van het 50-jarig bestaan van de Deli Planters Vereeniging (DPV). Weltevreden: G. Kolff.

Moor, J.H. (1837). Notices of the Indian Archipelago, and adjacent countries. Singapore.

Morgenthaler, Hans (1921). Mata Hari – Stimmungsbilder aus dem Malayisch-Siamesischen Dschungel. Zürich: Orell Füssli.

Moser, Amy/Amélie Moser (1946). Amelie Moser-Moser (1839-1925). Leben und Wirken. Bern: Francke.

Naef, Paul (1925). Unter malayischer Sonne: Reisen, Reliefs, Romane. Frauenfeld: Huber.

Niggli, Paul (1945). Reine und Angewandte Naturwissenschaft, Rektoratsrede gehalten am 15. Oktober 1928 an der ETH Zürich. In: P. Niggli (Ed.). Schulung und Naturerkenntnis. Zürich. P. 142-60.

o.A. (1847). Fest- und Schützenzeitung oder Bulletin des Eidgenössischen Freischiessens in Glarus. Nr. 1-13. Glarus.

——— (1888). Nekrolog: Ludwig Michalski. Schweizerische Bauzeitung 12 (2). P. 14.

——— (1921). England. Wissen und Leben 14 (7). P. 300f.

Orwell, George (1950). Shooting an elephant and other essays. London: Secker and Warburg.

Reinhard, Emma (1945). Briefe von Bernhard Rieter. Jahrbücher der Literarischen Vereinigung Winterthur P. 205-35.

Rieter-Bodmer, Fritz (1886). Etwas über Afrika unter besonderer Berücksichtigung der kommerziellen Verhältnisse (Vortrag für die Kaufmännische Gesellschaft Zürich). Basel: Emil Birkhäuser.

Röthlisberger, E. (1899). Die Schweizer in der Fremde. In: P. Seippel (Ed.). Die Schweiz im neunzehnten Jahrhundert, Vol. 1. Bern: Schmid & Francke. P. 577-96.

Rübel, Eduard (1940). Carl Schröter (1855-1939). Neujahrsblatt zum Besten des Waisenhauses in Zürich, Vol. 103.

——— (1947). Geschichte der Naturforschenden Gesellschaft in Zürich, 1747-1947. Neujahrsblatt der Naturforschenden Gesellschaft in Zürich, Zürich: Gebr. Fetz.

Saager, Hansjürg/Rudolf Saager (Eds.) (o. J.). Bruno M. Saager. Zürich.

Sarasin, Fritz (1916). Streiflichter aus der Ergologie der Neu-Caledonier und Loyalty-Insulaner auf die Europäische Prähistorie. Basel.

Schenker, Hanny (2002). Unsere Zeit auf Sumatra: Adolf und Anna von Aesch, 1924-1956. Zürich.

Schneider, Fritz (1940). Schadinsekten und ihre Bekämpfung in ostindischen Gambirkulturen. Dissertation an der ETH Zürich, Flawil.

Schoeppel, F. A. (1907). Kommerzielles Handbuch von Niederländisch-Indien. Wien.

Schröter, Carl (1900). Ein Besuch bei einem Cinchonenpflanzer Javas. Schweizerische Wochenschrift für Chemie und Pharmacie P. 12 S.

Schröter, Karl (1911). Prof. Dr. Melchior Treub (1851-1910). Verhandlungen der schweizerischen naturforschenden Gesellschaft, Solothurn.

Schüffner, Wilhelm/Kuenen, Wilhelm A. (1909). Die gesundheitlichen Verhältnisse des Arbeiterstandes der Senembah-Gesellschaft auf Sumatra während der Jahre 1897 bis 1907. Ein Beitrag zu dem Problem der Assanierung großer Kulturunternehmungen in den Tropen. Zeitschrift für Hygiene und Infektionskrankheiten 64. P. 167-257.

Schuh, Gotthard (1941). Inseln der Götter: Java, Sumatra, Bali. Zürich: Morgarten-Verl.

——— (1960). Inseln der Götter: Java, Sumatra, Bali. Zürich: Ex Libris.

Schweiz. Bundesrat (1868). Aufruf des Bundesrates an das Schweizervolk und an die Schweizer im Auslande. Bundesblatt 21 (3). P. 519-21.

Schweizer Verein Deli-Sumatra (Ed.) (1936). Der Schweizer Verein Deli-Sumatra: zum fünfzigjährigen Bestehen, 1886-1936. Zürich: Neue Zürcher Zeitung.

Schweizerische Sammelstelle für Handels- und Betriebstechnische Studienmaterialien und Lehrmittel (1937). Tabakeinschreibungen in Amsterdam. Schweizerische Gesellschaft für kaufmännisches Bildungswesen (Ed.). Vol. 108. Luzern.

Senembah Mij (1916). Senembah Maatschappij: Haren Assistenten ter overweging en behartiging aangeboden door de Directie.

Stork, Charles Theodorus (1888). De Twentsche katoennijverheid: Hare vestiging en uitbreiding. Enschede: MJ. van der Loeff.

Swart, A.G.N. (Ed.) (1911). Rubber Companies in the Netherland East Indies. Amsterdam: J.H. de Bussy.

Tiemann, Ilse (Ed.) (1936). Das Plantagengebiet der Ostküste von Sumatra. Dresden: M. Dittert & Co.

Treub, Melchoir (1893). Kurze Geschichte des botanischen Gartens zu Buitenzorg. In: M. Treub (Ed.). Der botanische Garten „'s Lands Plantentuin" zu Buitenzorg auf Java. Festschrift zur Feier seines 75 jährigen Bestehens (1817-1892). Leipzig. P. 23-78.

———— (1890). Un jardin botanique tropical. Revue des deux mondes 97 (1). P. 162-83.

Weber, Friedrich (1935). Indonesische Gewebe: Ausstellung, 5. Juni bis 21. Juli 1935. Zürich: Kunstgewerbemuseum.

Weidmann, Walter (1936). Der Schweizer als Pionier und Kolonist in Sumatra. In: Schweizer Verein Deli Sumatra (Ed.) (1936). Der Schweizer Verein Deli-Sumatra: zum fünfzigjährigen Bestehen, 1886-1936. P. 33-48.

Weigand, Karl Leonhard (1911). Der Tabakbau in Niederländisch-Indien, seine ökonomische und kommerzielle Bedeutung mit besonderer Berücksichtigung von Deli-Sumatra. Jena: G. Fischer.

Wetter, Josepha (1936). Aus alten Deli-Zeiten. In: Schweizer Verein Deli Sumatra (Ed.) (1936). Der Schweizer Verein Deli-Sumatra: zum fünfzigjährigen Bestehen, 1886-1936. P. 85-89.

Wipf, Hans Ulrich (1978). Eine Seereise von Hamburg nach Singapore im Jahre 1860. Briefe des Kaufmanns Conrad Sturzenegger (1840-1909) an seine Geschwister in Trogen. Schaffhauser Beiträge zur Geschichte 55. P. 126-53.

Darstellungen

à Campo, J.N.F.M. (1995). Strength, Survival and Success. A Statistical Profile of Corporate Enterprise in Colonial Indonesia 1883-1913. Jahrbuch für Wirtschaftsgeschichte 1. P. 45-74.

———— (2002). Engines of Empire steamshipping and state formation in colonial Indonesia. Hilversum: Verloren.

Adams, Julia (1996). Principals and Agents, Colonialists and Company Men: The Decay of Colonial Control in the Dutch East Indies. American Sociological Review 61 (1). P. 12-28.

Alborn, Timothy (1998). Conceiving Companies: Joint-stock politics in Victorian England. London: Routledge.

Allen, G. C./Audrey G. Donnithorne (1962). Western enterprise in Indonesia and Malaya a study in economic development. London: Allen and Unwin.

Altermatt, Claude (1990). Les débuts de la diplomatie professionnelle en Suisse (1848-1914). Fribourg: Editions Universitaires.

———— (1990). Zwei Jahrhunderte Schweizer Auslandvertretungen. Bern.

Andaya, Barbara Watson (1989). The Cloth Trade in Jambi and Palembang Society during the Seventeenth and Eighteenth Centuries. Indonesia 48. P. 27-46.

———— (1995). Upstreams and Downstreams in early modern Sumatra. Historian 57 (3). P. 537-52.

Andaya, Leonard Y. (2002). The trans-Sumatra trade and the ethnicization of the Batak. Bijdragen tot de Taal-, Land- en Volkenkunde 158 (3). P. 367-409.

Anderson, Benedict (1996). Die Erfindung der Nation: zur Karriere eines folgenreichen Konzepts. Frankfurt a/M: Campus.

Arlettaz, Gérald (1986). ‚Les Suisses de l'étranger' et l'identité nationale. In: Schw. Bundesarchiv (Ed.). Studien und Quellen, Vol. 12. P. 5-36.

———— (2002). La Nouvelle Société Helvétique et les Suisses à l'étranger (1914-24). In: Schw. Bundesarchiv (Ed.). Die Auslandschweizer im 20. Jh. Studien und Quellen, Vol 28. Bern: Paul Haupt. P. 37-64.

Bairoch, Paul (1990). La suisse dans le contexte international aux XIXe et XXe siècles. In: P. Bairoch/M. Körner (Eds.). Die Schweiz in der Weltwirtschaft (15.-20.Jh.). Schw. Gesellschaft für Wirtschafts- und Sozialgeschichte. Zürich: Chronos. P. 103-40.

Bairoch, Paul/Martin Körner (1990). Die Schweiz in der Weltwirtschaft (15.-20.Jh.). Schw. Gesellschaft für Wirtschafts- und Sozialgeschichte, Vol. 8. Zürich: Chronos.

Bancel, Nicolas (2004). Zoos humains au temps des exhibitions humaines. Paris: La Découverte.

Barnard, Timothy P. (2003). Multiple centres of Authority: Society and environment in Siak and eastern Sumatra, 1674-1827. Verhandelingen van het Koninklijk Instituut voor Taal-, Land- en Volkenkunde, Vol. 210. Leiden: KITLV Press.

Bartu, Friedemann/Diethelm Keller Holding Ltd. (Zürich) (2005). The Fan Tree Company: three Swiss merchants in Asia. Zürich: Diethelm Keller Holding.

———— (1928). Der König von Pulu Manis. Zwei Geschichten aus Sumatra. Zürich: Orell Füssli.

Bayly, Christopher A. (2006). Die Geburt der modernen Welt. Eine Globalgeschichte 1780-1914. 1. Aufl ed. Frankfurt a/M: Campus.

Behrendt, Richard (1932). Die Schweiz und der Imperialismus. Die Volkswirtschaft des hochkapitalistischen Kleinstaates im Zeitalter des politischen und ökonomischen Nationalismus. Dissertation an der Universität Basel, Zürich.

Benecke, Günther (1922). Der Komprador. Ein Beitrag zur Entwicklungsgeschichte der einheimischen Handelsvermittlung in China. Weltwirtschaftliches Archiv 18. P. 377-413.

Benziger, C. (1920). Die Schweiz in ihren Beziehungen zu Holland. Beilage zum Scheizerischen Konsularbulletin 1(1). P. 1-28.

Berger, Michele Tracy/Kathleen Guidroz (2009). The intersectional approach: transforming the academy through race, class, and gender. Chapel Hill: University of North Carolina Press.

Berghoff, Hartmut (2007). Marketing im 20. Jh.: Absatzinstrument – Managementphilosophie – universelle Sozialtechnik. In: H. Berghoff (Ed.). Marketinggeschichte: die Genese einer modernen Sozialtechnik. Frankfurt a/M: Campus. P 11-58.

———— (2007). Marketinggeschichte: die Genese einer modernen Sozialtechnik. Frankfurt: Campus.

———— (2004). Die Zähmung des entfesselten Prometheus? Die Generierung von Vertrauenskapital und die Konstruktion des Marktes im Industrialisierungs- und Globalisierungsprozess. In: H. Berghoff/J. Vogel (Eds.). Wirtschaftsgeschichte als Kulturgeschichte: Dimensionen eines Perspektivenwechsels. Franfurt a/M: Campus. P. 143-68.

Berghoff, Hartmut/Jakob Vogel (2004). *Wirtschaftsgeschichte als Kulturgeschichte: Ansätze zur Bergung transdisziplinärer Synergiepotentiale*. In: H. Berghoff/J. Vogel (Eds.). Wirtschaftsgeschichte als Kulturgeschichte: Dimensionen eines Perspektivenwechsels. Frankfurt am Main: Campus. P. 9-41.

Berghoff, Hartmut/Jörg Sydow (2007). Unternehmerische Netzwerke – Theoretische Konzepte und historische Erfahrungen. In: H. Berghoff/J. Sydow (Eds.). Unternehmerische Netzwerke: Eine historische Organisationsform mit Zukunft. Stuttgart: Kohlhammer. P. 9-44.

Bergier, Jean-François (1983). Die Wirtschaftsgeschichte der Schweiz von den Anfängen bis zur Gegenwart. Zürich. Köln: Benziger.

Bhambra, Gurminder K. (2007). Rethinking modernity: postcolonialism and the sociological imagination. Basingstoke: Palgrave Macmillan.

Blink, Hendrik (1918). Sumatra's Oostkust in hare opkomst en ontwikkeling als economisch gewest. Aus Tijdschrift voor Economische Geographie. Amsterdam.

Bodmer, Walter (1960). Die Entwicklung der schweizerischen Textilwirtschaft im Rahmen der übrigen Industrien und Wirtschaftszweige. Zürich: Verlag Berichthaus.

Bogaars, George E. (1955). The effect of the opening of the Suez Canal on the Trade and Development of Singapore. Journal of the Malaysian Branch of the Royal Asiatic Society 28 (1). P. 99-143.

Bondt, René (1982). Fünf Generationen Steinfels. Schweizer Pioniere der Wirtschaft und Technik, Vol. 35. Zürich: Verein für wirtschaftshistorische Studien.

Borscheid, Peter (1995). Sparsamkeit und Sicherheit. Werbung für Banken, Sparkassen und Versicherungen. In: P. Borscheid/C. Wischermann/H.J. Teuteberg (Eds.). Bilderwelt des Alltags: Werbung in der Konsumgesellschaft des 19. und 20. Jh. Stuttgart: Steiner. P. 294-349.

Bosma, Ulbe (2007). The Cultivation System (1830-1870) and its private entrepreneurs on colonial Java. Journal of Southeast Asian Studies 38 (2). P. 275-91.

———— (2010). Indiëgangers: verhalen van Nederlanders die naar Indië vertrokken. Amsterdam: Bakker.

Bosma, Ulbe/Remco Raben (2008). Being ‚Dutch‘ in the Indies: a history of creolisation and empire: 1500-1920. Athens, Ohio: Ohio University Press.

Bott, Sandra (2005). Suisse-Afrique (18e-20e siècles) de la traite des Noirs à la fin du régime de l'apartheid. Schw. Afrikastudien, Vol. 6. Münster: LIT.

Bourdieu, Pierre (1976). Entwurf einer Theorie der Praxis auf der ethnologischen Grundlage der kabylischen Gesellschaft. Frankfurt a/M: Suhrkamp.

———— (1993). Die feinen Unterschiede: Kritik der gesellschaftlichen Urteilskraft. Frankfurt a/M: Suhrkamp.

Bowman, Shearer Davis (1993). Masters & lords: mid-19th-Century U.S. planters and Prussian junkers. New York: Oxford University Press.

Brändle, Rea (1995). Wildfremd, hautnah: Völkerschauen und Schauplätze, Zürich 1880-1960. Zürich: Rotpunktverlag.

Breman, Jan (1989). Taming the Coolie Beast: plantation society and the colonial order in Southeast Asia. Delhi etc.: Oxford University Press.

———— (1992). Controversial Views on Writing Colonial History. Itinerario 16. P. 39-60.

Breman, Jan/J. van den Brand/J. T. L. Rhemrev (1992). Koelies, planters en koloniale politiek: het arbeidsregime op de grootlandbouwondernemingen aan Sumatra's oostkust in het begin van de twintigste eeuw. Leiden: KITLV Uitgeverij.

Brommer, Bea (1991). Bontjes voor de tropen. In: B. Broomer/Gemeentemuseum Helmond (Eds.). Bontjes voor de tropen: De export van imitatieweefsels naar de tropen. Zwolle: Waanders Uitgevers. P. 27-40.

Brown, John C. (1995). Imperfect Competition and Anglo-German Trade Rivalry: Markets for Cotton Textiles before 1914. The Journal of Economic History 55 (3). P. 494-527.

Buchholt, Helmut (1996). Vom Wanderkrämer zum Towkay ethnische Chinesen im Prozess der Modernisierung der asiatisch-pazifischen Region. München: Weltforum.

Bühler, Alfred/Steinmann, Alfred (1941). Ikatten. Ciba-Rundschau 51 (9). S. 1850-1888.

Burgers, Roelf Adrianus (1954). 100 Jaar G. en H. Salomonson. Diss, Rotterdam.

Burke, Peter (2000). Kultureller Austausch. Frankfurt a/M: Suhrkamp.

Cain, P.J/A.G Hopkins (1993). British imperialism crisis and deconstruction, 1914-1990. London: Longman.

——— (1993). British imperialism innovation and expansion 1688-1914. London: Longman.

Camfferman, Kees (2000). Jaarrekeningenpublicatie door beursgenoteerde naamloze vennootschappen in Nederland tot 1910. (Ed.). 63. NEHA Jaarboek (Nederlandsch Economisch Historisch Archief). P. 71-103.

de Capitani, François et al. (Eds.) (1991). Das nationale Fest. Basel: NFP 21.

Carlos, Ann M. (1992). Principal-Agent Problems in Early Trading Companies: A Tale of Two Firms. The American Economic Review 82(2). P. 140-45.

Carlos, Ann M./Nicholas, Stephen (1988). „Giants of an Earlier Capitalism": The Chartered Trading Companies as Modern Multinationals. The Business History Review 62(3). P. 398-419.

Casson, Mark (2001). Der Unternehmer: Versuch einer historisch-theoretischen Deutung. Geschichte und Gesellschaft 27. P. 524-44.

Chiang Hai Ding (1978). A history of straits' settlements foreign trade 1870-1915. Singapore: National Museum.

Chong, Terence (2007). Practising Global Ethnography in Southeast Asia: Reconciling Area Studies with Globalisation Theory. Asian Studies Review 31. P. 211-25.

Church, Roy (1999). New Perspectives on the History of Products, Firms, Marketing, and Consumers in Britain and the United States Since the Mid-Nineteenth Century. The Economic History Review 52 (3). P. 405-35.

Clerkx, Lily E./Willem Frederik Wertheim (1991). Living in Deli its society as imaged in colonial fiction. Comparative Asian Studies, Vol. 6. Amsterdam: VU University Press.

Coates, Austin (1987). The commerce in rubber: The first 250 years. Singapur: Oxford University Press.

Colli, Andrea (2003). The history of family business, 1850-2000. New Studies in Economic and Social History, Cambridge: Cambridge University Press.

Colombijn, Freek. (1997). Een Milieu-Effect Rapportage van de Gambircultuur in de Riau-Archipel in de 19e eeuw. Tijdschrift voor Geschiedenis 110(3). P. 290-312.

Conrad, Sebastian (2004). Arbeit, Max Weber, Konfuzianismus: Die Geburt des Kapitalismus aus dem Geist der japanischen Kultur? In: H. Berghoff/J. Vogel (Eds.). Wirtschaftsgeschichte als Kulturgeschichte. Frankfurt a/M: Campus. P. 219-40.

——— (2006). Globalisierung und Nation im deutschen Kaiserreich. München: Beck.

Cooper, Frederick/Ann Laura Stoler (1997). Between metropole and colony: rethinking a research agenda. In: F. Cooper/A.L. Stoler (Eds.). Tensions of empire: colonial cultures in a bourgeois world. Berkeley: University of California Press. P. 1-56.

Corley, T.A.B. (1993). Marketing and business history, in theory and practice. In: R.S. Tedlow/G. Jones (Eds.). The rise and fall of mass marketing. London, New York: Routledge. P. 93-115.

Coutts, Brian E. (1986). Boom and Bust: The Rise and Fall of the Tobacco Industry in Spanish Louisiana, 1770-1790. The Americas 42(3). P. 289-309.

Cowan, C.D. (Ed.) (1964). The economic development of South-East Asia. Studies in economic history and political economy, London: Allen and Unwin.

Cox, Howard/Biao, Huang/Metcalf, Stuart (2003). Compradors, Firm Architecture and the ,Reinvention' of British Trading Companies: John Swire & Sons' Operations in Early Twentieth Century China. Business History 45 (2). P. 15-34.

Cox, Howard/Metcalf, Stuart (1998). The Borneo Company Ltd: Origins of a Nineteenth Century Networked Multinational. Asia Pacific Business Review 4 (4). P. 53-69.

Daus, Ronald (1983). Die Erfindung des Kolonialismus. Wuppertal: Hammer.

David, Thomas (1993). Louis Rambert (1839-1919): un Vaudois au service de l'impérialisme français dans l'Empire ottoman. T. David/B. Ettemad (Ed.). La Suisse sur la ligne bleue de l'Outre-mer. Les Annuelles, Vol. 5. Lausanne: Faculté des Lettres.

——— (2003). Croissance économique et mondialisation: Le cas de la Suisse (1870-1914). In: H.-J. Gilomen/M. Müller (Eds.). Globalisierung – Chancen und Risiken die Schweiz in der Weltwirtschaft, 18.-20. Jh. Zürich: Chronos. P. S.145-69.

David, Thomas/Bouda, Etema (1998). Gibt es einen schweizerischen Imperialismus? Zur Einführung. Traverse 2. P. 17-27.

David, Thomas/Bouda Etemad (Eds.) (1994). La Suisse sur la ligne bleue de l'Outre-mer. Les Annuelles, Vol. 5. Lausanne: Faculté des Lettres.

——— (1996). L'expansion économique de la Suisse en outre-mer (XIXe-XXe siècles): un état de la question. Schweizerische Zeitschrift für Geschichte 46 (2). P. 226-31.

David, Thomas et al. (Eds.) (2005). Schwarze Geschäfte: die Beteiligung von Schweizern an Sklaverei und Sklavenhandel im 18. und 19. Jh. Zürich: Limmat-Verlag.

David, Thomas/Mach, André/Ginalski, Stéphanie/Pilotti, Andrea. Les officiers parmi les élites suisses au 20e siècle, Présentation à l'Académie militaire (MILAK), 14 mai 2009, Zurich. (AcademieMilitaireMai2009.pdf, online: www.unil.ch vom 10.10.2009)

Davies, Howard/Leung, Thomas K. P./Luk, Sheriff/Wong Yiu-hing (1995). The benefits of guanxi. Industrial Marketing Management 24. P. 207-14.

Debrunner, Hans Werner (1991). Schweizer im kolonialen Afrika. Basel: Basler Afrika Bibliographien.

Dejung, Christof (2010). Unbekannte Intermediäre: Schweizerische Handelsfirmen im 19. und 20. Jh. Traverse 17 (1). P. 139-55.

Dejung, Christof/Zangger, Andreas (2010). British Wartime Protectionism and Swiss Trading Companies in Asia during the First World War. Past & Present 207 (1). P. 181-213.

Dewulf, Jeroen (2007). „Des Ursprungs stets gedenk?" Schweizer Berichte über Brasilien zwischen Hybridität und Reinheit. Bern.

——— (2007). Brasilien mit Brüchen: Schweizer unter dem Kreuz des Südens. Zürich: Verlag Neue Zürcher Zeitung.

———. (2005). Wenn die Schweizer Heimat exotisch geworden ist: Das Thema der Heimkehr aus Brasilien bei deutschschweizerischen Autoren. Transit 2 (1).

Dietrich, Eva/Roman Rossfeld/Beatrice Ziegler (Eds.) (2003). Der Traum vom Glück. Schweizer Auswanderung auf brasilianische Kaffeeplantagen 1852-1888. Baden: Hier + jetzt.

Dirks, Nicholas B (1992). Colonialism and culture. Ann Arbor: University of Michigan Press.

Dobbin, Christine (1977). Economic Change in Minangkabau as a Factor in the Rise of the Padri Movement, 1784-1830. Indonesia 23. P. 1-38.

Donzé, Pierre-Yves (2007). Les patrons horlogers de La Chaux-de-Fonds: dynamique sociale d'une élite industrielle (1840-1920). Neuchâtel: Ed. Alphil.

Dove, Michael R. (1994). Transition from Native Forest Rubbers to Hevea brasiliensis (Euphorbiaceae) among Tribal Smallholders in Borneo. Economic Botany 48 (4). P. 382-96.

Drabble, J. H. (1973). Rubber in Malaya, 1876-1922 the genesis of the industry. Kuala Lumpur: Oxford University Press.

Drayton, Richard (2000). Nature's government: science, imperial Britain, and the ‚improvement‘ of the world. New Haven, CT: Yale Univeristy Press.

Driver, Felix (1991). Henry Morton Stanley and His Critics: Geography, Exploration and Empire. Past & Present 133. P. 134-66.

Dumett, Raymond E (1999). Gentlemanly capitalism and British imperialism: the new debate on empire. New York: Longman.

Eberhardt, Fritz (1960). J. H. Trachsler AG, Bern, 1885-1960: Export-Import. Bern: J. H. Trachsler AG.

Eckert, Andreas/Albert Wirz (2002). Wir nicht, die anderen auch. In: Sh. Randeria/S. Conrad (Eds.). Jenseits des Eurozentrismus: postkoloniale Perspektiven in den Geschichts- und Kulturwissenschaften. Frankfurt a/M: Campus. P. 372-92.

Eggenberger, Jakob/Diethelm & Co (1987). Das Haus Diethelm im Wandel der Zeit, 1887-1987. Zürich: Diethelm.

Emminghaus, C. B. Arwed (1861). Die schweizerische Volkswirthschaft. Vol. Band II. Leipzig.

Endt, Piet (1918). Arbeitsverhältnisse in Niederländisch-Ost-Indien mit besonderer Berücksichtigung von der Ostküste von Sumatra. Dissertation an der Universität Zürich, Amsterdam.

Erne, Emil (1988). Die schweizerischen Soziätäten: lexikalische Darstellung der Reformgesellschaften des 18. Jh.s in der Schweiz. Zürich: Chronos.

Ernst, Felix (Ed.) (1979). History of the Swiss in Southern Africa, 1652-1977. Johannesburg.

Fanselow, Frank (1990). The Bazaar Economy or How Bizarre is the Bazaar Really? Man, New Series 25 (2). P. 250-65.

Fasseur, Cornelis (1979). Een koloniale paradox: De Nederlandse expansie in de Indonesische archipel in het midden van de negentiende eeuw (1830-1870). Tijdschrift voor Geschiedenis 92(2). P. 162-86.

Fässler, Peter E (2007). Globalisierung: ein historisches Kompendium. Köln: Böhlau.

Fiedler, Martin (2001). Vertrauen ist gut, Kontrolle ist teuer. Geschichte und Gesellschaft 27. P. 576-92.

Fieldhouse, David Kenneth (1978). Unilever overseas 1895-1965: the anatomy of a multinational. London: Croom Helm.

Fischer-Tiné, Harald (2009). ‚Low and Licentious Europeans‘: Race, Class and White Subalternity in Colonial India. New Delhi: Orient Longman.

Fischer, Thomas (1990). Toggenburger Buntweberei auf dem Weltmarkt. Ein Beispiel schweizerischer Unternehmerstrategien im 19. Jh. In: P. Bairoch/M. Körner (Eds.). Die Schweiz in der Weltwirtschaft (15.-20.Jh.). Schw. Gesellschaft für Wirtschafts- und Sozialgeschichte. Zürich: Chronos. P. 183-205.

——— (1988). Toggenburger Buntweberei im Weltmarkt. Absatzverhältnisse und Unternehmerstrategien im 19. Jh. Lizentiatsarbeit an der Universität Bern, Bern.

Fleury, Antoine (2002). Politique étrangère et colonies suisses. In: Schw.s Bundesarchiv (Ed.). Die Auslandschweizer im 20. Jh. Studien und Quellen, Vol 28. Bern: Paul Haupt. P. 15- 36.

Fleury, Antoine/Frédéric Joye (2002). Die Anfänge der Forschungspolitik in der Schweiz: Gründungsgeschichte des Schweizerischen Nationalfonds zur Förderung der wissenschaftlichen Forschung (1934-1952). Baden: hier + jetzt.

Førland, Tor Egil (1993). The History of Economic Warfare: International Law, Effectiveness, Strategies. Journal of Peace Research, Vol. 30.

Franc, Andrea (2008). Wie die Schweiz zur Schokolade kam: der Kakaohandel der Basler Handelsgesellschaft mit der Kolonie Goldküste (1893-1960). Basel: Schwabe Verlag.

Freitag, Ulrike (2003). Arabische Buddenbrooks in Singapur. Historische Anthropologie 11(2). P. 208-23.

Frey, Marc (1998). Der Erste Weltkrieg und die Niederlande: ein neutrales Land im politischen umd wirtschaftlichen Kalkül der Kriegsgegner. Berlin: Akademie Verlag.

——— (2000). The neutrals and World War One. Oslo: Institutt for Forsvarsstudier.

Fuhrmann, Malte (2006). Der Traum vom deutschen Orient: zwei deutsche Kolonien im Osmanischen Reich, 1851-1918. Frankfurt a/M: Campus-Verlag.

Furnivall, John Sydenham (1944). Netherlands India: a study of plural economy. Cambridge: At the university Press.

——— (1948). Colonial policy and practice: a comparative study of Burma and Netherlands India. Cambridge: Cambridge University Press.

Gabaccia, Donna (2005). Juggling Jargons. «Italians Everywhere», Diaspora or Transnationalism? Traverse 12. P. 49-64.

Gehrmann, Susanne (2003). Kongo-Greuel: zur literarischen Konfiguration eines kolonialkritischen Diskurses (1890-1910). Hildesheim. Zürich: Olms.

Gerretson, Frederik Carel (1953). History of the Royal Dutch. Leiden: Brill.

Geulen, Christian (2004). Wahlverwandte Rassendiskurs und Nationalismus im späten 19. Jh. Hamburg: Hamburger Edition.

Ginting, Juara R. (2002). Intergroup relations in North Sumatra. In: G. Benjamin/C. Chou (Eds.). Tribal communities in the Malay world: historical, cultural, and social perspectives. Leiden: Institute of Southeast Asian Studies Singapore. P. 384-400.

Glick Schiller, Nina/Basch, Linda/Szanton Blanc, Cristina (1995). From Immigrant to Transmigrant: Theorizing Transnational Migration. Anthropological Quarterly 68 (1). P. 48-63.

Goedhart, Adriaan (2002). Het wonder van Deli: uit de geschiedenis van de cultures op Sumatra's Oostkust. Alphen aan de Rijn.

Goehrke, Carsten/Tobler, Hans Werner (1987). Zu Stand und Aufgaben schweizerischer historischer Wanderungsforschung. Schweizerische Zeitschrift für Geschichte 37 (3). P. 303-32.

Goody, Jack (1996). The East in the West. Cambridge: Cambridge University Press.

Goss, Andrew (2009). Decent colonialism? Pure science and colonial ideology in the Netherlands East Indies, 1910–29. Jounal of Southeast Asian Studies 40. P. 187-214.

Gouda, Frances (1995). Dutch culture overseas: colonial practice in the Netherlands Indies, 1900-1942. Amsterdam: Amsterdam University Press.

Graber, Rolf (1991). Spätabsolutistisches Krisenmanagement. In: H.U. Jost/A. Tanner (Eds.). Geselligkeit, Sozietäten und Vereine. Schw. Gesellschaft für Wirtschafts- und Sozialgeschichte, Bd 9. Zürich: Chronos Verlag. P. 81-94.

Granovetter, Mark (1983). The strength of weak ties: a network theory revisited. Sociological Theory 1. P. 201-33.

Guex, Sébastien (1998). Development of Swiss trading companies in the twentieth century. In: G. Jones (Ed.). The multinational traders. London: Routledge. P. 150-72.

Gugerli, David/Daniel Speich (2002). Topografien der Nation: Politik, kartografische Ordnung und Landschaft im 19. Jh. Zürich: Chronos-Verlag.

Haeckel, Ernst (1901). Aus Insulinde: Malayische Reisebriefe. Bonn: Strauss.

Hall, Stuart (1992). The West and the Rest: Discourse and Power. In: St. Hall/B. Gieben (Eds.). Formations of modernity. Cambridge: Polity Press. P. 275-320.

──── (2002). Wann gab es ‚das Postkoloniale‘? In: Sh. Randeria/S. Conrad (Eds.). Jenseits des Eurozentrismus: postkoloniale Perspektiven in den Geschichts- und Kulturwissenschaften. Frankfurt a/M: Campus. P. 219-246.

Halpérin, Jean (1946). Les assurances en Suisse et dans le monde. Leur rôle dans l'évolution économique et sociale. Neuchâtel: La Baconnière.

Harries, Patrick (1997). Under Alpine eyes: constructing landscape and society in late precolonial South-East Africa. Paideuma: 43. P. 171-91.

──── (2007). Butterflies & barbarians Swiss missionaries & systems of knowledge in South-East Africa. Oxford: James Currey.

Harrisons & Crosfield (1943). One Hundred Years As East India Merchants. London: Harrisons & Crosfield.

Hauser-Dora, Angela Maria (1986). Die wirtschaftlichen und handelspolitischen Beziehungen der Schweiz zu überseeischen Gebieten 1873-1913 unter Berücksichtigung der konjunkturellen Entwicklung. Europäische Hochschulschriften. Reihe 3, Geschichte und ihre Hilfswissenschaften, Vol. 320. Bern: Peter Lang.

Hayashi, Yoko. Agencies and Clients: Labour Recruitment in Java, 1870s-1950s. CLARA Working Papers. (clara14.pdf online: www.iisg.nl. vom 15.3. 2008).

Headrick, Daniel R (1988). The tentacles of progress: technology transfer in the age of imperialism, 1850-1940. New York, N.Y.: Oxford University Press.

Heesen, Anke te (2001). Vom naturgeschichtlichen Investor zum Staatsdiener: Sammler und Sammlungen der Gesellschaft Naturforschender Freunde zu Berlin um 1800. In: A. te Heesen (Ed.). Sammeln als Wissen das Sammeln und seine wissenschaftsgeschichtliche Bedeutung. Göttingen: Wallstein Verlag. P. 62-84.

Hefner, Robert William (2001). The politics of multiculturalism: Pluralism and citizenship in Malaysia, Singapore, and Indonesia. Honolulu: University of Hawaii Press.

Heiniger, Markus (1990). Vorüberlegungen zu einer Geschichte der Forschung und Entwicklung (F&E) in der Schweiz, 1930-1970. Bern: Bundesamt für Statistik.

Helfferich, Emil (1957). Zur Geschichte der Firmen Behn, Meyer & Co, gegründet in Singapore am 1. November 1840 und Arnold Otto Meyer, gegründet in Hamburg am 1. Juni 1857. Veröffentlichungen der Wirtschaftsgeschichtlichen Forschungsstelle Hamburg, Vol. 19. Hamburg: Hans Christians.

Henzirohs, Beat (1976). Die eidgenössischen Schützenfeste 1824-1849: ihre Entwicklung und politische Bedeutung. Altdorf: Buchdruckerei Altdorf.

Hettling, Manfred (1998). Die Schweiz als Erlebnis. In: U. Altermatt/C. Bosshart-Pfluger/ A. Tanner (Eds.). Die Konstruktion einer Nation. Die Schweiz 1798-1998: Staat, Gesellschaft, Politik. Band 4. Zürich. P. 19-31.

Higgins, David/Tweedale, Geoffrey (1995). Asset or liability? Trade marks in the Sheffield Cutlery and Tool Trades. Business History 37 (3). P. 1-27.

——— (1996). The trade mark question and the Lancashire cotton textile industry, 1870-1940. Textile History 27 (2). P. 207-28.

Hill, Arthur W. (1915). The History and Functions of Botanic Gardens. Annals of the Missouri Botanical Garden 2(1/2, Anniversary Proceedings). P. 185-240.

Hillen, Christian (2007). Mit Gott zum Verhältnis von Vertrauen und Wirtschaftsgeschichte. Köln: Rheinisch-Westfälisches Wirtschaftsarchiv.

Holt, Douglas B (2002). Why do brands cause trouble? A dialectical theory of consumer culture and branding. Journal of Consumer Research 29. P. 70-90.

Höpflinger, François (1979). Das unheimliche Imperium. Wirtschaftsverflechtung in der Schweiz. Zürich: Eco-Verlag.

Houben, Vincent (1988). History and Morality: East Sumatran Incidents as described by Jan Breman. Itinerario 16 (2). P. 97-100.

Imam, Antonius Franciscus Irawan (2003). „Spezies-Assanierung": die Entwicklung natürlicher Methoden der Malariabekämpfung in Niederländisch-Indien (1913-1938) und ihre mögliche Bedeutung für aktuelle Probleme der Malariabekämpfung. Doktorarbeit an der Universität Düsseldorf, Düsseldorf.

Ingenbleek, Paul (1997). Marketing als bedrijfshistorische invalshoek: de case van Vlisco in West-Afrika, 1900-1996. (Ed.). 60. NEHA Jaarboek (Nederlandsch Economisch Historisch Archief). P. 258-84.

de Iongh, R. C. (1982). The Guardians of Land – Sultans, planters, farmers and tobacco land in East Sumatra. In: A. R. Davis/A. D. Stefanowska (Eds.). Austrina. Sydney: Oriental society of Australia. P. 540-56.

Iselin, Isaak/Herbert Lüthy/Walter S. Schiess (1943). Der schweizerische Grosshandel in Geschichte und Gegenwart. Basel: Selbstverlag der Delegation des Handels.

Iselin, Regula (1999). Zur Archäologie von Design und Ethnologie. Tsantsa 4. P. 189-93.

Jacquat, Marcel S. (1996). Laurent Garcin: médecin-chirurgien, naturaliste (1683-1752). Biographies neuchâteloises: De saint Guillaume à la fin des Lumières (Vol. 1). Neuchâtel: G. Attinger. P. 103-09.

Jaun, Rudolf (1991). Das Schweizerische Generalstabskorps 1875-1945: eine kollektiv-biographische Studie. Basel: Helbing & Lichtenhahn.

Jenny-Trümpy, Adolf (1899). Handel und Industrie des Kantons Glarus. Glarus.

John, Beat (1990). Die schweizerische Versicherungswirtschaft 1850 bis 1913. Lizentiatsarbeit an der Universität Zürich, Zürich.

Jones, D.G. Brian/Alan J. Richardson. The Myth of the Marketing Revolution. Vortrag gehalten an CHARM ‚The future of marketing's past', Long Beach California, 2005.

Jones, Geoffrey (1994). British multinationals and British business since 1850. In: M. Kirby/M.B. Rose (Eds.). Business enterprise in modern Britain: from the eighteenth to the twentieth century. Comparative and international business series: modern histories. London: Routledge. P. 172-206.

Jones, Geoffrey/Wale, Judith (1998). Merchants as Business Groups: British Trading Companies in Asia before 1945. The Business History Review 72(3). P. 367-408.

––––––– (1999). Diversification Strategies of British Trading Companies: Harrisons & Crosfield, c.1900-c.1980. Business History 41 (2). P. 69-101.

de Jong, Herman (2005). Between the Devil and the Deep Blue Sea: The Dutch economy during World War I. In: S. Broadberry/Mark Harrison (Eds.). The economics of World War I. Cambridge: Cambridge University Press. P. 137-68.

de Jong, Jantje (1989). Van batig slot naar ereschuld: de discussie over de financiële verhouding tussen Nederland en Indië en de hervorming van de Nederlandse koloniale politiek 1860-1990. 's-Gravenhage: SDU.

Jost, Hans-Ulrich (2007). Bewunderung und heimliche Angst: Gesellschaftliche und kulturelle Reaktionen in Bezug auf das deutsche Kaiserreich. In: G. Kreis (Ed.). Deutsche und Deutschland aus Schweizer Perspektiven. Basel: Schwabe. P. 17-45.

Jud, Peter (1989). 100 Jahre Geographisch-Ethnographische Gesellschaft Zürich. Geographica helvetica 44 (3). P. 113-51.

Jung, Joseph (2000). Die Winterthur: eine Versicherungsgeschichte. Zürich: NZZ Verlag.

Kahin, Audrey R. (1996). The 1927 Communist Uprising in Sumatra: A Reappraisal. Indonesia 62. P. 19-36.

Karlen, Stefan/Tobler, Hans Werner (1998). Massen- und Einzelauswanderung aus der Schweiz nach Lateinamerika im 19. und 20. Jh. Traverse (2). P. 71-82.

Kathirithamby-Wells, J. (1993). Hulu-hilir Unity and Conflict: Malay Statecraft in East Sumatra before the Mid-Nineteenth Century. Archipel 45. P. 77-96.

––––––– (1997). Siak and its Changing Strategies for Survival, c. 1700-1870. In: A. Reid (Ed.). The last stand of Asian autonomies: responses to modernity in the diverse states of Southeast Asia and Korea, 1750-1900. Basingstoke: Macmillan. P. 217-43.

Kaufmann, Lyonel (1994). Guillaume Tell au Congo. L'expansion suisse au Congo belge (1930-1960). In: T. David/B. Etemad (1994). P. 43-94.

Kaur, Amarjit (2004). Wage labour in Southeast Asia since 1840 globalisation, the international division of labour and labour transformations. Basingstoke: Palgrave.

Khoo, Salma Nasution (2006). More than merchants: a history of the German-speaking community in Penang, 1800s-1940s. Singapur.

Kleinen, John (2008). Leeuw en draak: vier eeuwen Nederland en Vietnam. Amsterdam: Boom.

Koch, Peter (1999). 125 years of the International Union of Marine Insurance: from an alliance of insurance companies in continental Europe to a worldwide organization of national associations. Karlsruhe: Verlag Versicherungswirtschaft.

Kreis, Georg (1996). Eidgenössische Solidarität in Geschichte und Gegenwart. In: W. Linder/P. Lanfranchi/E.R. Weibel (Eds.). Schweizer Eigenart – eigenartige Schweiz der Kleinstaat im Kräftefeld der europäischen Integration. Bern: Haupt. P. 109-27.

––––––– (2005). Die Schweiz und Südafrika 1948-1994: Schlussbericht des im Auftrag des Bundesrats durchgeführten NFP 42. Bern: Haupt.

Krippner, Greta R. (2001). The Elusive Market: Embeddedness and the Paradigm of Economic Sociology. Theory and Society 30(6). P. 775-810.

Krug, Barbara. Networks in Cultural, Economic and Evolutionary Perspective. ERIM Report Series Research in Management. (online: repub.eur.nl, Nr. 548265733)

Laager, Victor (1972). Aus der Geschichte der Bischofszeller Papierfabrik. Bischofszell: Papierfabrik Laager AG.

Ladas, Stephen Pericles (1975). Patents, trademarks and related rights national and international protection. Cambridge Mass: Harvard University Press.

Latour, Bruno (2005). Reassembling the social: an introduction to actor-network-theory. Oxford: Oxford University Press.

Lauer, Hiltrud (2009). Die sprachliche Vereinnahmung des afrikanischen Raums im deutschen Kolonialismus. In: I. Warnke (Ed.). Deutsche Sprache und Kolonialismus: Aspekte der nationalen Kommunikation 1884-1919. Berlin: de Gruyter. P. 203-33.

Laukötter, Anja (2007). Von der ‚Kultur' zur ‚Rasse' – vom Objekt zum Körper? Völkerkundemuseen und ihre Wissenschaften zu Beginn des 20. Jh. Bielefeld: transcript.

———. Vom Alltags- zum Wissensobjekt. Zur Transformation von Gegenständen in Völkerkundemuseen im beginnenden 20. Jh. Themenportal Europäische Geschichte. (online: www.europa.clio-online.de vom 10.1.2009)

Lee, Edwin (1991). The British as rulers governing multiracial Singapore, 1867-1914. Singapore: Singapore University Press.

Peter, Lehner (2004). Zum 70. Geburtstag der VSP/ASP. Bulletin für angewandte Geologie 9 (1). P. 3-9.

Lenzin, René (1999). Afrika macht oder bricht einen Mann: soziales Verhalten und politische Einschätzung einer Kolonialgesellschaft am Beispiel der Schweizer in Ghana (1945-1966). Basel: Basler Afrika Bibliographien.

——— (2002). Schweizer im kolonialen und postkolonialen Afrika: statistische Uebersicht und zwei Fallbeispiele. In: G. Arlettaz (Ed.). Die Auslandschweizer im 20. Jh. Studien und Quellen. Bern: P. Haupt. P. 299-326.

Ley, Roger (1971). 200 Jahre Freimaurerloge Modestia cum Libertate im Orient von Zürich 1771-1971. Zürich: Bollmann.

Lim Kam Hing (2006). Aceh at the zime of the 1824 treaty. In: A. Reid (Ed.). Verandah of violence: the background to the Aceh problem. Singapore: Singapore University Press. P. 72-95.

Lindblad, J. Thomas (1989). Economic Aspects of the Dutch Expansion in Indonesia, 1870-1914. Modern Asian Studies 23(1). P. 1-24.

——— (1997). Foreign Investment in Southeast Asia in Historical Perspective. Asian Economic Journal 11 (1). P. 61-80.

——— (1995). Colonial Rule and Economic Development: A Review of the Recent Historiography on Indonesia. Jahrbuch für Wirtschaftsgeschichte 1. P. 9-22.

Linder, Adolphe (1997). The Swiss at the Cape of Good Hope, 1652-1971. Basel: Basler Afrika Bibliographien.

——— (1998). Die Schweizer in Mosambik, 1721-1990. Rondebosch, Südafrika: Adolphe Linder.

Locher-Scholten, Elsbeth (1992). The nyai in colonial Deli: a case of supposed mediation.

In: S. van Bemmelen et al. (Eds.). Women and Mediation in Indonesia. Leiden: KIT-LV Press. P. 265-80.

Maat, Harro (2001). Science cultivating practice a history of agricultural science in the Netherlands and its colonies, 1863-1986. Dordrecht: Kluwer Academic.

Maier, Charles S. (2000). Consigning the Twentieth Century to History: Alternative Narratives for the Modern Era. The American Historical Review 105 (3). P. 807-31.

Makepeace, Walter/Gilbert E. Brooke/Roland Braddell (Eds.) (1991). One hundred years of Singapore. Singapore: Oxford University Press.

Mangold, Fritz (1940). 75 Jahre Basler Transport-Versicherungs-Gesellschaft: 1864-1939. Basel: Basler Transport-Versicherungs-Gesellschaft.

Mann, Michael (2006). Globalization, Macro-Regions and Nation-States. In: G.-F. Budde/S. Conrad (Eds.). Transnationale Geschichte: Themen, Tendenzen und Theorien. Göttingen: Vandenhoeck & Ruprecht. P. 21-31.

Marschall, Wolfgang (1985). Schweizer ethnologische Forschungen in Indonesien – ein Überblick. In: Wolfgang Marschall (Ed.). Der grosse Archipel: Schweizer ethnologische Forschungen in Indonesien. Ethnologica Helvetica, Vol. 10. Bern: Schw. Ethnologische Gesellschaft. P. 1-10.

Marshall, Peter J. British Imperial History ‚New' And ‚Old'. History in Focus. Institute of Historical Research. (www.history.ac.uk/ihr/Focus/Empire/ vom 18.2.2010)

Mathieu, Jon (Ed.) (2005). Die Alpen! Zur europäischen Wahrnehmungsgeschichte seit der Renaissance. Studies on alpine history, Vol. 2. Bern: Lang.

Matile, Philippe (1990). Albert Frey-Wyssling. 8 November 1900-30 August 1988. Biographical Memoirs of Fellows of the Royal Society 35. P. 115-26.

McCabe, Ina Baghdiantz (Ed.) (2005). Diaspora entrepreneurial networks: four centuries of history. Oxford: Berg.

Messer, Adam (1994). Effects of the Indonesian National Revolution and Transfer of Power on the Scientific Establishment. Indonesia 58. P. 41-68.

Meyer, Günther (1970). Das Eindringen des deutschen Kapitalismus in die niederländischen und britischen Kolonien in Südostasien von den Anfängen bis 1918. Berlin-Ost.

Meyer, Walter (1982). 100 years of Berli & Jucker. Bangkok.

Mintz, Sidney W. (1996). Enduring Substances, Trying Theories: The Caribbean Region as Oikoumene. Journal of the Royal Anthropological Institute 2 (2). P. 289-311.

Mintz, Sidney W. (1987). Die süsse Macht: Kulturgeschichte des Zuckers. Frankfurt a/M: Campus.

Mittler, Max (2003). Der Weg zum Ersten Weltkrieg: Wie neutral war die Schweiz? Kleinstaat und europäischer Imperialismus. Zürich: Verlag Neue Zürcher Zeitung.

Mollerup, Per (1997). Marks of excellence: the function and variety of trademarks. Oxford: Phaidon Press.

Mommen, André (1994). The Belgian economy in the twentieth century. London: Routledge.

Moss, Christian (2007). „Bisher hat uns niemand in die Karten gesehen": Das Verhältnis der Duisburger Unternehmerfamilie Böninger zum Teilhaber ihres Geschäfts in Baltimore. In: C. Hillen (Ed.). Mit Gott zum Verhältnis von Vertrauen und Wirtschaftsgeschichte. Köln: Rheinisch-Westfälisches Wirtschaftsarchiv. P. 58-67.

Mühlhahn, Klaus (1999). Racism, Culture and the Colonial Laboratory: Rethinking Colonialism. Asien, Afrika, Lateinamerika 27. P. 443-59.

Müller, Anita (1992). Schweizer in Alexandrien, 1914-1963: zur ausländischen Präsenz in Ägypten. Beiträge zur Kolonial- und Überseegeschichte, Vol. 55. Stuttgart: F. Steiner.

Müller, Margrit (2008). Patterns of Internationalisation in the Main Swiss Export Sectors. In: M. Müller/T. Myllyntaus (2008). P. 113-49.

Müller, Margrit/Timo Myllyntaus (Eds.) (2008). Pathbreakers: small European countries responding to globalisation and deglobalisation. Bern: Peter Lang.

Newbold, T. J (1971). Political and statistical account of the British settlements in the straits of Malacca. Kuala Lumpur: Oxford Univ. Press.

Nicholas, Stephen J. (1984). The Overseas Marketing Performance of British Industry, 1870-1914. The Economic History Review 37 (4). P. 489-506.

Nicoulin, Martin (1973). La genèse de Nova Friburgo: émigration et colnisation suisse au Brésil, 1817-27. Fribourg.

North, Douglass C. (1993). Institutions, transaction costs and productivity in the long run. Economic Working Papers 9309004.

———— (1994). Transaction costs through time. Economic Working Papers 9411006.

Northrup, David (1995). Indentured labor in the age of imperialism, 1834-1922. Cambridge: Cambridge University Press.

Ochsenbein, Heinz (1971). Die verlorene Wirtschaftsfreiheit 1914-1918 Methoden ausländischer Wirtschaftskontrollen über die Schweiz. Bern: Stämpfli.

Osterhammel, Jürgen (2009). Die Verwandlung der Welt. Eine Geschichte des 19. Jahrhunderts. München: C.H. Beck.

———— (2006). Imperien. In: G.-F. Budde/S. Conrad (Eds.). Transnationale Geschichte: Themen, Tendenzen und Theorien. Göttingen: Vandenhoeck & Ruprecht. P. 56-67.

Osterhammel, Jürgen/Niels P Petersson (2006). Geschichte der Globalisierung: Dimensionen, Prozesse, Epochen. 3. Aufl ed. München: Beck.

Ownby, David (1993). Introduction. In: D. Ownby/R.J. Antony (Eds.). ‚Secret societies' reconsidered: Perspectives on the social history of modern South China and Southeast Asia. Armonk, New York: Sharpe. P. 3-33.

Pelzer, Karl Josef (1935). Die Arbeiterwanderungen in Südostasien: eine wirtschafts- und bevölkerungsgeographische Untersuchung. Hamburg: Friederichsen de Gruyter & Co.

———— (1978). Planter and peasant: colonial policy and the agrarian struggle in East Sumatra 1863-1947. 'S-Gravenhage: Nijhoff.

Peng, Mike W./Ilinitch, Anne Y. (1998). Export Intermediary Firms: A Note on Export Development Research. Journal of International Business Studies 29 (3). P. 609-20.

Penny, H. Glenn (2002). Objects of culture: ethnology and ethnographic museums in imperial Germany. Chapel Hill (N.C.): University of North Carolina Press.

———— (2003). Worldly provincialism German anthropology in the age of Empire. Ann Arbor: University of Michigan Press.

Petersson, Niels P (2007). Globalisierung und Globalisierungsdiskurse: Netzwerke, Räume, Identitäten. In: R. Marcowitz (Ed.). Nationale Identität und transnationale Einflüsse: Amerikanisierung, Europäisierung und Globalisierung in Frankreich nach dem Zweiten Weltkrieg. München: Oldenbourg. P. 87-106.

Peyer, Hans Conrad (1960). Aus den Anfängen des schweizerischen Indienhandels. Briefe

Salomon Volkarts an Johann Hienrich Fierz, 1845-1846. Zürcher Taschenbuch 1961 81. P. 107-19.

——— (1968). Von Handel und Bank im alten Zürich. Zürich: Berichthaus.

Pieris, Anoma (2002). Doubtful Associations: Reviewing Penang Through the 1867 Riots. Vortrag gehalten an The Penang Story, Penang.

Potting, C.J.M. (1997). De ontwikkeling van het geldverkeer in een koloniale samenleving. Oostkust van Sumatra, 1875-1938. Leiden: Rijksuniversiteit.

Pratt, Mary Louise (1991). Arts of the Contact Zone. Profession 91. P. 33-40.

——— (1992). Imperial eyes travel writing and transculturation. London: Routledge.

Psota, Thomas (1996). Albrecht Herport (1641-1730): ein Berner geht ins Pfefferland.

Purwanto, Bambang (1996). The Economy of Indonesian Smallholder Rubber, 1890s-1940. In: J.T. Lindblad (Ed.). Historical foundations of a national economy in Indonesia, 1890s-1990s. Verhandelingen der KNAW. Afdeeling Letterkunde. Nieuwe Reeks. Amsterdam: KNAW. P. 175-92.

Randeria, Shalini/Sebastian Conrad (2002). Einleitung: Geteilte Geschichten – Europa in einer postkolonialen Welt. In: Sh. Randeria/S. Conrad (Eds.). Jenseits des Eurozentrismus: postkoloniale Perspektiven in den Geschichts- und Kulturwissenschaften. Frankfurt a/M: Campus. P. 9-49.

Rauch, James E. (2001). Business and Social Networks in International Trade. Journal of Economic Literature 39(4). P. 1177-203.

Ravesteijn, Wim (2007). Between Globalization and Localization: The Case of Dutch Civil Engineering in Indonesia, 1800–1950. Comparative Technology Transfer and Society 5 (1). P. 32-64.

Ray, Rajat Kanta (1995). Asian capital in the age of European expansion: The rise of the bazaar, 1800-1914. Modern Asian Studies 29 (3). P. P. 449-554.

Reeves, Peter/Frank Broeze/Kenneth McPherson (1989). Studying the Asian port city. In: F. Broeze (Ed.). Brides of the sea: Port cities of Asia from the 16th–20th centuries. Honolulu: University of Hawaii Press. P. 29-53.

Reid, Anthony (1969). The contest for North Sumatra: Atjeh, the Netherlands, and Britain 1858-1898. P. 333.

——— (2005). An Indonesian frontier: Acehnese and other histories of Sumatra. Leiden: KITLV Press.

Reubi, Serge (2007). L'ethnologue, prestataire de service pour l'industrie dans la Suisse des années 1930-1960. In: H.-J. Gilomen/M. Müller/L. Tissot (Eds.). Dienstleistungen: Expansion und Transformation des «dritten Sektors». Schw. Gesellschaft für Wirtschafts- und Sozialgeschichte, Bd 22. Zürich: Chronos. P. 319-27.

——— (2009). Gentlemen, prolétaires et primitifs. Institutionnalisation, pratiques de collection et choix muséeographiques dans l'ethnographie suisse, 1880-1950. Dissertation an der Université de Neuchâtel, Bern.

Richard, Emil (1924). Kaufmännische Gesellschaft Zürich und Zürcher Handelskammer 1873-1923. Vol. 1. Zürich: KGZ Zürich.

Ricklefs, Merle Calvin (2001). A history of modern Indonesia since c.1200. Basingstoke: Palgrave.

Ritzmann-Blickenstorfer, Heiner/Hansjörg Siegenthaler (1996). Historische Statistik der Schweiz. Zürich: Chronos Verlag.

Rohr, Urs (1993). Die Rolle des Forschers im kolonialen Prozess aufgezeigt am Wirken des Zürcher Naturalisten Heinrich Zollinger in Niederländisch-Indien, insbesondere Lombok. Lizentiatsarbeit: Zürich.

Romer, Sandra (2003). Eine neue Heimat in Südwestafrika? die Schweizer Auswanderung nach Namibia, 1870-1946. Basel: Basler Afrika-Bibliographien.

Rose, Mary B (2000). Firms, networks, and business values: the British and American cotton industries since 1750. Cambridge, UK: Cambridge University Press.

Rossfeld, Roman (2007). Markenherrschaft und Reklameschwung: Die schweizerische Schokoladeindustrie zwischen Produktions- und Marketingorientierung, 1860-1914. In: H. Berghoff (Ed.). Marketinggeschichte: die Genese einer modernen Sozialtechnik. Frankfurt a/M: Campus. P. 87-119.

Rubini, Luisa (1998). Fiabe e mercanti in Sicilia. La raccolta di Laura Gonzenbach, la comunità di lingua tedesca a Messina nell'Ottocento. Doktorarbeit an der Universität Zürich, Firenze.

Rudio, Ferdinand (1896). Die naturforschende Gesellschaft in Zürich 1746-1896. Vierteljahrschrift der Naturforschenden Gesellschaft in Zürich 41 (3). P. 4-274.

Ruffieux, Roland (1986). Die Schweiz des Freisinns. In: B. Mesmer/U. Hof Im (Eds.). Geschichte der Schweiz und der Schweizer. Basel: Helbing & Lichtenhahn. P. 639-729.

Ruiter, Tine G. (2002). State Policy, Peasantization and Ethnicity: Changes in the Karo Area of Langkat in Colonial Times. In: G. Benjamin/C. Chou (Eds.). Tribal communities in the Malay world: historical, cultural, and social perspectives. Leiden: Institute of Southeast Asian Studies Singapore. P. 401-21.

Rush, James Robert (1990). Opium to Java revenue farming and Chinese enterprise in colonial Indonesia 1860-1910. Asia East by South, Ithaca: Cornell University Press.

Sachsenmaier, Dominic (2002). Die Identitäten der Überseechinesen in Südostasien im 20. Jh. In: H. Kaelble/M. Kisch (Eds.). Transnationale Öffentlichkeiten und Identitäten im 20. Jh. Frankfurt a/M: Campus. P. 211-35.

Said, Edward W. (1978). Orientalism. London: Routledge and Kegan Paul.

Salverda, Reinier/Patricia Krus (2008). The Netherlands and its colonies: Slavery and abolition. In: P. Poddar (Ed.). A historical companion to postcolonial literatures. Edinburgh: Edinburgh University Press. P. 390-93.

Salvisberg, Hugo P. (2008). Salomon und Ulrich Zellweger: Appenzeller Wegbereiter offener Wirschaftsgrenzen. Schweizer Pioniere der Wirtschaft und Technik, Vol. 89. Zürich: Verein für wirtschaftshistorische Studien.

Sandhu, Kernial Singh (2008). (2008). Indian immigration and settlement in Singapore. In: K. Singh Sandhu (Ed.). Indian communities in Southeast Asia. Singapore: Institute of Southeast Asian Studies. P. 774-87.

Sarasin, Philipp (1997). Stadt der Bürger: bürgerliche Macht und städtische Gesellschaft Basel 1846-1914. Göttingen: Vandenhoeck & Ruprecht.

——— (1998). Stiften und Schenken in Basel im 19. und 20. Jh.: Überlegungen zur Erforschung des bürgerlichen Mäzenatentums. In: J. Kocka/M. Frey (Eds.). Bürgerkultur und Mäzenatentum im 19. Jhdt. Berlin: Fannei und Walz. P. 192-211.

Sassen, Saskia (2006). Territory, authority, rights: from medieval to global assemblages. Princeton: Princeton University Press.

Sauer, Jonathan D. (1993). Historical geography of crop plants: a select roster. Boca Raton: CRC Press.

Saw Swee-Hock (2007). The population of Singapore. Singapore: Institute of Southeast Asian Studies.

Schadee, Willem Hendrik Maurits (1918). Geschiedenis van Sumatra's Oostkust. Vol. 1 und 2. Amsterdam: Oostkust van Sumatra-Instituut.

Schneider, Lukas M. (2002). «Les temps ne sont point pour les colons»: Schweizer Präsenz im Argentinien der Zwischenkriegszeit. In: G. Arlettaz (Ed.). Die Auslandschweizer im 20. Jh. Studien und Quellen. Bern: P. Haupt. P. 249-76.

Schnyder, Gerhard/Martin Lüpold/André Mach/Thomas David (2005). Rise and Decline of the Swiss Company Network during the 20th Century. Travaux de science politiques: Nouvelle série, Vol. 22. Lausanne.

Schürpf, Markus (2006). Fernschau. Global: ein Fotomuseum erklärt die Welt (1885-1905). Baden: hier + jetzt Verlag für Kultur und Geschichte.

Schwarzkopf, Stefan (2008). Turning Trade Marks into Brands: how Advertising Agencies Created Brands in the Global Market Place, 1900-30. CGR Working Paper 18. P. 1-38.

Schweizer-Iten, Hans (1973). Das Haus Diethelm 1860-1973. Typoscript.

Schweizer-Iten, Hans/Swiss Club (Singapore) (1980). One hundred years of the Swiss Club and the Swiss community of Singapore 1871-1971. Dalkeith: Selbstverlag.

Segreto, Luciano (1992). «Du Made in Germany» au «Made in Switzerland». Les sociétés financières suisses pour l'industrie électrique dans l'entre-deux-guerres. In: M. Trédé (Ed.). Electricité et électrification dans le monde, 1880–1980. Paris. P. 348–51.

——— (1994). Financing the Electric Industry Worldwide: Strategy and Structure of the Swiss Electric Holding Companies, 1895-1945. Business and Economic History 23 (1). P. 162-75.

Siegenthaler, Hansjörg (1982). Die Bedeutung des Aussenhandels für die Ausbildung einer schweizerischen Wachstumsgesellschaft im 18. und 19. Jh. In: N. Bernard (Ed.). Gesellschaft und Gesellschaften: Festschrift für Prof. Ulrich Im Hof. Bern. P. S. 325-340.

——— (1993). Kommunikation und Entwicklung des Bankenwesens. In: Y. Cassis/ J. Tanner (Eds.). Banken und Kredit in der Schweiz (1850-1930). P. 99-105.

——— (1993). Regelvertrauen, Prosperität und Krisen: die Ungleichmäßigkeit wirtschaftlicher und sozialer Entwicklung als Ergebnis individuellen Handelns und sozialen Lernens. Tübingen: Mohr.

Sieveking, Heinrich (1942). Die Anfänge des Hauses Behn-Meyer & Co. in Singapore 1840-1856. Vierteljahrschrift für Sozial- und Wirtschaftsgeschichte 35.

——— (1944). Das Haus Behn-Meyer & Co. in Singapore unter der Leitung Arnold Otto Meyers während der Krise von 1857 und im neuen Aufstieg. Vierteljahrschrift für Sozial- und Wirtschaftsgeschichte 36.

Sigerist, Stefan Schaffhauser in den Diensten der niederländischen Ost- und Westindischen Handelsgesellschaften im 18. Jh.

——— (1998). Präsenz der Schweiz im Fernen Osten bis 1900. Schaffhausen: S. Sigerist.

——— (2001). Schweizer in Asien: Präsenz der Schweiz bis 1914. Schaffh.: S. Sigerist.

——— (2004). Schweizer im Orient. Schaffhausen: S. Sigerist.

Simon Thomas, M./Den Otter, P. (1993). ‚Twentse tjaps'. Textielhistorische Bijdragen 33. P. 104-19.

Simon, Christian (2009). Natur-Geschichte: das Naturhistorische Museum Basel im 19. und 20. Jh. Basel: Christoph Merian Verlag.

Simons, H./N. Tophoven (1994). Berichten over en weer: Informatiestromen tussen een Twents textielfabrikant en zijn aziatische afzetmarkten, 1875-1881. In: E.J. Fischer (Ed.). Katoen voor Indië: sociale ondernemers op het spoor naar vooruitgang, 1815-1940. Amsterdam: NEHA. P. 45-55.

Song Ong Siang (1923). One hundred years' history of the Chinese in Singapore, 1819-1919. London: Murray.

Sprecher, Andreas von (1948). 75 Jahre Zürich, allgemeine Unfall- und Haftpflicht-Versicherungs-Aktiengesellschaft. Zürich: Orell Füssli.

Sprecher, Daniel (2000). Generalstabschef Theophil Sprecher von Bernegg: seine militärisch-politische Leistung unter besonderer Berücksichtigung der Neutralität. Zürich: Neue Zürcher Zeitung.

Staehelin, Balthasar (1993). Völkerschauen im Zoologischen Garten Basel 1879-1935. Basel: Basler Afrika Bibliographien.

Stehr, Johannes (1998). Sagenhafter Alltag: über die private Aneignung herrschender Moral. Frankfurt a/M: Campus.

Steinemann, Ernst (1934). Die schaffhauserische Auswanderung und ihre Ursachen. Schweizerische Zeitschrift für Geschichte 14. P. 401-50.

Steinmann, Alfred (1941). Die Sammlung für Völkerkunde der Universität Zürich: ihre Entstehung und ihre Wandlung bis heute. Mitteilungen der Geographisch-Ethnographischen Gesellschaft Zürich 41. P. 25-84.

Steinmann, Stephan (1998). Seldwyla im Wunderland Schweizer im alten Shanghai (1842-1941): eine Untersuchung ausländischer Präsenz im China der Kapitularverträge. Dissertation: Zürich.

Stettler, Niklaus/Peter Haenger/Robert Labhardt (Eds.) (2004). Baumwolle, Sklaven und Kredite: die Basler Welthandelsfirma Christoph Burckhardt & Cie. in revolutionärer Zeit (1789-1815). Basel: Merian.

Stichweh, Rudolf (1999). Globalisierung von Wirtschaft und Wissenschaft: Produktion und Transfer wissenschaftlichen Wissens in zwei Funktionssysteme der modernen Gesellschaft. Soziale Systeme 5. P. 27-39.

Stoler, Ann Laura (1985). Capitalism and confrontation in Sumatra's plantation belt, 1870-1979. New Haven: Yale University Press.

——— (1989). Rethinking colonial categories: European communities and the boundary of rule. Comparative Studies in Society and History 31(1). P. 134-61.

——— (1992a). „In Cold Blood": Hierarchies of Credibility and the Politics of Colonial Narratives. Representations 37. P. 151-89.

——— (1992b). Sexual Affronts and Racial Frontiers: European Identities and the Cultural Politics of Exclusion in Colonial Southeast Asia. Comparative Studies in Society and History 34(3). P. 514-51.

——— (1995). Race and the education of desire. Foucault's history of sexuality and the colonial order of things. Durham: Duke University Press.

————— (2002). Carnal knowledge and imperial power. Race and the intimate in colonial rule. Berkeley: University of California Press.

————— (2009). Along the archival grain: epistemic anxieties and colonial common sense. Princeton N.J.: Princeton University Press.

Stoll, Otto (1917). Die Entwicklung der Völkerkunde von ihren Anfängen bis in die Neuzeit. Mitt. der Geographisch-Ethnographischen Gesellschaft Zürich 18. P. 1-130.

Straumann, Lukas (2005). Nützliche Schädlinge: Angewandte Entomologie, chemische Industrie und Landwirtschaftspolitik in der Schweiz 1874-1952. Zürich: Chronos.

Straumann, Tobias/Roman Rossfeld (2008). Der vergessene Wirtschaftskrieg Schweizer Unternehmen im Ersten Weltkrieg. Zürich: Chronos.

Stuchtey, Benedikt (2005). Science across the European empires, 1800-1950. Oxford: Oxford University Press.

Stucki, Lorenz (1968). Das heimliche Imperium: Wie die Schweiz reich wurde. Bern: Scherz.

Stüssi, Heinrich (1989). Lockender Orient: Conrad Blumers grosse Reise. Neujahrsbote für das Glarner Hinterland P. 17-40.

Sulzer, Klaus (1991). Vom Zeugdruck zur Rotfärberei Heinrich Sulzer (1800-1876) und die Türkischrot-Färberei Aadorf. Zürich: Chronos.

Summermatter, Stephanie (2005). „Ein Zoll der Sympathie" – Spendensammlung und -verwendung anlässlich der Überschwemmungen von 1868 im Kanton Wallis. Blätter aus der Walliser Geschichte 37. P. 1-46.

Tan, Bonny. Hokkien-Teochew Riots of 1854. Infopedia Singapore. (infopedia.nl.sg vom 3.2. 2009).

Tanner, Albert (1990). Aristokratie und Bürgertum in der Schweiz im 19. Jh.: Verbürgerlichung der «Herren» und aristokratische Tendenzen im Bürgertum. In: S. Brändli et al. (Eds.). Schweiz im Wandel: Studien zur neueren Gesellschaftsgeschichte. Basel: Helbing und Lichtenhahn. P. 209-28.

————— (1995). Arbeitsame Patrioten – wohlanständige Damen: Bürgertum und Bürgerlichkeit in der Schweiz 1830-1914. Zürich: Orell Füssli.

Tanner, Jakob (1995). Der Tatsachenblick auf die ‚reale Wirklichkeit': zur Entwicklung der Sozial- und Konsumstatistik in der Schweiz. Schweizerische Zeitschrift für Geschichte 45. P. 94-108.

Tarling, Nicholas (1958). The Relationship between British Policies and the Extent of Dutch Power in the Malay Archipelago, 1784–1871. Australian Journal of Politics & History 4 (2). P. 179-92.

Taselaar, Arjen (1998). De Nederlandse koloniale lobby. Leiden.

Teitler, Gerke (2006). The mixed company: Fighting power and ethnic relations in the Dutch Colonial Army, 1890-1920. In: K. Hack/T. Rettig (Eds.). Colonial armies in Southeast Asia. London: Routledge. P. 154-68.

Thee Kian-Wie (1977). Plantation Economy and Export Growth. An economic history of East Sumatra. 1863-1942. Jakarta: LEKNAS-LIPI.

Tong Chee Kiong/Yong Pit Kee (1998). Guanxi Bases, Xinyong and Chinese Business Networks. The British Journal of Sociology 49(1). P. 75-96.

Toxopeus, Hille (1999). Landbouwkundig onderzoek, het algemeen proefstation voor de landbouw. (Ed.). 62. NEHA Jaarboek (Nederlandsch Economisch Historisch Archief). P. 186-210.

Trivellato, Francesca (2009). The familiarity of strangers: the Sephardic diaspora, Livorno, and cross-cultural trade in the early modern period. New Haven: Yale University Press.

Trocki, Carl A (1979). Prince of pirates: the temenggongs and the development of Johor and Singapore 1784-1885. Singapore: Univ. Press.

Tschudi, Peter (1931). Hundert Jahre Türkischrotfärberei, 1829-1928: Geschichte der Rotfarb und Druckerei Joh. Caspar Tschudi in Schwanden. Glarus: Buchdruckerei Neue Glarner Zeitung.

Turnbull, Constance Mary (1972). The Straits Settlements, 1826-67: Indian Presidency to Crown Colony. London.

————— (1989). A history of Singapore 1819-1988. Oxford: Oxford University Press.

Turnell, Sean (2005). The Chettiars in Burma. Macquarie Economics Research Papers 12.

Uzzi, Brian (1996). The Sources and Consequences of Embeddedness for the Economic Performance of Organizations: The Network Effect. American Sociological Review 61(4). P. 674-98.

Veth, Pieter Johannes (1877). Het landschap Deli op Sumatra. Tijdschrift van het Koninklijk Nederlandsch Aardrijkskundig Genootschap 2 (1). P. 152-70.

Veyrassat, Béatrice (1982). Négociants et fabricants dans l'industrie cotonnière suisse, 1760-1840 aux origines financières de l'industrialisation. Lausanne: Payot.

————— (1989). De Sainte-Croix à Rio de Janeiro: fromages et absinthe, dentelles et musiques contre café (1820-1840): entreprise, région et marché mondial. In: L. Mottu-Weber/D. Zumkeller/A.-M. Piuz (Eds.). Mélanges d'histoire économique offerts au professeur Anne-Marie Piuz. Genève. P. 267-80.

————— (1991). 1945-1990: Bilan des recherches sur l'histoire du négoce international de la Suisse. Schweizerische Zeitschrift für Geschichte 41 (3). P. 274-86.

————— (1993). Réseaux d'affaires internationaux, émigrations et exportations en Amérique latine au XIXe siècle: le commerce suisse aux Amériques. 1ère éd ed. Genève: Droz.

Vries, Johannes/Wim Vroom/Ton de Graaf (Eds.) (1999). Wereldwijd bankieren: ABN AMRO 1824-1999. Amsterdam: ABN AMRO.

de Waard, J. (1934). De Oostkust van Sumatra. Tijdschrift voor Economische Geografie 25 (8). P. 213-21, 255-275, 282-301.

Wagner, M.A. (1921). Der Einfuhrhandel nach China. In: J. Hellauer (Ed.). China: Wirtschaft und Wirtschaftsgrundlagen. Vereinigung wissenschaftlicher Verleger. Berlin: Gruyter. P. 258-81.

Wank, David L. (1999). Commodifying communism: business, trust, and politics in a Chinese city. Cambridge: Cambridge University Press.

Wanner, Hans (1984). Heinrich Zollinger 1818-1859: ein Zürcher Schulmann als Naturforscher und Pflanzer in Indonesien: Sein Leben und seine Zeit. Vierteljahrschrift der Naturforschenden Gesellschaft in Zürich 128 (5). P. 1-32.

Warren, James Francis (2003). Ah Ku and Karayuki-San: Prostitution in Singapore, 1870-1940. Singapore: Studies in Society and history, Singapur: NUS Press.

Wartmann, Hermann (1875). Industrie und Handel des Kantons St. Gallen auf Ende 1866. St. Gallen: Kaufmännisches Directorium in St. Gallen.

Weber, Andreas (2009). Encountering the Netherlands Indies: Caspar G.C. Reinwardt's Field Trip to the East (1816-1822). Itinerario 23 (1). P. 45-60.

Wedema, Steven (1998). ‚Ethiek' und Macht die niederländisch-indische Kolonialverwaltung und indonesische Emanzipationsbestrebungen, 1901-1927. Dissertation Zürich. Stuttgart: Steiner.

van der Wee, Herman (1995). Small countries and foreign investment: the Belgian case from the Middle Ages to the present. In: B. Etemad et al. (Eds.). Pour une histoire économique et sociale internationale. Genève: Editions Passé Présent. P. 471-82.

Wegmann, Susanne Katharina (1988). Zur Migration der Schweizer nach Australien: der Wandel schweizerischer Ueberseewanderung seit dem frühen 19. Jhdt. Grüsch.

Wehrli, Hans J. (1938). Zur Geschichte der Geographisch-Ethnographischen Gesellschaft 1888-1938. Mitt. der Geographisch-Ethnographischen Gesellschaft Zürich 39. P. 5-29.

Weishaupt, Matthias (1998). Bruderliebe und Heldentod. Geschichtsbilder und Geschichtskultur in Festreden am schweizerischen Schützenfest in Glarus 1847. In: A. Ernst/A. Tanner/M. Weishaupt (Eds.). Revolution und Innovation: Die konfliktreiche Entstehung des schweizerischen Bundesstaates. Die Schweiz 1798-1998: Staat, Gesellschaft, Politik. Zürich. P. 61-78.

Weisz, Leo (1936). Die zürcherische Exportindustrie ihr Entstehung und Entwicklung. Zürich: Verlag der Neuen Zürcher Zeitung.

Weizinger, Franz/Polycarpo Amstalden (1935). Die Schweizer Kolonie Helvetia im Staate Sao Paulo-Brasilien (1885-1935). S. Paulo: Escolas profissionaes Salesianas.

Welter, Karl (1915). Die Exportgesellschaften und die assoziative Exportförderung in der Schweiz im 19. Jh. Bern: Stämpfli.

Wengrow, David (2008). Prehistories of Commodity Branding. Current Anthropology 49 (1). P. 7-34.

Werner, Michael/Zimmermann, Bénédicte (2002). Vergleich, Transfer, Verflechtung. Der Ansatz der Histoire croisée und die Herausforderung des Transnationalen. Geschichte und Gesellschaft 28. P. 697-36.

Widmer, Carl (1986). 125 Jahre Helvetia Feuer St. Gallen: Ausschnitte und Betrachtungen. St. Gallen: Helvetia Schweizerische Feuerversicherungs-Gesellschaft.

Wiesner, Michael (1997). Waldzeit: Wälder für Winterthur. Winterthur: Naturwissenschaftliche Gesellschaft Winterthur.

Wilckens, Friedrich (1997). Niederländische und bremische Tabakplantagen auf Sumatra im 19. Jh. Typoskript.

Wilkins, Mira (1988). The Free-standing Company, 1870-1914: An Important Type of British Foreign Direct Investment. Economic History Review 41 (2). P. 259-82.

——— (1992). The Neglected Intangible Asset: The Influence of the Trade Mark on the Rise of the Modern Corporation. Business History 34 (1). P. 66-95.

Wills, John E. (1993). Review: Maritime Asia, 1500-1800: The Interactive Emergence of European Domination. The American Historical Review 98(1). P. 83-105.

Wilson, Kathleen (2004). A new imperial history: culture, identity, and modernity in Britain and the Empire, 1660-1840. Cambridge: Cambridge University Press.

Wirz, Albert (1998). Die humanitäre Schweiz im Spannungsfeld zwischen Philanthropie und Kolonialismus: Gustave Moynier, Afrika und das IKRK. Traverse 2. P. 95-111.

Witschi, Beat (1987). Schweizer auf imperialistischen Pfaden: Die Schweizer Handelsbeziehungen mit der Levante 1848-1914. Dissertation Zürich. Beiträge zur Kolonial- und Überseegeschichte, Stuttgart: Steiner.

Witzig, Paul (1929). Beiträge zur Wirtschaftsgeschichte der Stadt Winterthur. Dissertation, Zürich.

Wohler, Anton (2003). Ludwig Michalski, 1836-1888. Unsere Heimat: Jahresschrift der Historischen Gesellschaft Freiamt 71. P. 11-45.

Wong Lin Ken (2003). The trade of Singapore, 1819-1869. MBRAS, Reprint No. 23, Singapore.

Wong Sin-Kiong (1998). The Chinese Boycott: A Social Movement in Singapore and Malaya in the Early 20th Century. South East Asian Studies (Kyoto) 36 (2). P. 230-53.

———— (2001). Die for the Boycott and Nation: Martyrdom and the 1905 Anti-American Movement in China. Modern Asian Studies 35 (3). P. 565-88.

Wong Yeetuan (2007). The Big Five Hokkien Families in Penang, 1830s–1890s. Chinese Southern Diaspora Studies 1 (1). P. 106-15.

Wu Xiao An (1997). Chinese-Malay Socio-Economic Networks in the Penang-Kedah-North Sumatra Triangle 1880-1909: A Case-Study of the Entrepreneur Lim Leng Cheak. Journal of the Malaysian Branch of the Royal Asiatic Society 70 (2). P. 24-48.

Yacob, Shakila (2007). Model of Welfare Capitalism? The United States Rubber Company in Southeast Asia, 1910 – 1942. Enterprise & Society 8 (1). P. 136-74.

Yang Mayfair Mei-hui (2002). The Resilience of Guanxi and Its New Deployments: A Critique of Some New Guanxi Scholarship. The China Quarterly 170. P. 459-76.

Yeoh, Brenda S.A (1996). Contesting space: power relations and the urban built environment in colonial Singapore. Kuala Lumpur: Oxford University Press.

Young, Robert J. C. (1995). Colonial desire: hybridity in theory, culture and race. London: Routledge.

Zichichi, Lorenzo (1988). Il colonialismo felpato: gli Svizzeri alla conquista del regno delle due Sicilie (1800-1848). Palermo.

Ziegler Witschi, Béatrice (1985). Schweizer statt Sklaven: schweizerische Auswanderer in den Kaffee-Plantagen von São Paulo (1852-1866). Stuttgart: Steiner.

———— (1988). Schweizerische Kaufleute in Brasilien im 19. Jh. Jahrbuch für Geschichte von Staat, Wirtschaft und Gesellschaft Lateinamerikas 25. P. 141-67.

Zimmerman, Andrew (2004). Ethnologie im Kaiserreich: Natur, Kultur und «Rasse» in Deutschland und seinen Kolonien. In: S. Conrad/J. Osterhammel (Eds.). Das Kaiserreich transnational: Deutschland in der Welt 1871-1914. Göttingen: Vandenhoeck & Ruprecht. P. 191-212.

1800 | 2000.
Kulturgeschichten der Moderne

PETER BECKER (Hg.)
Sprachvollzug im Amt
Kommunikation und Verwaltung im
Europa des 19. und 20. Jahrhunderts

Mai 2011, 368 Seiten, kart., 34,80 €,
ISBN 978-3-8376-1007-9

TOBIAS BECKER, ANNA LITTMANN,
JOHANNA NIEDBALSKI (Hg.)
Die tausend Freuden der Metropole
Vergnügungskultur um 1900

August 2011, 340 Seiten, kart., zahlr. Abb., 32,80 €,
ISBN 978-3-8376-1411-4

MANUEL BORUTTA,
NINA VERHEYEN (Hg.)
Die Präsenz der Gefühle
Männlichkeit und Emotion
in der Moderne

2010, 336 Seiten, kart., 29,80 €,
ISBN 978-3-89942-972-5

1800 | 2000.
Kulturgeschichten der Moderne

Sabine Maasen, Jens Elberfeld,
Pascal Eitler, Maik Tändler (Hg.)
Das beratene Selbst
Zur Genealogie der Therapeutisierung
in den ›langen‹ Siebzigern

Oktober 2011, 318 Seiten, kart., 32,80 €,
ISBN 978-3-8376-1541-8

Christa Putz
Verordnete Lust
Sexualmedizin, Psychoanalyse und die
»Krise der Ehe«, 1870-1930

August 2011, 260 Seiten, kart., 28,80 €,
ISBN 978-3-8376-1269-1

Franziska Torma
Turkestan-Expeditionen
Zur Kulturgeschichte deutscher
Forschungsreisen nach Mittelasien
(1890-1930)

Januar 2011, 286 Seiten, kart., zahlr. Abb., 34,80 €,
ISBN 978-3-8376-1449-7

**Leseproben, weitere Informationen und Bestellmöglichkeiten
finden Sie unter www.transcript-verlag.de**

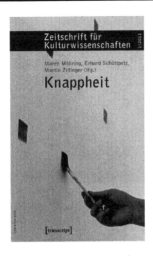